法治建设与法学理论研究
部级科研项目成果

21 世纪通才系列教材

法治基础教程

主　编：魏胜强
撰稿人（以编写章节排序）
　　魏胜强　杨洪斌　魏治勋
　　侯　宇　赵晓毅　申惠文
　　杨会永　姚保松　曹明睿
　　张　阳　崔金星　周德军
　　马志强　苏凤格

北京大学出版社
PEKING UNIVERSITY PRESS

图书在版编目(CIP)数据

法治基础教程/魏胜强主编. —北京:北京大学出版社,2018.6
(21世纪通才系列教材)
ISBN 978-7-301-29520-5

Ⅰ.①法… Ⅱ.①魏… Ⅲ.①法律—中国—教材 Ⅳ.①D92

中国版本图书馆 CIP 数据核字(2018)第 097542 号

书　　　名	法治基础教程 FAZHI JICHU JIAOCHENG
著作责任者	魏胜强　主编
责 任 编 辑	李　铎
标 准 书 号	ISBN 978-7-301-29520-5
出 版 发 行	北京大学出版社
地　　　址	北京市海淀区成府路 205 号　100871
网　　　址	http://www.pup.cn
电 子 信 箱	law@pup.pku.edu.cn
新 浪 微 博	@北京大学出版社　@北大出版社法律图书
电　　　话	邮购部 62752015　发行部 62750672　编辑部 62752027
印 刷 者	北京宏伟双华印刷有限公司
经 销 者	新华书店 787 毫米×1092 毫米　16 开本　25 印张　548 千字 2018 年 6 月第 1 版　2018 年 6 月第 1 次印刷
定　　　价	59.00 元

未经许可,不得以任何方式复制或抄袭本书之部分或全部内容。
版权所有,侵权必究
举报电话: 010-62752024　电子信箱: fd@pup.pku.edu.cn
图书如有印装质量问题,请与出版部联系,电话: 010-62756370

作者简介

(按编写章节排序)

魏胜强 法学博士,历史学博士后,美国加州大学圣地亚哥分校访问学者;现任郑州大学教授、学术委员会委员,兼任河南省法学教育研究会副会长、河南省法治智库专家;入选河南省高校青年骨干教师资助计划、河南省高校科技创新人才支持计划,获"挑战杯"河南省大学生课外学术科技作品竞赛优秀指导教师、河南省教育厅学术技术带头人、河南省优秀中青年法学家等称号;主要研究领域为理论法学、生态文明法治建设、马克思主义中国化、法治与思想政治教育;主持国家社科项目1项,主持教育部、司法部、中国博士后科学基金会等省部级项目8项,主持河南省教育厅、郑州大学关于大学生法治与思想政治教育的教学改革和教学研究项目5项;获国家教学优秀成果奖2次(第一参加人),获郑州大学教学优秀成果特等奖1次(主持人);在《中国法学》《法学》《法律科学》等学术刊物发表论文80余篇,出版《法律解释权的配置研究》《法律方法视域下的人民法院改革》等专著6部,主编《法律基础》《西方法律思想史》等教材3部。

杨洪斌 法学博士,美国加州大学戴维斯分校访问学者;现任郑州大学法学院讲师,在《华东政法大学学报》等刊物发表学术论文数篇。

魏治勋 法学博士,哲学博士后;现任山东大学法学院教授,兼任山东省法理学研究会秘书长;主要研究方向为法哲学、法社会学、法律方法;主持国家社科项目1项,主持省部级项目多项,在《山东大学学报》《法律科学》《法学评论》等学术刊物发表论文90余篇,主要著作有《禁止性法律规范的概念》《民间法思维》《法治的真原》等。

侯 宇 法学博士,美国爱荷华大学访问学者,现任郑州大学法学院副教授;兼任中国宪法学研究会理事,中国立法学研究会理事;在《中外法学》《环球法律评论》等刊物发表学术论文30余篇;主要著作有《行政法视野里的公物利用研究》《世界宪法法院制度研究》(副主编)、《宪法学》(主编)等。

赵晓毅 法学博士,历史学博士后,俄罗斯伊尔库茨克国立大学访问学者;现任郑州大学马克思主义学院讲师,郑州大学宪法与行政法研究中心研究员;兼任河南省宪法学研究会理事,河南省行政法学研究会理事;参加或主持国家级和省部级研究课题5项;在《国外社会科学》《俄罗斯中亚东欧研究》《法制日报》(理论版)等刊物上发表论文10余篇,参与编写《宪法学》等教材或著作2部,参与出版译著1部。

申惠文 法学博士、博士后;现任郑州大学法学院副教授,兼任中国证券法学研究会理事,河南省民法学研究会秘书长;主持国家社科项目和省部级项目5项,在《河北法学》

《湖北社会科学》等刊物发表论文10余篇,主要著作有《物权登记错误救济论》《非公共利益利用集体土地机制研究》《房地产法学》等。

杨会永 法学博士;现任郑州大学法学院副教授;兼任河南省行政法学研究会常务理事;主持和参与国家社科项目、省部级研究项目10余项;在《法律适用》《法制与社会发展》等刊物发表论文10余篇,出版《行政法学》《新闻媒体的有效利用与适度控制的法制化研究》《我国广播影视领域版权保护法制建设研究》等著作8部。

姚保松 法学博士;现任郑州大学法学院副教授;兼任河南省经济法学研究会副秘书长,郑州仲裁委员会仲裁员,河南省消费者协会律师团律师等;主持国家社科项目2项,参加国家级、省部级课题7项,在《法学杂志》等刊物上发表学术论文20余篇,出版著作7部;主要著作有《公用企业反垄断法律规制研究》《市场监管法》等。

曹明睿 法学博士,曾任洛阳市劳动与社会保障局副局长、党组成员;现任郑州大学法学院副教授、工会主席,河南省总工会、郑州大学法律顾问;参加国家社科基金项目多项,主要著作有《社会救助法律制度研究》《劳动法与社会保障法》(主编)等。

张　阳 法学博士,博士后,美国福特汉姆大学访问学者;现任郑州大学法学院副教授;主持和参加国家社科基金项目多项,公开发表专业学术论文近40篇,主要著作有《赃物犯罪纲要》《国家工作人员失职犯罪界限与定罪量刑研究》等。

崔金星 法学博士,美国佩斯大学访问学者;现任西南科技大学法学院副研究员;入选教育部、中央政法委"双千计划",兼任中国环境资源法学研究会理事、四川省能源法学研究会副会长、四川省环境资源法学研究会理事,国家环境保护部环境监察局"环境执法大练兵"评审专家;主持省部级以上项目10余项,在《中国政法大学学报》《河北法学》等刊物发表学术论文50余篇,合著《中国碳排放交易法律制度研究》《中国农村土地法律制度创新研究》等专著,参编《环境与资源法概论》《经济法学》等教材。

周德军 江苏大学法学院副教授,法学实践教学协同创新中心副主任;主持和参加国家级、省部级社科项目10余项,在《现代经济探讨》等杂志上发表学术论文20余篇,编写《经济法新论》等教材。

马志强 法学博士;现任郑州大学法学院副教授,兼任中国国际私法学会理事;主持和参加国家级、省部级项目6项,发表学术论文30余篇,主要著作有《国际私法中的最密切联系原则研究》(专著)、《国际体育仲裁研究》(合著)、《国际法学》(合著)。

苏凤格 法学博士;现任郑州大学法学院副教授,中国法律思想史研究会理事,主持和参与省部级项目多项,在《河南社会科学》等刊物发表论文10余篇;代表性著作为《明末清初法律思潮研究》。

前　言

党的十八大以来，以习近平同志为核心的党中央全面推进依法治国，取得了举世瞩目的伟大成就。全面依法治国，坚持法治国家、法治政府、法治社会一体建设，要求提高全民的法治观念，丰富全民的法治知识。党的十八届四中全会通过的《关于全面推进依法治国若干重大问题的决定》提出："推动全社会树立法治意识。坚持把全民普法和守法作为依法治国的长期基础性工作，深入开展法治宣传教育，引导全民自觉守法、遇事找法、解决问题靠法。"

在党的十九大报告中，习近平总书记从14个方面深刻阐述了新时代中国特色社会主义思想的精神实质和丰富内涵，其中第6项内容即是"坚持全面依法治国"。坚持全面依法治国，已经成为新时代坚持和发展中国特色社会主义的基本方略之一。习近平总书记进一步强调："提高全民族法治素养和道德素质"，"加大全民普法力度，建设社会主义法治文化，树立宪法法律至上、法律面前人人平等的法治理念"。习近平总书记关于全面依法治国特别是提高全民法治素养、加大全民普法力度的论述，为全社会的法治宣传教育工作，尤其是高校的大学生法治观念培养工作，提出了更高的要求，指明了新的前进方向。

在新时代全面依法治国的征程中，掌握基本的法律和法治理论，熟悉以宪法为核心的中国特色社会主义法律体系的基本内容，了解主要的国际法律知识，领会中国传统法律文化的精华，是对一个公民最基本的素质要求。大学生是公民中的佼佼者和新生力量，提高全民法治素养尤其要注重提高大学生的法治观念。引导大学生树立社会主义法治观念和掌握基本的法律知识，应当成为当前高等学校开展综合素质教育或者通识教育的重要内容。这是因为，国家的各项工作和主要的社会生活越来越纳入法治轨道，高层次的专业技术人才不了解基本的法律知识，缺乏基本的法治观念，不但是不可思议的，而且在新时代中国特色社会主义建设中也是寸步难行的。

为了落实党的十九大精神，全面培养大学生的法治观念，增强大学生的法治意识和运用法律解决问题的能力，我们编写了这本《法治基础教程》。本书也是国家法治与法学理论研究课题"马克思主义群众观视域下的全民法治观念培养机制研究"（项目编号：15SFB2001）项目成果。在编写中，我们以习近平新时代中国特色社会主义思想为指导，吸收中国特色社会主义法治理论的精髓，立足中国特色社会主义进入新时代对大学生开展法治观念培养工作的现实要求，结合教育部、司法部、全国普法办2016年联合印发的《青少年法治教育大纲》的相关规定，充分借鉴国家法治与法学理论课题研究的理论收获，组织郑州大学、山东大学、江苏大学、西南科技大学等高校的青年法学专家、从事法治宣传教育实务和研究工作的学者,共同完成了本书的编写工作。

本书在编写过程中,既吸收了近段时间影响较大的法治教育教科书、普法宣传教育读本的不少优点,又加入了新时代的许多元素。为了确保质量过硬,每一个编写人员根据主编的要求多次修改文稿,力争内容准确无误,表述严谨规范,使法学专业人士不觉得粗浅,使对法律不甚了了的初学者读得明白。书中还加入了测试题、图片、案例和阅读资料,便于学习者加深对相关问题的认识和理解,避免产生枯燥感。总的来说,本教程在一定程度上实现了思想性、学术性、实用性和趣味性的有机结合,既可以作为对大学生开展法治宣传教育的教科书,也可以作为对广大社会主体进行较深层次普法宣传、对非法律专业人士进行法治培训的教材。

本书由魏胜强担任主编,编写人员分工如下:

魏胜强:第1章,第2章第1—3节;

杨洪斌、魏治勋:第2章第4节;

侯宇:第3章;   赵晓毅:第4章;   申惠文:第5章;

杨会永:第6章; 姚保松:第7章;   曹明睿:第8章;

张阳:第9章;   崔金星:第10章;   周德军:第11章;

马志强:第12章; 苏凤格:第13章。

本书获准立项为郑州大学法学院2016年度规划教材、郑州大学2017年度校级教材,同时也是郑州大学精品在线开放课程"法治基础"的配套教材,在编写过程中得到郑州大学法学院、郑州大学教务处的大力支持,我们特意对上述单位和相关人员表示感谢!

书中采用的图片和一些阅读资料主要来自网络媒体。个别图片的作者或其来源媒体因无法确定而未标出来,我们对他们表示深深的歉意,同时对所有图片和相关文字资料的作者及其来源媒体表示感谢!郑州大学国际学院2016级视觉传达设计专业本科生钟晓晖、李露铭、李菲、朱钰欣同学,积极为本书配图,给本书增添了不少趣味;2016级应用心理学专业本科生刘一楠同学,2017级法学专业本科生郭寒冰、李林孖同学,根据本书内容制作了配套课件,随书赠送给各位读者。

由于编写人员的水平和能力有限,书中难免有不足,敬请各位读者批评指正!

魏胜强

2018年5月

目　　录

第一章　法律基础理论 ··· 1
　第一节　法律的概念 ··· 1
　第二节　法律的运行 ··· 12
　第三节　法律与其他社会现象 ··· 22

第二章　法治基础理论 ··· 31
　第一节　古代的人治与法治之争 ··· 31
　第二节　近现代法治的思想基础 ··· 40
　第三节　中国特色社会主义法治的指导思想 ··· 48
　第四节　全面推进依法治国 ··· 61

第三章　宪法 ··· 71
　第一节　宪法基础理论 ··· 71
　第二节　公民的基本权利和义务 ··· 77
　第三节　国家制度 ··· 82

第四章　宪法相关法 ··· 91
　第一节　国家机关组织法 ··· 91
　第二节　立法法、选举法和代表法 ··· 103
　第三节　中央和地方关系法 ··· 113

第五章　民法商法 ··· 122
　第一节　民法商法基础理论 ··· 122
　第二节　婚姻家庭法 ··· 129
　第三节　财产法 ··· 135
　第四节　公司法 ··· 145

第六章　行政法 ··· 151
　第一节　行政法基础理论 ··· 151
　第二节　行政行为法 ··· 159
　第三节　行政救济法 ··· 170

第七章　经济法 ··· 183
　第一节　经济法基础理论 ··· 183
　第二节　市场监管法 ··· 190
　第三节　宏观调控法 ··· 202

第八章 社会法 ……………………………………………………………………… 211
第一节 劳动法 …………………………………………………………… 211
第二节 社会保障法 ……………………………………………………… 224
第三节 特殊群体权益保障法 …………………………………………… 233

第九章 刑法 ………………………………………………………………………… 242
第一节 犯罪 ………………………………………………………………… 242
第二节 刑罚 ………………………………………………………………… 251
第三节 刑法分论 …………………………………………………………… 258

第十章 环境法 ……………………………………………………………………… 273
第一节 环境法基础理论 …………………………………………………… 273
第二节 环境污染防治法 …………………………………………………… 281
第三节 自然资源与生态保护法 …………………………………………… 290

第十一章 诉讼与非诉讼程序法 …………………………………………………… 299
第一节 民事诉讼法 ………………………………………………………… 299
第二节 刑事诉讼法 ………………………………………………………… 309
第三节 仲裁法和人民调解法 ……………………………………………… 319

第十二章 国际法 …………………………………………………………………… 326
第一节 国际公法 …………………………………………………………… 326
第二节 国际私法 …………………………………………………………… 335
第三节 国际经济法 ………………………………………………………… 343

第十三章 中国传统法律文化 ……………………………………………………… 352
第一节 中国法律制度史 …………………………………………………… 352
第二节 中国法律思想史 …………………………………………………… 366

附录 "双一流"背景下的大学生法治观念培养机制研究 ……………………… 377

第一章 法律基础理论

"学点历史和法学。"

毛泽东:《工作方法六十条(草案)》(1958年1月31日)

"还是要靠法制,搞法制靠得住些。"

邓小平:《在武昌、深圳、珠海、上海等地的谈话要点》
(1992年1月18日—2月21日)

【学习指导】 重点掌握法律的含义和特征,法律的效力,法律体系,法律关系,法律责任,法律与道德、法律与政策的区别和联系;了解法律的分类,立法、执法与司法,法律的作用,法律与商品经济、市场经济的关系,能够正确区分法律现象与其他现象。

一提到法律,不少人会联想到以条文形式存在的各种规定,甚至将其简单地理解为条条框框。实际上,法律是一种鲜活的社会规范,它渗透到社会生活的诸多方面,影响着人们的活动和社会的发展。学习法律知识,不仅应当知道法律作出了哪些规定,还应当了解法律的相关原理,这样才能全面地掌握法律,深刻地认识法律,正确地运用法律,客观地看待法律。法律的原理涉及的内容相当丰富,难以详述,这里仅介绍一些基础理论。

第一节 法律的概念

何谓法律?它到底能做什么?它与其他规范有哪些区别?从法律与其他事物的关系看,哪些现象属于法律,哪些不属于法律?从法律自身的内部构成看,法律可以分为哪些类别?法律到底有着怎样的约束力?诸如此类的问题是学习法律首先要思索的,这就需要从基本概念入手来认识法律现象。

一、法律的含义和特征

(一)法律的含义

"法""律""法律"这样的用语,在我国法律发展史上有一个演化过程。从史书的记载看,法律在我国古代最早被称作"刑",如夏朝的禹刑,商朝的汤刑,西周的吕刑,春秋战国时期出现的竹刑、刑鼎、刑书等。战国时期,李悝在魏国实行变法,改刑为法,造《法经》六篇。商鞅在秦国实施变法,改法为律。此后,历代封建国家一般把法律称为律,但宋元两朝例外,如宋朝的法律称为"刑统",元朝的法律称为"典章"。古代也有人将"法""律"两字合为"法律"一词,但总体来说,"法""律"两个词是分开使用的,清末以后才合并为"法律"一词而逐渐被广泛使用。

汉语中"法"的古体字写作"灋"。《说文解字》称:"灋,刑也,平之如水,从水;廌,所以

郑州大学 李 菲 画

触不直者去之,从去。"从这一解说可以看出,法在古代有三层含义。第一,"法"和"刑"同义。"刑"有杀戮、惩罚的意思,也有规范、约束的意思,法也具有这样的意思。第二,法有公平的意思。法平之如水,而水无色无味,透明公平。第三,法有明断曲直的意思。廌(音 zhì)据说是一种神兽,被《神异经》称为"獬豸"(音 xiè zhì),是一种独角兽,能够评判是非,"触不直者去之"。

《说文解字》称:"律,均布也"。"均布"据说是古代调整音律的工具,把"律"比作均布,说明律有规范、统一人们行为的作用,是具有普遍性的规定、准则。

在现代汉语中,"法律"一词有广义和狭义两种用法。广义的法律指法律的整体,以我国当代法律为例,它包括作为根本法的宪法、全国人民代表大会及其常务委员会制定的法律、国务院制定的行政法规、一定级别的地方人民代表大会及其常务委员会制定的地方性法规、国务院部委和一定级别的地方人民政府制定的规章等。狭义的法律仅指专门立法机关制定的规范性法律文件,如全国人民代表大会及其常务委员会制定的法律。

法律一词,有时作广义解,有时作狭义解。如我国《宪法》第33条规定:"中华人民共和国公民在法律面前一律平等。"这一规定中的"法律",是在广义上使用的。《宪法》第5条规定:"一切法律、行政法规和地方性法规都不得同宪法相抵触。"这一规定中的"法律",则是从狭义上使用的。

在很多情况下,"法"和"法律"是混用的,"法律"一词在使用时,其广义上的意义和狭义上的意义也是混用的。

(二)法律的特征

法律作为调整世俗社会中的重要规范之一,具有明显的特征。正是这些特征,使法律能够独立于其他规范而存在,并发挥着其他规范难以发挥的作用,富有成效地解决着世俗社会中的许多纠纷。

1. 法律是调整行为的规范

法律所调整的是人的行为。法律关注的主要是人们的行为而不是内心,它往往衡量人们做了什么,而不衡量人们想了什么。一个人出于良好的动机和意愿去做某些事情,却由于能力不及或者考虑不周而在结果上危害了社会或者他人的利益,在法律上仍要承担相应的后果。法律不能惩罚人们思想上的"犯罪",只要这种"犯罪"思想没有付诸实施。当然,并非所有的行为法律都会调整,人们实施的行为如果对别人没有产生影响,法律就不调整。只有那些足以影响到他人的物质利益和精神利益的行为,法律才对其进行调整。

法律是一种约束人们行为的规范性文件。所谓规范性,指的是法律具有普遍性、抽象性和反复适用性。法律不是专门针对具体的人、具体的事的,而是针对所有的人和事。

即使法律专门针对某些群体、职业或者某些事项而制定,也只能对这些群体、职业或者事项普遍适用,不能指名道姓地专门用于个别的人和事。法律是一种反复适用的规范,在有效期内,法律可以对被适用的对象反复地、无限次地适用。

郑州大学　李露铭　画

2. 法律由国家制定、认可和解释

制定、认可和解释,是国家创制法律的主要形式。制定,指国家立法机关通过立法活动创设新的法律规范,废止旧的法律规范。通过制定产生的法律一般被称为制定法,也即是成文法。认可,指国家立法机关赋予某些既存的规范以法律效力,使之成为法律。例如,立法机关确认某些社会习俗、惯例等为法律,这样的法律一般被称为习惯法。解释,指国家中具有法律解释权的机关通过解释法律或者先前的判决而创制新的法律。

法律由国家制定、认可和解释,说明法律具有明显的国家性。法律的国家性可以从三个方面来理解:(1) 以国家名义创制。法律不管事实上是由哪个机关创制的,都必须以国家的名义进行,而不能以政党、社会团体、其他组织或个人的名义创制。(2) 适用范围以国家主权为界。法律只能在国家主权的范围内实施,国家主权的边界就是法律的边界,一个国家的法律不能在另外一个国家实施,否则即是对他国主权的侵犯。(3) 由国家强制力保证实施。国家强制力是法律得以顺利实施的保障力量。

3. 法律以权利和义务为调整机制

权利和义务是法律的核心内容。权利和义务几乎渗透到法律的各个方面,法律条文的背后所隐含的正是权利或者义务,而且权利和义务贯穿于法律运行的全过程,几乎所有的法律活动体现的都是权利或者义务的内容。由此看来,没有权利和义务就没有法律,权利和义务是法律的内容,法律是权利和义务的形式和符号表述。

法律以权利和义务为内容意味着法律具有利导性。法律承认人们是追求利益的动物,趋利避害是人的本能。因而,一方面,法律把能够给国家、社会和个人带来利益的内容设定为权利,鼓励人们通过行使权利而得到利益,人们通过行使权利而得到自身利益的同时,也使国家和社会受益。另一方面,法律把有利于国家和社会而需要个人付出牺牲的内容设定为义务,要求人们通过履行义务而使国家和社会受益,人们拒绝履行义务将面临不利的后果,为了不受到惩罚或者避免更大的损失,人们不得不履行义务。显然,法律不是靠道德说教、内心信仰等方式引导人们的活动,而是靠利益的得失来引导人们的活动。

4. 法律通过一定程序而公开实施

切蛋糕的人后取蛋糕,是保证蛋糕分配公平的程序要求。法律活动涉及人们生活的重大利益,因此更要注重结果的公正,而程序公正是结果公正的重要保证。法律的程序性强调的是,法律必须按一定程序实施,而且当事人可以通过一定程序获得救济。在法律活动中,程序公正与实体公正同样重要,没有程序公正必然没有实体公正。

法律的实施具有公开性。人类历史上曾经出现过"刑不可知,则威不可测"的时代,但法律发展的最终结果是公开,不但法律的内容要公开,法律的实施更要公开。法律只有公开,才能便于当事人申请救济,使当事人认可和接受法律实施的结果。法律只有公开实施,才能在社会上树立法律的权威而具有公信力。某些特殊情况下,如为了维护国家秘密、商业秘密或者个人隐私,法律的实施过程需要保密,但法律实施的结果一定要公开。

【随堂测试】 下列对于法律的理解,错误的是(　　)。(单选题)
A. 法律是由国家制定或者认可的社会规范
B. 法律的实施并不需要依靠社会舆论、道德观念和法律意识等手段来保证
C. 法律通常在国家主权范围内普遍有效
D. 法律所调整的是人们之间的相互关系或者相互间的行为

解析: 法律虽然是靠国家强制力保证实施的,但是社会舆论、道德观念、风俗习惯、法律意识等因素,对法律的实施会产生非常大的影响。因此,本题选项 B 为正确答案。

二、法律的分类

依据一定的标准,或者从一定角度出发,可以对法律进行分类。法律的分类有利于廓清不同法律之间的界限,明确各类法律的特性,使人们从不同侧面了解和认识法律现象。

(一) 国内法和国际法

依据法律创制和适用的范围不同,可以把法律分为国内法和国际法。国内法是一个国家有立法权的主体创制并在国家主权范围内实施的法律。国际法是不同国家或国际组织制定、认可或者参与缔结的并在它们之间适用的法律。

国际法和国内法属于不同性质的法律。从法律的创制看,国内法是主权国家的立法主体行使立法权而创制的;国际法是不同国家或者国际组织通过协商而创制的。从法律的适用范围看,国内法在国家主权范围内有效,国家主权范围内的每一个主体都必须遵守该法律,法律具有强制性的约束力;国际法在参与缔约和接受该条约的国家和国际组织间有效,各个主体是自愿遵守的。从调整的对象看,国内法调整的对象一般来说是公民个人和组织,特定情形下国家也可以成为法律关系的主体;国际法调整的对象有相当一部分是国家和国际组织。

(二) 成文法和不成文法

依据法律的创制方式和表现形式不同,可以把法律分为成文法和不成文法。成文法是由一定主体制定并以文字形式表现出来的法律,一般指制定法,也包括协议法(如国际条约)。不成文法是由国家认可的不具有规范的条文形式的法律,包括习惯法、判例法等。

成文法的特点在于它是由文字表述的明确肯定的抽象性规则,这一特点使成文法成为现代社会里非常重要的法律。但成文法并非完美无缺,它的许多不足需要不成文法来

补充。不成文法在今天仍然具有很大的生命力，特别是在英美法系国家，不成文法在整个法律中处于主导地位，成文法从属于不成文法。

（三）一般法和特别法

按照法律的效力范围不同，可以把法律分为一般法和特别法。一般法是对一般的人和事在不特别限定的时间和区域生效的法律，即对一般主体、一般事项、一般时间和一般区域范围有效的法律。特别法是针对特定的人群或者特定的事项，在特定区域或特定时间有效的法律。

一般法和特别法的划分标准很多，具体包括如下几个方面：

（1）以主体为标准。一般法适用于一般的人或所有的人，特别法适用于特定的人。如出入境管理法、行政复议法等属于一般法，教师法、公务员法等属于特别法。

（2）以事项为标准。一般法适用于一般的事项，特别法适用于特定的事项。如民法总则属于一般法，婚姻法、合同法属于特别法。

（3）以时间为标准。一般法在调整时间上往往不作限制，特别法则严格限制其有效期。如有关戒严、突发事件方面的法律相对于常态时期的法律就是特别法。

（4）以区域为标准。一般法原则上在全国实施，特别法仅适用于国家特定的区域。如特别行政区基本法、民族区域自治法，相对于在全国适用的法律就是特别法。

一般法和特别法的划分是相对的，例如公务员法相对于对一般主体适用的法律而言属于特别法，而相对于人民警察法而言又属于一般法；特别行政区基本法相对于在全国普遍适用的基本法而言是特别法，相对于特别行政区的其他法律而言则是一般法。

（四）实体法和程序法

依据法律规定的内容不同，可以把法律分为实体法和程序法。实体法是以主体的权利和义务关系或者职权和职责关系为主要内容的法律，如民法、刑法、行政法等。程序法是以保证主体的权利和义务得以实现或者保证主体的职权和职责得以履行所需要的程序为主要内容的法律，如诉讼法、仲裁法等。

实体法和程序法的划分也是相对的，实体法并非不涉及程序问题，程序法也不是不涉及实体问题。因为任何实体权利和义务的实现或者职权和职责的履行都必须在一定的程序中进行，而任何程序的设定都是为了实现实体内容。实体法侧重于主体之间权利和义务或者职权和职责的产生、变更和消灭，而程序法侧重于权利和义务未能实现或者职权和职责未能履行时如何救济。

（五）根本法和普通法

根本法和普通法律的划分方式适用于成文宪法国家，是根据法律的地位、效力和制定程序不同而作出的划分。

根本法是在整个法律渊源和法律体系中处于最高地位的法律，它规定的是国家的各项基本制度、基本原则、公民的基本权利义务等国家的根本问题。根本法一般称为宪法，在有些国家被称为基本法，是国家的总章程，由国家最高立法机关经过非常严格的程序制定和修改，具有最高法律效力。

普通法是宪法以外所有法律的统称，它所包括的法律种类繁多，地位、效力和制定程序也不相同。但不管什么样的普通法,其地位和效力都低于根本法,其制定和修改程序也不如根本法那样严格和复杂。一般来说,普通法的产生和存在,普通法的内容和效力,都应当以根本法为依据,并且不得与根本法相抵触。因此,根本法一般被称为"母法",而普通法被称为"子法"。

(六)公法和私法

公法和私法的划分源自罗马法,由罗马法学家乌尔比安(Ulpianus,约170—228)最先提出。按照乌尔比安的观点,划分公法和私法的标准在于法律所保护的是国家公益还是私人利益,保护国家公益的法律为公法,保护私人利益的法律为私法。有人认为,应当以法律关系的主体为标准来划分,凡规定国家之间、国家机关之间、国家机关与私人之间的关系的法律为公法,凡规定私人之间关系的法律为私法。也有人认为,应以法律所调整的社会关系为标准进行划分,凡调整国家与公民之间管理与服从的关系即权力与权利的关系的法律为公法,凡调整公民之间的相互关系即权利与义务的关系的法律为私法。不管公法与私法的划分标准如何不统一,乌尔比安关于公法与私法的划分得到了延续和继承。

一般认为,宪法、行政法、刑法属于公法,民商法、婚姻家庭法属于私法。至于诉讼法,有的认为属于公法,有的认为刑事诉讼法和行政诉讼法属于公法,而民事诉讼法属于私法。随着法律所调整的社会关系的复杂化,出现了介于公法和私法之间的法律,如经济法、劳动和社会保障法、环境和资源保护法等,这些法律划归于公法或私法都不妥,有人认为应当单列为社会法,即社会法是与公法、私法并列的法律类别。

三、法律的效力

法律的效力,是法律对其所指向的人或事的强制力或约束力,包括对象效力、空间效力和时间效力。

(一)法律的对象效力

法律的对象效力,指法律的适用对象有哪些,也就是它对什么样的人有效,这里的人既包括自然人,也包括法律所拟制的法人和其他组织。

各个国家关于法律的对象效力有一定的差异,但所实行的原则大体上有如下4类:

(1)属人原则,即以对象的国籍为标准,具有本国国籍的人和组织无论是在国内还是在国外,都受本国法律的约束。外国人和外国组织在本国境内的活动不受本国法律的约束。

(2)属地原则,即以地域为标准,法律对本国领域内的所有人和组织都具有约束力,不论他们是否具有本国国籍。本国人如果不在本国领域内,则不受本国法律的约束。

(3)保护原则,即以保护本国利益为标准,任何人和任何组织,不管他们是否具有本国国籍,也不管他们是否在本国领域内,只要侵犯了本国的利益,就应当受到本国法律的追究。

(4)折衷原则,即以属地原则为主,以属人原则和保护原则为补充的综合原则。根据这一原则,一国领域内的所有人和组织,不管其国籍如何,一般都要适用该国的法律。外国人和外国组织以适用居住国的法律为原则,但有关婚姻家庭等方面的事务适用其本国的法律。根据国际条约和惯例,享有外交特权和豁免权的人适用其本国的法律。世界上大多数国家采用了折衷原则。

我国在法律的对象效力上采用的也是折衷原则,包括两方面的内容:

(1) 对我国公民的效力。我国公民在我国领域内一律适用中国的法律;在境外的中国公民也应当遵守中国的法律并受中国法律的保护,同时也应当遵守所在国的法律。如我国《刑法》第7条规定:"中华人民共和国公民在中华人民共和国领域外犯本法规定之罪的,适用本法,但是按本法规定的最高刑为三年以下有期徒刑的,可以不予追究。中华人民共和国国家工作人员和军人在中华人民共和国领域外犯本法规定之罪的,适用本法。"

(2) 对外国人和无国籍人的效力。这包括对中国领域内的外国人和无国籍人的效力,以及对中国领域外的外国人和无国籍人的效力。外国人和无国籍人在中国领域内,除法律另有规定外,适用我国的法律,我国既保护他们的合法利益,又依法处理他们的违法行为。如我国《民法总则》第12条规定:"中华人民共和国领域内的民事活动,适用中华人民共和国法律。法律另有规定的,依照其规定。"外国人和无国籍人在我国领域外,如果侵犯了我国国家和公民的利益,也可以适用我国的法律。如我国《刑法》第8条规定:"外国人在中华人民共和国领域外对中华人民共和国国家或者公民犯罪,而按本法规定的最低刑为三年以上有期徒刑的,可以适用本法,但是按照犯罪地的法律不受处罚的除外。"这是根据国家主权原则作出的规定,有利于保护国家利益和驻外工作人员、留学生和侨民的合法利益,也尊重了其他国家的主权。

(二) 法律的空间效力

法律的空间效力,指法律适用于哪些地域,或者在哪些地域有效。一般来说,一个国家的法律适用于该国主权所及的全部领域,包括领土、领空、领水及其底土,以及延伸意义的领土,如本国驻外国大使馆、领事馆,在本国领域外的船舶、飞行器。

对于不同的法律来说,由于制定主体、效力等级、调整对象和内容等方面存在差异,其空间效力也不相同。一般来说,法律的空间效力有如下四种:

(1) 有的法律在全国范围内有效,即在国家主权所及的所有领域有效。这种法律一般是一国最高立法机关制定的宪法和许多重要法律,以及最高行政机关制定的行政法规。我国的宪法、法律和行政法规,除有特别规定外,都在全国范围内有效。

(2) 有的法律在局部范围内有效。这有两种情况,一种是地方国家机关制定的规范性法律文件,只在本地方有效,如地方性法规、自治条例和单行条例等;另一种是国家立法机关制定的专门在某些地域生效的规范性法律文件,如特别行政区基本法只适用于特别行政区,民族区域自治法只适用于民族区域自治地方。

(3) 有的法律具有域外效力,即这些法律不仅在国内,而且在本国主权管辖范围以外有效,如我国《刑法》第8条的规定。

(4) 国际法一般适用于缔约国和参加国,但缔约国和参加国声明保留的条款除外。非缔约国如果愿意接受国际法,国际法对它们也有约束力。

（三）法律的时间效力

法律的时间效力指法律的生效范围，包括法律开始生效和终止生效，以及法律对生效以前的行为有无溯及力。

1. 法律开始生效

法律开始生效，意味着法律开始具有效力。公布是法律生效的前提条件，但并不是所有的法律一旦公布就立即生效。法律开始生效一般有如下几种情况：

（1）自公布之日起开始生效。这里有两种情况，一种是法律明文规定自公布之日起生效，如我国《反分裂国家法》第10条规定："本法自公布之日起施行。"另一种是法律没有规定生效时间，而是由其他文件宣布生效，如我国1982年12月4日由全国人民代表大会通过的《宪法》本身并未规定开始生效的时间，而是同日由全国人民代表大会公告公布施行。

（2）公布后经过一段时间生效。这种情况比较常见，可以使社会大众和国家机关有一定的时间了解法律的内容，做好实施法律的准备。如我国1989年4月4日公布的《行政诉讼法》自1990年10月1日起施行，1996年3月17日修正的《刑事诉讼法》自1997年1月1日起施行。

（3）公布后达到一定期限或者满足一定条件后开始生效。如我国1986年12月2日通过的《企业破产法（试行）》第43条规定："本法自全民所有制工业企业法实施满三个月之日起试行，试行的具体部署和步骤由国务院规定。"而《全民所有制工业企业法》于1988年4月13日通过，自1988年8月1日起施行。

2. 法律终止生效

法律终止生效，又称法律的废止或失效。法律终止生效，通常有明示的废止和默示的废止两种方式。明示的废止，指在新法或者其他法律中明确规定终止旧法的效力。默示的废止，指不以明文规定废止原有的法律，而是在实践中新法与旧法发生冲突时舍弃旧法而采用新法。一般来说，立法机关有意废止某项法律时会采取明示方式。如果立法机关所立的新法与旧法有矛盾，而立法机关对此并无察觉，法律实施机关在实践中发现新法与旧法相冲突时，应当以新法为准，旧法就以默示的方式被废止了。

3. 法律的溯及力

法律的溯及力指法律溯及既往的效力，即法律对其生效以前的事件和行为是否适用。如果适用，法律就有溯及力，如果不适用，法律就无溯及力。一般来说，法律只能适用于其发布和生效以后的事件和行为，而不能适用于生效以前的事件和行为，因为人们不可能按照尚未颁布的法律实施自己的行为，也没有义务遵守尚未生效的法律。

但法律不溯及既往并不是绝对的，目前各国在法律的溯及力上采用的原则有5种：（1）从旧原则，即新法没有溯及力。（2）从新原则，即肯定新法有溯及力。（3）从轻原则，即比较新法与旧法，哪个法律处理得轻就按照哪个处理。（4）从旧兼从轻原则，即承认新法原则上没有溯及力，但如果新法对行为人更有利时，则从新法。（5）从新兼从轻原则，即承认新法原则上有溯及力，但如果旧法对行为人更有利时，则从旧法。

现代各国刑法中普遍采用从旧兼从轻原则，我国也采用了这一原则。我国《刑法》第

12条规定:"中华人民共和国成立以后本法施行以前的行为,如果当时的法律不认为是犯罪的,适用当时的法律;如果当时的法律认为是犯罪的,依照本法总则第四章第八节的规定应当追诉的,按照当时的法律追究刑事责任,但是如果本法不认为是犯罪或者处刑较轻的,适用本法。"

(四)法律的效力层次

法律的效力层次,也称法律的效力位阶或法律的效力等级,指的是一个国家的法律体系中的各种法律,由于制定的主体、程序、时间、适用范围等的不同,而具有不同的效力,形成法律的效力等级体系。一个国家的法律多种多样,难免会出现各种冲突,法律的效力层次可以在很大程度上消除这些冲突,确保法律体系的协调统一。

法律的效力层次一般遵循如下原则:

(1)宪法至上。一般来说,在一个国家的法律体系中,宪法是根本法,处于最高地位,具有最高效力。宪法之外的一切法律都是依据宪法制定的,必须符合宪法的相关原则和规定,而不得与宪法相抵触,与宪法相抵触的一切法律都是无效的。

(2)上位法优于下位法。不同位阶的法律在效力上有高有低,上位法的效力高于任何一个下位法的效力,位阶低的法律的效力应当服从位阶高的法律的效力。例如在我国,在遵循宪法至上的前提下,法律的效力高于行政法规,行政法规的效力高于地方性法规和规章,同一地方层级中地方性法规的效力高于地方政府规章。

(3)特别法优于一般法。同一位阶的法律,如果存在特别法和一般法,当它们的规定不一致时,特别法的效力优于一般法,一般法要服从特别法。特别法优于一般法的前提是,特别法和一般法都是同一位阶的法律,如果二者属于不同的位阶,则应当坚持上位法优于下位法。

(4)新法优于旧法。同一位阶的法律之间发生矛盾,如果依据上述原则仍不能确定其效力时,可以依据制定的时间先后来确定其效力,后制定的法律在效力上优于先制定的法律。

■ 法治快讯

许昌男子买了别墅却反悔 14万元保证金打水漂[①]

"法律不是儿戏",许昌市民张某对这句话有着"多么痛的领悟"。他参与法院网络司法拍卖并竞拍成功后,又反悔不想要所拍房屋。3月16日,他所交的14万元保证金已被法院没收不再退还。

2016年2月,张某在淘宝网上进入司法拍卖页面,浏览许昌市魏都区法院网络拍卖内容,经比较,张某在该院所发布的网拍信息上相中许昌市区某高档小区的一套别墅。根据该院所发布公告要求,张某通过网络转账向法院缴纳14万元保证金取得竞拍资格。

拍卖当天,张某与其他几名竞拍者参与竞拍,张某以180万元拍得该别墅。按照法

[①] 资料来源:大河网,2017年3月17日。http://news.dahe.cn/2017/03-17/108365209.html,2017年3月17日访问。

律规定,张某在网上拍得该别墅后,应于10日内到法院缴纳购房款,之后再办理相关过户手续。可10天过去了,却始终不见张某踪影。其间,魏都区法院负责网络拍卖的法官多次电话联系张某,要求张某缴纳剩余的166万元购房款,但张某却表示不想要该别墅了,且对法官告知其网拍后若悔拍不予退还保证金的法律规定置若罔闻。无奈之下,一个月后魏都区法院只能将张某所悔拍的别墅重新拍卖,该房被他人以185万元买走。

根据最高人民法院《关于人民法院网络司法拍卖若干问题的规定》,拍卖成交后买受人悔拍的,缴纳的保证金不予退还,依次用于支付拍卖产生的费用损失、弥补重新拍卖价款低于原拍卖价款的差价、冲抵本案被执行人的债务以及与拍卖财产相关的被执行人的债务。按照此项规定,张某因悔拍,所缴纳的14万元保证金不予退还。

(记者杜文育,通讯员芦萍、徐真)

四、法律体系

(一)法律体系与法律部门的含义

法律体系,是指一个国家的全部现行法律规范按照不同的法律部门分类组合而形成的一个呈体系化的有机联系的整体。从法律体系的这一含义可以看出以下几点:

(1)法律体系是以国家为单位而构建的。法律体系指的是一个国家的法律所构成的体系,而不是几个国家的法律构成的,也不是一个国家的某一个或者某几个地区的法律构成的。一般来说,一个国家只有一个法律体系。

(2)法律体系是由一个国家的全部现行法律规范构成的。构成法律体系的法律规范只能是现行有效的法律规范,历史上存在的法律、将要制定的法律,都不属于法律体系的内容。而且,构成法律体系的现行法律应当是一个国家全部的现行法律。

郑州大学 李露铭 画

(3)法律体系是由法律部门构成的。一个国家的全部现行法律规范构成不同的法律部门,不同的法律部门构成一个法律体系,因而法律体系是全部现行法律组合而成的呈体系化的有机整体。

(4)法律体系的理想化要求是部门齐全、结构严密、内部协调。在宪法的统率下,一个国家的法律体系应当包含各个法律部门,不同法律部门之间的法律规范应当组建成一个严密的法律网络,法律规范相互之间协调统一,共同促进法律发挥作用,达到"法网恢恢,疏而不漏"的效果。

法律部门,也称部门法,它是指按照法律规范所调整的社会关系的不同和调整方法的

不同进行划分,而形成的一个国家同类法律规范的总称。法律部门划分的标准有两个:

(1) 法律所调整的社会关系,这是划分法律部门的首要标准。社会关系非常复杂,但可以进行大致的分类。法律由于所调整社会关系的不同而具有不同的属性,可以划分为不同的法律部门。如调整公民与国家之间关系的法律规范构成宪法相关法部门,调整行政管理关系的法律规范构成行政法部门,调整民商事关系的法律规范构成民法商法部门。

(2) 法律的调整方法,这是划分法律部门的辅助标准。有时候,同一个法律部门也能调整不同的社会关系,同一个社会关系也需要不同的法律部门来调整,因而划分法律部门还应当依据其调整方法的不同。如刑法部门的调整方法很严厉,而民法商法部门的调整方法柔和得多。

(二) 中国特色社会主义法律体系

中华人民共和国成立特别是改革开放以来,中国共产党领导中国人民制定宪法和法律,经过各方面坚持不懈的共同努力,到 2010 年底,一个立足中国国情和实际、适应改革开放和社会主义现代化建设需要、集中体现中国共产党和中国人民意志的中国特色社会主义法律体系已经形成,国家经济建设、政治建设、文化建设、社会建设以及生态文明建设的各个方面实现有法可依。中国特色社会主义法律体系,是以宪法为统帅,以法律为主干,以行政法规、地方性法规为重要组成部分,由宪法相关法、民法商法、行政法、经济法、社会法、刑法、诉讼与非诉讼程序法等多个法律部门组成的有机统一的整体。

(1) 宪法相关法。宪法相关法包括国家组织机构方面的法律,民族区域自治方面的法律,特别行政区基本法,保障公民政治权利方面的法律,有关国家领土、主权、象征和公民国籍方面的法律等。

(2) 民法商法。除《民法总则》外,它还包括大量的单行民商事法律,如合同法、知识产权法、婚姻家庭法、公司法、海商法、证券法、保险法等。

(3) 行政法。除一般行政管理方面的法律外,它包括大量的国防、外交、民政、公安、人事、教育、科技、文化、体育、环境保护、城市建设等方面的单行法。

(4) 经济法。它包括国家宏观调控和经济管理方面的法律,创造公平竞争环境、维护市场秩序方面的法律,扩大对外开放、促进对外经济贸易合作方面的法律,促进自然资源的保护和合理利用方面的法律等。

(5) 社会法。包括劳动用工、劳动合同、工资福利、社会保障、社会保险、特殊群体权益保护等方面的法律。

(6) 刑法。它的主体是《刑法》及其修正案,还包括一系列单行刑法。

(7) 诉讼与非诉讼程序法。诉讼法主要是《民事诉讼法》《行政诉讼法》《刑事诉讼法》等,非诉讼程序法包括《引渡法》《仲裁法》《人民调解法》等。

中国处于并将长期处于社会主义初级阶段,整个国家还处于体制改革和社会转型时期,社会主义制度需要不断自我完善和发展,这就决定了中国特色社会主义法律体系必然具有稳定性与变动性、阶段性与连续性、现实性与前瞻性相统一的特点,决定了中国特色社会主义法律体系必然是动态的、开放的、发展的,而不是静止的、封闭的、固定的,必将伴随中国经济社会发展和法治国家建设的实践而不断发展完善。

第二节 法律的运行

法律来到世间,主要不是为了增强人们的素质,提高人们的修养,纯洁人们的内心,净化人们的灵魂。法律的首要任务是处理问题,解决纠纷,维护社会正常秩序,保障社会健康发展。因此,法律的生命在于运行,法律所蕴含的一切美好的价值都只能在运行中体现出来。立法、执法、司法与守法是法律运行的基本环节,法律的作用、法律关系和法律责任是法律运行的实际体现。

一、立法、执法、司法与守法

从法律制度的设计来看,法律的运行以立法为起点,以执法为重要内容,以司法为终点,而在整个法律运行过程中,守法发挥着重要作用。立法、执法、司法和守法,构成了法律运行的基本环节,完成了法律由制定到实施的全过程。

（一）立法

立法是法定的国家机关依据职权和程序,制定、认可和变动规范性法律文件的活动。对于立法应当强调的是：

（1）立法是法定主体的活动。并非所有的主体都可以立法,只有具备立法资格的国家机关才能立法。有些不具有立法权的主体虽然也在制定规范性文件,但那些规范性文件不属于"法律"的范畴。例如村民委员会、大学等,它们制定规则的活动显然不是立法。

（2）立法是依据法律进行的活动。立法不是任意而为的活动,即使有些机关具有立法的资格,它也必须按照法律规定的程序和要求,在自己的权限范围内立法。

（3）立法的结果是创制或者改变规范性法律文件。所有的立法活动最终都会带来规范性法律文件的创设或者改变,无论是制定法律、修改法律还是废除法律都是如此。

立法中关键性的内容是立法体制。立法体制是一个国家所设立的关于立法权限的体系和制度。世界上有多种立法体制,我国当前的立法体制具有明显的中国特色,一般被称为"一元两级多层次"的立法体制。"一元"指的是国家立法权由全国人民代表大会及其常务委员会统一行使,其他一切立法主体的立法权都源自全国人民代表大会及其常务委员会的授权。"两级"指的是我国的立法分为中央和地方两个等级。"多层次"指的是我国的立法无论是中央级还是地方级,都分为不同的层次。如中央级的分为法律、行政法规、部门规章三个层次,地方级的分为地方性法规、地方政府规章、自治条例和单行条例等层次。

（二）执法

执法指的是法定的国家机关通过执行法律而管理国家和社会事务的活动,有广义和狭义之分。广义上的执法,是指国家行政机关、司法机关、法律授权或者委托的组织及其公职人员,依照法定职权和程序贯彻实施法律的活动。它包括一切执行法律、适用法律的活动,也就是包括行政执法活动和司法活动。通常,我国各级人民代表大会经常进行的"执法大检查"以及作为法治基本要求的"严格执法",都是在广义上理解和运用执法概念的。狭义上的执法,是指国家行政机关和法律授权、委托的组织及其公职人员在行使行政管理权的过程中,依照法定职权和程序贯彻实施法律的活动。这种活动不包括司法活动,也不包括行政机关制定普遍性规则的行政立法活动,而仅指行政主体具体实施法律的活动,因而狭义的执法也叫行政执法。行政执法的主体比较广泛,包括政府、政府工作部门、法律授权的组织以及行政机关依法委托的组织。在行政执法活动中发挥作用非常大的是政府和政府工作部门,即各级行政机关。

与立法、司法比起来,执法有如下特点:

(1) 内容广泛。执法是以国家名义对社会实行全方位的组织和管理活动,几乎涉及国家和社会的各个领域。特别是在现代社会里,由于社会事务日益复杂,执法活动的范围尤为广泛,对社会的影响也越来越强烈。

(2) 积极主动。执法活动往往是执法机关积极主动进行的,行政机关需要主动行使职权和履行职责,并且在很多情况下职权的行使和职责的履行不需要行政管理相对人的申请。

(3) 单方意志。行政机关在执法活动中与行政相对人是一种隶属关系而不是平等关系,行政机关处于支配地位。除少数情形外,行政机关在法律规定或者授权的范围内,可以依自己的意志作出行政行为,无需经行政相对人同意。

(4) 自由裁量。由于行政事务的复杂性,法律在对行政机关处理行政事务的职权进行规定时,往往给行政机关留有较大的自由裁量空间,便于行政机关充分发挥其主观能动性,根据法律的精神和原则积极灵活地作出行政行为,因而行政机关在自由裁量权范围内作出行政行为时有很大的选择余地。

(5) 效力先定。行政机关依法执法,无论其最终是否合法,一经作出就发生法律效力。即使这种执法行为后来被上级行政机关或者被法院认定为违法,在没有被认定为违法之前,或者在认定其违法的判决、裁定生效之前,它都是合法的,并且除特殊情况外,执法的决定在作出之后应当立即执行。

(三) 司法

司法是法定的国家机关具体应用法律裁判案件的专门活动。从世界范围来看,司法机关主要是法院。在我国,检察机关也被一些人认为属于司法机关,但司法的本质是裁判案件,而真正行使裁判权的机关是法院,因而人们探讨司法时,往往着重探讨法院的审判活动。

从审判的属性看,司法具有四个明显的特征:

(1) 被动性。司法权是被动行使的权力。没有原告或者公诉机关的起诉,司法机关不能主动行使职权审理案件,更不能"开发案源"寻找案件。

(2) 判断性。司法的任务是对现存的纠纷作出评判,判断是司法的核心内容。司法机关最主要的工作是根据法律,对一方提起诉讼的纠纷作出判断,判定当事人在法律上的责任和应当承担的后果。

(3) 中立性。司法机关应当站在中间立场上作出裁判,对所有当事人都不偏不倚。

这就要求司法机关及其工作人员在审判中处于超脱地位,不能与案件有任何关系。西方谚语所说的"任何人不能当自己案件的法官"就是这个意思。

(4) 终局性。司法是维护社会正义的最后一道防线,司法程序是案件当事人通过法律途径解决纠纷的最后一道程序。任何案件经过司法程序而形成的判决结果应当是最后的结果,能够推翻这一结果的机关只能是司法机关,司法机关以外的其他任何机关都不能推翻法院的判决结果。

(四) 守法

守法是指国家机关、社会组织和公民个人依照法律的规定,行使权利(或者权力)和履行义务(或者职责)的行为。守法意味着一个国家和社会的各个主体都要严格依法办事,使权利得以行使、义务得到履行、禁令得到遵守,是享有权利和履行义务的统一。守法要求守法主体不仅遵守各种形式的规范性法律文件,而且遵守依据规范性法律文件作出的非规范性法律文件,如法院的判决书、裁定书等。

我国《宪法》第 5 条规定:"一切国家机关和武装力量、各政党和各社会团体、各企业事业组织都必须遵守宪法和法律。一切违反宪法和法律的行为,必须予以追究。任何组织或者个人都不得有超越宪法和法律的特权。"第 53 条规定:"中华人民共和国公民必须遵守宪法和法律,保守国家秘密,爱护公共财产,遵守劳动纪律,遵守公共秩序,尊重社会公德。"从这些规定可以看出,在我国,守法的主体十分广泛,具体来说可分为如下三类:

(1) 一切国家机关、武装力量、政党、社会团体、企事业组织。在这一系列组织守法的问题上,首先是中国共产党的守法。中国共产党是我国的执政党,只有党的组织和党员,特别是党的各级领导干部模范地遵守法律,才能确保法律得到正确实施。其次是一切国家机关要严格守法。国家机关代表人民行使国家权力,执行国家职能,对社会的政治、经济、文化、军事和外交等活动进行管理,这就要求国家机关及其工作人员,尤其是领导人要带头守法,自觉维护法律的尊严和权威,严格依法办事。

(2) 中华人民共和国公民。公民是我国最广泛、最普遍的守法主体。我国法律是人民意志和利益的集中体现和反映,人民遵守法律就是实现自己的利益。人民与公民存在着密切的联系,在我国,公民是组成人民的基本元素,绝大多数公民属于人民,他们只有按照法律的规定正确行使权利和履行义务,才能实现自己的利益。处于人民范围之外的极少数公民,也应当遵守法律,因为法律不是为某一部分人制定的,而是为所有公民制定的。公民守法是现代法治社会的普遍要求,也是全面依法治国的基本要求。

(3) 在我国领域内的外国组织、外国人和无国籍人。在我国境内的外国组织、外国人和无国籍人,应当遵守我国的法律,在我国法律允许的范围内从事各种活动,这是维护我国主权和利益所必需的。

二、法律的作用

法律的作用,泛指法律对人和社会产生的影响。一般来说,法律的作用可以分为规范作用和社会作用,前者指法律作为一种规范体系所具有的作用,后者指法律作为统治阶级意志的体现而具有的作用。

(一) 法律的规范作用

从形式上看,法律是一种具有国家强制力的权威性的规范体系,它具有指引、评价、教育、预测和强制等作用,这些作用就是法律的规范作用。当然,在不同的社会制度中,在不同的历史时期,这些作用的发挥有很大的区别。

1. 指引作用

法律的指引作用是指法律通过规定人们的权利和义务而引导人们的活动。法律以权利和义务为其主要内容,权利和义务的规定本身就是对社会主体行为的指引。法律对人行为的指引分为确定的指引和不确定的指引。

确定的指引是法律通过规定义务,要求人们应当做出某种行为或者不得做出某种行为。法律规定的义务,行为人必须服从,不得推脱或者逃避,没有选择的余地,一旦不履行此义务将受到法律的惩罚,因而是确定的指引。

不确定的指引是法律通过授予人们权利,引导人们做出某种行为。法律所授予的权利,人们可以行使也可以放弃,权利的行使由行为人自行决定,是可以选择的,因而这种指引是不确定的指引。

2. 评价作用

作为一种行为规范,法律具有判断、衡量人们的行为是否合法或有效的作用。法律的评价作用强调的是把法律作为评价标准和尺度,用法律衡量和裁判人们的行为。司法活动要求"以事实为根据,以法律为准绳",就是法律的评价作用的具体体现,法律是评价的标尺。法律通过对人们的行为作出评价,来影响人们的是非标准和价值观念,把人们的行为引向合法的道路。

3. 教育作用

法律把国家或者社会的价值观念转化为明确的行为模式,向人们灌输占支配地位的社会意识形态,使之渗入人们的头脑中,进而支配人们的行为。这样人们就可以不知不觉地被法律同化,形成遵守法律的习惯。

法律通过实施而实现一定的法律后果,能够对行为人和不确定的其他人产生影响,教育他们按照法律的要求活动。例如,法律对违法行为的惩处,不仅能够教育行为人本人,而且可以使行为人以外的其他人引以为戒;法律对合法行为的保护或肯定,不仅能鼓励行为人进一步遵守法律,而且能对不确定的其他社会成员起到示范作用。

4. 预测作用

法律是人们预测自己行为的凭据,人们可以根据法律的规定,预先知道人们之间应当如何行为,如果做出某种行为将会面临什么样的法律后果,进而理性地安排自己的行为。社会中的人千差万别,人们的思路、目的各不相同,因而会做出各种各样的行为。但不管怎样安排自己的行为,人们都希望自己的行为能够受到法律的保护或肯定,给自己带来利益,而不是受到法律的否定或惩处,给自己带来危害。因此,人们在行为之前总是会根据法律考虑哪些行为是合法的,哪些行为是违法的,根据法律应当怎样做、不应当怎样做。

5. 强制作用

法律对社会所发生的作用主要不是通过舆论批评、良心发现、精神安慰等方式实现的,而是通过国家强制力贯彻实施的,这一点在任何社会都是一样的,只是国家强制的程度、方式和范围有所不同罢了。因而法律不能离开强制,否则它就不再是法律了。法律的强制作用是针对违法的社会成员实施的,但带来的影响能波及全社会。惩处违法人员可以伸张社会正义,震慑社会上的不稳定分子,彰显法律的权威,增进广大社会成员的安全感。

法治快讯

青海一餐厅将国旗反挂厨房门上 负责人被拘留15日[①]

(青海省委政法委员会官方@青海政法消息)国旗是国家的象征和标志,代表着国家的主权和尊严,我国每一个公民和组织,都应当尊重和爱护我国的国旗,故意侮辱国旗是对国家尊严的亵渎,对人民爱国热情的损害。近日,青海门源县公安局就查处了一起侮辱国旗案件,违法行为人受到了严肃的处罚。

2017年10月22日12时12分许,门源县公安局民警在网上工作中发现,"青海门源的某餐厅把国旗裁一半做门帘"的信息引起了网友的广泛关注和热议,在社会中造成了不良的影响。获此线索后,门源县公安局党委高度重视,第一时间安排相关业务部门协同辖区派出所,组织精干力量对此案进行了深入调查。

经调查了解:2017年8月份,为迎接环青海湖国际公路自行车赛,根据相关部门要求,门源县青石嘴镇后子河兴隆餐厅负责人马某某购买了两面国旗,后将一面国旗挂在餐厅门上,并将另一面国旗反挂在餐厅内厨房门上,被前去就餐的游客拍照并发至网上,引起了网友热议,在社会上造成了不良影响。

为了及时消除不良影响,挽回国旗的尊严,根据《国旗法》第19条之规定,马某某的行为已涉嫌侮辱国旗,经11月14日局务会研究,决定给予马某某行政拘留15日的处罚。

(二)法律的社会作用

法律的社会作用是法律作为统治阶级的意志和利益的体现,作为维护有利于统治阶级的社会关系和社会秩序的工具所具有的作用,包括维护阶级统治和管理社会公共事务两方面。

1. 维护阶级统治

在阶级社会中,最基本的社会关系是对立阶级之间的关系,最基本的社会矛盾是阶级矛盾,统治阶级总是想尽一切办法维护自身的统治地位,镇压被统治阶级的反抗,因而法律在阶级社会中所起到的最基本的作用就是维护阶级统治。

法律正是由于人类进入阶级社会,阶级矛盾达到不可调和的程度时,与国家同时产生的。统治阶级通过掌握国家政权和创制法律而建立起阶级统治秩序,把一个阶级对另一个阶级的压迫合法化和制度化,把阶级冲突和阶级斗争保持在统治阶级的根本利益所

[①] 资料来源:网易新闻,2017年11月17日,作者不详。http://news.163.com/17/1117/08/D3EB2P8O00018AOR.html,2017年11月17日访问。

允许的范围内。

2. 管理社会公共事务

除了维护阶级统治这一核心作用外,法律还具有管理社会公共事务的作用。管理社会公共事务是与维护阶级统治相对而言的,所有国家的法律在维护阶级统治的同时都必须管理社会公共事务。因为无论统治阶级和被统治阶级之间存在着什么样的斗争,他们都是生活在同一个社会中的人,他们有许多共同的需要,如身体健康、生活稳定、生产安全等,同时也面临着许多共同的问题,如发展生产、保护环境、打击恐怖活动等。满足这些需要和解决这些问题,成为一个社会的公共事务。这不是某一个阶级的责任,而是人们共同的责任,需要统治阶级和被统治阶级共同面对。由于统治阶级掌握国家政权,握有更多的公共资源,在社会活动中处于主导地位,与被统治阶级比起来,统治阶级有更多的义务和更大的能力管理社会公共事务。

维护阶级统治和管理社会公共事务之间有着密切的联系,管理社会公共事务是维护阶级统治的延伸,统治阶级只有积极管理社会公共事务,才能巩固自己的统治地位。统治阶级在制定法律时,必然会考虑关于社会公共事务的诸多问题,并采取各种法律措施管理社会公共事务,因而法律在维护阶级统治的同时,也理所当然地会管理社会公共事务。

(三) 法律作用的局限性

法律的作用并不是无限的和完美的,人们不能陷入"法律万能论"的误区,认为只要有了法律一切问题就能迎刃而解。强调法律作用的局限性,并不是想否定或者忽视法律的作用,而是为了采取有效措施弥补法律的不足,使法律更好地发挥其作用。

1. 法律不是调整社会关系的唯一手段

法律只是调整社会关系的手段之一,除法律外,社会还需要道德、宗教等各种调整手段,无论多么完美的法律都不能取代它们。因此,不管法律的作用发挥到什么地步,社会都离不开法律以外的调整手段。

2. 法律自身存在一定的缺陷

法律存在多种缺陷。有些缺陷是立法者自身引起的,比如立法者在立法时不可避免地会把自己的任性、短视和偏见带到法律中。有些缺陷是时代造成的,生活在特定时代的立法者无法摆脱时代的印记,他们的认知能力和据此设计的解决社会问题的方案只能局限在特定的时代里。有些缺陷是事物本身的复杂性导致的,法律所要解决的社会问题有些比较单一,有些则异常复杂,立法者在解决这些问题上的分歧和矛盾也会在法律中有所反映。法律有如此多的缺陷,其作用的发挥自然也会受到这些缺陷的影响。

3. 法律的抽象性、稳定性与现实生活存在矛盾

法律必须具有抽象性,针对不特定的人和事发挥调整作用。但在现实生活中,人们的行为千奇百怪,发生的事情千差万别,而且抽象的法律自身也具有一定的模糊性,许多行为和事件处于法律能够调整和不能调整的边缘状态,法律对这些行为和事件的调整会受到一定的限制。

法律一经制定就应当稳定下来,不能朝令夕改,这是维护法律权威的需要,但法律所

调整的社会是不断发展的,这将使本来适应社会需要的法律变得越来越具有滞后性,滞后的法律调整日新月异的社会,难以做到得心应手。

4. 法律作用的发挥需要一定的条件

法律作用的发挥跟实施人员的职业道德和法律素质密切相关。只有法律实施者具备良好职业道德和较高法律素质,法律实施的效果才会好,法律的作用才能得到充分发挥。

法律作用的发挥需要良好的社会环境。在一个崇尚法律的社会里,法律能够得到很好的实施;而在一个法律受到践踏的社会里,许多"看上去很美"的法律只能被放到书架上。

法律作用的发挥离不开一定的物质条件。无论是法律实施机关正常的执法司法活动,还是公民依据法律行使权利,都需要一定的物质条件作为保障。物质条件的不足,将导致一些法律难以落实。

三、法律关系

法律关系是法律规范在调整人们行为的过程中产生的人们之间的权利义务关系。人们在社会生活中结成了各种各样的关系,法律关系只是其中的一部分,它是由于法律规范的调整而产生的,没有法律规范就没有法律关系,法律规范的存在是法律关系得以产生的前提。法律以权利和义务为内容,经过法律规范调整而形成的法律关系实际上是一种法律上的权利义务关系。

(一)法律关系的主体

法律关系的主体是指法律关系的参加者,即在法律关系中享有权利或者履行义务的人。在法律发展的不同历史时期和不同国家的法律中,法律关系的主体存在差别。如在奴隶制社会中,奴隶被视为私有财产,不能成为法律关系的主体。

在当代社会中,法律关系的主体一般包括三类:

(1)自然人。自然人即个人,是法律关系的最基本的主体,包括公民、外国人和无国籍人。

(2)组织。现代社会中,组织也成为法律关系的主体,它主要包括两类,一类是行使国家公权力的国家机关,另一类是政党、社会团体、企事业单位等。

(3)国家。特殊情况下,国家也能成为法律关系的主体,如国家是国际法律关系最主要的主体。

法律关系的主体必须具备一定的资格,这种资格表现为权利能力和行为能力。

权利能力又称权利义务能力,是法律关系主体依法享有一定权利和承担一定义务的法律资格,是法律关系主体能够参加法律关系的必备条件,是法律关系主体实际上享有权利和承担义务的前提。权利能力分为自然人的权利能力和法人的权利能力。一般来说,自然人从出生到死亡都具有民事权利能力,法人的权利能力从法人依法成立时开始到解散或者被撤销时止。

行为能力是法律关系主体通过自身的行为而实际上享有权利和履行义务的能力,是法律关系主体依靠自身实现其权利能力的能力。自然人有无行为能力,主要看他能否认识到自己行为的性质、意义和后果,能否控制自己的行为。因此,自然人是否达到一定年龄、智力是否正常等,就成为判断一个人有无行为能力的因素。一般来说,自然人可以分为完全行为能力人、限制行为能力人和无行为能力人。完全行为能力人是达到法定年龄、智力健全、能够认识自己行为的人。限制行为能力人是不能完全辨认、控制自己行为的人,如8岁以上的未成年人、不能完全辨认自己行为的精神病人等。无行为能力人指完全不能以自己的行为行使权利和履行义务的人,如不满8岁的未成年人,完全不能辨认自己行为的精神病人等。法人的行为能力与其权利能力同时产生和消灭。

(二)法律关系的客体

法律关系的客体指法律关系主体的权利和义务所指向的对象。法律关系的客体实际上是客观存在的对人们有用且被法律所调整的资源,是将法律关系主体之间的权利和义务联系起来的中介。法律关系的客体多种多样,大致可以划分为物、行为和精神产品3类。

(1) 物。这里的物指的是物质资源,它可以是固态的,也可以是液态或者气态的;可以是人造物,也可以是天然物;可以是活物,也可以是无生命的物质。并不是所有的物都能成为法律关系的客体,限制流通物和禁止流通物只能在特定的领域或者特定的条件下成为法律关系的客体。

(2) 行为。一般来说,作为法律关系客体的行为是义务人按照法定或者约定的义务而必须实施的行为。如子女赡养父母的行为、演出合同约定的表演行为等。

(3) 精神产品。能够成为法律关系客体的精神产品包括两类,一类是人类创造的智力成果,如科技发明、文学艺术作品等;另一类是与人身、人格相关的肖像、名誉、隐私等。

(三)法律事实

法律关系会随着社会关系的变动而不断产生、变更和消灭。产生是主体之间依据法律规范而结成一定的权利义务关系,变更是法律关系的主体、客体或者内容中部分要素发生改变,消灭是法律关系主体之间权利和义务关系的终结。法律关系是依据法律规范建立起来的,法律规范的改变必然能够引起法律关系的产生、变更和消灭。即使法律规范不发生变更,法律关系也会因为法律事实而出现产生、变更和消灭的结果,法律事实是法律关系产生、变更和消灭的具体条件。

法律规范所规定的,能够引起法律关系产生、变更和消灭的客观情况或者现象,就是法律事实。根据是否受人的意志的影响,法律事实可以分为法律事件和法律行为。

法律事件是不受人的意志影响的法律事实,包括自然事件和社会事件两类,前者如人的生老病死、自然灾害等,后者如革命、战争等。这些事件对于法律关系的主体来说是不可避免的,自己无能力左右的,这些事件一旦出现,法律关系就会产生、变更或者消灭。如人的出生导致父母与子女之间的抚养、监护法律关系的产生,人的死亡导致扶养法律关系的消灭和继承法律关系的产生。

法律行为是人们实施的具有法律意义、能够产生法律后果的行为,包括合法行为和违法行为。前者如依法登记结婚导致婚姻法律关系的产生,废除买卖合同导致合同法律关系的消灭等,后者如故意杀人导致刑事法律关系和民事法律关系(损害赔偿等)的产生。

四、法律责任

法律责任是由特定法律事实所引起的特殊的法律义务,即由于违法行为、违约行为和法律的特别规定而应当承担的不利的法律后果。生活中人们遇到的责任类型很多,如道义上的责任、违反党纪政纪的责任等,法律责任只是其中之一。法律责任是基于法律而产生的责任,与其他责任的区别就在于法律责任具有法律性,即法律责任承担的最终依据是法律,法律责任的追究应当遵循法定的程序,法律责任的承担方式由法律确定,法律责任的实现具有国家强制性。法律责任的特点决定了法律责任的实现需要通过一系列法律程序和手段,即应当由法定主体通过法定程序对行为人的法律责任进行归结,并采取具体的措施使责任主体应当承担的法律责任落到实处。

(一)法律责任的归结

法律责任的归结也称归责,指法定的国家机关或其他社会组织,按照法定程序判断、认定、追究和免除法律责任的活动。归责的主体只能是法定的国家机关或者社会组织,前者如司法机关、行政机关,后者如仲裁委员会。

归责应当遵循一定的原则。在不同的国家、不同的历史时期,归责的原则有所区别。在我国当前,法律责任的归结一般要遵循以下原则:

(1)责任法定原则。法律责任由法律预先进行规定,当出现了违法、违约或者法律的特别规定的情形时,应当按照法律预先规定的责任性质、责任范围、追究责任的期限和方式追究行为人的法律责任。

(2)因果联系原则。法律事实与权益损害之间应当具有必然的联系,即引起与被引起的关系。因果关系一般从两个方面进行考虑:一是行为人的行为与损害结果或者危害结果之间的因果关系。如果某种损害或者危害后果是由行为人的行为引起的,便可以认定行为人的行为与损害结果之间有因果关系。二是行为人的主观因素与外在行为之间的因果关系。如果行为人导致损害或者危害后果的行为,是由行为人在自己的意志、心理、思想等主观因素的支配下实施的,则可以认定行为人的主观因素与外在行为之间有因果关系。

(3)责罚相当原则。法律责任的大小、处罚的轻重,应当与违法行为或违约行为的轻重相适应,做到"罚当其罪"。责罚相当原则包含三方面的内容:一是法律责任的性质,与违法或者违约行为的性质相当;二是法律责任的种类和轻重,与违法或者违约行为的具体情节相当;三是法律责任的种类和轻重,与行为人的主观恶性相当。行为人主观上的故意、过失,以及事后的态度、平时的品行等,对法律责任的归结也有不同程度的影响。

(4)责任自负原则。应当承担法律责任的主体,只对自己的行为承担法律责任,并且必须独立承担法律责任。古代社会在追究法律责任时实行株连,如强调族诛、连坐、父债子还等。在现代生活里,每个人从法律上说都是独立的人,在法律上具有独立的地位,因而应当独立地对自己的行为负责。如果没有法律依据,就不能让没有违法或者违约的人承担法律责任,即使他们与法律责任主体之间具有非常密切的血缘、姻亲、朋友等关系,防止株连或者变相株连。

(二)法律责任的实现方式

法律责任的实现方式,是指承担或者追究法律责任的具体形式,主要包括惩罚、补偿和强制三种。

(1)惩罚。惩罚即法律制裁,指国家通过对责任主体的人身、财产和精神利益进行强行剥夺而实现法律责任的手段。法律制裁是实现法律责任的最为严厉的方式,在数量上可以大于法律责任主体所造成的损害。法律制裁可以使责任主体的人身或者精神受到痛苦,也可以剥夺或者限制责任主体的财产,使之遭受物质利益的损失。通过剥夺责任主体的利益,可以教育行为人和其他社会主体不要实施同类行为,并恢复受到破坏的社会关系,维护社会的安定。

(2)赔(补)偿。赔(补)偿是当事人自行或者通过国家强制力要求责任主体以作为或者不作为的方式弥补或者赔付所造成的损失的法律责任实现方式。赔(补)偿有利于对被侵害的权利进行救济,使被侵害的社会关系得到恢复。一般来说,赔偿用于过错行为所引起的法律责任,补偿用于无过错的情况下所造成的损害。

(3)强制。强制是国家通过强制力迫使不履行义务的责任主体履行义务的法律责任实现方式,主要体现在行政法律责任和诉讼法律责任的实现中。通过强制,可以迫使义务人履行法律义务,从而实现权利人的权利。强制包括对人身的强制和对财产的强制,前者如拘传,后者如强制划拨、强制扣缴、强制拆除等。

【**随堂测试**】 下列情形中,属于法律制裁的是( )。(单选题)

A. 某企业员工王某,因侵占单位财产,被单位开除
B. 某村民林某,因骑车不慎撞伤他人,被法院判决赔偿300元钱
C. 某医院员工常某,因上班多次迟到,被单位扣发奖金2000元
D. 某大学教授钟某,因与学生乱搞男女关系,被学校解聘

解析:法律责任是由法定的国家机关或者社会组织进行归结的,法律制裁是实现法律责任的方式之一,必须由法定主体来实施。员工的工作单位不是法定的归责主体,人民法院是法定的归责主体。因而正确选项为 B。

(三)法律责任的减轻与免除

法律责任的减轻与免除,即通常所说的免责。免责以法律责任的存在为前提,虽然责任主体因违法、违约或者法律的规定而应当承担责任,但由于存在法定的情形,其责任可以被全部或者部分免除。

在法律规定和法律实践中,免责的情形主要有如下几种:

(1)时效免责。行为人的违法、违约或者侵权行为发生后没有被追究,经过一定的期限便不再承担法律责任。

(2)不诉免责。即告诉才处理,不告不理。民事案件实行不告不理,受害人只有告诉才能追究违法或者违约者的法律责任。一些自诉的刑事案件也实行不告不理。

郑州大学　李露铭　画

(3) 自首、立功和补救免责。根据法律规定，行为人在违法之后有自首、立功表现的，或者对自己违法行为造成的危害积极采取补救措施并有效避免或者减少危害结果发生的，可以全部或者部分免除其法律责任。

(4) 协议免责。当事人在法律许可的范围内，经协商同意可以免责，即当事人"私了"。这种免责主要适用于私法领域，但公法领域在法定的少数情况下也适用。

(5) 自助免责。自助免责是自助行为引起的法律责任的免除。自助行为是权利人为了保护自己的合法权利，在紧急情况下不能及时请求国家机关救济时，对他人的人身或财产实施的约束、扣押等措施，并且为法律或社会公共道德所认可的行为。

(6) 人道主义免责。在责任主体实在无力承担其法律责任的情况下，有关国家机关或权利主体出于人道主义的考虑，可以全部或部分免除责任主体的法律责任。

第三节　法律与其他社会现象

社会是由各种相互联系和相互作用的现象构成的复合体，包括政治、经济、文化等领域的多种多样的现象。法律在人类社会中并不是孤立存在的，它只是社会现象中的一种，与社会上的其他现象有着密切的联系。要理解法律，除了从法律自身理解它外，还应当从法律外部认识它，弄清法律与经济、政治、文化等社会现象之间的关系。

一、法律与经济

法律是一个社会的上层建筑的组成部分，与经济基础之间有着密切的联系。同时，商品经济、市场经济对法律也产生了重要影响。

(一) 法律与经济基础

一个社会的经济基础与上层建筑的基本关系是，经济基础决定上层建筑，有什么样的经济基础就有什么样的上层建筑，同时上层建筑对经济基础具有反作用。法律是上层建筑的重要组成部分，它与经济基础之间的关系正是这样。

1. 经济基础对法律的决定作用

经济基础决定上层建筑，当然也决定法律。有什么样的经济基础，就有什么样的法律。经济基础对法律的决定作用，可以从多个方面体现出来。

(1) 经济基础的性质决定法律的性质。人类社会自从出现法律以来，经历了奴隶社会、封建社会、资本主义社会和社会主义社会，这四种社会分别建立在4种不同性质的经济基础之上，相应地也产生了奴隶制法律、封建制法律、资本主义法律和社会主义法律4种不同历史类型的法律。

(2) 经济基础的内容决定法律的内容。法律是一定经济的反映,经济基础的内容必然体现到法律中。例如在奴隶制生产关系中,奴隶贸易非常盛行,因而奴隶制法律中就有很多关于奴隶贸易的规定;在资本主义生产关系中,工人和资本家在形式上是平等的,工人平等而自由地受雇于资本家,因而资本主义法律便公开宣称法律面前人人平等。

(3) 经济基础的变更决定法律的变更。法律的变更受制于多方面的因素,但最根本的、对法律的变更影响最大的因素是经济基础。人类历史上每一种社会形态的变更,实际上都是经济基础的变更,而经济基础的变更必然导致法律制度的变更,所以人类每当进入一种更高层级的社会形态,就必然会制定出新的历史类型的法律。

应当注意的是,经济基础决定法律是从根本上说的,不能被理解为任何一项具体的法律、法律的任何内容都由经济基础决定。还应当看到,经济基础并非法律的唯一决定因素。除经济基础外,还有不少因素对法律发生着非常重要的影响,这些因素包括政治体制、意识形态、历史传统、民族习惯、哲学观点、道德观念、宗教教义、科学技术、文化水平等。建立在同样经济基础之上、处于同等发展阶段的国家在法律制度上存在诸多差异,正是因为经济基础以外的因素起了作用。

2. 法律对经济基础的反作用

经济基础对法律具有决定作用,但法律并非只是消极地适应经济基础,它对经济基础具有反作用。

(1) 法律确认、巩固和发展其所赖以建立的经济基础。法律所赖以建立的经济基础,就是代表统治阶级利益的生产关系。统治阶级在取得政权之时,会通过立法手段对代表其利益的生产关系进行确认和保护。取得政权以后,统治阶级也会运用法律手段对这种生产关系进行巩固和发展。

(2) 法律限制、改造或摧毁与其相矛盾的经济基础。一种新的社会形态取代旧的社会形态后,与新的历史类型的法律相矛盾的生产关系并不会马上退出历史舞台,此时的法律就会对与它相矛盾的生产关系进行限制、改造或摧毁。纵观人类历史,一种社会制度取代另一种社会制度后,也会通过法律对原有的经济基础进行限制和改造,使之符合新的社会制度的需要。

(二) 法律与商品经济、市场经济

商品经济是直接以交换为目的的经济形态,市场经济是市场在资源配置中起基础性作用的经济运行方式,是商品经济发展的高级形态。商品经济、市场经济对人类社会的发展产生了巨大的影响,也和法律形成了密切的关系。

1. 商品经济、市场经济对法律的促进作用

商品经济、市场经济对法律具有明显的促进作用,这可以从法律的产生、发展、繁荣和法治的建立中表现出来。

(1) 商品交换活动导致法律的形成。商品交换是人们之间相互转移物的所有权的行为,这种交换开始可能只是一种惯例,当交换越来越普遍时惯例就转化成了法律。因为商品交换需要一套规则来调整交换行为,这种规则应当具有很大的权威性和实用性,对参与交换的所有人都具有约束力。显然这种规则只能是法律,而不可能是道德和宗教。

郑州大学　钟晓晖　画

（2）商品经济的发展推动法律的发展。商品交换必然会产生许多纠纷，这些纠纷往往是立法者难以预料的。立法者或者裁判者会不断根据商品交换的发展而创制新的法律，充实或者改变原来的法律，法律因而不断获得发展。从法律发展的历史来看，凡是商品经济比较发达的国家和时代，法律就比较发达，法律在社会调控体系中所处的地位也比较高。

（3）市场经济的发展带来法律的繁荣和法治的建立。人类社会从古代向近现代转型的时期，也是商品经济得到充分发展和市场经济逐步占据主导地位的时期。在市场经济高度发达的国家，法律在社会中所发挥的作用越来越广泛，逐渐成为最主要的社会调控手段，具有最高的权威性，这些国家过渡为法治国家。

总之，法律与商品经济、市场经济的关系极为密切。商品经济是法律存在和发展的经济土壤，法律的每一个进步都离不开商品经济的推动。同时，市场经济是法治存在的基础，市场经济越发达，法律体系就越完善，法律的作用就越广泛，法律在社会调控体系中所处的地位就越高，就越容易形成法治。

2. 法律对商品经济、市场经济的保障作用

法律对商品经济、市场经济也有明显的反作用，而且这种作用有时不利于商品经济、市场经济的发展，例如我国历史上有些朝代实施的重农抑商、重义轻利的政治和法律政策，就在很大程度上阻碍了商品经济的发展。但从总体上说，法律在商品经济、市场经济建设中具有非常重要的作用，是商品经济、市场经济顺利发展的重要保障。

从宏观上说，法律可以引导商品经济、市场经济的发展，并抑制商品经济、市场经济发展中的某些消极因素。在完善的法律体系下，每一个市场主体都知道自己能够做什么、不能做什么，应当怎么做、不应当怎么做，因而可以平等地开展竞争。

从微观上说，法律可以解决经济主体在市场交换中发生的各种纠纷，使暂时处于不确定状态的经济关系确定化，推动经济关系不断发展。同时，法律还打击来自市场内部的破坏行为，如惩处销售假冒伪劣商品的行为、欺诈行为等，并遏制来自市场外部的破坏行为，如阻止某些权力主体对市场经济的干扰，确保商品经济、市场经济正常运转。

二、法律与政治

政治是上层建筑中最基本的范畴，也是一个争议非常多的概念。无论对政治作出何种解读，人们都认为政治与法律之间有着密切的联系。由于政治所包含的范畴非常广泛，这里仅以属于政治范畴的国家和政党政策为例，介绍法律与政治的关系。

（一）法律与国家

在马克思主义看来，国家是一种历史现象，是社会发展到一定阶段才出现的，是阶级矛盾不可调和的产物和表现；是建立在经济基础之上的上层建筑，是经济上占统治地位

的阶级进行阶级统治的工具,是实现统治阶级意志的暴力机构。

法律与国家相互依存、相互配合、相互作用,互为条件,协调发展。国家制定或认可法律,并以强制力保证法律的实施,没有国家也就没有法律。法律是统治阶级组织国家机构、实现国家职能和任务的重要手段,是维护统治阶级的政治统治和经济利益的重要工具。治理国家必须有法律,国家也必须在法律范围内活动。

1. 国家对法律的作用

(1) 国家保障法律的运行。国家是法律的制定者,由一定社会的物质生活条件所决定的统治阶级的意志变为对全社会具有普遍约束力的法律,是由国家实现的,而且也只有通过国家才能实现。国家还是法律的维护者,法律之所以对社会成员具有普遍约束力,成为社会成员在现实生活中共同遵守的行为准则,固然与法律自身有很大关系,但也离不开国家强制力这一后盾。

(2) 国家的性质和形式决定法律的性质和形式。这表现为如下两点:第一,国家的性质决定着法律的性质和特征。有什么样的国家,就有什么样的法律,每一种历史类型的国家都要求同一类型的法律与之相适应。法律也因为深受国家性质的影响而呈现出不同的特征,例如封建制法律具有维护等级特权的特征,法律在社会调控体系中地位较低,而资本主义法律维护私有制和人人平等,法律在社会调控体系中居于重要地位。第二,法律的形式直接受国家管理形式的影响。在君主制国家,君主的命令可能具有法律效力而成为法律的形式,共和制国家没有君主命令这一法律形式。可见,国家政权组织形式即政体对法律的形式有直接影响。单一制国家一般由最高立法机关统一行使立法权,全国只有一部宪法,而联邦制国家除有联邦宪法和法律外,还有联邦成员自己的宪法和法律。因而,国家结构形式也影响着法律的形式。

(3) 国家的职能决定法律的任务。在阶级社会里,国家的职能主要是镇压被统治阶级的反抗,维护统治阶级的根本利益。为此,法律要确立统治关系,明确专政的对象,并把被统治阶级的反抗活动视为犯罪而予以惩处。当然,法律也会在一定程度上缓和阶级矛盾,使敌对的阶级和平共存。

2. 法律对国家的作用

(1) 法律是表现国家本质的重要形式。任何阶级取得国家政权,上升为统治阶级之后,都要用法律的形式确认国家政权的合法性,确立国家在政治、经济等方面的基本制度。当社会的发展同现存国家制度的某些环节发生矛盾时,或者当社会的发展要求对国家制度进行改革时,统治阶级可以利用法律来调整和完善国家制度,巩固国家政权。国家运用法律所进行的一系列活动都是围绕着国家的本质展开的,都取决于和服务于国家的本质,法律成为表现国家本质的重要形式。

(2) 法律是组织国家机构实现国家职能的重要手段。国家机器要完整地组装起来并正常运转,需要一套操作和运转规则。统治阶级用法律来确立国家的政权组织体系,确立国家机关的组织活动原则,以及它们各自的职权范围和相互之间的关系,从而使庞大复杂的国家机器按照统治阶级的意志高效有序地运转。当按照法律组织起来的一整套国家机构有序运转时,当法律在社会上得到实施时,国家的职能也随之得以实现。

（3）法律是控制国家权力和保护公民权利的有力武器。国家的正常活动离不开权力，权力是统治阶级通过国家进行正常的阶级统治和社会控制的基本要素。国家权力具有侵犯性、扩张性和腐蚀性，它既能保障公民权利，推动社会进步，也能侵害公民权利，危害社会并最终危害国家本身。因此，用法律控制权力是十分必要的。现代的法律应以权利为本位，控制国家权力，保障公民权利。法律通过权力分工和制约来控制国家权力，通过立法、行政、司法和国家赔偿等方式来保障公民权利。

（二）法律与政策

政策是指一定的政治组织为达到一定的目的，根据自己的长远目标，结合当前客观情况所制定的处理特定关系的行动准则。一般来说，一个政党一旦取得执政地位，其政策也会转化为国家政策，因为执政党在国家生活中起着主导作用。阶级利益的表达，国家权力的行使，政府的组成及其活动，一般要通过执政党的领导来实现。可见，法律与执政党的政策关系非常密切。这里所讨论的法律与政策的关系，就是指法律与执政党的政策的关系。

法律与政策在本质上是一致的，二者都是建立在一定经济基础之上并服务于该经济基础的上层建筑，执政党的政策代表了统治阶级的要求，国家的法律体现了统治阶级的意志，两者的目的都是维护统治阶级的政治利益和经济利益。当实际需要并且条件成熟时，代表统治阶级利益的执政党就会把自己的政策转化为法律。法律往往是政策的法律化、条文化，它保证政策的实现。

1. 法律与政策的区别

虽然法律与政策有着内在的一致性，但不能把二者等同起来。作为现代社会的主要调整方式，它们的区别是显而易见的。

（1）制定主体不同。法律由国家制定或认可，政策由政党制定。从这一点看，法律代表国家的意志，政策代表执政党或执政党所代表的阶级和阶层的意志。

（2）表现形式不同。法律表现为规范性法律文件和国家认可的其他形式，政策表现为党的决议、决定、通知等党的文件形式。

（3）精确程度不同。法律必须使用含义确切的法律语言规定主体的权利义务等行为模式。在法律适用中，对法律的解释必须遵守严格的规则。政策具有很大的灵活性，它一般只表达一种原则或倾向，要求各级组织在贯彻实施过程中结合本部门本地区的具体情况加以发挥或补充，使其具体化。

（4）适用范围不同。法律具有普遍约束力，是人人都必须遵守的行为准则。政党可以通过自己的凝聚力、感召力动员党外群众拥护并贯彻其政策，但政策本身对党外群众没有约束力。

（5）保障措施不同。法律的实施也有自觉遵守的因素，但它以国家强制力为后盾。政策除制定成法律的以外，主要依靠党员的信仰，依靠党组织和党员的自觉行动来实现，以党组织自身的强制力作为外在保障手段。

（6）程序要求不同。法律运行的各个环节都要求遵守严格的程序，程序合法是内容合法的前提和保证。作为社会调控系统中非常活跃的部分，政策在很多时候被用来解决新问题,这要求政策的制定者和实施者根据客观情况充分发挥其主观能动性,如果程序过于严格和复杂,政策的优势将难以有效地发挥出来。

(7) 系统化水平不同。法律是具有系统性的行为规范,在法律体系内,不允许法律规范的制定权限、实质内容、效力等级等各个方面存在任何矛盾或抵触,而且任何一个规范发生作用都需要其他规范与之相配合。政策的制定总是出于解决不同时期不同问题的需要,因此难以形成整体的协调统一,各级组织制定政策的权限和范围也不如法律那样严格。所以无论在内容上还是在形式上,政策都很难形成像法律那样的统一系统。

(8) 公开程度不同。法律表达了国家对人们行为模式的态度,这种态度应当公示于天下,法律的实施要求把权利、权力的行使和义务、职责的履行置于监督之下。因此,法律必须公开。政策调整不可能在任何场合都与法律有同等的透明度。如果一项政策的制定和实施仅与执政党的内部事务有关,就没有必要向社会公开。

(9) 监督制约机制不同。制约与监督贯穿于法律调整的全过程,不同的权利主体享有各自的制约与监督权,公民对国家机关行使职权及履行职责的监督更为突出。现代国家执政党的政策调整也体现了监督与制约的原则,但政策往往需要及时处理紧迫问题,迅速作出决策,因而不可能像法律那样在每个场合、每个环节都有严格的监督制约机制。

2. 法律与政策的联系

法律与政策在内在本质上的一致性和在外部特征上的差别决定了它们的关系极为密切。

一方面,执政党的政策是国家法律的核心内容。执政党的政策直接体现着统治阶级的意志。由于没有复杂的程序和规范化要求,政策通常比法律更能迅速地反映和调整现存的社会关系。社会调整的变化往往先表现为执政党政策的变化,再表现为法律的变化。任何执政党都要通过国家机关以各种形式,包括法律形式贯彻自己的意志,执政党的政策因而成为法律的核心内容。

另一方面,法律是贯彻执政党政策的基本手段。执政党通过国家的立法活动把自己的政策制定成法律,不仅使执政党对国家和社会的政治领导完善化、合法化,而且还把政策对社会关系的调整纳入规范化、制度化和程序化的轨道。执政党的政策也只有被制定成法律才能上升为国家意志,具有全社会成员都必须遵守的效力,并得到国家强制力的保障。

【随堂测试】 在我国,党的政策与法律的关系是( )。(单选题)
A. 政策指导法律,法律制约政策,两者相辅相成
B. 政策高于法律,法律必须服从政策
C. 法律高于政策,政策必须服从法律
D. 法律与政策各自独立,互不干涉

解析:在我国,法律的制定和实施都离不开党的政策的指导,党的政策是法律的灵魂。但是,党的政策并非可由执政党任意制定,因为党必须在宪法和法律范围内活动。不能片面地认为党的政策和国家法律谁高谁低,更不能割裂二者的密切联系。所以正确选项为 A。

三、法律与文化

文化现象充斥着我们生活的各个方面,人类的所有活动都带有文化的印记。不同地域的人在生产方式和生活方式上的差异,不同时代的人在生活方式和思想观念上的差异,其实很多都是文化上的不同表现。法律也是一种文化,并与同属于文化现象的道德和宗教关系密切。

(一) 法律与道德

道德是人们关于善与恶、美与丑、荣与辱、公正与偏私、正义与非正义等观念、原则和规范的总和。道德不是抽象的、超历史的、超阶级的永恒不变的现象,与其他上层建筑一样,道德是一定社会关系的反映,是由一定的经济基础产生和决定,并为一定的经济基础服务的。

1. 法律与道德的区别

法律与道德具有明显的区别,这可以从多个方面表现出来。

(1) 产生和存在的条件。法律是人类社会发展到一定阶段的产物,是随着私有制和阶级的出现而与国家同时产生的,当人类社会发展到国家消亡的程度时,法律将随之消亡。道德的产生早于法律,它是与人类社会同时形成的,并将与人类社会共始终,只要存在人类社会就必然存在道德。

(2) 产生方式和表现形式。法律是由国家制定或认可而产生的,是人们自觉地创造出来的,道德是人们在长期的社会生活中自然而然地形成的,是自发地产生的。法律往往表现为一个个内容明确细致的规范性文件,并形成完整的法律体系,道德则是高度抽象的原则性要求,内容模糊,无法形成统一的体系。

(3) 调整的对象和范围。法律调整的是人的外在行为,它关注的是人的客观活动,一般不过问人们的内心世界。道德尽管也在调整人的行为,但它是通过调整人的内心世界而影响人的外在行为。法律所调整的范围相对较小,它只调整那些对人们的社会生活有较为重要影响的社会关系,许多私人生活领域的事情法律不调整。道德几乎调整社会关系的所有领域,调整的范围远远大于法律。

(4) 调整方式和保障措施。法律以权利为本位,通过确定人们之间的权利和义务,在人们之间建立法律关系来调整人们的行为。道德以义务为本位,通过强调人们在社会生活中的义务,在人们之间建立以义务为纽带的道德关系而调整人们的关系。法律依靠国家强制力来保障实施,道德依靠社会舆论、风俗习惯和人们内心的信念来保障实施。

2. 法律与道德的联系

一个社会中往往存在着不同的道德,法律与该社会中占主导地位的道德相互作用、相互影响,因而这里所说的法律与道德的联系,指的就是法律与占主导地位的道德之间的联系。

道德对法律的作用表现为,它对法律的创制具有指导作用,并对法律的实施具有促进作用。任何国家在创制法律时,都必须顺应在该社会中处于主导地位的道德,否则这些法律难以真正实施。因此,立法者必须以基本的道德原则指导自己的立法活动,在法律中努力反映道德的要求。法律的实施也离不开道德,执法者良好的职业道德,公民良好的道德素质,都是法律能够较好实施的必备条件。法律在实施过程中必然会出现漏洞,此时可以运用道德弥补法律的漏洞,对人们的行为进行引导。

法律对道德的作用表现为,它赋予基本的道德原则和道德要求以法律的强制力,并弘扬道德观念。基本的道德原则和道德要求一般会被吸收到法律中,成为法律的基本原则,或者体现在某些法律规范中。法律自身的国家强制力可以有效地迫使人们遵守这些基本的道德原则和道德要求。法律得到实施就意味着,凝结在法律中的道德原则和道德观念借助于法律的力量而得到了实施和弘扬。

(二)法律与宗教

宗教泛指信奉并崇拜超自然神灵的社会现象,它的特点在于,人们通过对超自然力量的信仰来获得精神上的慰藉。宗教产生于生产力水平极其低下的原始社会后期,进入阶级社会以后,成为社会底层的人们寻求摆脱压迫的精神安慰,后来逐渐被统治阶级利用,成为一种重要的统治手段。宗教与道德、法律共同构成社会控制的三大重要力量,在古代社会里它们往往混为一体,后来才逐渐分离。因此,法律与宗教之间关系密切。

苗新和　画

图片来源:大连新闻网。http://www.dlxww.com/newscenter/content/2012-03/14/content_278319.htm。

1. 法律与宗教的区别

作为各自独立的规范体系,法律和宗教有着明显的区别。

(1)产生条件。法律是在生产力发展到一定水平,出现私有制和阶级的情况下产生的。宗教的产生早于法律,是在人类社会生产力极其落后、人们的认知能力非常低下的条件下产生的。

(2)创制主体。法律是国家创制的。宗教和国家没有直接关系,一般是由宗教领袖假托神灵的名义创制的。

(3)效力范围。法律在国家主权范围内有效,调整人们在政治、经济、文化、社会生活等各个领域的重要关系。宗教的教义教规只对宗教徒有效力,而且主要调整与宗教组织和宗教活动相关的社会关系。

(4)调整方式。法律以权利和义务为调整机制,权利和义务相辅相成,不可分割。宗教的内容大多是义务性的,强调教徒对教义的遵守,人在神灵面前没有什么权利可言。

(5)保障措施。法律的实施固然也靠人们的自愿,但主要是国家强制力保障的结果。宗教规范主要依靠教徒的内心信仰,靠自觉地服从与遵守,有时候也有宗教组织的外部强制。

2. 法律与宗教的联系

法律与宗教相互作用、相互影响,但这种作用和影响在不同类型的国家存在着很大的差异。在政教合一的国家,法律与宗教相互之间的作用十分明显;在政教分离的国家,这种作用很有限。

宗教对法律既有促进作用也有阻碍作用,主要表现在立法、司法和守法方面。在立法方面,宗教所宣扬的人类的一般价值追求往往会被立法吸收,成为法律内容的一部分;但宗教的保守性也会成为法律进化的阻力。在司法方面,政教合一国家中的教会掌握一定的司法权,其对司法的影响是不言而喻的。在守法方面,许多宗教宣扬的忍让、博爱、与人为善等精神,有利于人们弃恶从善,不危害社会;但有些教规不利于人们守法,如有些宣扬和平的宗教号召教徒拒绝服兵役,影响了人们对兵役法的遵守。

法律对宗教既有保障作用也有抑制作用。在政教合一的国家,法律对宗教的保护作用显而易见;即使在政教分离的国家,法律也保障宗教信仰自由。但政教合一国家严厉禁止异教的传播,政教分离国家要求宗教在法律允许的范围内活动,也体现了法律对宗教的抑制。

第二章 法治基础理论

> "历史是最好的老师。经验和教训使我们党深刻认识到,法治是治国理政不可或缺的重要手段。法治兴则国家兴,法治衰则国家乱。什么时候重视法治、法治昌明,什么时候就国泰民安;什么时候忽视法治、法治松弛,什么时候就国乱民怨。法律是什么?最形象的说法就是准绳。用法律的准绳去衡量、规范、引导社会生活,这就是法治。"
>
> ——习近平:《在中共十八届四中全会第二次全体会议上的讲话》
> (2014年10月23日)

法治是一种源远流长的意识形态、治国方略和社会文化现象。由于法治思想博大精深,不同时代的人们赋予它不同的社会内涵和意义。综合起来说,法治至少应当包含以下含义:(1)法治是一种治国方略或社会调控方式,确认和维护着一个国家的统治秩序,调整着一个社会的重大利益关系,担负着维护国家稳定、推动社会发展和人类进步的重任。(2)法治最明显的特征是依法办事,它要求任何人和组织的社会活动都必须受到既定法律的约束,根据法律的要求来安排自己的行为和解决相关问题。(3)法治代表着良好的法律秩序和社会状态,一切活动按部就班地实施,井井有条地处理,整个社会因而呈现出有序、高效和公平的特征。(4)法治所展示的是自由、民主、平等、人权、公正等具有现代法律价值的生活方式,而与君主专制下的愚民政治和法西斯帝国残暴的高压政治格格不入。(5)法治是现代法律文明的外在表现,立足于古代法律文明的社会无论怎样标榜都不可能是真正的法治社会。当然,法治并不是凭空产生的,而是一系列条件综合运作的产物。市场经济是法治的经济基础,民主政治是法治的政治基础,理性文化是法治的文化基础。只有建立了符合法治所需要的基础,法治才能真正建立起来。

第一节 古代的人治与法治之争

"法治"这一概念并不是现代人的发明创造,关于法治的观念古已有之。无论是在中国还是在西方,传统法律文化中都有非常丰富的法治思想,以及与法治思想相对立的人治思想。尽管今天所倡导和推进的法治与古代思想家所言的法治有着本质的区别,但当下的法治理论吸收了历史上法治思想的诸多精华部分。因此,了解古代中西方不同思想家对法治的论述,有助于人们深刻认识法治的思想内涵和当前开展法治建设的艰难历程。历史上思想家对法治的论述始终离不开对人治的批判,法治与人治之争一直是中西方政治法律思想史的一个热点话题,对古代法治思想的梳理可以从人治与法治之争开始。中国历史上关于人治和法治的最著名的争论存在于春秋战国时期的儒家和法家之间,西方历史上关于人治与法治的最典型的争论存在于古希腊的柏拉图和亚里士多德之间。

一、中国历史上儒家与法家的争论

在源远流长的中华文化中,关于人治和法治的论述相当丰富,其中不乏激烈的争论,这些争论在很大程度上增强了人们对法律和道德的认识。在中国文明史上,关于人治和法治的影响最深远的争论是春秋战国时期儒家和法家的争论。

(一)儒家的人治观

儒家学派的创始人孔子及其继任者孟子都是典型的人治论者,他们分别从不同方面对人治问题进行了探讨和论证,人治论成为儒家理论的核心内容。后来汉武帝采取了儒生董仲舒"罢黜百家,独尊儒术"的建议,把儒家思想奉为治国的主导思想,儒家思想逐渐成为封建社会的正统思想,统治中国两千多年。尽管经过董仲舒篡改的儒家思想已经与孔孟等儒家创始人和早期主要代表人物的思想有别,但

郑州大学　李露铭　画

它们在基本理念方面是一致的,因而这里着重介绍对中国社会发展产生重大影响的孔子和孟子的法律思想。

孔子(前551—前479),名丘,字仲尼,春秋时期鲁国陬邑(音 zōu yì,今山东曲阜东南)人,3岁丧父,由其母抚育成人。他幼年习礼,30岁时在思想上已有成就,但他仕途坎坷,年届50才当上鲁国的小官,不久又被迫离职。于是他率弟子周游列国十余载,68岁时回到鲁国。此时他的思想体系已经完全成熟,他把自己的余生倾注于教育和学术事业,为保存和弘扬中华民族的传统文化做出了不可磨灭的贡献。他的思想主要见于《论语》等。孟子(约前372—前289),战国时期邹国(今山东邹县)人,幼年丧父,由其母抚养成人,史上留下"孟母三迁"等故事。他立志做孔学的传人,30岁时便收徒讲学,中年以后带弟子游历各国推行其"仁政"主张,62岁时回到家乡著书立说,其思想主要见于《孟子》。孔孟所宣扬的治国主张可以归结为"礼治论""德治论"和"人治论"等方面。

1. "为国以礼"的礼治论

所谓"礼",相传是西周初年周公所制定的一套行为规则,是西周王朝在周公的主持下,对夏商以来的礼仪习俗和宗法传统进行整理、修改和补充而形成的一套以维护奴隶制宗法等级制度为核心的行为规范、典章制度以及相应的礼节仪式,史称周礼。周礼在巩固西周政权、维护社会稳定、促进经济发展方面具有积极意义,但由于社会生产的发展,到了孔子生活的春秋时期,周礼已经不能适应社会的进步了。孔子竭力维护周礼,认为当时社会的混乱主要是因为"礼崩乐坏",名分不正,于是他提出根据周礼"正名",即以周礼为尺度,使君臣父子各按其位,遵守名分,等级森严,这样社会就稳定了。所以他说:

"非礼勿视,非礼勿听,非礼勿言,非礼勿动。"①要实现礼治,统治者就必须实施仁政,反对暴政,因为"苛政猛于虎也"。实施仁政就要爱人,但孔子说的爱并不是平等地爱一切人,而是带有深刻的宗法等级烙印。孟子也强调,仁是人的本心,不仁的人如同禽兽。他说:"天子不仁,不保四海;诸侯不仁,不保社稷;卿大夫不仁,不保宗庙;士庶人不仁,不保四体。"②

2. "为政以德"的德治论

孔子不仅竭力提倡"为国以礼"的礼治论,而且还积极主张"为政以德"的德治论,主张充分发挥道德的作用,通过道德感化来缓解和回避各种社会矛盾。他认为,在社会动荡不安的情形下,统治阶级一味地用强力镇压来解决社会矛盾,只能治标而不能治本。要想治本,统治阶级就要采取怀柔安抚政策,对人民进行道德教化和感化,这样人们就会向群星环绕北斗一样自愿归顺。他说:"为政以德,譬如北辰,居其所而众星共之。"③如果人们犯了错误,统治者就应当注重道德教化而不是动辄以法律进行惩处,"先教后刑"。他还指出,道德教化比法律约束更能带来好的结果,这是因为,如果用法律约束人们,人们只会达到不违法的结果,却未必道德高尚;如果用道德教化人们,人们不但不违法,而且会成为道德高尚的人。由于道德在教育人们弃恶从善、消除犯罪动机方面比法律更为有效,因而统治者实行以德治国可以达到"以德去刑"的结果。孟子继承孔子的德治论,进一步宣扬道德教化的作用。他认为,要想使人们遵守统治秩序,统治者应当主要采用道德教化而不是刑罚的措施。这是因为,法律手段虽然可以约束人们,但是会导致人们产生恐惧心理,得不到人们的拥护;如果用仁义道德教化人们,则不仅可以使人们就范,而且可以得到人们的拥护和爱戴。所以孟子说:"善政不如善教之得民也。善政,民畏之;善教,民爱之。善政得民财,善教得民心。"④道德教化的内容,不过是从仁、义、礼、智等"四德"出发,维护"五伦"关系,做到"父子有亲,君臣有义,夫妇有别,长幼有序,朋友有信"⑤。

3. "为政在人"的人治论

儒家所宣扬的各种理论,无论是礼治论还是德治论,最终的落脚点都是人治论。因为礼建立在宗法血缘等级关系的基础之上,是一种有等差的爱,强调的是"尊尊""亲亲",而在这个社会里最受尊重的尊者和最受亲爱的长亲只能是国君;而整个社会中最高的道德楷模和表率也只能是以身作则的国君。所以儒家学派认为,在国家的治理中,起着最关键、最重要作用的就是当权者。孔子说:"其人存,则其政举;其人亡,则其政息。"⑥在他看来,政事的兴废完全取决于统治者,治理国家只能寄希望于贤明的君主。所以,孔子所说的"为政在人"的人,绝不是指普通的人,普通的人只是愚昧的小人罢了;他所说的人是那些道德高尚的统治者,是他所反复称颂的尧、舜、禹、商汤、周文王、周武王等人,是他心

---

① 《论语·颜渊》。
② 《孟子·离娄上》。
③ 《论语·为政》。
④ 《孟子·尽心上》。
⑤ 《孟子·滕文公上》。
⑥ 《礼记·中庸》。

目中的圣贤。广大平民百姓只能在这些圣贤面前五体投地,乖乖地听命于他们,成为受他们驱使的奴仆。既然要宣扬人治,就必然要贬低法律的作用,所以儒家并不重视法律。当然,这并不是说儒家完全反对法律的存在,而是说在他们眼里法律并没有多大的分量,因为国家的兴衰取决于统治者,再好的法律都不过是贤明的统治者制定的,并且需要依靠统治者来执行。

纵观儒家思想可以发现,它所宣扬的那些论调都在维护最高统治者的个人威望,把最高统治者个人完全置于法律和广大人民群众之上,实际上是为最高统治者个人的专断独裁服务的。正因为如此,儒家理论才被封建统治者立为经典而在全国大力推广,成为封建专制中国的正统思想。

(二) 法家的法治观

法家是春秋战国时期有着重大影响的又一个学派,它代表新兴地主阶级的利益,主张"以法治国"。法家思想家不但提出了这种主张,而且付诸实践,运用法家思想在一些国家推动"变法",取得了较大的成就。法家代表人物较多,如商鞅、慎到、申不害、韩非等。这里结合影响较大的商鞅和韩非的思想,介绍法家的法治主张。

商鞅(约前390—前338),战国时卫国人,姓公孙,名鞅,被称为卫鞅或公孙鞅,因在秦国变法有功而封于商,号商君,史称商鞅。商鞅因顺应历史潮流大刀阔斧地进行改革而名垂史册,他的思想主要体现在《商君书》中。韩非(约前280—前233),战国时韩国人,韩国贵族,喜欢"刑名法术之学",因在韩国不得重用而退隐著书,他的著作传入秦国后深受秦王嬴政喜欢。但韩非到秦国后并未被重用,反而被李斯和姚贾陷害而死。韩非的著作被后人辑录而成《韩非子》。

尽管商鞅和韩非的法律思想有一定的差别,但他们都是中国古代典型的法治论者,在以法治国的问题上他们的立场是一致的。他们的法治思想大致可以表述为"垂法而治""刑无等级"和重刑主义三个方面。

1. "垂法而治"

法家一直主张,治理国家绝不能依靠所谓的仁义,只能依靠法律。商鞅对儒家的仁义道德治国进行了严厉的批判。他指出,仁者可以使别人得到仁,却不能使别人也变成仁者,义者能使别人得到爱,却不能使别人也爱他人。所以依靠仁义并不能治理天下。而趋利避害是人的天性,法律把人们能够做什么和不能做什么规定清楚了,人们由于害怕法律的惩罚或者希望得到法律所允许的利益,自然会按照法律的要求而不是仁义的要求来活动。所以,"圣王者不贵义而贵法,法必明,令必行,则已矣。"[①]韩非极力主张建立中央集权的封建国家,实行君主专制统治,在君主集权的体制之下实行"以法治国"。他说:"治民无常,唯法为治。"[②]韩非所言的法是君主制定和公布的法律,也就是君主的命令。

2. "刑无等级"

商鞅是我国最早提出贵族与平民平等适用法律的人,他坚决反对"刑不上大夫,礼不

---

① 《商君书·画策》。
② 《韩非子·心度》。

下庶人"的传统,强调对所有的人用统一的刑罚标准,在适用刑罚上不分亲疏贵贱。他认识到,很多时候法律之所以行不通,是因为一些地位高的人不遵守导致的。所以他说:"刑无等级,自卿相将军以至大夫庶人,有不从王令,犯国禁、乱上制者,罪死不赦。"[①]当太子犯法时,商鞅惩处了对太子负有责任的太子的老师,这就为贯彻法律扫清了道路。韩非对商鞅的"刑无等级"思想非常赞同,进一步提出了"法不阿贵"的思想。他说:"法不阿贵,绳不挠曲。法之所加,智者弗能辞,勇者弗敢争。刑过不辟大夫,赏善不遗匹夫。"[②]在当时的情况下,法家能够提出这种平等适用法律的主张是很难得的。但法家的"刑无等级""法不阿贵"思想与现代社会所宣讲的"法律面前人人平等"思想有着本质的区别,因为法家主张的在法律适用上的平等是针对将相贵族和平民的,是他们之间的平等,而根本不涉及君主,因为君主永远都在法律之上。这种平等只是为维护君主专制服务的。

3. 重刑主义

与儒家宣扬的"以德去刑"相反,法家思想的一个重要特点就是宣扬重刑主义,主张轻罪重刑,小罪重罚,只有通过这种严厉的惩罚,才能使人不敢违法。也就是说,对轻罪实施重刑,人们不敢犯轻罪,当然也就不敢犯重罪了。所以商鞅说:"以刑去刑,虽重刑可也。"[③]韩非进一步提出了他的重刑主张:一是轻罪重罚,推崇酷刑;二是推行"连坐",一人犯罪,全家和邻里都要遭殃;三是扩大死刑适用范围,大搞恐怖统治。

尽管当时法家的法治主张具有一定的进步意义,在推动社会发展和帮助秦王朝统一中国方面立下了不可磨灭的功勋,但它的近似法律恐怖主义的法治给劳动人民带来了严重的伤害,特别是把法家思想推向极端的秦始皇及其继任者极端残暴的行径,更是直接导致强大的秦王朝受到农民起义的重创而迅速灭亡。从法家如上的法治主张来看,法家所宣讲的法治绝不是今天所要实施的法治,虽然它和儒家的观点截然不同,但在实质上它所维护的仍然是封建专制,它和后来被确立为封建正统思想的儒家思想仅仅是表现形式不同,一个注重严刑峻法,一个注重仁义道德,而在本质上二者是一样的,即它们都是在宣扬和维护封建专制,它们所主张的实质上都是人治。

二、西方历史上柏拉图与亚里士多德的争论

要讲西方的法治与人治之争,就不能不从柏拉图和亚里士多德这一对师徒说起。甚至可以说,西方历史上最令人瞩目的关于人治与法治的争论就集中在他们二人身上。他们都是古希腊著名的哲学家和政治法律思想家,对法治与人治问题有着精深的研究,他们的争论在很大程度上开阔了人们认识法治问题的视野。

(一)柏拉图的人治观和法治观

柏拉图(Plato,前427—前347)生于古希腊雅典共和国的名门望族,从小就受到良好的教育。幼年的柏拉图目睹了伯罗奔尼撒战争带来的贫困和社会动荡,他的家庭也遭到破坏。20岁时,柏拉图拜当时的大哲学家苏格拉底为师,从事哲学研究。公元前399年,

---

① 《商君书·赏刑》。
② 《韩非子·有度》。
③ 《商君书·画策》。

由于一位皮革商人的诬告,苏格拉底被处以死刑,这使柏拉图对当时雅典的政治制度感到绝望。此后他离开雅典,游历埃及、西西里、小亚细亚等地,详尽考察各地的政治法律制度。年轻的柏拉图非常热衷于政治活动,他构筑了一个宏伟的理想国方案,并3次访问西西里岛进行兜售,但都以失败告终。加上雅典政治的堕落和苏格拉底之死的刺激,柏拉图感到政治充满邪恶,他最终放弃仕途,专注于哲学研究。公元前387年,柏拉图回到雅典,创办了一所学校,即著名的柏拉图学园,开始著书立说,一直到去世。柏拉图是西方历史上第一个流传下大量著作的思想家,其中影响最大的是《理想国》《政治家篇》和《法律篇》。

柏拉图的法律观分为前后两个明显不同的阶段,前一阶段是强调人的作用而淡化法律的作用,后一阶段是重视法律对国家的控制作用,因而也有人认为柏拉图在前期是人治论者,在后期又转向了法治论者。可以说,《理想国》主张的是人治,《法律篇》主张的是法治,而《政治家篇》是从人治向法治的过渡。

柏拉图在前期所主张的人治是一种贤人治国的论调。他认为,在一个理想的国度里,不应当由法律来统治,而应当由哲学家担任国王进行统治。这是因为,法律与人比起来有着诸多缺陷。柏拉图说:"法律绝不可能发布一种既约束所有人同时又对每个人都真正最有利的命令。法律在任何时候都不可能完全准确地给社会的每个成员作出何谓善德、何谓正当的规定。人之个性的差异、人之活动的多样性、人类事务无休止的变化,使得人们无论拥有什么技术都无法制定出在任何时候都可以绝对适用于各种问题的规则。"[①]这句话表达了3层含义:第一,从道理上说,法律应当对所有人都有约束力,但在约束所有人的同时,可能会导致在某些特定情况下对某个人的约束变得对他很不利。也就是说,遵守法律并不会给每个人都带来好的结果。第二,法律并不能成为在所有问题上判断正确、正当与否的标准,并不可能给人们的每一个活动指明方向。第三,人类的活动多种多样,社会生活千姿百态,极为复杂,要让法律对这些复杂的现象作出详尽的规定,或者制定一部可以处理这些极为复杂的社会问题的法律,是不可能的。柏拉图所表达的这3层意思,用简单的话来说就是,社会是丰富多彩的,而法律是僵化的,或者说,社会生活中的人是"活"的,而法律是"死"的,用"死"的法律来治理"活"的人和社会,必然是不妥当的,可能会带来不好的结果。总之,法律往往是一些抽象的规定,只能针对一般的人和事,不可能调整到特殊的人和事,不能具体问题具体分析。可见,柏拉图看到了法律的各种缺陷,这些缺陷是法律自身无法修正的,因而他并不主张国家应当由法律来统治。

既然依靠法律治理国家并不能带来好的结果,那么理想的治国模式是什么呢?就是由贤人治国。所谓贤人就是哲学家,至少是受过哲学训练具有哲学素养的人。他说:"除非哲学家们当上王,或者是那些现今号称君主的人像真正的哲学家一样研究哲学,集权力和智慧于一身,让现在的那些只搞政治不研究哲学或者只研究哲学不搞政治的庸才统统靠边站,否则国家是永无宁日的,人类是永无宁日的。不那样,我们拟定的这套制度就

---

① 转引自〔美〕博登海默:《法理学:法律哲学与法律方法》,邓正来译,中国政法大学出版社2004年版,第10—11页。

永远不会实现,永远见不到天日,只能停留在口头。"①在柏拉图眼里,哲学家是最高尚的人,是最有学识的人,由哲学家进行统治的贤人政体是最好的政体,只有建立以哲学家为国王的国家,才是最理想的国家。柏拉图看到了当时许多城邦治理国家的混乱,因而提出了政治家必须是哲学家的要求,这样就可以实现智慧和权力的完美结合,这种集哲学家和政治家于一体的统治者就是"哲学王",就是治理国家的贤人。柏拉图心目中的贤人治国理论是他的"理想国"的基本治国模式。在理想国里,人们被分成3个等级,即统治阶级、武士阶级和劳动者阶级。统治阶级是经过哲学训练的人,具有"智慧"的美德,他们的天职是管理国家;武士阶级具有"勇敢"的美德,他们的天职是防御敌人和保卫国家;劳动者阶级指农夫和手工艺者,具有"节制"的美德,他们的天职是安分守己地进行生产劳动。柏拉图还利用宗教进一步证明这种划分的神圣性,宣称神用不同的物质制造出了不同的人:统治者是神用金子做成的,是最宝贵的;武士是神用银子做成的;农夫和手工艺者是神用铁做成的;而奴隶则连破铜烂铁都不如,因而不同的人具有了不同的美德和天职。他认为,如果3个等级能够各守其美德,各尽其本性,各按其本分行事,就实现了正义的理想。柏拉图所宣扬的这种由哲学王统治的理想国,这种充满宿命论色彩的等级森严的理想国,不过是奴隶主贵族享有特权而广大劳动人民受尽欺压和剥削的国家罢了,绝不是什么真正的理想国。对此,马克思一针见血地指出:"在柏拉图的理想国中,分工被说成是国家的构成原则,就这一点说,他的理想国只是埃及种姓制度在雅典的理想化;……"②

柏拉图精心设计的理想国"看上去很美",却只能存在于人们的"理想"之中,永远也不可能实现。柏拉图的一切理想,以及他为建立理想国而付出的诸多努力,都被希腊社会的现实无情地粉碎了。他带着自己美好的幻想求见一些国王,劝说他们学习哲学或者让位于哲学家,这显然是与虎谋皮。他屡屡碰壁,甚至险些成为囚徒,因为没有哪个国王会像他想象的那样天真。残酷的现实教育了柏拉图,他最终认识到,现实生活中找不到集美德和智慧于一身的哲学王,而国王也不可能变成他所极力塑造的哲学家。

晚年的柏拉图被迫放弃了自己设计的理想国方案,走出了哲学王统治的迷宫。在他看来,如果一个国家还有种种邪恶,没有出现"哲学王",就只能靠法律来统治了。他悲观地说:"人类的本性将永远倾向于贪婪与自私,逃避痛苦,追求快乐而无任何理性,人们会先考虑这些,然后才考虑到公正和善德。这样,人们的心灵是一片黑暗,他们的所作所为,最后使他们本人和整个国家充满了罪行。如果有人根据理性和神的恩惠的阳光指导自己的行动,他们就用不着法律来支配自己;因为没有任何法律或秩序能比知识更有力量,理性不应该受任何东西的束缚,它应该是万物的主宰,如果它真的名副其实,而且本质上是自由的话。但是,现在找不到这样的人,即使有也非常之少;因此,我们必须作第二种最佳的选择,这就是法律和秩序。"③显然,柏拉图并不认为自己的理想国是不好的,他仍然认为人类最好的治国模式是哲学王的贤人治国模式,但是人性总是恶的,人们的

---

① 转引自汪太贤:《西方法治主义的源与流》,法律出版社2001年版,第25页。
② 马克思:《相对剩余价值的生产》,载《马克思恩格斯全集》第23卷,人民出版社1972年版,第405—406页。
③ 张学仁、沈叔平等选编:《西方法律思想史资料选编》,北京大学出版社1983年版,第27页。

素质还达不到可以由哲学王来统治的要求,在这种万般无奈的情况下,人们只好选择由法律来统治了。所以,柏拉图眼里的法治,并不是治理国家的首选,而是一种退而求其次的选择。虽然是被迫由人治论转向了法治论,柏拉图对法治还是充满了信心。在《法律篇》中,柏拉图明确提出了法律的重要作用,并对如何实现法治提出了中肯的看法。一方面,他重视立法工作,认为实行法治的前提是做好立法工作,立法要遵循公正和善的理念,这样制定出的法律才是好的法律。另一方面,他强调守法和维护法律的权威。他说:"如果一个国家的法律处于从属地位,没有权威,我敢说,这个国家一定要覆灭;然而,我们认为一个国家的法律如果在官吏之上,而这些官吏服从法律,这个国家就会获得诸神的保佑和赐福。"① 从这些论断看来,柏拉图对于法治问题的探索是有积极意义的。

(二) 亚里士多德的法治观

亚里士多德(Aristotle,前384—前322)生于希腊北部色雷斯地方的一个小镇,父亲是马其顿国王腓力普的御医,因而亚里士多德和马其顿王室之间一直保持着密切的交往。亚里士多德幼年时失去父母,由姐姐和姐夫抚养长大。17岁时,亚里士多德迷上了柏拉图的著作,便来到当时的文化中心雅典,进入柏拉图学园学习,受业于柏拉图。尽管和柏拉图在思想上有分歧,亚里士多德还是对他的老师充满了尊敬,他说:"吾爱吾师,吾更爱真理。"柏拉图去世时,本来可以成为学园领导者的亚里士多德由于种种原因没有当选,他离开了雅典。公元前342年,亚里士多德应马其顿国王腓力普二世的邀请,成为王子亚历山大的家庭教师。亚历山大继位后,发动了大规模的侵略战争,亚里士多德返回雅典,在吕克昂建立属于自己的学园,专职从事教学和研究工作,他的工作获得了亚历山大的支持。公元前323年亚历山大突然去世,希腊人欣喜若狂,雅典的亲马其顿政府被推翻。此时的亚里士多德虽然已经远离政界,但他与马其顿王室之间的密切关系使他成为雅典人控告的对象。亚里士多德不愿步苏格拉底之后尘,为了逃避迫害,他不得不离开雅典,来到欧比亚岛的加尔斯市定居,生活的孤寂和精神的创伤使他在第二年郁郁而终。亚里士多德是古希腊继柏拉图之后的伟大思想家,是百科全书式的大学者,在逻辑学、物理学、心理学、伦理学、政治学、哲学等领域都作出了开创性的成就,成为人类思想宝库的重要组成部分,对后世影响极大。亚里士多德的著作非常多,在政治法律方面的思想主要体现在《政治学》《伦理学》《雅典政制》等著作当中。

亚里士多德一直主张国家应当实行法治,并系统地论述了法治的优点和法治的含义,他是西方法治理论的集大成者。概括地说,亚里士多德的法治思想主要体现在两个方面。

1. 提出法治优于一人之治

在一个国家中,由最好的人来统治好呢,还是由最好的法律统治好呢?亚里士多德对这个问题展开了讨论,并明确地指出,国家应当由法律来统治,而不能由一个人来统治。对于这一论断,他讲了多个理由。

第一,法律不会感情用事,而人都免不了受感情的左右。法律是明确的、肯定的和稳

---

① 张学仁、沈叔平等选编:《西方法律思想史资料选编》,北京大学出版社1983年版,第25页。

定的,不会受到感情的影响,这样就能保障法律在任何时候处理问题都能做到公正无私。任何人都是有感情的,即使最贤良的人也不例外,他在执政过程中总会加入个人的感情偏向,带来各种不好的结果。消除个人感情偏向的最好的东西就是法律。所以,如果让法律进行统治就近似于神祇和理智的统治,而让个人来统治则无异于让兽性来统治。

第二,法律是集体智慧的产物,胜过一个人的智慧。法律来自于集体,吸收了不同的人的智慧,这些人的智慧的集合总会比一个人的智慧高明。即使在法律没有规定或者规定不明的地方,由公民大会进行议事和审断,也胜过任何贤良的人作出的决断。所以,尽管法律有诸多不完善的地方,但是力求一个最好的法律来统治胜过力求一个最好的人来统治。

第三,法治不易腐败,而一人之治易于腐败。如果让一个人来统治,他总会因为感情因素或者其他原因而在问题的处理上失去平衡,丧失正确的判断力。而全体人民总不会同时发怒,同时作出错误的判断。

第四,一人的能力是有限的。在一人之治的政体下,执政者面临着很多事务需要处理,而他的能力总是有限的,不可能把所有的事情都处理完,所以他必须挑选或者任命其他官员来共同处理事务。如果是这样,不如在国家设计政体的时候就由法律作出妥当的安排。

基于以上原因,亚里士多德认为,实行法治是最好的选择。他说:"法治应当优于一人之治。遵循这种法治的主张,这里还须辨明,即使有时国政仍需依仗某些人的智虑(人治),这总得限止这些人们只能在应用法律上运用其智虑,让这种高级权力成为法律监护官的权力。应该承认邦国必须设置若干职官,必须有人执政,但当大家都具有平等而同样的人格时,要是把全邦的权力寄托于任何一个个人,这总是不合乎正义的。"[①]

2. 深刻论述法治的含义

亚里士多德是西方历史上第一个对法治进行系统论述的思想家,他从多个角度探讨了法治的内涵,他的法治理论今天仍然有很大的借鉴意义。

第一,亚里士多德强调法治是人人守法和良法之治。他说:"法治应包含两重意义:已成立的法律获得普遍的服从;而大家所服从的法律又应该本身是制定得良好的法律。"[②]这就是说,作为一种维护社会秩序和调整人们行为的准则,法律必须具有善的属性,必须是正当的法律,必须合乎正义,只有这样的法律才能得到人们的信赖和拥护,才能真正得到人们的遵守。而对于社会成员来说,他们必须遵守法律,无论是统治者还是被统治者都必须服从良好的法律,杜绝一切违法的行为。道理很简单,再好的法律如果没有人遵守,都不过是一种装饰,法治永远也不会实现。

第二,亚里士多德强调法治是"轮番为治"。亚里士多德不仅反对一人之治,也反对执政者的终身制和世袭制。他认为,根据平等原则,国家的职位应当轮番,同样的人交互做统治者,也做被统治者,这样才是合乎正义的。因而,实行法治就应当建立轮番制度,

---

① 〔古希腊〕亚里士多德:《政治学》,吴寿彭译,商务印书馆1965年版,第167—168页。
② 同上书,第199页。

法律对统治者的任期作出明确规定,给每个人都提供平等的执政机会,让大多数人轮流执政。如果少数统治者永远把持权力,必然会导致权力的滥用,出现不合理和不正义的结局。如果让全体公民都参与政治,安排好统治者轮流退休,并使他们在退休后和其他自由人处于同样的地位,就可以防止权力的滥用和腐败。

总的来说,亚里士多德比柏拉图更加系统和彻底地提出了法治思想,在西方历史上产生了极为深远的影响,后世许多思想家的理论都可以从亚里士多德那里找到渊源。

第二节 近现代法治的思想基础

虽然古代的思想家曾提出法治理论,但是法治在古代社会不可能建成,而只是停留在美好的设想中。直到近代资产阶级革命后,法治才逐渐在少数典型资本主义国家建立起来。在现代社会中,法治已经成为人类共同追求的价值准则,不少国家开始努力推行法治。随着市场经济、民主政治、理性文化的逐步确立和占据主导地位,一些国家经过长期的发展而成为法治国家。从某种意义上说,法治是一个国家法律制度现代化的重要标志,是衡量一个国家文明程度的标准之一。根据法治所赖以建立的经济基础和代表的上层建筑的不同,近现代法治基本可以分为资本主义法治和社会主义法治,这两种类型的法治虽然有相同之处,但在许多方面存在着重大差别。根源于不同经济基础和上层建筑的资本主义法治和社会主义法治,在形式上的差别更多地是由二者的思想基础导致的。了解资本主义法治和社会主义法治的不同思想基础,有助于人们从理论根源上正确认识和科学识别这两种法治,理性看待我国社会主义法治建设的战略目标、道路选择和法治体系等问题。

一、资本主义法治的思想基础

古代思想家关于人治与法治的争论使人们在一定程度上对法治有了基本的认识。然而古代思想家对法治的认识毕竟是基于落后的生产力和生产关系而产生的,他们的法治观念必然具有多方面的局限性。在反封建斗争中,欧洲资产阶级启蒙思想家提出了近现代意义上的法治思想,这种法治主要指民主制、共和制,反对君主专制和等级特权。欧美国家资产阶级革命后,执掌政权的资产阶级为了建立稳固的政权,维护他们心目中理想的资本主义制度,便按照资产阶级启蒙思想家的设想,开始了资本主义法治国家建设。随着资本主义生产关系在经济基础中占据统治地位,作为上层建筑重要组成部分的资本主义法治逐渐形成了。资本主义法治理论的内容非常丰富,而且随着资本主义社会的发展和资本主义制度的自我调整,资本主义法治思想得到进一步的充实和完善。无论资本主义法治怎么发展,它的基本主张和法治原则,特别是那些比较典型的法治论调,始终扎根于近代资产阶级启蒙思想家的法治思想中。近代英法等国家启蒙思想家的法治思想,对整个资本主义法治产生了重大影响,奠定了资本主义法治的思想基础。

(一)英国思想家的法治思想

英国是资本主义的故乡,也是近代资本主义法治的发源地。早在英国进行资产阶级革命时期,一些杰出的思想家就开始探讨如何建设资本主义法治国家,其中两位代表人物哈林顿和洛克的法治思想影响最大。

詹姆士·哈林顿(James Harrington,1611—1677)生于英国一个土地贵族家庭。青年时代,他除了悉心研究古希腊、罗马的历史外,曾漫游荷兰、法国、意大利等国,考察它们的政治制度。哈林顿虽然和当时英国的独裁国王查理一世有很深的私人友谊,但在思想上是反对君主制的。《大洋国》是哈林顿的主要著作,他在该著作中提出了法治共和国的构想,即以自由为最高准则、以法律为绝对统治的国家制度。哈林顿吸收了古希腊罗马的优秀思想,认为一个共和国只能是法治国家,共和国是法律的王国而不是人的王国。在这样的国家中,有完备的法律就有善良的人,而不是有善良的人就有完备的法律。哈林顿设计了法治国家的结构原则,把它归结为"均势",也就是平等,包括财产的平等和权力的平等。因此,他反对一党统治,主张多党制,他认为多个政党所造成的势力均衡不仅保护了共和国,也维护了法律的统治地位。

约翰·洛克(John Locke,1632—1704)出身于律师家庭,20岁时进入牛津大学学习,当时学校的负责人支持资产阶级革命,主张君主立宪制。家庭的影响和教育的熏陶使洛克倾向于资产阶级革命,后来他又接触到许多进步的思想。1688年"光荣革命"后,洛克在新政府担任职务,之后的两年中他发表了《政府论》上篇和下篇,上篇批驳了"君权神授""王位世袭"等论调,下篇提出了分权学说。《政府论》下篇是对英国资产阶级革命的理论总结,并对以后英国政治法律制度的建立和完善起到了重大作用。洛克认为,国家的成立是为了保护社会成员的利益,因而必须由法律来统治。他说:"政府所有的一切权力,既然只是为社会谋幸福,因而不应该是专断的和凭一时高兴的,而是应该根据既定的和公布的法律来行使;这样,一方面使人民可以知道他们的责任并在法律范围内得到安全和保障,另一方面,也使统治者被限制在他们的适当范围之内,不致为他们所拥有的权力所诱惑,利用他们本来不熟悉的或不愿承认的手段来行使权力,以达到上述目的。"[①]而且一旦法律公布出来就应当执行,如果法律得不到执行,一切都会变成无政府状态,人民则变成了没有秩序的杂乱群众。同时,洛克还强调法律面前人人平等,任何人都不能凭自己的权威逃避法律的制裁,也不能以地位优越为借口,放任自己或者下属胡作非为,而要求免受法律制裁。同洛克的法治理论密切相关的是他的分权理论,他把国家权力分为立法权、执行权和对外权,立法权高于其他两种权力;他提出把3种权力分别交给不同的国家机关掌握,不能集中在君主或者政府手中,否则会产生很多弊病。事实上洛克的三权分立不过是立法权和行政权的分立,他忽视了司法权。

(二)法国思想家的法治思想

到18世纪时,法国的资本主义经济已经获得了迅猛发展,但当时的法国仍然是欧洲典型的封建专制国家,资产阶级革命势在必行。这一时期法国涌现出许多杰出的资产阶级启蒙思想家,他们对资本主义法治做了深刻的论述,代表人物有孟德斯鸠和卢梭。

孟德斯鸠(Baron de Montesquieu,1689—1755)出身于法国贵族色贡达家族,原名查

[①] 〔英〕洛克:《政府论》(下篇),叶启芳、瞿菊农译,商务印书馆1964年版,第87页。

理·路易·德·色贡达,27岁时承袭孟德斯鸠男爵的称号,改名孟德斯鸠,并继承了波尔多议长这个可以买卖的职位。后来他卖掉官职漫游欧洲,考察各国政制。孟德斯鸠著作颇丰,影响最深远的著作是他笔耕20年而完成的《论法的精神》。孟德斯鸠最初拥护共和政体,后来赞同英国的君主立宪制。孟德斯鸠的法治观可以简单地表述为"法律下的自由和权力",即他认为法律的目的是维护自由,而自由只能是法律之下的自由。为了制止权力的滥用从而保障自由,他强调必须以权力约束权力,所以他在洛克提出的权力分立的基础上进一步提出资产阶级的三权分立原则,把国家权力分为立法权、行政权和司法权,3种权力相互牵制,达到某种平衡。"如果同一个人或是由重要人物、贵族或平民组成的同一机关行使这三种权力,即制定法律权、执行公共决议权和裁判私人犯罪或争讼权,则一切便都完了。"①孟德斯鸠的三权分立思想是典型的资产阶级分权制衡思想,对后世影响极大,美国1787年制定的宪法就是这一思想结出的果实。

让·雅克·卢梭(Jean Jacques Rousseau,1712—1778)是日内瓦人,但大半生在法国渡过。他出身寒微,自幼丧母,10岁时父亲因与人闹纠纷而出走,卢梭成了孤儿,13岁时开始流浪。他一生颠沛流离,历尽艰辛,晚景尤为凄凉,在贫病交加中死去。他酷爱读书,才华过人,在西方政治法律思想史上占有非常重要的地位。他的著作很多,详细论述他的政治法律主张的主要是《论人类不平等的起源和基础》以及《社会契约论》。卢梭认为国家是由社会契约产生的,个人与国家的关系就是一种契约关系,订立契约的目的是保护订约者的人身、财富和自由。他批判了他所生活的罪恶世界,进而为他心目中理想的共和国设计了方案,这个共和国是一个资产阶级法治国家。这个国家的主权在民,它的核心权力是立法权,立法权不属于立法者而属于人民,立法者只是法律的表述者罢了。政府来自于立法权的授权,它的职责是执行法律,因此立法权应当约束行政权,防止行政权在行使中走样,行政权永远处在立法权的控制之下。卢梭反对分权理论,认为这是在分割主权,在他看来立法权和行政权应当是"分离"或者"分工"的,而不是"分立"的。卢梭的政治法律思想对后来的思想家影响极大,直接成为法国资产阶级革命的理论基础。

(三)资本主义法治思想评析

英法启蒙思想家的法治思想为欧洲资产阶级革命的发生和发展提供了充分的理论依据,为资本主义国家的创立设计了蓝图。今天典型资本主义国家的政治法律制度在很大程度上吸收了他们的主张。但是由于自身阶级的局限性,资本主义法治思想在很多方面是不科学的。

首先,资本主义法治思想建立在唯心史观的基础之上,不能真正解释人类社会政治法律制度的产生和发展规律,因而具有较大的幻想成分。资产阶级启蒙思想家看不到社会发展的真正动力来自于社会生产力的发展,看不到由生产力决定的生产关系是政治法律制度的真正来源。一个国家的政治法律制度怎么样,发展到什么程度,并不是圣人先贤或者革命家自己可以决定或者设计的,而是取决于特定的社会状况,取决于特定社会中的特定的生产关系。但所有的资产阶级启蒙思想家都意识不到这一点,尽管他们的法

---

① 〔法〕孟德斯鸠:《论法的精神》(上册),张雁深译,商务印书馆1963年版,第186页。

治思想也是由他们所处的社会决定的。因此,这种以唯心史观为基础的法治理论缺乏对社会发展规律的真正认识,只能通过虚构和幻想来提出理论假设。例如资产阶级思想家所津津乐道的社会契约理论,只不过是一种虚构,无论是中国还是西方的历史都证明,人类从来就没有经历过资产阶级思想家所描绘的"原始状态",而且也从来没有出现过一个完全靠订立契约而建立的国家。以虚构甚至是幻想而成的社会契约理论是资本主义法治思想的理论基石,既然理论基石都是靠不住的,资本主义的那一套法治思想又有多少能够成立呢?

其次,资本主义法治思想所宣扬的民主、自由、平等的共和国,实质上不过是资产阶级的共和国,这样的法治国家不过是为资产阶级服务罢了,不可能代表广大人民的利益。列宁说:"资本家总是把富人发财的自由和工人饿死的自由叫做'自由'。"①无论资产阶级思想家如何描绘他们心目中的共和国的民主、自由和平等,都不过是站在资产阶级的立场上来看的,都是资产阶级的民主、自由和平等,对于处在被剥削、被压迫地位的广大劳动人民来说,则是另外一种情况。所谓民主,不过是一定阶级在一定范围内按照平等原则和少数服从多数的原则管理国家和社会事务的一种制度,不同社会的统治阶级不同,民主的主体不同,享受自由、平等的主体和享受的程度当然也不同,因而不能抽象地谈民主、自由和平等,以及以民主、自由和平等为标志的法治。民主、自由、平等和法治都是具体的、历史的,在不同社会和不同历史时期,有不同的具体内容。在阶级社会里,法治当然具有鲜明的阶级性,这种法治当然是统治阶级的法治,是围绕统治阶级的利益为统治阶级服务的法治。

最后,资本主义法治思想并非"放之四海而皆准"的真理,它只能适用于特定的社会。恩格斯在谈到资产阶级的分权学说时说:"屈韦特尔先生和国家法的其他大哲学家们以极其虔敬的心情把这种分权看做神圣不可侵犯的原则,事实上这种分权只不过是为了简化和监督国家机构而实行的日常事务上的分工罢了。也像其他一切永久性的、神圣不可侵犯的原则一样,这个原则只是在它符合于现存的种种关系的时候才被采用。例如,在君主立宪政体中,立法权和行政权都交错在国王身上;其次,在议院里,立法权是和对行政权的监督交错在一起的等等。"②资产阶级思想家提出的法治思想虽然有一定的说服力,也在一些方面取得了成就,但这种法治思想并不能为人类解决法治问题提供唯一正确的"答案"。甚至连资产阶级启蒙思想家在探讨资本主义法治时,也没有形成统一的认识,比如孟德斯鸠主张分权制衡而卢梭主张主权统一。在实践中,同样是发达的资本主义法治国家,英、法、美、德等国的法治建设也各有特色。所以一个国家建设什么样的法治,如何建设法治,主要取决于自己的国情,简单照搬别国的做法是行不通的。

总之,尽管资产阶级启蒙思想家所构想出的理想的法治国家具有很大的吸引力,但这种法治永远都只是资产阶级的法治,它固有的局限性是那个时代的思想家和政治家所不能克服的。恩格斯对此给予了科学的评价,他说:"这个理性的王国不过是资产阶级的

---

① 列宁:《共产国际第一次代表大会》,载《列宁全集》第28卷,人民出版社1956年版,第438页。
② 恩格斯:《7月4日的妥协会议》(第二篇论文),载《马克思恩格斯全集》第5卷,人民出版社1958年版,第224—225页。

理想化的王国;永恒的正义在资产阶级的司法中得到实现;平等归结为法律面前的资产阶级的平等;被宣布为最主要的人权之一的是资产阶级的所有权;而理性的国家、卢梭的社会契约在实践中表现为而且也只能表现为资产阶级的民主共和国。十八世纪的伟大思想家们,也和他们的一切先驱者一样,没有能够超出他们自己的时代所给予他们的限制。"①

【随堂测试】 西方资本主义法治思想为社会主义法治思想提供了有益的借鉴,下列不属于该有益借鉴的一项是( )。(单选题)

A. 基本人权论
B. 法律面前人人平等论
C. 法律权威论
D. 三权分立论

解析:西方资本主义法治思想为社会主义法治思想提供了一定的借鉴,如人民主权论、基本人权论、权力制约论、法律面前人人平等论、法律权威论等等。社会主义法治理论坚决摒弃和排拒"三权分立"的理论与观念。因此,本题应当选 D 项。

二、社会主义法治的思想基础

正当西方主要资本主义国家沿着资产阶级启蒙思想家设计的方向建设资本主义法律制度的时候,对资本主义的自由、平等、民主和法治有着切身体会的共产主义创始人马克思、恩格斯开始批判资本主义民主的虚伪性和法治的资产阶级本性,揭露资产阶级在民主、自由、平等、法治、人权等幌子下所从事的各种罪恶行径。在批判地借鉴和吸收人类历史上一切优秀文明成果的基础上,马克思和恩格斯澄清了国家和法律制度的基本原理。由于直接参加了俄国社会主义革命和建设,列宁的法治思想比马克思、恩格斯的国家和法律思想又有了重大发展。马克思、恩格斯、列宁的国家和法律思想,以及列宁的法治思想,是社会主义法治的思想基础。只有掌握这一马克思列宁主义思想体系的重要组成部分,才能真正理解社会主义法治的一系列重大理论和实践问题。

(一)马克思、恩格斯、列宁关于国家和法律的思想

马克思、恩格斯创立的马克思主义这个伟大的思想体系,以及列宁在发展马克思主义的基础上创立的列宁主义思想体系,给后世带来了史无前例的革命性影响。马克思、恩格斯对于经济基础与上层建筑、对于作为上层建筑的国家与法律等问题的深刻论述,是认识人类政治法律现象的理论指南。只有认清了国家和法律这一对最基本政治范畴的本质,才能真正理解社会主义法治问题。

1. 关于国家本质的思想

自从国家出现以来,人们一直生活在国家中,时刻感受到国家的存在。那么,国家是什么呢?

恩格斯指出:"国家无非是一个阶级镇压另一个阶级的机器,这一点即使在民主共和

---

① 恩格斯:《反杜林论》,载《马克思恩格斯全集》第 20 卷,人民出版社 1971 年版,第 20 页。

制下也丝毫不比在君主制下差。"①

列宁指出:"国家是维护一个阶级对另一个阶级的统治的机器。"②"国家是一个阶级压迫另一个阶级的机器,是使一切被支配的阶级受一个阶级控制的机器。"③

恩格斯和列宁的论述揭示了国家的本质。

首先,国家是一种历史现象,是社会发展到一定阶段才出现的,是阶级矛盾不可调和的产物和表现。恩格斯说:"国家并不是从来就有的。曾经有过不需要国家、而且根本不知国家和国家权力为何物的社会。在经济发展到一定阶段而必然使社会分裂为阶级时,国家就由于这种分裂而成为必要了。"④阶级和阶级矛盾的出现导致了国家的出现,阶级斗争的存在和发展决定了国家的存在和发展,只有到了共产主义社会,阶级消灭了,阶级斗争不存在了,国家才会消亡。在相互对立的阶级之间,国家不是仲裁人或公断者,也不是各个阶级利益的共同代表者,不会对处于对立状态的阶级一视同仁地平等对待,不会调和敌对阶级的斗争。所以列宁说:"国家是阶级矛盾不可调和的产物和表现。在阶级矛盾客观上达到不能调和的地方、时候和程度,便产生了国家。反过来说,国家的存在表明阶级矛盾的不可调和。"⑤

其次,国家是建立在经济基础之上的上层建筑,是经济上占统治地位的阶级进行阶级统治的工具,是实现统治阶级意志的机关。国家根源于一定社会的经济基础,有什么样的经济基础就有什么样的国家,国家是建立在一定经济基础之上的上层建筑。在社会发展的一定阶段,国家的阶级本性、主要特点、历史任务和作用等,都由特定社会的经济基础决定,不管国家的形式发展得多么完美,国家始终受制于经济基础并为经济基础服务。统治阶级利用国家机器镇压敌对阶级的反抗,并采取一系列措施巩固和发展有利于自己的生产关系,削弱和摧毁不利于自己的生产关系。于是国家就成为经济上占统治地位的阶级进行阶级统治的工具,成为统治阶级实现其意志的机关。它表面上代表整个社会,实质上却属于特定阶级。正是在这种意义上,恩格斯说:"国家是整个社会的正式代表,是社会在一个有形的组织中的集中表现,但是,说国家是这样,这仅仅是说,它是当时独自代表整个社会的那个阶级的国家:在古代是占有奴隶的公民的国家,在中世纪是封建贵族的国家,在我们的时代是资产阶级的国家。当国家终于真正成为整个社会的代表时,它就使自己成为多余的了。"⑥经济上占统治地位的阶级正是借助于国家这种特殊组织,在政治上也夺取统治地位,在统治整个社会的过程中实现自己的意志。

最后,国家是实施暴力的机器。作为阶级统治的工具,国家不可能是为全体居民谋取幸福的仁慈的"公共福利"组织。不管它怎样以慈善装扮自己,都不能掩盖它的暴力本

---

① 恩格斯:《导言》(为马克思《法兰西内战》单行本所写),载《马克思恩格斯选集》第2卷,人民出版社1972年版,第336页。
② 列宁:《论国家》,载《列宁选集》第4卷,人民出版社1972年版,第48页。
③ 同上书,第49页。
④ 恩格斯:《家庭、私有制和国家的起源》,载《马克思恩格斯全集》第21卷,人民出版社1965年版,第197页。
⑤ 列宁:《国家与革命》,载《列宁选卷》第3卷,人民出版社1972年版,第175页。
⑥ 恩格斯:《社会主义从空想到科学的发展》,载《马克思恩格斯全集》第19卷,人民出版社1963年版,第242页。

性。国家不但是暴力组织,而且是一个庞大复杂的、有组织有系统的实施暴力的机器。"机器"一词形象地指明了国家的工具性,谁掌握它,谁就能运用它为自己的目的服务。统治阶级掌握它就是要用它向被统治阶级实施暴力,镇压被统治阶级的反抗。"机器"也表明这种组织的复杂性,它的组成部件不是孤立的存在和简单的堆积,而是相互联系相互依赖并构成一个复杂的统一体。国家由军队、警察、法庭和监狱等暴力组织组成,它们有机地联系起来,共同维护统治阶级的统治和利益。当然,这并不意味着国家在任何时候都会使用暴力,它只是以暴力为后盾,通过使用暴力相威胁,建立一种有利于统治阶级的社会关系和社会秩序。

2. 关于法律本质的思想

马克思恩格斯在《德意志意识形态》中指出,法律来自于一定的物质生产关系,"在这种关系中占统治地位的个人除了必须以国家的形式组织自己的力量外,他们还必须给予他们自己的由这些特定关系所决定的意志以国家意志即法律的一般表现形式。……由他们的共同利益所决定的这种意志的表现,就是法律。"[①]马克思和恩格斯在《共产党宣言》中驳斥资产阶级的谬论时指出:"你们的观念本身是资产阶级的生产关系和所有制关系的产物,正像你们的法不过是被奉为法律的你们这个阶级的意志一样,而这种意志的内容是由你们这个阶级的物质生活条件来决定的。"[②]从这两段引文的上下文来看,马克思、恩格斯的这些论述揭示了资产阶级法律甚至人类进入阶级社会以来各个社会的法律的核心内涵和本质属性,为人们认识法律现象提供了科学的立场、观点和方法。

马克思主义经典作家关于法律的论述具有如下科学性:首先,揭示了法律与统治阶级的内在联系。法律以统治阶级的利益为出发点和归宿,从统治阶级的立场出发,根据统治阶级的利益标准和价值观念,来调整社会关系。其次,揭示了法律与国家的必然联系。国家在统治阶级的意志转化为法律的过程中起着决定性作用,法律必须以国家的名义制定和颁布。最后,揭示了法律与社会物质生活条件的因果关系。法律是物质生活条件发展的结果,法律的内容和发展变化离不开物质生活条件或者物质基础。

(二) 列宁的法治思想

列宁亲自领导了俄国社会主义革命和建设,在马克思主义发展史上第一次对社会主义条件下的法治建设问题做了比较系统的阐述,形成了丰富的法治思想。

1. 要充分认识到在俄国建设社会主义法治的必要性和艰巨性

俄国是一个大国,人口以农业为主,资本主义生产关系不发达,小农生产在社会经济领域占据优势地位,君主专制历史传统悠久,缺乏民主法治观念的熏陶,这就给十月革命后社会主义俄国的法治建设带来各种困难。从国际上看,俄国与英、法等欧洲国家的资本主义发展水平相差很远,但又比欧洲外的东方国家发展水平高,处于两者的中间,所以俄国的发展会表现出很多特殊性。列宁指出,在这样的国家建设社会主义,就必然需要建设社会主义法律制度,用法律确认和保障社会主义制度,抵御各类敌人、坏分子的破坏

[①] 马克思、恩格斯:《德意志意识形态》(第一卷),载《马克思恩格斯全集》第3卷,人民出版社1960年版,第378页。

[②] 马克思、恩格斯:《共产党宣言》,载《马克思恩格斯选集》第1卷,人民出版社1995年版,第289页。

活动。任何社会主义者如果不是陷入空想,就不会对法律放弃不用。他说:"工人阶级夺取政权之后,像任何阶级一样,要通过改变同所有制的关系和实行新宪法来掌握和保持政权,巩固政权。这是我的第一个无可争辩的基本论点!"①社会主义社会需要法律,而法律发展的状况是由社会主义社会的生产力发展水平等多种因素决定的,在俄国这样的国家,要充分认识到法律的发展会表现出一些特殊的形式,面临着艰巨的建设任务。

2. 社会主义法律的使命是建立和完善社会主义生产关系,促进生产力的发展

俄国的社会主义政权刚刚建立就面临着一系列的困难,国内有阶级敌人的破坏,国际上有帝国主义国家的封锁等。为了克服这些困难,俄国采取"战时共产主义"政策,用高度集权的方法组织生产和分配。成功地击退国内外敌人的一次次疯狂反扑后,俄国的经济已经到了几乎崩溃的边缘,战时共产主义政策的负面效应充分暴露出来。这时列宁主张用新经济政策代替战时共产主义政策,用粮食税代替余粮征集制。他领导全俄中央执行委员会制定了一系列法律,使新经济政策基本达到了预期目的。列宁的新经济政策集中体现了他对社会主义法律与其经济基础的关系的深刻认识,体现了他对社会主义法律使命的科学运用,那就是:社会主义法律应当为其经济基础服务,任何脱离实际的超前要求都必须退回到适应生产力发展的地步,社会主义法律的使命就是建立和完善社会主义生产关系,促进生产力的发展。

3. 建设社会主义法治必须反对法外特权,健全法律监督体制

在法治建设过程中,除了重视立法活动,使所立之法适应生产力的发展之外,还必须重视法律的实施活动。列宁认为,法律应当得到普遍的遵守,一切社会关系的主体都必须严格遵守法律。执政党、一切国家机关、一切国家公职人员、普通公民都应当自觉遵守法律,不得以任何方式践踏法律的威严。他坚决反对任何形式的法外特权,不但自己十分注意遵守法律,还要求国家机关工作人员特别是领导干部应当成为自觉守法的模范,维护法律的权威。在一个问题的处理上,列宁写道:"由于这个问题是中央执行委员会主席团决定的,而根据宪法规定,中央执行委员会主席团高于人民委员会,所以无论是我这人民委员会主席,还是人民委员会都无权改变此项决定。"②同时,列宁强调健全法律监督的重要性,对国家专门监督机关的建设投入了大量的智慧和精力。列宁指出,为保证检察机关独立行使法律监督职能,它应当只受中央领导。列宁还高度重视来自人民群众的监督,鼓励人民群众揭发国家机关工作人员的违法犯罪行为,要求国家机关认真对待人民群众的申诉控告信件,调查属实后严肃处理。

4. 共产党的领导是建设社会主义法治的必要条件

列宁明确指出:"马克思主义教育工人的党,也就是要教育出一个无产阶级的先锋队,使它能够夺取政权并引导全体人民走向社会主义,规划并组织新制度,成为所有被剥削劳动者在没有资产阶级参加并反对资产阶级而建设自己社会生活的事业中的导师、领

---

① 列宁在俄共(布)第九次代表大会上做的《关于经济建设问题的发言》,载《列宁全集》第38卷,人民出版社1986年版,第299—300页。
② 列宁:《给达尼洛夫纺织厂代表们的证明》,载《列宁全集》第48卷,人民出版社1987年版,第512页。

导者和领袖。"①这就是说,整个社会主义事业,必须在共产党的领导下才能顺利进行。在谈到共产党对俄国的领导时,列宁说:"在我国国家政权的全部政治经济工作都是由工人阶级觉悟的先锋队——共产党领导的……"②坚持共产党在国家的领导地位,是社会主义社会的一项基本原则。社会主义法治建设同样需要共产党的领导,只有坚持共产党的领导才能保证法治建设的社会主义方向,在这一问题上没有商量的余地。列宁同时指出,党的领导主要是政治领导,党通过立法把自己的路线方针政策上升为国家的法律,并通过法律实施机关执行法律,从而贯彻党的路线方针政策。党的领导绝不意味着党要包办一切,党组织不能直接代替国家机关制定和执行法律。针对党在领导过程中出现的一些问题,列宁指出:"党的任务则是对所有国家机关的工作进行总的领导,不是像目前那样进行过分频繁的、不正常的、往往是琐碎的干预。"③当然,党也要遵守宪法和法律,党的活动也要以宪法和法律为依据。

总的来说,马克思、恩格斯和列宁关于国家与法律的本质的论述,列宁关于社会主义法治建设的论述,是人类历史上第一次根据唯物史观对法律和法治问题的探讨,改变了过去剥削阶级法学一统天下的局面,为社会主义法治建设提供了理论指导,因而成为社会主义法治的思想基础。

第三节 中国特色社会主义法治的指导思想

中国特色社会主义法治是一项伟大的创举,凝结了以毛泽东、邓小平、江泽民、胡锦涛、习近平为代表的几代中国共产党人对社会主义法治的艰难探索,形成了社会主义法治建设的一系列重大思想。毛泽东、邓小平、江泽民、胡锦涛、习近平关于社会主义法治建设的思想,是以马克思列宁主义为指导,立足中国民主法治建设实践,充分借鉴我国传统法律文化和外国法治文明的精华而逐步形成的,是马克思列宁主义关于国家与法律的思想同中国国情和社会主义法治建设实践相结合的产物,是中国特色社会主义法治的指导思想。要正确理解中国特色社会主义法治的一系列重大理论和实践问题,就必须深入领会毛泽东、邓小平、江泽民、胡锦涛、习近平关于社会主义法治建设的思想。

一、毛泽东关于社会主义法治建设的思想

毛泽东关于社会主义法治建设的思想是毛泽东思想的重要组成部分,是中国共产党运用马克思列宁主义关于国家与法律思想的一般原理解决中国革命和建设过程中的法律问题的具体产物。毛泽东关于社会主义法治建设的思想,揭开了中国法律思想发展史的新篇章,为新民主主义和社会主义法制建设奠定了理论基础。更重要的是,毛泽东关于社会主义法治建设的思想跟人民民主专政的国家政权建设密切相连,开启了中国社会

---

① 列宁:《国家与革命》,载《列宁选集》第3卷,人民出版社1972年版,第192页。
② 列宁:《工会在新经济政策条件下的作用和任务》,载《列宁选集》第4卷,人民出版社1972年版,第587页。
③ 列宁:《就党的第十一次代表大会报告提纲给维·米·莫洛托夫并转俄共(布)中央全会的信》,载《列宁全集》第43卷,人民出版社1987年版,第64页。

主义民主与法制建设的实践。毛泽东关于社会主义法治建设的思想非常丰富,包含人民民主专政、正确处理人民内部矛盾等思想,以及刑事法律思想等诸多内容。

(一)坚持人民民主专政,加强社会主义法制建设

新民主主义革命的胜利,把创造一个新政权的任务摆在中国共产党面前。毛泽东指出,我们要建立一个人民民主专政的政权。他说:"总结我们的经验,集中到一点,就是工人阶级(经过共产党)领导的以工农联盟为基础的人民民主专政。这个专政必须和国际革命力量团结一致。这就是我们的公式,这就是我们的主要经验,这就是我们的主要纲领。"① 只有建立人民民主专政的国家政权,制定人民的法律,人民才能得到保护。在新民主主义革命时期,中国共产党领导的革命根据地就通过建立人民政权来保护人民。新民主主义革命胜利后,毛泽东认识到我国必须制定人民民主专政的法律来巩固新生的人民政权和保护人民的利益,他尤其重视宪法的制定。新中国成立前夕,毛泽东主持制定了具有临时宪法作用

郑州大学　朱钰欣　画

的《中国人民政治协商会议共同纲领》,新中国成立后他又亲自担任宪法起草委员会主席,主持制定我国第一部社会主义宪法。毛泽东说:"我们的宪法草案公布以后,将会得到全国人民的一致拥护,提高全国人民的积极性。一个团体要有一个章程,一个国家也要有一个章程,宪法就是一个总章程,是根本大法。用宪法这样一个根本大法的形式,把人民民主和社会主义原则固定下来,使全国人民有一条清楚的轨道,使全国人民感到有一条清楚的明确的和正确的道路可走,就可以提高全国人民的积极性。"②在宪法制定过程中,毛泽东还提出了党的领导与群众路线相结合、原则性与灵活性相结合、总结本国经验与借鉴外国经验相结合等社会主义立法的基本原则。在人民民主专政思想的指导下,在社会主义建设的艰难探索阶段,我国民主和法制建设获得了一定的发展。

(二)遵守宪法和法律

毛泽东不仅强调要加强社会主义立法工作,还特别强调要遵守社会主义法律。在领导宪法制定过程中,他说:"这个宪法草案是完全可以实行的,是必须实行的。当然,今天它还只是草案,过几个月,由全国人民代表大会通过,就是正式的宪法了。今天我们就要准备实行。通过以后,全国人民每一个人都要实行,特别是国家机关工作人员要带头实行,首先在座的各位要实行。不实行就是违反宪法。"③这是因为,宪法和法律代表人民的意志,遵守宪法和法律就是在按照人民的意志办事,就能切实保护人民的利益。同时,也只有遵守宪法和法律,才能维护社会的正常秩序。1957年,毛泽东又强调:"一定要守法,

---

① 毛泽东:《论人民民主专政》,载《毛泽东选集》第4卷,人民出版社1991年版,第1480页。
② 毛泽东:《关于中华人民共和国宪法草案》,载《毛泽东文集》第6卷,人民出版社1999年版,第328页。
③ 同上。

不要破坏革命的法制。法律是上层建筑。我们的法律,是劳动人民自己制定的。它是维护革命秩序,保护劳动人民利益,保护社会主义经济基础,保护生产力的。我们要求所有的人都遵守革命法制,并不是只要你民主人士守法。"①

(三)正确处理人民内部矛盾

1956年,随着生产资料的社会主义改造基本完成,我国进入社会主义社会。在这一新的历史时期,敌我矛盾下降,人民内部矛盾上升,成为国家政治、经济生活的主题,毛泽东适时提出正确处理人民内部矛盾的思想。毛泽东在1956年4月作的《论十大关系》的报告中,大部分关系都是讲人民内部矛盾的。他指出,正确处理这些关系的目的,就是要调动一切积极因素,为社会主义事业服务,把我国建设成为一个伟大的社会主义国家。1957年2月,毛泽东作了《关于正确处理人民内部矛盾的问题》的讲话,全面地分析了社会主义社会的矛盾,指出:社会主义社会存在着敌我之间和人民内部两类性质根本不同的矛盾,前者需要用强制的、专政的方法去解决,后者只能用民主的、说服教育的、"团结——批评——团结"的方法去解决,绝不能用解决敌我矛盾的方法去解决人民内部的矛盾。

(四)镇压与宽大相结合,惩罚与教育相结合

镇压与宽大相结合、惩罚与教育相结合是毛泽东重要的刑事法律思想。毛泽东根据他的辩证唯物主义和历史唯物主义法律观,在刑事法律领域提出了镇压与宽大相结合、惩罚与教育相结合的思想。毛泽东指出,一方面,对敌人不能姑息养奸,必须坚决镇压;另一方面,一定要注意实行镇压与宽大相结合的政策,可杀可不杀的就不杀。在镇压反革命中,关于死刑问题,毛泽东于1951年3月作出指示:"请你们对镇反工作,实行严格控制,务必谨慎从事,务必纠正一切草率从事的偏向。我们一定要镇压一切反革命,但是一定不可捕错杀错。"②他提出了死刑缓期二年执行的政策,并划分了死刑立即执行和死刑缓期执行的界限。1951年6月,他指示:"对于罪大恶极民愤甚深非杀不足以平民愤者必须处死,以平民愤。只对那些民愤不深、人民并不要求处死但又犯有死罪者,方可判处死刑、缓期二年执行、强迫劳动、以观后效。"③当代中国宽严相济的刑事政策就来自毛泽东这一法律思想。

(五)劳动与改造相结合

劳动与改造相结合的思想是毛泽东的另一个重要刑事法律思想。新中国成立前他就指出:"对于反动阶级和反动派的人们,在他们的政权被推翻以后,只要他们不造反,不破坏,不捣乱,也给土地,给工作,让他们活下去,让他们在劳动中改造自己,成为新人。他们如果不愿意劳动,人民的国家就要强迫他们劳动。也对他们做宣传教育工作,并且做得很用心,很充分,像我们对俘虏军官们已经做过的那样。"④1962年,在听取公安部的

---

① 毛泽东:《在省市自治区党委书记会议上的讲话》,载《毛泽东文集》第7卷,人民出版社1999年版,第197—198页。
② 毛泽东:《关于镇压反革命》,载《毛泽东文集》第6卷,人民出版社1999年版,第120页。
③ 同上书,第123页。
④ 毛泽东:《论人民民主专政》,载《毛泽东选集》第4卷,人民出版社1991年版,第1476—1477页。

汇报时,毛泽东明确地指出,劳动改造罪犯,生产是手段,主要目的是改造,不要在经济上做许多文章。在他看来,即使强迫犯罪分子劳动也主要不是为了生产,而是为了改造,改造第一,生产第二,并且需要对罪犯进行政治思想教育,把监狱办成一个特殊的学校。

(六)社会主义法制建设必须在党的领导下进行

毛泽东非常重视党的领导作用。在革命战争中,他就强调人民军队必须接受中国共产党的领导,中国革命只有在中国共产党的领导下才能取得胜利。他说:"既要革命,就要有一个革命党。没有一个革命的党,没有一个按照马克思列宁主义的革命理论和革命风格建立起来的革命党,就不可能领导工人阶级和广大人民群众战胜帝国主义及其走狗。……自从有了中国共产党,中国革命的面目就焕然一新了。这个事实难道还不明显吗?"①在巩固人民民主专政的政权和社会主义法制建设过程中,更应当坚持党的领导,这一点是毫无疑问的。在镇压反革命中,他明确指示:"整个镇压反革命的工作,必须在各级党委的统一领导之下。一切公安机关和有关镇压反革命的机关的负责同志,都必须和过去一样,坚决接受党委的领导。"②

毛泽东关于社会主义法治建设的思想非常丰富,以上只是其中的部分内容。毛泽东关于社会主义法治建设的思想开创了我国社会主义法律制度,社会主义法治建设中有不少内容是对毛泽东这一思想的继承和发展。

二、邓小平关于社会主义法治建设的思想

党的十一届三中全会以后,以邓小平为代表的中国共产党人把马克思主义的基本原理与中国特色社会主义事业相结合,创立了邓小平理论。邓小平关于社会主义民主与法治建设的思想是邓小平理论的重要组成部分,在邓小平理论中占有非常重要的地位。邓小平关于社会主义法治建设的思想涉及我国社会主义法治建设的各个方面,比如他提出建设社会主义必须健全法制,做到有法可依、有法必依、执法必严、违法必究,公民在法律面前人人平等,维护法律的权威,党必须在宪法和法律范围内活动等。

(一)坚持四项基本原则绝不能动摇,四项基本原则是立国之本

在改革开放之初,邓小平就旗帜鲜明地指出:过去搞民主革命,要适合中国情况,走毛泽东同志开辟的农村包围城市的道路。现在搞建设,也要适合中国情况,走出一条中国式的现代化道路。我们要实现四个现代化就必须在思想政治上坚持四项基本原则。这是实现四个现代化的根本前提。这四项基本原则是:必须坚持社会主义道路;必须坚持无产阶级专政;必须坚持党的领导;必须坚持马列主义、毛泽东思想。③随后他进一步指出:"我们坚持四项基本原则,就是坚持社会主义,坚持无产阶级专政,坚持马列主义、毛泽东思想,坚持党的领导,这四个坚持的核心,是坚持党的领导。我们这个党是马列主义、毛泽东思想的党,是领导社会主义事业、领导无产阶级专政的核心力量,是无产阶级

---

① 毛泽东:《全世界革命力量团结起来,反对帝国主义的侵略》,载《毛泽东选集》第4卷,人民出版社1991年版,第1357页。
② 毛泽东:《关于镇压反革命》,载《毛泽东文集》第6卷,人民出版社1999年版,第123页。
③ 参见邓小平:《坚持四项基本原则》,载《邓小平文选》第2卷,人民出版社1994年版,第163—165页。

的、有社会主义和共产主义觉悟的、有革命纪律的先进队伍。我们党同广大群众的联系,对中国社会主义事业的领导,是六十年的斗争历史形成的。党离不开人民,人民也离不开党,这不是任何力量所能够改变的。"①邓小平认识到,只有坚持四项基本原则,才能保证我国的社会主义政权不变色,才能继续进行中国特色社会主义事业。而在坚持四项基本原则当中,最为核心的就是要坚持中国共产党对社会主义事业的领导地位,没有党的领导,中国就会倒退,就会陷入混乱和分裂,中国特色社会主义事业就是一句空话。

(二)加强社会主义民主与法制建设,维护国家的长治久安

邓小平认为,由于法制不健全,搞个人崇拜、搞家长制,才导致了"文化大革命"的十年浩劫和毛泽东晚年的错误。党的十一届三中全会召开前夕,在中央工作会议闭幕会上,邓小平就明确提出了"有法可依、有法必依、执法必严、违法必究"的十六字方针,他强调指出:"为了保障人民民主,必须加强法制。必须使民主制度化、法律化,使这种制度和法律不因领导人的改变而改变,不因领导人的看法和注意力的改变而改变。"②改革开放以后,他更系统地阐述了社会主义法制建设的重要性。他说:"我们过去发生的各种错误,固然与某些领导人的思想、作风有关,但是组织制度、工作制度方面的问题更重要。这些方面的制度好可以使坏人无法任意横行,制度不好可以使好人无法充分做好事,甚至会走向反面。"③因此,邓小平强调要加强社会主义民主与法制建设,实现社会主义民主的制度化、法律化。只有国家的各种活动按照法律的规定来进行,才能带来社会的稳定,维护国家的长治久安。同时,邓小平进一步指出,社会主义民主和法制建设需要一个过程,要尊重民主和法制建设的规律,要在党的领导下稳步进行,不能一蹴而就。1981年1月,在党中央召集的干部会议上,邓小平说:"我们坚持发展民主和法制,这是我们党的坚定不移的方针。但是实现民主和法制,同实现四个现代化一样,不能用大跃进的做法,不能用'大鸣大放'的做法。就是说,一定要有步骤,有领导。否则,只能助长动乱,只能妨碍四个现代化,也只能妨碍民主和法制。"④

(三)建设社会主义法制,必须维护法律的权威

邓小平认为,我国建设社会主义民主和法制,必须实现由人治向法治的转变,树立法律的权威。党的十二大通过的党章,规定"党必须在宪法和法律范围内活动",就是邓小平维护法律权威思想的体现。邓小平不仅主张党的活动要遵守法律,还强调要摆正领导者个人与党、与国家的关系。1988年9月,他强调:"如果一个党、一个国家把希望寄托在一两个人的威望上,并不很健康。那样,只要这个人一有变动,就会出现不稳定。"⑤1989年9月,他又强调:"我历来不主张夸大一个人的作用,这样是危险的,难以为继的。把一个国家、一个党的稳定建立在一两个人的威望上,是靠不住的,很容易出问题。"⑥在邓小平看来,领导者个人的威望不能超越法律,不能过于强调个人的权威,而应当凸显法律的

---

① 邓小平:《目前的形势和任务》,载《邓小平文选》第2卷,人民出版社1994年版,第266页。
② 邓小平:《解放思想,实事求是,团结一致向前看》,载《邓小平文选》第2卷,人民出版社1994年版,第146页。
③ 邓小平:《党和国家领导制度的改革》,载《邓小平文选》第2卷,人民出版社1994年版,第333页。
④ 邓小平:《目前的形势和任务》,载《邓小平文选》第2卷,人民出版社1994年版,第256—257页。
⑤ 邓小平:《总结历史是为了开辟未来》,载《邓小平文选》第3卷,人民出版社1993年版,第272页。
⑥ 邓小平:《我们有信心把中国的事情做得更好》,载《邓小平文选》第3卷,人民出版社1993年版,第325页。

权威。所以他说,必须使民主制度化、法律化,使这种制度和法律不因领导人的改变而改变,不因领导人的看法和注意力的改变而改变。维护法律的权威,落实到法律实施领域,就是要做到有法必依、执法必严、违法必究。

(四)严厉打击各种刑事犯罪活动,保障中国特色社会主义事业的顺利进行

邓小平理论当中,有非常著名的"两手抓、两手都要硬"的思想,这一思想具体到法律领域,就是要严厉打击各种刑事犯罪活动,保障中国特色社会主义事业顺利进行。1980年1月,邓小平就指出:"目前我们同各种反革命分子、严重破坏分子、严重犯罪分子、严重犯罪集团的斗争,虽然不都是阶级斗争,但是包含阶级斗争。当然,我们必须坚决划清两类不同性质的矛盾的界限,对于绝大多数破坏社会秩序的人应该采取教育的办法,凡能教育的都要教育,但是不能教育或教育无效的时候,就应该对各种罪犯坚决采取法律措施,不能手软。……我们要学会使用和用好法律武器。对违法犯罪分子手软,只能危害大多数人民的利益,危害现代化建设的大局。"① 1982年4月,邓小平又指出:"我们要有两手,一手就是坚持对外开放和对内搞活经济的政策,一手就是坚决打击经济犯罪活动。"② 1992年初,邓小平到南方视察时,继续强调:"要坚持两手抓,一手抓改革开放,一手抓打击各种犯罪活动。这两只手都要硬。打击各种犯罪活动,扫除各种丑恶现象,手软不得。"③

邓小平关于社会主义法治建设的思想,奠定了中国共产党实施依法治国基本方略的理论基础,开创了社会主义法治建设的新局面,在我国社会主义发展史上,具有划时代的历史意义。

三、江泽民关于社会主义法治建设的思想

党的十三届四中全会至党的十六大期间,以江泽民为代表的中国共产党人,在建设中国特色社会主义事业的实践中,运用马克思主义基本原理,科学地分析国际国内形势的变化,总结中国共产党的执政经验,提出了"三个代表"重要思想。江泽民关于社会主义法治建设的思想,是"三个代表"重要思想的重要组成部分,推动了中国特色社会主义法治事业的进步。江泽民关于社会主义法治建设的思想,包含着多方面的内容。

(一)明确提出依法治国、建设社会主义法治国家的伟大目标

江泽民充分认识到依法治国的重要性,多次强调要实施依法治国方略。1996年2月,在中共中央举办的法制讲座上,江泽民提出:"加强社会主义法制建设,依法治国,是邓小平建设有中国特色社会主义理论的重要组成部分,是我们党和政府管理国家和社会事务的重要方针。……实行和坚持依法治国,对于推动经济持续、快速、健康发展和社会全面进步,保障国家长治久安,具有十分重要的意义。"④在党的第十五次全国代表大会

---

① 邓小平:《目前的形势和任务》,载《邓小平文选》第2卷,人民出版社1994年版,第253页。
② 邓小平:《坚决打击经济犯罪活动》,载《邓小平文选》第2卷,人民出版社1994年版,第404页。
③ 邓小平:《在武昌、深圳、珠海、上海等地的谈话要点》,载《邓小平文选》第3卷,人民出版社1993年版,第378页。
④ 江泽民:《坚持依法治国》,载《江泽民文选》第1卷,人民出版社2006年版,第511页。

上,江泽民明确提出了"依法治国、建设社会主义法治国家"的治国方略,这是在中国共产党的历史上,第一次把依法治国作为治理国家的基本方略,把建设社会主义法治国家作为社会主义初级阶段基本纲领的重要组成部分,推动了我国社会主义法治建设迅猛发展。

(二)强调依法治国必须与发展社会主义民主政治结合起来

在党的十五大报告中,江泽民指出:"发展社会主义民主政治,是我们党始终不渝的奋斗目标。没有民主就没有社会主义,就没有社会主义现代化。社会主义民主的本质是人民当家作主。国家一切权力属于人民。我国实行的人民民主专政的国体和人民代表大会制度的政体是人民奋斗的成果和历史的选择,必须坚持和完善这个根本政治制度,不照搬西方政治制度的模式,这对于坚持党的领导和社会主义制度、实现人民民主具有决定意义。发展民主必须同健全法制紧密结合,实行依法治国。"①在党的第十六次全国代表大会上,江泽民指出:"发展社会主义民主政治,建设社会主义政治文明,是全面建设小康社会的重要目标。必须在坚持四项基本原则的前提下,继续积极稳妥地推进政治体制改革,扩大社会主义民主,健全社会主义法制,建设社会主义法治国家,巩固和发展民主团结、生动活泼、安定和谐的政治局面。"②发展社会主义民主政治,就要充分保障人民当家作主的地位,保障人民依法行使各种民主权利,维护人民的根本利益。同时,为了保护人民民主,必须切实加强社会治安工作,充分发挥人民民主专政的专政职能,严厉打击犯罪活动。2001年4月,在全国社会治安工作会议上,江泽民指出:"严打是打击严重刑事犯罪活动的长期方针,要坚持贯彻执行。我们现在不搞运动,但开展工作必须有气势。打击严重刑事犯罪活动,没有气势,没有群众支持,很难奏效。"③

(三)强调中国共产党对依法治国的领导

在党的十五大报告中,江泽民指出:"依法治国,是党领导人民治理国家的基本方略,是发展社会主义市场经济的客观需要,是社会文明进步的重要标志,是国家长治久安的重要保障。党领导人民制定宪法和法律,并在宪法和法律范围内活动。依法治国把坚持党的领导、发扬人民民主和严格依法办事统一起来,从制度和法律上保证党的基本路线和基本方针的贯彻实施,保证党始终发挥总揽全局、协调各方的领导核心作用。"④在党的十六大报告中,江泽民指出:"党的领导主要是政治、思想和组织领导,通过制定大政方针,提出立法建议,推荐重要干部,进行思想宣传,发挥党组织和党员的作用,坚持依法执政,实施党对国家和社会的领导。党委在同级各种组织中发挥领导核心作用,集中精力

---

① 江泽民:《高举邓小平理论伟大旗帜,把建设有中国特色社会主义事业全面推向二十一世纪》,载《江泽民文选》第2卷,人民出版社2006年版,第28页。
② 江泽民:《全面建设小康社会,开创中国特色社会主义事业新局面》,载《江泽民文选》第3卷,人民出版社2006年版,第553页。
③ 江泽民:《切实加强社会治安工作》,载《江泽民文选》第3卷,人民出版社2006年版,第208页。
④ 江泽民:《高举邓小平理论伟大旗帜,把建设有中国特色社会主义事业全面推向二十一世纪》,载《江泽民文选》第2卷,人民出版社2006年版,第29页。

抓好大事,支持各方独立负责、步调一致地开展工作。"①在政法工作中,同样要加强党的领导。江泽民强调说:"各级党委要加强对政法工作的领导,全力支持政法部门依法行使职权。"②在江泽民看来,我国社会主义民主与法治建设必须牢牢坚持中国共产党的领导,只有坚持党的领导,才能保证我国民主与法治建设沿着社会主义的轨道前进。

(四)提出依法治国与以德治国相结合

治理国家应当主要靠什么?是靠法律还是靠道德?关于这个问题,两千多年前的思想家就发表过重要论述。在新的历史条件下,江泽民运用马克思主义原理,对传统法律文化进行扬弃,赋予"法治"和"德治"以新的内涵,精辟地论述了依法治国与以德治国的辩证关系,提出了依法治国与以德治国相结合的思想。2000年6月,在中央思想政治工作会议上,他指出:"法律和道德作为上层建筑的组成部分,都是维护社会秩序、规范人们思想和行为的重要手段,它们相互联系、相互补充。法治以其权威性和强制手段规范社会成员的行为,德治以其说服力和劝导力提高社会成员的思想认识和道德觉悟。道德规范和法律规范应该相互结合,统一发挥作用。"③2001年1月,在全国宣传部长会议上,江泽民进一步指出:"我们在建设有中国特色社会主义、发展社会主义市场经济的过程中,要坚持不懈地加强社会主义法制建设,依法治国;同时也要坚持不懈地加强社会主义道德建设,以德治国。对一个国家的治理来说,法治和德治,从来都是相辅相成、相互促进的。二者缺一不可,也不可偏废。法治属于政治建设、属于政治文明,德治属于思想建设、属于精神文明。二者范畴不同,但其地位和功能都是非常重要的。我们要把法制建设与道德建设紧密结合起来,把依法治国与以德治国紧密结合起来。"④江泽民提出的依法治国与以德治国相结合的思想,极大地丰富了马克思主义法学。

总之,江泽民在毛泽东、邓小平关于社会主义法治建设思想的基础上,紧密结合中国社会主义法治建设的伟大实践,进一步发展了中国共产党关于社会主义法治建设的思想,有力地推动了社会主义法治建设。

四、胡锦涛关于社会主义法治建设的思想

党的十六大至十八大期间,以胡锦涛为总书记的党中央,在邓小平理论和"三个代表"重要思想的指导下,根据新的发展要求,把马克思主义基本原理与中国特色社会主义的伟大实践相结合,提出了以人为本、全面协调可持续发展的科学发展观。胡锦涛关于社会主义法治建设的思想,是科学发展观的重要组成部分,具有丰富的理论内涵。例如,他强调坚持以人为本,促进人的全面发展;实施依法治国方略首先要全面贯彻实施宪法,树立宪法意识,维护宪法权威;充分发挥法治在建设社会主义和谐社会中的作用;坚持民主执政、科学执政、依法执政等;并提出社会主义法治理念。

---

① 江泽民:《全面建设小康社会,开创中国特色社会主义事业新局面》,载《江泽民文选》第3卷,人民出版社2006年版,第555页。
② 江泽民:《切实加强社会治安工作》,载《江泽民文选》第3卷,人民出版社2006年版,第212页。
③ 江泽民:《在中央思想政治工作会议上的讲话》,载《江泽民文选》第3卷,人民出版社2006年版,第91页。
④ 江泽民:《大力弘扬不懈奋斗的精神》,载《江泽民文选》第3卷,人民出版社2006年版,第200页。

（一）坚持以人为本，坚决维护群众的合法权益

以人为本是科学发展观的本质和核心。在胡锦涛看来，坚持以人为本，就是要以实现人的全面发展为目标，从人民群众的根本利益出发谋发展、促发展，不断满足人民群众日益增长的物质文化需要，切实保障人民群众的经济、政治和文化权益，让发展的成果惠及全体人民。把以人为本的思想落实到法治建设中，就要求坚决维护人民群众的合法权益。21世纪的前十年，我国正处在发展转型期，也是社会矛盾的多发期。胡锦涛提出充分运用法律和政策手段，正确处理人民内部矛盾和群体性事件，维护社会的发展稳定。2003年11月，在第20次全国公安会议上，胡锦涛提出："要扎实解决好关系群众切身利益的问题。做好这项工作，关键是要坚持依法办事，坚持按政策办事，坚决维护群众的合法权益，坚决维护社会稳定。……要把解决群众切身利益的工作纳入制度化法制化的轨道。这是正确处理人民内部矛盾的根本途径。要针对当前的突出问题，区别不同情况，抓紧建立健全相关的法律法规。"[①] 2011年7月，在庆祝中国共产党成立90周年大会上，胡锦涛指出："以人为本、执政为民是我们党的性质和全心全意为人民服务根本宗旨的集中体现，是指引、评价、检验我们党一切执政活动的最高标准。全党同志必须牢记，密切联系群众是我们党的最大政治优势，脱离群众是我们党执政后的最大危险。我们必须始终把人民利益放在第一位，把实现好、维护好、发展好最广大人民根本利益作为一切工作的出发点和落脚点，做到权为民所用、情为民所系、利为民所谋，使我们的工作获得最广泛最可靠最牢固的群众基础和力量源泉。"[②] 胡锦涛的这些论述都是在强调，社会主义建设说到底是为人民服务的，社会主义法治建设的各种活动也应当始终坚持维护人民群众的合法权益。

（二）全面落实依法治国方略，维护宪法权威

在党的十七大报告中，胡锦涛指出："全面落实依法治国基本方略，加快建设社会主义法治国家。依法治国是社会主义民主政治的基本要求。要坚持科学立法、民主立法，完善中国特色社会主义法律体系。加强宪法和法律实施，坚持公民在法律面前一律平等，维护社会公平正义，维护社会主义法制的统一、尊严、权威。推进依法行政。深化司法体制改革，优化司法职权配置，规范司法行为，建设公正高效权威的社会主义司法制度，保证审判机关、检察机关依法独立公正地行使审判权、检察权。加强政法队伍建设，做到严格、公正、文明执法。深入开展法制宣传教育，弘扬法治精神，形成自觉学法守法用法的社会氛围。尊重和保障人权，依法保证全体社会成员平等参与、平等发展的权利。各级党组织和全体党员要自觉在宪法和法律范围内活动，带头维护宪法和法律的权威。"[③] 胡锦涛强调，全面落实依法治国方略，就必须维护法律的权威，维护法律的权威首先应当维护宪法的权威。因此，他多次要求全党必须维护法律的权威，特别是要注意维

---

① 胡锦涛：《正确处理人民内部矛盾，妥善处置群体性事件》，载胡锦涛：《论构建社会主义和谐社会》，中央文献出版社2013年版，第17页。
② 胡锦涛：《在庆祝中国共产党成立九十周年大会上的讲话》，载《胡锦涛文选》第3卷，人民出版社2016年版，第532页。
③ 胡锦涛：《高举中国特色社会主义伟大旗帜，为夺取全面建设小康社会新胜利而奋斗》，载《胡锦涛文选》第2卷，人民出版社2016年版，第636—637页。

护宪法的权威。只有宪法有权威了,依法治国方略才能得到实施。

(三)坚持依法执政,保障宪法法律有效实施

2011年3月,在参加十一届全国人大四次会议、全国政协十一届四次会议的党员负责同志会议时,胡锦涛深刻论述了我国建成中国特色社会主义法律体系的重大意义。而后他强调指出:"中国特色社会主义法律体系形成后,总体上解决了有法可依问题,在这种情况下,有法必依、执法必严、违法必究的问题就显得更为突出、更加紧迫,我们要切实保障宪法法律有效实施。各级党组织和全体党员要自觉在宪法法律范围内活动,带头维护宪法法律权威,坚持科学执政、民主执政、依法执政,保证我们党始终成为中国特色社会主义事业的坚强领导核心。"①依法执政,具体到政府活动中,就要求依法行政和建设法治政府,具体到审判、检察工作中就要求严格、规范、公正、文明执法,坚持公正司法,维护社会公平正义。总之,强调依法执政是社会主义法治建设的重大发展,是党领导人民实施依法治国方略具体落实到党的执政活动中的要求。依法执政是对执政者的约束,是对宪法和法律的遵守,是对法律权威的服从。党在坚持依法执政的基础上,保障宪法法律得到有效实施,是依法执政在法律实施领域的具体体现,是中国特色社会主义法律体系对我国各个领域和方面切实发挥规范和引导作用、推动法治国家建设不断向纵深方向发展的必然要求。

(四)提出社会主义法治理念

在建设中国特色社会主义事业中,同西方法律制度和法律思想的接触,使我国有效地借鉴吸收了其有益的部分,促进了我国立法和执法水平的提高,与此同时,西方各种法治思潮给我国法治观念带来的消极影响也不可忽视。在实践中,西方的"法律术语",以及一些建立在资本主义政治、经济、文化和社会基础上的基本法律制度和思想,如"三权分立""政治中立"等,给一些人的思想造成混乱。还有一些别有用心的人,企图打着依法治国的幌子否定党对政法工作的领导,打着司法改革的旗号否定社会主义制度。同时,一些"左"的思想、一些封建残余思想在一些人的头脑中依然存在。针对这种情况,以胡锦涛为首的党中央提出了社会主义法治理念。2006年3月,在十届全国人大四次会议、十届全国政协四次会议的党员负责同志会议上,胡锦涛提出:"理念是行动的指南。我们实施依法治国的基本方略、建设社会主义法治国家,既要积极加强法制建设,又要牢固树立社会主义法治理念。我国法治是社会主义法治,社会主义法治必须以社会主义法治理念为指导。坚持社会主义法治理念,就是要坚持依法治国、执法为民、公平正义、服务大局、党的领导。"②他进一步强调,依法治国是社会主义法治的根本原则,执法为民是社会主义法治的本质要求,公平正义是社会主义法治的基本目标,服务大局是社会主义法治的中心任务,党的领导是社会主义法治的政治保证。社会主义法治理念,是针对封建的人治、专制思想和"左"的思想,针对西方资产阶级法治思想提出的,具有鲜明的时代特色和现实针对性。社会主义法治理念包括依法治国、执法为民、公平正义、服务大局、党的

---

① 胡锦涛:《社会主义民主法制建设史上的重要里程碑》,载《胡锦涛文选》第3卷,人民出版社2016年版,第510—511页。
② 胡锦涛:《坚持社会主义法治理念》,载《胡锦涛文选》第2卷,人民出版社2016年版,第428页。

领导五个方面,体现了党的领导、人民当家作主和依法治国的有机统一。

胡锦涛关于社会主义法治建设的思想,是我国在迈入21世纪,在经济社会发展转型的过程中提出的关于社会主义法治建设的思想,既具有强烈的实践性,又包含着长远规划和部署,充分体现了中国共产党对社会主义法治建设规律的深刻认识和正确把握。

五、习近平关于社会主义法治建设的思想

党的十八大以来,以习近平为核心的党中央,坚持以马克思列宁主义、毛泽东思想、邓小平理论、"三个代表"重要思想、科学发展观为指导,坚持解放思想、实事求是、与时俱进、求真务实,坚持辩证唯物主义和历史唯物主义,紧密结合新的时代条件和实践要求,以全新的视野深化对共产党执政规律、社会主义建设规律、人类社会发展规律的认识,进行艰辛理论探索,取得重大理论创新成果,形成了习近平新时代中国特色社会主义思想。习近平关于社会主义法治建设的思想,是习近平新时代中国特色社会主义思想的重要组成部分。特别是2014年10月党的十八届四中全会通过的《关于全面推进依法治国若干重大问题的决定》,集中体现了习近平关于社会主义法治建设的思想,是以习近平为核心的党中央全面推进依法治国、加快建设社会主义法治国家的纲领性文件。习近平在强调坚持党的领导、人民当家作主、依法治国有机统一的基础上,进一步提出法治中国建设必须坚持依法治国、依法执政、依法行政共同推进,坚持法治国家、法治政府、法治社会一体建设,并提出全面推进依法治国的总目标是建设中国特色社会主义法治体系,建设社会主义法治国家。

2017年10月,在党的十九大上,习近平在阐述新时代中国特色社会主义思想的内涵时,强调了"坚持全面依法治国"。他指出:"全面依法治国是中国特色社会主义的本质要求和重要保障。必须把党的领导贯彻落实到依法治国全过程和各方面,坚定不移走中国特色社会主义法治道路,完善以宪法为核心的中国特色社会主义法律体系,建设中国特色社会主义法治体系,建设社会主义法治国家,发展中国特色社会主义法治理论,坚持依法治国、依法执政、依法行政共同推进,坚持法治国家、法治政府、法治社会一体建设,坚持依法治国和以德治国相结合,依法治国和依规治党有机统一,深化司法体制改革,提高全民族法治素养和道德素质。"[①]习近平在党的十九大上的报告,是对我国社会主义法治建设的一次重大理论创新,把全面依法治国提到了新的高度,赋予了新的内涵,规划了新的蓝图,开辟了新的征程。习近平关于社会主义法治建设的思想,体现了中国共产党对我国社会主义法治建设的最新探索和全面部署,它的内涵极为丰富,外延相当广泛,是当前法治中国建设的指导思想。

(一)加强党对全面依法治国的统一领导

习近平在党的十九大上论述的新时代中国特色社会主义思想的精神实质和丰富内涵,第一项内容即为"坚持党对一切工作的领导"。习近平指出:"党政军民学,东西南北

---

① 习近平:《决胜全面建成小康社会 夺取新时代中国特色社会主义伟大胜利》,人民出版社2017年版,第22—23页。

中,党是领导一切的。必须增强政治意识、大局意识、核心意识、看齐意识,自觉维护党中央权威和集中统一领导,自觉在思想上政治上行动上同党中央保持高度一致,完善坚持党的领导的体制机制,坚持稳中求进工作总基调,统筹推进'五位一体'总体布局,协调推进'四个全面'战略布局,提高党把方向、谋大局、定政策、促改革的能力和定力,确保党始终总揽全局、协调各方。"①在报告的第六部分"健全人民当家作主制度体系,发展社会主义民主政治"中,习近平强调说:"党的领导是人民当家作主和依法治国的根本保证,人民当家作主是社会主义民主政治的本质特征,依法治国是党领导人民治理国家的基本方式,三者统一于我国社会主义民主政治伟大实践。在我国政治生活中,党是居于领导地位的,加强党的集中统一领导,支持人大、政府、政协和法院、检察院依法依章程履行职能、开展工作、发挥作用,这两个方面是统一的。"②他还指出:"全面依法治国是国家治理的一场深刻革命,必须坚持厉行法治,推进科学立法、严格执法、公正司法、全民守法。成立中央全面依法治国领导小组,加强对法治中国建设的统一领导。"③从这些论述中,既可以看到习近平对加强党对全面依法治国的领导的高度重视,也能领会到加强党对全面依法治国的领导是新时代全面依法治国的必然要求。

(二)坚持和拓展中国特色社会主义法治道路

习近平强调,全面推进依法治国,加快建设社会主义法治国家,必须坚定不移走中国特色社会主义法治道路。2014年10月,在党的十八届四中全会第二次全体会议上,习近平指出:"这次全会部署全面推进依法治国,是我们党在治国理政上的自我完善、自我提高,不是在别人压力下做的。在坚持和拓展中国特色社会主义法治道路这个根本问题上,我们要树立自信、保持定力。走中国特色社会主义法治道路是一个重大课题,有许多东西需要深入探索,但基本的东西必须长期坚持。"④在坚持和拓展中国特色社会主义法治道路方面,习近平提出了五个坚持。一是必须坚持中共产党的领导。党的领导是中国特色社会主义最本质的特征,是社会主义法治最根本的保证。坚持中国特色社会主义法治道路,最根本的是坚持中国共产党的领导。二是必须坚持人民主体地位。坚持人民主体地位,必须坚持法治为了人民、依靠人民、造福人民、保护人民。要保证人民在党的领导下,依照法律规定,通过各种途径和形式管理国家事务,管理经济和文化事业,管理社会事务。三是必须坚持法律面前人人平等。平等是社会主义法律的基本属性,是社会主义法治的基本要求。坚持法律面前人人平等,必须体现在立法、执法、司法、守法各个方面。四是必须坚持依法治国和以德治国相结合。治理国家、治理社会必须一手抓法治、一手抓德治,既重视发挥法律的规范作用,又重视发挥道德的教化作用,实现法律和道德相辅相成、法治和德治相得益彰。五是必须坚持从中国实际出发。走什么样的法治道路、建设什么样的法治体系,是由一个国家的基本国情决定的。全面推进依法治国,必须

---

① 习近平:《决胜全面建成小康社会 夺取新时代中国特色社会主义伟大胜利》,人民出版社2017年版,第20—21页。
② 同上书,第36—37页。
③ 同上书,第38页。
④ 习近平:《加快建设社会主义法治国家》,载《习近平谈治国理政》第2卷,外文出版社2017年版,第114页。

从我国实际出发,同推进国家治理体系和治理能力现代化相适应,既不能罔顾国情、超越阶段,也不能因循守旧、墨守成规。

（三）全面贯彻实施宪法

习近平不仅注重树立和维护宪法权威,更认识到宪法的生命在于实施,宪法的权威也在于实施。因此,他要求坚持不懈抓好宪法实施工作,把全面实施宪法提高到一个新水平。2012年12月,在首都各界纪念现行宪法公布施行30周年大会上,习近平指出:"全面贯彻实施宪法,是建设社会主义法治国家的首要任务和基础性工作。宪法是国家的根本法,是治国安邦的总章程,具有最高的法律地位、法律权威、法律效力,具有根本性、全局性、稳定性、长期性。全国各族人民、一切国家机关和武装力量、各政党和各社会团体、各企业事业组织,都必须以宪法为根本的活动准则,并且负有维护宪法尊严、保证宪法实施的职责。任何组织或者个人,都不得有超越宪法和法律的特权。一切违反宪法和法律的行为,都必须予以追究。"[①]他进一步指出,要坚定正确政治方向,坚定不移走中国特色社会主义政治发展道路;落实依法治国基本方略,加快建设社会主义法治国家;坚持人民主体地位,切实保障公民享有权利和履行义务;坚持党的领导,更加注重改进党的领导方式和执政方式。2014年10月,在对《中共中央关于全面推进依法治国若干重大问题的决定》的说明中,习近平指出:"宪法是国家的根本法。法治权威能不能树立起来,首先要看宪法有没有权威。必须把宣传和树立宪法权威作为全面推进依法治国的重大事项抓紧抓好,切实在宪法实施和监督上下功夫。"[②]2017年10月,在党的十九大报告中,习近平进一步强调:"加强宪法实施和监督,推进合宪性审查工作,维护宪法权威。"[③]

（四）处理好改革和法治的关系

2013年11月,党的十八届三中全会通过的《关于全面深化改革若干重大问题的决定》,在论及诸多改革领域后强调推进法治中国建设。一年后,党的十八届四中全会通过的《关于全面推进依法治国若干重大问题的决定》,强调实现立法和改革决策相衔接,做到重大改革于法有据、立法主动适应改革和经济社会发展需要。由此可以看到,改革和法治之间具有非常密切的联系。2014年10月,在党的十八届四中全会第二次全体会议上,习近平指出:"党的十八届三中、四中全会分别把全面深化改革、全面推进依法治国作为主题并作出决定,有其紧密的内在逻辑,可以说是一个总体战略部署在时间轴上的顺序展开。全面建成小康社会、全面深化改革都离不开全面推进依法治国。党的十八届四中全会决定是党的十八届三中全会决定的姊妹篇,我们要切实抓好落实,让全面深化改革、全面依法治国像两个轮子,共同推动全面建成小康社会的事业滚滚向前。"[④]2015年2

---

① 习近平:《在首都各界纪念现行宪法公布施行30周年大会上的讲话》,载《习近平谈治国理政》,外文出版社2014年版,第138页。
② 习近平:《关于〈中共中央关于全面推进依法治国若干重大问题的决定〉的说明》,载中共中央文献研究室编:《习近平关于全面依法治国论述摘编》,中央文献出版社2015年版,第47页。
③ 习近平:《决胜全面建成小康社会 夺取新时代中国特色社会主义伟大胜利》,人民出版社2017年版,第38页。
④ 习近平:《在中共十八届四中全会第二次全体会议上的讲话》,载中共中央文献研究室编:《习近平关于全面依法治国论述摘编》,中央文献出版社2015年版,第13页。

月,在省部级主要领导干部学习贯彻党的十八届四中全会精神全面推进依法治国专题研讨班上,习近平指出:"当前,我们要着力处理好改革和法治的关系。改革和法治相辅相成、相伴而生。……在法治下推进改革,在改革中完善法治,这就是我们说的改革和法治是两个轮子的含义。我们要坚持改革决策和立法决策相统一、相衔接,立法主动适应改革需要,积极发挥引导、推动、规范、保障改革的作用,做到重大改革于法有据,改革和法治同步推进,增强改革的穿透力。"①

(五)建设德才兼备的高素质法治队伍

在习近平看来,全面推进依法治国,必须大力提高法治工作队伍的思想政治素质、业务工作能力、职业道德水准,着力建设一支忠于党、忠于国家、忠于人民、忠于法律的社会主义法治工作队伍,为加快建设社会主义法治国家提供强有力的组织和人才保障。2014年10月,在党的十八届四中全会第二次全体会议上,习近平指出:"全面推进依法治国,建设一支德才兼备的高素质法治队伍至关重要。我国专门的法治队伍主要包括在人大和政府从事立法工作的人员,在行政机关从事执法工作的人员,在司法机关从事司法工作的人员。全面推进依法治国,首先要把这几支队伍建设好。"②他强调,要按照政治过硬、业务过硬、责任过硬、纪律过硬、作风过硬的要求,教育和引导立法、执法、司法工作者牢固树立社会主义法治理念,恪守职业道德,做到忠于党、忠于国家、忠于人民、忠于法律。习近平特别重视政法队伍建设,他要求广大政法干部在全面深化改革、全面依法治国的征程中,坚定理想信念,坚守法治精神,忠诚敬业、锐意进取、勇于创新、乐于奉献,努力作出无愧于时代、无愧于人民、无愧于历史的业绩。他还强调律师队伍是依法治国的一支重要力量,要大力加强律师队伍思想政治建设,把拥护中国共产党的领导、拥护社会主义法治作为律师从业的基本要求。

总之,习近平关于社会主义法治建设的思想,是对毛泽东、邓小平、江泽民、胡锦涛关于社会主义法治建设思想的继承和发展,在新时代全面依法治国的进程中,对我国社会主义法治建设切实发挥着指导和引领作用。

第四节 全面推进依法治国

党的十八大以来,以习近平总书记为核心的党中央全面推进依法治国,坚定不移厉行法治,开启了中国特色社会。

党的十八届三中全会审议通过的《关于全面深化改革若干重大问题的决定》(以下简称"三中全会《决定》")提出:"建设法治中国,必须坚持依法治国、依法执政、依法行政共同推进,坚持法治国家、法治政府、法治社会一体建设;深化司法体制改革,加快建设公正高效权威的社会主义司法制度,维护人民权益,让人民群众在每一个司法案件中都感受到公平正义。"在此,法治作为治国理政基本方式的地位得到了进一步的提升和重塑。

---

① 习近平:《在省部级主要领导干部学习贯彻党的十八届四中全会精神全面推进依法治国专题研讨班上的讲话》,载中共中央文献研究室编:《习近平关于全面依法治国论述摘编》,中央文献出版社2015年版,第51—52页。
② 习近平:《加快建设社会主义法治国家》,载《习近平谈治国理政》第2卷,外文出版社2017年版,第122页。

党的十八届四中全会进一步把法治提升到了一个崭新的高度,而以"依法治国"作为全会的主题,在党的历史上尚属首次。会议审议通过的中共中央《关于全面推进依法治国若干重大问题的决定》(以下简称"四中全会《决定》")为新形势下全面推进依法治国提供了正确的指导,也对三中全会《决定》中涉及"法治中国"的部分做出了更为细致的部署。四中全会《决定》明确提出:"实现经济发展、政治清明、文化昌盛、社会公正、生态良好,实现我国和平发展的战略目标,必须更好发挥法治的引领和规范作用。"这实际上绘制出了法治中国的路线图,将依法治国具体化、路径化,使之真正看得见、摸得着、用得上。这一切都表明,法治在我国未来的国家治理中会将愈发突出其显要位置。

2017年10月,中国共产党第十九次全国代表大会在北京召开。大会总结了我国近年来民主法治建设取得的重大成就,并把全面依法治国作为新时代中国特色社会主义思想不可或缺的重要组成部分予以论述,强调深化依法治国实践,厉行法治。党的十九大关于全面依法治国的论述,有许多新思路、新亮点,是对全面依法治国理论的重大发展。

"全面推进依法治国"是对我国法治建设的一次全方位的部署,它直面我国法治建设中的突出问题,明确了下一步工作的指导思想和总体要求,吹响了新一轮改革的号角,无论是覆盖面之广,还是改革力度之大,都是前所未有的。对于这样一场伟大的变革,中华民族每一分子都肩负着不可推卸的历史责任,这不仅是因为国家层面上的这种根本性变革将深刻地影响每一公民的命运,法治中国的建设需要社会组织和公民个人的积极参与,也是因为一个国家的法治文明程度直接反映了一国未来的发展潜力与格局,它和中华民族的伟大复兴具有必然的内在联系。

一、坚持走中国特色社会主义法治道路,建设中国特色社会主义法治体系

依法治国是坚持和发展中国特色社会主义的本质要求和重要保障。全面推进依法治国的最终目标是要建设中国特色社会主义法治体系,建设社会主义法治国家。因此,全面推进依法治国必须坚定不移地走中国特色社会主义道路,必须坚持党的领导、人民当家作主、依法治国有机统一,这是四中全会《决定》贯穿始终的一条红线。具体而言,全面推进依法治国必须坚持五个原则。

(一)坚持党的领导

党的领导是中国特色社会主义最本质的特征,是社会主义法治最根本的保证。改革开放以来,我国的法治建设所取得的历史性进展,是和党的领导分不开的。中国共产党在反思"文革"的基础上,开拓进取,勇于创新,提出了社会主义初级阶段的理论,把经济建设作为党和国家各项工作的中心,并把人民民主的制度化和法制化提上了议事日程。通过在实践摸索中不断总结经验教训,党最终在十五大上提出了依法治国方略。1999年,依法治国和建设社会主义法治国家被庄严地写进了《宪法》。党的十八大之后,中央进一步地把依法治国上升为党领导人民治理国家的基本方略。

毫无疑问,中国共产党的坚强领导是中国各项事业发展的根本保证,依法治国也一直都是由党带领着人民在实践中加以推进的。依法治国,事关我们党执政兴国,事关人民幸福安康,事关党和国家长治久安。我国未来的法治建设也必然还要继续在党的领导

下奋勇推进。

（二）坚持人民主体地位

坚持"人民主体"和"人民民主"，是与中国共产党的性质和宗旨、与社会主义政治的本质紧密联结、不可分离的，也是体现党的领导，实现党的奋斗目标的应有之义。四中全会《决定》重申"坚持人民主体地位"，强调"人民是依法治国的主体和力量源泉"。

社会主义制度保证了人民当家做主的主体地位，"人民主体"和"人民民主"是社会主义民主区别于资产阶级民主的关键，是我们的制度优越性所在。人民代表大会制度是我国的根本政治制度，必须保证人民在党的领导下，依照法律规定，通过各种途径和形式管理国家事务，管理经济文化事业，管理社会事务。必须坚持社会主义法治为了人民、依靠人民、造福人民、保护人民，要把体现人民利益、反映人民愿望、维护人民权益、增进人民福祉落实到依法治国全过程，使法律及其实施充分体现人民意志。

（三）坚持法律面前人人平等

平等是社会主义法律的基本属性，是我国宪法确立的一项基本法律原则。然而在我国现实中，还存在不少特权现象，存在以言代法、以权压法甚至徇私枉法的现象。必须以规范和约束公权力为重点，加大监督力度，切实保证宪法法律有效实施，做到有权必有责、用权受监督、违法必追究，坚决纠正有法不依、执法不严、违法不究行为。

社会主义条件下的平等是真实的，更加侧重实质平等，它决不是资本主义国家虚伪的形式平等。在我国，剥削阶级已经消灭，虽然目前还没有完全实现共同富裕的目标，但人人都是社会主义的劳动者。只有在这种条件下，人民才真正能够通过人民代表大会这一根本政治制度而当家做主，保持国家的繁荣、安定、和谐。

（四）坚持依法治国和以德治国相结合

国家和社会治理需要法律和道德共同发挥作用。法治绝不是冷冰冰的规则治理，规则的背后隐藏着深刻的人文精神和道德关怀。法律和道德虽是两种不同的规范，但两者之间也存在不可割裂的互相依托和支撑关系。因此，既要重视发挥法律的规范作用，也要重视发挥道德的教化作用。一方面，法治要体现道德理念，法律要强化对道德建设的促进作用。另一方面，也要以道德滋养法治精神，强化道德对法治文化的支撑作用，实现法律和道德相辅相成、法治和德治相得益彰的良好局面。既要全面推进依法治国，也要大力弘扬社会主义核心价值观的引领作用，两者不可偏废。

中国共产党既是工人阶级的先锋队，也是中国人民和中华民族的先锋队，这就要求全体党员不仅要做守法模范，还要做道德模范。因此，党规党纪是严于法律的，党的各级组织和广大党员干部不仅要模范遵守法律，而且要按照党规党纪以更高标准严格要求自己。依法办事只是对党政干部的最低要求，法律要求不能替代对党政官员的政治要求和道德要求，必须运用政治红线、法律界线、伦理底线编织和扎牢制度的笼子，才能确保依法治国、依法执政和依法行政的真正实现。也只有如此，才能够形成上行下效、依法治国和以德治国齐头并进的局面。

（五）坚持从中国实际出发

中国特色社会主义道路、理论体系、制度是全面推进依法治国的根本遵循。全面推进依法治国必须坚持从我国的基本国情出发,保持同改革开放的不断深化相适应,不断总结和运用党领导人民实行法治的成功经验,围绕社会主义法治建设的重大理论和实践问题,推进法治理论创新,发展符合中国实际、具有中国特色、体现社会发展规律的社会主义法治理论,为依法治国提供理论指导和学理支撑。

法治是人类几千年历史的文明结晶,它有着确定的、带有普遍性的内涵和要求,对于这些有益的经验,无论是外国的还是中国的,都必须抱持开放、兼收并蓄的心态,大胆地借鉴、吸收。但是,我国绝不能照搬照抄外国法治理念和模式,而是要充分考虑中国问题的复杂性,在实践中摸索,本着"实践是检验真理的唯一标准"的精神,探索中国特色社会主义法治理论和法治道路,完善适合中国的制度模式。

二、完善以宪法为核心的中国特色社会主义法律体系,加强宪法实施

法律是治国之重器,良法是善治之前提。建设中国特色社会主义法治体系,必须坚持立法先行,发挥立法的引领和推动作用,抓住提高立法质量这个关键。

(1) 必须健全宪法实施和监督制度。宪法是国家的根本大法,是党和人民意志的集中体现,是通过科学民主程序形成的最高法。坚持依法治国首先要坚持依宪治国,坚持依法执政首先要坚持依宪执政。全国各族人民、一切国家机关和武装力量、各政党和各社会团体、各企业事业组织,都必须以宪法为根本的活动准则,并且负有维护宪法尊严、保证宪法实施的职责。一切违反宪法的行为都必须予以追究和纠正。四中全会《决定》指出要完善全国人民代表大会及其常务委员会的宪法监督制度,健全宪法解释程序机制,并提出了设立国家宪法日、建立宪法宣誓制度等切实可行的制度设计来提高宪法权威。

(2) 必须坚持科学立法,不断完善中国特色社会主义法律体系。一个立足中国实际、适应改革开放和社会主义现代化建设需要、集中体现党和人民意志的中国特色社会主义法律体系已经形成,国家经济建设、政治建设、文化建设、社会建设以及生态文明建设的各个方面已初步实现了有法可依。法律的大厦从来就不是一蹴而就的,它需要在实践的检验中、在不断变化的历史条件下弥补修缮。唯有根据我国经济社会发展出现的新领域、新情况、新特点来坚持科学立法、民主立法、提高立法质量,唯有及时制定、修改、完善各项法律制度,使立法更加充分地反映广大人民的意志,才可能发挥一个完备的法律体系在国家治理和人民生活中的巨大作用。

为了完善以宪法为核心的中国特色社会主义法律体系,确保科学立法、民主立法,四中全会《决定》提出了许多有针对性的、切实可行的改革思路。比如,凡立法涉及重大体制和重大政策调整的,必须报党中央讨论决定;发挥人民代表大会及其常务委员会在立法工作中的主导作用,增加有法治实践经验的专职常务委员会委员比例,健全向下级人民代表大会征询立法意见机制,健全法律法规规章起草征求人民代表大会代表意见制度,增加人民代表大会代表列席人民代表大会常务委员会会议人数,健全立法机关和社会公众沟通机制,开展立法协商;明确立法权力边界,从体制机制和工作程序上有效防止部门利益和地方保护主义法律化,对部门间争议较大的重要立法事项,由决策机关引入第三方评估;等等。随着这些改革举措的逐渐展开,我国立法领域将开拓新的局面。

三、深入推进依法行政,加快建设法治政府

法律的生命力在于实施,法律的权威也在于实施。在当代社会,行政权急剧扩张,对人们的生活产生着极其广泛的影响。行政机关是实施法律法规的重要主体,依法行政是依法治国的关键环节,是法治国家对政府行政活动的基本要求。行政权的运行方式需要符合政治文明的要求,全面推进依法治国必须完善行政权力运行的方式,切实做到依法行政。各级政府必须坚持在党的领导下、在法治轨道上开展工作,创新执法体制,完善执法程序,推进综合执法,严格执法责任,建立权责统一、权威高效的依法行政体制,加快建设职能科学、权责法定、执法严明、公开公正、廉洁高效、诚信守法的法治政府。

在现代法治环境下,行政机关的执法活动更多被赋予服务的意蕴而不再是纯粹以命令的形式刚性运作,行政权更不能肆意跨越限度而对市场经济和社会自治横加干涉,这是社会主义政治文明的应有之义。深入贯彻实施依法治国基本方略,必须坚持合法、合理行政,严格遵循行政程序,实现执法的合法化、民主化、人性化和高效化,从而调动全社会参与法治的积极性,不断提高全社会的法治水平,进而创造和谐向上的社会发展环境。

具体来说,依法行政包括以下六个方面:

(1) 依法全面履行政府职能。通过完善行政组织和行政程序法律制度,推进机构、职能、权限、程序、责任法定化。行政机关要坚持法定职责必须为、法无授权不可为,既要坚决纠正不作为,也要坚决杜绝乱作为。

(2) 健全依法决策机制。把公众参与、专家论证、风险评估、合法性审查、集体讨论决定确定为重大行政决策法定程序,确保决策制度科学、程序正当、过程公开、责任明确。四中全会《决定》指出要建立重大决策终身责任追究制度及责任倒查机制,这对确保行政机关依法决策具有十分深远的意义。

(3) 深化行政执法体制改革。根据不同层级政府的事权和职能,按照减少层次、整合队伍、提高效率的原则,合理配置执法力量。

(4) 坚持严格规范公正文明执法。依法惩处各类违法行为,加大关系群众切身利益的重点领域执法力度,完善执法程序,建立执法全过程记录制度,全面落实行政执法责任制。

(5) 强化对行政权力的制约和监督。加强党内监督、人大监督、民主监督、行政监督、司法监督、审计监督、社会监督、舆论监督制度建设,努力形成科学有效的权力运行制约和监督体系,增强监督合力和实效。

(6) 全面推进政务公开。公开和透明是提高政府行为权威性和公信力的关键,只有充分的政务公开,才能够获得人民的信任和认可。因此,必须坚持以公开为常态、不公开为例外的原则,推进决策公开、执行公开、管理公开、服务公开、结果公开。

四、保证公正司法,提高司法公信力

公平正义是人类社会的共同理想,是和谐社会的基本内容和特征。全面推进依法治

国要求,每一个社会成员的正当利益和合理诉求都应当平等地在法律中得到表达和体现,公平地得到法律的保障和维护,使人民群众在政府严格的执法中感受到公正。

司法发挥着保证法律正确实施,保障社会成员合法权益,建立和维护正常社会秩序等重要作用。实现公正高效权威的司法,要坚持司法公正,处理任何案件时都要坚持不偏不倚、不枉不纵、秉公执法,努力提高司法活动的效率,正确处理法理与情理的关系、程序与实体的关系、公正与效率的关系、普遍与特殊的关系以及司法与其他社会纠纷解决手段的关系。要树立司法权威,切实做到廉洁司法,使司法活动充分发挥维护人民群众正当权益和制止不法活动的功能,努力使每一个司法案件的处理都能够推动社会公平正义的实现,使每一次司法的运行都能使人民群众感受到公平正义。

四中全会《决定》吹响了新一轮司法改革的号角,大体包括以下几个方面:

(1)解决告状难的问题。通过设立最高人民法院巡回法庭、变立案审查制为立案登记制、建立检察机关提起公益诉讼制度等举措,使司法解决纠纷的渠道更加畅通。

(2)确立审判在整个司法过程中的中心地位。四中全会《决定》指出,推进以审判为中心的诉讼制度改革,确保侦查、审查起诉的案件事实证据经得起法律的检验,保证庭审在查明事实、认定证据、保护诉权、公正裁判中发挥决定性作用。

(3)确保司法机关依法独立公正行使职权。四中全会《决定》提出,建立领导干部干预司法活动、插手具体案件处理的记录、通报和责任追究制度;要求明确司法机关内部各层级之间的权限分配,建立司法机关内部人员过问案件的记录制度和责任追究制度;健全司法人员履行法定职责保护机制,非因法定事由,非经法定程序,不得将法官、检察官调离、辞退或者作出免职、降级等处分。这些举措更好地保证了司法机关依法独立公正地行使职权。

(4)确保司法的权威和尊严。法律有没有权威在很大程度上取决于司法有没有权威。我国当前还存在不尊重法院审判和判决的现象,为此,四中全会《决定》提出,健全行政机关依法出庭应诉、支持法院受理行政案件、尊重并执行法院生效裁判的制度,完善惩戒妨碍司法机关依法行使职权、拒不执行生效裁判和决定、藐视法庭权威等违法犯罪行为的法律规定,推动实行审判权和执行权相分离的体制改革试点,切实解决执行难问题。

五、增强全民法治观念,推进法治社会建设

全面推进依法治国需要人民内心真诚地拥护、信仰法律和法治。人民权益要靠法律保障,法律权威要靠人民维护。社会成员知法、信法、守法、用法,是依法治国方略实施的社会基础。全面推进依法治国必须弘扬社会主义法治精神,建设社会主义法治文化,坚持全民守法,增强全社会厉行法治的积极性和主动性,形成守法光荣、违法可耻的良好氛围,使全体人民都成为社会主义法治的忠实崇尚者、自觉遵守者、坚定捍卫者。

全面推进依法治国必须推动全社会树立法治意识,广泛深入地开展法治宣传教育,使全体社会成员掌握和熟悉法律法规的基本原则和主要内容,增强全社会学法、遵法、守法、用法意识,推进多层次多领域依法治理,建设完备的法律服务体系,健全依法维权和化解纠纷机制,提高领导干部运用法治思维和法治方式深化改革、推动发展、化解矛盾、维护稳定能力。

每一个党员特别是各级领导干部,要模范带头遵守法律;每一个社会成员在享有宪法和法律规定的权利的同时,必须自觉履行宪法和法律规定的义务,尤其是在享受自由和行使权利时,不得损害国家利益、社会利益以及其他社会主体的合法权利与自由,必须依照法定的程序、通过法律规定或法律允许的方式与手段表达利益诉求,维护自身权益。

六、加强法治工作队伍建设

全面推进依法治国,必须依靠高素质的法治工作队伍。四中全会《决定》指出,大力提高法治工作队伍思想政治素质、业务工作能力、职业道德水准,着力建设一支忠于党、忠于国家、忠于人民、忠于法律的社会主义法治工作队伍,为加快建设社会主义法治国家提供强有力的组织和人才保障。具体包括以下三个方面:

(1) 建设高素质的法治专门队伍。把思想政治建设摆在首位,加强理想信念教育,深入开展社会主义核心价值观和社会主义法治理念教育,坚持党的事业、人民利益、宪法法律至上,推进法治队伍的正规化、专业化、职业化,提高职业素养和专业水平,建立健全法官、检察官逐级遴选制度。

(2) 加强法律服务队伍建设。加强律师队伍思想政治建设,加强律师行业党的建设,增强广大律师走中国特色社会主义法治道路的自觉性和坚定性。构建社会律师、公职律师、公司律师等优势互补、结构合理的律师队伍。提高律师队伍业务素质,完善执业保障机制,加强律师事务所管理。

(3) 创新法治人才培养机制。坚持用马克思主义法学思想和中国特色社会主义法治理论全方位占领高校、科研机构的法学教育和法学研究阵地。坚持立德树人、德育为先的导向,推动中国特色社会主义法治理论进教材、进课堂、进头脑,培养造就熟悉和坚持中国特色社会主义法治体系的法治人才及后备力量。

七、加强和改进党对全面推进依法治国的领导

四中全会《决定》把加强和改进党对全面推进依法治国的领导放在了非常突出的位置。党的领导是全面推进依法治国、加快建设社会主义法治国家最根本的保证,因此,必须加强和改进党对法治工作的领导,把党的领导贯彻到全面推进依法治国的全过程。中国共产党是我国的执政党,全面推进依法治国的关键在党,党必须依法执政。依法执政是依法治国的关键,而依法执政的关键则在于党组织和领导干部尊重和维护宪法法律的权威,自觉依法办事。四中全会《决定》指出,把法治建设成效作为衡量各级领导班子和领导干部工作实绩的重要内容,把能不能遵守法律、依法办事作为考察干部的重要内容。这对于提高党的依法执政能力,提高党员干部法治思维和依法办事能力具有重大意义。

四中全会《决定》还明确提出加强党内法规制度建设。从广义上说,党内法规是我国社会主义法治体系的一部分,因为中国共产党是国家的执政党,有八千多万党员,党的领导和国家治理息息相关,依法治国离不开党内的"党规之治"。党内法规既是管党治党的重要依据,也是建设社会主义法治国家的有力保障。因此,要完善党内法规制定体制机制,加大党内法规备案审查和解释力度,形成配套完备的党内法规制度体系。要注意党内法规同国家法律的衔接和协调,提高党内法规执行力,运用党内法规把"党要管党""从严治党"落到实处,促进党员、干部带头遵守国家法律法规。

延伸阅读

人民日报社论:实现依法治国的历史跨越[①]

社会主义现代化建设,离不开法治的引领和规范;中华民族的伟大复兴,离不开法治的保障和支撑。

刚刚闭幕的党的十八届四中全会,审议通过了中共中央《关于全面推进依法治国若干重大问题的决定》。《决定》立足我国社会主义法治建设实际,直面我国法治建设领域的突出问题,明确提出了全面推进依法治国的指导思想、总体目标、基本原则,提出了关于依法治国的一系列新观点、新举措,回答了党的领导和依法治国关系等一系列重大理论和实践问题,对科学立法、严格执法、公正司法、全民守法、法治队伍建设、加强和改进党对全面推进依法治国的领导作出了全面部署,回应了人民呼声和社会关切,必将有力推进依法治国进程,是加快建设社会主义法治国家的纲领性文件。

在我们这样一个13亿多人口的发展中大国全面推进依法治国,是国家治理领域一场广泛而深刻的革命。全会《决定》明确指出,全面推进依法治国,总目标是建设中国特色社会主义法治体系,建设社会主义法治国家。实现这个总目标,必须坚持中国共产党的领导,必须坚持中国特色社会主义制度,必须贯彻中国特色社会主义法治理论。党的领导是中国特色社会主义最本质的特征,也是社会主义法治最根本的保证;中国特色社会主义制度是法治体系的根本制度基础,也是全面推进依法治国的根本制度保障;中国特色社会主义法治理论是法治体系的理论指导和学理支撑,是全面推进依法治国的行动指南。这三个方面构成中国特色社会主义法治道路的核心要义,规定和确保了中国特色社会主义法治体系的制度属性和前进方向。

党的领导和依法治国的关系是法治建设的核心问题。坚持依法治国首先要坚持依宪治国,坚持依法执政首先要坚持依宪执政。我国宪法以国家根本法的形式反映了党领导人民进行革命、建设、改革取得的成果,确立了在历史和人民选择中形成的中国共产党的领导地位。在我国,坚持党的领导,是党和国家的根本所在、命脉所在,是全国各族人民的利益所系、幸福所系,是社会主义法治的根本要求和全面推进依法治国的题中应有之义。党的领导和社会主义法治是一致的,社会主义法治必须坚持党的领导,党的领导必须依靠社会主义法治,党要领导立法、保证执法、支持司法、带头守法。把坚持党的领导、人民当家作主、依法治国有机统一起来,是我国社会主义法治建设的一条基本经验,也是我国法治与西方所谓"宪政"的根本区别。

法律是治国之重器,法治是国家治理体系和治理能力的重要依托。现在,全面建成小康社会进入决定性阶段,改革进入攻坚期和深水区,我们面对的改革发展稳定任务之

[①] 本文为人民日报社论,载《人民日报》2014年10月24日第3版。

重前所未有、矛盾风险挑战之多前所未有,依法治国在党和国家工作全局中的地位更加突出、作用更加重大。全面推进依法治国,关系我们党执政兴国、关系人民幸福安康、关系党和国家长治久安。要推动我国经济社会持续健康发展、不断解放和增强社会活力、促进社会公平正义、维护社会和谐稳定,不断开拓中国特色社会主义更加广阔的发展前景,就必须全面推进社会主义法治国家建设,更好统筹社会力量、平衡社会利益、调节社会关系、规范社会行为,使我国社会在深刻变革中既生机勃勃又井然有序,实现经济发展、政治清明、文化昌盛、社会公正、生态良好,实现我国和平发展的战略目标。

"法者,治之端也。"今日中国,法治正在成为国家治理理念、社会共同信仰。党的十八届四中全会向国内外鲜明宣示,我们将坚定不移走中国特色社会主义法治道路,以建设中国特色社会主义法治体系为总抓手,在法治轨道上推进国家治理体系和治理能力现代化,为建设法治中国而奋斗!

八、全面推进依法治国的新发展

中国共产党第十九次全国代表大会于2017年10月召开,习近平总书记在大会上作了题为《决胜全面建成小康社会 夺取新时代中国特色社会主义伟大胜利》的报告。大会进一步丰富了全面依法治国理论,为全面依法治国提出了新要求,指出了新愿景,开辟了新征程。

大会指出,中国特色社会主义已经进入新时代。围绕新时代坚持和发展什么样的中国特色社会主义、怎样坚持和发展中国特色社会主义这个重大时代课题,我们党进行艰辛理论探索,取得重大理论创新成果,形成了新时代中国特色社会主义思想。新时代中国特色社会主义思想,是对马克思列宁主义、毛泽东思想、邓小平理论、"三个代表"重要思想、科学发展观的继承和发展,是马克思主义中国化最新成果,是党和人民实践经验和集体智慧的结晶,是中国特色社会主义理论体系的重要组成部分,是全党全国人民为实现中华民族伟大复兴而奋斗的行动指南,必须长期坚持并不断发展。报告提出了新时代坚持和发展中国特色社会主义的14条基本方略:(1) 坚持党对一切工作的领导;(2) 坚持以人民为中心;(3) 坚持全面深化改革;(4) 坚持新发展理念;(5) 坚持人民当家作主;(6) 坚持全面依法治国;(7) 坚持社会主义核心价值体系;(8) 坚持在发展中保障和改善民生;(9) 坚持人与自然和谐共生;(10) 坚持总体国家安全观;(11) 坚持党对人民军队的绝对领导;(12) 坚持"一国两制"和推进祖国统一;(13) 坚持推动构建人类命运共同体;(14) 坚持全面从严治党。这14条基本方略中,首要的是坚持党对一切工作的领导。大会着重指出:党政军民学,东西南北中,党是领导一切的。

与我国进入社会主义新时代相应的是,我国的社会主要矛盾也发生了转化,即从"人民日益增长的物质文化需要同落后的社会生产之间的矛盾"转化为"人民日益增长的美好生活需要和不平衡不充分的发展之间的矛盾"。在新时代,面对新的矛盾,我们必须继续坚定不移地坚持党的领导、人民当家作主和依法治国的有机统一,坚持中国特色社会主义政治发展道路,坚持全面依法治国,深化依法治国实践。

全面依法治国是中国特色社会主义的本质要求和重要保障。党的十九大强调，必须把党的领导贯彻落实到依法治国全过程和各方面，坚定不移走中国特色社会主义法治道路，完善以宪法为核心的中国特色社会主义法律体系，建设中国特色社会主义法治体系，建设社会主义法治国家，发展中国特色社会主义法治理论，坚持依法治国、依法执政、依法行政共同推进，坚持法治国家、法治政府、法治社会一体建设，坚持依法治国和以德治国相结合，依法治国和依规治党有机统一，深化司法体制改革，提高全民族法治素养和道德素质。

全面依法治国是国家治理的一场深刻革命，必须坚持厉行法治，推进科学立法、严格执法、公正司法、全民守法。党的十九大提出，成立中央全面依法治国领导小组，加强对法治中国建设的统一领导。加强宪法实施和监督，推进合宪性审查工作，维护宪法权威。推进科学立法、民主立法、依法立法，以良法促进发展、保障善治。全面依法治国要求各级党组织和全体党员要带头尊法学法守法用法，任何组织和个人都不得有超越宪法法律的特权，绝不允许以言代法、以权压法、逐利违法、徇私枉法。

党的十九大强调，要健全党和国家监督体系。增强党的自我净化能力，根本靠强化党的自我监督和群众监督。要加强对权力运行的制约和监督，让人民监督权力，让权力在阳光下运行，把权力关进制度的笼子。要强化自上而下的组织监督，改进自下而上的民主监督，发挥同级相互监督作用，加强对党员领导干部的日常管理监督。要深化政治巡视，深化国家监察体制改革，制定国家监察法，依法赋予监察委员会职责权限和调查手段，改革审计管理体制，完善统计体制，构建出一个党统一指挥、全面覆盖、权威高效的监督体系，把党内监督同国家机关监督、民主监督、司法监督、群众监督、舆论监督贯通起来，增强监督合力。

党的十九大为新时代中国特色社会主义事业指明了方向。全党全国各族人民要紧密团结在以习近平为核心的党中央周围，高举中国特色社会主义伟大旗帜，锐意进取，埋头苦干，为实现推进现代化建设、完成祖国统一、维护世界和平与促进共同发展三大历史任务，为决胜全面建成小康社会、夺取新时代中国特色社会主义伟大胜利、实现中华民族伟大复兴的中国梦、实现人民对美好生活的向往继续奋斗！

第三章 宪 法

> "我们的宪法有我们的民族特色,但也带有国际性,是民族现象,也是国际现象的一种。跟我们同样受帝国主义、封建主义压迫的国家很多,人口在世界上占多数,我们有了一个革命的宪法,人民民主的宪法,有了一条清楚的明确的和正确的道路,对这些国家的人民会有帮助的。"
>
> 毛泽东:《关于中华人民共和国宪法草案》(1954年6月14日)

【学习指导】 重点掌握宪法的特征,宪法的制定与修改,公民基本权利和义务的内容,人民代表大会制度及选举制度的基本原理;了解国家基本制度的构成,国家机关组织和活动的基本原则。

宪法是国家的根本大法,适用于国家全体公民,是特定社会政治经济和思想文化条件综合作用的产物,集中反映各种政治力量的实际对比关系,确认革命胜利成果和现实的民主政治,规定国家的根本任务和根本制度,即社会制度、国家制度的原则和国家政权的组织以及公民的基本权利义务等内容。从1954年起,我国先后颁布过四部《宪法》,即1954年《宪法》、1975年《宪法》、1978年《宪法》和1982年《宪法》。1982年《宪法》是我国新的历史时期治国安邦的总章程。为了适应中国经济和社会的发展,全国人民代表大会分别于1988年、1993年、1999年、2004年、2018年通过《宪法修正案》。

第一节 宪法基础理论

宪法着眼于国家权力的合理配置与运行、保障公民权利,因而宪法有自己特定的调整对象和调整方式。

一、宪法的历史

"宪法"一词,来源于拉丁文 constitution,本是组织、确立的意思。古罗马帝国用它来表示帝王的"诏令""谕旨",以区别于市民会议通过的法律文件。欧洲封建时代用它表示在日常立法中对国家制度的基本原则的确认,含有组织法的意思。英国在中世纪建立了代议制度,确立了国王没有得到议会同意就不得征税和进行其他立法的原则。直到资产阶级革命取得胜利,建立了资本主义国家之后,宪法才被制定出来。所以毛泽东说:"讲到宪法,资产阶级是先行的。英国也好,法国也好,美国也好,资产阶级都有过革命时期,宪法就是他们在那个时候开始搞起的。"[①]

[①] 毛泽东:《关于中华人民共和国宪法草案》,载《毛泽东文集》第6卷,人民出版社1999年版,第326页。

近代意义的宪法，是17至18世纪资产阶级革命取得胜利的产物。近代意义宪法产生的原因在于：（1）近代宪法的产生是商品经济普遍化发展的必然结果。（2）资产阶级革命的胜利、资产阶级国家政权的建立和以普选制、议会制为核心的民主制度的形成，为近代宪法的产生提供了政治条件。（3）资产阶级启蒙思想家提出的民主、自由、平等、人权和法治等理论，为近代宪法的产生奠定了思想基础。这一时期具有代表性的资本主义宪法是英国宪法、美国宪法和法国宪法。

英国是资产阶级革命最先发生的国家，也是最早实行宪政的国家。但在法律形式上，英国宪法未形成统一完整的法典，而是由各个时期陆续颁布的宪法性法律文件和形成的宪法惯例构成。尽管英国宪法是典型的不成文宪法，但它揭开了世界宪政运动的序幕，成为近代宪法的先驱。

法国是欧洲大陆第一个制定成文宪法的国家。法国历部宪法都以《人权宣言》为其序言。

资本主义国家第一部成文宪法是美国宪法。它以《独立宣言》为先导，于1787年在费城制定。它在世界上第一次宣布了共和国制度的诞生，并确立了一系列资产阶级民主原则，为许多后起的资本主义国家所效仿。

世界上最早出现的社会主义类型的宪法是1918年的苏俄宪法。它把人类历史第一个无产阶级专政的社会主义国家的根本制度和基本原则，用法律的形式固定下来，对以后社会主义国家的立宪活动起到了指导作用。从此，宪法有了两种历史类型的划分，即资本主义宪法和社会主义宪法。

我国宪法的产生和发展走过了不平凡的道路。

从1908年清政府颁布的《钦定宪法大纲》，到1947年国民党政府公布的《中华民国宪法》，这一时期封建势力为达到独裁和专制统治的目的，不断地打出民主、宪政的旗帜。而实际上旧中国从来就没有真正实行过民主制度，也不可能产生真正的、反映民主制度的宪法。孙中山于1912年以临时大总统的名义公布的《中华民国临时约法》，由于没有资产阶级国家强制力的保障，伴随着辛亥革命的失败而很快夭折，它是中国宪法史上唯一具有进步意义的资本主义宪法性质的文件。

在同一时期，中国共产党在革命根据地建立了人民政权，并先后颁布了若干宪法性文件：（1）1931年制定的《中华苏维埃共和国宪法大纲》，是中国历史上第一部由人民政权制定的宪法性文件。（2）1941年制定的《陕甘宁边区施政纲领》，是抗日战争期间地方性的宪法性文件。（3）1946年制定的《陕甘宁边区宪法原则》，确定了抗战胜利后新形势下的政策原则。这些革命根据地制定的宪法性文件及当时民主政权的建设，为新中国成立后的政权建设和立宪活动提供了良好的经验。

1949年9月，中国人民政治协商会议通过《中国人民政治协商会议共同纲领》。它确立了新中国的国家制度和社会制度的基本原则，规定了国家的基本政策和人民的权利义务，带有宪法和纲领的双重性质，既是各党派共同的政治纲领，又起着确立国家制度的临时宪法作用。随着人民民主政权的巩固和完善，我国制宪的时机已渐趋成熟。1954年9月，全国人民代表大会通过了《中华人民共和国宪法》，它继承和发展了《共同纲领》的思想和基本原则,各项规定都体现了社会主义原则和民主原则,是我国第一部社会主义宪法。1975年《宪法》、1978年《宪法》和1982年《宪法》分别是对前一部《宪法》的全面修改。其中,1978年《宪法》在1979年、1980年进行了修改;1982年《宪法》于1988年、1993年、1999年、2004年和2018年进行了修改,通过了《宪法修正案》。

二、宪法的概念

宪法是依据特殊的程序和方式产生的,规定国家基本制度、国家的政权组织以及公民基本权利和义务,并以人权保障为最高价值,具有最高法律效力的特殊行为规范。

同普通法律相比,宪法具有鲜明的特征:

(1) 在效力上,宪法具有最高性与至上性。宪法具有最高法律效力,一切法律、行政法规、地方性法规、自治条例和单行条例、规章都不得同宪法相抵触。

(2) 在内容上,宪法具有根本性与兼容性。宪法规定了国家的根本制度和根本任务,是国家的根本法。宪法所涉及的内容一般都具有概括性和纲领性,往往成为其他具体法律出台的依据和制度之源。

(3) 在形式上,宪法具有规范性与相对稳定性。许多国家对宪法的制定和修改,都规定了比普通法律更加严格的程序,如设立专门机构起草,并须经最高国家权力机关或制宪会议全体成员的2/3或3/4多数通过,才能生效。

(一) 宪法的制定

制宪权即宪法制定权,它是一种具体的、组织化的国家权力,归属于制定宪法的主体即全体人民。制宪权具有原创性,是一种"前宪法现象",无需任何实定法上的依据。在某种意义上,制宪权实质上与主权的概念是同一实指的不同表述。社会革命、社会剧变、社会变革都可能为制宪权的行使提供契机。

一般而言,制宪程序由以下阶段构成:

(1) 设立制宪机关。这是制宪的开始,制宪机关的组成必须具有广泛的代表性,否则违背主权在民的初衷。

(2) 提出宪法草案。宪法草案由制宪机关负责草拟,它是宪法文本的蓝本,为其后的审议和表决提供依据。

(3) 审议宪法草案。在此阶段,讨论、审议并完善宪法草案。

(4) 通过或批准宪法草案。为保证宪法的权威性和稳定性,宪法草案的通过程序极其严格。通常,宪法须获得代议机关全体代表2/3或3/4的绝对多数赞成方能通过,有的国家则须经全民公决、国民投票等形式。

(5) 宪法的公布。宪法草案通过后,由国家元首或代议机关公告,宪法正式生效。

在我国,通过和公布宪法的机关都是全国人民代表大会。

(二) 宪法的修改

宪法的修改,是有权机关按照法定程序对宪法文本的某些条款、语词或结构予以变动、补充或删除的活动。

虽然各国宪法所规定的修宪程序不尽一致,但通常包括以下几个阶段:

（1）提出宪法修正案议案。有的国家规定由代表机关（议会、国会、国民大会等）或者国会议员提出修改宪法的议案。我国宪法的修改是由全国人民代表大会常务委员会或1/5以上的全国人民代表大会代表提出。

（2）审议和表决。许多国家对宪法修改的审议、表决和通过，都规定了一套比普通法律的通过更为严格和复杂的程序。我国宪法的修改由全国人民代表大会以全体代表的2/3以上的多数通过。

（3）公布。宪法修正案经有权机关依据法定程序通过以后，还须以一定方式公布，才能产生相应的法律效力。在我国，宪法并未明确规定宪法修正案的公布机关。但是，数次修宪过程中已经形成了公布修正案的宪法惯例，即由全国人民代表大会主席团公布。

（三）宪法的分类

宪法的分类，是在学术上确立某种标准，将客观存在的为数浩繁的宪法加以分门别类，简化成少数几种类型，以便将近似的、具有某些共同特征的宪法归并研究，探索它们所特有的规律。根据不同的标准，可以将宪法划分和归纳为不同类型。

1. 马克思主义的分类

当今世界存在资本主义和社会主义两种不同的经济制度，与这两种性质不同的经济制度相适应，也有资本主义和社会主义两种不同类型的国家制度。宪法是国家的根本法，属于一定经济基础的上层建筑。因此，划分宪法类型的基本标准应该是其赖以存在的经济基础和构成上层建筑核心的国家制度。

根据这一标准，宪法分为资本主义类型的宪法和社会主义类型的宪法。这种分类一目了然地揭示了宪法的本质属性，是最科学的分类。

2. 资产阶级学者的分类

根据宪法的不同外部特征，资产阶级学者对宪法从形式上进行了以下几种分类：

（1）以宪法的表现形式为标准，将宪法分为成文宪法和不成文宪法。成文宪法，是指将国家的根本事项以法典化的形式制定一部内容相对完整的法律文件表现出来的宪法，如美国宪法。不成文宪法，是指对国家的根本事项不用统一的书面文件表示，而是表现为不同时期颁布施行的宪法性法律、自然形成的宪法性惯例和法院的宪法性判例。英国是典型的不成文宪法国家。

（2）以创制宪法与创制普通法律在形式和程序方面的差异为标准，将宪法分为刚性宪法与柔性宪法。刚性宪法，亦称硬性宪法或者固定宪法，是指宪法的修改机关或者修改程序不同于普通法律的宪法，如德国宪法。柔性宪法，亦称软性宪法或者弹性宪法，是指仅由立法机关以一般立法程序修改的宪法，如英国宪法。

（3）以宪法制定主体的差异为标准，将宪法分为钦定宪法、协定宪法与民定宪法。钦定宪法，是指按照君主的意志制定的宪法，如日本明治宪法。协定宪法，是指由君主与国民或者国民代表机关协商制定的宪法，以沙特宪法为代表的现代君主国家宪法属此类宪法。民定宪法，是指由国民直接制定或者由其选出的代表机关制定的宪法，世界大多数国家宪法属民定宪法。

（四）宪法典的结构

宪法典的结构是指成文宪法在内容和体系上的安排。一般而言，宪法典的结构主要包括宪法序言、宪法正文、宪法附则3个部分。

宪法序言是在宪法正文之前所设的文字叙述，它并非宪法的必要组成部分。宪法序言通常用来规定立宪国家制宪的目的与宗旨、制宪的经过、宪法的基本原则和地位及其他不便以条文形式规定的内容。能够反映宪法的指导思想、基本原则、宪法规范的序言具有法律效力，反之就不具有法律效力。我国宪法序言共13个自然段，记载了国家的斗争历史和成就、建国宗旨和国家奋斗目标、制宪目的、国家活动的指导原则等。

宪法正文一般包括国家的根本制度、公民的基本权利和义务、国家机构、国家标志以及宪法自身的实施保障等内容。宪法修正案是对宪法典进行补充和修正的法律形式，往往附于宪法典正文之后，成为宪法典的组成部分。

宪法附则是宪法对于特定事项需要特殊规定而作出的附加条款。附加条款的方法最早在比利时和瑞士联邦宪法中采用。由于附则是宪法的一部分，因而其法律效力与一般条文相同，并具有特定性和临时性的特点。

三、宪法的基本原则

宪法的基本原则，是立宪与行宪过程中必须遵循的最基本的准则，主要包括人民主权原则、基本人权原则、权力制约原则和法治原则。

（一）人民主权原则

人民主权原则也称主权在民原则，是指国家权力来源于人民，属于人民。这一原则最早于1776年北美《独立宣言》和1789年法国《人权宣言》中得到政治确认。后来随着资产阶级革命和近代民主政治制度的普及而传播于世界各国，并在1787年美国宪法中首次获得最高法律确认，1791年法国宪法将《人权宣言》作为序言予以记载以后，人民主权原则成为资产阶级宪法的基本原则。

人民主权原则也是社会主义宪法的一个基本原则。但在社会主义宪法中，人民主权原则已被赋予新的含义。它包括：(1) 一切权力属于人民，这是社会主义宪法人民主权原则的基石，也是社会主义国家制度的核心内容和根本准则。它否定"三权分立"，反对对主权的分割，强调人民主权的统一性。(2) 人民是个政治概念，有特定的含义，并在不同的历史时期具有不同的内容。(3) 人民行使主权的方式是实行人民代表大会制度。人民代表机关由人民选举，对人民负责，受人民监督。人民代表机关组织产生国家行政机关、监察机关、审判机关和检察机关，它们都对人民代表机关负责，受人民代表监督。此外，社会主义国家宪法还规定了许多其他形式和途径，保证人民参加国家管理，实现人民当家作主。我国《宪法》第2条规定："中华人民共和国的一切权力属于人民。人民行使国家权力的机关是全国人民代表大会和地方各级人民代表大会。人民依照法律规定，通过各种途径和形式，管理国家事务，管理经济和文化事业，管理社会事务。"这些都是人民主权原则的充分体现。

(二) 基本人权原则

人权是作为一个人应具有的权利。1776年的美国《独立宣言》是世界上最早宣布人权内容的宪法性文件,马克思称它为世界上第一个人权宣言。它明确宣布:"人人生而平等,他们都从他们的造物主那里被赋予了某些不可转让的权利,其中包括生命权、自由权和追求幸福的权利"。1791年法国宪法以《人权宣言》作为序言,对人权保障作了更为系统和合理的规定。

我国是一个发展中的社会主义国家,党和国家一贯致力于维护和保障人权。《宪法》第33条规定"国家尊重和保障人权",第2章专章规定了"公民的基本权利和义务",实现了"人权"与"公民的基本权利"在内涵上的有机统一,完善了公民基本权利的原则规定。

(三) 权力制约原则

权利制约原则源于资产阶级启蒙思想家关于分权和制衡的理论。法国资产阶级启蒙思想家孟德斯鸠研究并吸收了洛克的分权学说,特别是总结了英国资产阶级革命后的政治实践,在此基础上创立了三权分立的政治学说。孟德斯鸠的分权理论在美国得到了发展与运用。1787年美国宪法规定,立法权属于由参众两院组成的国会,但总统对国会的立法有否决权,国会也可以在一定条件下推翻总统的否决;行政权属于作为国家元首与政府首脑的总统,但总统任命部长和缔结条约时,必须经国会同意,国会可对总统的违法行为进行弹劾;司法权属于联邦法院及其下属法院,法官是终身制,法官须经国会同意后由总统任命,而最高法院有权审判经国会弹劾有罪的总统,并有权审查国会的立法是否违宪。这样,三权各自保持独立,相互制约,以达到权力的平衡。

在社会主义国家,权力制约原则表现为议行合一,即权力统一原则和民主集中制原则。它在理论上确认国家权力的不可分割性,在实践中以人民代表机关作为统一行使国家权力的机关,它并不排斥行使国家权力各部门之间的分工,但以代表人民意志的立法权作为主导,一切国家机关向人民的代表机关负责并接受它的监督。同时,这一原则并不排斥平衡与制约,而是在国家权力的统一和人民代表机关居主导地位前提下的平衡与制约。

(四) 法治原则

法治原则又称依法治国,其基本含义是依法办事,按照法律来治理国家,建立秩序,任何组织或个人均不得有法外特权。

法治原则是宪法的根本要求。在资本主义国家,宪法对法治原则的确认始于1787年美国宪法;法治原则最明确的体现,首见于1791年法国宪法,它的序言《人权宣言》宣告:"法律对于所有的人,无论是施行保护或处罚都是一样的,在法律面前所有的公民都是平等的。"后来,法治原则成了资本主义宪法普遍接受的重要原则。它表现为资本主义宪法都以强调公民在法律面前一律平等、公民的基本权利与自由应得到法律的保护、反对特权和权力的滥用作为基本内容。

法治原则也是社会主义宪法的一项基本原则,它充分体现在社会主义国家宪法中。我国《宪法》序言第13自然段规定:"本宪法以法律的形式确认了中国各族人民奋斗的成果,规定了国家的根本制度和根本任务,是国家的根本法,具有最高的法律效力。全国各族人民、一切国家机关和武装力量、各政党和各社会团体、各企业事业组织,都必须以宪法为根本的活动准则,并且负有维护宪法尊严、保证宪法实施的职责。"

第二节 公民的基本权利和义务

基本权利与义务是宪法理论的核心内容。宪法对国家权力的合理配置和运行,以及对国家与公民、国家与政党、国家与社会组织关系的规范,根本目的在于保障公民的基本权利。

一、公民的基本权利

公民的基本权利,是指由宪法规定的,公民为实现自己的利益或主张而为或不为某种行为所不可缺少、不可替代以及不能转让的资格和可能性。基本权利的"基本性"是指对权利内含的基本价值的实现至关重要,这些权利的丧失或者减损会使权利基本价值的实现成为不可

郑州大学 钟晓晖 画

能,权利主体地位因此而丧失或贬损。基本权利客观上具有不可取代性,是公民生活中不可缺少的部分。

根据我国宪法,公民的基本权利大致可分为:平等权,政治权利,精神、文化活动自由,人身自由与人格尊严,社会经济权利和获得权利救济的权利。

(一)平等权

平等权是指公民平等地享有权利、承担义务,不得受到任何不合理的差别对待。在我国,平等权主要是指公民在适用法律上的平等。它包括以下内容:

(1)我国公民不分民族、种族、性别、职业、家庭出身、宗教信仰、文化程度、财产状况、居住期限,都一律平等地享有宪法和法律规定的权利,也都平等地履行宪法和法律规定的义务。

(2)所有公民的合法权益都一律平等地受到宪法和法律的保护,对违法行为都一律平等地予以追究。

(3)任何公民都不得有超越宪法和法律的特权,也不得强制公民承担法律之外的义务。

平等并非是绝对的,它必须承认"合理的差别"。年龄、生理、民族、经济上的能力以及收入差异、从事特定职业等,都是合理差别的考虑因素。正是基于合理的差别,为了充分保障特定群体公民的平等权,我国宪法对母亲和儿童、残疾人、华侨、归侨和侨眷等特定主体的权利予以特殊的保障。此外,公务员的言论自由、结社自由权受到一定限制,军人受军事法院的审判,人民代表大会代表的言论免责权与非经许可不受逮捕,军人及其家属的社会优待权,妇女权益的特殊保护等,都是基于平等权的相对性和合理差别而对平等权设定的合理限制。

（二）政治权利

政治权利又称参政权，是人们参与政治活动的权利和自由。在我国，政治权利主要包括选举权和被选举权。选举权是指公民依法享有选举代议机关代表和国家公职人员的权利；被选举权是指公民依法享有被选举为代议机关代表和国家公职人员的权利。

我国宪法规定，不得以民族、种族、性别、职业、家庭出身、宗教信仰、教育程度、财产状况、居住期限等限制公民选举权和被选举权，从法律上确保选举权和被选举权的普遍性。为保证这项最基本政治权利的行使，我国还制定了《全国人民代表大会和地方各级人民代表大会选举法》，对公民行使选举权和被选举权的原则、程序和方法做了符合我国国情的规定，并规定了选举经费由国库开支以及对破坏选举的行为给以法律制裁，从而使我国公民的选举权和被选举权得到法律上和物质上的有效保障。

（三）精神、文化活动自由

精神与社会文化活动自由主要包括表达自由、信仰自由和教育文化方面的权利。表达自由主要包括言论和出版自由、集会和结社自由、游行和示威自由及通信自由。《宪法》第35条规定："中华人民共和国公民有言论、出版、集会、结社、游行、示威的自由。"

言论自由是指公民通过各种语言形式公开或不公开地发表自己的思想和观点的自由。

集会是指特定或不特定的多数人聚集于一定的场所，发表意见、表达意愿的一时性集体活动。结社自由是指公民享有的为了某一共同目的而结成某种由特定多数人形成的，具有共同目的的持续性社会团体的权利。我国目前对集会自由进行规范的主要依据是全国人民代表大会常务委员会于1989年制定的《集会游行示威法》，对结社进行规范的主要依据是国务院于1998年颁布、2016年修改的《社会团体登记管理条例》。

通信自由是指公民通过书信、电话、电信及其他通讯手段，根据自己的意愿进行通信不受他人干涉的自由。根据我国宪法，通信自由的主要内容是通信秘密，具体包括：公民的通信他人不得扣押、隐匿、毁弃，公民通信、通话的内容他人不得私阅或窃听。除因国家安全或者追查刑事犯罪的需要，由公安机关或者检察机关依照法律规定的程序对通信进行检查外，任何组织或个人不得以任何理由侵犯公民的通信自由和通信秘密。

宗教信仰自由是公民依据内心的信念，自愿信仰宗教的自由。宗教信仰自由主要由信仰自由、宗教活动自由、宗教仪式自由构成，在有些国家还包括传教自由。《宪法》第36条规定："中华人民共和国公民有宗教信仰自由。任何国家机关、社会团体均不得强制公民信仰宗教或者不信仰宗教，不得歧视信仰宗教和不信仰宗教的公民。国家保护正常的宗教活动。任何人不得利用宗教进行破坏社会秩序、损害公民身体健康、妨碍国家教育制度的活动。宗教团体和宗教事务不受外国势力的支配。"除宪法的规定外，我国刑法、选举法、义务教育法等法律中也具体规定了保障宗教信仰自由的内容。

公民享有的教育文化权利，主要是指从事科学研究、文化艺术创作和其他文化活动的自由。依据《宪法》第46、47条，公民有受教育的权利和义务，有进行科学研究、文学艺术创作和其他文化活动的自由。国家对于从事教育、科学、技术、文学、艺术和其他文化事业的公民的有益于人民的创造性工作，给以鼓励和帮助。

(四) 人身自由与人格尊严

人身自由又称身体自由,是指公民享有不受任何非法搜查、拘禁、逮捕或奴隶般的拘束、奴役的权利,即人身自由不受非法限制或剥夺的权利。

《宪法》第 37 条规定:公民的人身自由不受侵犯。任何公民,非经人民检察院批准或者决定或者人民法院决定,并由公安机关执行,不受逮捕;禁止非法拘禁和以其他方法非法剥夺或者限制公民的人身自由,禁止非法搜查公民的身体。

人格尊严是指公民的名誉和公民作为一个人应当受到他人最起码的尊重的权利,包括名誉权、肖像权、姓名权、隐私权等。《宪法》第 38 条规定:中华人民共和国公民的人格尊严不受侵犯。禁止用任何方法对公民进行侮辱、诽谤和诬告陷害。

(五) 社会经济权利

社会经济权利是指公民依照宪法规定所享有的参与社会经济生活、获得经济利益的权利,是公民实现其他权利的物质保障。根据我国宪法和有关法律,我国公民现阶段所享有的社会经济权利主要包括财产权、受教育权、劳动权、休息权和社会保障权。

财产权是指公民个人通过劳动或其他合法方式取得财产和享有占有、使用、收益、处分财产的权利。《宪法》第 13 条规定:"公民的合法的私有财产不受侵犯。国家依照法律规定保护公民的私有财产权和继承权。国家为了公共利益的需要,可以依照法律规定对公民的私有财产实行征收或者征用并给予补偿。"

劳动权是指有劳动能力的公民,有获得工作的机会并按照其所提供的劳动的数量和质量取得与其劳动相适应的劳动报酬的权利。《宪法》第 42 条规定:"中华人民共和国公民有劳动的权利和义务。国家通过各种途径,创造劳动就业条件,加强劳动保护,改善劳动条件,并在发展生产的基础上,提高劳动报酬和福利待遇。"

休息权是指劳动者在行使劳动权的过程中,有为保护身心健康,而依法享有的休息和休假的权利。《宪法》第 43 条规定:"中华人民共和国劳动者有休息的权利。国家发展劳动者休息和休养的设施,规定职工的工作时间和休假制度。"

社会保障权在宪法中也有明确规定。《宪法》第 44 条规定:"国家依照法律规定实行企业事业组织的职工和国家机关工作人员的退休制度。退休人员的生活受到国家和社会的保障。"第 45 条规定:"中华人民共和国公民在年老、疾病或者丧失劳动能力的情况下,有从国家和社会获得物质帮助的权利。国家发展为公民享受这些权利所需要的社会保险、社会救济和医疗卫生事业。国家和社会保障残废军人的生活,抚恤烈士家属,优待军人家属。国家和社会帮助安排盲、聋、哑和其他有残疾的公民的劳动、生活和教育。"

(六) 获得权利救济的权利

获得权利救济的权利是指公民的基本权利在受到侵害时可以依法通过国家获得纠正、矫正或改正的权利。

获得权利救济的方式主要有两种,一是通过司法程序;二是通过行政程序。在我国,通过司法程序获得救济的方式主要有民事诉讼、刑事诉讼、行政诉讼、行政赔偿和刑事赔偿。通过行政程序获得救济包括行政申诉、人事争议仲裁、行政复议、行政赔偿、行政补偿和信访等途径。

二、公民的基本义务

有权利必有义务,即权利义务相一致,权利和义务是互相依存、不可分离的辩证统一关系。这是因为:对本人而言,主张或享有某一权利意味着负有一定的义务;而对于他人而言,某人所享有的权利必然伴随着他人的义务。因此,在宪法关系中,公民基本权利和义务也需体现权利与义务的一致性,公民基本权利的实现伴随着公民基本义务的履行。

公民的基本义务,是指宪法规定的公民对国家所承担的义务。《宪法》第33条第4款规定:"任何公民享有宪法和法律规定的权利,同时必须履行宪法和法律规定的义务。"这充分体现出我国公民基本权利与基本义务的一致性。

依据宪法,公民有维护国家统一和各民族团结的义务,依法纳税的义务,依法服兵役和参加民兵组织的义务;公民有维护祖国的安全、荣誉和利益的义务,不得有危害祖国安全、荣誉和利益的行为;公民必须遵守宪法和法律,保守国家秘密,爱护公共财产,遵守劳动纪律,遵守公共秩序,尊重社会公德。

此外,我国公民还负有下列义务:夫妻双方有实行计划生育的义务,父母有抚养教育未成年子女的义务,成年子女有赡养扶助父母的义务。在我国,劳动权和受教育权既是公民的权利,也是公民的义务。

■ 以案释法

青年拒服兵役就业出国遭"封杀"还被罚款11万[①]

拒服兵役,并以绝食相要挟,山西寿阳一名20岁男青年遭到当地政府最严"封杀"。近日,寿阳县人民政府发布的公告显示,当地青年李某在服役期间,因怕苦怕累、不愿受部队纪律约束,拒不参加正常的训练和操课,对其作出多项处罚,全县企事业单位3年内禁止聘用李某。

北青报记者查询发现,对李某的处理公告是2015年11月4日当地政府通过其官方微信发布的。

公告显示,李某1995年6月出生,寿阳县滨河管委会青年,共青团员,2015年9月自愿报名参军到部队服役。但在服役期间,因怕苦怕累、不愿受部队纪律约束,拒不参加正常的训练和操课,以种种理由逃避服兵役。县人武部工作人员及其亲属先后多次前往李某所在部队耐心谈话、教育引导做工作,但该青年拒绝思想教育,拒绝继续留队服现役,态度极其消极,并以绝食等极端行为相要挟,在部队造成了极其恶劣的影响,直至被部队按思想退兵做出处理。经县征兵领导小组会议研究,并经县人民政府常务会议审议通过,决定给予李某处罚。对李某的处罚总共有9项,包括经济处罚114692元,全县政府企事业单位禁止招聘李某、教育部门不得为李某办理升学手续等,公告日期为2015年10月10日。

---

① 资料来源:中国网,2015年11月14日。http://www.china.com.cn/legal/2015-11/14/content_37061697.htm,2017年4月20日访问。

根据公告的内容,这意味着李某在未来两三年内,既不能在县里考公务员,也不能上学、开公司、贷款、务工或出国。

据政府工作人员介绍,对李某的处罚是当地征兵领导小组依据《兵役法》《山西省征兵工作实施办法》和《山西省义务兵征集和优待安置条例》等法规条例制定的,并进行了综合考虑。

北青报记者查询发现,寿阳县政府对李某的处罚措施,除开除李某团籍、列入《寿阳县2015年拒服兵役人员黑名单》外,其他措施均能在《兵役法》《山西省征兵工作实施办法》和《山西省义务兵征集和优待安置条例》中找到依据,比如两年内公安机关不得为李某办理出国(境)手续、两年内教育部门不得为李某办理升学手续的处罚措施、不得将其录用为国家公务员或者参照《公务员法》管理的工作人员等处罚措施便是根据《兵役法》的规定作出的。对李某处罚11万余元,是根据《山西省义务兵征集和优待安置条例》的规定。当地2015年城镇户口义务兵优待金为57346元,当地政府对李某进行了两倍的经济处罚。

该工作人员称,已经委托滨河管委会告知当事人家人。至于李某家能否承担起11万余元的罚款,该工作人员表示,法律规定是不会考虑家庭条件的,对李某重罚也是为了"规范征兵秩序"。

根据《兵役法》,我国实行义务兵与志愿兵相结合、民兵与预备役相结合的兵役制度。年满18周岁公民应进行兵役登记,经兵役登记和初步审查合格的,称应征公民。应征公民应当按照县、自治县、市、市辖区的兵役机关的通知,按时到指定的体格检查站进行体格检查。符合服现役条件,并经县、自治县、市、市辖区的兵役机关批准的,被征集服现役。

据了解,此前国内已经出现过多起因为拒服兵役受处罚的事件。2014年7月,江苏丹阳市一名青年因为拒服兵役被当地罚款8万元,取消其家属的军属待遇,收缴全部优待金;不得复学;两年内不得录用为国家公务员、国有企业职工,不得出国。2011年,武汉3名青年因为拒服兵役遭处罚,当地政府对3人作出公安机关不得为其办理出境手续、工商行政管理部门不得为其办理工商营业执照、建议各级党团组织不予批准办理和接纳其为党(团)员等多项处罚。寿阳县政府公告最后强调,"今后凡出现思想退兵,均按照此决定执行。"

(记者李铁柱)

三、公民的基本权利与基本义务的一致性

我国公民基本权利和义务的一致性表现在三个方面。

首先,享有权利和承担义务的主体是一致的。《宪法》第33条第4款规定:"任何公民享有宪法和法律规定的权利,同时必须履行宪法和法律规定的义务。"在通常情况下,不允许某些公民只享受权利,而另一些公民只履行义务。

其次,公民的某些权利和义务是相互结合的。没有无义务的权利,也没有无权利的

义务。如劳动、受教育既是公民的基本权利又是公民的义务。

最后,公民的基本权利和义务相互促进、相辅相成。在我国,国家、集体和公民根本利益的一致性,决定了只有当公民的基本权利得到了有效保障,才会促进公民自觉地履行义务,而公民义务的自觉履行将为公民基本权利和自由的扩大创造条件。公民所尽义务越多,即对社会的贡献越大,他所享受的权利也就越充分。

第三节 国家制度

国家制度是宪法的重要内容。我国的国家制度由国家基本制度和国家政权组织形式构成。人民代表大会制度、中国共产党领导的多党合作和政治协商制度、民族区域自治制度和基层群众自治制度是我国国家制度的核心内容。

一、国家基本制度

国家基本制度是指掌握政权的统治阶级或政治集团为实现其统治而采取的以政治、经济和文化制度为核心的统治措施的总和。

(一)基本政治制度

国家性质即国体、国家的根本性质或阶级本质,是指社会各阶级、各阶层在国家中的地位。不同国家的宪法因制定时所面对的历史背景、文化传统以及具体国情不同,对国家的阶级本质有不同的规定。

我国《宪法》第1条规定:"中华人民共和国是工人阶级领导的、以工农联盟为基础的人民民主专政的社会主义国家。"这表明我国的国家性质是人民民主专政。人民民主专政实质上是无产阶级专政,是无产阶级通过暴力革命打碎旧的国家机器后建立起来的新的国家政权,在人民内部实行民主,对敌人实行专政。

【随堂测试】 依据《宪法》,中华人民共和国的根本制度是(　　)。(单选题)
A. 社会主义制度　　　　　　B. 民主集中制
C. 人民民主专政　　　　　　D. 无产阶级专政

解析:答案为C,见《宪法》第1条的规定。关于无产阶级专政和人民民主专政的区别和联系,详见下文。

无产阶级专政与人民民主专政既有区别又有联系。(1)人民民主专政与无产阶级专政在本质上是一致的。从性质上看,二者都是工人阶级领导的以工农联盟为基础的国家政权;从内容上看,二者都包含民主和专政两个方面,是民主与专政的统一;从历史使命看,二者都是为了保卫无产阶级的政权,发展社会生产力,最后消灭阶级,实现共产主义。因此,人民民主专政实质上就是无产阶级专政。(2)无产阶级专政和人民民主专政又存在着诸多不同之处:一是专政的范围不同。在无产阶级专政条件下,人民不包括资产阶级;但在人民民主专政条件下,人民不仅包括工人阶级、农民阶级、小资产阶级,而且包括民族资产阶级。二是专政的对象不同。在无产阶级专政条件下,资产阶级是专政的对象;在人民民主专政条件下,专政的对象是反动派或敌人,民族资产阶级不是专政的对象,即使在社会主义改造中,资本主义工商业已经成了改造的对象,民族资产阶级仍是人民,消灭资产阶级是把资产阶级分子改造成为自食其力的劳动者。

统一战线是无产阶级及其政党在进行革命和建设过程中,为了获得最广泛的同盟军以壮大自己的力量,同其他革命阶级以及一切可以团结的人们所结成的政治联盟。统一战线是无产阶级专政的重要组成部分,是我国人民民主专政的重要特点。现阶段,我国已经结成由中国共产党领导的,有各民主党派和各人民团体参加的,包括全体社会主义劳动者、社会主义事业的建设者、拥护社会主义的爱国者、拥护祖国统一和致力于中华民族伟大复兴的爱国者的广泛的爱国统一战线,这个统一战线将继续巩固和发展。现阶段,我国爱国统一战线的任务是:高举爱国主义旗帜,团结一切可以团结的力量,调动一切积极因素,为社会主义现代化建设服务,为实现祖国的统一大业服务,为保卫世界和平服务。

中国共产党领导的多党合作和政治协商制度是我国的一项基本政治制度,是人民民主专政的具体体现。这一制度的特点是:中国共产党是执政党,各民主党派是参政党,中国共产党和各民主党派是亲密战友。中国共产党和各民主党派合作的首要前提和根本保证是坚持中国共产党的领导和坚持四项基本原则。中国共产党与各民主党派合作的基本方针是:长期共存,互相监督,肝胆相照,荣辱与共。中国共产党和各民主党派以宪法和法律为根本活动准则。

中国人民政治协商会议是有广泛代表性的统一战线组织,是中国共产党领导的多党合作和政治协商的重要机构,是我国政治生活中发扬社会主义民主的重要形式,其主要职责是政治协商、民主监督、参政议政。

(二) 基本经济制度

《宪法》第6条规定:"中华人民共和国社会主义经济制度的基础是生产资料的社会主义公有制,即全民所有制和劳动群众集体所有制。"这说明社会主义公有制是我国经济制度的基础。

在社会主义市场经济条件下,我国存在着多种所有制形式,呈现出公有制为主体、多种所有制经济共同发展的基本经济格局。我国现阶段生产资料的社会主义公有制主要有两种基本的形式,即全民所有制和劳动群众集体所有制。现阶段,我国实行的是按劳分配为主体、多种分配形式共存的分配制度。

我国现行的经济体制既有市场又有计划。全国人民代表大会1993年通过的《宪法修正案》规定:"国家实行社会主义市场经济。"这明确了社会主义初级阶段市场在配置社会资源方面的基础性地位。同时,该条还规定:"国家加强经济立法,完善宏观调控。""国家依法禁止任何组织或者个人扰乱社会经济秩序。"

(三) 基本文化制度

宪法上的文化制度是指一国通过宪法和法律调整以社会意识形态为核心的各种基本文化关系的规则、原则和政策的总和。我国基本文化制度是围绕社会主义精神文明进行教育科学文化建设和思想道德建设。

《宪法》第 19 条至第 22 条规定：国家发展社会主义教育事业，提高全国人民的科学文化水平；国家发展自然科学和社会科学事业，普及科学知识和技术知识，奖励科学研究成果和技术发明创造。国家发展医疗卫生事业、体育事业；发展为人民服务、为社会主义服务的文学艺术事业、新闻广播电视事业、出版发行事业、图书馆博物馆文化馆和其他文化事业。

《宪法》第 24 条对我国社会主义思想道德建设作了根本性的规定："国家通过普及理想教育、道德教育、文化教育、纪律和法制教育，通过在城乡不同范围的群众中制定和执行各种守则、公约，加强社会主义精神文明的建设。国家倡导社会主义核心价值观，提倡爱祖国、爱人民、爱劳动、爱科学、爱社会主义的公德，在人民中进行爱国主义、集体主义和国际主义、共产主义的教育，进行辩证唯物主义和历史唯物主义的教育，反对资本主义的、封建主义的和其他的腐朽思想。"

二、国家政权组织形式

国家政权建立后，无疑要从政权组织形式着手对社会进行调节和控制，有效履行国家职能。

政权组织形式又称政体，是指国家采取何种原则和方式去组织旨在治理社会、维护社会秩序的政权机关。政体是国家机关的组织体系，或者说是指国家机构的内部构成形式。政权组织形式是国家形式的主要方面，它与国家阶级本质紧密相连。政权组织形式从属于并反映国家阶级本质，国家阶级本质决定着政权组织形式。

国体与政体既相区别又相联系。一方面，国体决定政体，国体是内容，政体是形式。即国家的性质决定着政权组织形式的性质，有什么性质的国家就必然有什么性质的政权组织形式；国体决定着政权组织形式的基本类型和发达程度；国体发生了变化，政权组织形式也必然发生变化。另一方面，政体适应国体，表现、巩固国体并对国体具有反作用。当政权组织形式适应国体时能促进国体的发展；当政权组织形式不适应国体时会阻碍国体的发展。但是，同一种类型的国体，由于受历史条件、文化传统、民族特点、国内阶级力量的对比和国际环境等的影响，也可以采用不同的政体。

我国的政权组织形式是人民代表大会制度，它是我国人民当家做主的重要政治制度，是我国民主性质的重要体现。

（一）人民代表大会制度

人民代表大会制度是指，我国的一切权力属于人民；人民选出代表组成各级人民代表大会，代表人民行使国家权力；其他国家机关由人民代表大会产生，向它负责，受它监督；人民代表大会对人民负责，受人民监督的制度。

人民代表大会制度是长期革命和建设的历史产物，是我国国家制度的核心，是一切政治制度、经济制度以及其他制度产生的组织基础。人民代表大会制度是我国人民行使国家权力的基本方式和途径。

人民代表大会制度反映了我国人民民主专政的国家性质，体现了我国人民主权的最高宪法原则。人民代表大会制度是我国的根本政治制度，在此基础上，直接选举与间接选举相结合的选举制度、中国共产党领导的多党合作与政治协商制度和基层群众自治制度,是实现我国政权组织形式的重要内容。

国家的一切权力属于人民是人民代表大会制度的实质。我国的人民代表大会制度应遵循少数服从多数的原则,即民主集中制的原则。

人民代表大会选举产生国家行政机关、监察机关、审判机关、检察机关,这些国家机关行使宪法和法律赋予的职权,并对人民代表大会负责,受人民代表大会监督。作为人民行使国家权力的机关,各级人民代表大会向人民负责,受人民监督。

人民代表大会制度的特点和优点非常显著,具体表现为如下3点:

(1) 具有更加广泛的民主性。现阶段,我们的"人民"包括全体社会主义劳动者、社会主义事业的建设者、拥护社会主义的爱国者、拥护祖国统一和致力于中华民族伟大复兴的爱国者,形成了更加广泛的统一战线。这能够充分发扬民主,便于人民参加管理国家事务,体现国家政权的民主性。

(2) 发展议行合一原则。我国人民代表大会制度在坚持议行合一原则的同时,在人民代表大会之外又专设人民政府、监察委员会人民法院、人民检察院等国家机关。它们各有自己具体的职权,在实际操作中相对独立。同时,依照宪法,人民代表大会常务委员会组成人员不得担任国家行政、监察、审判、检察机关的职务,即不同国家机关的人员组成也有所区分。人民代表大会制定的法律、作出的决议可以在最短的时间内得到实施,同时对其他国家机关的一切活动进行监督,从而保证国家机关依法活动,职责分明,统一领导,提高工作效率。

(3) 实行民主集中制。民主集中制是我国人民代表大会制度的基本组织与活动原则,也是一切国家机关都必须遵循的原则。这一制度既能保证实现中央集中统一的领导,又能充分发挥地方的主动性、积极性。

(二) 基层群众自治制度

基层群众自治制度,是依照宪法和法律,由居民(村民)选举的成员组成居民(村民)委员会,实行自我管理、自我教育、自我服务、自我监督的制度。这一制度是在新中国成立后的民主实践中逐步形成的。基层群众自治制度与人民代表大会制度、中国共产党领导的多党合作和政治协商制度、民族区域自治制度一起,构成了中国特色政治制度范畴。

基层群众自治制度具有以下特点:

(1) 我国的基层群众自治与人民群众的切身利益密切相关,能够直接反映人民群众的利益诉求。在自治的内容上,群众自治的事务涉及群众方方面面的切身利益,能够表达自己的利益诉求,能够保护自己的权利不受侵犯。在行使民主权利的方式上,人民群众在自己生活的社区内,通过选举、决策、管理和监督,直接参与基层公共事务和公益事业的管理,使民主参与具有直接性和有效性。基层群众自治的这一特点和优势有利于调动人民群众参与的积极性,增强民主的广泛性和真实性,使之成为广大人民群众学习民主、实践民主的成本低、效益高的大学校,有利于培养具有公民意识的现代公民。

(2) 我国的基层群众自治在党和政府的主导下进行,能够坚持正确的方向并稳定有序地发展。我国基层群众自治制度的建设与实践活动是在党和政府的主导下开展的,这是我国社会主义民主政治的一大特点,也是发展社会主义民主政治的一大政治优势。坚持党的领导,是基层群众自治坚持正确的政治方向,有计划、有步骤地稳定有序发展的根本保证。实践证明,基层群众自治制度较好地解决了我国人民民主发展问题,使亿万人民群众广泛参与的民主政治建设健康有序地发展,成为推动社会进步的巨大力量。

(3) 我国的基层群众自治能够与经济社会发展相适应、相促进。这种适应和促进主要体现在两个方面。一是在工作部署上的适应和促进。我们在推进基层群众自治的过程中,始终以推动和保障党和国家的中心工作为目标,与整体经济社会发展相适应。比如,农村村民自治制度是适应农村经济体制改革需要而产生的,对化解农村社会矛盾、解决三农问题、提高政府管理水平和农民素质,都起到了重要作用;城市社区居民自治制度则是适应城市基层社会管理和居民生活需要的产物,在解决城市社会发展中的矛盾和问题等方面发挥了重要作用。二是在实践推进上的适应和促进。基层群众自治实践的许多环节,都是围绕人民群众最关心、最直接、最现实的利益问题展开的,既锻炼了群众的议事能力,又维护了群众的经济利益,体现了民主目的性与手段性的统一。

(4) 我国的基层群众自治是循序渐进、逐步发展的。这主要体现在以下方面:一是党对发展基层群众自治的认识,是与时俱进、逐步深化的;二是基层群众自治的实践,基本是由点到面、由浅入深,由单领域向多领域逐步推开的;三是基层群众自治的各项制度、法律和法规,是逐步健全的;四是人民群众当家作主的能力,是在实践中逐步提高的。实践证明,没有渐进的民主建设,就没有民主制度、民主程序和民主精神的携手并进、和谐发展。

总之,我国的基层群众自治是一条发挥群众主体作用与国家主导作用有机统一的民主自治之路,是一条适应经济社会发展需要与为经济社会发展服务有机统一的民主自治之路,是一条发展的渐进性与发展的创新性有机统一的民主自治之路,是一条培育人民的民主意识与维护人民的实际利益有机统一的民主自治之路,是一条实体性民主与程序性民主有机统一的民主自治之路。

延伸阅读

国家宪法日和宪法宣誓制度[①]

党的十八届四中全会提出了坚持依法治国首先要坚持依宪治国的明确要求。2014年11月1日,第十二届全国人民代表大会常务委员会第十一次会议通过了《关于设立国家宪法日的决定》,将12月4日设立为国家宪法日。之所以确定12月4日为"国家宪法日",是因为中国现行的宪法在1982年12月4日正式实施。

设立国家宪法日,传递的是依宪治国、依宪执政的理念。其根本目的是为了增强全社会的宪法意识,弘扬宪法精神,加强宪法实施,全面推进依法治国。设立国家宪法日,不仅是增加一个纪念日,更要使这一天成为全民的宪法"教育日、普及日、深化日",形成

---

① 资料来源:搜狐网,作者不详,2017年9月30日。http://www.sohu.com/a/195800600_755720,2017年11月7日访问。本书编者根据宪法和法律修改情况,对原文做了适当改动。

举国上下尊重宪法、宪法至上、用宪法维护人民权益的社会氛围。具体说来,设立国家宪法日的法治意义主要体现在以下几个方面:一是唤醒法治政府、依法行政的意识;二是唤醒广大公众善于监督、敢于监督的法治意识;三是可以给广大公众上一堂生动而必要的宪法课。通过国家宪法日,我们可以知道"宪法的根本性和最高权威,应该体现在它能为公民权利提供最后的保护手段,成为审判机关维护正义的最后依据","宪法就应该是规范、约束政府行为的最后依据"。宪法这个"根本大法"的"根本性",更体现为它是群众的"权益靠山",是公众保护自我的最根本的法律武器。

庄严宣誓　新华社发　大　巢　作
图片来源:天山网,2014年12月4日。http://news.ts.cn/content/2014-12/04/content_10785175_all.htm。

2015年7月1日,第十二届全国人民代表大会常务委员会第十五次会议表决通过了《全国人民代表大会常务委员会关于实行宪法宣誓制度的决定》,自2016年1月1日起施行,这标志着中国以立法形式正式规定实行宪法宣誓制度。2018年2月24日,全国人民代表大会常务委员会对该决定作了修改。该决定指出,宪法是国家的根本法,是治国安邦的总章程,具有最高的法律地位、法律权威、法律效力。国家工作人员必须树立宪法意识,恪守宪法原则,弘扬宪法精神,履行宪法使命。各级人民代表大会及县级以上各级人民代表大会常务委员会选举或者决定任命的国家工作人员,以及各级人民政府、监察委员会、人民法院、人民检察院任命的国家工作人员,在就职时应当公开进行宪法宣誓。宣誓誓词为:"我宣誓:忠于中华人民共和国宪法,维护宪法权威,履行法定职责,忠于祖国、忠于人民,恪尽职守、廉洁奉公,接受人民监督,为建设富强民主文明和谐美丽的社会主义现代化强国努力奋斗!"全国人民代表大会2018年3月11日通过的《宪法修证案》规定:"国家工作人员就职时应当依照法律规定公开进行宪法宣誓。"

宣誓仪式根据情况,可以采取单独宣誓或者集体宣誓的形式。单独宣誓时,宣誓人应当左手抚按《中华人民共和国宪法》,右手举拳,诵读誓词。集体宣誓时,由一人领誓,领誓人左手抚按《中华人民共和国宪法》,右手举拳,领诵誓词;其他宣誓人整齐排列,右手举拳,跟诵誓词。宣誓场所应当庄重、严肃,悬挂中华人民共和国国旗或者国徽。

三、国家结构形式

国家结构形式,是指国家依照一定的原则,通过设置国家机关,调整国家整体与组成部分之间、中央与地方之间相互关系的一种形式。国家结构形式解决的是中央与地方的职权划分问题。

从世界范围来看,存在单一制和复合制两种国家结构形式。单一制是指由若干行政区域单位或自治单位组成单一主权国家的结构形式。在单一制下,中央与地方关系相对简单,中央对地方的控制和管理也比较明显。复合制是指由两个或两个以上政治实体组成的国家联盟的制度。在复合制中,按照中央与地方关系的紧密程度与相互关系,可分为联邦制和邦联制两种,在复合制国家中采用联邦制者居多。

我国《宪法》序言指出:"中华人民共和国是全国各族人民共同缔造的统一的多民族国家。"总纲第 4 条第 3 款规定:"各少数民族聚居的地方实行区域自治,设立自治机关,行使自治权。各民族自治地方都是中华人民共和国不可分离的部分。"这些规定表明,我国是一个统一的多民族的单一制国家。

一般而言,中央和地方之间的关系有中央集权和地方分权两种类型。我国中央和地方国家机关职权的划分,遵循在中央的统一领导下,充分发挥地方的主动性、积极性的原则。目前,我国存在 3 类地方区域,即一般地方行政区域、民族自治地方和特别行政区,不同性质的地方区域共存于统一的多民族国家,充分体现了单一制模式的灵活性与包容性。

(一)行政区域划分

行政区域划分简称行政区划,是指国家根据政治和行政管理的需要,按照一定的原则与程序将全国领土划分成若干不同层次、不同规模的行政区域,设置相应的地方国家机关,以实现分级管理、特别是中央对地方管理的制度。行政区划因不同的国家结构形式而不同,与一个国家的中央与地方关系模式直接相关,同时与国土面积的大小、政府与公众的关系状况,以及经济联系、地理条件、民族分布、历史传统、风俗习惯、地区差异、人口密度等客观因素有关。

根据《宪法》第 30 条,我国的行政区域划分如下:全国分为省、自治区、直辖市;省、自治区分为自治州、县、自治县、市;县、自治县分为乡、民族乡、镇。其中,直辖市和较大的市分为区、县。自治州分为县、自治县、市。自治区、自治州、自治县都是民族自治地方。根据《宪法》第 31 条,国家在必要时得设立特别行政区。

我国行政区域建置与划分实行分级审批:全国人民代表大会批准省、自治区和直辖市的建置,决定特别行政区的设立。国务院批准省、自治区、直辖市的区域划分,批准自治州、县、自治县、市的建置和区域划分。省、自治区、直辖市的人民政府决定乡、民族乡、镇的建置和区域划分。

(二)民族区域自治制度

民族区域自治制度,是指在国家的统一领导下,以少数民族聚居区为基础,实行区域自治,设立自治机关,行使自治权,实现少数民族自主管理本民族内部事务的一种政治制度。民族区域自治制度是我国的一项基本政治制度,体现了国家充分尊重和保障各少数民族管理本民族内部事务权利的精神,体现了国家坚持实行各民族平等、团结和共同繁荣的原则;对发挥各民族人民当家作主的积极性,发展平等团结互助和谐的社会主义民族关系,巩固国家的统一,促进民族自治地方和全国社会主义事业的发展,有着巨大的作用。

民族自治地方的自治机关,是指根据宪法和法律在实行民族区域自治的地方设立的、依法行使同级地方国家机关职权的同时行使民族自治权的地方政权机关。我国的民族自治地方包括自治区、自治州、自治县，民族自治地方的自治机关即是指这些民族自治地方的人民代表大会和人民政府。民族自治地方的人民代表大会和人民政府具有双重性质，一方面它们依照宪法和民族区域自治法的规定行使民族区域自治权，表明它们是自治机关；另一方面，它们也行使宪法和法律规定的一般地方国家权力机关和行政机关的职权，又表明它们是国家的一级地方政权机关。

民族自治地方的自治机关除行使宪法规定的普通地方国家机关的职权外，还行使宪法、民族区域自治法及其他有关法律授予的自治权。此外，为了保障民族自治地方的自治机关充分行使自治权，国家从财政、物资、技术等方面支持少数民族加速发展经济建设和文化建设事业，帮助民族自治地方从当地民族中大量培养各级干部、各种专业人才和技术工人。

【随堂测试】 下列选项中，不属于我国民族自治地方的是（　　）。（单选题）

A. 自治区　　　B. 自治州　　　C. 自治县　　　D. 民族乡

解析：《宪法》第30条规定："自治区、自治州、自治县都是民族自治地方。"民族乡不属于民族自治地方，所以本题正确选项为D。

（三）特别行政区制度

设立特别行政区是"一国两制"构想的具体化。全国人民代表大会1990年制定《香港特别行政区基本法》，1993年制定《澳门特别行政区基本法》，分别自香港、澳门回归祖国之日起施行。这两部法律对特别行政区的地位、自治权、特别行政区与中央政府的关系等作出了详细的规定，是实行特别行政区制度的重要法律依据。

特别行政区指在我国版图内，根据我国宪法和特别行政区基本法而专门设立的具有特殊法律地位、实行特别的社会政治经济制度的行政区域。特别行政区是我国不可分割的一部分，但特别行政区又有着不同于一般行政区域的特点，这主要表现在：社会制度不同，即保持原有的资本主义生活方式50年不变；政治体制不同；原有法律基本不变；享有高度自治权。特别行政区虽然拥有高度自治权，但这种高度自治权来自中央授权。具体表现在中央对特别行政区具有管辖权：中央负责管理与特别行政区有关的外交事务；负责管理特别行政区的防务；任命行政长官和主要官员；决定特别行政区进入紧急状态；解释特别行政区基本法；修改特别行政区基本法。

行政长官、行政机关、立法机关与司法机关构成了特别行政区的政权组织。

【随堂测试】 依据《宪法》，国家在必要时得设立特别行政区。在特别行政区内实行的制度按照具体情况由（　　）以法律规定。（单选题）

A. 全国人民代表大会　　　B. 全国人民代表大会常务委员会
C. 国务院　　　　　　　　D. 特别行政区立法会

解析：《宪法》第31条规定："国家在必要时得设立特别行政区。在特别行政区内实行的制度按照具体情况由全国人民代表大会以法律规定。"所以，答案为A。

四、国旗、国徽、国歌和首都

国旗是国家的象征,代表着伟大祖国神圣不可侵犯的主权和尊严。国徽是以图案为形式的正式的国家标志,国徽常表现出一个国家的历史。国歌表现着民族的精神。

《宪法》第 141 条规定:"中华人民共和国国旗是五星红旗。中华人民共和国国歌是《义勇军进行曲》。"我国国旗旗面的红色象征革命,五颗五角星及其相互关系象征着中国共产党领导下的全国各族人民大团结。我国国歌反映了我国人民的革命传统,体现了居安思危的思想,激励着人民的爱国主义精神。《宪法》第 142 条规定:"中华人民共和国国徽,中间是五星照耀下的天安门,周围是谷穗和齿轮。"我国的国徽图案象征着中国人民自"五四"运动以来的革命斗争和以工人阶级为领导、以工农联盟为基础的人民民主专政的中华人民共和国的诞生。

首都也叫国都、京城,是一国最高领导机关所在地,通常是一国的政治、经济和文化中心,也是各国使领馆的驻地。《宪法》第 143 条规定:"中华人民共和国首都是北京。"

第四章　宪法相关法

"我们一定要向人民和青年着重讲清楚民主问题。社会主义道路、无产阶级专政、共产党的领导、马列主义毛泽东思想,都同民主问题有关。什么是中国人民今天所需要的民主呢？中国人民今天所需要的民主,只能是社会主义民主或称人民民主,而不是资产阶级的个人主义的民主。人民的民主同对敌人的专政分不开,同民主基础上的集中也分不开。我们实行的是民主集中制,这就是民主基础上的集中和集中指导下的民主相结合。民主集中制是社会主义制度的一个不可分的组成部分。"

——邓小平:《坚持四项基本原则》(1979 年 3 月 30 日)

【学习指导】 重点掌握国家基本宪法制度的构成,国家机关组织和活动的基本原则;了解我国的立法体制、立法权限划分和立法程序;了解我国人民代表大会制度及选举制度的基本原理;了解我国中央和地方关系的一般原理及相关的法律制度。

宪法相关法是与宪法相配套、直接保障宪法实施和国家政权运作等方面法律规范组成的法律部门,包括国家机构的产生、组织、职权和基本工作原则方面的法律规范,国家立法制度、选举制度和代表制度等方面的法律规范,以及中央和地方之间关系的法律规范。如果说宪法确立了国家政权的基本制度,那么宪法相关法则进一步保障了这些基本制度的运转实践。

第一节　国家机关组织法

国家权力的配置和运作必须在宪法和法律的框架下进行合理、有序分配,对国家机构组织与权限的法律限定是检验一个国家法治化程度的重要标志。我国宪法不仅对国家权力进行了配置,而且确立了我国的国家机关体系。与此相配套,我国制定了多部有关国家机关组织、权限和运行等内容的组织法,主要包括全国人民代表大会组织法、国务院组织法、地方各级人民代表大会和地方各级人民政府组织法、监察法、人民法院组织法、人民检察院组织法等。

一、全国人民代表大会组织法

全国人民代表大会于 1982 年制定的《全国人民代表大会组织法》,确定了全国人民代表大会的组成和活动原则。

(一) 全国人民代表大会会议

全国人民代表大会是最高国家权力机关。全国人民代表大会会议每年举行 1 次,由全国人民代表大会常务委员会召集。如果全国人民代表大会常务委员会认为必要,或者有1/5以上的全国人民代表大会代表提议,可以临时召集全国人民代表大会会议。每届全国人民代表大会第一次会议,在本届全国人民代表大会代表选举完成后的2个月内由上届全国人民代表大会常务委员会召集。全国人民代表大会常务委员会应当在全国人民代表大会会议举行1个月以前,将开会日期和建议大会讨论的主要事项通知全国人民代表大会代表。

全国人民代表大会代表选出后,由全国人民代表大会常务委员会代表资格审查委员会进行审查。全国人民代表大会代表按照选举单位组成代表团。各代表团分别推选代表团团长、副团长。代表团在每次全国人民代表大会会议举行前,讨论全国人民代表大会常务委员会提出的关于会议的准备事项;在会议期间,对全国人民代表大会的各项议案进行审议,并可以由代表团团长或者由代表团推派的代表,在主席团会议上或者大会全体会议上,代表代表团对审议的议案发表意见。

全国人民代表大会每次会议举行预备会议,选举本次会议的主席团和秘书长,通过本次会议的议程和其他准备事项的决定。预备会议由全国人民代表大会常务委员会主持。每届全国人民代表大会第一次会议的预备会议,由上届全国人民代表大会常务委员会主持。

全国人民代表大会会议由主席团主持。主席团互推若干人轮流担任会议的执行主席。主席团推选常务主席若干人,召集并主持主席团会议。全国人民代表大会会议设立秘书处,在秘书长领导下工作。国务院的组成人员,中央军事委员会的组成人员,最高人民法院院长和最高人民检察院检察长,列席全国人民代表大会会议;其他有关机关、团体的负责人,经主席团决定,可以列席全国人民代表大会会议。

全国人民代表大会主席团,全国人民代表大会常务委员会,全国人民代表大会各专门委员会,国务院,中央军事委员会,最高人民法院,最高人民检察院,可以向全国人民代表大会提出属于全国人民代表大会职权范围内的议案,由主席团决定交各代表团审议,或者并交有关的专门委员会审议、提出报告,再由主席团审议决定提交大会表决。1个代表团或者30名以上的代表,可以向全国人民代表大会提出属于全国人民代表大会职权范围内的议案,由主席团决定是否列入大会议程,或者先交有关的专门委员会审议、提出是否列入大会议程的意见,再决定是否列入大会议程。向全国人民代表大会提出的议案,在交付大会表决前,有权提出议案的主体要求撤回的,对该议案的审议即行终止。

全国人民代表大会常务委员会委员长、副委员长、秘书长、委员的人选,中华人民共和国主席、副主席的人选,中央军事委员会主席的人选,国家监察委员会主任的人选,最高人民法院院长和最高人民检察院检察长的人选,由主席团提名,经各代表团酝酿协商后,再由主席团根据多数代表的意见确定正式候选人名单。国务院总理和国务院其他组成人员的人选,中央军事委员会除主席以外的其他组成人员的人选,国家监察委员会除主任以外的其他组成人员的人选,依照宪法的有关规定提名。

全国人民代表大会3个以上的代表团或者1/10以上的代表,可以提出对于全国人民代表大会常务委员会的组成人员,中华人民共和国主席、副主席,国务院和中央军事委员会的组成人员,国家监察委员会主任,最高人民法院院长和最高人民检察院检察长的罢免案,由主席团提请大会审议。

在全国人民代表大会会议期间,1个代表团或者30名以上的代表,可以书面提出对国务院和国务院各部、各委员会的质询案,由主席团决定交受质询机关书面答复,或者由受质询机关的领导人在主席团会议上或者有关的专门委员会会议上或者有关的代表团会议上口头答复。在主席团会议或者专门委员会会议上答复的,提质询案的代表团团长或者提质询案的代表可以列席会议,发表意见。

在全国人民代表大会审议议案的时候,代表可以向有关国家机关提出询问,由有关机关派人在代表小组或者代表团会议上进行说明。

全国人民代表大会会议进行选举和通过议案,由主席团决定采用无记名投票方式或者举手表决方式或者其他方式。全国人民代表大会举行会议的时候,应当为少数民族代表准备必要的翻译。

全国人民代表大会会议公开举行;在必要的时候,经主席团和各代表团团长会议决定,可以举行秘密会议。

(二) 全国人民代表大会常务委员会

全国人民代表大会常务委员会是全国人民代表大会的常设机关。常务委员会由以下人员组成:委员长,副委员长若干人,秘书长,委员若干人。常务委员会的组成人员由全国人民代表大会从代表中选出。常务委员会的组成人员不得担任国家行政机关、监察机关、审判机关和检察机关的职务;如果担任上述职务,必须向常务委员会辞去常务委员会的职务。常务委员会每届任期5年,它行使职权到下届全国人民代表大会选出新的常务委员会为止。委员长、副委员长连续任职不得超过两届。

常务委员会委员长主持常务委员会会议和常务委员会的工作。副委员长、秘书长协助委员长工作。副委员长受委员长的委托,可以代行委员长的部分职权。委员长因为健康情况不能工作或者缺位的时候,由常务委员会在副委员长中推选一人代理委员长的职务,直到委员长恢复健康或者全国人民代表大会选出新的委员长为止。

常务委员会的委员长、副委员长、秘书长组成委员长会议,处理常务委员会的重要日常工作,主要包括:(1)决定常务委员会每次会议的会期,拟定会议议程草案;(2)对向常务委员会提出的议案和质询案,决定交由有关的专门委员会审议或者提请常务委员会全体会议审议;(3)指导和协调各专门委员会的日常工作;(4)处理常务委员会其他重要日常工作。

常务委员会设立代表资格审查委员会。代表资格审查委员会的主任委员、副主任委员和委员的人选,由委员长会议在常务委员会组成人员中提名,常务委员会会议通过。

常务委员会设立办公厅,在秘书长领导下工作。常务委员会设副秘书长若干人,由委员长提请常务委员会任免。常务委员会可以根据需要设立工作委员会。工作委员会的主任、副主任和委员由委员长提请常务委员会任免。

常务委员会会议由委员长召集,一般2个月举行一次。常务委员会举行会议的时候,可以由各省、自治区、直辖市的人民代表大会常务委员会派主任或者副主任一人列席会议,发表意见。常务委员会审议的法律案和其他议案,由常务委员会以全体组成人员的过半数通过。

全国人民代表大会各专门委员会、国务院、中央军事委员会、最高人民法院、最高人民检察院可以向常务委员会提出属于常务委员会职权范围内的议案,由委员长会议决定提请常务委员会会议审议,或者先交有关的专门委员会审议、提出报告,再提请常务委员会会议审议。常务委员会组成人员10人以上可以向常务委员会提出属于常务委员会职权范围内的议案,由委员长会议决定是否提请常务委员会会议审议,或者先交有关的专门委员会审议、提出报告,再决定是否提请常务委员会会议审议。

在常务委员会会议期间,常务委员会组成人员10人以上,可以向常务委员会书面提出对国务院和国务院各部、各委员会的质询案,由委员长会议决定交受质询机关书面答复,或者由受质询机关的领导人在常务委员会会议上或者有关的专门委员会会议上口头答复。在专门委员会会议上答复的,提质询案的常务委员会组成人员可以出席会议,发表意见。

常务委员会在全国人民代表大会每次会议举行的时候,必须向全国人民代表大会提出工作报告。

(三) 全国人民代表大会各委员会

全国人民代表大会设立民族委员会、宪法和法律委员会、财政经济委员会、教育科学文化卫生委员会、外事委员会、华侨委员会和全国人民代表大会认为需要设立的其他专门委员会。各专门委员会受全国人民代表大会领导;在全国人民代表大会闭会期间,受全国人民代表大会常务委员会领导。

各专门委员会由主任委员、副主任委员若干人和委员若干人组成。各专门委员会的主任委员、副主任委员和委员的人选,由主席团在代表中提名,大会通过。在大会闭会期间,全国人民代表大会常务委员会可以补充任命专门委员会的个别副主任委员和部分委员,由委员长会议提名,常务委员会会议通过。

各专门委员会的工作主要包括:(1)审议全国人民代表大会主席团或者全国人民代表大会常务委员会交付的议案;(2)向全国人民代表大会主席团或者全国人民代表大会常务委员会提出属于全国人民代表大会或者全国人民代表大会常务委员会职权范围内同本委员会有关的议案;(3)审议全国人民代表大会常务委员会交付的被认为同宪法、法律相抵触的国务院的行政法规、决定和命令,国务院各部、各委员会的命令、指示和规章,省、自治区、直辖市的人民代表大会和它的常务委员会的地方性法规和决议,以及省、自治区、直辖市的人民政府的决定、命令和规章,提出报告;(4)审议全国人民代表大会主席团或者全国人民代表大会常务委员会交付的质询案,听取受质询机关对质询案的答复,必要的时候向全国人民代表大会主席团或者全国人民代表大会常务委员会提出报告;(5)对属于全国人民代表大会或者全国人民代表大会常务委员会职权范围内同本委员会有关的问题,进行调查研究,提出建议。除此之外,民族委员会还可以对加强民族团结问题进行调查研究,提出建议;审议自治区报请全国人民代表大会常务委员会批准的自治区的自治条例和单行条例,向全国人民代表大会常务委员会提出报告。宪法和法律委员会统一审议向全国人民代表大会或者全国人民代表大会常务委员会提出的法律草案;其他专门委员会就有关的法律草案向宪法和法律委员会提出意见。

全国人民代表大会或者全国人民代表大会常务委员会可以组织对于特定问题的调查委员会。调查委员会的组织和工作,由全国人民代表大会或者全国人民代表大会常务委员会决定。

【随堂测试】 根据我国宪法,全国人民代表大会有权选举产生(　　)。(多选题)
A. 国家主席　　B. 国家副主席　　C. 国务院总理　　D. 国务院副总理

解析: 根据《宪法》第62条、第79条,国家主席、副主席由全国人民代表大会选举产生。根据《宪法》第62条,全国人民代表大会根据国家主席的提名,决定国务院总理的人选;根据国务院总理的提名,决定国务院副总理、国务委员、各部部长、各委员会主任、审计长、秘书长的人选。所以国务院总理和副总理都是由全国人民代表大会决定产生,而非选举产生。因此,本题正确选项为A、B。

二、国务院组织法

全国人民代表大会于1982年制定的《国务院组织法》,对国务院的组成和活动原则进行了规范。

(一)国务院的性质和组成

国务院,即中央人民政府,是最高国家权力机关的执行机关,是最高国家行政机关。国务院由总理、副总理若干人、国务委员若干人、各部部长、各委员会主任、审计长、秘书长组成。

国务院实行总理负责制。总理领导国务院的工作,副总理、国务委员协助总理工作。国务院发布的决定、命令和行政法规,向全国人民代表大会或者全国人民代表大会常务委员会提出的议案,任免人员,由总理签署。

国务院秘书长在总理领导下,负责处理国务院的日常工作。国务院设副秘书长若干人,协助秘书长工作。国务院设立办公厅,由秘书长领导。

国务院各部、各委员会的设立、撤销或者合并,经总理提出,由全国人民代表大会决定;在全国人民代表大会闭会期间,由全国人民代表大会常务委员会决定。

国务院各部设部长1人,副部长2—4人。各委员会设主任1人,副主任2—4人,委员5—10人。各部、各委员会实行部长、主任负责制。各部部长、各委员会主任领导本部门的工作,召集和主持部务会议或者委员会会议、委务会议,签署上报国务院的重要请示、报告和下达的命令、指示。副部长、副主任协助部长、主任工作。

各部、各委员会工作中的方针、政策、计划和重大行政措施,应向国务院请示报告,由国务院决定。根据法律和国务院的决定,部、委员会可以在本部门的权限内发布命令、指示和规章。

国务院可以根据工作需要和精简的原则,设立若干直属机构主管各项专门业务,设立若干办事机构协助总理办理专门事项。每个机构设负责人2—5人。

（二）国务院的任期与会议制度

国务院每届任期为5年。国务院总理、副总理和国务委员连续任职不得超过两届。

国务院会议分为国务院全体会议和国务院常务会议。国务院全体会议由国务院全体成员组成。国务院常务会议由总理、副总理、国务委员、秘书长组成。总理召集和主持国务院全体会议和国务院常务会议。国务院工作中的重大问题，必须经国务院常务会议或者国务院全体会议讨论决定。

三、地方各级人民代表大会和地方各级人民政府组织法

全国人民代表大会于1979年制定，1982年、1986年、1995年、2004年和2015年修改的《地方各级人民代表大会和地方各级人民政府组织法》，对地方各级人民代表大会和地方各级人民政府的组织、职权和活动原则等进行了规范。

（一）地方各级人民代表大会

地方各级人民代表大会是地方国家权力机关，决定本行政区域内的重大事项，是相应区域范围内的人民行使国家权力的机关，同全国人民代表大会一起构成我国的国家权力机关体系；本级的人民代表大会常务委员会、人民政府、监察委员会、人民法院和人民检察院均由它产生，向它负责，受它监督。

省、自治区、直辖市，自治州、设区的市的人民代表大会，由下一级人民代表大会选出的代表组成。县、自治县、不设区的市、市辖区，乡、民族乡、镇的人民代表大会，由选民直接选出的代表组成。地方各级人民代表大会每届任期5年。

县级以上的地方各级人民代表大会行使的职权主要包括：保证宪法、法律和行政法规在本行政区域的实施；省、自治区、直辖市和设区的市的立法权；地方重大事项的决定权；人事任免权；监督权等。乡、民族乡、镇的人民代表大会的职权主要包括：在本行政区域内，保证宪法、法律、行政法规和上级人民代表大会及其常务委员会决议的遵守和执行；人事任免权；重大地方性事务的决定权；监督权等。

地方各级人民代表大会每年至少举行一次会议，经1/5以上代表提议，可以临时召集本级人民代表大会会议。县级以上的地方各级人民代表大会会议由本级人民代表大会常务委员会召集。地方各级人民代表大会会议进行选举和通过决议，以全体代表的过半数通过。

省、自治区、直辖市、自治州、设区的市的人民代表大会根据需要，可以设法制委员会、财政经济委员会、教育科学文化卫生委员会等专门委员会；县、自治县、不设区的市、市辖区的人民代表大会根据需要，可以设法制委员会、财政经济委员会等专门委员会。各专门委员会受本级人民代表大会领导；在大会闭会期间，受本级人民代表大会常务委员会领导。各专门委员会在本级人民代表大会及其常务委员会领导下，研究、审议和拟订有关议案；对属于本级人民代表大会及其常务委员会职权范围内同本委员会有关的问题，进行调查研究，提出建议。

县级以上的地方各级人民代表大会可以组织关于特定问题的调查委员会。主席团或者1/10以上代表书面联名，可以向本级人民代表大会提议组织关于特定问题的调查

委员会,由主席团提请全体会议决定。调查委员会应当向本级人民代表大会提出调查报告。人民代表大会根据调查委员会的报告,可以作出相应的决议。人民代表大会可以授权它的常务委员会听取调查委员会的调查报告,常务委员会可以作出相应的决议,报人民代表大会下次会议备案。

(二)地方各级人民代表大会常务委员会

省、自治区、直辖市、自治州、县、自治县、市、市辖区的人民代表大会设立常务委员会。县级以上的地方各级人民代表大会常务委员会是本级人民代表大会的常设机关,对本级人民代表大会负责并报告工作。

省、自治区、直辖市、自治州、设区的市的人民代表大会常务委员会由主任、副主任若干人、秘书长、委员若干人组成。县、自治县、不设区的市、市辖区的人民代表大会常务委员会由主任、副主任若干人和委员若干人组成。这些组成人员均由本级人民代表大会在代表中选举产生。常务委员会的组成人员不得担任国家行政机关、监察机关、审判机关和检察机关的职务;如果担任上述职务,必须向常务委员会辞去常务委员会的职务。

地方各级人民代表大会常务委员会每届任期5年,它行使职权到下届本级人民代表大会选出新的常务委员会为止。

地方各级人民代表大会常务委员会行使的职权主要包括:保证宪法和法律的实施;决定重大事项;人事任免;监督本级国家机关以及组织选举等。

常务委员会会议由主任召集,每2个月至少举行一次。常务委员会决议以全体组成人员的过半数通过。

(三)地方各级人民政府

地方各级人民政府是地方各级人民代表大会的执行机关,是地方各级国家行政机关。地方各级人民政府对本级人民代表大会和上一级国家行政机关负责并报告工作。县级以上的地方各级人民政府在本级人民代表大会闭会期间,对本级人民代表大会常务委员会负责并报告工作。地方各级人民政府都是国务院统一领导下的国家行政机关。

地方各级人民政府每届任期为5年。

地方各级人民政府分别实行省长、自治区主席、市长、州长、县长、区长、乡长、镇长负责制。省长、自治区主席、市长、州长、县长、区长、乡长、镇长分别主持地方各级人民政府的工作。

地方各级人民政府必须依法行使行政职权。地方各级人民政府行使执行权、决定权、行政监督权、行政管理与人事管理权、行政保护权以及办理上级国家行政机关交办的其他事项。

县级以上的地方各级人民政府会议分为全体会议和常务会议。省长、自治区主席、市长、州长、县长、区长召集和主持本级人民政府全体会议和常务会议。政府工作中的重大问题,须经政府常务会议或者全体会议讨论决定。

县级以上地方各级人民政府根据工作需要和精简、效率的原则,设立必要的工作部门。省、自治区、直辖市的人民政府各工作部门受人民政府统一领导,并且依照法律或者行政法规的规定受国务院主管部门的业务指导或者领导。省、自治区、县、自治县、市辖区和不设区的市的人民政府,在必要时经上一级人民政府批准,可设若干派出机关。

四、监察法

2016年11月7日,中央办公厅印发《关于在北京市、山西省、浙江省开展国家监察体制改革试点方案》。根据党中央的工作部署,为在全国推进国家监察体制改革探索积累经验,同年12月25日,全国人民代表大会常务委员会决定:在北京市、山西省、浙江省开展国家监察体制改革试点工作。党的十九大报告提出"深化国家监察体制改革,将试点工作在全国推开,组建国家、省、市、县监察委员会"。2017年10月29日,中共中央办公厅印发《关于在全国各地推开国家监察体制改革试点方案》。11月4日,根据党中央确定的方案,在认真总结北京市、山西省、浙江省开展国家监察体制改革试点工作经验的基础上,全国人民代表大会常务委员会通过《关于在全国各地推开国家监察体制改革试点工作的决定》,决定在全国各地推开国家监察体制改革试点工作。至此,国家监察体制改革试点工作在全国各地范围内全面铺开,各地区、各部门已开始逐步推进监察委员会的设立工作。全国人民代表大会于2018年制定的《监察法》,对监察机关的性质、职责、监察范围和管辖、监察权限、监察程序、反腐败国际合作等进行了规定,是调整我国监察活动的基本法。

郑州大学　钟晓晖　画

各级监察委员会是行使国家监察职能的专责机关,是在党的集中统一领导下的国家反腐败工作机构。监察机关同党的纪律检查机关合署办公,旨在通过实施组织和制度创新,整合反腐败资源力量,依法对所有行使公权力的公职人员进行监察,调查职务违法和职务犯罪,开展廉政建设和反腐败工作,维护宪法和法律的尊严。

(一)监察委员会的组织体系和领导体制

我国设立国家监察委员会和地方各级监察委员会。中华人民共和国国家监察委员会是最高监察机关。省、自治区、直辖市、自治州、县、自治县、市、市辖区设立监察委员会。各级监察委员会可以向本级中国共产党机关、国家机关、法律法规授权或者委托管理公共事务的组织和单位以及所管辖的行政区域、国有企业等派驻或者派出监察机构、监察专员。监察机构、监察专员对派驻或者派出它的监察委员会负责。

国家监察委员会由全国人民代表大会产生,负责全国监察工作。国家监察委员会对全国人民代表大会及其常务委员会负责,并接受其监督。地方各级监察委员会由本级人民代表大会产生,负责本行政区域内的监察工作。地方各级监察委员会对本级人民代表大会及其常务委员会和上一级监察委员会负责,并接受其监督。各级人民代表大会常务委员会听取和审议本级监察委员会的专项工作报告,组织执法检查。县级以上各级人民代表大会及其常务委员会举行会议时,人民代表大会代表或者常务委员会组成人员可以依照法律规定的程序,就监察工作中的有关问题提出询问或者质询。国家监察委员会领导地方各级监察委员会的工作,上级监察委员会领导下级监察委员会的工作。

(二) 监察委员会的组成和任免

国家监察委员会由主任、副主任若干人、委员若干人组成,主任由全国人民代表大会选举,副主任、委员由国家监察委员会主任提请全国人民代表大会常务委员会任免。

地方各级监察委员会由主任、副主任若干人、委员若干人组成,主任由本级人民代表大会选举,副主任、委员由监察委员会主任提请本级人民代表大会常务委员会任免。

各级监察委员会主任的任期均为5年,国家监察委员会主任连续任职不得超过两届。

(三) 监察委员会的职权和工作原则

监察机关行使的职权主要包括:(1) 行使监督、调查职权,依法向有关单位和个人了解情况,收集、调取证据。(2) 在调查过程中,对涉嫌职务违法的被调查人,可以要求其就涉嫌违法行为作出陈述;对涉嫌贪污贿赂、失职渎职等职务犯罪的被调查人,可以进行讯问,要求其如实供述涉嫌犯罪的情况;可以询问证人等人员。(3) 被调查人涉嫌贪污贿赂、失职渎职等严重职务违法或者职务犯罪,已经掌握其部分违法犯罪事实及证据,仍有重要问题需要进一步调查,在满足特定条件的情况下,经监察机关依法审批,可以将其留置在特定场所。对涉嫌行贿犯罪或者共同职务犯罪的涉案人员,也可以采取留置措施。(4) 调查涉嫌贪污贿赂、失职渎职等严重职务违法或者职务犯罪,根据工作需要,可以依照规定查询、冻结涉案单位和个人的存款、汇款、债券、股票、基金份额等财产。(5) 可以对涉嫌职务犯罪的被调查人以及可能隐藏被调查人或者犯罪证据的人的身体、物品、住处和其他有关地方进行搜查。(6) 在调查过程中,可以调取、查封、扣押用以证明被调查人涉嫌违法犯罪的财物、文件和电子数据等信息。(7) 在调查过程中,可以直接或者指派、聘请具有专门知识、资格的人员在调查人员主持下进行勘验检查。对于案件中的专门性问题,可以指派、聘请有专门知识的人进行鉴定。(8) 调查涉嫌重大贪污贿赂等职务犯罪,根据需要,经过严格的批准手续,可以采取技术调查措施,按照规定交有关机关执行。(9) 依法应当留置的被调查人如果在逃,可以决定在本行政区域内通缉,由公安机关发布通缉令,追捕归案。通缉范围超出本行政区域的,应当报请有权决定的上级监察机关决定。(10) 监察机关为防止被调查人及相关人员逃匿境外,经省级以上监察机关批准,可以对被调查人及相关人员采取限制出境措施,由公安机关依法执行。需要指出的是,监察机关在行使职权时,还应当遵守《监察法》的有关限制性规定。

监察机关的工作原则主要包括:(1) 监察机关依照法律规定独立行使监察权,不受行政机关、社会团体和个人的干涉。(2) 监察机关办理职务违法和职务犯罪案件,应当与审判机关、检察机关、执法部门互相配合,互相制约。监察机关在工作中需要协助的,有关机关和单位应当根据要求依法予以协助。(3) 严格遵照宪法和法律,以事实为根据,以法律为准绳;在适用法律上一律平等,保障当事人的合法权益;权责对等,严格监督;惩戒与教育相结合,宽严相济。(4) 坚持标本兼治、综合治理,强化监督问责,严厉惩治腐败;深化改革、健全法治,有效制约和监督权力;加强法治教育和道德教育,弘扬中华优秀传统文化,构建不敢腐、不能腐、不想腐的长效机制。

五、人民法院组织法

人民法院是国家的审判机关。由全国人民代表大会于1979年制定,全国人民代表大会常务委员会于1983年、1986年和2006年修改的《人民法院组织法》,对人民法院的组织和活动进行了规范。

(一)人民法院的组织体系和领导体制

我国设立最高人民法院、地方各级人民法院和军事法院等专门人民法院。地方各级人民法院分为基层人民法院、中级人民法院和高级人民法院。专门人民法院是设在特定部门或者针对特定案件设立的审判机关,我国目前设有军事法院、铁路运输法院、海事法院等专门人民法院。

最高人民法院对全国人民代表大会和全国人民代表大会常务委员会负责。地方各级人民法院对产生它的国家权力机关负责。最高人民法院是最高审判机关。最高人民法院监督地方各级人民法院和专门人民法院的审判工作,上级人民法院监督下级人民法院的审判工作。

(二)人民法院的组成和法官的任免

基层人民法院由院长1人,副院长和审判员若干人组成。基层人民法院可以设刑事审判庭、民事审判庭和经济审判庭,庭设庭长、副庭长。

中级人民法院、高级人民法院和最高人民法院由院长1人,副院长、庭长、副庭长和审判员若干人组成。

各级人民法院院长的任期均为5年,最高人民法院院长连续任职不得超过两届。

最高人民法院院长由全国人民代表大会选举和罢免,副院长、审判委员会委员、庭长、副庭长和审判员由最高人民法院院长提请全国人民代表大会常务委员会任免。

地方各级人民法院院长由地方各级人民代表大会选举和罢免,副院长、审判委员会委员、庭长、副庭长和审判员由本院院长提请本级人民代表大会常务委员会任免。

在省、自治区内按地区设立的和在直辖市内设立的中级人民法院院长,由省、自治区、直辖市人民代表大会常务委员会根据主任会议的提名决定任免,副院长、审判委员会委员、庭长、副庭长和审判员由高级人民法院院长提请省、自治区、直辖市的人民代表大会常务委员会任免。

在民族自治地方设立的地方各级人民法院院长,由民族自治地方各级人民代表大会选举和罢免,副院长、审判委员会委员、庭长、副庭长和审判员由本院院长提请本级人民代表大会常务委员会任免。

军事法院等专门人民法院院长、副院长、审判委员会委员、庭长、副庭长和审判员的任免办法,由全国人民代表大会常务委员会另行规定。

(三)人民法院审判的基本原则

人民法院在司法审判活动中要遵循一定的原则,以保证国家审判权的统一行使,保障人民法院审判活动的严肃性和公正性,保证案件依法公正处理。这些原则主要有:

(1)依法独立审判原则。人民法院在审判活动中,依法独立行使审判权,不受行政机关、社会团体和个人的干涉。

（2）公民在适用法律上一律平等原则。人民法院在审判活动中，对于一切公民，不分民族、种族、性别、职业、社会出身、宗教信仰、教育程度、财产状况、居住期限，必须平等地适用法律，不允许有任何特权。

（3）公开审判原则。人民法院审理案件，除涉及国家机密、个人隐私和未成年人犯罪案件外，一律公开审理和公开宣判。所谓"公开"，就是对社会公开，开庭审判的全过程，除合议庭评议外，都允许公民旁听，允许新闻记者采访和报道。对依法应予公开审理的案件，法院在开庭前要公布案由、当事人的姓名、开庭时间和地点。

（4）各民族公民有权使用本民族语言文字进行诉讼原则。人民法院对于不通晓当地通用的语言文字的当事人，应当为他们翻译。在少数民族聚居或者多民族杂居的地区，人民法院应当用当地通用的语言进行审理，用当地通用的文字发布判决书、布告和其他文件。

（5）被告人有权获得辩护原则。被告人在刑事诉讼中除自己进行辩护外，有权委托律师为他辩护，可以由人民团体或者被告人所在单位推荐的或者经人民法院许可的公民为他辩护，可以由被告人的近亲属、监护人为他辩护；人民法院认为必要的时候，可以指定辩护人为他辩护；人民法院应当保证被告人获得这种辩护权利。

（四）人民法院审判的基本制度

人民法院进行审判活动应当遵循下列基本制度：

（1）两审终审制度。一个案件经过两级人民法院审判即告终结，对于第二审人民法院作出的终审判决、裁定，当事人等不得再提出上诉，人民检察院不得按照上诉审程序抗诉。

（2）合议制度。合议制是与独任制相对应的审理制度，是人民法院审理案件的基本组织形式。合议制，是指人民法院对案件实行集体审理和评议的制度。集体，是指3人以上的审判集体。审理和评议，是指对案件由审判集体共同审理后共同进行评议，对外以审判集体的名义负责。对于那些简单的民事案件、轻微的刑事案件和法律另有规定的案件，可以由审判员一人独任审判。

（3）回避制度。为了保证案件获得公正审理，审判人员遇到法定回避情形或其他与自己有利害关系或者其他关系的案件时，不参加审理。当事人如果认为审判人员对本案有利害关系或者其他关系不能公平审判，有权请求审判人员回避。审判人员是否应当回避，由本院院长决定。审判人员如果认为自己对本案有利害关系或者其他关系，需要回避时，应当报告本院院长决定。

（4）审判委员会制度。各级人民法院设立审判委员会，实行民主集中制。审判委员会的任务是总结审判经验，讨论重大的或者疑难的案件和其他有关审判工作的问题。各级人民法院审判委员会会议由院长主持，本级人民检察院检察长可以列席。

【随堂测试】 我国上级人民法院和下级人民法院在审判工作中的关系是（　　）。（单选题）

A. 领导和被领导　　　　　　B. 监督和被监督
C. 指导和被指导　　　　　　D. 相互协助

解析：依照我国《宪法》和《人民法院组织法》的规定，最高人民法院监督地方各级人民法院和专门人民法院的审判工作，上级人民法院监督下级人民法院的审判工作。因此，本题正确选项为 B。

六、人民检察院组织法

人民检察院是国家的法律监督机关。由全国人民代表大会于 1979 年制定，全国人民代表大会常务委员会于 1983 年修改的《人民检察院组织法》，对人民检察院的组织和活动进行了规范。

（一）人民检察院的组织体系和领导体制

我国设最高人民检察院、地方各级人民检察院和专门人民检察院。地方各级人民检察院分为：(1) 省、自治区、直辖市人民检察院；(2) 省、自治区、直辖市人民检察院分院、自治州和省辖市人民检察院；(3) 县、市、自治县和市辖区人民检察院。省级人民检察院和县级人民检察院，根据工作需要，经本级人民代表大会常务委员会批准，可以在工矿区、农垦区、林区等区域设置人民检察院，作为派出机构。专门人民检察院包括军事检察院、铁路运输检察院等。

人民检察院实行双重领导体制。最高人民检察院对全国人民代表大会和全国人民代表大会常务委员会负责；地方各级人民检察院对产生它的国家权力机关和上级人民检察院负责。最高人民检察院领导地方各级人民检察院和专门人民检察院的工作，上级人民检察院领导下级人民检察院的工作。在人民检察院内部，检察长统一领导检察院的工作。各级人民检察院设立检察委员会。检察委员会实行民主集中制，在检察长的主持下，讨论决定重大案件和其他重大问题。如果检察长在重大问题上不同意多数人的决定，可以报请本级人民代表大会常务委员会决定。

（二）人民检察院的组成和任免

各级人民检察院设检察长 1 人、副检察长和检察员若干人。各级人民检察院检察长的任期均为 5 年，最高人民检察院检察长连续任职不得超过两届。

最高人民检察院检察长由全国人民代表大会选举和罢免，副检察长、检察委员会委员和检察员由最高人民检察院检察长提请全国人民代表大会常务委员会任免。地方各级人民检察院检察长由地方各级人民代表大会选举和罢免，副检察长、检察委员会委员和检察员由本院检察长提请本级人民代表大会常务委员会任免。地方各级人民检察院检察长的任免，须报上一级人民检察院检察长提请该级人民代表大会常务委员会批准。

（三）人民检察院的职权和工作原则

人民检察院行使的职权主要包括：(1) 对于叛国案、分裂国家案以及严重破坏国家的政策、法律、法令、政令统一实施的重大犯罪案件，行使检察权。(2) 对于直接受理的刑事案件，进行侦查。(3) 对于公安机关侦查的案件，进行审查，决定是否逮捕、起诉或者免予起诉；对于公安机关的侦查活动是否合法，实行监督。(4) 对于刑事案件提起公诉，支持公诉；对于人民法院的审判活动是否合法，实行监督。(5) 对于刑事案件判决、裁定的执行和监狱、看守所、劳动改造机关的活动是否合法，实行监督。

全国人民代表大会常务委员会于 2017 年修改的《民事诉讼法》和《行政诉讼法》,规定人民检察院可以在国家利益或者社会公共利益受到侵害的特定领域提起公益诉讼。

人民检察院的工作原则主要包括:(1)人民检察院依照法律规定独立行使检察权,不受行政机关、社会团体和个人的干涉。(2)人民检察院在行使检察权时,对于任何公民在适用法律上一律平等,对公民的权利依法予以保护,对违法犯罪活动均应依法进行追究,不允许有任何特权。(3)人民检察院在工作中必须实事求是、倾听群众意见,接受群众监督,调查研究,重证据,不轻信口供,严禁刑讯逼供。各级人民检察院的工作人员,必须忠实于事实真相,忠实于法律,忠实于社会主义事业,全心全意为人民服务。(4)人民检察院在办理案件的过程中,对于不通晓当地通用语言文字的诉讼参与人,应当为他们提供翻译。在少数民族聚居或者多民族共同居住的地区,应当用当地通用的语言进行审理;起诉书、布告和其他文书应当根据实际需要使用当地通用的一种或者几种文字。(5)人民法院、人民检察院与公安机关办理刑事案件,应当分工负责、互相配合、互相制约,以保证准确有效地执行法律。

第二节 立法法、选举法和代表法

从本质上讲,立法活动是一种体现国家意志的行为,立法权是具有政治性质的权力,体现或代表着国家主权或人民主权。选举制度是一国民主制度的基础,不仅为国家权力的行使提供合法性基础,也为公民选举权利的实现提供制度保障,体现着国家权力与公民权利之间的平衡关系。

一、立法法

立法是依法治国的前提和基础。立法既是政治博弈活动,也是创制、认可、修改和废除法律规范的活动,必须依法进行。全国人民代表大会于 2000 年制定、2015 年修改的《立法法》,对健全国家立法制度,提高立法质量,完善中国特色社会主义法律体系,保障和发展社会主义民主,发挥着重要作用。

(一)立法体制

立法体制主要是关于一国立法机关设置及其立法权限划分的体系和制度。一个国家采取什么样的立法体制,通常要受到该国的国家性质、政权组织形式、国家结构形式、民族和宗教状况、历史传统等一系列客观因素的影响和决定。相应地,一个国家所确立的立法体制,通常也都与该国的历史和现实密不可分,并适应于该国政治、经济、文化、社会和法制的发展需要。

我国《宪法》对立法权限进行了总的划分。《立法法》作为规范立法活动的专门性法律,对不同层次和种类的立法权作了系统规范,详细划分了立法权的归属、立法权的内容及各种立法权之间的关系。

总体而言,我国现行的立法体制是中央统一领导和一定程度分权的,多级并存、多类结合的立法权限划分体制。在这种立法体制下,我国的立法活动主要包括全国人民代表大会及其常务委员会立法、国务院的行政立法和授权立法、一般地方性立法、经济特区立法、民族自治地方立法、部门规章立法、地方政府规章立法、特别行政区立法等。

（二）立法权限

全国人民代表大会和全国人民代表大会常务委员会行使国家立法权。全国人民代表大会制定和修改刑事、民事、国家机构的和其他的基本法律。全国人民代表大会常务委员会制定和修改除应当由全国人民代表大会制定的法律以外的其他法律；在全国人民代表大会闭会期间，对全国人民代表大会制定的法律进行部分补充和修改，但是不得同该法律的基本原则相抵触。根据《立法法》第8条，下列事项只能制定法律：(1) 国家主权的事项；(2) 各级人民代表大会、人民政府、人民法院和人民检察院的产生、组织和职权；(3) 民族区域自治制度、特别行政区制度、基层群众自治制度；(4) 犯罪和刑罚；(5) 对公民政治权利的剥夺、限制人身自由的强制措施和处罚；(6) 税种的设立、税率的确定和税收征收管理等税收基本制度；(7) 对非国有财产的征收、征用；(8) 民事基本制度；(9) 基本经济制度以及财政、海关、金融和外贸的基本制度；(10) 诉讼和仲裁制度；(11) 必须由全国人民代表大会及其常务委员会制定法律的其他事项。

国务院根据宪法和法律，制定行政法规。行政法规可以就下列事项作出规定：(1) 为执行法律的规定需要制定行政法规的事项；(2)《宪法》第89条规定的国务院行政管理职权的事项。另外，国务院还可以进行授权立法。对于《立法法》第8条规定的事项尚未制定法律的，全国人民代表大会及其常务委员会有权作出决定，授权国务院可以根据实际需要，对其中的部分事项先制定行政法规，但是有关犯罪和刑罚、对公民政治权利的剥夺和限制人身自由的强制措施和处罚、司法制度等事项除外。授权立法事项，经过实践检验，制定法律的条件成熟时，由全国人民代表大会及其常务委员会及时制定法律。法律制定后，相应立法事项的授权终止。被授权机关应当严格按照授权决定行使被授予的权力，不得将被授予的权力转授给其他机关。应当由全国人民代表大会及其常务委员会制定法律的事项，国务院根据全国人民代表大会及其常务委员会的授权决定先制定的行政法规，经过实践检验，制定法律的条件成熟时，国务院应当及时提请全国人民代表大会及其常务委员会制定法律。

省、自治区、直辖市的人民代表大会及其常务委员会根据本行政区域的具体情况和实际需要，在不同宪法、法律、行政法规相抵触的前提下，可以制定地方性法规。设区的市的人民代表大会及其常务委员会根据本市的具体情况和实际需要，在不同宪法、法律、行政法规和本省、自治区的地方性法规相抵触的前提下，可以对城乡建设与管理、环境保护、历史文化保护等方面的事项制定地方性法规，法律对设区的市制定地方性法规的事项另有规定的，从其规定。设区的市的地方性法规须报省、自治区的人民代表大会常务委员会批准后施行。省、自治区的人民代表大会常务委员会对报请批准的地方性法规，应当对其合法性进行审查，同宪法、法律、行政法规和本省、自治区的地方性法规不抵触的，应当在4个月内予以批准。自治州的人民代表大会及其常务委员会可以行使设区的市制定地方性法规的职权。除省、自治区的人民政府所在地的市，经济特区所在地的市和国务院已经批准的较大的市以外，其他设区的市、自治州开始制定地方性法规的具体步骤和时间,由省、自治区的人民代表大会常务委员会综合考虑本省、自治区所辖的设区的市、自治州的人口数量、地域面积、经济社会发展情况以及立法需求、立法能力等因素确定,并报全国人民代表大会常务委员会和国务院备案。

经济特区所在地的省、市的人民代表大会及其常务委员会根据全国人民代表大会的授权决定,制定法规,在经济特区范围内实施。

民族自治地方的人民代表大会有权依照当地民族的政治、经济和文化的特点,制定自治条例和单行条例。自治区的自治条例和单行条例,报全国人民代表大会常务委员会批准后生效。自治州、自治县的自治条例和单行条例,报省、自治区、直辖市的人民代表大会常务委员会批准后生效。自治条例和单行条例可以依照当地民族的特点,对法律和行政法规的规定作出变通规定,但不得违背法律或者行政法规的基本原则,不得对宪法和民族区域自治法的规定以及其他有关法律、行政法规专门就民族自治地方所作的规定作出变通规定。

国务院各部、委员会、中国人民银行、审计署和具有行政管理职能的直属机构,可以根据法律和国务院的行政法规、决定、命令,在本部门的权限范围内,制定规章。部门规章规定的事项应当属于执行法律或者国务院的行政法规、决定、命令的事项。没有法律或者国务院的行政法规、决定、命令的依据,部门规章不得设定减损公民、法人和其他组织权利或者增加其义务的规范,不得增加本部门的权力或者减少本部门的法定职责。涉及两个以上国务院部门职权范围的事项,应当提请国务院制定行政法规或者由国务院有关部门联合制定规章。

省、自治区、直辖市和设区的市、自治州的人民政府,可以根据法律、行政法规和本省、自治区、直辖市的地方性法规,制定规章。地方政府规章可以就下列事项作出规定:(1)为执行法律、行政法规、地方性法规的规定需要制定规章的事项;(2)属于本行政区域的具体行政管理事项。其中,设区的市、自治州的人民政府制定地方政府规章,限于城乡建设与管理、环境保护、历史文化保护等方面的事项;已经制定的地方政府规章,涉及上述事项范围以外的,继续有效。除省、自治区的人民政府所在地的市,经济特区所在地的市和国务院已经批准的较大的市以外,其他设区的市、自治州的人民政府开始制定规章的时间,与本省、自治区人民代表大会常务委员会确定的本市、自治州开始制定地方性法规的时间同步。

应当制定地方性法规但条件尚不成熟的,因行政管理迫切需要,可以先制定地方政府规章。规章实施满2年需要继续实施规章所规定的行政措施的,应当提请本级人民代表大会或者其常务委员会制定地方性法规。没有法律、行政法规、地方性法规的依据,地方政府规章不得设定减损公民、法人和其他组织权利或者增加其义务的规范。

(三)立法程序

根据《立法法》,全国人民代表大会及其常务委员会制定法律的基本程序,主要包括法律案的提出、法律案的审议、法律案的表决通过、法律的公布4个阶段。全国人民代表大会及其常务委员会通过的法律,由国家主席签署主席令予以公布。法律签署公布后,应当及时在全国人民代表大会常务委员会公报和中国人大网以及在全国范围内发行的报纸上刊载。在常务委员会公报上刊登的法律文本为标准文本。

根据《立法法》和国务院于2001年制定、2017年修改的《行政法规制定程序条例》,国务院制定行政法规应当遵循如下程序:规划、立项和起草;论证和听证;审查和修改;审议和通过;签署和公布;备案和接受审查。行政法规签署公布后,及时在国务院公报和中国政府法制信息网以及在全国范围内发行的报纸上刊载。在国务院公报上刊登的行政法规文本为标准文本。

制定地方性法规原则上遵循上述中央立法程序。省、自治区、直辖市的人民代表大会制定的地方性法规由大会主席团发布公告予以公布。省、自治区、直辖市的人民代表大会常务委员会制定的地方性法规由常务委员会发布公告予以公布。设区的市、自治州的人民代表大会及其常务委员会制定的地方性法规报经批准后,由设区的市、自治州的人民代表大会常务委员会发布公告予以公布。地方性法规公布后,应当及时在本级人民代表大会常务委员会公报和中国人大网、本地方人民代表大会网站以及在本行政区域范围内发行的报纸上刊载。其中,在常务委员会公报上刊登的地方性法规文本为标准文本。

自治条例和单行条例报经批准后,分别由自治区、自治州、自治县的人民代表大会常务委员会发布公告予以公布。自治区的自治条例和单行条例公布后,应当及时在本级人民代表大会常务委员会公报和中国人大网、本地方人民代表大会网站以及在本行政区域范围内发行的报纸上刊载。其中,在常务委员会公报上刊登的自治条例和单行条例文本为标准文本。

国务院部门规章和地方政府规章的制定程序,由国务院规定。国务院于2001年制定、2017年修改的《规章制定程序条例》,对规章的立项、起草、审查、决定、公布、解释等活动进行了规范。根据《立法法》的规定,部门规章签署公布后,应当及时在国务院公报或者部门公报和中国政府法制信息网以及在全国范围内发行的报纸上刊载。地方政府规章签署公布后,应当及时在本级人民政府公报和中国政府法制信息网以及在本行政区域范围内发行的报纸上刊载。在国务院公报、部门公报和地方人民政府公报上刊登的规章文本为标准文本。

【随堂测试】 下列选项中,应当由全国人民代表大会常务委员会制定和修改的法律是(　　)。(单选题)

A. 除应当由全国人民代表大会制定的法律以外的其他法律
B. 犯罪和刑罚
C. 民事基本法律
D. 诉讼和仲裁制度

解析: 依照我国《宪法》和《立法法》的规定,全国人民代表大会常务委员会制定和修改除应当由全国人民代表大会制定的法律以外的其他法律;在全国人民代表大会闭会期间,对全国人民代表大会制定的法律进行部分补充和修改,但是不得同该法律的基本原则相抵触。因此,本题正确选项为A。

二、人民代表大会选举法

由全国人民代表大会于 1979 年制定、1982 年和 2010 年修改,全国人民代表大会常务委员会于 1986 年、1995 年、2004 年和 2015 年修改的《全国人民代表大会和地方各级人民代表大会选举法》,推动了我国选举制度的发展和完善。

（一）选举原则

选举活动主要遵循选举权的普遍性、选举权的平等性、直接选举与间接选举并用、便民、无记名投票等原则。

选举权的普遍性,指的是中华人民共和国年满 18 周岁的公民,不分民族、种族、性别、职业、家庭出身、宗教信仰、教育程度、财产状况和居住期限,都有选举权和被选举权。依照法律被剥夺政治权利的人没有选举权和被选举权。

选举权的平等性,指的是每一选民在一次选举中只有一个投票权。

直接选举与间接选举并用,指的是全国人民代表大会的代表,省、自治区、直辖市、设区的市、自治州的人民代表大会的代表,由下一级人民代表大会选举。不设区的市、市辖区、县、自治县、乡、民族乡、镇的人民代表大会的代表,由选民直接选举。

郑州大学　李露铭　画

便民,指的是选举委员会应当根据各选区选民分布状况,按照方便选民投票的原则设立投票站,进行选举。选民居住比较集中的,可以召开选举大会,进行选举;因患有疾病等原因行动不便或者居住分散并且交通不便的选民,可以在流动票箱投票。

无记名投票,指的是全国和地方各级人民代表大会代表的选举,一律采用无记名投票的方法。选举时应当设有秘密写票处。选民如果是文盲或者因残疾不能写选票的,可以委托他信任的人代写。

（二）选举程序

全国人民代表大会常务委员会主持全国人民代表大会代表的选举。省、自治区、直辖市、设区的市、自治州的人民代表大会常务委员会主持本级人民代表大会代表的选举。不设区的市、市辖区、县、自治县、乡、民族乡、镇设立选举委员会主持本级人民代表大会代表的选举。不设区的市、市辖区、县、自治县的选举委员会受本级人民代表大会常务委员会的领导。乡、民族乡、镇的选举委员会受不设区的市、市辖区、县、自治县的人民代表大会常务委员会的领导。省、自治区、直辖市、设区的市、自治州的人民代表大会常务委员会指导本行政区域内县级以下人民代表大会代表的选举工作。

选民登记按选区进行,经登记确认的选民资格长期有效。每次选举前对上次选民登记以后新满 18 周岁的、被剥夺政治权利期满后恢复政治权利的选民,予以登记。对选民经登记后迁出原选区的,列入新迁入的选区的选民名单;对死亡的和依照法律被剥夺政治权利的人,从选民名单上除名。精神病患者不能行使选举权利的,经选举委员会确认,不列入选民名单。选民名单应在选举日的20日以前公布,实行凭选民证参加投票选举的,并应当发给选民证。

全国和地方各级人民代表大会的代表候选人,按选区或者选举单位提名产生。各政党、各人民团体,可以联合或者单独推荐代表候选人。选民或者代表10人以上联名,也可以推荐代表候选人。

在选民直接选举人民代表大会代表时,由选举委员会主持。县级以上的地方各级人民代表大会在选举上一级人民代表大会代表时,由各该级人民代表大会主席团主持。

在选民直接选举人民代表大会代表时,选区全体选民的过半数参加投票,选举有效。代表候选人获得参加投票的选民过半数的选票时,始得当选。获得过半数选票的代表候选人的人数超过应选代表名额时,以得票多的当选。如遇票数相等不能确定当选人时,应当就票数相等的候选人再次投票,以得票多的当选。

选举结果由选举委员会或者人民代表大会主席团根据选举法确定是否有效,并予以宣布。当选代表名单由选举委员会或者人民代表大会主席团予以公布。

公民不得同时担任两个以上无隶属关系的行政区域的人民代表大会代表。

(三) 对代表的监督和罢免、辞职、补选

全国和地方各级人民代表大会的代表,受选民和原选举单位的监督。选民或者选举单位都有权罢免自己选出的代表。

对于县级的人民代表大会代表,原选区选民50人以上联名,对于乡级的人民代表大会代表,原选区选民30人以上联名,可以向县级的人民代表大会常务委员会书面提出罢免要求。罢免要求应当写明罢免理由。被提出罢免的代表有权在选民会议上提出申辩意见,也可以书面提出申辩意见。县级的人民代表大会常务委员会应当将罢免要求和被提出罢免的代表的书面申辩意见印发原选区选民。

县级以上的地方各级人民代表大会举行会议的时候,主席团或者1/10以上的代表联名,可以提出对由该级人民代表大会选出的上一级人民代表大会代表的罢免案。在人民代表大会闭会期间,县级以上的地方各级人民代表大会常务委员会主任会议或者常务委员会1/5以上组成人员联名,可以向常务委员会提出对由该级人民代表大会选出的上一级人民代表大会代表的罢免案。罢免要求和罢免案应当写明罢免理由。被提出罢免的代表有权在主席团会议和大会全体会议上提出申辩意见,或者书面提出申辩意见,由主席团印发会议。

罢免代表采用无记名投票的表决方式。罢免县、乡两级人民代表大会代表,由县级人民代表大会常务委员会派有关负责人员主持,罢免要求须经原选区过半数的选民通过。罢免由县级以上各级人民代表大会选出的代表,须经各该级人民代表大会过半数的代表通过;在代表大会闭会期间,须经常务委员会组成人员的过半数通过。罢免的决议,须报送上一级人民代表大会常务委员会备案、公告。

县级以上的各级人民代表大会常务委员会组成人员,县级以上的各级人民代表大会专门委员会成员的代表职务被罢免的,其常务委员会组成人员或者专门委员会成员的职务相应撤销,由主席团或者常务委员会予以公告。乡、民族乡、镇的人民代表大会主席、副主席的代表职务被罢免的,其主席、副主席的职务相应撤销,由主席团予以公告。

全国人民代表大会代表,省、自治区、直辖市、设区的市、自治州的人民代表大会代表,可以向选举他的人民代表大会的常务委员会书面提出辞职。常务委员会接受辞职,须经常务委员会组成人员的过半数通过。接受辞职的决议,须报送上一级人民代表大会常务委员会备案、公告。县级的人民代表大会代表可以向本级人民代表大会常务委员会书面提出辞职,乡级的人民代表大会代表可以向本级人民代表大会书面提出辞职。县级的人民代表大会常务委员会接受辞职,须经常务委员会组成人员的过半数通过。乡级的人民代表大会接受辞职,须经人民代表大会过半数的代表通过。接受辞职的,应当予以公告。

县级以上的各级人民代表大会常务委员会组成人员,县级以上的各级人民代表大会的专门委员会成员,辞去代表职务的请求被接受的,其常务委员会组成人员、专门委员会成员的职务相应终止,由常务委员会予以公告。乡、民族乡、镇的人民代表大会主席、副主席,辞去代表职务的请求被接受的,其主席、副主席的职务相应终止,由主席团予以公告。

代表在任期内,因故出缺,由原选区或者原选举单位补选。地方各级人民代表大会代表在任期内调离或者迁出本行政区域的,其代表资格自行终止,缺额另行补选。县级以上的地方各级人民代表大会闭会期间,可以由本级人民代表大会常务委员会补选上一级人民代表大会代表。补选出缺的代表时,代表候选人的名额可以多于应选代表的名额,也可以同应选代表的名额相等。补选的具体办法,由省、自治区、直辖市的人民代表大会常务委员会规定。

(四)对破坏选举的制裁

为保障选民和代表自由行使选举权和被选举权,对有下列行为之一,破坏选举,违反治安管理规定的,依法给予治安管理处罚;构成犯罪的,依法追究刑事责任:(1)以金钱或者其他财物贿赂选民或者代表,妨害选民和代表自由行使选举权和被选举权的;(2)以暴力、威胁、欺骗或者其他非法手段妨害选民和代表自由行使选举权和被选举权的;(3)伪造选举文件、虚报选举票数或者有其他违法行为的;(4)对于控告、检举选举中违法行为的人,或者对于提出要求罢免代表的人进行压制、报复的。国家工作人员有前述行为的,还应当依法给予行政处分。

主持选举的机构发现有破坏选举的行为或者收到对破坏选举行为的举报,应当及时依法调查处理;需要追究法律责任的,及时移送有关机关予以处理。

【随堂测试】 根据《全国人民代表大会和地方各级人民代表大会选举法》,下列选项中说法错误的是( )。(单选题)

A. 全国人民代表大会常务委员会主持全国人民代表大会代表的选举工作

B. 县级以上地方各级人民代表大会常务委员会主持本级人民代表大会代表的选举工作

C. 乡、民族乡、镇设立选举委员会,主持本级人民代表大会代表的选举工作

D. 乡、民族乡、镇设立的选举委员会受不设区的市、市辖区、县、自治县的人民代表大会常务委员会的领导

解析：《全国人民代表大会和地方各级人民代表大会选举法》第 8 条规定，全国人民代表大会常务委员会主持全国人民代表大会代表的选举。省、自治区、直辖市、设区的市、自治州的人民代表大会常务委员会主持本级人民代表大会代表的选举。不设区的市、市辖区、县、自治县、乡、民族乡、镇设立选举委员会，主持本级人民代表大会代表的选举。不设区的市、市辖区、县、自治县的选举委员会受本级人民代表大会常务委员会的领导。乡、民族乡、镇的选举委员会受不设区的市、市辖区、县、自治县的人民代表大会常务委员会的领导。所以本题应选 B。

三、人民代表大会代表法

全国人民代表大会于 1992 年制定，全国人民代表大会常务委员会于 2009 年、2010 年和 2015 年修改的《全国人民代表大会和地方各级人民代表大会代表法》，旨在保证全国人民代表大会和地方各级人民代表大会代表依法行使代表的职权，履行代表的义务，发挥代表作用。

（一）代表的职责

全国人民代表大会代表是最高国家权力机关组成人员，地方各级人民代表大会代表是地方各级国家权力机关组成人员。

全国人民代表大会和地方各级人民代表大会代表，代表人民的利益和意志，依照宪法和法律赋予本级人民代表大会的各项职权，参加行使国家权力。

代表享有以下权利：(1) 出席本级人民代表大会会议，参加审议各项议案、报告和其他议题，发表意见；(2) 依法联名提出议案、质询案、罢免案等；(3) 提出对各方面工作的建议、批评和意见；(4) 参加本级人民代表大会的各项选举；(5) 参加本级人民代表大会的各项表决；(6) 获得依法执行代表职务所需的信息和各项保障；(7) 法律规定的其他权利。

代表履行以下义务：(1) 模范地遵守宪法和法律，保守国家秘密，在自己参加的生产、工作和社会活动中，协助宪法和法律的实施；(2) 按时出席本级人民代表大会会议，认真审议各项议案、报告和其他议题，发表意见，做好会议期间的各项工作；(3) 积极参加统一组织的视察、专题调研、执法检查等履职活动；(4) 加强履职学习和调查研究，不断提高执行代表职务的能力；(5) 与原选区选民或者原选举单位和人民群众保持密切联系，听取和反映他们的意见和要求，努力为人民服务；(6) 自觉遵守社会公德，廉洁自律，公道正派，勤勉尽责；(7) 法律规定的其他义务。

代表在本级人民代表大会会议期间的工作和在本级人民代表大会闭会期间的活动，都是执行代表职务。国家和社会为代表执行代表职务提供保障。代表不脱离各自的生产和工作。代表出席本级人民代表大会会议，参加闭会期间统一组织的履职活动，应当安排好本人的生产和工作，优先执行代表职务。

代表有权向本级人民代表大会，在本级人民代表大会闭会期间有权向本级人民代表

大会常务委员会或者乡、民族乡、镇的人民代表大会主席团,提出对各方面工作的建议、批评和意见。建议、批评和意见应当明确具体,注重反映实际情况和问题。

法治快讯

全国人大代表周振波:为农民工群体发声有成效[①]

中国网讯(记者董宁)近日,全国人民代表大会代表周振波向记者回顾了他这5年的代表履职过程,他表示,能够为农民工群体呼吁,切实解决农民工群体的实际问题,是自己这几年最骄傲的成绩。

周振波代表说,4年前,自己刚刚当选全国人民代表大会代表的时候就给自己定下了目标:一定要把全国亿万农民工的心声和需求带到全国层面,带到"两会"上来。

这几年,周振波所提出的建议和议案基本上都离不开农民工这个群体。农民工子女教育、农民工社会保险、农民工城市住房等众多农民工现阶段面临的问题经过周振波的深入调研形成了建议和议案。

4年多过去了,周振波提出的维护农民工权益的诸多建议,有的已经实施,有的正在逐步有效地推进当中。周振波说,这几年,我能明显地看到农民工群体权益在逐步得到保障,例如目前,农民工子女在城市接受义务教育已经基本在全国范围内实现。农民工子女在父母务工所在地参加高考也在逐步有条件地实现。

另外,他提出的建议修改《刑法》第241条,加大对收买被拐卖的妇女、儿童的犯罪行为的打击力度,被《刑法修正案(九)》采纳,规定收买被拐妇女儿童的行为一律追究刑事责任,不能免除处罚,对买方行为起到了震慑作用。

今年,周振波又提出了"关于进一步解决农民工养老保障的建议"和"关于进一步改善农民工住房条件的建议"等进一步关注农民工群体的建议。

周振波说,近年来,党和国家对农民工越来越关心和重视,对农民工的关爱政策正在逐步落实。但是在农民工的社会保障等方面还存在一些实际问题,尤其是养老保障方面,还需要政府相关部门采取有效措施给予帮助解决。

他建议,进一步落实农民工社会保险的全覆盖;进一步将养老保险异地转移接续问题落到实处;进一步推进实施社会保险金缴纳的全国联网。同时,他也希望政府和企业联手,改善农民工的居住环境、生活环境,让他们安心工作和生活。

(二)代表执行职务的保障

代表在人民代表大会各种会议上的发言和表决,不受法律追究。

县级以上的各级人民代表大会代表,非经本级人民代表大会主席团许可,在本级人民代表大会闭会期间,非经本级人民代表大会常务委员会许可,不受逮捕或者刑事审判。如果因为是现行犯被拘留,执行拘留的机关应当立即向该级人民代表大会主席团或者人

[①] 资料来源:中国网,2017年3月11日。http://photo.china.com.cn/news/2017-03/11/content_40442636.htm,2017年7月28日访问。

民代表大会常务委员会报告。对县级以上的各级人民代表大会代表,如果采取法律规定的其他限制人身自由的措施,应当经该级人民代表大会主席团或者人民代表大会常务委员会许可。人民代表大会主席团或者常务委员会受理有关机关依照上述规定提请许可的申请,应当审查是否存在对代表在人民代表大会各种会议上的发言和表决进行法律追究,或者对代表提出建议、批评和意见等其他执行职务行为打击报复的情形,并据此作出决定。乡、民族乡、镇的人民代表大会代表,如果被逮捕、受刑事审判,或者被采取法律规定的其他限制人身自由的措施,执行机关应当立即报告乡、民族乡、镇的人民代表大会。

代表在本级人民代表大会闭会期间,参加由本级人民代表大会或者其常务委员会安排的代表活动,代表所在单位必须给予时间保障。

代表执行代表职务,其所在单位按正常出勤对待,享受所在单位的工资和其他待遇。无固定工资收入的代表执行代表职务,根据实际情况由本级财政给予适当补贴。代表的活动经费,应当列入本级财政预算予以保障,专款专用。

县级以上的各级人民代表大会常务委员会应当采取多种方式同本级人民代表大会代表保持联系,扩大代表对本级人民代表大会常务委员会活动的参与,应当为本行政区域内的代表执行代表职务提供必要的条件,应当有计划地组织代表参加履职学习,协助代表全面熟悉人民代表大会制度、掌握履行代表职务所需的法律知识和其他专业知识。乡、民族乡、镇的人民代表大会代表可以参加上级人民代表大会常务委员会组织的代表履职学习。县级以上的各级人民代表大会常务委员会的办事机构和工作机构是代表执行代表职务的集体服务机构,为代表执行代表职务提供服务保障。

县级以上的各级人民代表大会常务委员会,各级人民政府和人民法院、人民检察院,应当及时向本级人民代表大会代表通报工作情况,提供信息资料,保障代表的知情权。

少数民族代表执行代表职务时,有关部门应当在语言文字、生活习惯等方面给予必要的帮助和照顾。

(三) 对代表的监督

代表应当采取多种方式经常听取人民群众对代表履职的意见,回答原选区选民或者原选举单位对代表工作和代表活动的询问,接受监督。由选民直接选举的代表应当以多种方式向原选区选民报告履职情况。县级人民代表大会常务委员会和乡、民族乡、镇的人民代表大会主席团应当定期组织本级人民代表大会代表向原选区选民报告履职情况。

代表应当正确处理从事个人职业活动与执行代表职务的关系,不得利用执行代表职务干涉具体司法案件或者招标投标等经济活动牟取个人利益。

选民或者选举单位有权依法罢免自己选出的代表。被提出罢免的代表有权出席罢免该代表的会议提出申辩意见,或者书面提出申辩意见。

代表有下列情形之一的,暂时停止执行代表职务,由代表资格审查委员会向本级人民代表大会常务委员会或者乡、民族乡、镇的人民代表大会报告:(1)因刑事案件被羁押正在受侦查、起诉、审判的;(2)被依法判处管制、拘役或者有期徒刑而没有附加剥夺政治权利,正在服刑的。上述情形在代表任期内消失后,恢复其执行代表职务,但代表资格终止者除外。

代表有下列情形之一的,其代表资格终止:(1) 地方各级人民代表大会代表迁出或者调离本行政区域的;(2) 辞职被接受的;(3) 未经批准两次不出席本级人民代表大会会议的;(4) 被罢免的;(5) 丧失中华人民共和国国籍的;(6) 依照法律被剥夺政治权利的;(7) 丧失行为能力的。

县级以上的各级人民代表大会代表资格的终止,由代表资格审查委员会报本级人民代表大会常务委员会,由本级人民代表大会常务委员会予以公告。乡、民族乡、镇的人民代表大会代表资格的终止,由代表资格审查委员会报本级人民代表大会,由本级人民代表大会予以公告。

【随堂测试】 根据《全国人民代表大会和地方各级人民代表大会代表法》的规定,全国人民代表大会代表不能对下列哪个人员提出罢免案?(　　)(单选题)

A. 国家主席　　　　　　　　B. 国家副主席
C. 全国政协主席　　　　　　D. 国务院总理

解析:《全国人民代表大会和地方各级人民代表大会代表法》第15条第1款规定,全国人民代表大会代表有权依照法律规定的程序提出对全国人民代表大会常务委员会组成人员,中华人民共和国主席、副主席,国务院组成人员,中央军事委员会组成人员,最高人民法院院长,最高人民检察院检察长的罢免案。因此,本题正确答案为选项C。

第三节　中央和地方关系法

在当今世界,中央和地方之间的关系主要表现为单一制和联邦制两种国家结构形式。我国属于单一制国家,这种国家结构形式决定了我国必须坚持中央的统一领导,地方要贯彻执行中央制定的政策和法律,维护国家统一。我国中央和地方的国家机构职权划分,遵循在中央的统一领导下,充分发挥地方的主动性、积极性的原则。目前,我国存在3类地方区域,即一般地方行政区域、民族自治地方和特别行政区,不同性质的地方区域共存于统一的多民族国家,充分体现了我国单一制模式的灵活性和包容性。关于中央与地方之间关系的法律,结合我国的实际情况,本节着重介绍民族区域自治法、特别行政区基本法和反分裂国家法。

一、民族区域自治法

《宪法》确立了我国的民族区域自治制度。由全国人民代表大会于1984年制定、全国人民代表大会常务委员会于2001年修改的《民族区域自治法》,进一步完善了我国的民族区域自治制度,是实施民族区域自治制度的基本法律。

我国的民族区域自治制度,是指在国家的统一领导下,以少数民族聚居区为基础,实行区域自治,设立自治机关,行使自治权,实现少数民族自主管理本民族内部事务的一种政治制度。实行民族区域自治,体现了国家充分尊重和保障各少数民族管理本民族内部事务权利的精神,体现了国家坚持实行各民族平等、团结和共同繁荣的原则。

民族区域自治是中国共产党运用马克思列宁主义解决我国民族问题的基本政策,是一项具有中国特色的处理中央和地方关系的基本政治制度,具有十分突出的优越性。在我国实行民族区域自治,不仅能够充分地保障少数民族真正实现区域自治的权利,而且对于发挥各民族人民当家作主的积极性,发展平等团结互助和谐的社会主义民族关系,巩固国家的统一,促进民族自治地方和全国社会主义事业的发展,都有着巨大作用。

（一）民族自治地方的自治机关

民族自治地方的自治机关,是指根据宪法和法律在实行民族区域自治的地方设立的,依法行使同级地方国家机关职权的同时又行使民族自治权的地方政权机关。我国的民族自治地方包括自治区、自治州、自治县,民族自治地方的自治机关即是指这些民族自治地方的人民代表大会和人民政府。

由此可见,民族自治地方的人民代表大会和人民政府具有双重性质：一方面,它们依照宪法和民族区域自治法行使民族区域自治权,表明它们是民族自治地方的自治机关；另一方面,它们也行使宪法和法律规定的一般地方国家权力机关和行政机关的职权,又表明它们是国家的一级地方政权机关。

民族自治地方的人民代表大会的组成和一般地方的人民代表大会一样,也是由本行政区域内的各族人民依法选举代表组成的。自治县的人民代表大会代表由选民直接选举产生,自治州、自治区的人民代表大会代表由下一级人民代表大会选举产生。民族自治地方的人民代表大会常务委员会由本级人民代表大会选举产生,是本级人民代表大会的常设机构,由实行区域自治的民族的公民担任主任或副主任。民族自治地方的人民代表大会中,除实行民族区域自治的民族的代表外,其他居住在本行政区域内的民族也应当有适当名额的代表。

民族自治地方的行政首长由实行区域自治的民族的公民担任。民族自治地方的人民政府是本级人民代表大会的执行机关,是民族区域自治地方的行政机关,它对本级人民代表大会和上一级国家行政机关负责并报告工作。在本级人民代表大会闭会期间,对本级人民代表大会常务委员会负责并报告工作。各级民族区域自治地方的人民政府都受国务院的统一领导。民族自治地方的人民政府实行自治区主席、自治州州长、自治县县长负责制。自治区主席、自治州州长、自治县县长,分别主持本级人民政府的工作。

民族自治地方的自治机关的组织和工作,根据宪法和法律,由民族自治地方的自治条例或者单行条例规定。民族自治地方的自治机关实行民主集中制的原则。民族自治地方的自治机关所属工作部门的干部中,要尽量配备实行区域自治的民族和其他少数民族的人员。

民族自治地方的人民代表大会和人民政府每届任期均为5年。

（二）民族自治机关的自治权

民族自治地方的自治机关除行使一般地方国家机关的职权外,还行使宪法、民族区域自治法及其他有关法律授予的自治权。

1. 在本地方贯彻执行国家的法律、政策

民族自治地方的自治机关依照宪法、民族区域自治法以及其他法律规定的权限行使自治权,根据本地方的实际情况贯彻执行国家的法律、政策。上级国家机关的决议、决定、命令和指示,如有不适合民族自治地方实际情况的,自治机关可以报经该上级国家机关批准,变通执行或者停止执行;该上级国家机关应当在收到报告之日起 60 日内给予答复。

2. 制定自治条例和单行条例

民族自治地方的人民代表大会有权依照当地民族的政治、经济和文化的特点,制定自治条例和单行条例。自治区的自治条例和单行条例,报全国人民代表大会常务委员会批准后生效。自治州、自治县的自治条例和单行条例报省、自治区、直辖市的人民代表大会常务委员会批准后生效,并报全国人民代表大会常务委员会和国务院备案。

自治条例和单行条例可以依照当地民族的特点,对法律和行政法规的规定作出变通规定,但不得违背法律或者行政法规的基本原则,不得对宪法和民族区域自治法的规定以及其他有关法律、行政法规专门就民族自治地方所作的规定作出变通规定。

3. 自主安排和管理本地方的经济建设

民族自治地方的自治机关在坚持社会主义原则的前提下,根据法律规定和本地方经济发展的特点,合理调整生产关系和经济结构,努力发展社会主义市场经济。民族自治地方的自治机关坚持公有制为主体、多种所有制经济共同发展的基本经济制度,鼓励发展非公有制经济。

民族自治地方的自治机关在国家计划的指导下,根据本地方的特点和需要,制定经济建设的方针、政策和计划,自主地安排和管理地方性的经济建设事业。

民族自治地方的自治机关在国家计划的指导下,根据本地方的财力、物力和其他具体条件,自主地安排地方基本建设项目。

民族自治地方的自治机关自主地管理隶属于本地方的企业、事业。民族自治地方依照国家规定,可以开展对外经济贸易活动,经国务院批准,可以开辟对外贸易口岸。与外国接壤的民族自治地方经国务院批准,可以开展边境贸易。民族自治地方在对外经济贸易活动中,享受国家的优惠政策。

民族自治地方根据本地方经济和社会发展的需要,可以依照法律规定设立地方商业银行和城乡信用合作组织。

4. 自主管理地方财政

民族自治地方的自治机关有管理地方财政的自治权。凡是依照国家财政体制属于民族自治地方的财政收入,都应当由民族自治地方的自治机关自主地安排使用。民族自治地方在全国统一的财政体制下,通过国家实行的规范的财政转移支付制度,享受上级财政的照顾。民族自治地方的财政预算支出,按照国家规定,设机动资金,预备费在预算中所占比例高于一般地区。民族自治地方的自治机关在执行财政预算过程中,自行安排使用收入的超收和支出

郑州大学　李露铭　画

的节余资金。

民族自治地方的自治机关在执行国家税法的时候,除应由国家统一审批的减免税收项目以外,对属于地方财政收入的某些需要从税收上加以照顾和鼓励的,可以实行减税或者免税。自治州、自治县决定减税或者免税,须报省、自治区、直辖市人民政府批准。

5. 自主管理本地方的教育、文化、科技、卫生、体育事业

民族自治地方的自治机关根据国家的教育方针,依照法律规定,决定本地方的教育规划,各级各类学校的设置、学制、办学形式、教学内容、教学用语和招生办法。民族自治地方的自治机关自主地发展民族教育,扫除文盲,举办各类学校,普及九年义务教育,采取多种形式发展普通高级中等教育和中等职业技术教育,根据条件和需要发展高等教育,培养各少数民族专业人才。民族自治地方的自治机关为少数民族牧区和经济困难、居住分散的少数民族山区,设立以寄宿为主和助学金为主的公办民族小学和民族中学,保障就读学生完成义务教育阶段的学业。办学经费和助学金由当地财政解决,当地财政困难的,上级财政应当给予补助。招收少数民族学生为主的学校(班级)和其他教育机构,有条件的应当采用少数民族文字的课本,并用少数民族语言讲课;根据情况从小学低年级或者高年级起开设汉语文课程,推广全国通用的普通话和规范汉字。各级人民政府要在财政方面扶持少数民族文字的教材和出版物的编译和出版工作。

民族自治地方的自治机关自主地发展具有民族形式和民族特点的文学、艺术、新闻、出版、广播、电影、电视等民族文化事业,加大对文化事业的投入,加强文化设施建设,加快各项文化事业的发展。民族自治地方的自治机关组织、支持有关单位和部门收集、整理、翻译和出版民族历史文化书籍,保护民族的名胜古迹、珍贵文物和其他重要历史文化遗产,继承和发展优秀的民族传统文化。

民族自治地方的自治机关自主地决定本地方的科学技术发展规划,普及科学技术知识。

民族自治地方的自治机关,自主地决定本地方的医疗卫生事业的发展规划,发展现代医药和民族传统医药。民族自治地方的自治机关加强对传染病、地方病的预防控制工作和妇幼卫生保健,改善医疗卫生条件。

民族自治地方的自治机关自主地发展体育事业,开展民族传统体育活动,增强各族人民的体质。

民族自治地方的自治机关积极开展和其他地方的教育、科学技术、文化艺术、卫生、体育等方面的交流和协作。自治区、自治州的自治机关依照国家规定,可以和国外进行教育、科学技术、文化艺术、卫生、体育等方面的交流。

6. 管理和保护自然资源和环境

民族自治地方的自治机关根据法律规定,确定本地方内草场和森林的所有权和使用权。民族自治地方的自治机关保护、建设草原和森林,组织和鼓励植树种草。禁止任何组织或者个人利用任何手段破坏草原和森林。严禁在草原和森林毁草毁林开垦耕地。

民族自治地方的自治机关依照法律规定,管理和保护本地方的自然资源。民族自治地方的自治机关根据法律规定和国家的统一规划,对可以由本地方开发的自然资源,优

先合理开发利用。民族自治地方的自治机关保护和改善生活环境和生态环境,防治污染和其他公害,实现人口、资源和环境的协调发展。

7. 其他自治权

除上述自治权外,民族自治机关还拥有其他自治权。例如,民族自治地方的自治机关根据国家的军事制度和当地的实际需要,经国务院批准,可以组织本地方维护社会治安的公安部队。民族自治地方的自治机关在执行职务的时候,依照本民族自治地方自治条例的规定,使用当地通用的一种或者几种语言文字;同时使用几种通用的语言文字执行职务的,可以以实行区域自治的民族的语言文字为主。民族自治地方的自治机关根据法律规定,制定管理流动人口的办法。民族自治地方实行计划生育和优生优育,提高各民族人口素质。民族自治地方的自治机关根据法律规定,结合本地方的实际情况,制定实行计划生育的办法。

为了保障民族自治地方的自治机关充分行使自治权,国家从财政、物资、技术等方面支持少数民族加速发展经济建设和文化建设事业,帮助民族自治地方从当地民族中大量培养各级干部、各种专业人才和技术工人。

【随堂测试】 根据《宪法》和《民族区域自治法》,下列说法错误的是( )。(单选题)

A. 民族区域自治以少数民族聚居区为基础,是民族自治与区域自治的结合
B. 民族自治地方的国家机关既是地方国家机关,又是自治机关
C. 我国的民族自治地方包括自治区、自治州、自治县
D. 我国民族自治地方的自治机关即是指这些民族自治地方的人民代表大会和人民政府

解析:《民族区域自治法》第15条第1款规定,民族自治地方的自治机关是自治区、自治州、自治县的人民代表大会和人民政府。例如,民族自治地方的司法机关是地方国家机关,但不是自治机关。因此,选项B说法错误。选项A、C、D说法正确。本题正确选项为B。

二、特别行政区基本法

在我国,设立特别行政区是"一国两制"伟大构想的具体化。《宪法》第31条规定:"国家在必要时得设立特别行政区。在特别行政区内实行的制度按照具体情况由全国人民代表大会以法律规定。"全国人民代表大会于1990年制定《香港特别行政区基本法》,于1993年制定《澳门特别行政区基本法》,这两部法律对特别行政区的地位、自治权、特别行政区与中央政府的关系等作出了详细规定。

(一)特别行政区的法律地位

特别行政区,指的是在中华人民共和国行政区域范围内,根据我国宪法和特别行政区基本法而专门设立的具有特殊法律地位、实行特别的社会政治经济制度的地方行政区域。特别行政区的建立构成了我国单一制的一大特色。

特别行政区是我国领土不可分割的一部分，是一级地方行政区域，直辖于中央人民政府，但特别行政区又有着不同于一般行政区域的特点，如社会制度不同，政治体制不同，原有法律基本不变，享有高度自治权等。

特别行政区虽然拥有高度自治权，但这种高度自治权来自于中央的授权，因此中央对特别行政区具有管辖权：中央负责管理与特别行政区有关的外交事务，负责管理特别行政区的防务，任命行政长官和主要官员，决定特别行政区进入紧急状态，解释特别行政区基本法，修改特别行政区基本法等。

特别行政区的行政机关、立法机关和司法机关，除使用中文外，香港特别行政区还可使用英文，澳门特别行政区还可使用葡文，英文、葡文也是正式语文。

特别行政区除悬挂中华人民共和国国旗和国徽外，香港特别行政区还可使用香港特别行政区区旗和区徽，澳门特别行政区还可使用澳门特别行政区区旗和区徽。

（二）特别行政区的政治体制

行政长官、行政机关、立法机关与司法机关构成了特别行政区的政权组织。

1. 行政长官

特别行政区行政长官具有双重法律地位。一方面，行政长官是特别行政区的首长，代表特别行政区，依照特别行政区基本法的规定对中央人民政府和特别行政区负责；另一方面，行政长官还是特别行政区行政机关的首长。

特别行政区行政长官通过选举或协商在符合条件的特别行政区永久性居民中产生，由中央人民政府任命。特别行政区行政长官的任期为5年，可连任一次。行政长官短期不能履行职务时，由政务司长、财政司长、律政司长依次临时代理其职务。行政长官缺位时，应当在6个月内依法产生新的行政长官。

特别行政区行政长官行使的职权主要包括：(1)负责执行特别行政区基本法和依照特别行政区基本法适用于特别行政区的其他法律；(2)行政管理和决策权；(3)与立法有关的职权；(4)人事任免权；(5)其他职权。

特别行政区行政长官如有下列情况之一者，必须辞职：(1)因严重疾病或其他原因无力履行职务；(2)两次拒绝签署立法会通过的法案而解散立法会，重选的立法会仍以全体议员2/3多数通过所争议的原案，而行政长官仍拒绝签署；(3)因立法会拒绝通过财政预算案或其他重要法案而解散立法会，重选的立法会继续拒绝通过所争议的原案。

2. 行政机关

特别行政区政府是特别行政区的行政机关，特别行政区政府的首长是行政长官。特别行政区政府设政务司、财政司、律政司和各局、处、署。《香港特别行政区基本法》规定，行政机关的主要官员由在香港通常居住连续满15年并在外国无居留权的特别行政区永久性居民中的中国公民担任，由行政长官提名报请中央人民政府任命。《澳门特别行政区基本法》规定，行政机关的主要官员由在澳门通常居住连续满15年的特别行政区永久性居民中的中国公民担任，由行政长官提名报请中央人民政府任命。

特别行政区行政机关对立法会负责，这意味着特别行政区行政机关要执行立法会通过并已生效的法律；定期向立法会会议作施政报告；答复立法会议员的质询；征税和公共开支必须经立法会批准。

特别行政区行政机关行使的职权主要包括:(1)制定并执行政策;(2)管理各项行政事务;(3)办理中央政府授权的对外事务;(4)编制并提出财政预算、决算;(5)拟定并提出法案、议案、附属法规;(6)委派官员列席立法会,并代表行政机关发言。

3. 立法机关

特别行政区立法会是特别行政区的立法机关。特别行政区立法会由选举产生,产生办法根据特别行政区的实际情况和循序渐进的原则确定,最终达到全部议员由普选产生的目标。特别行政区立法会除第一届任期为2年外,每届任期4年;如经行政长官依法解散,须在3个月内重新选举产生。

香港特别行政区立法会由在外国无居留权的香港特别行政区永久性居民中的中国公民组成。但非中国籍的香港特别行政区永久性居民和在外国有居留权的香港特别行政区永久性居民也可以当选为香港特别行政区立法会议员,其所占比例不得超过立法会全体议员的1/5。澳门特别行政区立法会议员由澳门特别行政区永久性居民担任。立法会议员在立法会上的发言,不受法律追究;在出席会议时和赴会途中不受逮捕。

香港特别行政区立法会主席由年满40周岁,在香港通常居住连续满20年并在外国无居留权的香港特别行政区永久性居民中的中国公民担任。澳门特别行政区立法会主席、副主席由在澳门通常居住连续满15年的澳门特别行政区永久性居民中的中国公民担任。特别行政区立法会主席的职权主要包括:(1)主持会议,决定议程,但政府提出的议案须优先纳入议程;(2)决定开会时间;(3)在休会期间可召开特别会议;(4)应行政长官的特别要求召开紧急会议;(5)立法会议事规则规定的其他职权。

特别行政区立法会享有以下职权:(1)立法权。根据基本法的规定并依照法定程序制定、修改和废除法律。(2)财政权。根据政府的提案,审核、通过财政预算;批准税收和公共开支。(3)监督权。听取行政长官的施政报告并进行辩论;对政府的工作进行质询;就任何有关公共利益的问题进行辩论;对有严重违法或者渎职行为而不辞职的行政长官进行弹劾。(4)任免权。同意终审法院和高等法院首席法官的任免。此外,立法会还有权接受居民的申诉并作出处理。

特别行政区立法会举行会议的法定人数为不少于全体议员的1/2;立法会议员根据基本法规定并依照法定程序提出法律草案,凡不涉及公共开支或者政治体制或者政府运作者,可由议员个别或者联名提出,凡涉及政府政策者,在提出前必须征得行政长官的书面同意;立法会通过的法案,须经行政长官签署、公布方能生效,并报全国人民代表大会常务委员会备案。

4. 司法机关

香港特别行政区设立终审法院、高等法院、区域法院、裁判署法庭和其他专门法庭。高等法院设上诉法庭和原讼法庭。香港实行的司法体制,除因设立香港特别行政区终审法院而产生变化外,予以保留。

澳门特别行政区设立初级法院(包括行政法院)、中级法院和终审法院,初级法院还可根据需要设立若干专门法庭。行政法院是管辖行政诉讼和税务诉讼的法院,不服行政复议裁决者,可向中级法院上诉。

终审法院是特别行政区的最高法院,行使特别行政区终审权。

香港特别行政区没有单独的检察机关,其检察职能属于律政司。澳门特别行政区设有独立的检察机关。

【随堂测试】 关于特别行政区制度,下列说法正确的是(　　)。(单选题)

A. 香港特别行政区行政长官任职须年满45周岁

B. 香港特别行政区司法机关由其法院和检察院组成

C. 香港特别行政区终审法院行使特别行政区的终审权

D. 国务院有权决定香港和澳门特别行政区进入紧急状态

解析:香港特别行政区行政长官由年满40周岁,在香港通常居住连续满20年并在外国无居留权的香港特别行政区永久性居民中的中国公民担任,因此A选项说法错误。香港的司法机关是各级法院,行使刑事检察工作的是律政司,律政司属于行政机关,而非司法机关,所以B选项说法错误。C选项正确,香港特别行政区的终审权属于香港特别行政区终审法院。决定香港和澳门特别行政区进入紧急状态的权力属于全国人民代表大会常务委员会,所以D选项说法错误。本题正确选项为C。

三、反分裂国家法

全国人民代表大会于2005年制定《反分裂国家法》,自公布之日起施行。《反分裂国家法》仅适用于台湾问题,是一部关涉台湾海峡两岸关系的法律,其主要内容是鼓励两岸继续加强交流合作,但同时也明确提出了中国大陆可用"非和平手段"解决台湾问题的底线。由此可见,该法的立法目的在于反对和遏制"台独"分裂势力分裂国家,促进祖国和平统一,维护台湾海峡地区和平稳定,维护国家主权和领土完整,维护中华民族的根本利益。

全国人民代表大会高票通过《反分裂国家法》

图文来源:腾讯网,2005年3月14日。https://news.qq.com/a/20050314/000431.htm。

自1949年国民党退守台湾以来,海峡两岸处于"分离分治"状态已属不争的事实。但是,"台独"分裂势力错误地将"分离分治"曲解为"分裂分治",提出"一边一国"的谬论,进而否认海峡两岸的主权都是中国完整的领土主权的一部分。在过去的一段时间内,台湾岛内"台独"分裂势力的"台独"活动不断升级,挟持所谓的"台湾民意",不时抛出"公民投票""公投制宪"等论调,企图为实现其"台独"目标提供所谓"法律"支撑和"民意"支持。在这种背景之下,全国人民代表大会制定《反分裂国家法》,有利于从法律上阐明国家的立场和底线,反对和遏制"台独"分裂势力分裂国家,彻底根除制造海峡两岸紧张局势的症结,保持海峡两岸间和平、稳定与发展,促进祖国和平统一,维护国家主权和领土完整,维护中华民族根本利益。

《反分裂国家法》坚持以下原则:

(1) 一个中国原则。世界上只有一个中国,大陆和台湾同属一个中国,中国的主权和领土完整不容分割。维护国家主权和领土完整是包括台湾同胞在内的全中国人民的共同义务。台湾是中国的一部分,国家绝不允许"台独"分裂势力以任何名义、任何方式把台湾从中国分裂出去。

(2) 台湾问题属于内政原则。台湾问题是中国内战的遗留问题。解决台湾问题,实现祖国统一,是中国的内部事务,不受任何外国势力的干涉。完成统一祖国的大业是包括台湾同胞在内的全中国人民的神圣职责。

(3) 鼓励两岸加强交流合作原则。发展并加强两岸交流与合作,符合两岸的共同利益。为了维护台湾海峡地区和平稳定、发展两岸关系,国家鼓励和推动两岸人员往来,增进了解,增强互信;鼓励和推动两岸经济交流与合作,直接通邮通航通商,密切两岸经济关系,互利互惠;鼓励和推动两岸教育、科技、文化、卫生、体育交流,共同弘扬中华文化的优秀传统;鼓励和推动两岸共同打击犯罪;鼓励和推动有利于维护台湾海峡地区和平稳定、发展两岸关系的其他活动。国家依法保护台湾同胞的权利和利益。

(4) 以和平方式实现祖国统一原则。国家主张通过台湾海峡两岸平等的协商和谈判,实现和平统一。协商和谈判可以有步骤、分阶段进行,方式可以灵活多样。台湾海峡两岸可以就正式结束两岸敌对状态、发展两岸关系的规划、和平统一的步骤和安排、台湾当局的政治地位、台湾地区在国际上与其地位相适应的活动空间、与实现和平统一有关的其他任何问题进行协商和谈判。以和平方式实现祖国统一,最符合台湾海峡两岸同胞的根本利益。国家以最大的诚意,尽最大的努力,以最符合台湾海峡两岸同胞根本利益的方式实现和平统一。国家和平统一后,台湾可以实行不同于大陆的制度,高度自治。

《反分裂国家法》明确规定了国家可以采取非和平手段解决台湾问题的三种情形:(1)"台独"分裂势力以任何名义、任何方式造成台湾从中国分裂出去的事实;(2)发生将会导致台湾从中国分裂出去的重大事变;(3)和平统一的可能性完全丧失。当出现以上情形之一时,由国务院、中央军事委员会决定和组织实施非和平手段及其他必要措施来捍卫国家主权和领土完整,并及时向全国人民代表大会常务委员会报告。依照《反分裂国家法》采取非和平方式及其他必要措施并组织实施时,国家尽最大可能保护台湾平民和在台湾外国人的生命财产安全和其他正当权益,减少损失;同时,国家依法保护台湾同胞在中国其他地区的权利和利益。

第五章 民法商法

> "人民群众对立法的期盼,已经不是有没有,而是好不好、管用不管用、能不能解决实际问题;不是什么法都能治国,不是什么法都能治好国;越是强调法治,越是要提高立法质量。这些话是有道理的。我们要完善立法规划,突出立法重点,坚持立改废并举,提高立法科学化、民主化水平,提高法律的针对性、及时性、系统性。要完善立法工作机制和程序,扩大公众有序参与,充分听取各方面意见,使法律准确反映经济社会发展要求,更好协调利益关系,发挥立法的引领和推动作用。"
>
> 习近平:《在十八届中央政治局第四次集体学习时的讲话》
> (2013年2月23日)

【学习指导】 重点掌握民法基本原则,掌握民事主体、民事权利、民事法律行为和诉讼时效的基本规定,掌握物权制度、合同制度和侵权责任制度的主要内容;了解婚姻家庭法的基本知识,了解知识产权法和公司法的一般规则。

民法商法是以平等主体间人身关系和财产关系为主要调整对象的法律规范的总称。民法是私法的一般法,商法是私法的特别法。我国分别制定了民法通则、民法总则、婚姻法、继承法、收养法、担保法、合同法、物权法、商标法、专利法、著作权法、侵权责任法等一系列民事法律,制定了公司法、合伙企业法、个人独资企业法、破产法、证券法、证券投资基金法、保险法、商业银行法、票据法、信托法等一系列商事法律。民法商法彰显人文主义精神,弘扬意思自治理念,推动人的全面发展和社会文明的不断进步。

第一节 民法商法基础理论

民法调整民事主体之间的民事关系,商法调整商事主体之间的商事关系。人们习惯将民法和商法连在一起,称为民商法。我国民事立法秉持民商合一的传统,民商法有时亦简称为民法。全国人民代表大会于1986年制定的《民法通则》,是长期以来调整我国民商事活动的基本法。全国人民代表大会于2017年制定的《民法总则》,覆盖了《民法通则》的绝大部分内容,是当前我国最基本的民商事法律规范,它既是民事基本法,也是商事基本法。

一、民法基本原则

民法基本原则,是民事主体从事民事活动应当遵循的基本准则,是民法调整社会关系的基本要求,是民事法律规范的总纲领。民法基本原则能够弥补现行法的漏洞,授权法官自由裁量,针对新情况新问题作出合理的裁判。

《民法总则》规定了以下基本原则：

（1）权益保护原则，即民事主体的人身权利、财产权利以及其他合法权益受法律保护，任何组织或者个人不得侵犯。权益保护原则是民法的基本精神，统领整部民法典和各民商事特别法，是民事立法的出发点和落脚点。

（2）平等原则，即民事主体在民事活动中的法律地位一律平等。平等原则集中反映了民事关系的本质，当事人之间不存在领导与被领导、隶属与被隶属的上下级关系。任何一方都不能命令他方服从自己，把自己的意志强加给他人。无论是自然人还是法人，无论经济实力大小，任何一方都没有凌驾于另一方之上的特权。民法在追求形式平等的基础上，一定程度保障实质平等的实现，对未成年人、老年人、残疾人、妇女、消费者等弱势群体实施特别保护。

关怀　新华社发（作者不详）
图文来源：新浪网，2017 年 4 月 26 日。
http://news.sina.com.cn/c/2017-04-26/doc-ifyepsch3375526.shtml。

（3）自愿原则，即民事主体从事民事活动，应当遵循自愿原则，按照自己的意思设立、变更、终止民事法律关系。当事人依照自己的理性判断，规划自己的生活，安排自己的事务，追求自己的幸福。没有人能够认识一切，也没有人能够决定一切，分而治之是最佳的选择。尊重每个人的意思，让每个人自主参与、自主选择、自己决策、自己负责，这就是自愿原则的精髓。

（4）公平原则，即民事主体从事民事活动，应当公平合理地确定各方的权利和义务。公平是民法最根本的价值追求，是最具有弹性的概念。公平原则要求公正、平允、合理确定各方的权利和义务，要求各方享有的权利和义务大致均衡，要求按照公平观念行使权利、履行义务。公平原则在一定程度上限制意思自治，对不公平状况进行矫正，彰显民法对公平正义的不懈追求。

（5）诚信原则，即民事主体从事民事活动，应当秉持诚实，恪守承诺。诚实信用是中华民族的传统美德，民事主体要以诚实信用为基础建立新型人际关系，实现人与人之间的和睦相处。不仅民众生活要诚信，公司经营活动更要诚信。诚实信用要求以善意的方式履行义务，不得欺诈，不得胁迫，在不损害他人和社会利益的前提下追求自己的利益。

（6）合法原则，即民事主体从事民事活动，不得违反法律，不得违背公序良俗。民事活动遵循法无禁止即可为的原则，立法表达是"不得违反法律"，而不是"应当遵守法律"。公序良俗是公共秩序与善良风俗的简称，公共秩序是社会存在和发展所必要的一般秩序，是国家和社会层面的主导价值理念；善良风俗是社会存在和发展所必需的一般道德，是当事人不得逾越的行为底线。

（7）绿色原则，即民事主体从事民事活动，应当有利于节约资源、保护生态环境。将绿色原则确立为基本原则，既传承了天地人和、人与自然和谐共生的优秀传统文化理念，又体现了"创新、协调、绿色、开放、共享"的新发展理念。这一原则倡导使用绿色产品,鼓励绿色饮食、绿色出行、绿色居住,追求自然、环保、节俭的生活方式和生产方式。

二、民事主体

民事主体,是指参加民事法律关系,依法享有民事权利,负有民事义务和承担民事责任的当事人,包括自然人、法人和非法人组织。

（一）自然人

自然人,是指基于自然规律出生,享有民事权利、承担民事义务的生物人。从出生时起到死亡时止,自然人具有民事权利能力。涉及遗产继承、接受赠与等胎儿利益保护的,胎儿视为具有民事权利能力。但是胎儿娩出时为死体的,其民事权利能力自始不存在。

根据年龄和智力状态,自然人的民事行为能力可以分为三类:

（1）完全民事行为能力。年满18周岁以上的自然人是成年人,具有完全民事行为能力,可以独立进行民事活动,是完全民事行为能力人。年满16周岁以上不满18周岁的自然人,以自己的劳动收入为主要生活来源的,视为完全民事行为能力人。

（2）限制民事行为能力。限制民事行为能力人包括两类,一是8周岁以上的未成年人,二是不能完全辨认自己行为的成年人。限制民事行为能力人可以进行与他的年龄、智力、精神健康状况相适应的民事活动,其他民事活动的进行须由他的法定代理人代理,或者征得他的法定代理人同意。

（3）无民事行为能力。无民事行为能力人包括两类,一是不满8周岁的未成年人,二是不能辨认自己行为的成年人。无民事行为能力人,由其法定代理人代理民事活动。

监护是保护无民事行为能力人或者限制民事行为能力人的合法权益,弥补其民事行为能力不足的法律制度。我国建立了家庭监护为基础,社会监护为补充,国家监护为兜底的监护体系。父母是未成年子女的监护人,未成年人的父母已经死亡或者没有监护能力的,祖父母、外祖父母、兄、姐等可以担任监护人。无民事行为能力或者限制民事行为能力的成年人,其配偶、父母、成年子女等可以担任监护人。学校、医疗机构、妇女联合会、残疾人联合会、依法设立的老年人组织等社会组织日益增多,可以作为家庭监护的有益补充。没有依法具有监护资格的人的,监护人由民政部门担任,也可以由具备履行监护职责条件的被监护人住所地的居民委员会、村民委员会担任。

监护人应当按照最有利于被监护人的原则履行监护职责,除为维护被监护人利益外,不得处分被监护人的财产。成年人的监护人履行监护职责,应当最大程度地尊重被监护人的真实意愿,保障并协助被监护人实施与其智力、精神健康状况相适应的民事法律行为。监护人实施严重损害被监护人身心健康行为的,或怠于履行监护职责,或者无法履行监护职责并且拒绝将监护职责部分或者全部委托给他人,导致被监护人处于危困状态的,人民法院可以根据有关个人或组织的申请,撤销其监护人的资格,依法指定新的监护人。

（二）法人

法人,是与自然人相对应的民事主体,是具有民事权利能力和民事行为能力,依法独立享有民事权利和承担民事义务的组织。法人应当依法成立,有必要的财产或者经费,有自己的名称、组织机构和场所,能够独立承担民事责任。依照法律或者法人组织章程规定,代表法人行使职权的负责人是法人的法定代表人。法人以它的主要办事机构所在地为住所。法人可以依法设立分支机构。

法人的主要类型包括如下三种:

(1) 营利法人,是指以取得利润并分配给股东等出资人为目的成立的法人,包括有限责任公司、股份有限公司和其他企业法人等。依法设立的营利法人,由登记机关发给营利法人营业执照。营业执照签发日期为营利法人的成立日期。营利法人的出资人滥用法人独立地位和出资人有限责任,逃避债务,严重损害法人的债权人利益的,应当对法人债务承担连带责任。

(2) 非营利法人,是指为公益目的或者其他非营利目的成立,不向出资人、设立人或者会员分配所取得利润的法人,包括事业单位、社会团体、基金会、社会服务机构等。中华慈善总会、中国红十字会、各类基金会、保护妇女儿童协会、环境保护协会等,是以满足不特定多数人的利益为目的的公益法人。商会、行业协会、学会、俱乐部等,是为互助互益目的而成立的、只向成员提供服务的公益性法人。

(3) 特别法人包括机关法人、农村集体经济组织法人、城镇农村的合作经济组织法人和基层群众性自治组织法人。

(三) 非法人组织

非法人组织,是指不具有法人资格,但是能够依法以自己的名义从事民事活动的组织。非法人组织主要包括如下类型:

(1) 个人独资企业。一个自然人投资,财产为投资人个人所有,投资人以其个人财产对企业债务承担无限责任的经营实体,即为个人独资企业。

(2) 合伙企业。合伙企业包括普通合伙企业和有限合伙企业。普通合伙企业由普通合伙人组成,合伙人对合伙企业债务承担无限连带责任。有限合伙企业由普通合伙人和有限合伙人组成,普通合伙人对合伙企业债务承担无限连带责任,有限合伙人以其认缴的出资额为限对合伙企业债务承担责任。

(3) 不具备法人资格的外资企业。外资企业是指依照中国有关法律在中国境内设立的全部资本由外国投资者投资的企业,不包括外国的企业和其他经济组织在中国境内的分支机构。

(4) 不具备法人资格的中外合作企业。中外合作者举办合作企业,应当依法在合同中约定投资或者合作条件、收益或者产品的分配、风险和亏损的分担、经营管理的方式和合作企业终止时财产的归属等事项。

三、民事权利

民事权利,是指民事主体依法可以实施一定行为或获取一定利益的资格,包括人身权和财产权。

(一) 人身权

人身权,是指与人身直接相关、不直接体现财产利益的权利,包括人格权和身份权。

其中,人格权包括一般人格权和具体人格权。身份权包括配偶权、亲权、亲属权、署名权等。

一般人格权,是指自然人享有的、概括人格平等、人格独立、人格自由、人格尊严等一般人格权益的权利。(1)人格平等,即每个人不分性别、年龄、民族、贫富、受教育程度等,都是平等的,没有高低贵贱之分,没有彼此的人身依附关系。(2)人格独立,即每个人都有权独立作出意思表示,彼此相互独立。(3)人格自由,即任何人都有保持自己人格的自由,都有发展完善自己人格的自由。(4)人格尊严,即人之所以能够成为真正的"人",所应享有的最起码社会地位和应得到的最起码尊重。

具体人格权,是指自然人享有的生命权、健康权、身体权、姓名权、肖像权、隐私权、婚姻自主权、名誉权、荣誉权等权利。(1)生命权,即自然人享有的,以维持生命、保护生命安全为内容的权利。(2)健康权,即自然人以器官机能运转和身心健康为内容的权利。(3)身体权,即自然人维持其身体组织的完整性,并支配其身体和组织器官的权利。(4)姓名权,即自然人对其姓名享有的决定、使用和依照规定改变,同时禁止他人干涉、盗用和冒用的权利。(5)肖像权,即自然人享有的以自己肖像所体现的人格利益为内容的人格权。(6)隐私权,即自然人享有对个人信息和个人生活进行支配并排除他人侵扰、知悉、披露和公开的权利。(7)婚姻自主权,即公民依法享有的按照自己的意志,自愿结婚或者离婚,不受他人限制或干涉的权利。(8)名誉权,即自然人所享有的保护自己名誉不受他人侵害的权利。(9)荣誉权,即自然人获得、保持、利用荣誉并享有其利益的权利。

自然人因婚姻、家庭关系等产生的人身权利受法律保护。法人、非法人组织享有名称权、名誉权、荣誉权等人身权利。名称权,是指自然人以外的其他民事主体依法享有的决定、使用、改变及转让自己的名称,并排除他人非法干涉、盗用或冒用的权利。法人、非法人组织享有的名誉权、荣誉权,与自然人相似。

(二)财产权

财产权,是指以财产利益为内容,直接体现财产利益的权利。包括物权、债权、知识产权、继承权、投资收益权、虚拟财产权等。(1)物权,即权利人依法对特定的物享有直接支配和排他的权利,包括所有权、用益物权和担保物权。(2)债权,即因合同、侵权行为、无因管理、不当得利以及法律的其他规定,权利人请求特定义务人为或者不为一定行为的权利。(3)知识产权,即权利人依法对作品、发明、实用新型、外观设计、商标、地理标志、商业秘密等享有的专有权利。(4)继承权,即继承被继承人财产的权利。(5)投资收益权,即权利人通过投资获得的权利,包括股权、基金份额权、保险收益权和其他投资性权利。(6)虚拟财产权,即存在于网络空间的数字化的财产权益,包括电子邮箱、微信号、虚拟货币、网络店铺、游戏装备等。

【随堂测试】 甲是著名的歌星,一直被娱乐媒体记者跟踪。某日,某娱乐报社在其发行的报纸头版登出新闻,宣称甲有私生子。甲于是向法院起诉,请求保护其合法权益。法院审理查明,报社报道纯属子虚乌有,甲根本就没有私生子。关于甲受到的损害,以下说法正确的是(   )。(单选题)

A. 报社侵犯了甲的名誉权　　　　　B. 报社侵犯了甲的隐私权

C. 报社侵犯了甲的姓名权   D. 报社侵犯了甲的自由权

解析: 名誉,是人们对于自然人、法人或非法人组织的品德、才干、声望、信誉和形象等各方面的综合评价。人格尊严受法律保护,禁止用侮辱、诽谤等方式损害民事主体的名誉。本案中,报社报道纯属子虚乌有的新闻,侵犯了甲的名誉权。故正确答案为 A。

四、民事法律行为

民事法律行为,是指民事主体通过意思表示设立、变更、终止民事法律关系的行为。代理,是指民事主体通过代理人实施民事法律行为,包括法定代理和意定代理。民事法律行为是民事主体实现意思自治的最重要手段和工具,为合同行为、婚姻行为、遗嘱行为和收养行为等,提供了一般性规则。

(一) 民事法律行为的成立

民事法律行为可以基于双方或者多方的意思表示一致成立,也可以基于单方的意思表示成立。民事法律行为可以采用书面形式、口头形式或者其他形式;法律、行政法规规定或者当事人约定采用特定形式的,应当采用特定形式。

民事法律行为的核心要素是意思表示。意思表示,是指将意欲实现的私法效果表示出来的行为。以对话方式作出的意思表示,相对人知道其内容时生效。以非对话方式作出的意思表示,到达相对人时生效。有相对人的意思表示的解释,应当按照所使用的词句,结合相关条款、行为的性质和目的、习惯以及诚信原则,确定意思表示的含义。无相对人的意思表示的解释,不能完全拘泥于所使用的词句,而应当结合相关条款、行为的性质和目的、习惯以及诚信原则,确定行为人的真实意思。

(二) 民事法律行为的效力

民事法律行为有效的要件包括:(1) 行为人具有相应的民事行为能力;(2) 意思表示真实;(3) 不违反法律、行政法规的强制性规定,不违背公序良俗。

效力待定的民事法律行为有两种:(1) 限制民事行为人不能独立实施的行为。限制民事行为能力人实施与其年龄、智力、精神健康状况不相适应的民事法律行为,经法定代理人同意或者追认后有效。(2) 无权代理行为。行为人没有代理权、超越代理权或者代理权终止后,仍然实施代理行为,未经被代理人追认的,对被代理人不发生效力。相对人有理由相信行为人有代理权的,代理行为有效。

民事法律行为存在如下情况的,可以撤销:(1) 重大误解,即基于重大误解实施的民事法律行为。(2) 受胁迫,即一方或者第三人以胁迫手段,使对方在违背真实意思的情况下实施的民事法律行为。(3) 受欺诈,即一方或第三人以欺诈手段,使对方在违背真实意思的情况下实施的民事法律行为。(4) 显失公平,即一方利用对方处于危困状态、缺乏判断能力等情形,致使民事法律行为成立时显失公平。对上述 4 种民商法律行为,相关权利人可以在法律规定的期间,请求人民法院或者仲裁机构予以撤销。

以下 4 种民事法律行为无效:(1) 违反法律,即违反法律、行政法规的强制性规定。(2) 违背公序良俗,即违背公共秩序和善良风俗。(3) 恶意串通,即行为人与相对人恶意串通,损害他人合法权益。(4) 虚伪表示,即行为人与相对人都知道自己所表示的意思并非真意,同谋作出与真意不一致的意思表示。

无效或者被撤销的民事法律行为,自始没有法律约束力。行为人取得的财产,应当予以返还;不能返还或者没有必要返还的,应当折价补偿。有过错的一方应当赔偿对方由此所受到的损失;各方都有过错的,应当各自承担相应的责任。

【随堂测试】 甲向首饰店购买钻石戒指一枚,标签标明该钻石为"天然钻石",买回后被人告知实是人造钻石。本案中,甲主张以下哪些请求,能得到支持?(　　)(多选题)

A. 请求撤销合同　　　　　　B. 主张合同无效
C. 主张合同不成立　　　　　D. 主张损害赔偿

解析: 一方当事人故意告知对方虚假情况,或者故意隐瞒真实情况,诱使对方当事人作出错误意思表示的,可以认定为欺诈行为。标签标明是"天然钻石",实际是"人造钻石",首饰店是欺诈行为。甲可以申请人民法院撤销该买卖合同,并要求损害赔偿。该买卖合同不是无效,因为不属于无效民事行为的情形;也不是不成立,因为双方意思表示一致买卖合同就成立了。据此,本题正确答案为 A、D。

五、诉讼时效

诉讼时效,是指权利人知道或者应当知道权利受到损害的事实持续经过一定期间而未行使权利,义务人即产生不履行义务的抗辩权的一项制度。需要强调的是,请求停止侵害、排除妨碍、消除危险,请求支付抚养费、赡养费或者扶养费等请求权,不适用诉讼时效的规定。

诉讼时效期间分为两类:(1) 普通诉讼时效期间。向人民法院请求保护民事权利的诉讼时效期间为 3 年,诉讼时效期间自权利人知道或者应当知道权利受到损害以及义务人之日起计算。(2) 最长诉讼时效期间。自权利受到损害之日起超过 20 年的,人民法院不予保护;有特殊情况的,人民法院可以根据权利人的申请决定延长。诉讼时效期间届满的,义务人可以提出不履行义务的抗辩。诉讼时效期间届满后,义务人同意履行的,不得以诉讼时效期间届满为由抗辩;义务人已自愿履行的,不得请求返还。

在诉讼时效期间的最后 6 个月内,因不可抗力或者其他障碍不能行使请求权的,诉讼时效中止。诉讼时效中止的事由包括:(1) 不可抗力;(2) 无民事行为能力人或者限制民事行为能力人没有法定代理人,或者法定代理人死亡、丧失民事行为能力、丧失代理权;(3) 继承开始后未确定继承人或者遗产管理人;(4) 权利人被义务人或者其他人控制;(5) 其他导致权利人不能行使请求权的障碍。从中止时效的原因消除之日起,诉讼时效期间继续计算。自中止时效的原因消除之日起满 6 个月,诉讼时效期间届满。

在诉讼时效进行中,因发生一定的法定事由,致使已经经过的诉讼时效期间统归无效,待该法定事由消除后,诉讼时效期间重新起算,即为诉讼时效中断。诉讼时效中断的事由包括:(1) 权利人向义务人提出履行请求;(2) 义务人同意履行义务;(3) 权利人提起诉讼或者申请仲裁;(4) 与提起诉讼或者申请仲裁具有同等效力的其他情形。

第二节 婚姻家庭法

婚姻是一男一女以永久共同生活为目的，以夫妻的权利义务为内容的合法结合。家庭是由婚姻、血缘或收养关系所组成的共同生活群体。婚姻家庭法是调整婚姻家庭关系的发生和终止、婚姻家庭成员之间的权利义务的法律规范的总称。

一、婚姻法

婚姻法又称亲属法，是调整婚姻家庭关系的基本法。我国1950年制定的《婚姻法》是新中国第一部法律。现行《婚姻法》由全国人民代表大会于1980年制定，全国人民代表大会常务委员会于2011年修改。婚姻自由、一夫一妻、男女平等，是我国婚姻法的基本原则。

（一）结婚

结婚，又称婚姻的成立，是一男一女依照法律规定的条件和程序结合为夫妻的民事法律行为。结婚必须男女双方完全自愿，男性不得早于22周岁，女性不得早于20周岁。要求结婚的男女双方必须亲自到婚姻登记机关进行结婚登记，领取结婚证，确立夫妻关系。未办理结婚登记的，应当补办登记，婚姻关系的效力从双方均符合婚姻法所规定的结婚的实质要件时起算。登记结婚后，根据男女双方约

郑州大学　钟晓晖　画

定，女方可以成为男方家庭的成员，男方也可以成为女方家庭的成员。

婚姻如果欠缺法定的有效要件，就会构成无效婚姻和可撤销婚姻。

无效婚姻，是指虽已成立但因违反公共利益，自始不产生法律效力的婚姻。包括：(1)重婚的婚姻；(2)有禁止结婚的亲属关系的婚姻；(3)婚前患有医学上认为不应当结婚的疾病、婚后尚未治愈的婚姻；(4)未到法定婚龄的婚姻。

可撤销婚姻，是指虽已成立但因违反一方当事人利益，可以申请撤销的婚姻。行为人以给另一方当事人或者其近亲属的生命、身体健康、名誉、财产等方面造成损害为要挟，迫使其违背真实意愿结婚，受胁迫一方的婚姻关系当事人本人可以自结婚登记之日起1年内，向婚姻登记机关或人民法院请求撤销该婚姻。被非法限制人身自由的，应当自恢复人身自由之日起1年内提出撤销婚姻的请求。

婚姻无效或被撤销，当事人不具有夫妻的权利和义务。同居期间所得的财产，按共同共有由当事人协议处理；协议不成时，由人民法院根据照顾无过错方的原则判决。婚姻无效或被撤销，当事人所生的子女，仍然受婚姻法的保护。

【随堂测试】　甲隐瞒结婚史，与乙登记结婚。甲与乙的婚姻（　　）。（单选题）
A. 有效　　　　B. 无效　　　　C. 可撤销　　　　D. 效力待定

解析: 甲隐瞒结婚史,是对乙的欺诈行为。根据《婚姻法》的相关规定,受欺诈的婚姻是有效的,受胁迫的婚姻才是可撤销的。受欺诈的合同可以申请撤销,但受欺诈的婚姻不能撤销。如果乙与甲的感情破裂,可以离婚。因此,A 是正确选项。

(二) 夫妻关系

法律上的夫妻关系,包括夫妻人身关系和夫妻财产关系。

夫妻人身关系,是指夫妻双方在婚姻中的人格和身份方面的权利义务关系,主要有下列内容:(1) 夫妻双方在家庭中地位平等。男女双方平等地享有权利,负担义务,互不隶属、支配,都享有姓名权和参与社会活动的自由。夫妻双方都享有人身自由权,禁止夫妻一方以殴打、捆绑、残害、强行限制人身自由等手段,给对方的身体或精神造成伤害。(2) 同居的权利和义务。婚姻以夫妻共同生活为目的,因此夫妻间互有同居的权利和义务。(3) 忠实的权利和义务。忠实义务主要是指不为婚外性行为,不重婚,不与配偶以外的第三人持续、稳定地共同居住。

夫妻财产关系,是指夫妻婚前财产和婚后财产的归属、管理、收益、使用和处分等权利义务关系。夫妻财产关系主要涉及如下内容:

(1) 约定夫妻财产制。夫妻可以书面约定婚姻关系存续期间所得的财产以及婚前财产归各自所有、共同所有或部分各自所有、部分共同所有。

(2) 法定夫妻财产制。也称婚后所得共同制,是指在婚姻关系存续期间,夫妻双方或一方所得的财产,除特有财产和双方另有约定外,均为夫妻共同所有。夫妻在婚姻关系存续期间所得的工资、奖金、生产经营所得和知识产权所得等,没有书面约定或约定不明确的,归夫妻共同所有。

(3) 法定个人财产范围。一方婚前所有的财产,一方因身体受到伤害获得的医疗费、残疾人生活补助费等费用,遗嘱或赠与协议中确定只归夫或妻一方的财产,一方专用的生活用品等,属于夫妻一方个人所有的财产。

(4) 夫妻共同财产的处分。夫或妻在处理夫妻共同财产上的权利是平等的,因日常生活需要而处理夫妻共同财产的,任何一方均有权决定,非因日常生活需要对夫妻共同财产做重要处理决定,夫妻双方应当取得一致意见。第三人有理由相信其为夫妻双方共同意思表示的,另一方不得以不同意或不知道为由对抗善意第三人。

(三) 家庭关系

父母子女关系是最重要的家庭关系。父母子女关系,又称亲子关系,包括婚生的父母子女关系和非婚生的父母子女关系。非婚生子女享有与婚生子女同等的权利,任何人不得以任何理由加以危害和歧视。父母对子女有抚养教育的义务,父母不履行抚养义务时,未成年的或不能独立生活的子女,有要求父母付给生活费、教育费和医疗费等抚养费的权利。不直接抚养非婚生子女的生父或生母,应当负担子女的抚养费,直至子女能独立生活为止。不能独立生活的子女,是指尚在学校接受高中及其以下学历教育,或者非因主观原因而无法维持正常生活的成年子女。子女对父母有赡养扶助的义务,子女不履行赡养义务时,无劳动能力的或生活困难的父母,有要求子女支付赡养费的权利。

家庭关系还包括祖父母、外祖父母和孙子女、外孙子女关系以及兄弟姐妹关系。有负担能力的祖父母、外祖父母,对父母已经死亡或父母无力抚养的未成年的孙子女、外孙子女,有抚养的义务。有负担能力的孙子女、外孙子女,对子女已经死亡或子女无力赡养的祖父母、外祖父母,有赡养的义务。有负担能力的兄、姐,对父母已经死亡或父母无力抚养的未成年的弟、妹,有扶养的义务。由兄、姐扶养长大的有负担能力的弟、妹,对缺乏劳动能力又缺乏生活来源的兄、姐,有扶养的义务。

(四) 离婚

离婚,又称婚姻的解除,是指配偶生存期间依照法定程序解除婚姻关系的行为。离婚包括协议离婚和诉讼离婚两种类型。

协议离婚,是指夫妻双方自愿离婚,并就离婚的法律后果达成协议,经有关部门认可解除婚姻关系。男女双方自愿离婚的,到婚姻登记机关申请离婚,婚姻登记机关查明双方确实是自愿并对子女和财产问题已有适当处理时,准予离婚。订立财产分割协议时存在欺诈、胁迫等情形的,男女双方在协议离婚后1年内,可以请求法院变更或者撤销财产分割协议。

郑州大学　钟晓晖　画

诉讼离婚,是指夫妻双方不能就离婚的法律后果达成协议,夫或妻一方向法院提出离婚请求,在夫妻感情破裂时,法院解除夫妻双方的婚姻关系。夫妻感情破裂是夫妻感情真实地、完全地、不可挽回地破裂。事由主要包括:(1)配偶重婚,或与婚外异性不以夫妻名义,持续、稳定地共同居住;(2)实施家庭暴力或虐待、遗弃家庭成员;(3)有赌博、吸毒等恶习,屡教不改;(4)因感情不和分居满2年;(5)其他导致夫妻感情破裂的情形。女方在怀孕期间、分娩后1年内或中止妊娠后6个月内,男方原则上不得提出离婚。离婚时,符合下列情形,当事人可以请求返还按照习俗给付的彩礼:(1)双方未办理结婚登记手续;(2)双方办理结婚登记手续,但确未共同生活;(3)婚前给付,并且因此而导致给付人生活困难。

离婚后,父母对子女仍有抚养和教育的权利和义务。哺乳期内的子女,以随哺乳的母亲抚养为原则;哺乳期后的子女,如双方因抚养问题发生争执不能达成协议时,由人民法院根据子女的权益和双方的具体情况判决。离婚后,一方抚养子女,另一方应负担必要的抚育费,数额的多少由双方协议;协议不成时,由人民法院判决。子女在必要时,可以向父母任何一方主张超过协议或判决原定的抚育费数额。离婚后,不直接抚养子女的父或母,享有探望权。

离婚时,夫妻的共同财产由双方协议处理;协议不成时,由人民法院根据财产的具体情况,按照顾子女和女方权益的原则判决。以下两类典型房产的归属和分割,需要妥当处理:

(1)父母出资房的处理。婚后一方父母出资为子女购买房屋,产权登记在自己子女名下的,应认定为夫妻一方的个人财产。婚后由双方父母出资购买的房屋,产权登记在一方子女名下的,该房屋可认定为双方按照各自父母的出资份额按份共有。

(2)婚前按揭房的处理。夫妻一方婚前签订房屋买卖合同,以个人财产支付首付款并在银行贷款,婚后用夫妻共同财产还贷,房屋登记于首付款支付方名下的,该房屋归产权登记一方,尚未归还的贷款为产权登记一方的个人债务。双方婚后共同还贷支付的款项及其相对应财产增值部分,离婚时应根据照顾子女和女方权益的原则,由产权登记一方对另一方进行补偿。

【随堂测试】 甲男与乙女谈恋爱,乙女提出甲男购买房产为结婚条件。甲方支付首付款,向银行按揭贷款,购买一套房产,登记在自己的名下。随后,甲男与乙女结婚,双方共同偿还银行贷款。结婚5年后,因感情破裂,甲男提出离婚。下列表述正确是(　　)。(单选题)

　　A. 该房产为夫妻共同财产
　　B. 离婚后,甲男不能清偿银行贷款的,乙女应当偿还
　　C. 离婚财产分割,应当照顾乙女的权益
　　D. 乙女有权要求甲男支付青春损失费

解析: 如果夫妻双方没有约定,那么婚前的财产是个人财产,婚后的财产是夫妻共同财产。本案中,甲男婚前购买的房产,属于其个人所有的财产;甲男婚前个人的债务,应当由其偿还。离婚财产分割,应当关照女方权益。主张青春损失费,没有法律依据。因此,C是正确选项。

离婚时,原为夫妻共同生活所负的债务,应当共同偿还,协议不成时,由人民法院判决。婚姻关系存续期间,夫妻一方以个人名义所负担的债务,属于夫妻共同债务,但夫妻一方能够证明债权人与债务人明确约定为个人债务,或者能够证明第三人知道夫妻财产约定归各自所有的除外。夫妻一方与第三人串通,虚构债务,第三人主张权利的,人民法院不予支持。夫妻一方在从事赌博、吸毒等违法犯罪活动中所负债务,第三人主张权利的,人民法院不予支持。

夫妻一方因法定的严重过错行为导致离婚的,无过错方有权向有过错方请求损害赔偿。这些事由主要包括重婚、有配偶者与他人同居、实施家庭暴力、虐待遗弃家庭成员。离婚损害赔偿请求权不仅有利于保护无过错方的合法权益,也有利于抑制重婚等严重的过错行为,维护家庭和社会的稳定。离婚时,夫妻一方隐藏、转移、变卖、毁损共同财产,或伪造共同债务的,分割夫妻共同财产时,人民法院可以对该方少分或不分财产。离婚后,另一方发现有上述行为的,可以从发现之日起2年内向人民法院提起诉讼,请求再次分割夫妻共同财产。

以案释法

妻子遭家暴　离婚时要求多分财产　法院支持[①]

别对女人动手,否则可能会为之付出代价。婚后屡次遭遇家暴,结婚已二十余年的崔女士忍无可忍,向法院起诉离婚。2017年2月24日,记者从郑州市惠济区人民法院了解到,法院已对此案作出一审判决,准予两人离婚;针对妻子提出的"不平均"分配财产的

---

① 资料来源:大河网,2017年2月25日。http://news.dahe.cn/2017/02-25/108330011.html,2017年10月7日访问。

要求,法院化身"暖大白",依照相关法律予以支持。

1993年,沈先生经人介绍认识了崔女士,两人于1995年登记结婚。随着儿子的出生,双方生活习惯、观念等冲突不断,家庭矛盾也纷至沓来。婚姻存续期间,多次被家暴的崔女士选择报警,公安部门曾多次出警调解。2011年7月及2013年1月,在双方父母等人的共同见证下,沈先生为妻子写下两份保证书,"保证对她好",然而并没有什么作用。随着所在村庄拆迁,两人再次闹起矛盾,崔女士向法院提起了离婚,并提出要求丈夫支付5000元精神损害赔偿金,对于两人共同购买的房屋及拆迁补偿款,崔女士不愿意与丈夫"平均分配",要求自己得2/3份额。

"我同意离婚,日子早就过不下去了。"法庭上,沈先生表示,他不认同"精神损害赔偿金",夫妻俩共同财产应平均分割,一人一半。

惠济区法院经审理后认为,因男方对女方实施家庭暴力、对女方不忠是导致两人离婚的主要原因,精神损害赔偿的要求符合《婚姻法》相关规定,应予以支持。判决准予两人离婚;沈先生于判决生效后10日内支付崔女士精神损害赔偿金5000元;崔女士取得两人共同购买房屋使用及居住权,此外,崔女士获得两人居住房屋3/5份额且享有对应的拆迁收益。

5000元的精神损害赔偿金,这个数额如何确定?对此,承办此案的法官介绍说,离婚精神损害赔偿的数额,依据的是《最高人民法院关于确定民事侵权精神损害赔偿责任若干问题的解释》第10条,根据侵权人的过错程度、侵害的手段、场合、行为方式等具体情节、侵权行为所造成的后果、侵权人承担责任的经济能力、受诉法院所在地平均生活水平等综合因素来确定。

分割财产照顾女方,法律依据是什么?法官介绍,根据《婚姻法》第46条规定,夫妻一方因实施家庭暴力导致离婚的,无过错方有权请求损害赔偿。在审理此类案件时,法院应做到"零容忍",除在离婚分割财产时应当照顾无过错方外,还应依照婚姻法的相关规定,积极支持受害方提出的过错损害赔偿要求,保护无过错方的正当权益。

法官提醒,在司法实践中,许多受害者受传统思想影响、碍于面子或害怕影响子女健康成长等因素,遭受家暴后忍气吞声,不敢或不愿意拿起法律武器来捍卫自身合法权益。而家庭暴力证据收集又存在时效性,如果耽搁时间过长,就可能导致证据的毁损或灭失,不利事后的权益保护和救济。还有一些当事人在家庭暴力后又和好,这些都对家庭暴力的认定及处理造成了一定障碍。

(记者段伟朵,通讯员鲁维佳。本案中人物均为化名,线索提供:张海燕)

二、继承法

继承法是调整自然人死亡后遗产转移关系的法律规范的总称。全国人民代表大会于1985年制定《继承法》,目的是保护公民的私有财产的继承权。

(一)法定继承

法定继承,是指被继承人遗产处理没有遗嘱,由法律直接规定继承人的范围、继承顺

朱慧卿 画

图片来源:《河南日报(农村版)》2010年1月19日。http://newpaper.dahe.cn/hnrbncb/html/2010-01/19/content_275523.htm。

序和遗产分配原则的一种继承形式。我国法定继承人范围包括配偶、子女、父母和兄弟姐妹、祖父母和外祖父母等。其中,子女包括婚生子女、非婚生子女和养子女,父母包括生父母、养父母和有扶养关系的继父母,兄弟姐妹包括同父同母的兄弟姐妹、同父异母或同母异父的兄弟姐妹、养兄弟姐妹以及有扶养关系的继兄弟姐妹。故意杀害被继承人,为争夺遗产而杀害其他继承人,遗弃被继承人,虐待被继承人情节严重,或伪造、篡改或者销毁遗嘱情节严重的,继承人的继承权丧失。遗产分配应当为胎儿保留遗产份额,如果胎儿出生后死亡,由其继承人继承;如果胎儿出生时是死体,由被继承人的继承人继承。

法定继承人的顺序,是指法定继承人根据法律规定参与继承遗产的先后次序。我国第一顺序继承人是配偶、子女、父母,第二顺序继承人是兄弟姐妹、祖父母、外祖父母。丧偶儿媳对公婆,丧偶女婿对岳父母,履行了主要赡养义务的,可以作为第一顺序继承人。继承开始后,由第一顺序继承人继承,没有第一顺序继承人继承的,由第二顺序继承人继承。被继承人的子女先于被继承人死亡的,由被继承人的子女的晚辈直系血亲代位继承。代位继承人一般只能继承他的父亲或者母亲有权继承的遗产份额。

法定继承的应继份额,是指当法定继承人是两人以上时,各法定继承人依法应当继承的遗产份额。同一顺序继承人继承遗产的份额,原则上应当均等。对生活有特殊困难的缺乏劳动能力的继承人,应当多分遗产。对被继承人尽了主要扶养义务或者与被继承人共同生活的继承人,可以多分遗产。有扶养能力和有扶养条件的继承人,不尽扶养义务的,应当不分或者少分遗产。对继承人以外的依靠被继承人扶养的缺乏劳动能力又没有生活来源的人,或者继承人以外的对被继承人扶养较多的人,可以分给他们适当的遗产。

夫妻在婚姻关系存续期间所得的共同所有的财产,除有约定的以外,如果分割遗产,应当先将共同所有的财产的一半分出为配偶所有,其余的为被继承人的遗产。继承遗产应当清偿被继承人依法应当缴纳的税款和债务,缴纳税款和清偿债务以他的遗产实际价值为限。超过遗产实际价值部分的债务,继承人没有清偿的义务。清偿被继承人的债务,应当对生活有特殊困难的缺乏劳动能力的继承人保留适当的份额,即使财产不足以清偿债务。

(二)遗嘱继承

遗嘱继承,是指按照遗嘱人生前所立的符合法律规定的遗嘱,确定被继承人的继承人及继承份额。

有效的遗嘱必须具备以下条件:

(1)在设立遗嘱时,遗嘱人必须具有遗嘱能力。无民事行为能力人所立的遗嘱,即使其本人后来恢复了民事行为能力,仍属无效遗嘱。遗嘱人立遗嘱时有行为能力,后来丧失了民事行为能力,不影响遗嘱的效力。

(2) 遗嘱人的意思表示必须真实。法律不保护因受威胁、欺诈所立的遗嘱或伪造、篡改的遗嘱。

(3) 遗嘱的内容必须符合法律和社会道德。遗嘱应当为缺乏劳动能力又没有生活来源的继承人,保留必要的份额,否则遗嘱无效或部分无效。

(4) 遗嘱必须符合形式的要求。合法的遗嘱形式包括公证遗嘱、自书遗嘱、代书遗嘱、录音遗嘱和口头遗嘱等。公证遗嘱是经公证机关办理公证的遗嘱。自书遗嘱是遗嘱人生前亲手书写的遗嘱。代书遗嘱是被继承人口述遗嘱的内容,授意他人代为书写的遗嘱。代书遗嘱应当有两个以上见证人在场见证,由其中一人代书,注明年、月、日,并由代书人、其他见证人和遗嘱人签名。以录音形式立的遗嘱,应当有两个以上见证人在场见证。遗嘱人在危急情况下,可以立口头遗嘱。口头遗嘱应当有两个以上见证人在场见证。

(三) 遗赠与遗赠扶养协议

遗赠,是指自然人通过遗嘱方式将其遗产的一部分或全部赠与法定继承人以外的个人或者组织,并于遗嘱人死亡后发生效力的行为。遗赠是单方行为,不考虑受遗赠人的意思即可发生效力。受遗赠人应当在知道受遗赠后2个月内,作出接受或者放弃受遗赠的表示,到期没有表示的,视为放弃受遗赠。

遗赠人可以与扶养人签订遗赠扶养协议,扶养人承担遗赠人生养死葬的义务,遗赠人的财产在其死后归扶养人。扶养人无正当理由不履行遗赠扶养协议的,不能享有受遗赠的权利,其支付的扶养费用一般不予补偿。遗赠人无正当理由不履行遗赠扶养协议,应偿还扶养人已支付的扶养费用。

第三节 财 产 法

财产法包括物权法、知识产权法、合同法和侵权责任法等。财产不仅包括土地、房屋、产品等有形财产,而且还包括著作、专利和商标等无形财产。在市场经济中,合同是获取财产的最重要途径。财产受到不法侵害,行为人要承担侵权责任。

一、物权法

全国人民代表大会于2007年制定的《物权法》,是调整我国物权关系的基本法。物权,是指权利人依法对特定的物享有直接支配和排他的权利,包括所有权、用益物权和担保物权。其中,所有权是指对自己的物享有的物权,称为自物权。用益物权和担保物权是对他人的物享有的物权,称为他物权。

(一) 所有权

所有权,是指所有权人对自己的不动产或者动产,依法享有的占有、使用、收益和处分的权利。不动产,是指依自然属性不可移动的物,如土地和房屋等。动产,是指能够移

郑州大学 李 菲 画

动而不损害其经济价值的物,如电视机和桌子等。不动产所有权的取得以登记为要件,动产所有权的取得以交付为要件。机动车、航空器和船舶等特殊动产所有权,未经登记,不得对抗善意第三人。

业主的建筑物区分所有权,是指业主对建筑物内的住宅、经营性用房等专有部分享有所有权,对专有部分以外的共有部分享有共有和共同管理的权利。具体包括3项权利:(1)专有权,即业主对其建筑物专有部分享有占有、使用、收益和处分的权利。业主行使权利不得危及建筑物的安全,不得损害其他业主的合法权益。(2)共有权,即业主对建筑物专有部分以外的共有部分享有权利、承担义务;不得以放弃权利为由,不履行义务。建筑区划内的道路,属于业主共有,但属于城镇公共道路的除外。建筑区划内的绿地,属于业主共有,但属于城镇公共绿地或者明示属于个人的除外。建筑区划内的其他公共场所、公用设施和物业服务用房,属于业主共有。占用业主共有的道路或者其他场地用于停放汽车的车位,属于业主共有。(3)管理权。制定和修改业主大会议事规则,制定和修改建筑物及其附属设施的管理规约,选举业主委员会或者更换业主委员会成员,选聘和解聘物业服务企业或者其他管理人等事项,应当经专有部分占建筑物总面积过半数且占总人数过半数的业主同意。筹集和使用建筑物及其附属设施的维修资金,改建、重建建筑物及其附属设施,应当经专有部分占建筑物总面积2/3以上的业主且占总人数2/3以上的业主同意。

(二) 用益物权

用益物权,是指非所有人对他人的不动产或动产所享有的占有、使用、收益的排他性的权利,包括土地承包经营权、建设用地使用权、宅基地使用权等。

土地承包经营权,是农业生产经营者对集体所有或国家所有的土地进行占有、使用、收益的权利。其特征在于:(1) 土地承包经营权主体一般是农村集体经济组织成员。本集体经济组织以外的单位或个人承包经营的,必须经村民会议2/3以上成员或者2/3以上村民代表的同意,并报乡镇人民政府批准。(2) 土地承包经营权的客体是集体所有或国家所有的土地或森林、山岭、草原、荒地和滩涂等。(3) 承包经营权的内容是从事农业生产,包括种植业、林业、畜牧业和渔业生产等,不得进行非农建设。(4) 土地承包经营权是有期限的。耕地的承包期为30年,草地的承包期为30—50年,林地的承包期为30—70年。(5) 土地承包经营权可以流转。土地承包经营权人可以采取转包、互换、转让等方式流转。

建设用地使用权,是依法在国家所有土地上建造建筑物、构筑物及其附属设施的权利。其特征在于:(1) 建设用地使用权的主体是任何民事主体,包括自然人、法人和其他组织。(2) 建设用地使用权的客体是国家所有的土地。村民依法利用集体所有的土地建造住宅及其附属设施的权利,属于宅基地使用权。(3) 建设用地使用权的取得方式包括划拨和出让。公共利益用地,可以依法通过无偿划拨取得。非公共利益用地,要向国家支付建设用地使用权费。(4) 建设用地使用权有期限。最高使用年限根据土地用途有所不同,如居住用地为 70 年,工业用地为 50 年,教育、科技、文化、卫生、体育用地为 50 年,商业、旅游、娱乐用地为 40 年,综合或者其他用地为 50 年。住宅建设用地使用权期间届满的,自动续期。非住宅建设用地使用权期间届满后的续期,依照法律、行政法规的规定办理。(5) 建设用地使用权可以流转。建设用地使用权人有权将建设用地使用权转让、互换、出资、赠与或者抵押。

(三) 担保物权

担保物权,是指为了确保债权的实现,而在他人财产上设立的物权。担保物权的设立和实现必须针对债务人或第三人的特定财产,在债权得不到清偿的情况下,债权人可以直接申请拍卖或变卖该财产,实现自己的到期债权。担保物权由当事人的约定或法律的规定而产生,包括抵押权、质权和留置权等。

抵押权,是指债务人或者第三人不转移财产的占有,而将该财产作为债权的担保,债务人未履行债务时,债权人依照法律规定的程序就该财产优先受偿的权利。例如,甲向乙借款 50 万元,以其所有的一栋房屋作抵押,并到房产局进行了抵押登记。甲仍然可以居住该房屋或者将这栋房屋出租。如果甲到期不能归还 50 万元的本息,乙有权将抵押的房屋变卖,并就卖得的价款优先受偿。乙在甲抵押的房屋上享有的变卖并就卖得价款优先受偿的权利,称为抵押权。这栋房屋是抵押财产,甲是抵押人,乙是抵押权人。

质权,是指债务人或者债务人提供的第三人的动产或权利,移交给债权人占有,在债务人不履行债务时,债权人有权以该财产变卖价款优先受偿的权利。例如,甲向乙借款 1 万元,将其所有的一个钻戒,移交给乙占有。甲到期不能偿还欠款,乙有权将占有甲的这个钻戒予以变卖,并就卖得的价款优先受偿。这个钻戒就是质押财产,甲是出质人,乙是质权人。质权人在质权存续期间,应当妥善保管质押财产,未经出质人同意,不得擅自使用、处分质押财产。

留置权,是指债务人不履行其到期债务时,债权人可以留置已经合法占有的债务人的动产,并就该动产优先受偿的权利。例如甲请木匠乙加工一个柜子,柜子做好了,甲拒不付钱。乙有权留置该柜子,并且可以依法将柜子变卖,就变卖的价款优先受偿。甲是债务人,债权人乙是留置权人,该柜子就是留置财产。留置权的行使,不得违反公共秩序或善良风俗,不得留置身份证、毕业证和护照等。

【随堂测试】 关于业主的权利义务,下列说法正确的是(　　)。(单选题)
A. 业主有权以出国进修两年为由,拒绝交纳物业管理费
B. 业主可以对物业公司提出服务质量要求,但无权解聘
C. 业主出租房屋,可以与承租人约定,让承租方承担物业费
D. 业主可以将房屋质押担保

解析:业主仅以未享受或者未接受相关物业服务为由拒绝交纳物业费的,人民法院

不予支持。对于建设单位聘请的物业服务企业或者其他管理人,业主有权依法更换。业主作为出租人,可以与承租人签订协议,让承租人承担物业费,这是自愿原则的表现。业主可以将房屋抵押,而不是质押,因为抵押往往是不动产,质押往往是动产。因此,C是正确的选项。

二、知识产权法

知识产权,是指权利人对其智力活动创造的成果和经营管理活动中的标记、信誉依法享有的权利,包括著作权、专利权和商标权等。知识产权具有如下特点:(1)客体的无形性。知识产权通常是创造性智力劳动的产物,其本质是一种信息。(2)内容的独占性。知识产权是支配权,他人未经权利人许可,不得使用。(3)地域性和时间性。除国际公约或双边、多边协定外,知识产权只能在本国境内有效,而且往往具有一定期限。

(一)著作权法

全国人民代表大会常务委员会于1990年制定、2001年和2010年修改的《著作权法》,是调整我国著作权事务的主要法律。著作权,是指作者依法对文学、艺术和自然科学、社会科学、工程技术等作品所享有的各项权利。作品主要包括:(1)文字作品;(2)口述作品,音乐、戏剧、曲艺、舞蹈、杂技艺术作品;(3)美术、建筑作品,摄影作品;(4)电影作品和以类似摄制电影的方法创作的作品;(5)工程设计图、产品设计图、地图、示意图等图形作品和模型作品;(6)计算机软件。

图片来源:今日头条,深圳市南山区人民检察院。2017年4月26日,作者不详。https://www.toutiao.com/i6413230589138174466/。

著作人身权,是指作者通过创作作品而依法享有的具有人身属性的权利,包括发表权、署名权、修改权和保护作品完整权。(1)发表权,是作者决定作品何时发表、何地发表、以何种方式发表的权利,出版、公演、广播电台电视台播放都是发表的形式。(2)署名权,是指表明作者身份,在作品上署名的权利,也包括不署名的权利。(3)修改权,是指修改或者授权他人修改作品的权利。(4)保护作品完整权,是指未经作者许可,不得对作品进行实质性修改,禁止他人在以改编、注释、翻译、制片、表演等方式使用作品时,对作品作歪曲性改变的权利。

著作财产权,是指作者通过某种形式使用作品,从而依法获得经济报酬的权利,主要包括:(1)著作使用权,即以复制、发行、出租、展览、放映、摄制、改编、翻译、汇编、广播、网络传播等方式使用作品的权利。(2)许可使用权,即著作权人依法享有的许可他人使用作品并获得报酬的权利。使用他人作品,应当同著作权人订立许可使用合同,支付使用费,但属于法定使用许可情形的除外。(3)转让权,即著作权人依法享有的转让使用权中一项或多项权利并获得报酬的权利。

（二）专利法

全国人民代表大会常务委员会于 1984 年制定,1992 年、2000 年和 2008 年修改的《专利法》,是调整我国专利事务的主要法律。专利权,是指对发明、实用新型和外观设计在一定期限内依法享有的专有权。发明,是指对产品、方法或者其改进所提出的新的技术方案。实用新型,是指对产品的形状、构造或者其结合所提出的适于实用的新的技术方案。外观设计,是指对产品的形状、图案或者其结合以及色彩与形状、图案相结合所作出的富有美感并适于工业上应用的新设计。发明专利权的期限是 20 年,实用新型专利权和外观设计专利权的期限是 10 年。

专利权的取得遵循以下原则:(1)书面申请原则。申请专利应当以书面形式,向国务院专利行政部门提交请求书、说明书及其摘要和权利要求书等文件。其中,说明书应当对发明或者实用新型作出清楚、完整的说明,以所属技术领域的技术人员能够实现为准;必要的时候,应当有附图。权利要求书应当以说明书为依据,清楚、简要地限定要求专利保护的范围。(2)先申请原则。两个以上的民事主体分别就同样的发明创造申请专利的,专利权授给最先申请者。

专利权包括独占使用权、实施许可权、转让权和标示权。(1)独占使用权,是指专利权人对发明创造所享有的独占使用和销售的垄断权。(2)实施许可权,是指专利权人许可他人实施专利技术,并收取专利使用费的权利。在某些特定情况下,国务院专利行政部门根据法律规定,可以不经专利权人的同意,强制专利权人许可他人实施发明或实用新型专利。(3)转让权,是指专利权人转让专利的权利。当事人转让专利,应当订立书面合同,办理产权过户登记。(4)标示权,是指专利权人享有在其产品或者包装上,标明属于专利产品,注明专利号的权利。

（三）商标法

全国人民代表大会常务委员会于 1982 年制定,1993 年、2001 年和 2013 年修改的《商标法》,是调整我国商标事务的主要法律。商标,是指用以区别生产者所生产的产品或经营者所提供的服务的商业性标志,是由文字、图形、字母、数字、三维标志、颜色组合或者上述要素组合的标示。除人用药品、烟草制品和兽药等必须使用注册商标外,其他商品既可以使用注册商标,也可以使用未注册商标。两个或者两个以上的当事人,在同一种商品或者类似的商品上,以相同或者近似的商标申请注册的,初步审定并公告申请在先的商标。注册商标的有效期为 10 年,有效期满,需要继续使用的,应当在期满前 6 个月内申请续展注册。

注册商标权是商标权人对国务院商标行政部门注册的商标所享有的权利。具体包括:(1)专有使用权,即商标权人有权在核定的商品上独占性使用核准的商标,它是商标权最核心的内容。(2)禁止权,即注册商标权人有权禁止其他人未经许可,在同一种或者类似商品或服务项目上使用与其注册商标相同或近似的商标。(3)许可权,即注册商标权人通过签订许可使用合同,许可其他民事主体使用其注册商标,收取许可费用的权利。(4)转让权,即注册商标权人按照一定的条件,依法将其商标权转让给他人的权利。

驰名商标,是指相关公众广为知晓并享有较高声誉的商标。相关公众对商标的知晓程度,商标使用的持续时间,商标的任何宣传工作的持续时间、程度和地理范围,商标作为驰名商标受保护的记录等,是认定驰名商标考虑的因素。复制、摹仿或者翻译他人未在我国注册的驰名商标,在相同或者类似商品申请注册商标的,不予注册并禁止使用。复制、摹仿或者翻译他人已在我国注册的驰名商标,在不相同或者不相类似商品申请注册商标的,不予注册并禁止使用。

三、合同法

全国人民代表大会于1999年制定的《合同法》第2条规定:"本法所称合同是平等主体的自然人、法人、其他组织之间设立、变更、终止民事权利义务关系的协议。婚姻、收养、监护等有关身份关系的协议,适用其他法律的规定。"合同可分为有名合同与无名合同。有名合同又称典型合同,是指法律对其专门设有规范,并赋予一定名称的合同,如买卖合同、赠与合同、借款合同、租赁合同和委托合同等。无名合同又称非典型合同,是指法律上没有确定名称与具体规则的合同,如教育合同、住宿合同、美容合同等。无名合同适用合同法总则中的一般规定,同时可以参照合同法分则或者其他法律中最相类似的合同。

(一)合同的订立

合同的本质是一种合意,合同成立就是各方当事人意思表示的一致。合同的订立可分为两个阶段:一个是主动要求和对方订立合同的意思表示,被称为要约;另一个是对主动方提出订立合同的意思加以同意的意思表示,被称为承诺。要约邀请也就是要约引诱,是一方当事人希望他人向自己发出要约的意思表示。当事人意思表示一致,就形成合同条款。合同条款包括当事人的名称或者姓名和住所,标的,数量,质量,价款或者报酬,履行期限、地点和方式,违约责任和解决争议的方法等。提供合同格式条款的一方,应当遵循公平原则确定当事人之间的权利和义务,并采取合理的方式提醒对方注意免除或者限制其责任的条款。

合同不成立,或者合同虽然成立,但不符合法定的生效条件而被确认无效、被撤销,给对方造成损失时,应当承担缔约过失责任。自缔约当事人因签订合同而相互接触磋商,至合同有效成立之前,双方当事人依诚实信用原则负有协助、通知、告知、保护、照管、保密、忠实等义务。当事人假借订立合同,恶意进行磋商,故意隐瞒与订立合同有关的重要事实或者提供虚假情况,或有其他违背诚实信用原则的行为,应当承担损害赔偿责任。

(二)合同的履行

当事人应当按照约定全面履行自己的义务,遵循诚实信用原则,根据合同的性质、目的和交易习惯,履行通知、协助、保密等义务。当事人就质量、价款或者报酬、履行地点等内容没有约定或者约定不明确的,可以协议补充。不能达成补充协议的,适用下列规则:(1)质量要求不明确的,按照国家标准、行业标准履行;没有国家标准、行业标准的,按照通常标准或者符合合同目的的特定标准履行。(2)价款或者报酬不明确的,按照订立合同时履行地的市场价格履行。(3)履行期限不明确的,债务人可以随时履行,债权人也可以随时要求履行,但应当给对方必要的准备时间。(4)履行方式不明确的,按照有利于实现合同目的的方式履行。

当事人协商一致，可以解除合同。基于约定或者法律规定，当事人也可以解除合同。当事人可以约定一方解除合同的条件。解除合同的条件成就时，解除权人可以解除合同。基于下列法定事由，当事人可以解除合同：(1) 因不可抗力致使不能实现合同目的；(2) 在履行期限届满之前，当事人一方明确表示或者以自己的行为表明不履行主要债务；(3) 当事人一方迟延履行主要债务，经催告后在合理期限内仍未履行；(4) 当事人一方迟延履行债务或者有其他违约行为致使不能实现合同目的；(5) 法律规定的其他情形。

合同履行应当遵循适当履行、协作履行和情势变更原则。合同成立以后客观情况发生了当事人在订立合同时无法预见的、非不可抗力造成的不属于商业风险的重大变化，继续履行合同对一方当事人明显不公平或者不能实现合同目的，当事人请求人民法院变更或者解除合同的，人民法院应当根据公平原则，并结合案件的实际情况确定是否变更或者解除。

(三) 违约责任

违约责任，是指合同当事人一方不履行合同义务或履行合同义务不符合合同约定，应承担继续履行、采取补救措施或者赔偿损失等违约责任。

违约损害赔偿应遵循以下原则：

(1) 完全赔偿原则。当事人一方不履行合同义务或者履行合同义务不符合约定，给对方造成损失的，损失赔偿额应当相当于因违约所造成的损失。赔偿范围包括现有财产损失和可得利益损失。前者主要表现为财产灭失、为准备履行合同而支出的费用、停工损失、为减少违约损失而支出的费用、诉讼费用等。后者是指在合同适当履行后可以实现和取得的财产利益。

(2) 合理预见原则。违约损害赔偿的范围以违约方在订立合同时预见到或者应当预见到的损失为限。当事人主张约定的违约金过高，对方请求予以适当减少的，人民法院应当以实际损失为基础，兼顾合同的履行情况、当事人的过错程度以及预期利益等综合因素，根据公平原则和诚实信用原则予以衡量。当事人约定的违约金超过造成损失的30%的，一般可以认定为过分高于造成的损失。

(3) 减轻损失原则。一方违约后，另一方应当及时采取合理措施防止损失的扩大，否则不得就扩大的损失要求赔偿。当事人因防止损失扩大而支出的合理费用，由违约方承担。

(四) 买卖合同

买卖合同是出卖人转移标的物的所有权于买受人，买受人支付价款的合同。

出卖人的义务主要有：(1) 交付标的物。买受人的目的是取得标的物的所有权，出卖人应按照法律和合同规定交付标的物于买受人。(2) 物的瑕疵担保。出卖人应承担确保交付的标的物符合合同约定或者法律规定的质量标准的义务。(3) 权利的瑕疵担保。出卖人就交付的标的物，负有保证第三人不得向买受人主张任何权利的义务，但法律另有规定的除外。

买受人的主要义务包括：(1) 支付价款。买受人应当按照约定的时间支付价款。对支付时间没有约定或者约定不明确,买受人应当在收到标的物或者提取标的物单证的同时支付。(2)及时检验。买受人收到标的物时应当在约定的检验期间内检验。没有约定检验期间的,应当及时检验。当事人约定检验期间的,买受人应当在检验期间内将标的物的数量或者质量不符合约定的情形通知出卖人。买受人怠于通知的,视为标的物的数量或者质量符合约定。

商品房买卖合同,是指房地产开发企业将尚未建成或者已竣工的房屋向社会销售并转移房屋所有权于买受人,买受人支付价款的合同。该合同适用《合同法》关于买卖合同的规定,同时具有特殊性。如商品房的销售广告和宣传资料为要约邀请,但是出卖人就商品房开发规划范围内的房屋及相关设施所作的说明和允诺具体确定,并对商品房买卖合同的订立以及房屋价格的确定有重大影响的,应当视为要约。该说明和允诺即使未载入商品房买卖合同,亦应当视为合同内容,当事人违反的,应当承担违约责任。

(五)借款合同

借款合同,是指借款人向贷款人借款,到期返还借款并支付利息的合同。借款合同条款包括借款种类、币种、用途、数额、利率、期限和还款方式等。

签订借款合同,应当特别注意以下事项:

(1)借款用途。借款人未按照约定的借款用途使用借款的,贷款人可以停止发放借款、提前收回借款或者解除合同。

(2)借款本金。借款的利息不得预先在本金中扣除。利息预先在本金中扣除的,应当按照实际借款数额返还借款并计算利息。

(3)借款利息支付。自然人之间的借款合同对支付利息没有约定或者约定不明确的,视为不支付利息。其他借款合同对借款利息约定不明,出借人主张利息的,人民法院应根据当地或者当事人的交易方式、交易习惯、市场利率等因素确定利息。

(4)借款利息限额。借款利率未超过年利率24%,出借人请求借款人按照约定的利率支付利息的,人民法院应予支持。借款利率超过年利率36%,超过部分的利息约定无效。借款人请求出借人返还已支付的超过年利率36%部分的利息的,人民法院应予支持。

(六)租赁合同

租赁合同,是指出租人将租赁物交付承租人使用、收益,承租人支付租金的合同。租赁合同条款包括租赁物的名称、数量、用途、租赁期限、租金及其支付期限和方式、租赁物维修等。

签订租赁合同,应当特别注意以下事项:

(1)租赁用途。承租人未按照约定的方法或者租赁物的性质使用租赁物,致使租赁物受到损失的,出租人可以解除合同并要求赔偿损失。

(2)维修费用。承租人在租赁物需要维修时可以要求出租人在合理期限内维修。出租人未履行维修义务的,承租人可以自行维修,维修费用由出租人负担。

(3)改善或者增设他物。承租人经出租人同意,可以对租赁物进行改善或者增设他物。承租人未经出租人同意,对租赁物进行改善或者增设他物的,出租人可以要求承租人恢复原状或者赔偿损失。

（4）转租。承租人经出租人同意，可以将租赁物转租给第三人。承租人转租的，承租人与出租人之间的租赁合同继续有效，第三人对租赁物造成损失的，承租人应当赔偿损失。承租人未经出租人同意转租的，出租人可以解除合同。

【随堂测试】甲将自己的一套房屋租给乙住，但房屋因年久失修漏雨。后乙又擅自将房屋租给丙住。丙是个飞镖爱好者，因练飞镖将房屋的墙面损坏。下列选项中，说法错误的是（　　）。（单选题）

A. 甲有权要求解除与乙的租赁合同
B. 甲有权要求乙赔偿墙面损坏造成的损失
C. 甲应当承担修缮房屋漏雨的义务
D. 甲有权要求丙支付租金

解析：承租人未经出租人同意转租的，出租人可以解除合同。故 A 选项说法正确。承租人经出租人同意，可以将租赁物转租给第三人。承租人转租的，承租人与出租人之间的租赁合同继续有效，第三人对租赁物造成损失的，承租人应当赔偿损失。故 B 说法正确。承租人在租赁物需要维修时可以要求出租人在合理期限内维修。出租人未履行维修义务的，承租人可以自行维修，维修费用由出租人负担。故 C 说法正确。甲与丙之间不存在合同关系，根据合同的相对性，出租人甲不得要求次承租人丙对自己支付租金，D 选项说法错误。因此本题正确选项为 D。

四、侵权责任法

侵权责任，是指民事主体违反法律规定的义务，实施侵权行为而应承担赔偿损失、返还财产、停止侵害、恢复名誉、消除影响和赔礼道歉等民事责任。全国人民代表大会常务委员会于 2009 年制定的《侵权责任法》第 2 条规定："侵害民事权益，应当依照本法承担侵权责任。本法所称民事权益，包括生命权、健康权、姓名权、名誉权、荣誉权、肖像权、隐私权、婚姻自主权、监护权、所有权、用益物权、担保物权、著作权、专利权、商标专用权、发现权、股权、继承权等人身、财产权益。"

（一）侵权责任的归责

侵权责任包括过错侵权责任、过错推定侵权责任和无过错侵权责任。

过错侵权责任，是指因行为人对故意或过失侵害他人财产权和人身权，并造成损害的违法行为应当承担的民事责任。过错责任原则是侵权行为的一般归责原则，在法律没有明确规定的情况下，当事人无过错就无责任。如宾馆、商场、银行、车站、娱乐场所等公共场所的管理人或者群众性活动的组织者，违反安全保障义务，造成他人损害的，应当承担过错侵权责任。

过错推定侵权责任，是指根据法律规定推定行为人有过错，行为人不能证明自己没有过错的，应当承担的侵权责任。在过错推定中，受害人不需要证明行为人的过错，法律推定加害人具有过错，除非行为人能够证明自己没有过错。如建筑物、构筑物或者其他设施及其搁置物、悬挂物发生脱落、坠落造成他人损害的,所有人、管理人或者使用人承担过错推定责任,不能证明自己没有过错的,应当承担侵权责任。

无过错侵权责任,是指行为人损害他人民事权益,不论行为人是否具有过错,根据法律规定都要承担的侵权责任。无过错责任的适用不以行为人的过错为要件,但必须有法律的明确规定。从事高度危险作业,包括高空、高压、易燃、易爆、剧毒、地下挖掘活动或者使用高速轨道运输工具等,造成他人损害的,承担的就是无过错的侵权责任。

(二)产品侵权责任

产品责任,是指产品存在可能危及人身、财产安全的不合理危险,造成他人人身或者除缺陷产品以外的其他财产损失后,缺陷产品的生产者、销售者应当承担的无过错侵权责任。因产品存在缺陷造成损害的,受害人有权向产品的生产者或产品的销售者请求赔偿。产品缺陷由生产者造成的,销售者赔偿后,有权向生产者追偿。因销售者的过错使产品存在缺陷的,生产者赔偿后,有权向销售者追偿。投入流通后,发现产品存在缺陷,生产者、销售者应当及时采取警示、召回等补救措施。

明知产品存在缺陷仍然生产、销售,造成他人死亡或者健康严重损害的,受害人有权请求相应的惩罚性赔偿。惩罚性赔偿是加害人给付受害人超过其实际损害数额的一种金钱赔偿,其主要功能是惩罚和遏制。产品侵权惩罚性赔偿的数额应当与侵权人的恶意相当,与侵权造成的后果相当,数额由人民法院根据个案具体判断。

(三)机动车交通事故侵权责任

道路交通事故侵权,是指因发生道路交通事故给他人造成财产或者人身损害的侵权行为。机动车之间发生交通事故的,适用过错责任原则,由有过错的一方承担责任;双方都有过错的,按照各自过错的比例分担责任。机动车与非机动车驾驶人、行人之间发生交通事故,有证据证明非机动车驾驶人、行人有过错的,根据过错程度适当减轻机动车一方的赔偿责任。机动车一方没有过错的,对非机动车驾驶人、行人一方承担不超过10%的赔偿责任。

因租赁、借用等情形,机动车所有人与使用人不是同一人时,发生交通事故后属于该机动车一方责任的,由机动车使用人承担赔偿责任。这是因为使用人直接控制机动车,更有能力避免损害的发生。机动车所有人对损害的发生有过错的,如机动车存在缺陷未向使用人说明,明知或应当知道使用人没有驾照或存在醉酒等不适宜驾驶机动车的情形,应当对交通事故承担相应的赔偿责任。

(四)医疗侵权责任

医疗侵权责任,是指医疗机构及其医务人员在医疗活动中,未尽相关法律、法规、规章和诊疗技术规范所规定的注意义务,在医疗过程中发生过错,导致患者人身损害所应承担的侵权责任。医疗侵权采纳一般过错责任原则,由患者证明医疗存在过错。医疗机构违反法律、行政法规、规章以及其他有关诊疗规范的规定,隐匿或者拒绝提供与纠纷有关的病历资料,伪造、篡改或者销毁病历资料的,推定医疗机构有过错。

医疗机构及其医疗人员应当遵循下列义务:(1)遵守诊疗规范。医务人员在诊疗活动中未尽到与当时的医疗水平相应的诊疗义务,造成患者损害的,医疗机构应当承担侵权赔偿责任。(2) 如实说明。医务人员在诊疗活动中应当向患者说明病情和医疗措施。需要实施手术、特殊检查、特殊治疗的,医务人员应当及时向患者说明医疗风险、替代医疗方案等情况,并取得其书面同意;不宜向患者说明的,应当向患者的近亲属说明,并取得其书面同意。(3) 如实记载、保管及提供病历等资料。医务人员应当按照规定如实填写并妥善保管住院志、医嘱单、检验报告、手术及麻醉记录、病理资料、护理记录、医疗费用等病历资料。(4) 保护患者隐私。医务人员泄露患者隐私或者未经患者同意公开其病历资料,造成患者损害的,应当承担侵权责任。

以案释法

榆林产妇坠楼警方认定自杀　剖腹产由产妇还是家属定?[①]

陕西榆林一医院"产妇喊疼想剖腹产未果后跳楼"的新闻引起广泛关注。

2017年8月31日,该院绥德院区妇产科二病区产妇马某坠楼身亡。该医院消息称,"生产期间,产妇因疼痛烦躁不安,多次强行离开待产室,向家属要求剖宫产,主管医生、助产士、科主任也向家属提出剖宫产建议,均被家属拒绝。最终产妇因难忍疼痛,导致情绪失控跳楼。"

产妇在生产过程中,是否要选择剖腹产等相关事宜,该由谁来决定和签字,是产妇本人还是其家属?《侵权责任法》第55条规定:"医务人员在诊疗活动中应当向患者说明病情和医疗措施。需要实施手术、特殊检查、特殊治疗的,医务人员应当及时向患者说明医疗风险、替代医疗方案等情况,并取得其书面同意;不宜向患者说明的,应当向患者的近亲属说明,并取得其书面同意。"第56条规定:"因抢救生命垂危的患者等紧急情况,不能取得患者或者其近亲属意见的,经医疗机构负责人或者授权的负责人批准,可以立即实施相应的医疗措施。"

专注于医疗领域的上海海上律师事务所律师刘晔表示,《侵权责任法》第55条明确规定了患者的自决权。患者的自决权是极其重要的权利,表明每个个体都是独立的、自主的,尤其在生病时,这一权利依旧属于自己,而不能被家属剥夺,由家属代为决定生死。作为医生,应当知晓并充分尊重患者的自决权。

第四节　公　司　法

公司法是调整公司在设立、变更与终止过程所发生的组织关系和部分经营关系的法律规范的总称。我国《公司法》由全国人民代表大会常务委员会于1993年制定,1999年、2004年、2005年和2013年修改。

公司法的基本特征在于:(1) 公司法是兼具公法属性的私法。公司设立和运行主要

[①] 资料来源:澎湃新闻网,2017年9月6日,作者不详。http://cnews.chinadaily.com.cn/2017-09/06/content_31622157_2.htm,2017年10月8日访问。

是取决于当事人的意思自治,因此公司法本质上属于私法的范畴。为了维护交易安全,国家不断加强对经济生活的干预,公司法出现许多监督管理的公法内容。(2)公司法是兼具行为法的组织法。公司法主要规定公司的设立及其条件、公司内部组织机构的设置与运作等组织法的内容。(3)公司法是兼具程序法的实体法。公司法主要规定股东、公司和债权人的权利和义务等实体内容,也规定股东直接诉讼和派生诉讼等程序内容。

一、公司的概念

公司是最重要的商主体,对于推动科技创新,提供就业机会,带动经济增长,创造社会财富,发挥着十分积极的作用。公司是典型的商法人,这是公司区别于合伙企业的主要特征。

公司,是指以营利为目的,依照法律规定的条件和程序设立,具有法人资格的企业组织,包括有限责任公司和股份有限公司。有限责任公司,是指公司全体股东对公司债务仅以各自的出资额为限,承担有限责任的公司。股份有限公司,是指公司资本划分为等额股份,全体股东仅以各自认购的股份额为限,对公司债务承担有限责任的公司。有限责任公司属于封闭性公司,不能向社会公开发行股票,而股份有限公司属于公开性公司,可以向社会公开发行股票。

公司的基本特征是:(1)营利性。任何投资者设立公司的目的,都是为了获取利润。以营利为目的,持续地从事同一性质的经营活动,这是公司区别于其他非营利社会组织的典型特征。(2)社团性。公司是由众多投资者投资,为经营而设立的一种经济组织。(3)法人性。公司是企业法人,有独立的法人财产,享有法人财产权。公司以自己的名义从事经营,享有权利,履行义务,承担责任。公司股东以出资额为限,对公司债务承担有限责任。公司股东滥用股东权利给公司或者其他股东造成损失的,应当依法承担赔偿责任。公司股东滥用公司法人独立地位和股东有限责任,逃避债务,严重损害公司债权人利益的,应当对公司债务承担连带责任。

二、公司的设立

申请设立公司,只要符合法律规定的条件,公司登记机关都应当核准登记。法律、行政法规规定必须审批的公司,如金融公司,应当在公司登记前依法办理批准手续。设立公司,要求有公司的名称和住所,发起人符合法定人数,出资形成公司资本,共同制定公司章程等条件。

(一)公司的名称和住所

设立公司,应当向公司登记机关申请公司名称的预先核准。公司名称应当使用符合国家规范的汉字,不能使用汉语拼音字母和阿拉伯数字。公司名称一般由行政区划、字号、行业、组织形式依次组成。预先核准的公司名称保留期为6个月,在保留期内不得用于从事经营活动,不得转让。

公司的住所,是指公司主要办事机构所在地。主要办事机构,是指在数个办事机构中处于中枢地位的办事机构,是统率公司业务的机构。公司住所,作为确定诉讼管辖的根据和法律文书的送达处所,具有重要的法律意义。

(二)发起人

发起人,是指发起设立公司,提出公司申请的创办人。提出公司设立申请,向公司出资或认购股份的人数,应当符合法定的要求。有限责任公司的股东人数一般为50人以下。根据法律的特别规定,有限责任公司也可以只有1个自然人股东或者1个法人股东。1个自然人只能设立1个一人有限责任公司,该一人有限责任公司也不能设立全资子公司。股份有限公司的发起人应当是2—200人,其中须有半数以上的发起人在我国境内有住所。

(三)公司资本

股东可以用货币出资,也可以用实物、知识产权、土地使用权等可以用货币估价并可以依法转让的非货币财产作价出资;但是,法律、行政法规规定不得作为出资的财产除外。对作为出资的非货币财产应当评估作价,核实财产,不得高估或者低估作价。法律、行政法规对评估作价有规定的,从其规定。

除特殊行业外,公司没有最低注册资本额的要求。股东应当按期足额缴纳公司章程中规定的各自所认缴的出资额。股东以货币出资的,应当将货币出资足额存入有限责任公司在银行开设的账户;以非货币财产出资的,应当依法办理其财产权的转移手续。股东不按照前款规定缴纳出资的,除应当向公司足额缴纳外,还应当向已按期足额缴纳出资的股东承担违约责任。

(四)公司章程

公司章程,是指规定公司名称、住所、经营范围和经营管理制度等重大事项,以书面形式固定下来的股东共同意思表示。公司章程对公司、股东、董事、监事、经理具有约束力。公司章程是公司设立必须提交的文件,是公司成立的基础,也是确定公司权利、义务关系的基本法律文件。公司章程是公司的总宪章,具有法定性、真实性、自治性和公开性等特征。

三、公司的治理

良好的公司治理,可以实现各方利益的平衡,提高公司的竞争力。我国公司决策权、执行权和监督权分属于股东会、董事会和监事会。

(一)股东会

股东会有广义和狭义两种不同的理解。广义的股东会是指由全体股东组成的公司权力机构,包括有限责任公司的股东会和股份有

郑州大学 李 菲 画

限公司的股东大会。狭义的股东会专指有限责任公司的权力机构,股份有限公司的权力机构被称为股东大会。这里所讲的股东会是广义上的股东会。股东,是指通过向公司出资或其他合法途径获得公司股权,并对公司享有权利和承担义务的自然人、法人和非法

人组织。公司股东依法享有资产收益、参与重大决策和选择管理者等权利。

股东会会议由股东按照出资比例行使表决权,公司章程另有规定的除外。股东会的决议分为普通决议和特别决议。普通决议是指决定公司普通事项时,以 1/2 多数通过的决议。特别决议是指决定公司特别事项时,以 2/3 多数通过的决议。特别决议包括修改公司章程的决议,增加或者减少注册资本的决议,以及公司合并、分立、解散或者变更公司形式的决议等。股东可以委托代理人出席股东会会议,代理人应当向公司提交股东授权委托书,并在授权范围内行使表决权。

股东会的职权包括:(1) 投资经营权。股东会有权决定公司的经营方针和投资计划等。(2) 人事权。股东会有权选举和更换非由职工代表担任的董事、监事,决定有关董事、监事的报酬事项。(3) 审批权。股东会有权审议批准董事会的报告,审议批准监事会或者监事的报告,审议批准公司的年度财务预算方案、决算方案,审议批准公司的利润分配方案和弥补亏损方案等。(4) 决议权。股东会有权对公司增加或者减少注册资本作出决议,对发行公司债券作出决议,对公司合并、分立、解散、清算或者变更公司形式作出决议。(5) 修改公司章程权。(6) 公司章程规定的其他职权。

(二) 董事会

董事会是依照法律和行政法规,由全体董事组成的,对内经营公司事务、对外代表公司的集体业务执行机关。

有限责任公司董事会的成员为 3—13 人,股份有限公司董事会的成员为 5—19 人。股东人数较少或者规模较小的有限责任公司,可以设 1 名执行董事,不设董事会。董事每届任期不得超过 3 年,任期届满连选可以连任。董事会设董事长 1 人,可以设副董事长。董事长负责召集和主持董事会会议,董事会决议的表决实行一人一票,经全体董事的过半数通过。

董事会的职权包括:(1) 执行权。董事会有权执行股东会的决议,并向股东会报告工作。(2) 方案制定权。董事会有权制订公司的年度财务预算方案、决算方案,制订公司的利润分配方案和弥补亏损方案,制订公司增加或者减少注册资本以及发行公司债券的方案,制订公司合并、分立、解散或者变更公司形式的方案等。(3) 决定权。董事会有权决定公司的经营计划和投资方案,决定公司内部管理机构的设置,制定公司的基本管理制度等。(4) 人事任免权。董事会有权决定聘任或者解聘公司经理及其报酬事项,并根据经理的提名决定聘任或者解聘公司副经理、财务负责人及其报酬事项。(5) 公司章程规定的其他职权。

(三) 监事会

监事会是由全体监事组成的,对公司高管人员进行监督的机构。公司监事由股东代表监事和职工代表监事组成,其中职工代表监事的比例不得低于总数的 1/3。股东代表监事由股东会选举产生,职工代表监事通过职工代表大会、职工大会或者其他形式民主选举产生,董事、高级管理人员不得兼任监事。

监事会的成员一般不得少于 3 人,股东人数较少或者规模较小的有限责任公司,可以设 1—2 名监事,不设监事会。监事的任期每届为 3 年,可以连选连任。监事会设主席

1人,由全体监事过半数选举产生。监事会主席负责召集和主持监事会会议,监事会决议应当经半数以上监事通过。

监事会的职权包括:(1)财务检查权。监事会有权对公司的财务进行检查。(2)监督权。监事会有权对董事、高级管理人员执行公司职务的行为进行监督,对违反法律、行政法规、公司章程或者股东会决议的董事、高级管理人员提出罢免的建议。(3)提案权。监事会有权向股东会会议提出提案。(4)调查权。公司经营情况异常时,监事会有权进行调查,必要时还可以聘请会计师事务所等协助其工作,费用由公司承担。(5)股东会召集和主持权。在董事会不履行公司法规定的召集和主持股东会会议职责时,监事会有权召集和主持股东会会议。

【随堂测试】 下列对董事长的表述,正确的是( )。(单选题)
A. 小股东不能担任董事长　　　B. 董事长可以解聘总经理
C. 董事长可以兼任总经理　　　D. 董事长可以兼任监事

解析:董事会决议的表决实行一人一票,经全体董事的过半数通过。董事长是董事会选举产生,小股东可以担任董事长。解聘总经理,需要董事会决议,董事长个人无权决定。董事长不能兼任监事,这是法律的明文规定。董事长是否兼任总经理,法律没有明文规定。根据意思自治的理念,董事长可以兼任总经理。因此本题正确选项为C。

四、公司的解散

公司解散是指公司因法律或者章程规定的解散事由出现,而停止营业活动和终止法人资格的行为。公司解散要进行清算,清算结束后,清算组应当制作清算报告,报股东会、股东大会或者人民法院确认,并报送公司登记机关,申请注销公司登记,公告公司终止的事实。

(一)解散的事由

公司解散的原因可以分为自愿解散和强制解散。

为了实现当事人的意思的自治,在不违反法律强制性规定的前提下,可以在公司章程中约定公司解散的事由。当公司章程规定的事由出现时,即可解散公司,而不需要股东会另行作出决议。

强制解散是指基于法律规定的解散。行政主管机关强制公司解散的事由主要包括:(1)用公司名义从事危害国家安全、社会公共利益的严重违法行为;(2)公司成立后无正当理由超过6个月未开业,或者开业后自行停业连续6个月以上。

(二)公司的清算

公司的清算是指公司解散后,为终结现存的债权债务法律关系,依照法定程序,对公司财产进行清理、处分和分配,从而消灭公司法人资格的行为。公司应当在解散事由出现之日起15日内成立清算组,有限责任公司的清算组由股东组成,股份有限公司的清算组由董事会或者股东大会确定的人员组成。公司逾期不成立清算组进行清算的,债权人可以申请人民法院指定清算组的成员。清算组的职权包括清理公司财产,编制资产负债表和财产清单,通知、公告债权人,处理与清算有关的公司未了结业务,清缴所欠税款以及清算过程中产生的税款,清理债权、债务,处理公司清偿债务后的剩余财产,代表公司参与民事诉讼活动等。

清算组在清理公司财产、编制资产负债表和财产清单后,应当制订清算方案,报请股东会、股东大会通过或者人民法院确认。公司财产优先支付清算费用、职工的工资、社会保险费用和法定补偿金,缴纳所欠税款。清偿公司债务后的剩余财产,按照比例分配给股东。清算期间,公司不得开展与清算无关的经营活动,进行新的营业。清算组成员负有忠实义务和勤勉义务,因故意或者重大过失给公司或者债权人造成损失的,应当承担损害赔偿责任。清算结束后,清算组应向公司登记机关申请注销公司登记,公告公司终止。

(三) 公司的破产

清算组发现公司财产不足清偿债务的,应当依法向人民法院申请宣告破产。狭义的破产是指破产清算,即当债务人的全部财产无法清偿到期债务时,为满足债权人正当合理的清偿要求,在法院的指挥和监督下,就债务人的总财产实行以分配为目的的清算行为。广义的破产是指由破产清算程序与破产和解、破产重整等预防性程序构成的法律制度。全国人民代表大会常务委员会于 2006 年制定的《企业破产法》,规定了破产和解程序、破产重整程序和破产清算程序。

破产和解,是指在人民法院受理破产案件后,在破产程序终结前,债务人与债权人之间就延期偿还和减免债务问题达成协议,中止破产程序的一种制度。和解是当事人的自愿协议,以当事人的意思表示一致为前提,以债权人让步为主要内容,以人民法院的裁定为最后生效条件。债权人会议通过和解协议的决议,由出席会议的有表决权的债权人过半数同意,并且其所代表的债权额占无财产担保债权总额的 2/3 以上。债权人会议通过和解协议,由人民法院裁定认可。

破产重整,是对可能或已经发生破产原因但又有希望再生的债务人,通过各方利害关系人的协商,并借助法律强制性地对债务人进行生产经营上的整顿和债权债务关系上的清理,以期摆脱财务困境,重获经营能力的特殊法律程序。人民法院应当自收到重整计划草案之日起 30 日内召开债权人会议,对重整计划草案进行表决。出席会议的同一表决组的债权人过半数同意重整计划草案,并且其所代表的债权额占该组债权总额的 2/3 以上的,即为该组通过重整计划草案。重整计划草案涉及出资人权益调整事项的,应当设出资人组,对该事项进行表决。

破产和解程序和重整程序不能挽救公司时,就进入破产清算程序。破产清算的最终法律后果是公司解散,公司的法律人格消灭。公司董事、监事或者高级管理人员违反忠实义务、勤勉义务,致使所在公司破产的,依法承担民事责任。对公司破产负有责任的高管人员,自破产程序终结之日起 3 年内不得担任任何公司的董事、监事、高级管理人员。

第六章 行 政 法

"推进严格执法,重点是解决执法不规范、不严格、不透明、不文明以及不作为、乱作为等突出问题。要以建设法治政府为目标,建立行政机关内部重大决策合法性审查机制,积极推行政府法律顾问制度,推进机构、职能、权限、程序、责任法定化,推进各级政府事权规范化、法律化。要全面推进政务公开,强化对行政权力的制约和监督,建立权责统一、权威高效的依法行政体制。要严格执法资质、完善执法程序,建立健全行政裁量权基准制度,确保法律公正、有效实施。"

习近平:《加快建设社会主义法治国家》(2014 年 10 月 23 日)

【学习指导】 重点掌握行政法的基本原则,行政法主体的基本类型;能运用行政处罚法、行政许可法和行政强制法的主要内容分析实际案例;了解我国行政救济法律制度的现状,行政诉讼的受案范围,行政赔偿的范围及其赔偿标准。

行政法在我国是一门相对年轻的学科,在发展初期阶段它较为强调国家的社会管理作用。自全国人民代表大会于 1989 年制定《行政诉讼法》后,我国行政法制和行政法学进入稳步发展时期,开始逐渐强调国家行政权力和公民权利之间的合理"平衡"。在全国人民代表大会常务委员会于 2014 年和 2017 年修改后的《行政诉讼法》中,这种平衡表现得更为明显。除《行政诉讼法》外,我国较为重要的行政法律规范有:全国人民代表大会于 1996 年制定、全国人民代表大会常务委员会于 2009 年和 2017 年修改的《行政处罚法》;全国人民代表大会常务委员会于 1994 年制定、2010 年和 2012 年修改的《国家赔偿法》,于 1999 年制定、2017 年修改的《行政复议法》,于 2003 年制定的《行政许可法》,于 2005 年制定的《公务员法》,于 2011 年制定的《行政强制法》;国务院于 2007 年制定的《政府信息公开条例》等。

第一节 行政法基础理论

行政一词有多重含义,既可指私人企业的行政管理,也可指国家和社会的公共行政。就行政法而言,行政是指国家行政机关和法律法规授权的组织对国家与社会公共事务的管理活动。行政权是国家行政机关和法律法规授权的组织在实施行政活动过程中所具有的权力。与司法权坚持较为消极的"不告不理"原则相比,行政权具有高度的积极主动性。

行政法是关于行政权力的授予、行使以及对行政权力进行监督、对其后果予以补救的法律规范的总称。行政法的特点主要表现在:(1) 行政法形成与发展时间比传统法律较晚,成熟度低;(2) 不同国家行政法制的差异巨大,难以统一、协调;(3) 行政法规范赖以存在的法律文件数量特别多,难以制定一部完整、统一的行政法法典;(4) 行政法律规范的变动性较强,稳定性较差;(5) 行政法的程序法和实体法无法截然分开,行政诉讼法成为推动行政实体法发展的核心力量。

一、行政法的基本原则

行政法的基本原则是指贯穿于行政法律规范、指导行政实体权力的设定、行使以及行政责任确定的基本准则。一般认为,行政法的基本原则主要包括法律优先原则、法律保留原则、比例原则、信赖保护原则、正当法律程序原则和责任行政原则6项内容。国务院于2004年发布的《全面推进依法行政实施纲要》更加系统地提出了依法行政的6项基本要求,即:合法行政、合理行政、程序正当、高效便民、诚实守信以及权责统一。

(一) 法律优先原则

法律优先原则是指,法律对行政具有支配性,一切行政活动均受现行法律拘束,行政不得超越于法律之上,行政不得与法律相抵触。

《立法法》第88条规定:"法律的效力高于行政法规、地方性法规、规章。"《行政处罚法》相关条文进一步规定:法律已经规定了行政处罚的,行政法规只能在法律规定的处罚条件、种类、幅度内规定行政处罚;法律、行政法规已经规定了行政处罚的,地方性法规只能在法律、行政法规规定的处罚条件、种类、幅度内规定行政处罚;法规已经规定了行政处罚的,规章则只能在法规规定的处罚条件、种类、幅度内规定行政处罚。《行政许可法》关于许可设定权也有类似的规定,这意味着只要有法律规定,其他规范性法律文件就不得超越法律规定。

(二) 法律保留原则

法律保留原则是指,行政行为只能在法律规定的情况下作出,否则即为违法。法律保留原则的实质是要求行政权的行使必须处于权力机关的监控之下,没有权力机关的同意,行政权就不得行使。它体现了立法权对行政权的制约。

《立法法》详细规定了法律保留原则。根据《立法法》第8条,有11类事项只能制定法律。同时根据该法第9条,有关犯罪和刑罚、对公民政治权利的剥夺、限制人身自由的强制措施和处罚、司法制度等,属于"绝对法律保留"事项,在任何情况下立法机关都不得授权行政机关行使相应的立法权。对于其他事项如果尚未制定法律的,全国人民代表大会及其常务委员会有权作出决定,授权国务院可以根据实际需要,对其中的部分事项先制定行政法规。但是,授权决定应当明确授权的目的、事项、范围、期限以及被授权机关实施授权决定应当遵循的原则等,并且授权的期限一般情况下不得超过5年。

(三) 比例原则

比例原则被誉为行政法的"皇冠原则",是指行政机关在行使职权时,应当全面均衡实现行政目标和保护相对人之间的关系,如果为了实现行政目标所采取的措施对行政相对人造成某种不利影响或损害,那么应将这种不利影响或损害限制在最小的范围内,并且要与所追求的行政目的构成比例,因而该原则又被称为"最小侵害原则"。行政执法的目的、手段与效果必须相适应,不能超过合理限度。用俗语来讲,就是"不能用大炮打蚊子"。

比例原则的内容主要包括：适当性、必要性和相称性。《行政强制法》第 5 条规定："行政强制的设定和实施，应当适当。采用非强制手段可以达到行政管理目的的，不得设定和实施行政强制。"第 16 条第 2 款规定："违法行为情节显著轻微或者没有明显社会危害的，可以不采取行政强制措施。"例如，即便政府的房屋征收行为是合法的，但是为了迫使房屋被征收人早日搬迁，行政机关对居民生活采取停止供水、供电、供热、供燃气等方式，就属于违反比例原则的行政措施。《行政强制法》第 43 条第 2 款规定："行政机关不得对居民生活采取停止供水、供电、供热、供燃气等方式迫使当事人履行相关行政决定。"

（四）信赖保护原则

信赖保护原则是指，基于维护法律秩序的安定性和保护社会成员正当权益的考虑，当社会成员对行政过程中的某些因素的不变性形成合理信赖，并且这种信赖值得保护时，行政主体不得变动上述因素，或者变动上述因素后必须合理补偿社会成员的信赖损失。简单地讲，信赖保护原则要求政府的行为不能"朝令夕改"，如果确需改变，必须对行政相对人因"合理信赖"国家行为而遭受的损失给予补偿。但如果行政相对人存在以下情况，其损失不受法律保护：（1）以诈欺、胁迫或贿赂方法，使行政机关作成行政行为的；（2）对重要事实提供不正确数据或为不完全陈述，致使行政机关依该资料或陈述而作成行政行为的；（3）明知行政行为违法或因重大过失而不知违法的。

《行政许可法》第 8 条规定："公民、法人或者其他组织依法取得的行政许可受法律保护，行政机关不得擅自改变已经生效的行政许可。行政许可所依据的法律、法规、规章修改或者废止，或者准予行政许可所依据的客观情况发生重大变化的，为了公共利益的需要，行政机关可以依法变更或者撤回已经生效的行政许可。由此给公民、法人或者其他组织造成财产损失的，行政机关应当依法给予补偿。"

（五）正当法律程序原则

这一原则要求，行政机关做出影响行政相对人权益的行政行为，必须遵循正当法律程序，包括事先告知相对人，向相对人说明行为的根据、理由，听取相对人的陈述、申辩，事后为相对人提供相应的救济途径。根据英国普通法上的"自然正义"思想，正当法律程序包括两项内容："任何人不得做自己案件的法官"和"任何人在受到不利处分前，应给予听取其意见的机会"。我国 1996 年制定的《行政处罚法》首次确立了内容完整的"正当程序"理念。

正当法律程序的内容主要有：

（1）行政公开，包括告知、说明理由、信息公开等制度。例如根据《行政处罚法》第 31 条，行政机关在作出行政处罚决定之前，应当告知当事人作出行政处罚决定的事实、理由及依据，并告知当事人依法享有的权利。

（2）行政公正，具体包括回避、不得偏私、合理使用自由裁量权、听证等制度。《行政处罚法》第 32 条规定，当事人有权进行陈述和申辩。行政机关必须充分听取当事人的意见，对当事人提出的事实、理由和证据，应当进行复核；当事人提出的事实、理由或者证据成立的，行政机关应当采纳。行政机关不得因当事人申辩而加重处罚。

惩治　新华社发　大巢 作

图片来源：和讯网，2015年3月18日。http://news.hexun.com/2015-03-18/174169833.html。

（3）行政公平，包括平等对待、不得歧视、同样问题同等处理等。

（六）责任行政原则

根据现代国家理论，人民与政府之间存在着委托与被委托的关系。政府接受人民的委托，行使管理社会公共事务的权力。权力的本源在于人民，所以作为受托人的政府在行使权力过程中，必须对作为委托人的人民负责，成为对人民负责任的政府。责任行政原则的基本目标是实现行政活动的有责任状态，使行政权力的行使与行为后果联系在一起，一旦出现违法行政造成不良后果时必须承担相应的法律责任。

责任行政原则最核心的内容，就是要求建立完善有效的行政问责制等责任追究机制。我国目前建立的行政处罚制度、行政许可制度、行政监察制度、行政复议制度、行政诉讼制度以及国家赔偿制度等，都是贯彻责任行政原则的必要的法律制度。

【随堂测试】 依法行政是法治国家对政府行政活动提出的基本要求，下列做法中，符合依法行政要求的是（　　）。（单选题）

A. 因蔬菜价格上涨销路看好，某镇政府要求村民拔掉麦子改种蔬菜

B. 为解决残疾人就业难问题，某市政府发布《促进残疾人就业指导意见》，对录用残疾人达一定数量的企业予以奖励

C. 孙某受他人胁迫而殴打第三人致其轻微伤，某公安局决定免除对孙某的处罚

D. 某市政府发布文件规定，外地物流公司到本地运输货物，应事前得到本地交通管理部门的准许，并缴纳道路特别通行费

解析：依法行政要求行政机关职权法定，特别是对于处罚、收费等可能侵害当事人权益的事项，必须有法律、法规和规章作为依据。A项中镇政府无权干预村民种植作物的自主权；B项中市政府的行为属于授益性行为，只要保证措施的公平即可，不需要严格明确的法律授权；C项中受他人胁迫有违法行为的，根据《行政处罚法》的规定应当从轻或者减轻行政处罚，而不是免除处罚；D项中政府无权设置行政许可以及收费，这类事项只能由法律、法规和规章依法设定，政府发布的规范性文件不具有法律效力。因此，本题答案为B。

二、行政法主体

行政法主体是参与行政法律关系的主体，主要包括行政主体、行政相对人和利害关系人3类。此外，我国检察机关已经获得针对特定行政案件提起公益诉讼的权力，可以

独立的行政公益诉讼代表人身份参与行政诉讼。

(一) 行政主体

行政主体是具有国家行政权,能以自己的名义行使行政权,并能独立地承担因此而产生的相应法律责任的组织。一般而言,行政主体理论与行政诉讼被告理论是相连的。人们要判断某一组织能否成为行政诉讼的被告,首先需要确定该组织是否具有行政主体资格;凡不具有行政主体资格的组织,就不能成为行政诉讼的被告。

1. 行政主体的类型

根据我国现有的法律,行政主体存在两大类型,即行政机关和法律法规授权的组织。

行政机关是依宪法和行政组织法而设置,以自身名义对外承担行政职能,并承担相应法律责任的国家机关。它主要包括国务院、公安部等国务院组成部门、海关总署等国务院直属机构、国家烟草专卖局等国务院部委管理的国家局等中央行政机关和相应的地方行政机关。

法律法规授权的组织是指,经过法律、法规的授权得以在某些情况下行使行政职权并取得行政主体资格的组织。例如《行政处罚法》第17条规定:"法律、法规授权的具有管理公共事务职能的组织可以在法定授权范围内实施行政处罚";《行政许可法》第23条规定:"法律、法规授权的具有管理公共事务职能的组织,在法定授权范围内,以自己的名义实施行政许可。"

法律法规授权的组织在实践中主要有:

(1) 基层自治组织,如村民委员会、居民委员会。

(2) 机关派出机构,如税务所、公安派出所等。税务所根据《税收征收管理法》的授权可以以自己的名义作出2000元以下罚款的处罚,公安派出所根据《治安管理处罚法》第91条规定的授权,可以独立作出警告和500元以下罚款的处罚。

(3) 事业单位。如中国银行保险监督管理委员会、中国证券监督管理委员会、国家气象局,虽然都被定性为国务院直属事业单位,但依法律、法规授权行使相关行政权;高等院校在颁发毕业证和学位证时,也依法行使相应的行政权。

(4) 行业协会,如注册会计师协会、律师协会。根据《律师法》第46条,在不与有关法律、行政法规、规章相抵触的情况下,律师协会有权制定行业规范和惩戒规则,对律师、律师事务所实施奖励和惩戒。

(5) 个别企业单位,如特定的银行金融机构等。国务院发布的《人民币管理条例》第35条规定,中国人民银行或者其授权的国有独资商业银行的业务机构应当无偿提供鉴定人民币真伪的服务;经鉴定为假币的,由中国人民银行或者该国有独资商业银行的业务机构予以没收。中国人民银行制定的《假币收缴、鉴定管理办法》第16条规定,对货币真伪鉴定或者假币收缴行为不服的,当事人有权申请行政复议或提起行政诉讼。

2. 行政委托关系中行政主体的认定

某个组织只有符合上述行政主体资格,才能成为行政诉讼的被告。但是在实践中,还存在"行政委托"情况,此时应注意行政主体的认定方法。行政委托是行政机关在其职权职责范围内依法将其行政职权或行政事项委托给有关行政机关、社会组织或者个人,受委托者以委托机关的名义实施管理行为和行使职权,并由委托机关承担法律责任。行政委托是为适应现代社会公共行政发展的需要而产生的一种行政权行使方式。在行政委托法律关系中,处于委托方地位的行政机关属于行政主体,而受委托的组织不构成行政主体,这是受委托组织区别于法律法规授权的组织的关键点。

根据《行政处罚法》第18条,行政机关依照法律、法规或者规章的规定,可以在其法定权限内委托符合该法第19条规定条件的组织实施行政处罚。委托行政机关对受委托的组织实施行政处罚的行为应当负责监督,并对该行为的后果承担法律责任。受委托组织在委托范围内,以委托行政机关名义实施行政处罚,并且不得再委托其他任何组织或者个人实施行政处罚。该法第19条规定的受委托组织必须符合的条件包括:(1) 依法成立的管理公共事务的事业组织;(2) 具有熟悉有关法律、法规、规章和业务的工作人员;(3) 对违法行为需要进行技术检查或者技术鉴定的,应当有条件组织进行相应的技术检查或者技术鉴定。

3. 公务员

行政主体只是一个组织,它的具体行为必须经过公务员的活动才能表现出来。依据我国《公务员法》,公务员是指依法履行公职、纳入国家行政编制、由国家财政负担工资福利的工作人员。据此,我国的公务员范围很广,除中央和地方各级行政机关以外,还包括立法和司法机关等其他所有国家机关的公务人员。

根据公务员法,公务员应满足3个要件:(1) 须经法定方式和程序任用。现行法律规定的法定任用方式包括考任、选任、调任和聘任;任用程序包括招考公告、报名、资格审查、笔试、面试、体检、确定正式录用对象以及试用等步骤;(2) 具有国家行政编制,由国家财政负担工资福利;(3) 依法履行公职,行使国家权力。显然,公务员不包括国家机关中的工勤人员。公务员只有取得法定的执法资格,才能参与执法。例如,河南省人民代表大会常务委员会于2016年制定的《河南省行政执法条例》第20条、第21条规定,申请取得行政执法资格的人员应当按照规定参加公共法律知识、专业法律知识等培训。经考试合格,取得行政执法证后,方可上岗执法;禁止无行政执法资格的人员上岗执法;工勤人员、劳动合同工、临时工不得申请取得行政执法资格。

(二) 行政相对人

行政相对人,是指法律上的权利义务直接受到行政主体行为影响的公民、法人或其他组织。

《行政诉讼法》第25条规定:"行政行为的相对人以及其他与行政行为有利害关系的公民、法人或其他组织,有权提起诉讼。"确定行政相对人的法律意义,主要在于确定他们在行政程序中的地位和权利,如听证权等,以及判断行政诉讼的原告资格问题。例如,因机动车违法而被交警部门处罚的驾驶员或者车主,就是典型的行政相对人。

(三) 利害关系人

利害关系人,是指在具体行政行为所设定的权利义务直接指向的对象范围以外,与具体行政行为有法律上的利害关系的公民、法人或者其他组织。也就是说,行政主体在做出行政行为时主观上并没有指向他的目的,但做出行政行为后,该行为在客观上影响了其法律上利益的人。

根据行政法传统理论,只有行政相对人才具备行政诉讼原告资格,但是随着社会的发展,受行政行为影响的组织和个人越来越广泛,无法涵盖在传统的"行政相对人"概念之内,因而产生了"利害关系人"概念。行政相对人与利害关系人之间最主要的区别在于,其权利义务是否直接为行政行为所指向或针对。

根据最高人民法院1999年发布的《关于执行〈中华人民共和国行政诉讼法〉若干问题的解释》第12条,与具体行政行为有法律上利害关系的公民、法人或者其他组织对该行为不服的,可以依法提起行政诉讼。该司法解释第13条具体认定下列事项具有法律上利害关系:(1)被诉的具体行政行为涉及其相邻权(如截水、通风、排水、通行、采光等)或者公平竞争权;(2)与被诉的行政复议决定有法律上利害关系或者在复议程序中被追加为第三人;(3)要求主管行政机关依法追究加害人法律责任;(4)与撤销或者变更具体行政行为有法律上利害关系。依照《行政诉讼法》第25条,具有"利害关系"的公民、法人或其他组织具有行政诉讼原告资格,享有行政诉讼的起诉权。需注意的是,虽然修改后的《行政诉讼法》对原告资格进行了一定扩展,但此处的"利害关系"一般应限于"法律上的利害关系",而不能进行过于宽泛的解释。

以案释法

如何区别行政相对人和利害关系人

案情: 2008年7月,某县电力公司在巡查时,发现乡政府境内的10千伏线路下有农户正在施工建房,随即通知乡政府,要求依法制止违法建房行为。乡政府作出处理决定,要求建房户立即停止违法建设,并限期6个月进行改正。但乡政府此后并没有对违法建筑户进行实际执法,致使违法建筑物逐步形成,且建筑物顶端距10千伏线路仅为1米左右,处于高度危险区内,对供电造成严重的安全隐患。于是,电力公司以乡政府行政不作为为由起诉,要求判令乡政府履行法定职责。

问题: 电力公司是否具有行政诉讼原告资格?

评析: 根据我国行政诉讼法,公民、法人或者其他组织只有在与被诉的行政行为有利害关系时,才具有原告资格;否则,对于不具有原告资格的当事人,人民法院将裁定驳回起诉。在这一案件中,乡政府属于行政主体,被乡政府直接处罚的违法建筑农户为行政相对人。而电力公司就属于利害关系人,其安全供电的利益受法律保护,该农户的违建行为严重损害了电力公司受法律保障的利益,形成了法律上的利害关系。我国《电力法》第53条规定:"任何单位和个人不得在依法划定的电力设施保护区内修建可能危及电力设施安全的建筑物、构筑物,不得种植可能危及电力设施安全的植物,不得堆放可能危及电力设施安全的物品。"因而,电力公司作为利害关系人,有权对乡政府的不作为提起行政诉讼。

(四)行政公益诉讼代表人

全国人民代表大会常务委员会于2017年对《行政诉讼法》的修改,将人民检察院正式确立为特定行政案件中行政诉讼的原告,作为行政公益诉讼代表人提起诉讼,是对传统行政诉讼制度的重大创新。

《行政诉讼法》第 25 条第 4 款规定:"人民检察院在履行职责中发现生态环境和资源保护、食品药品安全、国有财产保护、国有土地使用权出让等领域负有监督管理职责的行政机关违法行使职权或者不作为,致使国家利益或者社会公共利益受到侵害的,应当向行政机关提出检察建议,督促其依法履行职责。行政机关不依法履行职责的,人民检察院依法向人民法院提起诉讼。"

三、行政行为

行政行为是行政法的一个核心概念,是构建整个行政法律制度的基础。行政行为的表现形式丰富,类型多样。

(一)行政行为的概念

行政行为,是指行政机关运用行政职权,为实现行政管理目的所进行的行政活动,既包括具有公定力等法律效力的行政法律行为,也包括不具有法律效力但会引发法律后果的行政事实行为。

行政法律行为,是指行政主体在实施行政管理活动、行使行政职权过程中所作出的具有公定力、确定力、拘束力和执行力等法律效力的行为。在行政法中,行政法律行为是行政行为的核心,如行政处罚、行政许可、行政强制等都属于行政法律行为。

行政事实行为,是指行政主体作出的对外不具有法律效力,但事实上可能对行政相对方权利和义务造成一定影响或损害的行政行为。例如,警察开枪误杀路人,该行为会引起国家赔偿责任,但是该路人死亡并非警察主观上所积极追求的法律效果。

(二)行政法律行为的分类

以对象是否特定为标准,行政法律行为可分为抽象行政行为与具体行政行为。根据《行政诉讼法》,公民、法人或者其他组织认为行政机关和行政机关工作人员的具体行政行为侵犯其合法权益,有权向人民法院提起诉讼;而对抽象行政行为不享有行政诉权,不能直接向人民法院提起诉讼。

1. 抽象行政行为

抽象行政行为,是指行政主体以不特定的人或事为管理对象,制定和发布普遍性行为规范的行政行为。与具体行政行为相比,抽象行政行为具有以下特征:

(1)对象的不特定性。抽象行政法律行为是制定行政规范的行为,它以不特定的人或事为行为对象,具有对象的普遍适用性。而且,抽象行政法律行为的对象是不确定的,因而也是不可统计的。比如,某市政府发布一个规定:凡是排气量 1 升以下的小汽车,均分单双号在不同日期进入市区。该规定的对象就是不特定的,既非张三,也非李四,而是所有排气量 1 升以下的汽车车主或使用者,因此,该规定是一个抽象行政行为。

(2)内容的可反复适用性和持续性。内容的可反复适用性是指该行政行为对于同一对象或者同类对象可以多次地、反复地适用并产生效力。同时,抽象行政行为的反复适用性是一种持续的适用,即在行为被废止以前的时间内持续地、不间断地反复适用。比如,关于高速公路收费的规定,适用于所有使用高速公路的人。凡是使用高速公路的人,每次使用都要交费,直到高速公路收费的规定被废止才停止收费。

(3) 效力的后及性。效力的后及性是指该行为产生的效力除了法律有特别规定之外,只对行为生效以后的人或事产生拘束力,对行为生效以前的人或事不发生法律效力。例如,省政府制定一项规章,意味着该规章只对未来发生的人或事产生效力,一般不能溯及既往。

(4) 行为的不可诉性。就我国目前的行政诉讼制度而言,抽象行政行为尚不能成为行政诉讼直接的诉讼对象。如果行政相对人对抽象行政行为有异议,认为该行为侵犯了自己的合法权益而直接向人民法院起诉,人民法院不予受理;只能在对具体行政行为提起诉讼之后,可以一并请求人民法院对规范性文件等抽象行为进行审查。

2. 具体行政行为

具体行政行为,是指行政主体针对特定的人或事所采取具体措施的行为。具体行政行为的特征与抽象行政行为相反,表现为如下四点:

(1) 只对特定对象有效,不具有普遍拘束力。具体行政行为最突出的特点,就是行为对象的特定性和具体化。在理解具体行政行为对象的特定性时应当注意,对象既包括人,也包括事件,无论是行政相对人特定,还是事件特定,都应认定为具体行政行为。如果行政行为对特定人的权益产生特别的损害,则不管该行为从形式上看是否为抽象行为,都应视为具体行政行为。例如,某部门下发的通知称:某医疗事故可能系某企业生产药品使用的医用肠衣质量不合格所致,建议所有医疗单位不要再购买该企业产品。这个通知看起来似乎针对的是不特定的相对人,但因为该通知对特定的行政相对人即通知中涉及的企业造成了特别的损害,侵犯了企业的销售权、名誉权,损害了企业相应的经济利益,实际上是对特定事件或具体案件的处理,因此该通知行为应认定为具体行政行为。

(2) 不具有反复适用性和持续的效力。具体行政行为由于是对特定对象实施的,因而其不能持续地、不间断地反复适用,不具有多次适用的效力。

(3) 只对业已发生的行为或事件有拘束力。具体行政行为通常是行政主体针对已经发生的事件实施的,对以后将要发生的同类行为或事件不发生效力。

(4) 具有可诉性。行政相对人对具体行政行为有异议,认为该行为侵犯了自己的合法权益,有权向人民法院起诉,人民法院应当受理。

第二节 行政行为法

行政执法必须通过某种行政行为展现出来,行政行为引发的法律效果因其类型的不同而有所差别。行政行为法是规范行政行为的法律的统称。我国的行政行为法主要有行政处罚法、行政许可法、行政强制法等。

一、行政处罚法

目前我国有关行政处罚的法律主要有全国人民代表大会于 1996 年制定、全国人民代表大会常务委员会 2009 年和 2017 年修改的《行政处罚法》、全国人民代表大会常务委员会于 2005 年制定的《治安管理处罚法》,以及工商管理、食品药品等其他大量专门行政管理领域的法律。

(一) 行政处罚的概念与类型

行政处罚是指具有行政处罚权的行政机关、法律法规授权的组织,在法定职权和法定授权的范围内,对违反行政管理秩序但不构成刑事责任的公民、法人或者其他组织给予惩戒或制裁的行政行为。依据《行政处罚法》,行政处罚的类型有人身罚、财产罚、行为罚、申诫罚四类。

1. 人身罚

人身罚,亦称自由罚,是限制或剥夺违法者人身自由的行政处罚,如行政拘留、驱逐出境、限期出境等。

行政拘留又称治安拘留,是公安机关依法对违反行政法律规范的人,在短期内限制其人身自由的一种处罚。行政拘留的期限为 1 日以上 15 日以下,行政拘留一般适用于严重违反治安管理规范的行为人,并且只有在使用警告、罚款处罚不足以惩戒违法者时才适用。

驱逐出境、限期出境,是公安、边防、国家安全机关对违反我国行政法律规范的外国人、无国籍人采取的强令其离开或者禁止其出入中国国境的处罚形式。

2. 财产罚

财产罚,是特定的行政机关或法定的其他组织强迫违法者交纳一定数额的金钱或一定数量的物品,或者限制、剥夺其某种财产权的处罚,如罚款、没收。

罚款,是指有行政处罚权的行政主体依法强制违反行政法律规范的行为人,在一定期限内向国家缴纳一定数额的金钱的处罚形式。

没收,是指有处罚权的行政主体依法将违法行为人的违法所得和非法财物收归国有的处罚形式。违法所得,是指违法行为人从事非法经营等获得的利益;非法财物,是指违法者用于从事违法活动的工具、物品和违禁品等。

3. 行为罚

行为罚,亦称能力罚,是限制或剥夺行政违法者某些特定行为能力或资格的处罚,如责令停产停业,暂扣或者吊销许可证、执照。

责令停产停业,是责令违反行政法律规范的工商企业和个体工商户停止生产、停止营业的一种处罚形式。责令停产停业不是直接限制或剥夺违法者的财产权,而是责令违法者暂时停止其所从事的生产经营活动,一旦违法者在一定期限内及时纠正了违法行为,按期履行了法定义务,仍可继续从事曾被停止的生产经营活动,无须重新申请领取有关许可证和执照。

暂扣或者吊销许可证、执照,是限制或剥夺违法者从事某项活动的权利或资格的处罚形式。暂扣许可证、执照的特点在于暂时中止持证人从事某种活动的资格,待其改正违法行为后或经过一定期限,再发还证件,恢复其资格,允许其重新享有该权利和资格。吊销许可证、执照的特点在于撤销相对人的凭证,终止其继续从事该凭证所允许活动的资格。

4. 申诫罚

申诫罚,亦称精神罚或影响声誉罚,是行政机关向违法者发出警戒,申明其有违法行为,通过对其名誉、荣誉、信誉等施加影响,引起其精神上的警惕,使其不再违法的处罚形式。主要处罚手段为警告,即行政主体对较轻的违法行为人予以谴责和告诫的处罚形式。

【随堂测试】 下列行为属于行政处罚的是( )。(单选题)

A. 公安交管局暂扣违法驾车者张某的驾驶执照6个月

B. 工商局对一企业有效期限届满未申请延续的营业执照予以注销

C. 卫生局对流行性传染病患者强制隔离

D. 食品药品监督局责令某食品生产者召回其已上市销售的不符合食品安全标准的食品

解析: 行政处罚的典型特点是具有制裁性。A项中的暂扣驾驶执照属于行政处罚中的暂扣许可证、执照;B项中的注销营业执照属于工商行政机关对营业执照的一种行政管理行为,本身不具有制裁性;C项中的强制隔离属于一种行政强制措施,目的在于预防传染病的传染扩散,不具有制裁性;D项中的责令召回属于行政命令,为企业施加新的法律义务,不履行该召回义务的,才可能受到行政处罚。因此,正确选项为A。

(二)行政处罚的设定

法律可以设定各种行政处罚。限制人身自由的行政处罚,只能由法律设定。

行政法规可以设定除限制人身自由以外的行政处罚。法律对违法行为已经作出行政处罚规定,行政法规需要作出具体规定的,必须在法律规定的给予行政处罚的行为、种类和幅度的范围内规定。

地方性法规可以设定除限制人身自由、吊销企业营业执照以外的行政处罚。法律、行政法规对违法行为已经作出行政处罚规定,地方性法规需要作出具体规定的,必须在法律、行政法规规定的给予行政处罚的行为、种类和幅度的范围内规定。

国务院部、委员会制定的规章可以在法律、行政法规规定的给予行政处罚的行为、种类和幅度的范围内作出具体规定。尚未制定法律、行政法规的,国务院部、委员会制定的规章对违反行政管理秩序的行为,可以设定警告或者一定数量罚款的行政处罚,罚款的限额由国务院规定。

省、自治区、直辖市人民政府和省、自治区人民政府所在地的市人民政府以及经国务院批准的较大的市人民政府制定的规章可以在法律、法规规定的给予行政处罚的行为、种类和幅度的范围内作出具体规定。尚未制定法律、法规的,人民政府制定的规章对违反行政管理秩序的行为,可以设定警告或者一定数量罚款的行政处罚,罚款的限额由省、自治区、直辖市人民代表大会常务委员会规定。

其他规范性文件不得设定任何行政处罚。

(三)行政处罚的特别原则

行政处罚除应遵守一般行政法的原则外,法律还规定了其特有的原则。

1. 职能分离原则

这一原则的主要内容有:(1)行政处罚的设定机关和实施机关应分离;(2)在较重大的行政处罚中,行政处罚的调查、检查人员和行政处罚的决定人员应分离;(3)作出罚款决定的机关和收缴罚款的机构应分离。除依法当场收缴的罚款外,作出行政处罚决定的行政机关及其执法人员不得自行收缴罚款,应告知当事人到指定的银行缴纳罚款。银行应当收受罚款,并将罚款直接上缴国库;(4)在行政处罚听证程序中,应由非本案调查人员担任听证主持人。

2. 一事不再罚原则

对当事人的同一个违法行为,不得给予两次以上罚款的行政处罚,这就是"一事不再罚"。它具体包括三层意思:(1)对当事人的同一个违法行为,不得给予两次以上罚款的行政处罚。(2)违法行为构成犯罪的,行政机关必须将案件移送司法机关,依法追究刑事责任,行政机关不再予以人身自由的处罚。(3)违法行为构成犯罪,人民法院判处拘役或者有期徒刑时,行政机关已经给予当事人行政拘留的,应当依法折抵相应刑期;人民法院判处罚金时,行政机关已经给予当事人罚款处罚的,应当折抵相应罚金。

公民、法人或者其他组织因违法受到行政处罚,其违法行为对他人造成损害的,应当依法承担民事责任;违法行为构成犯罪的,应当依法追究刑事责任,不得以一事不再罚为借口,以行政处罚代替刑事处罚。

以案释法

如何理解"一事不再罚"

案情: 2014年8月,河南省某县环境保护局接到电话投诉,随即现场检查,发现王某的养殖场内未采取有效的污染防治设施,王某将养猪产生的猪粪卖给花农,其他部分废物和废水未经处理直接排入其门前水沟内,散发恶臭气味,造成水和空气等环境污染,遂以违反《大气污染防治法》和《水污染防治法》为由,对王某的养殖场分别作出罚款4万元和3万元的处罚决定。

问题: 该养殖场的排污行为是否属于"同一个违法行为",给予两次罚款处罚是否违背《行政处罚法》规定的一事不再罚原则?

评析: 养殖场在养殖生猪过程中未对污染物进行处理即排放,达到污染大气和水的程度,应视为一个违法事实,但同时导致污染大气和水环境两种法律责任的产生,应属于法律责任竞合。原环境保护部于2009年制定的《环境行政处罚办法》第9条规定:"当事人的一个违法行为同时违反两个以上环境法律、法规或者规章条款,应当适用效力等级较高的法律、法规或者规章;效力等级相同的,可以适用处罚较重的条款。"因此,根据一事不再罚的原则,本案中环境保护机关应从两种法律责任中选择处罚较重的做出行政处罚。

(四)行政处罚的程序

行政处罚的一般程序主要包括以下6个阶段:(1)经他人检举、举报或行政机关主动发现违法情况;(2)立案;(3)进行调查、检查,搜集证据;(4)听取违法者的陈述和申辩或者依法举行听证;(5)做出行政处罚决定,说明理由并将处罚决定送达行政相对人;(6)行政处罚的执行。以下重点介绍简易程序和听证程序。

1. 简易程序

简易程序,也称当场处罚程序,是指国家行政机关或者法律法规授权的组织对符合法定条件的行政处罚事项,当场作出行政处罚决定的处罚程序。适用简易程序必须符合如下条件:(1)违法事实确凿;(2)有法定依据;(3)处罚种类为较小数额罚款或者警告。所谓较小数额的罚款,是指对公民处以 50 元以下、对法人或者其他组织处以 1000 元以下罚款。

2. 听证程序

听证是指行政处罚机关在做出行政处罚决定前,依法由非本案调查人员主持,听取当事人对行政处罚决定的事实、理由、依据及结果的申辩和质证。

《行政处罚法》是我国第一部规定听证制度的法律。听证程序作为一种准司法程序,形式比较正规,手续比较复杂,需要花费一定的时间和精力,因而每一个行政处罚决定都听证是不可能的。国外听证程序一般限于同当事人重大利益相关的事件。行政机关在作出责令停产停业、吊销许可证或者执照和较大数额的罚款的处罚决定前,应当告知当事人有要求听证的权利,当事人要求听证的,行政机关应当组织听证。当事人对限制人身自由的行政处罚有异议的,依照《治安管理处罚法》执行,不适用听证程序。

听证程序遵循以下步骤:

(1)听证准备。听证之前,举行听证的机关应当确定听证主持人。听证主持人是负责主持听证的人员,一般由拟作出行政处罚决定的行政机关指派具有相对独立地位的本机关人员担任此职。听证主持人应当查阅案件,了解案件的基本程序,掌握调查人员与当事人争议的焦点。听证主持人还要审查案件是否涉及国家秘密、商业秘密和个人隐私,以便决定是否公开听证。

(2)通知。行政机关在听证举行前 7 日通知当事人,有代理人的也应当通知代理人。通知中应当写明听证的时间、地点,以便当事人在规定的时间内到达指定地点参加听证。

(3)举行听证。听证在听证主持人主持下,在调查人员和当事人、代理人参加下进行。听证首先由调查人员提出当事人违法的事实、证据和行政处罚建议,然后由当事人就调查人员提出的违法事实、证据和行政处罚建议进行申辩和质证。听证主持人应当就听证制作笔录,笔录应当交当事人审核无误后签字或者盖章。

(4)作出决定。听证程序只是一般程序中的一种特殊的调查处理程序,并不是行政处罚程序的全过程。与一般程序中的调查取证程序相比较,它只是对比较重大的处罚案件适用特殊方式的调查取证程序而已。听证结束后,行政机关依法作出决定。也就是说,适用听证程序的案件的最后决定权在行政机关而不在听证主持人。

二、行政许可法

全国人民代表大会常务委员会于 2003 年制定的《行政许可法》,是我国行政法治建设的又一个里程碑,对促进社会和经济发展,规范和制约行政机关正当行使权力,具有重要意义。

(一)行政许可的概念与类型

根据《行政许可法》第2条,行政许可是指行政机关根据公民、法人或者其他组织的申请,经依法审查,准予其从事特定活动的行为。有关行政机关对其他机关或者对其直接管理的事业单位的人事、财务、外事等事项的审批,不属于行政许可。

行政许可有以下5种类型:

(1)一般许可。一般许可是申请人只要符合法定许可条件就应准予的许可。如颁发驾驶证和营业许可。直接涉及国家安全、公共安全、经济宏观调控、生态环境保护以及直接关系人身健康、生命财产安全等特定活动,需要按照法定条件予以批准的事项,即可设定一般许可。

(2)特别许可。特别许可也叫"特许",即在许可条件上附加有市场准入、数量限制等特殊要求,例如广播电台的设立许可。特别许可主要运用于有限自然资源开发利用、公共资源配置以及直接关系公共利益的特定行业的市场准入等,需要赋予特定权利的事项。特别许可必须通过招标、拍卖等方式作出。根据《行政许可法》第67条,取得直接关系公共利益的特定行业的市场准入行政许可的被许可人,应当按照国家规定的服务标准、资费标准和行政机关依法规定的条件,向用户提供安全、方便、稳定和价格合理的服务,并履行普遍服务的义务;未经作出行政许可决定的行政机关批准,不得擅自停业、歇业。

(3)认可。认可是对资质和资格的认定。认可没有数量限制,主要运用于提供公众服务并且直接关系公共利益的职业、行业,需要确定具备特殊信誉、特殊条件或者特殊技能等资格、资质的事项。认可必须经公开的国家考试,或者根据申请人的专业人员构成、技术条件、经营业绩和管理水平等予以考核。

(4)核准。核准是针对技术标准、技术规范等做出的认定。核准没有数量限制,主要运用于直接关系公共安全、人身健康、生命财产安全的重要设备、设施、产品、物品,需要按照技术标准、技术规范,通过检验、检测、检疫等方式进行审定的事项。在进行核准时,行政机关必须有两名以上工作人员按照技术标准、技术规范进行检验、检测、检疫。

(5)登记。登记是确立特定主体资格的一种许可形式,主要适用于企业或者其他组织的设立等需要确定主体资格的事项。

(二)行政许可的设定与许可设定权的分配

设定行政许可,应当遵循经济和社会发展规律,有利于发挥公民、法人或者其他组织的积极性、主动性,维护公共利益和社会秩序,促进经济、社会和生态环境协调发展。

依据《行政许可法》第12条,可以设定许可的事项有:(1)直接涉及国家安全、公共安全、经济宏观调控、生态环境保护以及直接关系人身健康、生命财产安全等特定活动,需要按照法定条件予以批准的事项;(2)有限自然资源开发利用、公共资源配置以及直接关系公共利益的特定行业的市场准入等,需要赋予特定权利的事项;(3)提供公众服务并且直接关系公共利益的职业、行业,需要确定具备特殊信誉、特殊条件或者特殊技能等资格、资质的事项;(4)直接关系公共安全、人身健康、生命财产安全的重要设备、设施、产品、物品,需要按照技术标准、技术规范,通过检验、检测、检疫等方式进行审定的事项;(5)企业或者其他组织的设立等,需要确定主体资格的事项;(6)法律、行政法规规定可以设定行政许可的其他事项。

根据《行政许可法》第 13 条,行政事项通过下列方式能够规范的,可以不设行政许可:(1)公民、法人或者其他组织能够自主决定的;(2)市场竞争机制能够有效调节的;(3)行业组织或者中介机构能够自律管理的;(4)行政机关采用事后监督等其他行政管理方式能够解决的。

吉安市吉州区原审批专用章封存(杨益民摄)
图文来源:中国江西网,2017 年 11 月 8 日。http://jxja.jxnews.com.cn/system/2017/11/08/016545472.shtml。

在行政许可设定权的分配方面,应遵守以下规则:

(1)法律可以在符合《行政许可法》第 12 条、第 13 条的情况下,设定任何类型的行政许可。

(2)尚未制定法律的,行政法规可以设定行政许可。必要时,国务院可以采用发布决定的方式设定行政许可。实施后,除临时性行政许可事项外,国务院应当及时提请全国人民代表大会及其常务委员会制定法律,或者自行制定行政法规。

(3)尚未制定法律、行政法规的,地方性法规可以设定行政许可;尚未制定法律、行政法规和地方性法规的,因行政管理的需要,确需立即实施行政许可的,省、自治区、直辖市人民政府规章可以设定临时性的行政许可。临时性的行政许可实施满 1 年需要继续实施的,应当提请本级人民代表大会及其常务委员会制定地方性法规。地方性法规和省、自治区、直辖市人民政府规章,不得设定应当由国家统一确定的公民、法人或者其他组织的资格、资质的行政许可;不得设定企业或者其他组织的设立登记及其前置性行政许可。其设定的行政许可,不得限制其他地区的个人或者企业到本地区从事生产经营和提供服务,不得限制其他地区的商品进入本地区市场。

(4)行政法规可以在法律设定的行政许可事项范围内,对实施该行政许可作出具体规定。地方性法规可以在法律、行政法规设定的行政许可事项范围内,对实施该行政许可作出具体规定。规章可以在上位法设定的行政许可事项范围内,对实施该行政许可作出具体规定。法规、规章对实施上位法设定的行政许可作出的具体规定,不得增设行政许可;对行政许可条件作出的具体规定,不得增设违反上位法的其他条件。

(5)除上述规范性法律文件外,其他规范性文件一律不得设定行政许可。

(三)行政许可的程序

行政许可的一般程序包括申请与受理、审查与决定、期限、听证、变更与延展等环节。

1. 申请

公民、法人或者其他组织从事特定活动,依法需要取得行政许可的,应当向行政机关提出申请。行政机关应当将法律、法规、规章规定的有关行政许可的事项、依据、条件、数量、程序、期限以及需要提交的全部材料的目录和申请书示范文本等在办公场所公示。申请人要求行政机关对公示内容予以说明、解释的,行政机关应当说明、解释,提供准确、可靠的信息。

申请人申请行政许可,应当如实向行政机关提交有关材料和反映真实情况,并对其申请材料实质内容的真实性负责。行政机关不得要求申请人提交与其申请的行政许可事项无关的技术资料和其他材料。

2. 受理

行政许可机关收到申请材料后,应依法做出以下几种决定:(1)申请事项依法不需要取得行政许可的,应当即时告知申请人不受理;(2)申请事项依法不属于本行政机关职权范围的,应当即时作出不予受理的决定,并告知申请人向有关行政机关申请;(3)申请材料存在可以当场更正的错误的,应当允许申请人当场更正;(4)申请材料不齐全或者不符合法定形式的,应当当场或者在5日内一次告知申请人需要补正的全部内容,逾期不告知的,自收到申请材料之日起即为受理;(5)申请事项属于本行政机关职权范围,申请材料齐全、符合法定形式,或者申请人按照本行政机关的要求提交全部补正申请材料的,应当受理行政许可申请。

行政机关受理或者不予受理行政许可申请,应当出具加盖本行政机关专用印章和注明日期的书面凭证。

3. 审查

许可机关应当审查许可申请材料,包括形式审查和实质审查两种方式。申请人提交的申请材料齐全、符合法定形式,行政机关能够当场作出决定的,应当当场作出书面的行政许可决定。根据法定条件和程序,需要对申请材料的实质内容进行核实的,行政机关应当指派两名以上工作人员进行核查。

在许可的审查过程中,如果法律、法规、规章规定实施行政许可应当听证的事项,或者行政机关认为需要听证的其他涉及公共利益的重大行政许可事项,行政机关应当向社会公告,并举行听证。行政许可直接涉及申请人与他人之间重大利益关系的,行政机关在作出行政许可决定前,应当告知申请人、利害关系人享有要求听证的权利;申请人、利害关系人在被告知听证权利之日起5日内提出听证申请的,行政机关应当在20日内组织听证。申请人、利害关系人不承担行政机关组织听证的费用。具体听证的实施程序与行政处罚法规定的处罚听证程序基本相同。须注意的是,行政机关应当根据听证笔录,作出行政许可决定。

4. 决定

行政机关对行政许可申请进行审查后,除当场作出行政许可决定的外,应当在法定期限内按照规定程序作出行政许可决定。除可以当场作出行政许可决定的外,行政机关应当自受理行政许可申请之日起20日内作出行政许可决定。20日内不能作出决定的,经本行政机关负责人批准,可以延长 10 日,并应当将延长期限的理由告知申请人。但是,法律、法规另有规定的,依照其规定。行政许可采取统一办理或者联合办理、集中办理的,办理的时间不得超过 45 日;45 日内不能办结的,经本级人民政府负责人批准,可以延长 15 日,并应当将延长期限的理由告知申请人。

申请人的申请符合法定条件、标准的,行政机关应当依法作出准予行政许可的书面决定。行政机关依法作出不予行政许可的书面决定的,应当说明理由,并告知申请人享有依法申请行政复议或者提起行政诉讼的权利。

5. 变更与延续

被许可人要求变更行政许可事项的,应当向作出行政许可决定的行政机关提出申请;符合法定条件、标准的,行政机关应当依法办理变更手续。被许可人需要延续依法取得的行政许可的有效期的,应当在该行政许可有效期届满 30 日前向作出行政许可决定的行政机关提出申请。但是,法律、法规、规章另有规定的,依照其规定。

行政机关应当根据被许可人的申请,在该行政许可有效期届满前作出是否准予延续的决定;逾期未作决定的,视为准予延续。

【随堂测试】 某公司向规划局交纳了一定费用后获得了该局发放的建设用地规划许可证。刘某的房屋邻近该行政许可规划用地,刘某认为建筑工程完成后将遮挡其房屋采光,遂向人民法院起诉请求撤销该许可决定。下列说法正确的是(　　)。(单选题)

A. 规划局发放许可证不得向某公司收取任何费用
B. 因刘某不是该许可的相对人,规划局审查和决定发放许可证无需听取其意见
C. 因刘某不是该许可的相对人,他不具有原告资格
D. 因建筑工程尚未建设,刘某权益受侵犯不具有现实性,他不具有原告资格

解析:《行政许可法》规定,除非法律、行政法规另有规定,行政机关实施行政许可和对行政许可事项进行监督检查,不得收取任何费用,因此 A 项正确。刘某虽然不是许可的行政相对人,但其采光等相邻权受到该许可影响,因此具有法律上利害关系,属于利害关系人,具有行政诉讼原告资格,因此 B、C 项错误。同时,行政诉讼原告资格要求的利害关系是一种值得法律保护的必要性,其不以权益是否受到现实损害为限制,因此 D 项错误。

三、行政强制法

全国人民代表大会常务委员会于 2011 年制定的《行政强制法》,规范了行政机关采取行政强制措施和实施行政强制执法的程序,标志着我国行政法治建设日渐完善。

(一)行政强制的概念与类型

行政强制包括行政强制措施和行政强制执行。

行政强制措施,是指行政机关在实施行政管理的过程中,为制止违法行为、防止证据损毁、避免危害发生、控制危险扩大等情形,依法对公民人身自由进行暂时性限制,或者对公民、法人或者其他组织的财产实施暂时性控制的措施。行政强制措施的种类有:

(1)限制公民人身自由;(2)查封场所、设施或者财物;(3)扣押财物;(4)冻结存款、汇款;(5)其他行政强制措施。例如《防洪法》第45条第1款规定:在紧急防汛期,防汛指挥机构根据防汛抗洪的需要,有权在其管辖范围内调用物资、设备、交通运输工具和人力,决定采取取土占地、砍伐林木、清除阻水障碍物和其他必要的紧急措施。

行政强制执行,是指行政机关或者由行政机关申请人民法院,对不履行发生法律效力的行政决定的公民、法人或者其他组织,依法强制其履行义务的行为。行政强制执行的方式有:(1)排除妨碍、恢复原状等义务的代履行。例如《水法》第65条第1款规定:在河道管理范围内建设妨碍行洪的建筑物、构筑物,或者从事影响河势稳定、危害河岸堤防安全和其他妨碍河道行洪的活动的,由县级以上人民政府水行政主管部门或者流域管理机构依据职权,责令停止违法行为,限期拆除违法建筑物、构筑物,恢复原状;逾期不拆除、不恢复原状的,强行拆除,所需费用由违法单位或者个人负担,并处1万元以上10万元以下的罚款。(2)加处罚款或者滞纳金的执行罚。例如《水法》第70条规定:拒不缴纳、拖延缴纳或者拖欠水资源费的,由县级以上人民政府水行政主管部门或者流域管理机构依据职权,责令限期缴纳;逾期不缴纳的,从滞纳之日起按日加收滞纳部分2‰的滞纳金,并处应缴或者补缴水资源费1倍以上5倍以下的罚款。(3)划拨银行存款、汇款。(4)拍卖或者依法处理查封、扣押的场所、设施或者财物。(5)其他强制执行方式。

【随堂测试】 李某长期吸毒,多次自费戒毒均未成功。某公安局发现后,将李某送至强制隔离戒毒所进行强制隔离戒毒。强制隔离戒毒属于( )。(单选题)

A. 行政处罚　　　　　　　　B. 行政强制措施
C. 行政强制执行　　　　　　D. 行政许可

解析: 行政处罚的显著特性在于其对违法行为人的制裁性;行政强制措施的目的是预防危害的发生或扩大而采取的临时性措施;行政强制执行是对已生效的行政决定强制当事人予以履行;行政许可则是对行为资格的一种赋予或认可。根据《治安管理处罚法》,对吸毒者应处以行政拘留、罚款的行政处罚。强制戒毒是为教育和帮助吸食毒品人员戒毒、保护其身心健康而采取的一种强制措施。因此,本题答案为选项B。

(二)行政强制的设定

行政强制措施由法律设定。行政法规可以设定除"限制公民人身自由""冻结存款、汇款"和"应当由法律规定的行政强制措施"以外的行政强制措施。尚未制定法律、行政法规,且属于地方性事务的,地方性法规可以设定"查封场所、设施或者财物"和"扣押财物"的行政强制措施。法律、法规以外的其他规范性文件不得设定行政强制措施。法律对行政强制措施的对象、条件、种类作了规定的,行政法规、地方性法规不得作出扩大规定。法律中未设定行政强制措施的,行政法规、地方性法规不得设定行政强制措施。法律规定特定事项由行政法规规定具体管理措施的,行政法规可以设定除"限制公民人身自由""冻结存款、汇款"和"应当由法律规定的行政强制措施"以外的行政强制措施。

行政强制执行由法律设定;法律没有规定行政机关强制执行的,作出行政决定的行政机关应当申请人民法院强制执行。例如,依据《治安管理处罚法》第103条,对被决定给予行政拘留处罚的人,由作出决定的公安机关送达拘留所执行。依据《水法》相关规定,未经水行政主管部门或者流域管理机构同意,擅自修建水工程,或者建设桥梁、码头和其他拦河、跨河、临河建筑物、构筑物,铺设跨河管道、电缆,且《防洪法》未作规定的,由县级以上人民政府水行政主管部门或者流域管理机构依据职权,责令停止违法行为,限期补办有关手续;逾期不补办或者补办未被批准的,责令限期拆除违法建筑物、构筑物;逾期不拆除的,强行拆除,所需费用由违法单位或者个人负担。

(三)行政强制中的比例原则

《行政强制法》较好地体现了比例原则,它在第 5 条规定:"行政强制的设定和实施,应当适当。采用非强制手段可以达到行政管理目的的,不得设定和实施行政强制。"

除原则性的规定外,《行政强制法》的大量具体条文都落实了比例原则,相关法律条文很多。例如,第 16 条规定:违法行为情节显著轻微或者没有明显社会危害的,可以不采取行政强制措施。第 19 条规定:情况紧急,需要当场实施行政强制措施的,行政执法人员应当在 24 小时内向行政机关负责人报告,并补办批准手续。行政机关负责人认为不应当采取行政强制措施的,应当立即解除。第 20 条规定:实施限制人身自由的行政强制措施不得超过法定期限。实施行政强制措施的目的已经达到或者条件已经消失,应当立即解除。第 23 条规定:查封、扣押限于涉案的场所、设施或者财物,不得查封、扣押与违法行为无关的场所、设施或者财物;不得查封、扣押公民个人及其所扶养家属的生活必需品。当事人的场所、设施或者财物已被其他国家机关依法查封的,不得重复查封。第 29 条规定:冻结存款、汇款的数额应当与违法行为涉及的金额相当;已被其他国家机关依法冻结的,不得重复冻结。第 43 条规定:行政机关不得在夜间或者法定节假日实施行政强制执行,但情况紧急的除外。行政机关不得对居民生活采取停止供水、供电、供热、供燃气等方式迫使当事人履行相关行政决定。

(四)行政强制的程序

1. 行政强制措施实施程序

一般行政强制措施实施程序有:(1)实施前须向行政机关负责人报告并经批准;(2)由两名以上行政执法人员实施;(3)出示执法身份证件;(4)通知当事人到场;(5)当场告知当事人采取行政强制措施的理由、依据以及当事人依法享有的权利、救济途径;(6)听取当事人的陈述和申辩;(7)制作现场笔录;现场笔录由当事人和行政执法人员签名或者盖章,当事人拒绝的,在笔录中予以注明;当事人不到场的,邀请见证人到场,由见证人和行政执法人员在现场笔录上签名或者盖章;(8)法律、法规规定的其他程序。

如果行政强制措施涉及下列情况,应注意相应的处理措施:

(1)实施限制公民人身自由的行政强制措施,应当场告知或者实施行政强制措施后立即通知当事人家属实施行政强制措施的行政机关、地点和期限;在紧急情况下当场实施行政强制措施的,在返回行政机关后,立即向行政机关负责人报告并补办批准手续。

(2)对查封、扣押的场所、设施或者财物,行政机关应当妥善保管,不得使用或者损毁;造成损失的,应当承担赔偿责任。对查封的场所、设施或者财物,行政机关可以委托第三人保管;因第三人的原因造成的损失,行政机关先行赔付后,有权向第三人追偿。因查封、扣押发生的保管费用由行政机关承担。

（3）冻结存款、汇款的，自冻结存款、汇款之日起 30 日内，行政机关应当作出处理决定或者作出解除冻结决定；情况复杂的，经行政机关负责人批准，可以延长，但是延长期限不得超过 30 日。如果行政机关逾期未作出处理决定或解除冻结决定，金融机构应当自冻结期满之日起解除冻结。

2. 行政强制执行实施程序

行政机关强制执行程序为：（1）事先书面催告当事人履行义务。（2）当事人收到催告书后有权进行陈述和申辩，行政机关应当充分听取当事人的意见。在催告期间，对有证据证明有转移或者隐匿财物迹象的，行政机关可以作出立即强制执行决定。（3）逾期仍不履行行政决定，且无正当理由的，行政机关可以作出强制执行决定。（4）对违法的建筑物、构筑物、设施等需要强制拆除的，应当由行政机关予以公告，限期当事人自行拆除。当事人在法定期限内不申请行政复议或者提起行政诉讼，又不拆除的，行政机关可以依法强制拆除。

申请人民法院强制执行程序为：（1）行政机关申请人民法院强制执行前，应当催告当事人履行义务。（2）催告书送达 10 日后当事人仍未履行义务的，行政机关可以向所在地有管辖权的人民法院申请强制执行；执行对象是不动产的，向不动产所在地有管辖权的人民法院申请强制执行。（3）人民法院在收到申请后 5 日内决定是否受理强制执行申请；人民法院不予受理的，行政机关可以向上一级人民法院申请复议。（4）人民法院发现有明显缺乏事实根据、明显缺乏法律法规依据、其他明显违法并损害被执行人合法权益等情形的，在作出裁定前可以听取被执行人和行政机关的意见。人民法院裁定不予执行的，申请执行的行政机关可以向上一级人民法院申请复议。

【随堂测试】 某工商分局接举报称肖某超范围经营，经现场调查取证初步认定举报属实，遂扣押与其经营相关物品，制作扣押财物决定及财物清单。关于扣押程序，下列说法错误的是（　　）。（单选题）

A. 扣押时应当通知肖某到场
B. 扣押清单一式两份，由肖某和该工商分局分别保存
C. 对扣押物品发生的合理保管费用，由肖某承担
D. 该工商分局应当妥善保管扣押的物品

解析： 扣押属于行政强制措施，应遵守通知当事人到场、制作扣押清单、妥善保管扣押物品等规定，但法律明确规定保管费用由扣押行政机关承担。因此，A、B、D 项的说法正确，C 项说法错误，答案为 C。

第三节　行政救济法

行政救济法是指行政相对人认为行政主体违法或不当的行政行为侵犯了自己的合法权益时，有权请求有关国家机关给予补救的法律制度的总称。我国的行政救济法主要

由《行政复议法》《行政诉讼法》和《国家赔偿法》构成,它们相互配合,共同担负监督行政权、维护公民合法权益的职责。

一、行政复议法

行政复议,是指公民、法人或者其他组织不服行政主体作出的具体行政行为,认为行政主体的具体行政行为侵犯了其合法权益,依法向法定的行政复议机关提出复议申请,行政复议机关依法对该具体行政行为进行合法性、适当性审查,并作出行政复议决定的行政行为。行政复议是行政系统内部的自我监督和纠错机制,是公民、法人或其他组织通过行政救济途径解决行政争议的一种方法。

国务院于1990年发布的《行政复议条例》建立了我国的行政复议制度;全国人民代表大会常务委员会于1999年制定《行政复议法》,取代国务院的条例,于2009年、2017年对《行政复议法》进行了修改;国务院于2007年颁布《行政复议法实施条例》进一步完善了行政复议制度。

(一) 行政复议机关及其实施机构

根据《行政复议法》第12条第1款和第13条,行政复议机关是做出具体行政行为的行政机关所属的本级人民政府或其上一级行政机关。具体而言,对县级以上地方各级人民政府工作部门的具体行政行为不服的,由申请人选择,可以向该部门的本级人民政府申请行政复议,也可以向该部门的上一级主管部门申请行政复议。对地方各级人民政府的具体行政行为不服的,向上一级地方人民政府申请行政复议。对省、自治区人民政府依法设立的派出机关所属的县级地方人民政府的具体行政行为不服的,向该派出机关申请行政复议。

《行政复议法》第14条规定:"对国务院部门或者省、自治区、直辖市人民政府的具体行政行为不服的,向作出该具体行政行为的国务院部门或者省、自治区、直辖市人民政府申请行政复议。对行政复议决定不服的,可以向人民法院提起行政诉讼;也可以向国务院申请裁决,国务院依照本法的规定作出最终裁决。"

根据《行政复议法》第12条第2款,对海关、金融、国税、外汇管理等实行垂直领导的行政机关和国家安全机关的具体行政行为不服的,向上一级主管部门申请行政复议。

对于采取省以下垂直领导体制的行政机关,行政复议机关的确定仍然采取一般原则,即行政机关所属的本级政府或其上一级行政机关为行政复议机关。采取省以下垂直领导体制的行政机关一般包括工商、地税、质量技术监督、食品药品监督等。虽然这些机关实行省以下垂直管理,但仍是地方政府的组成部门,只不过上级行政机关有直接领导权,因此仍应遵循《行政复议法》确定复议机关的一般原则。

在行政复议机关中,具体从事行政复议工作的行政复议实施机构,一般为行政复议机关的法制工作机构。但是,一些行政机关建立了专门的行政复议机构,审查重大复杂行政复议案件,如中国证券监督管理委员会在法制工作部门之外建立了行政复议委员会。一般行政复议案件,由行政复议实施机构负责审查并提出复议意见;重大复杂的行政复议案件,由行政复议实施机构提请行政复议委员会进行审查,由行政复议委员会提出复议意见。

(二) 行政复议的主要制度

行政复议的主要制度包括复议听证、复议和解和复议调解等制度。

行政复议机构认为必要时,可以实地调查核实证据;对重大、复杂的案件,申请人提出要求或者行政复议机构认为必要时,可以采取听证的方式审理。

公民、法人或者其他组织对行政机关行使法律、法规规定的自由裁量权作出的具体行政行为不服申请行政复议,申请人与被申请人在行政复议决定作出前自愿达成和解的,应当向行政复议机构提交书面和解协议;和解内容不损害社会公共利益和他人合法权益的,行政复议机构应当准许。

公民、法人或者其他组织对行政机关行使法律、法规规定的自由裁量权作出的具体行政行为不服申请行政复议的,以及复议事项涉及当事人之间的行政赔偿或者行政补偿纠纷的,行政复议机关可以按照自愿、合法的原则进行调解。当事人经调解达成协议的,行政复议机关应当制作行政复议调解书。行政复议调解书经双方当事人签字,即具有法律效力。调解未达成协议或者调解书生效前一方反悔的,行政复议机关应当及时作出行政复议决定。

二、行政诉讼法

行政诉讼,是指公民、法人和其他组织认为具有国家行政职权的机关和组织及其工作人员的具体行政行为侵犯其合法权益,依法向人民法院提起诉讼,由人民法院依法定程序对具体行政行为进行审查并做出裁决的活动。全国人民代表大会于1989年制定、全国人民代表大会常务委员会于2014年、2017年修改的《行政诉讼法》,目的在于保证人民法院公正、及时审理行政案件,解决行政争议,保护公民、法人和其他组织的合法权益,监督行政机关依法行使行政职权。

(一) 行政诉讼受案范围

行政诉讼受案范围,是指法律规定的,人民法院受理一定范围内的行政案件的权限。只有对受案范围内的行政行为,行政相对人才享有起诉权从而获得司法救济。

1. 应予受理的事项

《行政诉讼法》规定,公民、法人或者其他组织认为行政机关和行政机关工作人员的具体行政行为侵犯其合法权益,有权向人民法院提起诉讼。最高人民法院的司法解释扩大了行政诉讼的受案范围,表现在:(1) 可诉的行为主体不限于行政机关,而以"具有国家行政职权"为标准,既包括具有法定行政职权的机关,也包括法律、法规以及规章授权的组织;(2) 行政类型不再局限于"具体行政行为",而扩展至"行政行为",影响当事人合法权益的"行政事实行为"也可以进入行政诉讼。

《行政诉讼法》列举的可诉性行政行为主要包括:(1) 对行政拘留、暂扣或者吊销许可证和执照、责令停产停业、没收违法所得、没收非法财物、罚款、警告等行政处罚不服的;(2) 对限制人身自由或者对财产的查封、扣押、冻结等行政强制措施和行政强制执行不服的;(3) 申请行政许可,行政机关拒绝或者在法定期限内不予答复,或者对行政机关作出的有关行政许可的其他决定不服的;(4)对行政机关作出的关于确认土地、矿藏、水流、森林、山岭、草原、荒地、滩涂、海域等自然资源的所有权或者使用权的决定不服的;(5)对征收、征用决定及其补偿决定不服的;(6)申请行政机关履行保护人身权、财产权等合法权益的法定职责,行政机关拒绝履行或者不予答复的;(7)认为行政机关侵犯其经营自主权或者农村土地承包经营权、农村土地经营权的;(8)认为行政机关滥用行政权力排除或者限制竞争的;(9)认为行政机关违法集资、摊派费用或者违法要求履行其他义务的;(10)认为行政机关没有依法支付抚恤金、最低生活保障待遇或者社会保险待遇的;(11)认为行政机关不依法履行、未按照约定履行或者违法变更、解除政府特许经营协议、土地房屋征收补偿协议等协议的;(12)认为行政机关侵犯其他人身权、财产权等合法权益的。此外,人民法院受理法律、法规规定可以提起诉讼的其他行政案件。

2. 不予受理的事项

一般而言,除不予受理的事项之外的所有行政行为,都应属于行政诉讼的受案范围。因此,对法定不予受理事项的理解和掌握非常重要。《行政诉讼法》和司法解释分别对不予受理事项做出规定。

《行政诉讼法》规定的不予受理行为包括:

(1)国家行为。国家行为,是指国务院、中央军事委员会、国防部、外交部等根据宪法和法律的授权,以国家的名义实施的有关国防和外交事务的行为,以及经宪法和法律授权的国家机关宣布紧急状态、实施戒严和总动员等行为。国防行为主要有对外宣战、宣布战争状态、采取军事行动、设立军事禁区等。外交行为主要有签订国际条约、与他国建交断交等。国家宣布紧急状态、发布总动员令、在国家动乱期间实施戒严等,也属于国家行为。对于国家行为,有些国家将此类案件作为宪法诉讼而非行政诉讼处理。

(2)抽象行政行为。抽象行政行为,是指行政机关针对不特定对象发布的能反复适用的行政规范性文件的行为。针对不特定对象作出、能反复适用,通常表现为具有普遍约束力的规范性文件,是抽象行政行为的基本特征。

(3)内部行政行为。内部行政行为指行政机关作出的涉及该行政机关公务人员权利义务的决定,一般可以分为两类。一类表现为上下级行政机关或上下级行政机关工作人员之间的工作关系,如上级发布指示、命令、决定、计划、规定与下级服从的关系,批准、答复与申请的关系等。另一类体现为行政机关与其工作人员之间的人事关系,如对工作人员的奖惩、任免、调动、考核、升降工资等。内部行政行为不属于行政诉讼受案范围的理由是,它属于行政机关自身建设问题,人民法院不宜进行干预。

(4)终局行政行为。终局行政行为,是指法律规定由行政机关作出最终决定、不受司法审查的行政行为。终局行政行为排除司法审查的理由有:行政行为的专业性强,人民法院审查能力有限;行为涉及国家重要机密,一旦诉讼将有损于国家利益;行政机关已为相对人提供了可靠的程序保障等。如《行政复议法》第 14 条的规定。

司法解释规定的不予受理行为包括:

(1)公安机关、国家安全机关等机关依照刑事诉讼法的明确授权作出的行为。公安机关、国家安全机关等机关具有行政机关与犯罪侦查机关的双重身份。以行政机关的身份作出的行为属于行政行为,具有被提起行政诉讼的可能性;以犯罪侦查机关的身份作出的行为属于刑事诉讼行为,不属于人民法院行政诉讼的受案范围。

(2)调解行为以及法律规定的仲裁行为。行政调解,是指行政机关依法以第三者的身份,主持发生民事纠纷的双方当事人平等协商,达成一致意见,以解决民事争议的行政行为。行政仲裁,是指由特定的行政机关依法以第三者身份对当事人之间的民事纠纷,按照仲裁程序作出公断的行为。行政调解、行政仲裁行为被排除在行政诉讼之外的理由在于,这些行为大都以民事争议双方当事人的自愿为基础,当事人对调解、仲裁不服的,可以对方当事人为被告提起民事诉讼。

(3)不具有强制力的行政指导行为。行政指导,是行政机关为实现所希望的行政状态,谋求相对人的响应,依照法律、政策采取的非强制性行政执法活动。其主要行为方式是提出希望,如建议、提倡、号召、劝告等。行政指导不属于行政诉讼受案范围的理由是:行政指导属于非强制性行政活动,不包含行政主体的强力意志;是否接受指导,实现行政主体期望的行政状态,完全取决于相对人自己的意志。但是,如果行政机关没有采取软性指导的形式,而以强制力推行其意愿,那么这一行为仍具有可诉性。

(4)驳回当事人对行政行为提出申诉的重复处理行为。重复处理行为也称重复处置行为,是指接受申诉的行为机关经审查对申诉人给予维持原决定的答复行为。这种行为通常发生在以下情形:当事人对历史遗留问题的行政行为、对已过起诉期限的行政行为或行政机关具有终局裁决权的行为不服,向行政机关提出申诉,行政机关经过审查,维持原有的行为,驳回当事人的申诉。重复处理行为不属于行政诉讼受案范围的理由是,该行为没有给当事人设定新的权利和义务,没有导致原行政法律关系的变更或消灭,当事人实质上仍受原具体行政行为的拘束。

(5)对公民、法人或其他组织不产生实际影响的行为。作出此项规定的主要目的有两个:一是作为一种兜底条款,表明除前面各排除事项不属于行政诉讼受案范围外,享有行政职权的机关作出的行政行为只要不具有实际影响相对人的属性,均不能纳入行政诉讼受案范围;二是与《行政诉讼法》第2条规定相呼应,只要行政职权行为对相对人的合法权益造成了实际影响,均应纳入行政诉讼受案范围。

【随堂测试】 当事人不服下列行为而提起的诉讼,能够被人民法院受理的是( )。(单选题)

A. 某人力资源和社会保障局以李某体检不合格为由取消其公务员录用资格
B. 某公安局以该局新录用的公务员孙某试用期不合格为由取消录用
C. 某人社局给予行政机关工作人员田某记过处分
D. 某财政局对该局工作人员黄某提出的辞职申请不予批准

解析:B、C、D选项中的当事人属于机关的工作人员,行政机关对其作出的记过、取消录用行为属于内部行为,不属于我国行政诉讼的受案范围。A项中李某还没有获得公务员身份,对其作出的取消录用资格的决定是影响其担任国家公职权利的行政行为,属于行政诉讼的受案范围。因此,本题正确选项为A。

(二)行政诉讼当事人

行政诉讼当事人,是指因具体行政行为发生争议,以自己名义进行诉讼,并受人民法院裁判拘束的主体。当事人除原告和被告外,还包括第三人。

行政诉讼原告,是指对行政主体的具体行政行为不服,依照行政诉讼法,以自己的名义向人民法院提起行政诉讼的公民、法人或者其他组织。在我国,行政相对人和利害关系人均有权提起行政诉讼。例如,行政机关批准甲建房,邻居乙认为甲建房后将影响乙的采光,或者认为其邻地通行权受到影响,此时相邻权受到侵害的个人、组织具有行政诉讼原告资格,有权对行政机关的审批建房行为提起行政诉讼。2017年修改的《行政诉讼法》将人民检察院确立为特定行政案件中行政诉讼的原告,作为行政公益诉讼代表人提起诉讼。

行政诉讼被告,是指被原告起诉其具体行政行为侵犯原告的合法权益,并经由人民法院通知应诉的行政机关和法律、法规、规章授权的组织。成为行政诉讼被告必须具备"行政主体"资格。具体而言,公民、法人或者其他组织直接向人民法院提起诉讼的,作出行政行为的行政机关是被告。经复议的案件,复议机关决定维持原行政行为的,作出原行政行为的行政机关和复议机关是共同被告;复议机关改变原行政行为的,复议机关是被告。复议机关在法定期限内未作出复议决定,公民、法人或者其他组织起诉原行政行为的,作出原行政行为的行政机关是被告;起诉复议机关不作为的,复议机关是被告。两个以上行政机关作出同一行政行为的,共同作出行政行为的行政机关是共同被告。行政机关委托的组织所作的行政行为,委托的行政机关是被告。行政机关被撤销或者职权变更的,继续行使其职权的行政机关是被告;没有继续行使其职权的机关,作出撤销决定的行政机关是被告。

行政诉讼第三人,是指与被诉行政行为或者案件处理结果有利害关系,依申请或者应人民法院通知,参加到他人正在进行的行政诉讼中的公民、法人或其他组织。《行政诉讼法》第29条规定:"公民、法人或者其他组织同被诉行政行为有利害关系但没有提起诉讼,或者同案件处理结果有利害关系的,可以作为第三人申请参加诉讼,或者由人民法院通知参加诉讼。人民法院判决第三人承担义务或者减损第三人权益的,第三人有权依法提起上诉。"行政诉讼第三人参加诉讼有两种方式:一是公民、法人或者其他组织认为自己与被诉具体行政行为有利害关系,主动向人民法院提出申请,经人民法院准许而参加诉讼;二是人民法院认为某公民、法人或者其他组织与被诉具体行政行为有利害关系,应当通知其以第三人身份参加诉讼,是否参加由被通知人自己决定,人民法院不能强求。

【随堂测试】 金某因举报单位负责人贪污而遭到殴打,于案发当日向某区公安分局某派出所报案,但派出所久拖不理。金某向区公安分局申请复议,区公安分局以未成立复议机构为由拒绝受理,并告知金某向上级机关申请复议。下列说法正确的是( )。(多选题)

A. 金某可以向某区人民政府申请复议
B. 金某可以某派出所为被告向人民法院提起行政诉讼
C. 金某可以某区公安分局为被告向人民法院提起行政诉讼

D. 应当对某区公安分局相关责任人给予行政处分

解析：根据《行政复议法》第 15 条的规定，对政府工作部门依法设立的派出机构依照法律、法规或者规章规定，以自己的名义作出的具体行政行为不服的，向设立该派出机构的部门或者该部门的本级地方人民政府申请行政复议。某派出所是某区公安分局设立的派出机构，而该分局是某区政府的工作部门，因此对派出所申请行政复议，复议机关应当是区公安分局或者区政府，A 项正确。根据行政诉讼法，作出行政行为的行政机关是被告，同时《治安管理处罚法》第 91 条规定，警告、500 元以下的罚款可以由公安派出所决定，因此 B 项正确；起诉复议机关不作为的，复议机关是被告，因而对公安分局拒绝受理行为，可以独立提起行政诉讼，C 项正确。公安分局是法律明确规定的行政复议机关，其以未成立复议机构为由拒绝受理构成渎职，其相关负责人应受到行政处分，D 项正确。因此，答案为 A、B、C、D。

（三）行政诉讼举证责任

行政诉讼举证责任，是指由法律预先规定，在行政案件的真实情况难以确定的情况下，由一方当事人提供证据予以证明，如果提供不出证明相应事实情况的证据，则承担败诉风险及不利后果。在行政诉讼中，被告负举证责任是一般原则，但原告也负有一定的举证责任，人民法院在一定条件下负有调取证据的责任。

被告对作出的具体行政行为负有举证责任，应当提供作出该具体行政行为的证据和所依据的规范性文件。行政机关在法定的答辩期限内拒不向人民法院提供证据的，视为没有证据而应承担败诉风险。人民法院不得为证明被诉具体行政行为的合法性，调取被告在作出具体行政行为时未收集的证据。

公民、法人或者其他组织向人民法院起诉时，应当提供其符合起诉条件的证据材料。在起诉被告不作为的案件中，原告应当提供其在行政程序中曾经提出申请的证据材料。在行政赔偿诉讼中，原告应当对被诉具体行政行为造成损害的事实提供证据材料。

涉及国家利益、公共利益或者他人合法权益的事实认定的，或者涉及依职权追加当事人、中止诉讼、终结诉讼、回避等程序性事项的，人民法院有权向有关行政机关及其他组织、公民调取证据。原告或者第三人不能自行收集，但能够提供确切线索的，可以申请人民法院调取下列证据材料：（1）由国家有关部门保存而须由人民法院调取的证据材料；（2）涉及国家秘密、商业秘密、个人隐私的证据材料；（3）确因客观原因不能自行收集的其他证据材料。

（四）行政诉讼的判决

人民法院根据具体行政行为的合法性作出以下判决：

（1）驳回诉讼请求判决。行政行为证据确凿，适用法律、法规正确，符合法定程序的，或者原告申请被告履行法定职责或者给付义务理由不成立的，人民法院判决驳回原告的诉讼请求。

（2）撤销判决。具体行政行为有主要证据不足、适用法律法规错误、违反法定程序、超越职权、滥用职权、明显不当等情形之一的，判决撤销或者部分撤销，并可以判决被告重新作出具体行政行为。

(3) 履行判决。被告不履行或者拖延履行法定职责的,判决其在一定期限内履行。人民法院判决被告履行法定职责,应当指定履行的期限,因情况特殊难于确定期限的除外。

(4) 给付判决。人民法院经过审理,查明被告依法负有给付义务的,判决被告履行给付义务。该判决主要适用于行政机关没有依法支付抚恤金、最低生活保障待遇或者社会保险待遇等情形。

(5) 确认判决。具体包括3种情形:

第一,确认违法,保留行政行为效力。行政行为有下列情形之一的,人民法院判决确认违法,但不撤销行政行为:一是行政行为依法应当撤销,但撤销会给国家利益、社会公共利益造成重大损害的;二是行政行为程序轻微违法,但对原告权利不产生实际影响的。

动真格　新华社发　徐　骏　作
图片来源:齐鲁网,2013 年 12 月 24 日。http://qingdao.iqilu.com/rdjj/2013/1224/1799192.shtml。

第二,确认违法,否定行政行为效力。行政行为有下列情形之一,不需要撤销或者判决履行的,人民法院判决确认违法:一是行政行为违法,但不具有可撤销内容的;二是被告改变原违法行政行为,原告仍要求确认原行政行为违法的;三是被告不履行或者拖延履行法定职责,判决履行没有意义的。

第三,确认无效。行政行为存在实施主体不具有行政主体资格或者没有依据等重大且明显违法情形,原告申请确认行政行为无效的,人民法院判决确认无效。

(6) 变更判决。行政处罚显失公正的,可以判决变更。人民法院审理行政案件不得加重对原告的处罚,但利害关系人同为原告的除外。人民法院审理行政案件不得对行政机关未予处罚的人直接给予行政处罚。

【随堂测试】 某镇政府以某公司所建钢架大棚未取得乡村建设规划许可证为由责令限期拆除。该公司逾期不拆除,镇政府现场向其送达强拆通知书,并组织人员拆除了大棚。该公司向人民法院起诉要求撤销强拆行为,如果人民法院审理认为强拆行为违反法定程序,可作出的判决是(　　)。(单选题)

A. 撤销判决　　　　　　　　B. 确认违法判决
C. 履行判决　　　　　　　　D. 变更判决

解析:镇政府在强制拆除该违法建设时,并没有遵守行政强制法规定的相关程序,特别是没有给公司对该强制拆除决定申请行政复议或提起行政诉讼的机会,就直接实施了强制拆除行为,构成违法。但是该公司无证建设这一事实是明确的,不值得法律保护,因此法院不能做出撤销判决,只能做出确认违法的判决。本题正确选项为 B。

(7) 行政协议判决。被告不依法履行、未按照约定履行或者违法变更、解除行政协议的,人民法院判决被告承担继续履行、采取补救措施或者赔偿损失等责任。被告变更、解除行政协议合法,但未依法给予补偿的,人民法院判决给予补偿。

延伸阅读

行政复议与行政诉讼之比较

行政复议与行政诉讼,都以行政争议为处理对象,都以纠正行政违法和恢复或补救被违法具体行政行为侵犯的受害者权益为目的。二者之间既有许多相同点,又存在明显的区别,同时在解决行政争议的程序上它们又存在着一定的承接关系。

行政复议和行政诉讼的共同点:

(1) 产生的根源和功能相同。二者都源于行政争议的存在,都是为了解决行政争议,保护公民、法人和其他组织的合法权益,监督行政机关依法行使行政职权。

(2) 提起条件相同。二者都是因行政法律关系中处于行政相对人地位的公民、法人或其他组织的请求而引起,均适用"不告不理"的原则。

(3) 受案范围相同。行政诉讼以具体行政行为为审查对象,而行政复议也主要是对具体行政行为进行审查。此外,随着修改后的《行政诉讼法》的实施,人民法院与行政复议机关一样,二者都可以在审理具体行政行为过程中附带性地对行政机关作出的一定范围内的抽象行政行为进行审查。

(4) 法律关系的主体都表现为"三方性"。行政复议法律关系的主体和行政诉讼法律关系的主体基本上都是有三方:申请人或原告都是与被申请或被诉的具体行政行为有利害关系的公民、法人或其他组织,被申请人或被告都是作出该具体行政行为的行政机关,作为裁决者的复议机关或人民法院,都是以中立的第三者身份对行政争议作出复议决定或审判。

(5) 适用的某些原则和程序规则也有许多相同之处。如原具体行政行为不停止执行、行政机关负举证责任、行政机关不得自行收集证据等,在行政复议和行政诉讼中都共同遵循,二者的受案范围也基本相同。

行政复议和行政诉讼的区别:

(1) 行为性质不同。行政复议属于广义的行政行为,是行政机关行使行政权的表现,是上级行政机关通过解决行政争议对下级行政机关的具体行政行为进行的行政监督;行政诉讼属于司法行为,是人民法院行使审判权的表现,是人民法院通过审理行政案件对行政机关的具体行政行为实施的司法监督。

(2) 受理和审理机关不同。行政复议案件由行政复议机关受理和审理,具体由行政复议机构以行政复议机关的名义行使职权和履行职责;行政诉讼案件由人民法院受理和审理,具体由立案庭以人民法院的名义负责受理,由行政审判庭以人民法院的名义进行审理。

(3) 参加当事人的类型不同。参加行政复议的当事人主要包括行政相对人和利害关系人,但是参加行政诉讼的当事人除行政相对人和利害关系人之外,还在环境保护等特定案件中新增加了人民检察院,从事行政公益诉讼。

(4) 审查范围不同。行政复议既要审查具体行政行为的合法性,又要审查具体行政行为的合理性,根据《行政复议法》第7条,还可以附带审查一定范围内抽象行政行为的合法性和合理性,如除规章之外的国务院部门的规定、县级以上地方各级人民政府及其工作部门的规定、乡镇人民政府的规定;而行政诉讼原则上只审查具体行政行为的合法性,合法性审查原则是行政诉讼的特有原则。

(5) 审理的具体制度不同。行政复议原则上采取书面审查、一级复议、行政首长负责制;而行政诉讼实行开庭审理、两审终审制和合议制度等。

(6) 处理权限和裁决的法律效力不同。在行政复议中,复议机关可以对所有明显不公的具体行政行为作出变更决定;而在行政诉讼中,人民法院只对行政处罚显失公正的具体行政行为可以判决变更。行政复议决定,除由法律特别规定外,并不具有终局法律效力,如申请人不服还可以向人民法院提起行政诉讼;而人民法院享有终局裁决权,即人民法院对行政争议案件有权作出具有终局法律效力的裁判。

(7) 能否适用调解与和解不同。在行政复议中可以有条件地适用调解与和解;而行政诉讼中,审理行政案件以不适用调解为原则,只允许对行政赔偿、补偿以及行政机关行使法律、法规规定的自由裁量权的案件进行调解,除此之外原则上均不得调解与和解。

三、行政赔偿法

全国人民代表大会常务委员会于1994年制定《国家赔偿法》,于2010年、2012年对该法进行了重大修改,我国的国家赔偿制度日趋完善。国家赔偿包括行政赔偿和刑事赔偿,本部分仅介绍行政赔偿。

(一) 行政赔偿概述

行政赔偿是指,国家行政机关及其工作人员违法行使职权侵犯公民、法人或其他组织的合法权益造成损害的,国家对受害人承担赔偿责任。

行政机关及其工作人员在行使行政职权时有下列侵犯人身权情形之一的,受害人有取得赔偿的权利:(1) 违法拘留或者违法采取限制公民人身自由的行政强制措施的;(2) 非法拘禁或者以其他方法非法剥夺公民人身自由的;(3) 以殴打、虐待等行为或者唆使、放纵他人以殴打、虐待等行为造成公民身体伤害或者死亡的;(4) 违法使用武器、警械造成公民身体伤害或者死亡的;(5) 造成公民身体伤害或者死亡的其他违法行为。

行政机关及其工作人员在行使行政职权时如果有下列侵犯财产权情形,受害人有取得赔偿的权利:(1) 违法实施罚款、吊销许可证和执照、责令停产停业、没收财物等行政处罚的;(2) 违法对财产采取查封、扣押、冻结等行政强制措施的;(3) 违法征收、征用财产的;(4) 造成财产损害的其他违法行为。

属于下列情形之一的,国家不承担赔偿责任:(1) 行政机关工作人员与行使职权无关的个人行为;(2) 因公民、法人和其他组织自己的行为致使损害发生的;(3) 法律规定的其他情形。

(二)行政赔偿义务机关

行政机关及其工作人员行使行政职权侵犯公民、法人和其他组织的合法权益造成损害的,该行政机关为赔偿义务机关。两个以上行政机关共同行使行政职权时侵犯公民、法人和其他组织的合法权益造成损害的,共同行使行政职权的行政机关为共同赔偿义务机关。

法律、法规授权的组织在行使授予的行政权力时侵犯公民、法人和其他组织的合法权益造成损害的,被授权的组织为赔偿义务机关。

受行政机关委托的组织或者个人在行使受委托的行政权力时侵犯公民、法人和其他组织的合法权益造成损害的,委托的行政机关为赔偿义务机关。

赔偿义务机关被撤销的,继续行使其职权的行政机关为赔偿义务机关;没有继续行使其职权的行政机关的,撤销该赔偿义务机关的行政机关为赔偿义务机关。

经复议机关复议的,最初造成侵权行为的行政机关为赔偿义务机关,但复议机关的复议决定加重损害的,复议机关对加重的部分履行赔偿义务。

(三)行政赔偿程序

赔偿请求人要求赔偿,应当先向赔偿义务机关提出,也可以在申请行政复议或者提起行政诉讼时一并提出。赔偿请求人可以向共同赔偿义务机关中的任何一个赔偿义务机关要求赔偿,该赔偿义务机关应当先予赔偿。

赔偿义务机关应当自收到申请之日起两个月内,作出是否赔偿的决定。赔偿义务机关作出赔偿决定,应当充分听取赔偿请求人的意见,并可以与赔偿请求人就赔偿方式、赔偿项目和赔偿数额进行协商。赔偿义务机关决定赔偿的,应当制作赔偿决定书,并自作出决定之日起 10 日内送达赔偿请求人。赔偿义务机关决定不予赔偿的,应当自作出决定之日起 10 日内书面通知赔偿请求人,并说明不予赔偿的理由。

赔偿义务机关在规定期限内未作出是否赔偿的决定,赔偿请求人可以自期限届满之日起 3 个月内,向人民法院提起诉讼。赔偿请求人对赔偿的方式、项目、数额有异议的,或者赔偿义务机关作出不予赔偿决定的,赔偿请求人可以自赔偿义务机关作出赔偿或者不予赔偿决定之日起 3 个月内,向人民法院提起诉讼。

(四)赔偿方式和计算标准

国家赔偿以支付赔偿金为主要方式。能够返还财产或者恢复原状的,予以返还财产或者恢复原状。

侵犯公民人身自由的,每日赔偿金按照国家上年度职工日平均工资计算。例如,最高人民法院确定 2011 年此类具体赔偿数额为每日 142.33 元,2017 年则为每日 242.30 元。

侵犯公民生命健康权的,赔偿金按照下列规定计算:(1)造成身体伤害的,应当支付医疗费、护理费,以及赔偿因误工减少的收入。减少的收入每日的赔偿金按照国家上年度职工日平均工资计算,最高额为国家上年度职工年平均工资的 5 倍。(2)造成部分或者全部丧失劳动能力的,应当支付医疗费、护理费、残疾生活辅助器具费、康复费等因残疾而增加的必要支出和继续治疗所必需的费用,以及残疾赔偿金。残疾赔偿金根据丧失劳动能力的程度,按照国家规定的伤残等级确定,最高不超过国家上年度职工年平均工资的20倍。造成全部丧失劳动能力的,对其扶养的无劳动能力的人,还应当支付生活费。(3)造成死亡的,应当支付死亡赔偿金、丧葬费,总额为国家上年度职工年平均工资的20倍。对死者生前扶养的无劳动能力的人,还应当支付生活费。生活费的发放标准,参照当地最低生活保障标准执行。被扶养的人是未成年人的,生活费给付至18周岁止;其他无劳动能力的人,生活费给付至死亡时止。

对公民人身权造成侵害,致人精神损害的,应当在侵权行为影响的范围内,为受害人消除影响,恢复名誉,赔礼道歉;造成严重后果的,应当支付相应的精神损害抚慰金。

侵犯公民、法人和其他组织的财产权造成损害的,按照下列规定处理:(1)处罚款、罚金、追缴、没收财产或者违法征收、征用财产的,返还财产;(2)查封、扣押、冻结财产的,解除对财产的查封、扣押、冻结,造成财产损坏或者灭失的,按照损害程度给付相应的赔偿金;(3)应当返还的财产损坏的,能够恢复原状的恢复原状,不能恢复原状的,按照损害程度给付相应的赔偿金;(4)应当返还的财产灭失的,给付相应的赔偿金;(5)财产已经拍卖或者变卖的,给付拍卖或者变卖所得的价款;变卖的价款明显低于财产价值的,应当支付相应的赔偿金;(6)吊销许可证和执照、责令停产停业的,赔偿停产停业期间必要的经常性费用开支;(7)返还执行的罚款或者罚金、追缴或者没收的金钱,解除冻结的存款或者汇款的,应当支付银行同期存款利息;(8)对财产权造成其他损害的,按照直接损失给予赔偿。

以案释法

张某某等五人诉某公安分局行政赔偿案

案情:2006年3月3日凌晨3时许,被害人刘某某路过甘肃省某市的一个农行储蓄所门前时,遭到3名歹徒的拦路抢劫。刘某某被刺伤后呼叫求救,个体司机胡某、美容中心经理梁某听到呼救后,先后用手机于4时02分、4时13分、4时20分3次拨打110电话报警,110值班人员让打120电话,120让打110电话。梁某于4时24分20秒(时长79秒)再次打110电话报警后,110值班接警人员于6时23分35秒电话指令案发地派出所出警。此时被害人刘某某因失血过多已经死亡。2009年1月16日,被害人刘某某的近亲属张某某等5人以公安机关行政不作为为由,向市公安局某分局提出行政赔偿申请,该分局作出不予行政赔偿的决定。张某某等人遂以该分局为被告,向人民法院提起行政赔偿诉讼。

问题:公安机关是否存在失职行为,是否构成行政不作为;原告因不作为行为遭受的损失是否应予国家赔偿?

评析:《人民警察法》规定,人民警察的任务是维护国家安全,维护社会治安秩序,保护公民人身安全、人身自由和合法财产,保护公共财产,预防、制止和惩治违法犯罪活动。因此,不仅违法实施行政处罚、行政强制等侵权行为可能承担赔偿责任,因不依法履行职责、不及时救助群众,造成人身、财产损害的,同样可能承担赔偿责任。本案中,被害人刘某某的不幸死亡系因他人犯罪所导致,但公安机关也存在违法拖延出警、未及时履行保护公民人身安全的义务,应当承担相应的赔偿责任。

以该案为基础,最高人民法院于2013年9月22日作出《关于公安机关不履行、拖延履行法定职责如何承担行政赔偿责任问题的答复》,指出:公安机关不履行或者拖延履行保护公民、法人或者其他组织人身权、财产权的法定职责,致使公民、法人或者其他组织人身、财产遭受损失的,应当承担相应的行政赔偿责任。公民、法人或者其他组织人身、财产损失系第三人行为造成的,应当由第三人承担民事侵权赔偿责任;第三人民事赔偿不足、无力承担赔偿责任或者下落不明的,应当根据公安机关不履行、拖延履行法定职责行为在损害发生过程和结果中所起的作用等因素,判决其承担相应的行政赔偿责任。公安机关承担相应的赔偿责任后,可以向实施侵权行为的第三人追偿。该批复为解决同类案件提供了新的依据。

第七章 经 济 法

"我们实行社会主义市场经济体制,就是因为我们深刻认识到,市场是配置资源的有效形式,有利于发挥微观主体的内在动力和活力,从而创造更多社会财富。同时,我们也深刻认识到,市场从来都不是万能的,特别是在经济发展面临重大挑战的情况下,必须发挥政府应有的宏观调控作用,克服市场缺陷。总的看,市场作用和政府调控相辅相成、缺一不可,市场作用多一些还是政府作用多一些,需要根据宏观经济运行状况相机抉择。关键是要坚持社会主义市场经济的改革方向,进一步完善体制机制,从制度上更好发挥市场在资源配置中的基础性作用;同时,又要发挥政府维护市场有序运转职能,不断加强和改善宏观调控,增强基本公共服务能力,实现社会资源优化配置。"

胡锦涛:《认真总结和研究社会主义市场经济规律》
(2010 年 12 月 10 日)

【学习指导】 重点掌握经济法的含义、调整范围、基本理念和法律关系;了解竞争法禁止的行为类型、消费者的权利及其保护、产品质量监督制度和缺陷产品的法律责任;理解中央银行的基本职能、商业银行的业务范围、税收的种类和征收制度。

从世界范围来看,经济法是一个新兴的法律部门,但是在短暂的时间里得到了飞速发展。经济法的根本目的在于解决自由资本主义过度强调个人利益与独立,而忽略社会整体经济利益所带来的问题,它不仅可以面对"市场失灵",而且还尽力消除"政府失灵"。因而,经济法在强调社会本位,侧重维护社会整体利益的基础上,还兼顾各个市场经济主体的利益,从而实现了国家利益和个体利益的协调统一,对经济发展和社会建设起到至关重要的作用。

第一节 经济法基础理论

现代社会认为,市场机制是人类迄今为止最具效率和活力的经济运行机制和资源配置手段,它具有任何其他机制和手段不可替代的功能优势。但是,市场经济也有其局限性,从宏观上来看,市场既无心脏,也无头脑,它没有良心,也不会思考,没有什么顾忌,市场存在着失灵的现象;从微观上来看,商品生产者和经营者的经济活动都是在价值规律的自发调节下以追求自身利益为目的的,而价值规律在对资源合理配置起积极促进作用的同时,也会因经济活动参加者的分散经营,无法控制经济变化的趋势,从而影响市场经济的正常运行。这些问题的解决需要借助国家这只"有形之手"的适度干预,由此形成经济法所要调整的社会关系。

一、经济法的含义和特点

经济法是调整为保证社会整体经济利益,克服市场调节经济的缺陷,由国家对本国经济进行适度干预而产生的经济关系的法律规范的总称。

一般而言,经济法具有以下显著特点:

(1) 经济性。经济性是经济法最显著的特征,经济法同国家经济的关系十分紧密。从对象上看,经济法调整的关系是国家干预经济运行过程中产生的经济关系,经济关系的存在和发展直接决定着经济法的内容和发展方向;从实践上看,经济法的制定以现实经济情况和客观经济条件为基础,既要考虑法律形式上的要求,更要体现社会经济客观规律的实质内容,并把二者有机地结合起来,以发挥经济法的重大经济效能和社会功能。

(2) 现代性。在社会经济生活瞬息万变的情况下,国家要趋利避害,促进本国经济的持续健康发展,就必须及时变动经济法律制度,但法律往往会滞后于现实,不得不依赖于能灵活及时地应对各种复杂问题的经济政策。因而,经济法具有非常强的政策性,经济立法会紧随经济发展的需要,把国家的经济制度、经济政策、经济规则规定为法律。并且,经济法规中有相当部分的原则性规定必须和特定的经济政策相配合才能有效准确地实施,甚至于很多时候经济法就是国家政策的具体化、法律化。经济法与经济政策的这种联系,使之具有非常强的活力和现代性。

(3) 综合性。经济法的综合性表现在调整手段、制裁方式、规范构成以及内容等多个方面。经济法既调整纵向经济关系又调整部分横向经济关系。在调整纵向经济关系,如调整国家计划、监督、组织和管理经济关系时,经济法侧重采用类似行政法的调整手段。在调整横向经济关系,如调整经济组织之间、经济组织与个体户公民之间、经济组织内部的关系时,经济法侧重采用近似民法的调整手段。在违法制裁上,经济法采取奖励与惩罚、事前调整与事后调整相结合的方法,违反经济法的后果也细分为经济性和非经济性两种。

延伸阅读

经济法的立法统合:需要与可能[①]

从法制变迁的一般规律看,各个领域的法律发展都是从低级到高级,从分散到统合的过程,这是法治现代化的内在需要。诸多经济法规范的立改废释,使经济法立法统合的必要性及其"高级法"的特征日益凸显。回顾我国改革开放以来的经济法制变迁,不难发现,这是现代经济法从无到有、从少到多、从低级到高级、从分散到统合的过程,并且,在经济法的各个领域都不同程度地有其体现。例如,在财税法领域,就曾存在和正经历着大量的立法统合。其中,内外有别的两套税制最终得以统一和整合,尤为引人瞩目,特别是《企业所得税法》《个人所得税法》《车船税法》的立法统合,不仅结束了内外有别的分散状态,还实现了立法级次的提升。

[①] 摘自张守文:《经济法的立法统合:需要与可能》,载《现代法学》2016年第3期。

推进经济法的立法统合,并非排斥既有的分散立法,而是可以根据不同情况,分别实现统合目标。例如,一方面,可以对原有立法进行"改建、扩建",即保留以往立法成果的合理部分,对其规定存在缺失、不足或偏颇的部分进行补足、校正和补漏,同时,对相关规范进行整合和扩展,以形成一般条款或共通规范;另一方面,也可以进行"新建",即在保留原有立法的同时,另起炉灶,推出作为原有立法上位法的"通则性立法"或"基础性立法",以便原有的分散立法与后续的统合立法能够融为一体,从而更好地应对纷繁复杂的经济生活,解决经济法调整不足的问题。

经济立法的统合必须先对其立法宗旨、调整对象或调整范围、基本原则等作出"一般规定",而对上述内容的具体规定,则取决于对经济法的调整目标或宗旨、经济法的调整对象、基本原则、经济法的价值等诸多理论问题的认识。经济法的立法统合无论采取何种形式,都须明确相关基本体制,以有效厘清政府与市场的边界,明晰相关国家机构之间的关系,并且经济法的实体法制度都是核心内容。

任何一个伟大的时代都离不开立法统合。无论是自由竞争时期的《法国民法典》,还是从自由竞争走向垄断时期的《德国民法典》,都是立法统合的重要范本。在政府职能不彰的近代社会,民法典是立法统合的重点,但随着现代市场经济体制的建立和发展,国家经济职能日益凸显,更需要加强经济法的立法统合,甚至在未来条件成熟时也可能出台《经济法典》,这本身也是人类制度文明进步的重要体现。

二、经济法的调整范围

经济法的调整范围是指经济法发挥效力和功能的范围。国家干预经济可采取两种方式,一是通过对市场主体的具体经济行为直接管理,减少市场失灵现象的发生,保证市场调节机制的正常发挥;二是立足于市场本身的作用,通过利益诱导、计划指导等方式将市场引向合理发展的方向。因此,尽管经济法调整的范围非常广泛,但从国家干预经济的两种方式来看,其调整范围大体上可以分为市场监管关系和宏观调控关系。

(一)市场监管关系

市场监管属于对经济的微观干预,它是国家直接介入到市场运行的微观层面,围绕市场构成要素,通过干预市场主体的经营活动,改变市场主体的权利义务,来实现对市场主体、客体和行为的直接规范的。

具体来说,为了保障市场交易中的主体适格,国家会对市场主体的资格进行审查或确认,从而形成市场准入制度,比如对特定行业主体的许可制度;由于存在着产品的信息不对称问题,国家会规定产品必须达到的标准,以确保市场能够正常运行,减少损害行为的出现,形成有关交易客体的法律制度,比如产品质量法;为了保证市场经济秩序的正常运行,国家对某种市场行为做出专门规定,形成有关市场行为和秩序的法律制度,比如竞争法、广告法等。因而,经济法在对市场监管关系进行调整时,就形成了以消费者权益保护法、产品质量法和竞争法等为主要内容的制度体系。

同时,对于大量的特别交易活动,如期货交易、信托交易、股票的发行与买卖、土地使用权出让与转让等,国家也会制定特别交易规则来加强监管,这些特别交易监管制度也是市场监管法的重要组成部分。

（二）宏观调控关系

宏观调控关系是国家对社会经济活动总体进行调节和控制过程中发生的经济关系。在宏观调控关系中,国家主要是对市场无力解决或解决不好的宏观总量问题,如社会总供给与总需求的平衡,货币收支、财政收支的总量平衡,经济和社会发展战略目标的选择,重大产业结构和布局的调整,收入分配中的公正与效率,市场效率条件的保证以及资源的开发利用等问题,运用规范化、法律化的计划、行业政策、财政、金融、国有资产投资等经济调节手段。

与市场监管比较起来,宏观调控关系的基本特征是,国家并不直接干预经济主体的活动,也不直接对市场客体和行为作出具体的要求或规范,而是通过间接手段引导不特定市场主体做出有利于社会资源配置的行为,使国民经济达到理想的平衡状态。为确保宏观调控的高效,国家在宏观调控过程中还要遵循经济规律,主要采用以刚为主、刚柔结合的手段,合理、适度地分权和限权,对调控主体定权、定位,对调控受体赋予相应救济权利。经济法对宏观调控关系的调整,形成了宏观调控法的制度体系。

【随堂测试】 经济法的调整对象是（　　）。（单选题）
A. 经济法律关系　　　　　　B. 各种经济关系
C. 特定的经济关系　　　　　D. 经济权利和经济义务关系

解析：经济法律关系是社会关系被经济法调整后形成的关系,不是经济法的调整对象；经济权利和经济义务关系是经济法律关系的内容或表达形式,也不是经济法的调整对象；经济法并不调整所有的经济关系,相反,经济法调整对象有明确的范围,是特定的经济关系,包括市场监管关系和宏观调控关系。因此,本题答案为 C。

三、经济法的理念

在市场经济条件下,经济法通过促进自由公平的竞争机制和秩序,推动经济发展和社会进步,体现出了自身在社会中的功能和价值,并形成有关经济法形成与发展的基本观念。这些基本观念贯穿于经济法之中,成为对经济法起长效机制的指导思想和文化内涵,从而架构起经济法的基本理念。经济法的基本理念包含以下几个方面：

（1）社会公正理念。在市场经济体制下,利益主体多元化、个体利益交叉化、社会关系复杂化,会导致实现公平的难度增加；垄断、不正当竞争等因素的出现,也使市场主体的公平竞争权利经常遭受侵害。经济法必须保护社会公正,在保护社会主体生存和发展的基础上,维护社会整体利益和公正,促进整个社会经济的健康、快速与可持续发展。经济法通过基本权利规则、机会平等规则、合理分配规则、社会调剂规则,为市场主体提供平等机会,推动社会成员福利的增加,确保社会公正的实现。

（2）协调发展理念。经济法应当调节社会经济关系,协调个体利益与个体利益之间、个体利益与社会整体利益之间的矛盾,使多元的利益主体之间达到一种平衡。为此,经济法明确规定经济协调主体和经济活动主体的行为界限,通过保护市场主体的合法权益、限制其违法行为,来引导主体的行为方向,使主体做出经济法所要求和期望的行为,并最终形成理想的经济秩序。经济法对市场中各种利益的协调,不是仅考虑市场主体的当前利益,将这些利益简单相加成为社会整体经济利益,而是要站在整个经济系统和社会总体福利的基础上,从社会的长远经济利益以及人文和自然环境等诸多因素的优化和发展出发,对国民经济和市场环境进行优化和协调,从而维护一个合理有序、竞争充分、高效优化的利益体系。

(3) 社会主义法治理念。经济法中的社会主义法治理念包含两个方面:一是经济法必须贯彻法治思想。政府不能解决所有问题,市场调节自有它的优势,市场的制裁比政府的人为制裁更客观、更公正,也更有效,很多情况下市场办不到的情形,政府往往也办不到,政府干预有时候不但不能弥补市场的缺陷,反而会干扰市场机制的运行,甚至造成更大的缺陷。因而,政府干预经济必须建立在法治的基础之上。二是经济法必须遵循社会主义制度。我国实行的是中国特色社会主义制度,伴随着经济体制改革,这一制度不断获得发展。在中国特色社会主义制度下,政府能够统筹大量的资源,并且意识形态高度统一,这种制度的最大优势是可以依靠统筹安排实现经济较快增长,让人民生活能共同富裕。因此,经济法应充分发挥社会主义制度的优越性,发挥政府的调控作用。

四、经济法的基本原则

经济法的基本原则,是指在经济法中作为法律规则的指导思想、基础或本源的综合稳定的法律原理和准则。经济法的基本原则是经济法的精神和价值的反映,对经济立法、执法、司法都有指导意义。国家适度干预、社会本位和公平效率兼顾,是我国经济法的基本原则。

(一) 国家适度干预原则

国家适度干预原则体现了经济法的本质,是经济法最重要的原则。适度干预是指国家在自由经济和国家干预之间需要达成一种合理状态,既不能完全听任市场机制的自主运行,又不能过分强调政府的过度干预。将适度干预作为经济法的基本原则,既有利于彰显经济法的特征,也有利于消除人们对国家干预的误解。经济法的目的就是在"无形之手"和"有形之手"之间达到一种平衡状态,这种平衡状态事实上是将国家的干预控制到一个合理的限度内。

做到适度干预应把握以下几个方面:(1) 干预要尊重市场运行规律。国家干预要以市场规律为基础,其目的是维护市场的良性运行,不得背离市场,否则就是过度干预。(2) 干预必须有利于市场各个主体公平竞争。只有市场各个主体公平竞争,"无形之手"才能发挥其原本的作用,"无形之手"和"有形之手"才能达到平衡。(3) 干预的程度、范围、方式要法定化。只有严格遵守法定程序、法定范围、法定方式,才能摆脱国家干预的不确定性和随意性,顺应依法治国的时代潮流。

(二) 社会本位原则

就调整社会经济关系的本位思想而言,法律部门有3种情况:一是"国家本位",主要体现为以国家利益为主导的行政法的本位思想;二是"个人本位",主要体现为以当事人利益为主导的民法的本位思想;三是"社会本位",主要体现为以维护社会公共利益为出发点的经济法的本位思想。

社会本位原则的要义在于社会利益至上,也就是说在价值判断和制度设计方面,经济法以社会整体利益作为出发点和归宿,以保护社会利益为己任。经济法以社会本位为价值取向,是根据社会整体利益的需要而确定的,目的在于维护社会正义、交易公平、社会效率和公共福利。经济法正是从社会整体利益出发,通过对社会整体利益和社会个体利益的协调来达到推动社会发展的目的。

(三)公平效率兼顾原则

公平是人类在政治、社会生活中追求的最高目标之一。作为法律的重要价值,公平具有突出的地位。效率是指有效地使用社会资源,以满足人类的愿望和需要。效率是公平的前提,真正的公平必须是有效率的公平;同时公平也是效率的条件,失去公平的效率也没有了本来的意义。因此经济法要追求效率之上的公平、公平之上的效率,公平与效率兼顾。

现实经济生活中往往会出现为了追求效率而牺牲少数人的利益,最终导致不公平的现象;也会有为了追求绝对的公平而严重损害效率,从而浪费社会资源和抬高经济成本的现象。经济法在解决公平与效率两者之间的矛盾时,应当辩证分析,区别对待,在公平和效率兼顾的前提下,当保护的是社会主体最本质最核心的利益时,应当优先考虑公平问题,这时公平优于效率;在涉及整个社会经济利益时效率应当优于公平,以推动社会经济的发展。

五、经济法律关系

经济法在确立自己的基本原则后,依据这些原则对特定经济关系进行调整,从而形成各种经济法律关系。与传统部门法的法律关系不同,国家对经济的干预既涉及整个经济运行的宏观管理,也涉及经济关系的微观运行,因而,经济法律关系往往复杂得多,其主体、内容和客体呈现出了自身的特征。

(一)经济法律关系的主体

经济法律关系根植于国家对经济的适度干预中,而国家对本国经济的干预具体体现为政府对社会经济的协调行为,这就存在着行为的发动、实施以及与之对应的接受和遵从两个方面。发动和实施协调行为的主体,称为经济管理主体,接受或遵从协调行为的主体属于市场活动主体。所以,经济法律关系的主体可以分为经济管理主体和市场活动主体。

经济管理主体是指在经济法律关系中承担并实施管理职能的机关或组织。它们主要是根据宪法和行政法设立的承担某种经济管理职能的组织或机构,也包括法律授权承担某种政府或社会的经济管理职能的特殊企业和其他组织。

市场活动主体是与经济管理主体相对应而言的,它是指经过国家批准进入市场,以盈利为目的,从事商品生产、经营、服务活动的经济实体。市场活动主体并不等同于民事主体,民事主体参与的是市民社会中一般性的交往活动,而市场活动主体是对国家的经济干预而言的,是围绕商品的各个环节,即商品的生产、流通、交换和消费活动来界定的,与国家的干预或协调密不可分。经济法调整的市场活动主体包括:企业和其他社会组织、企业内部组织、个体工商户、农村承包经营户等。在经济法的众多活动主体中,最重要的是公司、合伙企业。

(二) 经济法律关系的内容

经济法律关系的内容是指经济法律关系主体享有的具体权利和义务。经济法为其主体设定了行为界限,规定了主体可从事的行为空间,从而构成了经济法律关系的内容。

经济法的根本要旨在于维护社会整体经济利益,这就决定着经济法律关系的内容要受国家和社会利益的制约,无论是平等关系中的权利义务对等,还是隶属关系中的权利义务对应,都体现为责权利的统一,都必须贯彻对社会利益的关怀。比如,在具体的竞争法律关系中,其内容不仅涉及单个主体的利益保护问题,还会涉及整个市场竞争秩序的保护问题,因而判定市场主体的权利和义务时,往往会引入社会利益作为依据和标准使其呈现出不同的特点。

经济法律关系的主体不同,其权利和义务也会不同。经济管理主体在协调经济活动时的权利义务主要体现为经济职权,包括宏观调控权、市场管理权;经济活动主体的权利义务范围非常广泛,既包括财产权、请求保护权等权利,也包括对国家、社会、其他活动主体以及劳动者和消费者所承担的义务。

(三) 经济法律关系的客体

经济法律关系的客体是指经济法律关系主体的权利义务所指向的对象。从形式上看,经济法律关系的客体与其他法律关系客体相似,也包括物和行为;但是从实质上看,经济法律关系的客体所包含的内容与其他法律关系的客体有很大不同,其中最重要的一点就在于,经济法权利和义务指向其客体时,除了要考虑客体的个体属性之外,还会关注客体的社会属性。

物作为财产权指向的对象,对市场经济主体具有重大的经济利益。同时,物的价值只有在社会关系中才能实现,是构成整个社会资源与财富的组成部分,这决定着它又具有社会属性。经济法在对物进行规定时,必须兼顾其个体和社会属性两个方面。比如《消费者权益保护法》规定,国家倡导文明、健康、节约资源和保护环境的消费方式,反对浪费。该规定限定了个人在对物行使权利时的界限,一定程度上表明了经济法对物的社会属性的认可和态度。

经济行为作为经济法律关系中最常见的客体,首先体现为市场主体为实现一定经济目的而进行的具有一定经济利益的活动,个体属性非常明显,但其社会属性更引人关注。比如,原国家工商行政管理总局 2010 年发布的《工商行政管理机关禁止垄断协议行为的规定》指出,垄断协议是指违反反垄断法有关规定,经营者之间达成的或者行业协会组织本行业经营者达成的排除、限制竞争的协议、决定或者其他协同行为。尚未实施所达成的垄断协议的,可以处 50 万元以下的罚款。尚未实施的协议不会对其他市场竞争主体的个人利益构成损害,法律之所以对于尚未实施的垄断协议进行处罚,原因在于这些行为的存在本身即可构成对社会秩序的影响,这正是关注其社会属性的结果。

【随堂测试】 下列选项中,不属于经济法律关系主体的是(　　)。(单选题)
A. 企业　　　　　　　　　　　B. 中国人民银行
C. 消费者协会　　　　　　　　D. 世贸组织

解析:经济法律关系主体是经济法律关系中权利和义务的享有者,而经济法律关系本质上是国家协调和干预经济运行的关系,世贸组织不参与这一过程,不属于经济法律关系主体。因此,本题答案为D。

第二节　市场监管法

市场监管法是调整国家从社会整体经济利益出发,在维护市场秩序、调节市场结构、规范市场行为、保护和促进市场有效竞争过程中所产生的经济关系的法律规范的总称。市场监管属于对经济的微观干预和调整,与此相对应,市场监管法往往运用禁止性规范和义务性规范直接干预市场行为和市场秩序,来维护和促进社会经济的协调、稳定和发展。市场监管法包含大量内容,主要有反垄断法、反不正当竞争法、产品质量法和消费者权益保护法等。

一、竞争法

竞争法是调整市场竞争关系和竞争监管关系的法律规范的总称,包括反垄断法和反不正当竞争法两部分。

(一)反垄断法

反垄断法,是调整国家在规范垄断或限制竞争行为,维护自由竞争过程中所发生的社会关系的法律规范总称。全国人民代表大会常务委员会于2007年制定的《反垄断法》,是我国反垄断领域的主要法律。

1. 反垄断法的适用范围

反垄断法的适用范围是指反垄断法发挥市场竞争调整功能的深度和广度,包括多项内容,但主要体现在适用的主体范围和空间效力方面。

在适用的主体范围方面,《反垄断法》第3条规定,反垄断法规定的垄断行为包括:经营者达成垄断协议、经营者滥用市场支配地位和具有或者可能具有排除、限制竞争效果的经营者集中。可见,我国反垄断法适用的主体范围是经营者,是从事商品生产经营或者提供服务的自然人、法人和其他组织。这就要求,无论是公有制企业还是非公有制企业,无论是内资企业还是外资企业,在经济活动中都要遵守反垄断法的规定,违法实施垄断行为的都要依法承担法律责任。

在空间效力方面,反垄断法适用于本国境内发生的垄断行为。不过,反垄断法的空间效力还要遵循效果原则,即对于发生在国外,但对本国的市场竞争产生实质性竞争影响的垄断行为,也受本国反垄断法的管辖。《反垄断法》第2条规定:"中华人民共和国境内经济活动中的垄断行为,适用本法;中华人民共和国境外的垄断行为,对境内市场竞争产生排除、限制影响的,适用本法。"根据这一基本原则,反垄断法可以适用于对我国市场具有限制竞争影响的所有垄断行为。

2. 反垄断法规制的行为

《反垄断法》主要规制了限制竞争协议、滥用市场支配地位、经营者集中和行政垄断4种行为。

限制竞争协议,即两个或两个以上的市场主体以协议、决议或者其他联合方式共同实施的妨碍、限制、扭曲市场竞争的行为,包括横向限制竞争协议和纵向限制竞争协议。在具体制度安排上,反垄断法通过列举的方式明确规定了予以禁止的协议类型,并根据实际情况设定了一些适用除外情形。由于协议具有不同的限制竞争效果,反垄断法在对协议进行规范时分别适用了本身违法原则或合理原则。本身违法原则是指一种限制竞争协议不管其产生的具体情况,不管其影响范围有多大,一旦出现即被认定为违法的法律适用原则。合理原则是根据协议对竞争的影响来认定其违法性的法律适用原则,如果有关协议未对竞争产生影响或影响不够显著,法律则不予以禁止;相反,如果协议对竞争构成了实质性损害,法律则给予限制或禁止。

滥用市场支配地位,即拥有市场支配地位的经营者,为获取垄断利润,滥用其市场支配地位限制竞争,违背公共利益的行为。反垄断法认定存在滥用市场支配地位行为需要具备两个条件,即经营者具有市场支配地位和经营者利用这种地位从事滥用行为。在认定经营者具有市场支配地位时,法律要先明确相关市场。相关市场是指经营者在一定时期内就特定商品或服务进行竞争的商品范围和地域范围,它又可分为相关产品市场、相关地域市场以及相关时间市场。市场支配地位是指经营者在相关市场中具有能够控制商品价格、数量或者其他交易条件,或者能够阻碍、影响其他经营者进入相关市场能力的市场地位。一个经营者在相关市场的市场份额达到1/2的,或者两个经营者在相关市场的市场份额合计达到2/3的,或者三个经营者在相关市场的市场份额合计达到3/4的,可以推定经营者具有市场支配地位。反垄断法还规定了具有市场支配地位的经营者不得从事的滥用市场支配地位的行为类型。

经营者集中,即两个或两个以上独立的企业所实施的合并或获得其他企业直接或间接支配权的行为,具体包括经营者合并,通过取得股权或者资产的方式取得对其他经营者的控制权,通过合同等方式取得对其他经营者的控制权,或者能够对其他经营者施加决定性影响等类型。经营者集中达到国务院规定的申报标准的,经营者应当事先向国务院反垄断执法机构申报,未申报的不得实施集中。经营者向反垄断执法机构申报集中的,应当提交申报书、集中协议、集中对相关市场竞争状况影响的说明、参与集中的经营者经会计师事务所审计的上一会计年度财务会计报告,以及反垄断执法机构规定的其他文件、资料。申报书应当载明参与集中的经营者的名称、住所、经营范围、预定实施集中的日期和国务院反垄断执法机构规定的其他事项。

行政垄断,即政府及其所属机构滥用行政权力限制竞争的行为。行政垄断问题十分复杂,我国反垄断法虽将这一问题纳入了规制范围,但其作用是有限的,需要其他法律法规的配合,通过法律规制与体制改革的配套才能实现其真正效力。为此,国务院2016年出台《国务院关于在市场体系建设中建立公平竞争审查制度的意见》,对建立公平竞争审查制度提出了总体要求,明确了审查对象和审查标准。该意见指出,行政机关和法律、法规授权的具有管理公共事务职能的组织制定市场准入、产业发展等涉及市场经济主体活动的规章、规范性文件和其他政策措施,应当进行公平竞争审查。

以案释法

吴某某诉陕西广电网络传媒(集团)股份有限公司捆绑交易纠纷案[①]

案情:2012年5月10日,吴某某前往陕西广电网络传媒(集团)股份有限公司(以下简称"广电公司")缴纳数字电视基本收视维护费时得知,该项费用由每月25元调至30元,吴某某遂缴纳了3个月费用90元,其中数字电视基本收视维护费75元、数字电视节目费15元。之后,吴某某获悉数字电视节目应由用户自由选择,自愿订购。吴某某认为,广电公司属于公用企业,在数字电视市场内具有支配地位,其收取数字电视节目费的行为剥夺了自己的自主选择权,构成搭售,故诉至法院,请求确认被告2012年5月10日收取其数字电视节目费15元的行为无效,判令被告返还原告15元。

广电公司辩称:广电公司向选择收看基本收视节目之外的消费者收取费用,符合反垄断法的规定;广电公司鼓励用户选择有线电视套餐,但并未滥用市场支配地位强行规定用户在基本收视业务之外必须消费的服务项目,用户有自主选择权。

2013年1月,西安市中级人民法院判决广电公司收取吴某某数字电视节目费的行为无效,并判令广电公司返还吴某某缴纳的15元。随后,广电公司提起上诉。同年9月,陕西省高级人民法院二审撤销一审判决,驳回吴某某的原诉讼请求。

吴某某不服,提出申诉。2016年5月,最高人民法院再审最终判决维持了西安市中级人民法院的判决。吴某某状告广电公司捆绑销售交易纠纷案,至此尘埃落定。

评析:根据《反垄断法》第17条,禁止具有市场支配地位的经营者没有正当理由搭售商品或者在交易时附加其他不合理的交易条件。数字电视基本收视维护费和数字电视付费节目费属于两项单独的服务。在诉讼中,广电公司未证明将两项服务一起提供符合提供数字电视服务的交易习惯;同时,如将数字电视基本收视维护费和数字电视付费节目费分别收取,现亦无证据证明会损害该两种服务的性能和使用价值;广电公司更未对前述行为说明其正当理由。在此情形下,广电公司利用其市场支配地位,将数字电视基本收视维护费和数字电视付费节目费一起收取,客观上影响消费者选择其他服务提供者提供相关数字付费节目,同时也不利于其他服务提供者进入电视服务市场,对市场竞争具有不利的效果。因此一审法院认定其违反了《反垄断法》第17条之规定,并无不当。

---

① 资料来源:最高人民法院指导性案例79号。

3. 反垄断法的执行

国务院设立反垄断委员会,主要负责组织、协调、指导反垄断工作。国务院规定的承担反垄断执法职责的机构依照《反垄断法》的规定,负责反垄断执法工作。当前,我国负责反垄断法执法工作的机构是国家市场监督管理总局。执法机构根据工作需要,可以授权省、自治区、直辖市人民政府相应的机构,依照《反垄断法》的规定负责有关反垄断执法工作。

根据《反垄断法》,反垄断执法机构可以依法对涉嫌垄断行为主动进行调查,也可以根据单位和个人的举报对涉嫌垄断行为进行调查。

反垄断执法机构调查涉嫌垄断行为,可以进入被调查的经营者的营业场所或者其他有关场所进行检查;询问被调查的经营者、利害关系人或者其他有关单位或者个人,要求其说明有关情况;查阅、复制被调查的经营者、利害关系人或者其他有关单位或者个人的有关单证、协议、会计账簿、业务函电、电子数据等文件、资料;查封、扣押相关证据;查询经营者的银行账户。采取上述措施,应当向反垄断执法机构主要负责人书面报告,并经批准。

反垄断执法机构调查涉嫌垄断行为,执法人员不得少于2人,并应当出示执法证件。被调查的经营者、利害关系人或者其他有关单位或者个人应当配合反垄断执法机构依法履行职责,不得拒绝、阻碍反垄断执法机构的调查。被调查的经营者、利害关系人有权陈述意见。执法人员进行询问和调查,应当制作笔录,并由被询问人或者被调查人签字。反垄断执法机构应当对被调查的经营者、利害关系人提出的事实、理由和证据进行核实。

反垄断执法机构对涉嫌垄断行为调查核实后,认为构成垄断行为的,应当依法作出处理决定,并可以向社会公布。反垄断执法机构及其工作人员对执法过程中知悉的商业秘密负有保密义务。

(二) 反不正当竞争法

反不正当竞争法,是调整国家在规制不正当竞争行为,保护和促进公平竞争,维护国家经济秩序过程中所发生的社会关系的法律规范总称。全国人民代表大会常务委员会于1993年制定、2017年修改的《反不正当竞争法》,是调整我国反不正当竞争活动的主要法律。

1. 反不正当竞争法的目的

反不正当竞争法的立法目的主要包括3个方面:维护公平的竞争秩序;制止不正当竞争行为;保护合法的经营者和消费者。相应的,反不正当竞争法也表现为对3种利益的保护,即社会公共利益、经营者的利益和消费者的利益。但从反不正当竞争法在世界范围的发展来看,这3个方面并不是同时进入反不正当竞争法的视野的,反不正当竞争法立法目的的形成经历了一个由单一向多元的发展过程。

反不正当竞争法最初的立法目的是通过制止不正当的竞争行为来保护合法经营者的利益,因而只有与不正当竞争行为人存在直接竞争关系的其他经营者才能请求司法救济,其他主体包括公共机关都没有这方面的权利。20世纪30年代以后,人们逐渐认识到,有些行为虽没有直接侵害竞争对手的权益,但该行为会损害市场上其他主体的利益和社会公共秩序,保护社会公共利益逐渐成为反不正当竞争法的立法目的。至20世纪60年代,立法者认识到,不正当竞争行为表面上损害的是竞争者的利益,但竞争对手会将这种竞争损失转嫁到消费者身上,消费者才是最终的受害者,因而反不正当竞争法加强了对消费者利益的保护。

2. 反不正当竞争法禁止的行为

经营者从事的不正当行为主要包括混淆行为、商业贿赂行为、虚假宣传行为、侵犯商业秘密行为、不正当有奖销售行为、商业诋毁行为和互联网领域不正当竞争行为等。

混淆行为,是指经营者使用与他人相同或相似的商业标识,致使人们将自己的商品误认为是他人商品或者与他人存在特定联系,损害竞争者或消费者利益的行为。混淆行为包括:擅自使用与他人有一定影响的商品名称、包装、装潢等相同或者近似的标识;擅自使用他人有一定影响的企业名称(包括简称、字号等)、社会组织名称(包括简称等)、姓名(包括笔名、艺名、译名等);擅自使用他人有一定影响的域名主体部分、网站名称、网页等;其他足以引人误认为是他人商品或者与他人存在特定联系的混淆行为。

商业贿赂行为,是指经营者为谋取交易机会或者竞争优势,而采用财物或者其他手段贿赂对方单位或者个人的行为。经营者不得贿赂交易相对方的工作人员、受交易相对方委托办理相关事务的单位或者个人,以及利用职权或者影响力影响交易的单位或者个人。经营者在交易活动中,可以以明示方式向交易相对方支付折扣,或者向中间人支付佣金。经营者向交易相对方支付折扣、向中间人支付佣金的,应当如实入账。接受折扣、佣金的经营者也应当如实入账。经营者的工作人员进行贿赂的,应当认定为经营者的行为;但是,经营者有证据证明该工作人员的行为与为经营者谋取交易机会或者竞争优势无关的除外。

虚假宣传行为,是指经营者利用广告和其他方法,对产品的质量、性能、成分、用途、产地等所作的引人误解的宣传行为。经营者对其商品的性能、功能、质量、销售状况、用户评价、曾获荣誉等不得作虚假或者引人误解的商业宣传,欺骗、误导消费者。经营者不得通过组织虚假交易等方式,帮助其他经营者进行虚假或者引人误解的商业宣传。

侵犯商业秘密行为,是指以不当手段获取、披露、使用他人商业秘密的行为。侵犯商业秘密的形式主要有:(1)以盗窃、贿赂、欺诈、胁迫或者其他不正当手段获取权利人的商业秘密;(2)披露、使用或者允许他人使用以前项手段获取的权利人的商业秘密;(3)违反约定或者违反权利人有关保守商业秘密的要求,披露、使用或者允许他人使用其所掌握的商业秘密。第三人明知或者应知商业秘密权利人的员工、前员工或者其他单位、个人实施前款所列违法行为,仍获取、披露、使用或者允许他人使用该商业秘密的,视为侵犯商业秘密。

有奖销售会干扰购买方对商品质量本身的关注。《反不正当竞争法》禁止的不正当有奖销售行为包括:(1)所设奖的种类、兑奖条件、奖金金额或者奖品等有奖销售信息不明确,影响兑奖;(2)采用谎称有奖或者故意让内定人员中奖的欺骗方式进行有奖销售;(3)抽奖式的有奖销售,最高奖的金额超过5万元。

商业诋毁行为,是指经营者通过捏造、散布虚假事实等不正当手段,损害竞争对手的商业声誉、商品声誉,从而损害竞争对手利益的行为。经营者不得编造、传播虚假信息或者误导性信息,损害竞争对手的商业信誉、商品声誉。

互联网领域不正当竞争行为,是指利用网络从事生产经营活动的经营者所采用的不正当竞争行为。《反不正当竞争法》规定,经营者不得利用技术手段,通过影响用户选择或者其他方式,实施妨碍、破坏其他经营者合法提供的网络产品或者服务正常运行的行为。这些行为包括:(1) 未经其他经营者同意,在其合法提供的网络产品或者服务中,插入链接、强制进行目标跳转;(2) 误导、欺骗、强迫用户修改、关闭、卸载其他经营者合法提供的网络产品或者服务;(3) 恶意对其他经营者合法提供的网络产品或者服务实施不兼容;(4) 其他妨碍、破坏其他经营者合法提供的网络产品或者服务正常运行的行为。

【随堂测试】 甲商场与乙公司因为货款问题产生纠纷,甲商场拒绝出售乙公司生产的产品,并对外宣称乙公司产品中含有有害身体健康的物质,所以拒绝销售,乙公司的经营因此受到严重打击。关于这一事件,下列说法正确的是(　　)。(单选题)

A. 商场的行为属于限定他人购买其指定的经营者商品的不正当竞争行为
B. 商场的行为属于侵犯他人商业秘密的不正当竞争行为
C. 商场诋毁了该企业的商业信誉、商品声誉
D. 商场有权决定是否销售某件产品,因此商场的行为属于正当的经营行为

解析: 商场不具有市场支配地位,其拒绝出售行为属于正当经营行为;商场行为不涉及指定经营者商品和商业秘密问题;商场对外宣称乙公司产品中含有有害身体健康的物质,属于对乙公司的商业信誉、商品声誉进行诋毁的行为。因此,本题正确选项为 C。

3. 不正当竞争行为的法律责任与救济

对于不正当竞争行为,监督检查部门可以要求行为人承担行政责任,责令其停止违法行为,没收其违法所得,并有权视情节轻重处以相应的罚款。比如,经营者实施混淆行为的,由监督检查部门责令停止违法行为,没收违法商品。违法经营额5万元以上的,可以并处违法经营额5倍以下的罚款;没有违法经营额或者违法经营额不足5万元的,可以并处25万元以下的罚款。经营者登记的企业名称存在混淆行为的,应当及时办理名称变更登记;名称变更前,由原企业登记机关以统一社会信用代码代替其名称。

在民事责任方面,经营者的合法权益受到不正当竞争行为损害的,可以向人民法院提起诉讼。因不正当竞争行为受到损害的经营者的赔偿数额,按照其因被侵权所受到的实际损失确定;实际损失难以计算的,按照侵权人因侵权所获得的利益确定。赔偿数额还应当包括经营者为制止侵权行为所支付的合理开支。

二、产品质量法

产品质量法是调整产品质量监督管理关系和产品质量责任关系的法律规范的总称。根据全国人民代表大会常务委员会于1993年制定、2000年和2009年修改的《产品质量法》,产品是指经过人类劳动的加工、制作,用于销售的产品。天然的物品、非用于销售的物品,都不能构成产品质量法中的产品。由于建设工程、军工产品在质量监督管理方面

的特殊性,它们并不在《产品质量法》所指产品范围之内,但建设工程使用的建筑材料、建筑物配件和设备,军工企业生产的民用产品,适用《产品质量法》的规定。

(一) 产品质量监督管理机构及职责权限

产品质量监管是按照统一管理与分工管理、层次管理与地域管理相结合的原则进行的。国务院产品质量监督部门主管全国产品质量监督工作。国务院有关部门在各自的职责范围内负责产品质量监督工作。县级以上地方产品质量监督部门主管本行政区域内的产品质量监督工作。县级以上地方人民政府有关部门在各自的职权范围内负责产品质量监督工作。

按照我国现有体制,国家市场监督管理总局主管全国产品质量监督工作,地方人民政府对应的职能部门主管本行政区域内的产品质量监督工作。

(二) 产品质量的监督

产品质量的监督,包括产品质量标准、产品质量认证、产品质量监督检查3个方面。

我国现行产品质量标准分为国家标准、行业标准、地方标准和企业标准。可能危及人体健康和人身、财产安全的工业产品,必须符合保障人体健康和人身、财产安全的国家标准、行业标准;未制定国家标准、行业标准的,必须符合保障人体健康和人身、财产安全的要求。

质量认证包括企业质量体系认证和产品质量认证。企业根据自愿原则可以向国务院产品质量监督部门或者其授权部门认可的认证机构申请企业质量体系认证或产品质量认证。经认证合格的,由认证机构颁发企业质量体系或产品质量认证证书。国家参照国际先进的产品标准和技术要求,推行产品质量认证制度,准许企业在产品或者其包装上使用产品质量认证标志。

我国对可能危及人体健康和人身、财产安全的产品,影响国计民生的重要工业产品,以及消费者、有关组织反映有质量问题的产品,实行监督检查。经检查不合格的,监督检查部门有权作出处理。产品质量的监督检查主要以抽查的方式进行,抽查工作由国务院产品质量监督部门规划和组织,抽查的样品从市场上或者企业成品仓库内的待销产品中随机抽取。县级以上地方产品质量监督部门在本行政区域内也可以组织监督抽查。国家监督抽查的产品,地方不得另行重复抽查;上级监督抽查的产品,下级不得另行重复抽查。

(三) 生产者、销售者的产品质量义务

生产者应当对其生产的产品质量负责,产品质量应当符合下列要求:(1) 不存在危及人身、财产安全的不合理的危险,有保障人体健康和人身、财产安全的国家标准、行业标准的,应当符合该标准;(2) 具备产品应当具备的使用性能,但是,对产品存在使用性能的瑕疵作出说明的除外;(3) 符合在产品或者其包装上注明采用的产品标准,符合以产品说明、实物样品等方式表明的质量状况。

产品或者其包装上的标识必须真实。产品标识的内容包括:产品质量检验合格证明、产品名称、规格、型号、生产厂家、厂址、标准编号、产品的成分名称、含量、生产日期、安全使用期、生效日期、警示标志、中文警示说明等。易碎、易燃、易爆、有毒、有腐蚀性、有放射性等危险物品以及储运中不能倒置和其他有特殊要求的产品,其包装质量必须符合相应要求,依照国家有关规定作出警示标志或者中文警示说明,标明储运注意事项。裸装的食品和其他根据产品的特点难以附加标识的裸装产品,可以不附加产品标识。

除上述义务之外,生产者还承担一些不作为的义务,即不得生产国家明令淘汰的产品;不得伪造产地,不得伪造或者冒用他人的厂名、厂址;不得伪造或者冒用认证标志等质量标志;产品不得掺杂、掺假,不得以假充真、以次充好,不得以不合格产品冒充合格产品。

销售者应当建立并执行检查验收制度,验明产品合格证明和其他标识;销售者有义务保证其在销售过程中的产品的质量,不得销售失效、变质的产品。销售者不得违反产品的禁止性规定,不得伪造或者冒用认证标志、名优标志等质量标志;销售者销售产品,不得掺杂、掺假,不得以假充真、以次充好,不得以不合格的产品冒充合格产品。

(四)缺陷产品责任

在主观方面,产品存在缺陷造成他人人身、财产损害的,生产者按照严格责任原则承担赔偿责任。与生产者不同,在存在损害的情况下,销售者承担过错或过错推定责任,销售者能够证明自己没有过错的,可以不承担责任。

对于产品缺陷,生产者承担责任的必要条件是:(1)产品存在缺陷;(2)造成人身、他人财产损害;(3)缺陷与损害之间存在因果关系。这里,无须考虑有无过错。换言之,即使无过错,亦需依法承担责任。但生产者能够证明有下列情形的,则不承担赔偿责任:(1)未将产品投入流通的;(2)产品投入流通时,引起损害的缺陷尚不存在;(3)产品投入流通时的科学技术尚不能发现缺陷存在的。

销售者对产品缺陷承担赔偿责任有以下两种情形:(1)如果是由于销售者的过错使产品存在缺陷,而造成人身、他人财产损害的,销售者应当承担赔偿责任。(2)销售者不能指明缺陷产品的生产者,也不能指明缺陷产品的供货者的,销售者应当承担赔偿责任。

因产品存在缺陷造成人身、他人财产损害的,受害人可以向产品的生产者要求赔偿,也可以向产品的销售者要求赔偿。属于产品的生产者的责任,产品的销售者赔偿的,产品的销售者有权向产品的生产者追偿。属于产品的销售者的责任,产品的生产者赔偿的,产品的生产者有权向产品的销售者追偿。因运输者、仓储者等第三人的过错使产品存在缺陷,造成他人损害的,产品的生产者、销售者赔偿后,有权向第三人追偿。

【随堂测试】 根据《产品质量法》,生产者承担缺陷产品责任需要具备一定的条件。下列有关其归责原则的表述中,正确的是(   )。(单选题)

A. 按照过错推定原则来确定生产者的责任
B. 实行严格责任原则,任何情况下生产者都必须承担责任,不存在例外的免责情形
C. 实行严格责任原则,但存在例外的免责情形可免除生产者的责任
D. 实行严格责任原则,存在例外的法定免责情形,但受害方需承担举证责任

解析:生产者承担缺陷责任具备的条件是产品有缺陷、造成损害以及缺陷与损害间有因果关系,不考虑生产者的过错,因而属于严格责任原则;但是在未将产品投入流通等法律规定的情形下,生产者可以不承担责任,这表明生产者在例外情形下可以免除责任;

同时,这些例外情形必须由生产者自己证明,而不是由受害方证明。因而,本题答案为 C。

三、消费者权益保护法

消费者权益保护法,是调整在保护消费者权益过程中发生的经济关系的法律规范的总称。按照全国人民代表大会常务委员会于 1993 年制定、2009 年和 2013 年修改的《消费者权益保护法》,消费者是指为了满足个人生活消费而购买、使用商品或接受服务的自然人。从这个意义上来看,消费者是个体成员,且仅限于自然人;消费者的消费是一种直接的终极消费,购买、使用商品或接受服务的目的是为了满足生活消费而非生产消费;消费的方式和手段包括购买、使用商品或接受服务,既包括自己购买、使用商品、接受服务,也包括以接受赠与、转让等方式获得产品和服务。消费者权益是消费者依法享有的权利及该权利受到保护而给消费者带来的应得利益,其有效实现是消费者权益从应然状态转化为实然状态的前提和基础。

(一) 消费者的权利

消费者在消费活动中往往处于弱势地位,为了更好地保护消费者利益,必须赋予消费者一些特殊的权利,同时要求经营者承担相应的义务。

消费者的权利主要包括:

(1) 安全保障权。消费者在购买、使用商品或接受服务时享有保障其人身、财产安全不受损害的权利,包括人身安全权和财产安全权。消费者有权要求经营者提供的商品和服务,符合保障人身、财产安全的要求。

(2) 知悉真情权。消费者享有知悉其购买、使用的商品或者接受的服务的真实情况的权利。据此,消费者有权根据商品或者服务的不同情况,要求经营者提供商品的价格、产地、生产者、用途、性能、规格、等级、主要成分、生产日期、有效期限、检验合格证明、使用方法说明书、售后服务,或者服务的内容、规格、费用等有关情况。

(3) 自主选择权。消费者享有自主选择商品或者服务的权利,包括自主选择提供商品或服务的经营者的权利,自主选择商品品种或者服务方式的权利,自主决定购买或者不购买任何一种商品、接受或者不接受任何一项服务的权利,在自主选择商品或服务时进行比较、鉴别和挑选的权利。

(4) 公平交易权。消费者在购买商品或者接受服务时享有获得质量保障、计量正确和价格合理等公平交易条件的权利,有权拒绝经营者的强制交易行为。

(5) 依法求偿权。消费者在因购买、使用商品或者接受服务而受到人身、财产损害时,依法享有要求获得赔偿的权利。求偿的内容包括:人身损害的赔偿,不论是生命健康还是精神方面的损害均可要求赔偿;财产损害的赔偿,包括直接损失和可得利益的损失。

(6) 依法结社权。消费者享有依法成立维护自身合法权益的社会组织的权利,最具典型性的组织就是中国消费者协会和地方各级消费者协会。

(7) 接受教育权。消费者享有获得有关消费和消费者权益保护方面知识的权利。消费知识主要是指有关商品和服务的知识,消费者权益保护知识主要是指有关消费权益保护及权益受到损害时如何有效解决方面的法律知识。

（8）维护尊严权。消费者在购买、使用商品和接受服务时享有其人格尊严、民族风俗习惯得到尊重的权利。

（9）个人信息保护权。消费者在购买商品或接受服务过程中，经常遇到个人信息被随意泄露、买卖以及不正当使用的情形，严重损害了消费者的利益。为此，《消费者权益保护法》规定，消费者享有个人信息依法得到保护的权利。

（10）监督批评权。消费者享有对商品和服务以及保护消费者权益工作进行监督的权利。消费者有权检举、控告侵犯消费者权益的行为和国家机关及其工作人员在保护消费者权益工作中的违法失职行为，有权对保护消费者权益工作提出批评、建议。

（11）反悔权。反悔权又称无理由退货制度或冷静期制度。经营者采用网络、电视、电话、邮购等方式销售商品，消费者有权自收到商品之日起7日内退货，且无需说明理由。但是，有四种商品不适用无理由退货制度，它们是：消费者定做的商品；鲜活易腐的商品；在线下载或者消费者拆封的音像制品、计算机软件等数字化商品；交付的报纸、期刊。另外，其他根据商品性质并经消费者在购买时确认不宜退货的商品，不适用无理由退货制度。消费者退货的商品应当完好。经营者应当自收到退回商品之日起7日内返还消费者支付的商品价款。退回商品的运费由消费者承担；经营者和消费者另有约定的，按照约定。

图片来源：华声在线，2016年8月9日，作者不详。http://hunan.voc.com.cn/article/2。

【随堂测试】 消费者王女士在某商场促销活动中购买了一台三开门冰箱，可使用仅两个月，冰箱内壁便出现裂痕。在与商场协商未果的情况下，王女士向县消费者协会投诉。应当对冰箱有无质量问题进行举证的是（　　）。（单选题）

A. 消费者协会　　　　　　　B. 商场
C. 王女士　　　　　　　　　D. 市场管理机构

解析：《消费者权益保护法》第23条第3款规定，经营者提供的机动车、计算机、电视机、电冰箱、空调器、洗衣机等耐用商品或者装饰装修等服务，消费者自接受商品或者服务之日起6个月内发现瑕疵，发生争议的，由经营者承担有关瑕疵的举证责任。因此，冰箱有无质量问题应由商场承担举证责任，本题答案为B。

（二）消费者的保护方式

在消费者权益保护上，经营者、国家和社会都负有相应的义务，各类主体都应自觉有效地承担起相应的保护消费者权益的义务。

1. 国家保护

国家对消费者合法权益的保护主要体现在立法、行政和司法方面。

立法保护主要是指立法机关制定法律的时候应听取消费者的意见和要求。国家在立法上并不囿于传统法律中权利与义务相一致的要求,而是对消费者规定了更多权利,对经营者设置了更多义务。在广告、商标、食品卫生和药品管理等法律制度方面,法律也主要对经营者的行为作出了限制性规定,充分体现了国家立法对消费者倾斜,给予特别保护的原则。

行政保护要求各级人民政府应当加强领导,组织、协调和督促有关行政部门做好保护消费者合法权益的工作,预防危害消费者人身、财产安全行为的发生,及时制止危害消费者权益的行为。

司法保护具体表现为消费者因消费争议向人民法院提起诉讼时,人民法院应当采取措施,方便消费者提起诉讼。对于符合我国《民事诉讼法》起诉条件的消费者权益争议,人民法院必须受理,并及时审理,以使消费者权益争议尽快得到解决。

2. 社会保护

社会保护体现为行业组织、社会团体、大众传播媒介等社会组织通过加强社会监督对消费者合法权益进行保护。在保护消费者的权益上,社会和国家一样,也承担着至关重要的责任。在现今社会中,每个人都是消费者,保护消费者权益就是保护自己的利益,更宏观地说也就是保护广大人民群众的利益。

消费者权益的社会保护,主要包括两方面的内容:

(1) 社会大众和新闻媒介舆论的监督保护。国家鼓励、支持一切组织和个人对损害消费者合法权益的行为进行社会监督。大众传播媒介应当做好维护消费者合法权益的宣传,对损害消费者合法权益的行为进行舆论监督。社会中的每个组织、成员都有权对损害消费者合法权益的行为进行社会监督,而不管这个组织或个人的性质和地位如何。

(2) 消费者协会对消费者权益的保护。消费者协会和其他消费者组织是依法成立的对商品和服务进行社会监督的保护消费者合法权益的社会组织。中国消费者协会于1984年经国务院批准成立,履行的公益性职能包括:向消费者提供消费信息和咨询服务,提高消费者维护自身合法权益的能力,引导文明、健康、节约资源和保护环境的消费方式;参与制定有关消费者权益的法律、法规、规章和强制性标准;参与有关行政部门对商品和服务的监督、检查;等等。

3. 经营者的自律

如果所有的经营者在经营活动中都严格自律,在消费交易活动中自觉做到公平交易、诚实守信、尊重消费者,那么消费者的权益就会得到很好的保护,而经营者在维护消费者权益的同时也可以使自己在市场竞争中立于不败之地,并能够获得长远的发展。经营者还要积极地参加政府开展的宣传教育活动,从中提高自身的素质,在保护消费者权益的同时也使自己的法律意识得到提高。

4. 消费者自我保护

消费者应当积极地对自身权益进行保护。消费者应当树立正确的消费观念,认真学习与消费权益有关的知识,丰富自己对商品和服务知识的了解,提高自己的权利意识,增强自我保护能力,自觉依法维护自己的合法权益。只有广大消费者积极行动起来,充分了解自己享有的各项权利并积极履行所应承担的义务,才能结合国家和社会的力量,使消费者权益切实得到保护。

(三)消费者权益争议的解决和法律责任

消费者在购买、使用商品时,其合法权益受到损害的,可以向销售者要求赔偿。消费者或者其他受害人因商品缺陷造成人身、财产损害的,可以向销售者要求赔偿,也可以向生产者要求赔偿。消费者在接受服务时,其合法权益受到损害的,可以向服务者要求赔偿。

经营者提供商品或者服务,造成消费者或者其他受害人人身伤害的,应当赔偿医疗费、护理费、交通费等为治疗和康复所支出的合理费用,以及因误工减少的收入;造成残疾的,还应当赔偿残疾生活辅助具费和残疾赔偿金;造成死亡的,还应当赔偿丧葬费和死亡赔偿金。经营者侵害消费者的人格尊严、侵犯消费者人身自由或者侵害消费者个人信息依法得到保护的权利的,应当停止侵害、恢复名誉、消除影响、赔礼道歉,并赔偿损失。经营者有侮辱诽谤、搜查身体、侵犯人身自由等侵害消费者或者其他受害人人身权益的行为,造成严重精神损害的,受害人可以要求精神损害赔偿。

经营者提供商品或者服务有欺诈行为的,应当按照消费者的要求增加赔偿其受到的损失,增加赔偿的金额为消费者购买商品的价款或者接受服务的费用的3倍;增加赔偿的金额不足500元的,为500元。经营者明知商品或者服务存在缺陷,仍然向消费者提供,造成消费者或者其他受害人死亡或者健康严重损害的,受害人有权要求经营者依照法律规定赔偿损失,并有权要求所受损失2倍以下的惩罚性赔偿。

经营者的其他行为符合相关法律规定时,还应当承担相应的行政责任或刑事责任。

以案释法

问题车当特价车卖 商家被判退一赔三[①]

2016年4月,大连某汽车销售公司(以下简称"销售公司")的员工通过微信朋友圈发布特价销售JEEP车的广告,大连消费者王女士得知后到店咨询。4月6日,王女士和销售公司签订合同,购买了一辆"特价车",当日交付了全部购车款17.2万元。王女士在使用一个月中发现,该车在刹车时有抖动现象。4S店告知王女士,其购买的"特价车"的5个车门与护板均有拆卸痕迹。经查询克莱斯勒官网,王女士得知该车只享受二手车质保。

王女士以销售公司在销售前未告知车辆的实际情况为由,向大连市中山区人民法院起诉,请求解除双方签订的《车辆销售合同》,返还购车款17.2万元,赔偿损失2.7万元(包括购置税、车船税、保险金等),并索要3倍赔偿金。

一审法院经审理认为,王女士在非特约销售商处以市价七折的价格购买了该进口车辆,应知晓其风险,另购买时未查询车辆信息,未尽到一个谨慎消费者的责任,据此驳回了王女士的诉讼请求。

[①] 张恒:《问题车当特价车卖 商家被判退一赔三》,载《中国消费者报》2017年7月14日第2版。

王女士不服,向大连市中级人民法院提起上诉。

大连市中级人民法院经审理认为,《消费者权益保护法》第 8 条规定,消费者享有知悉其购买、使用的商品或接受的服务的真实情况的权利。销售公司未能告知王女士案涉车辆的真实情况,误导其作出违背其真实意愿的购买决定,已经构成欺诈。《消费者权益保护法》第 55 条规定,经营者提供商品或服务有欺诈行为的,应当按照消费者的要求增加赔偿其受到的损失,增加赔偿的金额为消费者购买商品或接受服务价款的 3 倍。据此,大连市中级人民法院作出终审判决,由销售公司返还王女士购车款 17.2 万元,并增加 3 倍赔偿 51.6 万元。

评析:《消费者权益保护法》规定,消费者享有知悉其购买、使用的商品或接受的服务的真实情况的权利;相应地,经营者负有告知消费者相关信息的义务,并且该义务属于法定义务,即使消费者没有查询,经营者也应主动告知,否则就侵害了消费者的知情权,构成欺诈行为。该案中,销售公司未能告知王女士涉案车辆的真实情况,已违反法律的规定,理应承担相应的法律责任。

第三节 宏观调控法

宏观调控法是调整国家在宏观调控过程中发生的经济关系的法律规范的总称。宏观调控法立足于市场本身的作用,通过利益诱导、计划指导等方式,从宏观上调整经济关系,将市场引向合理发展的方向,维护和促进社会经济协调稳定发展。宏观调控法的内容非常广泛,包括计划法、产业法、固定资产投资法、国有资产管理法、自然资源与能源法、财政法、税法、金融法、对外贸易法等。本节只选择金融法、税法和价格法进行介绍。

一、金融法

金融法是调整金融关系的法律规范的总称。金融行业主要涉及四大业务活动,即银行金融业务、信托金融业务、证券金融业务、保险金融业务。与此相对应,产生了四大金融法律,即银行法、信托法、证券法、保险法。这里仅介绍银行与信托法律制度。

(一)银行法

银行是指经营存款、贷款、汇兑、储蓄等业务,承担信用中介的金融机构。银行法是调整在银行业务及其管理活动中所发生的经济关系和管理关系的法律规范的总称。按调整主体不同,银行法可以分为中央银行法、商业银行法、政策银行法等。

1. 中央银行法

中央银行,是指在一国金融体制中居于核心地位,依法制定和执行国家货币金融政策,发行货币,实施金融调控与监管的特殊金融机构。中央银行具有发行的银行、银行的银行、政府的银行等重要职能。中国人民银行是我国的中央银行,是国务院组成部门之一。全国人民代表大会于 1995 年制定、全国人民代表大会常务委员会于 2003 年修改的

《中国人民银行法》,是调整中国人民银行的基本法。

中国人民银行在国务院领导下,制定和执行货币政策,防范和化解金融风险,维护金融稳定。根据《中国人民银行法》第 4 条,中国人民银行履行下列职责:(1) 发布与履行其职责有关的命令和规章;(2) 依法制定和执行货币政策;(3) 发行人民币,管理人民币流通;(4) 监督管理银行间同业拆借市场和银行间债券市场;(5) 实施外汇管理,监督管理银行间外汇市场;(6) 监督管理黄金市场;(7) 持有、管理、经营国家外汇储备、黄金储备;(8) 经理国库;(9) 维护支付、清算系统的正常运行;(10) 指导、部署金融业反洗钱工作,负责反洗钱的资金监测;(11) 负责金融业的统计、调查、分析和预测;(12) 作为国家的中央银行,从事有关的国际金融活动;(13) 国务院规定的其他职责。

中央银行为履行自己的宏观调控和金融监管职能,必然要开展自己的业务活动。中国人民银行的业务主要包括:为执行货币政策,可以要求银行业金融机构按照规定的比例交存存款准备金;确定中央银行基准利率;为在中国人民银行开立账户的银行业金融机构办理再贴现;向商业银行提供贷款;在公开市场上买卖国债、其他政府债券和金融债券及外汇。中国人民银行为执行货币政策,运用前述货币政策工具时,可以规定具体的条件和程序。

2. 商业银行法

根据全国人民代表大会常务委员会于 1995 年制定、2003 年和 2015 年修改的《商业银行法》,商业银行是指依照该法和《公司法》设立的吸收公众存款、发放贷款、办理结算等业务的企业法人。

设立商业银行,应当经国务院银行业监督管理机构审查批准。根据全国人民代表大会常务委员会于 2003 年制定、2006 年修改的《银行业监督管理法》和国务院的授权,作为国务院银行业监督管理机构的中国银行保险监督管理委员会,统一监督管理商业银行、金融资产管理公司、信托投资公司等金融机构。未经中国银行保险监督管理委员会审查批准,任何单位和个人不得从事吸收公众存款等商业银行业务,任何单位不得在名称中使用"银行"字样。设立商业银行,应当具备下列条件:(1) 有符合《商业银行法》和《公司法》规定的章程;(2) 有符合《商业银行法》规定的注册资本最低限额;(3) 有具备任职专业知识和业务工作经验的董事、高级管理人员;(4) 有健全的组织机构和管理制度;(5) 有符合要求的营业场所、安全防范措施和与业务有关的其他设施。设立商业银行,还应当符合其他审慎性条件。

根据《商业银行法》,商业银行主要经营吸收公众存款、发放各种期限贷款、办理国内外结算、办理票据承兑与贴现、发行金融债券、代理发行和兑换、买卖政府债券和金融债券、从事同业拆借、买卖或代理买卖外汇、从事银行卡业务、提供信用证服务及担保、代理收付款项及代理保险业务、提供保管箱服务、经批准的其他业务。除上述各项业务外,法律还规定了商业银行禁止经营的业务,主要是不得从事股票业务、不得从事信托业务、不得投资于非自用不动产,以及法律规定的其他禁止业务。

商业银行已经或者可能发生信用危机,严重影响存款人的利益时,中国银行保险监督管理委员会可以对该银行实行接管。接管的目的是对被接管的商业银行采取必要措施,以保护存款人的利益,恢复商业银行的正常经营能力。被接管的商业银行的债权债务关系不因接管而变化。接管由中国银行保险监督管理委员会决定,并组织实施。接管的期限由中国银行保险监督管理委员会决定,一般为1年,可根据实际情况延长或者缩短,但整个接管期限最长不得超过2年。符合法律规定条件的,应当终止接管。

另外,商业银行出现法定情形的,应当终止其活动。商业银行的终止,是指商业银行法人资格的丧失。导致商业银行终止的原因主要有商业银行解散、商业银行撤销和商业银行破产等情形。

3. 政策性银行法

政策性银行,是指由政府创立、参股或保证,不以营利为目的,专门为贯彻、配合政府社会经济政策或意图,在特定的业务领域内直接或间接地从事政策性融资活动,充当政府发展经济、促进社会进步、进行宏观经济管理工具的金融机构。在我国,政策性银行主要有国家开发银行、中国进出口银行、中国农业发展银行等。

我国尚未制定专门的政策性银行法。根据《银行业监督管理法》等相关法律规定,政策性银行为企业法人,受国务院直属领导,业务上由中国银行保险监督管理委员会指导和监督。政策性银行的资本金多由政府财政拨付,经营时主要考虑国家的整体利益、社会效益,不以营利为目标。政策性银行的资金来源主要依靠发行金融债券或向中央银行举债,一般不面向公众吸收存款。政策性银行有特定的业务领域,比如开发银行主要保证国家重点建设项目的资金供应,农业发展银行集中信贷对农业发展进行支持等。

【随堂测试】 中国人民银行的货币政策目标是( )。(单选题)

A. 维护人民币与外汇汇率稳定,并以此促进经济增长

B. 控制货币发行量,防止发生通货紧缩

C. 控制货币发行量,防止发生通货紧缩

D. 保持货币币值的稳定,并以此促进经济增长

解析:《中国人民银行法》第3条规定:"货币政策目标是保持货币币值的稳定,并以此促进经济增长。"因此,答案为D。

(二)金融信托法

金融信托法是调整金融信托关系的法律规范的总称。金融信托关系是指信托当事人之间即委托人、受托人、受益人之间的权利义务关系以及他们与信托业组织之间的关系。我国调整信托关系的法律主要是全国人民代表大会常务委员会于2001年制定的《信托法》,除此之外还包括原中国银监会于2007年发布的《信托投资公司管理办法》,于2007年颁布、2009年修订的《信托公司集合资金信托计划管理办法》等行政规章。

信托当事人通过金融信托管理来设定各自的权利和义务。金融信托关系主要是围绕信托财产,在《信托法》以及相关法规的调整下,所产生的信托当事人之间的权利义务关系。作为民事行为的一种,信托设立的条件同样要求主体具有相应的民事能力,要求意思表示真实、内容合法等。同时,信托还必须有合法的信托目的,有确定的信托财产,设立信托应当采取书面形式,有关法律、法规规定需要登记的应当依法办理信托登记。

根据《信托法》第 11 条,有下列情形之一的,信托无效:(1) 信托目的违反法律、行政法规或者损害社会公共利益;(2) 信托财产不能确定;(3) 委托人以非法财产或者《信托法》规定不得设立信托的财产设立信托;(4) 专以诉讼或者讨债为目的设立信托;(5) 受益人或者受益人范围不能确定;(6) 法律、行政法规规定的其他情形。

根据《信托法》第 52 条,信托不因委托人或者受托人死亡、丧失民事行为能力、依法解散、被依法撤销或者被宣告破产而终止,但是该法或者信托文件另有规定的除外。根据该法第 53 条,有下列情形之一的,信托终止:(1) 信托文件规定的终止事由发生;(2) 信托的存续违反信托目的;(3) 信托目的已经实现或者不能实现;(4) 信托当事人协商同意;(5) 信托被撤销;(6) 信托被解除。

二、税法

税收是国家为实现其职能,凭借政治权力,按照法定的标准,强制地、无偿地征收货币或实物的一种经济活动,是国家参与社会产品和国民收入分配和再分配的重要手段,具有强制性、无偿性、固定性等特点。税法是调整税收关系的法律规范的总称,是确认国家与纳税人之间权利义务关系的法律依据,是国家实现其税收职能的法律保障。

(一) 税法的构成要素

税法的构成要素,主要包含以下 4 个方面的内容:

(1) 税法主体。税法主体,是指税法规定享有权利和承担义务的当事人,包括征收主体和纳税主体。在我国,征收主体都是国家机关,包括国家各级税务机关、财政机关和海关等;纳税主体也称纳税人,是负有纳税义务的单位和个人。纳税人是按照税种分别确定的,不同的税种或者相同的税种可以有不同的纳税人。

(2) 征税对象。征税对象即课税客体,也就是对什么征税,指法律规定的产生纳税义务的标的或者依据,包括标的物和行为。例如,营业税的征税对象是纳税人的营业额,增值税的征税对象是增值额。

(3) 税率。税率是指征税客体数额与应纳税额之间的比例。税率是法定的,它的高低关系到国家财政收入的多少和纳税人所承担纳税义务的水平。税率能够有效地调节国家和纳税人之间经济利益的分配,可以很好地反映国家的经济政策。我国主要有比例税率、累进税率、定额税率 3 种税率。

(4) 纳税期限和地点。纳税期限是指税法规定纳税人纳税的时间界限。规定时间界限的主要目的在于保证税收的稳定性及时性。期限一般以日、月、季、年为单位,纳税人如若不按期限纳税,应交滞纳金。纳税地点是纳税人按照税法规定向有权机关申报纳税的具体地点。

(二) 税种

我国税种按其性质和作用可以分为流转税、所得税、财产税、行为税四大类,其中比较重要的是流转税和所得税。

1. 流转税

流转税,是以纳税人的商品流转额和劳动服务营业额为课税对象的各种税种的总体。流转额,是指在商品流转过程中商品销售收入额和经营活动所取得的劳务或业务收入额。我国流转税主要有增值税、消费税等。

增值税,是对应税产品或劳务在经营过程中的增值额征收的税。凡在我国境内销售货物或提供加工、修理修配劳务以及进口货物的单位和个人,均为增值税的纳税人。增值税实行比例税率,包括基本税率、优惠税率以及零税率3种,它们适用于不同的对象。对于一般纳税人,我国在计算纳税人的应纳增值税税额时,可以按照税法规定的范围凭进货发票注明的税额,从当期的销项税额中抵扣购进货物或应税劳务已缴纳的增值税税额(即进项税额)。

消费税,是对税法规定应税消费品的销售额或应税消费品数量征收的一种税,主要由生产者在从事销售行为或者视同销售行为时缴纳。国务院于1993年制定、2008年修改的《消费税暂行条例》规定,凡在中国境内生产、委托加工、进口应税消费品的单位和个人,为消费税的纳税人。消费税以在我国境内生产、委托加工或进口的应税消费品为征税对象,具体包括烟、酒及酒精、化妆品、护肤护发用品、贵重首饰及珠宝玉石、鞭炮和焰火、汽油、柴油、汽车轮胎、摩托车、小汽车等。消费税实行比例税率和定额税率两种形式。

2. 所得税

所得税,是指以纳税人的所得额为课税对象的各种税收的总称。我国根据征收对象主体的不同,将所得税分为个人所得税和企业所得税两大类。

个人所得税,是对个人收入或者所得征收的一种税,是国家对本国公民、居住在本国境内的个人的所得和境外个人来源于本国的所得征收的一种税。全国人民代表大会于1980年制定《个人所得税法》,全国人民代表大会常务委员会于1993年、1999年、2005年、2007年和2011年对该法作了修改。我国个人所得税的纳税人可分为居民纳税人和非居民纳税人。在中国境内有住所,或者无住所而在境内居住满1年的个人,是居民纳税义务人,应当承担无限纳税义务,即就其在中国境内和境外取得的所得,依法缴纳个人所得税。在中国境内无住所又不居住或者无住所而在境内居住不满1年的个人,是非居民纳税义务人,承担有限纳税义务,仅就其从中国境内取得的所得,依法缴纳个人所得税。个人所得主要包括:工资、薪金所得;个体工商户的生产、经营所得;对企事业单位的承包经营、承租经营所得;劳务报酬所得;稿酬所得;特许权使用费所得;利息、股息、红利所得;财产租赁所得;财产转让所得;偶然所得;经国务院财政部门确定征税的其他所得。

企业所得税,是对企业的生产经营所得和其他所得征收的一种税。全国人民代表大会于2007年制定,全国人民代表大会常务委员会于2017年修改的《企业所得税法》规定:在中华人民共和国境内,企业和其他取得收入的组织为企业所得税的纳税人。为消除重复征税,个人独资企业、合伙企业不适用《企业所得税法》,这两类企业交纳个人所得税。企业所得税的征税对象是纳税人取得的所得,包括销售货物所得、提供劳务所得、转让财产所得、股息红利所得、利息所得、租金所得、特许权使用费所得、接受捐赠所得和其他所得。企业所得税的税率,是据以计算企业所得税应纳税额的法定比率。企业所得税的税率一般为25%;符合条件的小型微利企业,减按20%的税率征收企业所得税;国家需要重点扶持的高新技术企业,减按15%的税率征收企业所得税。

(三)税收征纳程序

税收征纳程序一般由税收征管法规定。税收征管法,是指调整税收征收与管理过程中所发生的社会关系的法律规范的总称。全国人民代表大会常务委员会于1992年制定,1995年、2001年、2013年和2015年修改的《税收征收管理法》,主要规定了税务登记、凭证管理、纳税申报和税款征收等内容。

税务登记是税务机关对纳税人的生产经营活动进行登记管理的制度。根据《税收征收管理法》,企业,企业在外地设立的分支机构和从事生产、经营的场所,个体工商户和从事生产、经营的事业单位,自领取营业执照之日起30日内,持有关证件,向税务机关申报办理税务登记。

账簿、凭证是纳税人经营活动的主要凭证,同时是经济核算的重要依据。纳税人、扣缴义务人按照有关法律、行政法规和国务院财政、税务主管部门的规定设置账簿,根据合法、有效凭证记账,进行核算。从事生产、经营的纳税人的财务、会计制度或者财务、会计处理办法和会计核算软件,应当报送税务机关备案。

纳税申报是纳税人在发生纳税义务后按照法定的期限和内容,向征税机关提交有关纳税事项的行为。纳税人必须依照法律、行政法规规定或者税务机关依照法律、行政法规的规定确定的申报期限、申报内容如实办理纳税申报,报送纳税申报表、财务会计报表以及税务机关根据实际需要要求纳税人报送的其他纳税资料。扣缴义务人必须依照法律、行政法规规定或者税务机关依照法律、行政法规的规定确定的申报期限、申报内容如实报送代扣代缴、代收代缴税款报告表以及税务机关根据实际需要要求扣缴义务人报送的其他有关资料。

税务机关可以采取的征收方式有很多,主要包括查账征收、查定征收、查验征收、定期定额征收、委托代征税款和代扣代缴等。为了确保税款的征收,税务机关可以采取税收保全等措施。

三、价格法

价格法是调整与价格的制定、执行和监督有关的各种价格关系的法律规范的总称,全国人民代表大会常务委员会于1997年制定的《价格法》是调整我国价格关系的主要法律。《价格法》根据不同的定价主体和价格形成的途径,将价格分为市场调节价、政府指导价、政府定价3种基本形式。市场调节价,是指由经营者自主制定,通过市场竞争形成的价格。政府指导价,是指依照《价格法》规定,由政府价格主管部门或者其他有关部门,按照定价权限和范围规定基准价以及浮动幅度,指导经营者制定的价格。政府定价,是指依照《价格法》规定,由政府价格主管部门或者其他有关部门,按照定价权限和范围制定的价格。在这3种形式中,市场调节价是主要的,市场中绝大多数商品和服务项目均实行市场调节价,只有不适于在竞争中形成价格的极少数商品和服务项目才实行政府指导价和政府定价。

（一）经营者的价格行为

国家实行并逐步完善宏观经济调控下主要由市场形成价格的机制。价格的制定应当符合价值规律，大多数商品和服务价格实行市场调节价，极少数商品和服务价格实行政府指导价或者政府定价。

《价格法》第 11 条规定，经营者进行价格活动，享有下列权利：(1) 自主制定属于市场调节的价格；(2) 在政府指导价规定的幅度内制定价格；(3) 制定属于政府指导价、政府定价产品范围内的新商品的试销价格，特定产品除外；(4) 检举、控告侵犯其依法自主定价权利的行为。根据该法第 12、13 条规定，经营者有下列义务：(1) 遵守法律、法规；(2) 执行依法制定的政府指导价和政府定价；(3) 执行法定的干预措施和紧急措施；(4) 对商品和服务明码标价。

经营者不得有下列不正当价格行为：(1) 互相串通、操纵市场价格，损害其他经营者或者消费者的合法利益；(2) 除依法降价处理鲜活商品、季节性商品、积压商品等商品外，为了排挤竞争对手或者独占市场，以低于成本的价格倾销，扰乱正常的生产经营秩序，损害国家利益或者其他经营者的合法权益；(3) 捏造、散布涨价信息，哄抬物价，推动商品价格过高上涨的；(4) 利用虚假的或者使人误解的价格手段，欺骗消费者或者其他经营者与其交易；(5) 提供相同商品或者服务，对具有同等交易条件的其他经营者实行价格歧视；(6) 采取抬高等级或者压低等级等手段收购、销售商品或者提供服务，变相提高或者压低价格；(7) 违反法律、法规的规定牟取暴利；(8) 法律、行政法规禁止的其他不正当价格行为。

（二）政府定价行为

《价格法》第 18 条规定，下列商品和服务价格，政府在必要时可以实行政府指导价或者政府定价：(1) 与国民经济发展和人民生活关系重大的极少数商品价格；(2) 资源稀缺的少数商品价格；(3) 自然垄断经营的商品价格；(4) 重要的公用事业价格；(5) 重要的公益性服务价格。

国务院价格主管部门和其他有关部门，按照中央定价目录规定权限和具体适用范围制定政府指导价、政府定价，其中重要的商品和服务价格的政府指导价、政府定价应当经国务院批准。省、自治区、直辖市人民政府价格主管部门和其他有关部门，应当按照地方定价目录规定的定价权限和具体适用范围制定在本地区执行的政府指导价。市、县人民政府可以根据省、自治区、直辖市人民政府的授权，按照地方定价目录规定的定价权限和具体范围制定在本地区执行的政府指导价、政府定价。

政府定价应当依据有关商品或者服务的社会平均成本和市场供求状况、国民经济与社会发展要求以及社会承受能力，实行合理的购销差价、批零差价、地区差价和季节差价；应当开展价格、成本调查，听取消费者、经营者和有关方面的意见。价格主管部门开展对政府指导价、政府定价的价格、成本调查时，有关单位应当如实反映情况，提供必需的账簿、文件以及其他资料。同时，政府在制定关系群众切身利益的公用事业价格、公益性服务价格、自然垄断经营的商品价格时，应当建立听证会制度，由政府价格主管部门主持,征求消费者、经营者和有关方面的意见,论证其必要性、可行性。

(三)价格总水平调控

稳定市场价格总水平是国家重要的宏观经济政策目标。国家根据国民经济发展的需要和社会承受能力,确定市场价格总水平调控目标,列入国民经济和社会发展计划,并综合运用货币、财政、投资、进出口等方面的政策和措施,予以实现。政府可以建立重要商品储备制度,设立价格调节基金,调控价格,稳定市场;为适应价格调控和管理的需要,政府价格主管部门应当建立价格监测制度,对重要商品、服务价格的变动进行监测;政府在粮食等重要农产品的市场购买价格过低时,可以在收购中实行保护价格,并采取相应的经济措施保证其实现;当重要商品和服务价格显著上涨或者有可能显著上涨时,国务院和省、自治区、直辖市人民政府可以对部分价格采取限定差价率或者利润率、规定限价、实行提价申报和调价备案等干预措施;省、自治区、直辖市人民政府采取上述干预措施,应当报国务院备案;当市场价格总水平出现剧烈波动等异常状态时,国务院可以在全国范围内或者部分区域内采取临时集中定价权限、部分或者全面冻结价格的紧急措施。

(四)价格监督检查和法律责任

《价格法》规定,县级以上各级人民政府价格主管部门,依法对价格活动进行监督检查,并依照该法的规定对价格违法行为实施行政处罚。政府价格主管部门进行价格监督检查时,可以行使的职权包括:(1)询问当事人或者有关人员,并要求其提供证明材料和与价格违法行为有关的其他资料;(2)查询、复制与价格违法行为有关的账簿、单据、凭证、文件及其他资料,核对与价格违法行为有关的银行资料;(3)检查与价格违法行为有关的财物,必要时可以责令当事人暂停相关营业;(4)在证据可能灭失或者以后难以取得的情况下,可以依法先行登记保存,当事人或者有关人员不得转移、隐匿或者销毁。经营者接受政府价格主管部门的监督检查时,应当如实提供价格监督检查所必需的账簿、单据、凭证、文件以及其他资料。政府部门价格工作人员不得将依法取得的资料或者了解的情况用于依法进行价格管理以外的任何其他目的,不得泄露当事人的商业秘密。

消费者组织、职工价格监督组织、居民委员会、村民委员会等组织以及消费者,有权对价格行为进行社会监督。政府价格主管部门应当充分发挥群众的价格监督作用。同时,新闻单位有权进行价格舆论监督。政府价格主管部门应当建立对价格违法行为的举报制度。任何单位和个人均有权对价格违法行为进行举报。政府价格主管部门应当对举报者给予鼓励,并负责为举报者保密。

经营者不执行政府指导价、政府定价以及法定的价格干预措施、紧急措施的,责令改正,没收违法所得,可以并处违法所得5倍以下的罚款;没有违法所得的,可以处以罚款;情节严重的,责令停业整顿。经营者有操纵市场价格等不正当行为的,责令改正,没收违法所得,可以并处违法所得5倍以下的罚款;情节严重的,责令停业整顿,或者吊销营业执照。经营者因价格违法行为致使消费者或者其他经营者多付价款的,应当退还多付部分;造成损害的,应当依法承担赔偿责任。经营者违反明码标价规定的,责令改正,没收违法所得,可以并处 5000 元以下的罚款。经营者被责令暂停相关营业而不停止的,或者转移、隐匿、销毁依法登记保存的财物的,处相关营业所得或者转移、隐匿、销毁的财物价值 1 倍以上 3 倍以下的罚款。

第八章 社 会 法

"推进社会建设,要以保障和改善民生为重点,着力解决好人民最关心最直接最现实的利益问题。要坚持发展为了人民、发展依靠人民、发展成果由人民共享,完善保障和改善民生的制度安排,把促进就业放在经济社会发展优先位置,加快发展教育、社会保障、医药卫生、保障性住房等各项社会事业,推进基本公共服务均等化,加大收入分配调节力度,坚定不移走共同富裕道路,努力使全体人民学有所教、劳有所得、病有所医、老有所养、住有所居。"

胡锦涛:《在庆祝中国共产党成立九十周年大会上的讲话》
(2011年7月1日)

【学习指导】 重点掌握劳动法的调整对象,劳动合同的概念、形式、内容、解除、终止和经济补偿,工作时间和休息时间的种类,工资基准的内容,劳动争议处理的程序,社会保险的种类与基本内容;了解社会法的概念,社会救助、社会福利、社会优抚的基本内容以及特殊群体权益保障法的基本内容。

社会法是调整劳动关系、附随劳动关系、社会保障关系和特殊群体权益保障关系的法律规范的总称。在现代法律权利本位思想主导下,权利主体借助法律赋予的各项权利以保障自身利益的最大化,必然会造成人与人之间的利益分化。社会法遵循公平和谐和国家适度干预原则,通过国家和社会积极履行责任,对劳动者、社会保障对象以及其他需要扶助的特殊人群的权益提供必要的保障。在中国特色社会主义法律体系中,社会法大致包括劳动法、社会保障法和特殊群体权益保障法三部分,它们在保护劳动者和其他弱势群体的合法权益、解决市场自身无法解决的问题、维护社会和谐稳定方面,发挥着重要的作用。

第一节 劳 动 法

劳动法是调整劳动关系以及与劳动关系有密切联系的其他社会关系的法律规范的总称。劳动法意义上的劳动,专指职工为谋生而从事的履行劳动法、集体合同和劳动合同所规定义务的集体劳动,这种劳动属于劳动力所有者将其劳动力有偿地提供给他人使用的劳动。全国人民代表大会常务委员会于1994年制定的《劳动法》,于2007年制定、2012年修改的《劳动合同法》,于2007年制定、2015年修改的《就业促进法》,于2007年制定的《劳动争议调解仲裁法》等,共同构成我国的劳动法。

一、劳动法的调整对象

劳动法的调整对象包括劳动关系和与劳动关系有密切联系的其他社会关系。劳动关系是劳动法的主要调整对象;与劳动关系有密切联系的其他社会关系是劳动法的辅助调整对象,这种社会关系也被称为附随劳动关系。

劳动关系,是指劳动者和用人单位之间,在实现劳动过程中发生的社会关系。劳动关系是劳动法的一个核心概念,其特征主要表现为:(1)它的当事人是特定的,一方是劳动者,一方是用人单位;(2)它的内容以劳动力的所有权与使用权分离为核心;(3)它兼具人身关系和财产关系的双重属性;(4)它兼具平等性和隶属性的双重特征,其中隶属性最为明显;(5)它兼具对抗性和非对抗性的双重特征,其中对抗性最为明显。

我国劳动法调整的劳动关系包括:(1)企业、个体经济组织、民办非企业单位中的劳动关系;(2)国家机关、事业单位、社会团体通过与劳动者签订劳动合同建立的劳动关系;(3)劳务派遣、非全日制用工中的劳动关系;(4)会计师事务所、律师事务所等合伙组织和基金会与劳动者之间的劳动关系等。目前我国劳动法不调整农村劳动者、现役军人、家庭保姆、自然人用工等性质的准劳动关系。

附随劳动关系,是指与劳动关系有密切联系的其他社会关系,即在劳动关系运行过程中及其前后为实现劳动关系而发生的社会关系。就其性质而言,包括如下4种:(1)劳动行政关系,即行政机关和经授权具有行政职能的有关机构与用人单位及其团体、劳动者及其团体和劳动服务主体之间,由于执行劳动行政职能而发生的社会关系;(2)劳动服务关系,即劳动服务主体与用人单位和劳动者之间由于为劳动关系运行提供社会服务而发生的社会关系,具体包括职业介绍、职业培训、社会保险、劳动保护等服务活动中发生的社会关系;(3)劳动团体关系,即劳动者团体(工会)与用人单位团体(雇主协会)之间,工会与其成员或用人单位之间,雇主协会与其成员或劳动者之间,由于协调劳动关系和维护劳动关系当事人利益而发生的社会关系;(4)劳动争议处理关系,即劳动争议处理机构与用人单位或其团体、劳动者或其团体之间由于调处和审理劳动争议而发生的社会关系。

【随堂测试】 下列社会关系中,属于劳动法调整的是(　　)。(单选题)
A. 某公司向职工集资而发生的关系
B. 劳动者甲与劳动者乙发生的借贷关系
C. 两个企业之间签订劳务派遣协议而发生的关系
D. 某民工被个体餐馆录用为服务员而发生的关系

解析: 选项A双方为民事关系,选项B双方为民事关系,选项C双方为民事关系,选项D双方属于劳动关系,受劳动法调整。因此,本题正确选项为D。

二、劳动法的基本原则

劳动法的基本原则是指集中体现劳动法的本质和基本精神,为劳动法调整劳动领域内的社会关系所应遵循的基本准则。根据我国社会主义市场经济制度和劳动法的基本理念与要求,结合法律部门基本原则的确认依据,一般认为劳动法的基本原则包括5个"相结合"。

(一)维护劳动者合法权益与兼顾用人单位利益相结合原则

维护劳动者的合法权益是劳动法的立法宗旨。这是因为劳动者相对于用人单位总是处于弱势地位,国家对劳动者予以特别保护,从而使双方主体处于实质平等地位。同时,在市场经济条件下,用人单位均有追逐最大利润的强烈动机,易于发生侵犯劳动者权益的行为,这就要求用法律来抑制用人单位的侵权冲动,保护劳动者的合法权益。再者,用人单位的权利往往是由主体组织法加以规定的,劳动法赋予劳动者的权利保护制度设计可以与之相平衡,防止用人单位滥用权利现象的发生。

在倾斜保护劳动者合法权益的同时,还要兼顾用人单位的合法权益。一方面这符合权利义务相一致的基本法理,另一方面维护用人单位的合法权益,又为劳动者合法权益的实现提供了更好的条件和基础。需要注意的是,对用人单位利益的保护在劳动法主旨中只能是"兼顾",即应当建立在对劳动者合法权益优先保护的前提下,其最终目的还是保护劳动者的合法权益。

(二)贯彻以按劳分配为主体的多种分配方式与公平救助相结合原则

按劳分配是我国经济制度的一项重要内容,也是劳动法的一项基本原则。"各尽所能、按劳分配、同工同酬"的基本要求体现为:(1)每一个有劳动能力的公民都应当尽自己的努力为社会提供劳动,都有平等的权利和义务;(2)用人单位应当以劳动为尺度,按照劳动的数量和质量给劳动者支付相应的劳动报酬;(3)劳动者不分性别、年龄、民族、种族等,等量劳动应当获得等量报酬。按劳分配是主体的分配原则,不排斥其他分配方式的存在,但其他分配方式应处于辅助地位。

公平救助主要体现在社会保险制度上。物质帮助权是劳动报酬权的延伸和补充。所有劳动者都可以按照法定的条件和标准享受社会保险待遇。公平救助原则的实现受制于按劳分配原则的贯彻,只有真正落实按劳分配原则,调动广大劳动者的工作积极性,创造出更多的物质财富,才能使公平救助原则得到更好的体现。

(三)坚持劳动者平等竞争与特殊劳动者保护相结合原则

建立劳动者平等竞争机制是社会主义市场经济的内在要求,也是公民在法律上一律平等原则的重要体现。劳动法规定了劳动者的平等就业权和自由择业权,劳动者在劳动报酬、劳动保护、社会保险、职业培训、劳动争议处理等方面一律平等地受法律保护。劳动者平等竞争原则也是生产要素在市场经济条件下有效配置的基本要求。

在坚持劳动者平等竞争原则的同时,还必须注重对特殊劳动者的保护。由于生理、社会等方面的原因,劳动者中不可避免地会存在一些特殊劳动者群体,劳动法必须给予特殊保护,以保证他们真正处于与其他劳动者一样的平等法律地位。这类特殊劳动者包括女职工、未成年工、残疾劳动者、少数民族劳动者以及退役军人等。

(四)实行劳动行为自主与劳动标准制约相结合原则

劳动法赋予劳动关系当事人意思自治和行为自主权,是社会主义市场经济的客观要求,是实现劳动力资源合理流动和有效配置的内在需求。在人力资源市场上,劳动者和用人单位都是平等的主体,自主地谈判、选择和决定自己的行为,各自承担相应的风险和责任。

但是,由于劳动关系的人身性和隶属性等特点,劳动力不同于其他一般商品,需要国家制定劳动标准,明确规定劳动的基本条件,有效制约用人单位的行为,保护劳动者的合法权益。劳动法中的劳动基准、社会保险等制度设计就具有强制性,要求劳动关系当事人必须遵守劳动基准的强制性要求,不得低于劳动基准安排双方当事人的权利和义务。

(五)坚持法律调节与三方对话相结合原则

在社会主义市场经济条件下,劳动力资源的配置以市场为基本手段,劳动关系的确立和运行要求相应的法律制度作为保障,劳动关系中双方当事人的利益冲突必须依据劳动法的安排来处理,体现鲜明的私法公法相融合的特点。

劳动关系的多变性和复杂性以及劳动基准的强制性特点,又使劳动者、用人单位、政府三方代表协商对话机制成为劳动法的基本原则。劳动法中特有的三方性原则是指政府、工会、用人单位组织三方在平等的基础上,通过一定的组织机构和运作机制,共同对有关劳动关系的重大问题进行规范和协调处理。该原则最早由国际劳工组织提出,已经成为世界各国劳动法的基本原则之一。

三、劳动合同

劳动合同是劳动者与用人单位之间明确劳动关系,约定双方权利和义务的协议。以合同期限为标准,劳动合同分为三种:(1)有固定期限的劳动合同,也称为定期劳动合同,是指双方当事人在劳动合同中约定一个明确的合同期限,期满可以依法续订,否则就终止双方的权利义务关系的劳动合同。(2)无固定期限的劳动合同,也称为不定期劳动合同,是指用人单位与劳动者约定无确定终止时间的劳动合同。《劳动合同法》采用世界立法通例,将该类合同作为常规性合同,力促用人单位和劳动者尽可能签订这类合同,从而更好地保护劳动者的权益。(3)以完成一定工作为期限的劳动合同,是指双方当事人把完成某一项工作或劳动任务作为劳动关系存续的期限,约定任务完成后合同即自动终止的劳动合同,这类合同属于特殊的定期劳动合同。

败诉　新华社发　翟桂溪　作
图片来源:盐城新闻网,2017年8月13日。

(一)劳动合同的形式、内容和效力

劳动合同的形式是劳动合同内容存在的方式,即劳动合同当事人意思表示一致的外部表现,一般包括口头形式和书面形式两种。根据我国相关法律,劳动合同应当采用书面形式;自用工之日起1个月内,双方当事人应当签订书面劳动合同;该1个月内,经用人单位书面通知后,劳动者不与用人单位签订书面劳动合同的,用人单位应当书面通知劳动者终止劳动关系,无需向劳动者支付经济补偿,但应当依法支付劳动者实际工作时间的劳动报酬;自用工之日起超过1个月不满1年,用人单位未与劳动者签订书面劳动合同的,应当向劳动者每月支付2倍的工资,并仍然需要与劳动者补订书面劳动合同;该段期间内劳动者不与用人单位签订书面劳动合同的,用人单位应当书面通知劳动者终止劳动关系,并支付相应的经济补偿;自用工之日起满1年,用人单位未与劳动者签订书面劳动合同的,视为自满1年的当日已经与劳动者签订无固定期限劳动合同,并应当立即补订书面劳动合同。对于非全日制用工,法律不强制要求必须签订书面劳动合同,承认口头劳动合同的效力;这是目前我国法律规定中唯一可以不签订书面劳动合同的情形。

劳动合同的内容,是指劳动者与用人单位通过平等协商约定的具体劳动权利和劳动义务。我国劳动法规定其包括两部分:(1)必备条款,又称为法定条款,是法律规定劳动合同必须协商载明的条款,体现当事人意志和国家意志的结合。必备条款包括如下内容:用人单位的名称、住所和法定代表人或者主要负责人;劳动者的姓名、住址和居民身份证或者其他有效证件号码;劳动合同期限;工作内容和工作地点;工作时间和休息休假;劳动报酬;社会保险;劳动保护、劳动条件和职业危害防护;法律、法规规定应当纳入劳动合同的其他事项等。(2)可备条款,又称为约定条款,是法律规定双方当事人可协商确定的条款,体现当事人的意志。约定条款包括试用期、培训、保守商业秘密、补充保险和福利待遇等其他事项。当事人可以根据自身情况和特殊需求,约定具体的内容,只要不违反法律精神和原则,均受法律保护。

《劳动合同法》第26条第1款规定,下列劳动合同无效或者部分无效:(1)以欺诈、胁迫的手段或者乘人之危,使对方在违背真实意思的情况下订立或者变更劳动合同的;(2)用人单位免除自己的法定责任、排除劳动者权利的;(3)违反法律、行政法规强制性规定的。第2款规定,对劳动合同的无效或者部分无效有争议的,由劳动争议仲裁机构或者人民法院确认。

(二)劳动合同的解除

劳动合同的解除,是指劳动合同履行以后,尚未履行完毕之前,由于一定事由的出现,提前结束劳动合同效力的法律行为。

《劳动合同法》第36条规定:经劳动合同当事人协商一致,劳动合同可以解除。需要注意的是,如果是用人单位首先提出协商动议,之后双方协商一致解除劳动合同的,用人单位需要按照规定给予劳动者经济补偿。此外,劳动合同的解除还可以由劳动者辞职、过错性辞退、非过错性辞退、经济性裁员等单方面原因引起。

1. 劳动者辞职

劳动者辞职是劳动者单方解除劳动合同的方式,分为预告辞职和即时辞职两种类型。

预告辞职与用人单位的预告辞退相对应,也称为劳动者的预告解除。《劳动合同法》第37条规定,劳动者提前30日以书面形式通知用人单位,可以解除劳动合同;劳动者在试用期内提前3日通知用人单位,可以解除劳动合同。据此规定,劳动者预告辞职不需要任何法定理由,可谓是享有无限解除权;法定的通知时限成就后,劳动者单方解除劳动合同即生效,可以提出办理劳动合同解除手续,用人单位应予以及时办理。这种情形下解除劳动合同,劳动者不能获得用人单位的经济补偿。

即时辞职与用人单位的即时辞退相对应,在法定条件成就时,劳动者可以行使即时辞职权。《劳动合同法》第 38 条第 1 款规定,用人单位有下列情形之一的,劳动者可以解除劳动合同:(1) 未按照劳动合同约定提供劳动保护或者劳动条件的;(2) 未及时足额支付劳动报酬的;(3) 未依法为劳动者缴纳社会保险费的;(4) 用人单位的规章制度违反法律、法规的规定,损害劳动者权益的;(5) 因《劳动合同法》第 26 条第 1 款规定的情形致使劳动合同无效的;(6) 法律、行政法规规定劳动者可以解除劳动合同的其他情形。

该条第 2 款规定:用人单位以暴力、威胁或者非法限制人身自由的手段强迫劳动者劳动的,或者用人单位违章指挥、强令冒险作业危及劳动者人身安全的,劳动者可以立即解除劳动合同,不需事先告知用人单位。

第 1 款规定的条件成就时,劳动者有通知用人单位的义务;第 2 款规定的条件成就时,劳动者没有通知用人单位的义务。在这些条件成就时劳动者可以单方解除劳动合同;因为用人单位有过错的,用人单位需要按照规定给付劳动者相应的经济补偿。

2. 过错性辞退

过错性辞退,是指用人单位因为劳动者的过错,可以不必依法提前预告而立即单方解除劳动合同的法律行为。

《劳动合同法》第 39 条规定,劳动者有下列情形之一的,用人单位可以解除劳动合同:(1) 在试用期间被证明不符合录用条件的;(2) 严重违反用人单位的规章制度的;(3) 严重失职,营私舞弊,给用人单位造成重大损害的;(4) 劳动者同时与其他用人单位建立劳动关系,对完成本单位的工作任务造成严重影响,或者经用人单位提出,拒不改正的;(5) 因该法第 26 条第 1 款第 1 项规定的情形致使劳动合同无效的;(6) 被依法追究刑事责任的。在这些条件成就时用人单位有权单方解除劳动合同,无须征得他人同意,也不必履行特定程序,更不存在经济补偿问题。

■ 以案释法

员工违反忠诚义务给用人单位造成损失,用人单位有权单方解除劳动合同[①]

王某于 2006 年 4 月起就职于某轨道系统公司,双方签订了无固定期限劳动合同。2015 年 5 月至 6 月间,王某应直属领导刘某的要求,在公司未安排加班、本人也未填写加班申请单,且未进行打卡考勤的情况下,多次使用公司的设备、原材料及水电等资源生产不属于公司的产品。公司发现后,以王某严重违规为由,解除了与王某之间的劳动合同。王某认为自己是应直属领导刘某的要求加班,并不知道刘某是在干私活,公司系违法解除劳动合同,应当支付赔偿金。

法院经审理查明,该公司《员工手册》规定:"对有下列行为之一的职工,经查证属实,

---

① 本案摘编自《苏州中院发布 2016 年度劳动争议八大典型案例》,载劳动法苑,2017 年 5 月 10 日。http://www.laodongfa.com/index/show/id/64230.html,2017 年 9 月 17 日访问。

证据确凿的,解除劳动合同;……24. 未经许可,利用工作时间、工作场所或公物从事不法或图利自己或他人行为者;……"法院经审理后认为,王某明知公司有一整套严格的加班审批流程,但其仍在既未填写加班申请单、也未进行打卡考勤的情况下,利用公司的厂房及设备从事不属于公司产品的加工生产,故其辩称并非干私活的主张不能成立。王某的行为已违反了员工的忠诚义务,并客观上使得他人从中获得利益,故公司解除劳动合同无需支付经济赔偿金。

该案审理法官认为,劳动者虽然与用人单位签订了无固定期限的劳动合同,但如果劳动者存在严重违反用人单位规章制度情形的,用人单位仍可依照《劳动合同法》的相关规定予以解除劳动合同。根据《劳动法》《劳动合同法》,劳动者与用人单位建立劳动关系,双方均应按照法律的规定或者合同的约定诚实信用地行使权利、履行义务,公司将忠诚义务规定入《员工手册》,并不违反法律、行政法规等强制性规定。本案中,王某虽然主张其对刘某干私活一事并不知情,但其作为在公司工作多年的老员工,熟知公司的规章制度以及劳动纪律,面对直属领导刘某反常的加班安排,不仅没有提出质疑,及时向公司相关部门核实,反而多次予以配合,利用公司的厂房及设备从事加工生产不属于公司的产品,为他人谋取私利,严重违反了公司的规章制度,亦有违忠诚义务,其过错显而易见。在此情形下,虽然公司与王某已经签订了无固定期限劳动合同,但因王某存在严重违反公司规章制度的情形,公司可依法解除与王某的劳动合同,王某因而无法获得所主张的经济赔偿金。

3. 非过错性辞退

非过错性辞退,又称为用人单位"预告解除""预告辞退",是指劳动者没有过错,但由于客观情况发生了变化或劳动者患病、非因工负伤、不能胜任工作等,用人单位在采取弥补措施无果的情况下,法律允许用人单位在履行特定程序后可以解除劳动合同的法律行为。

《劳动合同法》第40条规定,有下列情形之一的,用人单位提前30日以书面形式通知劳动者本人或者额外支付劳动者1个月工资后,可以解除劳动合同:(1) 劳动者患病或者非因工负伤,在规定的医疗期满后不能从事原工作,也不能从事由用人单位另行安排的工作的;(2) 劳动者不能胜任工作,经过培训或者调整工作岗位,仍不能胜任工作的;(3) 劳动合同订立时所依据的客观情况发生重大变化,致使劳动合同无法履行,经用人单位与劳动者协商,未能就变更劳动合同内容达成协议的。在这些条件成就时用人单位可以单方解除劳动合同,但需要按照规定给付劳动者相应的经济补偿。

4. 经济性裁员

经济性裁员,是指用人单位由于生产经营状况发生变化而出现劳动力过剩现象,用人单位一次性预告辞退部分劳动者,从而改善生产经营状况的法律行为。它是非过错性辞退的一种特殊形式。由于这种形式涉及多个劳动者主体,事关重大,所以法律规定了严格的条件和程序。

《劳动合同法》第41条第1款规定,有下列情形之一,需要裁减人员20人以上或者裁减不足 20 人但占企业职工总数 10% 以上的,用人单位提前 30 日向工会或者全体职工说明情况,听取工会或者职工的意见后,裁减人员方案经向劳动行政部门报告,可以裁减人员:(1)依照企业破产法规定进行重整的;(2)生产经营发生严重困难的;(3)企业转产、重大技术革新或者经营方式调整,经变更劳动合同后,仍需裁减人员的;(4)其他因劳动合同订立时所依据的客观经济情况发生重大变化,致使劳动合同无法履行的。在这些条件成就时用人单位可以单方解除劳动合同,但需要按照规定给付劳动者相应的经济补偿。

第 2 款规定,裁减人员时,应当优先留用下列人员:(1)与本单位订立较长期限的固定期限劳动合同的;(2)与本单位订立无固定期限劳动合同的;(3)家庭无其他就业人员,有需要扶养的老人或者未成年人的。

第 3 款规定,用人单位依照该条第 1 款规定裁减人员,在 6 个月内重新招用人员的,应当通知被裁减的人员,并在同等条件下优先招用被裁减的人员。

5. 非过错性辞退和经济性裁员的禁止性情形

《劳动合同法》还规定了即使在法定的许可性条件成就的情形下也不得辞退劳动者的情形。只有在禁止性情形消失后,用人单位以许可性条件为依据的辞退权才可以恢复行使。

《劳动合同法》第 42 条规定,劳动者有下列情形之一的,用人单位不得依照该法第 40 条、第 41 条的规定解除劳动合同:(1)从事接触职业病危害作业的劳动者未进行离岗前职业健康检查,或者疑似职业病病人在诊断或者医学观察期间的;(2)在本单位患职业病或者因工负伤并被确认丧失或者部分丧失劳动能力的;(3)患病或者非因工负伤,在规定的医疗期内的;(4)女职工在孕期、产期、哺乳期的;(5)在本单位连续工作满 15 年,且距法定退休年龄不足 5 年的;(6)法律、行政法规规定的其他情形。当然,即使存在这些禁止性情形,但劳动者有《劳动合同法》第 39 条规定的情形之一的,用人单位可以不受禁止性规定的限制。

(三)劳动合同的终止

劳动合同的终止是指劳动合同自行失效,不再履行。

根据《劳动合同法》第 44 条,有下列情形之一的,劳动合同终止:(1)劳动合同期满的;(2)劳动者开始依法享受基本养老保险待遇的;(3)劳动者死亡,或者被人民法院宣告死亡或者宣告失踪的;(4)用人单位被依法宣告破产的;(5)用人单位被吊销营业执照、责令关闭、撤销或者用人单位决定提前解散的;(6)法律、行政法规规定的其他情形。

《劳动合同法》第 45 条规定:劳动合同期满,有该法第 42 条规定情形之一的,劳动合同应当续延至相应的情形消失时终止。但是,该法第 42 条第 2 项规定丧失或者部分丧失劳动能力劳动者的劳动合同的终止,按照国家有关工伤保险的规定执行。

(四)经济补偿

经济补偿,是指用人单位在符合法律规定的条件下,终止或解除劳动合同时需要支付给劳动者的补偿金。其性质是处于经济优势地位的用人单位在法定的终止和解除劳动合同时导致劳动者失去工作岗位而给予劳动者的一种帮助,体现法律的公平价值。

《劳动合同法》第46条规定,有下列情形之一的,用人单位应当向劳动者支付经济补偿:(1)劳动者依照该法第38条规定解除劳动合同的;(2)用人单位依照该法第36条规定向劳动者提出解除劳动合同并与劳动者协商一致解除劳动合同的;(3)用人单位依照该法第40条规定解除劳动合同的;(4)用人单位依照该法第41条第1款规定解除劳动合同的;(5)除用人单位维持或者提高劳动合同约定条件续订劳动合同,劳动者不同意续订的情形外,依照该法第44条第1项规定终止固定期限劳动合同的;(6)依照该法第44条第4项、第5项规定终止劳动合同的;(7)法律、行政法规规定的其他情形。其中第(5)(6)项的情形属于劳动合同终止时用人单位应当履行经济补偿义务的规定。

关于经济补偿的标准,《劳动合同法》第47条规定:经济补偿按劳动者在本单位工作的年限,每满1年支付1个月工资的标准向劳动者支付;6个月以上不满1年的,按1年计算;不满6个月的,向劳动者支付半个月工资的经济补偿。劳动者月工资高于用人单位所在直辖市、设区的市级人民政府公布的本地区上年度职工月平均工资3倍的,向其支付经济补偿的标准按职工月平均工资3倍的数额支付,向其支付经济补偿的年限最高不超过12年。该条所称月工资是指劳动者在劳动合同解除或者终止前12个月的平均工资。

【随堂测试】 某厂工人田某体检时被初诊为脑瘤,万念俱灰,既不复检也未经请假就外出旅游。该厂以田某连续旷工超过15天,严重违反规章制度为由解除劳动合同。对于由此引起的劳动争议,下列说法正确的有(　　)。(多选题)

A. 该厂单方解除劳动合同,应事先将理由通知工会

B. 因田某严重违反规章制度,无论是否在规定的医疗期内该厂均有权解除劳动合同

C. 如该厂解除劳动合同的理由成立,无需向田某支付经济补偿金

D. 如该厂解除劳动合同的理由违法,田某有权要求继续履行劳动合同并主张经济补偿金2倍的赔偿金

解析:《劳动合同法》第43条规定:"用人单位单方解除劳动合同,应当事先将理由通知工会。用人单位违反法律、行政法规规定或者劳动合同约定的,工会有权要求用人单位纠正。用人单位应当研究工会的意见,并将处理结果书面通知工会。"故选项A正确。《劳动合同法》第39条规定:"劳动者有下列情形之一的,用人单位可以解除劳动合同:……(二)严重违反用人单位的规章制度的;……"。故选项B正确。《劳动合同法》第46条规定了用人单位在法定条件下应当支付经济补偿金的情形,田某因过错被解除劳动合同,根据该条规定不能得到经济补偿金。故选项C正确。《劳动合同法》第48条规定:"用人单位违反本法规定解除或者终止劳动合同,劳动者要求继续履行劳动合同的,用人单位应当继续履行;劳动者不要求继续履行劳动合同或者劳动合同已经不能继续履行的,用人单位应当依照本法第87条规定支付赔偿金。"继续履行劳动合同和主张经济补偿金2倍的赔偿金,田某只能择一主张。选项D错误。因此,本题正确选项为A、B、C。

四、工作时间和休息时间

（一）工作时间

工作时间又称为劳动时间，是劳动者为履行劳动义务，在法定限度内从事劳动或工作的时间。法律规定一昼夜之内工作时数的总和构成标准工作日制度，一周之内的工作时数总和构成标准工作周制度。

根据法律，我国当前的工作时间包括如下内容：

（1）标准工作时间。这是法律规定在一般情况下统一实行的最长工作时间，它是其他特殊工时制度的计算依据和参照标准。目前我国法律规定，劳动者每日工作时间不超过8小时，每周工作时间不超过40小时；每周至少休息1日。标准工作时间适用于我国境内的一切国家机关、社会团体、企事业单位和其他组织及其职工。

（2）缩短工作时间。这是指由法律直接规定对特殊岗位上的劳动者实行的短于标准工作时间的工时制度。法律规定，以下岗位劳动者适用缩短工作时间：从事矿山、井下、高山、高温、低温、有毒有害、特别繁重或过度紧张等作业的劳动者；从事夜班工作的劳动者；哺乳期内的女职工；未成年工和怀孕女工；其他依法可以缩短工作时间的职工。

（3）综合计算工作时间。这是针对因工作性质特殊、需连续作业或受季节及自然条件限制的企业的部分职工，不以日为基本单位计算工作时间，而以周、月、季或年为周期综合计算劳动时间，集中安排工作和休息，平均工作时间与标准工作日时数相同的工时制度。其主要适用于符合下列条件的职工：交通、铁路、邮电、水运、航空、渔业等行业中因工作性质特殊，需连续作业的职工；地质及资源勘探、建筑、制盐、制糖、旅游等受季节和自然条件限制的行业的部分职工；其他适合实行综合计算工时的职工。用人单位实行这种工作时间，需要按照程序办理审批手续。

（4）不定时工作时间。这是针对因生产特点、工作特殊需要或职责范围的关系，需要机动作业，无法执行标准工作时间的职工所采用的一种工作时间制度。这种工作时间一般适用于以下劳动者：企业中的高级管理人员、外勤人员、推销人员、部分值班人员和其他工作无法按照标准工作时间衡量的职工；企业中的长途运输人员、出租车司机和铁路、港口、仓库的部分装卸人员，以及因工作性质特殊需要机动作业的职工；其他因生产特点、工作特殊需要或职责范围的关系适合实行不定时工作制的职工。用人单位实行这种工作时间，也需要按照程序办理审批手续。

（5）计件工作时间。这是指以劳动者完成一定劳动定额为标准的工作时间，是以职工完成一定数量的合格产品或一定的作业量来确定劳动者劳动报酬的工时制度。这种工作时间实际上是标准工作时间的特殊转化形式。根据法律规定，用人单位应当根据一般劳动者在一个标准工作日和一个标准工作周的工作时间内能够完成的计件数量为标准，来确定劳动者一个工作日或一个工作周的劳动定额。

（6）其他工作时间。例如非全日制工作时间、弹性工作时间等。

（二）休息时间

休息时间是指劳动者按照法律规定不必从事生产和工作，自行支配的时间，它是与工作时间相对而言的。狭义的休息时间,是指劳动者在一个工作日内的休息时间、工作日之间的休息时间和工作周之间的休息时间。广义的休息时间又称为"休息休假",包括狭义的休息时间和休假,是指工作时间之外由劳动者自行支配的全部时间。一般使用的是广义的休息时间概念。

劳动者的休息休假,具体包括如下内容:

(1) 一个工作日内的休息时间,即劳动者用餐和工间休息的时间。依据生理规律和习惯,劳动者应在工作4小时后有一次间歇休息时间,其长短因工作岗位和工作性质不同而不同,一般为1—2个小时,最短不少于半小时。

(2) 工作日之间的休息时间,即劳动者在一个工作日结束至下一个工作日开始之间的休息时间。依据现行法律,每个工作日之间的休息时间一般为14—16个小时。

(3) 工作周之间的休息时间,即劳动者连续工作一周后应当享有的休息时间。一般来说星期六和星期日为周休息日。

(4) 法定节日休假,即劳动者用于欢度节日、开展纪念或庆祝活动的休息时间。我国按照享受节假日的劳动者范围不同,将法定节假日分为3类:一是全体公民放假的节日,例如新年(元旦)、春节、清明节、劳动节、端午节、中秋节、国庆节等,这部分假日如果适逢星期六、星期日,应当在工作日补休假;二是部分公民放假的节日及纪念日,例如妇女节、青年节、儿童节、中国人民解放军建军纪念日等,这部分假日如果适逢星期六、星期日,不补休假;三是少数民族习惯的节日,由各少数民族聚居区的地方人民政府,按照各该民族习惯规定休假日期。

(5) 带薪年休假,即法律规定的劳动者在连续工作满1年以上,每年享有保留本职工作并领取工资的连续休假时间。法律规定:职工累计工作满1年不满10年的,年休假为5天;已满10年不满20年的,年休假为10天;已满20年的,年休假为15天;法定休假日、休息日不计入年休假假期。对于应休未休的年休假天数,用人单位应当按照该职工日工资收入的3倍支付年休假工资报酬。

(6) 探亲假,即与父母或配偶分居两地的职工,在一定期限内所享受的一定期限的带薪假期。法律规定:职工探望配偶,每年给予一方探亲假一次,假期为30天;未婚职工探望父母,原则上每年给假一次,假期为20天,如果因为工作需要,工作单位当年不能给予假期,或者职工自愿两年探亲一次的,可以两年给假一次,假期为45天;已婚职工探望父母,每4年给假一次,假期为20天;另外根据实际需要给予路程假。

(7) 其他休假,主要有婚丧假、产假等。

(三) 延长工作时间

这是指超过法律规定的工作时间长度的工作时间,包括加班和加点。劳动者在法定休假日和公休日进行工作是加班;超过日标准工作时间进行工作是加点。由于延长工作时间对劳动者的人身和健康有损害,国家严格规定了延长工作时间的限制措施。

但在下列特殊情况下,用人单位可以不受限制安排劳动者延长工作时间:(1) 发生自然灾害、事故或者因其他原因,使人民的安全健康和国家财产遭到严重威胁,需要紧急处理的;(2) 生产设备、交通运输线路、公共设施等临时发生故障,影响生产和公共利益,必须及时抢修的;(3)必须利用法定节日或公休日的停产期间进行设备检修、保养的;(4)国家机关、事业单位为完成国家紧急任务或上级安排的其他紧急任务,以及商业、供销企业在旺季完成收购、运输、加工农副产品紧急任务的;(5)为完成国防紧急任务,或者完成上级在国家计划外安排的其他紧急生产任务的;(6)法律法规规定的其他特殊情况。

五、工资基准

劳动法意义上的工资,是指用人单位依据法律规定、集体合同和劳动合同的约定,或者本单位依法制定的规章制度的规定,以法定货币形式支付给劳动者的劳动报酬。具体包括计时工资、计件工资、岗位工资,奖金以及与业绩挂钩的分成、提成、效益报酬,津贴和补贴,加班工资以及其他形式的工资;不包括用人单位依法缴纳的社会保险费、住房公积金、支付给劳动者个人的福利费用、劳动保护费用等。

我国现行的工资形式主要有计时工资、计件工资两种基本形式,此外还有一定范围内的年薪制。工资基准,是国家规定的用人单位在核算和支付劳动者工资时应当遵守的最低标准,一般包括最低工资制度、工资支付保障制度和实际工资保障制度。

最低工资,是指劳动者在法定或约定工作时间内提供了正常劳动,用人单位应当依法支付的最低劳动报酬。它不包括加班加点工资,中班、夜班、高温、低温、井下、有毒有害等特殊工作环境条件下的津贴,以及国家法律法规、

王艺林 绘

图片来源:和讯网,2011年5月31日。http://news.hexun.com/2011-05-31/130107197.html.

政策规定的劳动者保险、福利待遇和企业通过补贴伙食、住房等支付给劳动者的非货币性收入。实行最低工资保障制度是世界各国通行的做法。最低工资标准采取月最低工资标准和小时最低工资标准两种形式。

工资支付保障,是指对职工获得全部应得工资及其所得工资支配权的保障。它给劳动者所提供的保护比最低工资保障更进一步,扩及全部应得工资,而且干预到工资支付行为。工资支付的一般规则包括货币支付、直接支付、足额支付、定期支付、定地支付、优先支付、紧急支付等。其他支付规则还有禁止非法扣除工资、工资支付资金保证、欠薪索赔特权、工资支付令、农民工工资保障等。

实际工资保障,是指保障职工货币工资增长率高于物价上涨率,是对劳动者劳动报酬更高水平的保障。近些年国内消费价格的持续攀升,使劳动者普遍感觉工资收入实际水平在下降,这反映了我国实际工资保障制度的不完善。我国处理工资与物价关系的基本方式是工资调整和物价补贴两种;西方国家处理工资与物价关系的法定方式是劳资双方工资谈判和工资物价指数化两种。近年来多数国家采用谈判方式,这种经验值得我国借鉴。

六、劳动争议处理

劳动争议又称为劳动纠纷、劳资纠纷,一般是指劳动关系双方当事人之间因享有劳动权利和履行劳动义务所发生的争议。我国法律规定的劳动争议受案范围包括:(1)因确认劳动关系发生的争议;(2)因订立、履行、变更、解除和终止劳动合同发生的争议;(3)因除名、辞退和辞职、离职发生的争议;(4)因工作时间、休息休假、社会保险、福利、培训以及劳动保护发生的争议;(5)因劳动报酬、工伤医疗费、经济补偿或者赔偿金等发生的争议;(6)法律、法规规定的其他劳动争议。

(一)劳动争议处理机构

我国劳动争议处理机构主要有劳动争议调解组织、劳动争议仲裁委员会、人民法院和劳动行政主管部门。

劳动争议调解组织主要有三种,分别是企业劳动争议调解委员会、依法设立的基层人民调解组织和在乡镇、街道设立的具有劳动争议调解职能的组织。

劳动争议仲裁委员会不按行政区划层层设立。省、自治区人民政府可以决定在市、县设立;直辖市人民政府可以决定在区、县设立。直辖市、设区的市也可以设立一个或者若干个劳动争议仲裁委员会。劳动争议仲裁委员会由劳动行政部门代表、工会代表和企业方面代表组成,具有准司法的性质。

人民法院在一定条件下受理劳动争议案件。只有劳动争议当事人对劳动争议仲裁委员会作出的裁决不服,在收到裁决书之日起 15 日内向人民法院起诉的,才能启动诉讼程序。对于一裁终局的劳动争议案件,用人单位不能直接向人民法院起诉。

劳动行政主管部门在查处用人单位劳动违法行为等方面具有法定的职责,也是我国重要的劳动争议处理机构。

(二)劳动争议处理程序

根据现行法律规定,我国劳动争议处理程序有协商、调解、仲裁和诉讼四个环节。

(1)协商。劳动争议发生后,劳动者可以与用人单位协商,也可以请工会或者第三方共同与用人单位协商,达成和解协议。协商不是劳动争议处理的必经程序。协商所达成的协议没有法律约束力。

(2)调解。此处的调解专指特定调解组织的调解,不涉及劳动争议仲裁程序和诉讼程序中的调解。它不是劳动争议处理的必经程序。一般需要经过当事人申请、进行调解、达成调解协议等环节。因支付拖欠劳动报酬、工伤医疗费、经济补偿或者赔偿金事项达成调解协议,用人单位在协议约定期限内不履行的,劳动者可以持调解协议书依法向人民法院申请支付令;人民法院应当依法发出支付令。当事人在劳动争议调解委员会主持下达成的具有劳动权利义务内容的调解协议,具有劳动合同的约束力,可以作为人民法院裁判的根据。

(3)仲裁。根据我国法律,仲裁是劳动争议处理的必经程序,即所谓的劳动争议"仲裁前置"。其程序一般包括申请、受理、开庭审理、调解、裁决等。劳动争议仲裁不收费,劳动争议仲裁委员会的经费由财政予以保障。

《劳动争议调解仲裁法》第47条规定,对于追索劳动报酬、工伤医疗费、经济补偿或者赔偿金,不超过当地月最低工资标准12个月金额的争议,和因执行国家的劳动标准在工作时间、休息休假、社会保险等方面发生的争议,除该法另有规定的外,仲裁裁决为终局裁决,裁决书自作出之日起发生法律效力。最高人民法院2010年公布的《关于审理劳动争议案件适用法律若干问题的解释(三)》第13条规定:劳动者依据调解仲裁法第47条第1项规定,追索劳动报酬、工伤医疗费、经济补偿或者赔偿金,如果仲裁裁决涉及数项,每项确定的数额均不超过当地月最低工资标准12个月金额的,应当按照终局裁决处理。

(4)诉讼。诉讼不是劳动争议处理的必经程序。除法律另有规定外,诉讼程序的启动有前置程序的设定。我国没有专门的劳动争议诉讼程序法,人民法院审理劳动争议案件主要适用《民事诉讼法》和最高人民法院发布的相关司法解释。

第二节 社会保障法

社会保障法是调整以国家、社会组织和全体社会成员为主体,为了保障社会成员的基本生活需要并不断提高其生活水平,以及解决某些特殊社会群体的生活困难和生活需要而发生的经济扶助关系的法律规范的总称。社会保障法的调整对象是社会保障关系,即在国家和社会筹措、运营、发放及监管社会保障基金中相关主体之间所形成的关系,具体包括社会保险关系、社会救助关系、社会福利关系和社会优抚关系。

一、社会保障法的基本原则

社会保障法的基本原则是指集中反映社会保障法的本质,贯穿社会保障法律规范始终,并对整个社会保障法律规范起主导作用的根本准则,具体包括如下5项:

(1)保障基本生活需要原则。保障基本生活需要是由社会保障的性质和功能所决定的。社会保障是实现公平分配的一种机制,只在保障社会成员基本生活方面发挥作用。同时,这种制度受一国经济发展水平的制约,保障水平超出经济发展的承受能力时,社会的发展反而会遭受其害。保障社会成员的基本生活需要是社会保障法的基本功能,按劳分配、多劳多得是推动社会发展的原动力,以社会保障为分配机制所追求的根本目标在于公民的生存权,其基本内容是强制保障,维持生存。

(2)普遍性原则。社会保障的实施范围应当包括全体社会成员,一切社会成员均享有获得社会保障的权利,国家应当制定对全体社会成员普遍适用的相同的社会保障标准。对公民实行普遍的社会保障是各国社会保障立法共同奉行的一条基本原则。一切社会成员在丧失劳动能力或者生活遭遇困难时,都有权向社会或国家索取生存和生活所需的基本资源。社会保障制度本身就含有惠及所有社会成员之意。

(3)保障水平与经济发展水平相适应原则。这一原则包含两层含义:一是国家应该根据自身的经济发展水平来实施相应的社会保障政策,二是国家的社会保障水平应该随着社会经济的发展而不断提高。社会保障发展水平受经济发展水平的制约,而且必须适应经济发展水平的需要。社会保障水平滞后于经济发展水平,容易造成社会的不稳定,影响经济的进一步发展;社会保障水平超前于经济的发展,又会导致国家无力承受并最终损害经济的发展。

(4) 公平与效率兼顾原则。这里的公平包含两层含义:一是应当贯彻人人平等的理念,任何社会成员只要达到接受社会保障的条件,就有权享受国家和社会提供的物质帮助;二是社会保障待遇的确定,应力求遵循平等原则,不能因为社会成员的地位、身份、性别、种族和宗教信仰等方面的差别而有所不同。同时,还必须兼顾效率,因为公平是以效率和发展所带来的物质基础为前提的,这种效率性要求通过社会保障制度的设计,实现社会保障的经济调节作用和对社会成员的激励作用,提高经济增长率,从而实现更高层次上的公平。

(5) 国家保障与社会保障相结合原则。社会保障事业的发展,不仅要依靠国家、政府的出资、管理与监督,还需要依靠广大社会力量的参与。这一原则具体包括两个方面的内涵和要求:一是社会保障基金既要依靠国家、政府的财政拨款,又要依靠社会各界的出资,包括单位、社会组织和个人等;二是社会保障的日常管理和监督事务应该由国家和社会共同承担,这样才能促进社会保障事业的健康、可持续发展。

二、社会保险

社会保险是指国家和社会通过立法确立的,以保险形式实行的,使社会成员(主要是劳动者)在面临年老、患病、工伤、失业、生育等社会风险的情况下,能够获得国家和社会经济补偿和帮助的一种社会保障。全国人民代表大会常务委员会于 2010 年制定的《社会保险法》确立了基本养老保险、基本医疗保险、失业保险、工伤保险和生育保险 5 项社会保险制度。

(一) 养老保险

养老保险,是指法定范围内的老年人失去劳动能力而退出劳动岗位后,定期领取一定数额的生活费用以保障晚年生活的一种社会保险。养老保险包括基本养老保险、补充养老保险和职工个人储蓄养老保险 3 种。

1. 基本养老保险

基本养老保险,是由国家统一建立并实施的为公民提供退休后基本生活保障的一种保险。《社会保险法》把基本养老保险的范围扩大到了包括劳动者、城镇居民、农民、在中国境内就业的外国人在内的全体自然人。

基本养老保险的筹资模式可以分为如下几种类型:(1) 职工养老保险:单位缴费率一般不超过单位工资总额的 20%,纳入统筹账户,统筹目标是国家统筹;个人缴费率为本人缴费工资的 8%,纳入个人账户。(2) 无雇工的个体工商户、未在用人单位参加基本养老保险的非全日制从业人员以及其他灵活就业人员的养老保险:其缴费基数为当地上年度在岗职工平均工资,缴费比例为 20%,其中 8% 计入个人账户。(3) 农村居民养老保险:实行个人缴费、集体补助和政府补贴相结合。(4) 城镇居民养老保险:各省、自治区、直辖市人民政府根据实际情况,可以将城镇居民社会养老保险和新型农村社会养老保险合并实施。

基本养老保险待遇的给付可以分为如下几种类型：(1) 职工、无雇工的个体工商户、未在用人单位参加基本养老保险的非全日制从业人员以及其他灵活就业人员：参加基本养老保险的个人，达到法定退休年龄时累计缴费满15年的，按月领取基本养老金。参加基本养老保险的个人，达到法定退休年龄时累计缴费不足15年的，可以缴费至满15年，按月领取基本养老金；也可以转入新型农村社会养老保险或者城镇居民社会养老保险，按照国务院规定享受相应的养老保险待遇。参加基本养老保险的个人，因病或者非因工死亡的，其遗属可以领取丧葬补助金和抚恤金；在未达到法定退休年龄时因病或者非因工致残完全丧失劳动能力的，可以领取病残津贴，所需资金从基本养老保险基金中支付。(2) 农村居民：其待遇由基础养老金和个人账户养老金组成。(3) 城镇居民：目前尚未有具体措施。

2. 补充养老保险

补充养老保险包括企业补充养老保险和机关事业单位补充养老保险，也分别称为企业年金和职业年金。

企业年金，是指企业及其职工在参加了基本养老保险并完全履行了缴费义务的前提下，企业根据自己的经济负担能力，自主地为本单位劳动者建立的一种补充养老保险。

职业年金，是指机关事业单位及其工作人员在参加机关事业单位基本养老保险的基础上建立的补充养老保险制度。

根据原劳动和社会保障部于2004年颁布的《企业年金试行办法》，从2004年5月1日起，参加企业年金缴费的企业职工，退休后将在依法领取基本养老保险金之外，还能一次或定期领取一笔属于补充养老保险金性质的收入。国务院于2005年发布的《关于完善企业职工基本养老保险制度的决定》，鼓励具备条件的企业为职工建立企业年金。企业年金基金由企业缴费、职工个人缴费、企业年金基金投资运营收益组成，实行完全积累，采取市场化的方式和个人账户方式进行运营和管理。领取企业年金的条件一般是在本企业有5—15年的连续工龄。

根据国务院办公厅于2015年发布的《机关事业单位职业年金办法》，从2014年10月1日起，工作人员在达到国家规定的退休条件并依法办理退休手续后，由本人选择按月领取职业年金待遇的方式：可一次性用于购买商业养老保险产品，依据保险契约领取待遇并享受相应的继承权；可选择按照本人退休时对应的计发月数计发职业年金月待遇标准，发完为止，同时职业年金个人账户余额享有继承权；本人选择任一领取方式后不再更改。

3. 职工个人储蓄养老保险

职工个人储蓄养老保险，是职工个人根据自己收入情况，自愿以储蓄的形式为自己建立的养老社会保险。职工缴纳的个人储蓄性养老保险费，记入由社会保险机构为其在银行开设的养老保险个人账户，并按不低于或高于同期城乡居民储蓄存款利率计息，所得利息记入个人账户，本息一并归劳动者所有。职工达到法定退休年龄经批准退休后，其个人账户储蓄性养老保险金可一次总付或分次支付给本人。

【随堂测试】 关于基本养老保险的个人账户,下列选项正确的有(　　)。(多选题)

A. 职工个人缴纳的基本养老保险费全部记入个人账户
B. 用人单位缴纳的基本养老保险费按规定比例记入个人账户
C. 个人死亡的,个人账户余额可以继承
D. 个人账户不得提前支取

解析：《社会保险法》第12条规定:"用人单位应当按照国家规定的本单位职工工资总额的比例缴纳基本养老保险费,记入基本养老保险统筹基金。职工应当按照国家规定的本人工资的比例缴纳基本养老保险费,记入个人账户。无雇工的个体工商户、未在用人单位参加基本养老保险的非全日制从业人员以及其他灵活就业人员参加基本养老保险的,应当按照国家规定缴纳基本养老保险费,分别记入基本养老保险统筹基金和个人账户。"故选项A正确,选项B错误。《社会保险法》第14条规定:"个人账户不得提前支取,记账利率不得低于银行定期存款利率,免征利息税。个人死亡的,个人账户余额可以继承。"故选项C、D正确。因此,本题正确选项为A、C、D。

(二)医疗保险

医疗保险又称为疾病保险、疾病津贴等,是指劳动者由于患病或非因工负伤后,由社会提供医疗服务或经济补偿的社会保险制度。医疗保险包括基本医疗保险、企业补充医疗保险和职工个人储蓄医疗保险3种。

1. 基本医疗保险

《社会保险法》把基本医疗保险的范围扩大到包括劳动者、城镇居民、农民、在中国境内就业的外国人在内的全体自然人。

基本医疗保险的筹资模式分为如下几种类型:(1)职工医疗保险:用人单位缴费率一般为在职职工工资的6%,其中的30%划入个人账户,其余的纳入统筹账户,统筹目标是省级统筹;个人缴费率一般为本人工资收入的2%,纳入个人账户。(2)无雇工的个体工商户、未在用人单位参加基本医疗保险的非全日制从业人员以及其他灵活就业人员的医疗保险:由个人按照国家规定缴纳基本医疗保险费。(3)农村居民医疗保险:新型农村居民医疗保险的管理办法由国务院规定。(4)城镇居民医疗保险:实行个人缴费和政府补贴相结合,享受最低生活保障的人、丧失劳动能力的残疾人、低收入家庭60周岁以上的老年人和未成年人等所需个人缴费部分,由政府给予补贴。

基本医疗保险待遇的给付分为如下几种类型:(1)职工、无雇工的个体工商户、未在用人单位参加基本医疗保险的非全日制从业人员以及其他灵活就

全覆盖　新华社发　朱慧卿　作
图片来源:和讯网,2015年7月23日。http://news.hexun.com/2015-07-23/177783399.html.

业人员;统筹基金和个人账户要划定各自的支付范围,分别核算,不得互相挤占。统筹基金起付标准一般控制在当地职工年平均工资的10%左右,最高支付限额一般控制在当地职工年平均工资的4倍左右。起付标准以上、最高支付限额以下的医疗费用主要从统筹基金中支付,个人也要负担一定的比例。超过最高支付限额的医疗费用,可以通过大病统筹、商业医疗保险、医疗救助、慈善捐助等途径解决。《社会保险法》还进一步规定,参加职工基本医疗保险的个人,达到法定退休年龄时累计缴费达到国家规定年限的,退休后不再缴纳基本医疗保险费,按照国家规定享受基本医疗保险待遇;未达到国家规定年限的,可以缴费至国家规定年限。参保人员医疗费用中应当由基本医疗保险基金支付的部分,由社会保险经办机构与医疗机构、药品经营单位直接结算。医疗费用依法应当由第三人负担,第三人不支付或者无法确定第三人的,由基本医疗保险基金先行支付。基本医疗保险基金先行支付后,有权向第三人追偿。(2)新型农村合作医疗和城镇居民基本医疗保险的待遇标准按照国家规定执行。最新资料显示,从2015年始,城镇居民医保和新农合各级财政补助标准提高到每人每年380元;从2016年始,城乡居民医保政策范围内住院费用医保基金支付比例保持在75%左右,逐步提高门诊保障水平。

2. 企业补充医疗保险

补充医疗保险是基本医疗保险的一种有益补充,用人单位可以在按规定参加当地基本医疗保险的基础上,建立补充医疗保险,用于对城镇职工基本医疗保险制度支付以外由职工个人负担的医药费进行适当补助,减轻参保职工的医药费负担。

国务院于1998年颁布的《关于建立城镇职工基本医疗保险制度的决定》规定,为了不降低一些行业职工现有的医疗保障水平,在参加基本医疗保险的基础上,作为过渡措施,允许建立企业补充医疗保险。财政部、原劳动和社会保障部于2002年颁布的《关于企业补充医疗保险有关问题的通知》规定,企业补充医疗保险费在工资总额4%以内的部分,企业可直接从成本中列支,不再经同级财政部门审批。企业补充医疗保险资金由企业或行业集中使用和管理,单独建账,单独管理,用于本企业个人负担较重职工和退休人员的医疗费补助,不得划入基本医疗保险个人账户,也不得另行建立个人账户或变相用于职工其他方面的开支。

3. 职工个人储蓄医疗保险

对于这种保险,目前还没有全国统一的政策。

(三)失业保险

失业保险,是指保障劳动者失业期间的基本生活,促进其再就业的一种社会保险。其物质帮助包括生活救济和再就业服务两个方面。我国真正意义上的失业保险制度始建于20世纪80年代,当时称为待业保险。《劳动法》中正式使用了"失业"的概念。

失业保险的适用范围包括城镇企业事业单位及其职工、社会团体专职人员、民办非企业单位职工以及城镇个体工商户的雇工,公务员的失业保险制度尚无法律规定。失业保险缴费,由企事业单位按照本单位工资总额的2%缴纳,职工个人按照本人工资的1%缴纳。近几年来,国家不断降低失业保险缴费率,目的是减轻单位和个人的缴费负担。失业保险基金目前实行市级统筹,目标是省级统筹。享受失业保险待遇的条件是:(1)失业前单位和本人已经缴纳失业保险费满1年;(2)非因本人意愿中断就业;(3)已经进行失业登记,并有求职要求。

失业保险待遇的给付期限为:失业人员失业前单位和本人累计缴费满1年不足5年的,领取失业保险金的期限最长为12个月;累计缴费满5年不足10年的,领取失业保险金的期限最长为18个月;累计缴费10年以上的,领取失业保险金的期限最长为24个月。失业人员在领取失业保险金期间,参加职工基本医疗保险,享受基本医疗保险待遇。失业人员应当缴纳的基本医疗保险费从失业保险基金中支付,个人不缴纳基本医疗保险费。

(四)工伤保险

工伤保险,是指劳动者在生产工作中因意外事故或职业病致病、致伤、致残、死亡时依法享有相应待遇的社会保险。职业病,是指企业、事业单位和个体经济组织等用人单位的劳动者在职业活动中,因接触粉尘、放射性物质和其他有毒、有害因素而引起的疾病。

工伤认定的情形有以下三类:(1)典型工伤,含7种情形:在工作时间和工作场所内,因工作原因受到事故伤害的;工作时间前后在工作场所内,从事与工作有关的预备性或者收尾性工作受到事故伤害的;在工作时间和工作场所内,因履行工作职责受到暴力等意外伤害的;患职业病的;因工外出期间,由于工作原因受到伤害或者发生事故下落不明的;在上下班途中,受到非本人主要责任的交通事故或者城市轨道交通、客运轮渡、火车事故伤害的;法律、行政法规规定应当认定为工伤的其他情形。(2)视同工伤,含3种情形:在工作时间和工作岗位,突发疾病死亡或者在48小时之内经抢救无效死亡的;在抢险救灾等维护国家利益、公共利益活动中受到伤害的;职工原在军队服役,因战、因公负伤致残,已取得革命伤残军人证,到用人单位后旧伤复发的。(3)不得认定或视同为工伤,含3种情形:故意犯罪的;醉酒或者吸毒的;自残或者自杀的。

职工发生事故伤害或者按照职业病防治法规定被诊断、鉴定为职业病,所在单位应当自事故伤害发生之日或者被诊断、鉴定为职业病之日起30日内,向统筹地区社会保险行政部门提出工伤认定申请。用人单位未按前款规定提出工伤认定申请的,工伤职工或者其近亲属、工会组织在事故伤害发生之日或者被诊断、鉴定为职业病之日起1年内,可以直接向用人单位所在地统筹地区社会保险行政部门提出工伤认定申请。

职工发生工伤,经治疗伤情相对稳定后存在残疾、影响劳动能力的,应当进行劳动能力鉴定。劳动功能障碍分为10个伤残等级,最重的为一级,最轻的为十级。生活自理障碍分为3个等级:生活完全不能自理、生活大部分不能自理和生活部分不能自理。

工伤保险基金由用人单位缴纳的工伤保险费、工伤保险基金的利息和依法纳入工伤保险基金的其他资金构成,其中主要是工伤保险费。职工个人不缴纳工伤保险费。工伤保险费率实行行业差别费率与浮动费率相结合,平均缴费率控制在职工工资总额的1%左右。该基金要逐步实现省级统筹。

工伤保险待遇分为工伤医疗期间待遇、伤残待遇和工亡待遇三种。国务院于2003年制定、2010年修改的《工伤保险条例》,对工伤保险待遇作出了详细规定。

【随堂测试】 某商场使用了由东方电梯厂生产、亚林公司销售的自动扶梯。某日营业时间,自动扶梯突然逆向运行,造成顾客王某、栗某和商场职工薛某受伤,其中栗某受重伤,经治疗半身瘫痪,数次自杀未遂。现查明,该型号自动扶梯在全国已多次发生相同问题,但电梯厂均通过更换零部件、维修进行处理,并未停止生产和销售。职工薛某被认定为工伤且被鉴定为六级伤残。关于其工伤保险待遇,下列选项正确的是(　　)。(多选题)

A. 如商场未参加工伤保险,薛某可主张商场支付工伤保险待遇或者承担民事人身损害赔偿责任

B. 如商场未参加工伤保险也不支付工伤保险待遇,薛某可主张工伤保险基金先行支付

C. 如商场参加了工伤保险,主要由工伤保险基金支付工伤保险待遇,但按月领取的伤残津贴仍由商场支付

D. 如电梯厂已支付工伤医疗费,薛某仍有权获得工伤保险基金支付的工伤医疗费

解析:《社会保险法》第41条规定:"职工所在用人单位未依法缴纳工伤保险费,发生工伤事故的,由用人单位支付工伤保险待遇。用人单位不支付的,从工伤保险基金中先行支付。从工伤保险基金中先行支付的工伤保险待遇应当由用人单位偿还。用人单位不偿还的,社会保险经办机构可以依照本法第六十三条的规定追偿。"故选项A错误,选项B正确。《社会保险法》第39条规定:"因工伤发生的下列费用,按照国家规定由用人单位支付:(一)治疗工伤期间的工资福利;(二)五级、六级伤残职工按月领取的伤残津贴;(三)终止或者解除劳动合同时,应当享受的一次性伤残就业补助金。"故选项C正确。《最高人民法院关于审理工伤保险行政案件若干问题的规定》第8条第3款规定:"职工因第三人的原因导致工伤,社会保险经办机构以职工或者其近亲属已经对第三人提起民事诉讼为由,拒绝支付工伤保险待遇的,人民法院不予支持,但第三人已经支付的医疗费用除外。"故选项D错误。因此,本题正确选项为B、C。

(五)生育保险

生育保险,是指国家通过立法强制实施的,在女职工因怀孕、分娩、哺乳而暂时中止劳动时,从国家和社会获得物质帮助的一种社会保险。目前我国生育保险制度的覆盖对象限于城镇企业及其职工,其实施对象只是女职工,实行"产前和产后都应享受"原则,给付项目多,待遇标准高。生育保险待遇包括生育医疗费用和生育津贴。用人单位已经缴纳生育保险费的,其职工享受生育保险待遇;职工未就业配偶按照国家规定享受生育医疗费用待遇,所需资金从生育保险基金中支付。生育保险职工个人不缴费,用人单位的缴费率不超过工资总额的1%。国家建立生育保险基金,逐步实现省级统筹。2017年初,国务院办公厅下发《关于印发生育保险和职工基本医疗保险合并实施试点方案的通知》,规定从2017年6月底前启动试点,试点期限为1年左右;通过先行试点探索适应我国经济发展水平、优化保险管理资源、促进两项保险合并实施的制度体系和运行机制。

三、社会救助

社会救助,是指国家对于低收入、失去劳动能力或遭受灾害等境况的公民给予救济和帮助,以维持其最低生活水平的一种社会保障。国务院于2014年制定的《社会救助暂行办法》规定了最低生活保障、特困人员供养、受灾人员救助、医疗救助、教育救助、住房救助、就业救助、临时救助等8种救助类型,实践中还存在扶贫救助、法律援助等其他救助形式。

最低生活保障制度,是指国家对共同生活的家庭成员人均收入低于当地最低生活保障标准,且符合当地最低生活保障家庭财产状况规定的家庭,给予救助的制度。对批准获得最低生活保障的家庭,县级人民政府民政部门按照共同生活的家庭成员人均收入低于当地最低生活保障标准的差额,按月发给最低生活保障金。

特困人员供养制度,是指国家对无劳动能力、无生活来源且无法定赡养、抚养、扶养义务人,或者其法定赡养、抚养、扶养义务人无赡养、抚养、扶养能力的老年人、残疾人以及未满16周岁的未成年人,给予供养的制度。供养的内容包括:(1)提供基本生活条件;(2)对生活不能自理的给予照料;(3)提供疾病治疗;(4)办理丧葬事宜。特困供养人员可以集中供养,也可以分散供养。

受灾人员救助制度,是指国家对基本生活受到自然灾害严重影响的人员,提供生活救助的制度。相关政府机构应设立自然灾害救助物资储备库。自然灾害发生后,相关政府机构应根据情况紧急疏散、转移、安置受灾人员,及时为受灾人员提供必要的食品、饮用水等应急救助,还应为因当年冬寒或次年春荒遇到生活困难的受灾人员提供基本生活救助。灾情稳定后,相关政府机构应评估、核定并发布自然灾害损失情况,在确保安全的前提下,对住房损毁严重的受灾人员进行过渡性安置。自然灾害危险消除后,相关政府部门应及时核实本行政区域内居民住房恢复重建补助对象,并给予资金、物资等救助。

医疗救助制度,是指国家保障医疗救助对象获得基本医疗卫生服务的救助制度。下列人员可以申请相关医疗救助:(1)最低生活保障家庭成员;(2)特困供养人员;(3)县级以上人民政府规定的其他特殊困难人员。医疗救助采取下列方式:(1)对救助对象参加城镇居民基本医疗保险或者新型农村合作医疗的个人缴费部分,给予补贴;(2)对救助对象经基本医疗保险、大病保险和其他补充医疗保险支付后,个人及其家庭难以承担的符合规定的基本医疗自负费用,给予补助。

教育救助制度,是指国家对在义务教育阶段就学的最低生活保障家庭成员、特困供养人员,给予救助的制度。国家对在高中教育(含中等职业教育)、普通高等教育阶段就学的最低生活保障家庭成员、特困供养人员,以及不能入学接受义务教育的残疾儿童,根据实际情况给予教育救助。教育救助根据不同教育阶段需求,采取减免相关费用、发放助学金、给予生活补助、安排勤工助学等方式实施。

住房救助制度,是指国家对符合规定标准的住房困难的最低生活保障家庭、分散供养的特困人员,给予救助的制度。住房救助通过配租公共租赁住房、发放住房租赁补贴、农村危房改造等方式实施。

就业救助制度，是指国家对最低生活保障家庭中有劳动能力并处于失业状态的成员，通过贷款贴息、社会保险补贴、费用减免、公益性岗位安置等办法，给予救助的制度。申请就业救助的，公共就业服务机构核实后予以登记，并免费提供就业岗位信息、职业介绍、职业指导等就业服务。吸纳就业救助对象的用人单位，按照国家有关规定享受社会保险补贴、税收优惠、小额担保贷款等就业扶持政策。

临时救助制度，是指国家对因火灾、交通事故等意外事件，家庭成员突发重大疾病等原因，导致基本生活暂时出现严重困难的家庭，或者因生活必需支出突然增加超出家庭承受能力，导致基本生活暂时出现严重困难的最低生活保障家庭，以及遭遇其他特殊困难的家庭，给予救助的制度。国家对生活无着的流浪、乞讨人员提供临时食宿、急病救治、协助返回等救助。

四、社会福利

社会福利有广义和狭义之分，广义的社会福利基本上等同于社会保障，狭义的社会福利是社会保障中的一部分。一般是从狭义来界定社会福利的，具体是指政府和社会通过专业化的福利机构，为解决社会上的特殊群体以及一般社会成员的实际困难，提高国民的生活质量，而有针对性地提供服务和设施的一种社会保障。

我国社会福利制度主要包括以下内容：

（1）老年人社会福利。这是国家和社会为提高老年人生活质量而提供的各种服务和帮助的社会福利项目，也是社会福利制度的主要项目。其主要内容包括：满足生存与安全需要的福利；满足尊重与享受需要的福利；满足发展需要的福利等。

（2）残疾人社会福利。这是国家和社会为保障残疾人的权益和提高他们的生活质量而提供的服务和物质帮助以及有关就业扶助的福利项目。其主要内容包括：残疾人生活收入性福利，残疾人劳动就业，残疾人福利服务，残疾人教育，无障碍设施建设等。

（3）妇女儿童社会福利。这是国家和社会为了保障和提高妇女儿童的生活质量而提供的各种服务和物质帮助的社会福利项目。其主要内容包括：以生育津贴为主的特殊津贴与照顾，妇女劳保福利，为妇女提供的福利设施和福利服务；儿童的医疗保健设施和服务，儿童的活动场所和条件，普及义务教育，优先发展孤儿、弃儿和伤残儿童福利等。

（4）公共社会福利。这是国家和社会为了保障和提高一般社会成员的生活质量而提供的各种服务和物质帮助的社会福利项目。随着社会福利制度的日益完善，国家开始把重点放在一般社会成员的公共福利项目的建设上，目的是提高全民的生活质量。这类福利的主要内容有公共教育福利、公共卫生福利、公共文化福利、公共住房福利等。

五、社会优抚

社会优抚是针对军人及其家庭设立的一项特殊的社会保障措施，是指国家和社会按照法律、政策的有关规定，对法定的优抚对象以提供津贴、服务和安置条件等方式，在就业、入学、救济、贷款、住房等方面给予优厚待遇，以确保其受人尊敬的社会地位和一定生活水平的社会保障。具体包括以下内容：

(1) 社会优待，即国家和社会按照法律规定和社会习俗，对军人及其家属、烈士遗属等提供资金和服务等优惠措施，提高其生活质量，褒扬其为社会做出特殊贡献的一种优抚形式。具体包括对现役军人及其家属的优待，对革命伤残军人及其家属的优待，对烈士、因公牺牲军人、病故军人家属的优待，对复员军人的优待等。

(2) 社会抚恤，即国家通过发放抚恤金向优抚对象提供生活保障的一种优抚形式。其主要内容包括死亡抚恤和伤残抚恤，具体的抚恤方式又可分为一次性抚恤和定期抚恤两种。

(3) 安置保障，即国家和社会向退役、离退休军人提供的妥善安排其退役、离退休后工作与生活的就业支持、生活保障等待遇的一种优抚形式。我国的安置保障主要分为退役安置和离退休安置两种形式。

第三节　特殊群体权益保障法

我国非常重视特殊群体的权益保障，制定了归侨侨眷权益保护法、残疾人保障法、未成年人保护法、妇女权益保障法、老年人权益保障法、预防未成年人犯罪法等法律，在保护特殊群体权益方面形成了较为完备的法律制度，对保护特殊群体的合法权益，维护社会公平正义，发挥着重要作用。

一、归侨侨眷权益保护法

全国人民代表大会常务委员会于 1990 年制定《归侨侨眷权益保护法》，于 2000 年、2009 年进行了修改。归侨是指回国定居的华侨；华侨是指定居在国外的中国公民；侨眷是指华侨、归侨在国内的眷属，具体包括华侨、归侨的配偶，父母，子女及其配偶，兄弟姐妹，祖父母、外祖父母，孙子女、外孙子女，以及同华侨、归侨有长期扶养关系的其他亲属。

归侨、侨眷享有宪法和法律规定的公民的权利，并履行宪法和法律规定的公民的义务，任何组织或者个人不得歧视。国家对回国定居的华侨给予安置。全国人民代表大会和归侨人数较多地区的地方人民代表大会应当有适当名额的归侨代表。归侨、侨眷有权依法申请成立社会团体，进行适合归侨、侨眷需要的合法的社会活动。归侨、侨眷依法成立的社会团体的财产受法律保护，任何组织或者个人不得侵犯。

国家对安置归侨的农场、林场等企业给予扶持，任何组织或者个人不得侵占其合法使用的土地，不得侵犯其合法权益。国家依法维护归侨、侨眷职工的社会保障权益。用人单位及归侨、侨眷职工应当依法参加当地的社会保险，缴纳社会保险费用。对丧失劳动能力又无经济来源或者生活确有困难的归侨、侨眷，当地人民政府应当给予救济。

国家鼓励和引导归侨、侨眷依法投资兴办产业，特别是兴办高新技术企业，各级人民政府应当给予支持，其合法权益受法律保护。归侨、侨眷在国内兴办公益事业，各级人民政府应当给予支持，其合法权益受法律保护。归侨、侨眷境外亲友捐赠的物资用于国内公益事业的，依照法律、行政法规的规定减征或者免征关税和进口环节的增值税。

国家依法保护归侨、侨眷在国内私有房屋的所有权。各级人民政府应当对归侨、侨眷就业给予照顾,提供必要的指导和服务。归侨学生、归侨子女和华侨在国内的子女升学,按照国家有关规定给予照顾。

国家保护归侨、侨眷的侨汇收入。归侨、侨眷有权接受境外亲友的遗赠或者赠与。归侨、侨眷继承境外遗产的权益受法律保护。归侨、侨眷有权处分其在境外的财产。归侨、侨眷与境外亲友的往来和通讯受法律保护。国家保障归侨、侨眷出境探亲的权利。归侨、侨眷可以按照国家有关规定申请出境定居。离休、退休、退职的归侨、侨眷职工出境定居的,其离休金、退休金、退职金、养老金照发。

二、残疾人保障法

全国人民代表大会常务委员会于1990年制定、2008年修改的《残疾人保障法》,以"平等""参与""共享"为宗旨,一方面规定残疾人享有与其他公民平等的权利,并保护其不受侵害,另一方面规定采取辅助方法和扶持措施,发展残疾人事业,促进残疾人在事实上平等参与社会生活,共享社会物质文化成果。

残疾人是指在心理、生理、人体结构上,某种组织、功能丧失或者不正常,全部或者部分丧失以正常方式从事某种活动能力的人。具体包括视力残疾、听力残疾、言语残疾、肢体残疾、智力残疾、精神残疾、多重残疾和其他残疾的人。残疾人在政治、经济、文化、社会和家庭生活等方面享有同其他公民平等的权利。每年5月的第3个星期日为全国助残日。

国家保障残疾人享有康复服务的权利。各级人民政府和有关部门应当采取措施,为残疾人康复创造条件,建立和完善残疾人康复服务体系,并分阶段实施重点康复项目,帮助残疾人恢复或者补偿功能,增强其参与社会生活的能力。

国家保障残疾人享有平等接受教育的权利。残疾人教育实行普及与提高相结合、以普及为重点的方针,保障义务教育,着重发展职业教育,积极开展学前教育,逐步发展高级中等以上教育。县级以上人民政府应当根据残疾人的数量、分布状况和残疾类别等因素,合理设置残疾人教育机构,并鼓励社会力量办学、捐资助学。普通教育机构对具有接受普通教育能力的残疾人实施教育,并为其学习提供便利和帮助。特殊教育教师和手语翻译,享受特殊教育津贴。

国家保障残疾人劳动的权利。残疾人劳动就业,实行集中与分散相结合的方针,采取优惠政策和扶持保护措施,通过多渠道、多层次、多种形式,使残疾人劳动就业逐步普及、稳定、合理。国家实行按比例安排残疾人就业制度。政府采购,在同等条件下应当优先购买残疾人福利性单位的产品或者服务。政府有关部门设立的公共就业服务机构,应当为残疾人免费提供就业服务。在职工的招用、转正、晋级、职称评定、劳动报酬、生活福利、休息休假、社会保险等方面,不得歧视残疾人。

国家保障残疾人享有平等参与文化生活的权利。各级人民政府和有关部门鼓励、帮助残疾人参加各种文化、体育、娱乐活动,积极创造条件,丰富残疾人精神文化生活。政府和社会鼓励、帮助残疾人从事文学、艺术、教育、科学、技术和其他有益于人民的创造性劳动。

国家保障残疾人享有各项社会保障的权利。残疾人及其所在单位应当按照国家有关规定参加社会保险。地方各级人民政府对无劳动能力、无扶养人或者扶养人不具有扶养能力、无生活来源的残疾人，按照规定予以供养。县级以上人民政府对残疾人搭乘公共交通工具，应当根据实际情况给予便利和优惠。残疾人可以免费携带随身必备的辅助器具。盲人持有效证件免费乘坐市内公共汽车、电车、地铁、渡船等公共交通工具。盲人读物邮件免费寄递。

国家和社会应当采取措施，逐步完善无障碍设施，推进信息交流无障碍，为残疾人平等参与社会生活创造无障碍环境。新建、改建和扩建建筑物、道路、交通设施等，应当符合国家有关无障碍设施工程建设标准。国家举办的各类升学考试、职业资格考试和任职考试，有盲人参加的，应当为盲人提供盲文试卷、电子试卷或者由专门的工作人员予以协助。公共服务机构和公共场所应当创造条件，为残疾人提供语音和文字提示、手语、盲文等信息交流服务，并提供优先服务和辅助性服务。公共交通工具应当逐步达到无障碍设施的要求。组织选举的部门应当为残疾人参加选举提供便利；有条件的，应当为盲人提供盲文选票。

三、未成年人保护法

全国人民代表大会常务委员会于1991年制定、2006年和2012年修改的《未成年人保护法》，为保护未成年人的身心健康，保障未成年人的合法权益，促进未成年人在品德、智力、体质等方面全面发展，培养有理想、有道德、有文化、有纪律的社会主义建设者和接班人提供了法律保障。

未成年人是指未满18周岁的公民。未成年人享有生存权、发展权、受保护权、参与权等权利，国家根据未成年人身心发展特点给予特殊、优先保护，保障未成年人的合法权益不受侵犯。未成年人不分性别、民族、种族、家庭财产状况、宗教信仰等，依法平等地享有权利。

父母或者其他监护人应当创造良好、和睦的家庭环境，依法履行对未成年人的监护职责和抚养义务。父母或者其他监护人应当学习家庭教育知识，正确履行监护职责，抚养教育未成年人。父母或者其他监护人应当尊重未成年人受教育的权利，必须使适龄未成年人依法入学接受并完成义务教育，不得使接受义务教育的未成年人辍学。应当根据未成年人的年龄和智力发展状况，在作出与未成年人权益有关的决定时告知其本人，并听取他们的意见。不得允许或者迫使未成年人结婚，不得为未成年人订立婚约。

高 岳 画

图片来源：中工网，2014年5月31日。
http://right.workercn.cn/156/201405/31/140531085238928.shtml。

学校应当全面贯彻国家的教育方针，实施

素质教育,提高教育质量,注重培养未成年学生独立思考能力、创新能力和实践能力,促进未成年学生全面发展。学校应当根据未成年学生身心发展的特点,对他们进行社会生活指导、心理健康辅导和青春期教育。学校应当与未成年学生的父母或者其他监护人互相配合,保证未成年学生的睡眠、娱乐和体育锻炼时间,不得加重其学习负担。学校、幼儿园、托儿所及其教职员工应该各自履行好相应的保护未成年人的义务。

全社会应当树立尊重、保护、教育未成年人的良好风尚,关心、爱护未成年人。爱国主义教育基地、图书馆、青少年宫、儿童活动中心应当对未成年人免费开放;博物馆、纪念馆、科技馆、展览馆、美术馆、文化馆以及影剧院、体育场馆、动物园、公园等场所,应当按照有关规定对未成年人免费或者优惠开放。

公安机关、人民检察院、人民法院以及司法行政部门,应当依法履行职责,在司法活动中保护未成年人的合法权益。法院审理继承案件,应当依法保护未成年人的继承权和受遗赠权。人民法院审理离婚案件,涉及未成年子女抚养问题的,应当听取有表达意愿能力的未成年子女的意见,根据保障子女权益的原则和双方具体情况依法处理。对违法犯罪的未成年人,应当依法从轻、减轻或者免除处罚。讯问、审判未成年犯罪嫌疑人、被告人,询问未成年证人、被害人,应当依照《刑事诉讼法》的规定通知其法定代理人或者其他人员到场。对羁押、服刑的未成年人,应当与成年人分别关押。羁押、服刑的未成年人没有完成义务教育的,应当对其进行义务教育。解除羁押、服刑期满的未成年人的复学、升学、就业不受歧视。对未成年人犯罪案件,新闻报道、影视节目、公开出版物、网络等不得披露该未成年人的姓名、住所、照片、图像以及可能推断出该未成年人的资料。

法治快讯

全国首例异地撤销监护权案宣判:剥夺失职父母监护权[①]

央广网蚌埠2017年6月3日消息(安徽台记者张建亚、蔡薇,蚌埠台记者张伟) 据中国之声《新闻晚高峰》报道,全国首例异地撤销监护权案件昨天(2日)下午在安徽省蚌埠市蚌山区法院宣判,这也是全国首例父母因为默认且放任孩子盗窃被剥夺监护权的案件。8岁女童妞妞本应上学读书,却被父母交给朋友带出去偷盗,妞妞多次被抓,她父母还是放任不管。为保护妞妞的合法权益,案发地蚌埠市的救助管理机构"蚌埠市救助管理站"向法院提起诉讼,请求撤销妞妞父母监护人资格。

蚌埠市救助管理站"申请撤销何妞妞监护人资格案"昨天下午在蚌埠市蚌山区法院公开宣判。法院判决"撤销妞妞父母的监护人资格,指定妞妞爷爷、奶奶为妞妞的监护人"。该案件主审法官、蚌山区法院民事审判第一庭副庭长聂雪梅表示,这是全国首例由民政机构提起的异地撤销监护人资格案件,父母因为默认、放任孩子参与盗窃而被剥夺监护权的,也是全国首例。

---

① 资料来源:央广网,2017年6月3日。http://china.cnr.cn/xwwgf/20170603/t20170603_523784308.shtml,2017年9月16日访问。

蚌埠市救助管理站站长李华明介绍,蚌埠警方去年侦破了一起盗窃案,发现当时年仅8岁的湖南籍未成年人妞妞涉案。民警找到妞妞的亲生父母后,这对夫妻竟然毫不悔改,继续把女儿交给犯罪团伙参与行窃,于是,救助管理站对妞妞实施了临时监护。妞妞向记者透露,自己有点不想回家,因为怕爸爸打她。妞妞多次被何某祥教唆行窃,她的父母不仅把她置于危险境地,侵害了她的生存权;同时,妞妞已超过入学年龄,她的父母没有送她去上学,剥夺了她受教育的权利。

蚌埠市救助管理站对妞妞实施临时监护后,曾两次走访妞妞在湖南道县的家乡。发现妞妞的父亲嗜赌成性,母亲多次参与团伙盗窃,家里还有4位未成年的兄弟姐妹,家庭情况和背景都很特殊,需要救助。

去年8月,救助管理站依法向蚌山区法院提起诉讼,申请撤销妞妞父母的监护权,为孩子重新指定合格监护人。蚌埠市救助管理站心理咨询师陈雯雯介绍,当时他们请了很多专家过来评估,认为她的父母可能监护缺失,不再适合做这个孩子的监护人,因此就以救助站的名义起诉,请求剥夺她父母的监护权。

聂雪梅副庭长昨天下午表示,我国对监护制度的规定长期缺乏可操作性,导致出现所谓"僵尸条款"的情况。这次妞妞案件的宣判,虽然只是个案,却体现了我国法治的进步,对全国处于类似情况下的未成年人来说是好开端。"根据《未成年人保护法》真正地要把法条行使到事实,该案件也有典型的代表意义。"

为保障妞妞的受教育权,去年8月底,蚌埠市救助管理站工作人员帮助妞妞入学怀远县茅塘留守儿童学校,10个月来,她学习刻苦、成绩优秀,住校生活情况也很好,成了一名性格开朗、爱说爱笑的漂亮小女孩。她的同班同学杨智博说她是个"小学霸","她数学每次都考一百分。"这在去年入学前是难以想象的。妞妞的班主任王蒙远说,"刚来时比较邋遢,头发散乱。不爱和别人说话,有时候会翻别人同学书包,偷吃别人东西。"

52岁的妞妞爷爷表示,接妞妞回到老家后,会好好抚养,"我现在把她接回去,让她继续上学,一定要把她抚养成人。"救助站工作人员也表示会定期回访,了解妞妞的生活、学习情况,帮助她健康成长。

四、妇女权益保障法

全国人民代表大会于1992年制定、全国人民代表大会常务委员会于2005年修改的《妇女权益保障法》,为进一步提高妇女的社会地位,保障妇女的合法权益,促进男女平等,充分发挥妇女在社会主义现代化建设中的作用,提供了有力的法律武器。该法规定,妇女在政治的、经济的、文化的、社会的和家庭的生活等各方面享有同男子平等的权利。实行男女平等是国家的基本国策,国家采取必要措施,逐步完善保障妇女权益的各项制度,消除对妇女一切形式的歧视。

国家保障妇女享有与男子平等的政治权利。妇女享有与男子平等的选举权和被选举权。国家积极培养和选拔女干部。

国家保障妇女享有与男子平等的文化教育权利。学校和有关部门应当执行国家有关规定,保障妇女在入学、升学、毕业分配、授予学位、派出留学等方面享有与男子平等的权利。学校在录取学生时,除特殊专业外,不得以性别为由拒绝录取女性或者提高对女性的录取标准。

国家保障妇女享有与男子平等的劳动权利和社会保障权利。各单位在录用职工时,除不适合妇女的工种或者岗位外,不得以性别为由拒绝录用妇女或者提高对妇女的录用标准。各单位在录用女职工时,应当依法与其签订劳动(聘用)合同或者服务协议,劳动(聘用)合同或者服务协议中不得规定限制女职工结婚、生育的内容。实行男女同工同酬。在晋职、晋级、评定专业技术职务等方面,应当坚持男女平等的原则,不得歧视妇女。妇女在经期、孕期、产期、哺乳期受特殊保护。任何单位不得因结婚、怀孕、产假、哺乳等情形,降低女职工的工资,辞退女职工,单方解除劳动(聘用)合同或者服务协议。但是,女职工要求终止劳动(聘用)合同或者服务协议的除外。

国家保障妇女享有与男子平等的财产权利。妇女享有的与男子平等的财产继承权受法律保护。在同一顺序法定继承人中,不得歧视妇女。丧偶妇女对公、婆尽了主要赡养义务的,作为公、婆的第一顺序法定继承人,其继承权不受子女代位继承的影响。

国家保障妇女享有与男子平等的人身权利。禁止非法搜查妇女的身体。禁止歧视、虐待生育女婴的妇女和不育的妇女。禁止拐卖、绑架妇女;禁止收买被拐卖、绑架的妇女;禁止阻碍解救被拐卖、绑架的妇女。禁止对妇女实施性骚扰。

国家保障妇女享有与男子平等的婚姻家庭权利。女方在怀孕期间、分娩后1年内或者终止妊娠后6个月内,男方不得提出离婚。女方提出离婚的,或者人民法院认为确有必要受理男方离婚请求的,不在此限。禁止对妇女实施家庭暴力。夫妻书面约定婚姻关系存续期间所得的财产归各自所有,女方因抚育子女、照料老人、协助男方工作等承担较多义务的,有权在离婚时要求男方予以补偿。父母双方对未成年子女享有平等的监护权。妇女有按照国家有关规定生育子女的权利,也有不生育的自由。

五、老年人权益保障法

全国人民代表大会常务委员会于1996年制定,2009年、2012年和2015年修改的《老年人权益保障法》,为全面保障老年人合法权益,发展老龄事业,弘扬中华民族敬老、养老、助老的美德提供了相应的法律保障。

老年人是指60周岁以上的公民。国家和社会应当采取措施,健全保障老年人权益的各项制度,逐步改善保障老年人生活、健康、安全以及参与社会发展的条件,实现老有所养、老有所医、老有所为、老有所学、老有所乐。国家建立和完善以居家为基础、社区为依托、机构为支撑的社会养老服务体系。每年农历九月初九为老年节。

老年人养老以居家为基础,家庭成员应当尊重、关心和照料老年人。赡养人应当履行对老年人经济上供养、生活上照料和精神上慰藉的义务,照顾老年人的特殊需

郑州大学 李 菲 画

要。老年人自有的或者承租的住房,子女或者其他亲属不得侵占,不得擅自改变产权关系或者租赁关系。老年人自有的住房,赡养人有维修的义务。赡养人有义务耕种或者委托他人耕种老年人承包的田地,照管或者委托他人照管老年人的林木和牲畜等,收益归老年人所有。与老年人分开居住的家庭成员,应当经常看望或者问候老年人。用人单位应当按照国家有关规定保障赡养人探亲休假的权利。赡养人的赡养义务不因老年人的婚姻关系变化而消除。老年人有依法继承父母、配偶、子女或者其他亲属遗产的权利,有接受赠与的权利。子女或者其他亲属不得侵占、抢夺、转移、隐匿或者损毁应当由老年人继承或者接受赠与的财产。老年人与配偶有相互扶养的义务。国家建立健全家庭养老支持政策,鼓励家庭成员与老年人共同生活或者就近居住,为老年人随配偶或者赡养人迁徙提供条件,为家庭成员照料老年人提供帮助。

国家通过基本养老保险制度,保障老年人的基本生活。国家通过基本医疗保险制度,保障老年人的基本医疗需要。国家逐步开展长期护理保障工作,保障老年人的护理需求。国家对经济困难的老年人给予基本生活、医疗、居住或者其他救助。老年人无劳动能力、无生活来源、无赡养人和扶养人,或者其赡养人和扶养人确无赡养能力或者扶养能力的,由地方各级人民政府依照有关规定给予供养或者救助。国家建立和完善老年人福利制度,根据经济社会发展水平和老年人的实际需要,增加老年人的社会福利。国家鼓励地方建立80周岁以上低收入老年人高龄津贴制度。国家建立和完善计划生育家庭老年人扶助制度。

地方各级人民政府和有关部门应当采取措施,发展城乡社区养老服务,鼓励、扶持专业服务机构及其他组织和个人,为居家的老年人提供生活照料、紧急救援、医疗护理、精神慰藉、心理咨询等多种形式的服务。对经济困难的老年人,地方各级人民政府应当逐步给予养老服务补贴。政府投资兴办的养老机构,应当优先保障经济困难的孤寡、失能、高龄等老年人的服务需求。

县级以上人民政府及其有关部门根据经济社会发展情况和老年人的特殊需要,制定优待老年人的办法,逐步提高优待水平。对常住在本行政区域内的外埠老年人给予同等优待。老年人因其合法权益受侵害提起诉讼交纳诉讼费确有困难的,可以缓交、减交或者免交;需要获得律师帮助,但无力支付律师费用的,可以获得法律援助。医疗机构应当对老年人就医予以优先。提倡为老年人义诊。农村老年人不承担兴办公益事业的筹劳义务。

国家采取措施,推进宜居环境建设,为老年人提供安全、便利和舒适的环境。各级人民政府在制定城乡规划时,应当根据人口老龄化发展趋势、老年人口分布和老年人的特点,统筹考虑适合老年人的公共基础设施、生活服务设施、医疗卫生设施和文化体育设施建设。国家制定和完善涉及老年人的工程建设标准体系。国家推动老年宜居社区建设,引导、支持老年宜居住宅的开发,推动和扶持老年人家庭无障碍设施的改造,为老年人创造无障碍居住环境。

国家和社会应当重视、珍惜老年人的知识、技能、经验和优良品德,发挥老年人的专长和作用,保障老年人参与经济、政治、文化和社会生活。国家为老年人参与社会发展创造条件。根据社会需要和可能,鼓励老年人在自愿和量力的情况下,从事相关活动。老年人参加劳动的合法收入受法律保护。老年人有继续受教育的权利。

六、预防未成年人犯罪法

全国人民代表大会常务委员会于1999年制定、2012年修改的《预防未成年人犯罪法》,为保障未成年人身心健康,培养未成年人良好品行,有效预防未成年人犯罪提供了相应的法律保障。预防未成年人犯罪,在各级人民政府组织领导下,实行综合治理。预防未成年人犯罪,应当结合未成年人不同年龄的生理、心理特点,加强青春期教育、心理矫治和预防犯罪对策的研究。

对未成年人应当加强理想、道德、法制和爱国主义、集体主义、社会主义教育。对于达到义务教育年龄的未成年人,在进行上述教育的同时,应当进行预防犯罪的教育。教育行政部门、学校应当将预防犯罪的教育作为法制教育的内容纳入学校教育教学计划,结合常见多发的未成年人犯罪,对不同年龄的未成年人进行有针对性的预防犯罪教育。学校应当结合实际举办以预防未成年人犯罪的教育为主要内容的活动。教育行政部门应当将预防未成年人犯罪教育的工作效果作为考核学校工作的一项重要内容。

未成年人实施严重不良行为的,应当及时予以制止。对有严重不良行为的未成年人,其父母或者其他监护人和学校应当相互配合,采取措施严加管教,也可以送工读学校进行矫治和接受教育。工读学校除按照义务教育法的要求,在课程设置上与普通学校相同外,应当加强法制教育的内容,针对未成年人严重不良行为产生的原因以及有严重不良行为的未成年人的心理特点,开展矫治工作。工读学校毕业的未成年人在升学、就业等方面,同普通学校毕业的学生享有同等的权利,任何单位和个人不得歧视。未成年人因不满16周岁不予刑事处罚的,责令他的父母或者其他监护人严加管教;在必要的时候,也可以由政府依法收容教养。解除收容教养、劳动教养的未成年人,在复学、升学、就业等方面与其他未成年人享有同等权利,任何单位和个人不得歧视。

图片来源:新浪网,2012年7月6日,作者不详。http://news.sina.com.cn/o/2012-07-06/084424724776.shtml。

未成年人应当遵守法律、法规及社会公共道德规范,树立自尊、自律、自强意识,增强辨别是非和自我保护的能力,自觉抵制各种不良行为及违法犯罪行为的引诱和侵害。

对犯罪的未成年人追究刑事责任,实行教育、感化、挽救方针,坚持教育为主、惩罚为辅的原则。司法机关办理未成年人犯罪案件,应当保障未成年人行使其诉讼权利,保障未成年人得到法律帮助,并根据未成年人的生理、心理特点和犯罪的情况,有针对性地进行法制教育。对于被采取刑事强制措施的未成年学生,在人民法院的判决生效以前,不得取消其学籍。人民法院审判未成年人犯罪的刑事案件,应当由熟悉未成年人身心特点的审判员或者审判员和人民陪审员依法组成少年法庭进行。对于审判的时候被告人不满18周岁的刑事案件，不公开审理。依法免予刑事处罚、判处非监禁刑罚、判处刑罚宣告缓刑、假释或者刑罚执行完毕的未成年人，在复学、升学、就业等方面与其他未成年人享有同等权利，任何单位和个人不得歧视。

第九章　刑　　法

> "对严重刑事犯罪分子,包括杀人犯、抢劫犯、流氓犯罪团伙分子、教唆犯、在劳改劳教中继续传授犯罪技术的惯犯,以及人贩子、老鸨儿等,必须坚决逮捕、判刑,组织劳动改造,给予严厉的法律制裁。必须依法杀一批,有些要长期关起来。还要不断地打击,冒出一批抓一批。不然的话,犯罪的人无所畏惧,十年二十年也解决不了问题。"
>
> 邓小平:《严厉打击刑事犯罪活动》(1983年7月19日)

【学习指导】 重点掌握犯罪的概念和特征,犯罪构成,排除社会危害性的行为,故意犯罪的停止形态,共同犯罪,刑罚的种类和裁量;了解刑罚的执行和消灭,刑法分则规定的各类犯罪;能够区分罪与非罪,正确认识我国刑法在打击犯罪方面的作用。

刑法是惩治犯罪的最基本、最重要的法律,它按照统治阶级的意志来规定哪些行为是犯罪,应负何种刑事责任,对犯罪人应施以何种刑罚处罚。我国《刑法》由全国人民代表大会于1979年制定、1997年修改,包括总则和分则两部分。总则是对分则中的各种具体犯罪进行抽象和概括,提炼出有关的原理、原则和共性认识,从而使人们站在更高的层面来认识具体犯罪问题,指导人们对具体犯罪问题的研究,主要包括刑法的基本原则、犯罪、刑罚等方面的一般规定。其中,刑法的基本原则是贯穿全部刑法规范、具有指导和制约全部刑事立法和刑事司法的意义,体现我国刑事法治的基本精神的准则。我国刑法的基本原则有三个:(1)罪刑法定原则,即法律明文规定为犯罪行为的,依照法律定罪处罚;法律没有明文规定为犯罪行为的,不得定罪处罚。(2)适用刑法人人平等原则,即对任何人犯罪,在适用法律上一律平等,不允许任何人有超越法律的特权。(3)罪责刑相适应原则,即刑罚的轻重,应当与犯罪分子所犯罪行和承担的刑事责任相适应。1999年以来,全国人民代表大会常务委员会陆续通过了10个刑法修正案。这10个刑法修正案作为对刑法条文的具体修正,与现行刑法具有同等法律效力,是中国特色社会主义刑法部门的重要组成部分。

第一节　犯　　罪

一种行为是否被认为是犯罪,与该国的国家类型、立法当时的政治经济状况、法律文化传统、道德观念有着紧密的联系,但应当以国家的法律为标准来判断某种行为是否构成犯罪,构成何种犯罪。

一、犯罪的概念和特征

《刑法》第 13 条规定:"一切危害国家主权、领土完整和安全,分裂国家、颠覆人民民主专政的政权和推翻社会主义制度,破坏社会秩序和经济秩序,侵犯国有财产或者劳动群众集体所有的财产,侵犯公民私人所有的财产,侵犯公民的人身权利、民主权利和其他权利,以及其他危害社会的行为,依照法律应当受刑罚处罚的,都是犯罪,但是情节显著轻微危害不大的,不认为是犯罪。"这个定义说明,犯罪是一种具有严重社会危害性,触犯刑事法律并且应受刑罚处罚的行为。

根据《刑法》对犯罪所下的定义,可以看出犯罪行为必须具备以下 3 个基本特征:

(1) 社会危害性,即犯罪是具有严重社会危害性的行为。在我国,犯罪行为和表现虽然千姿百态,但从总体上说,它们都从不同的方面危害我国社会主义改革和建设事业。《刑法》第 13 条把犯罪对社会的危害分为 4 个方面,包括危害人民政权和社会制度,危害国家经济利益,侵犯公民合法权利,破坏社会管理秩序。

(2) 刑事违法性,即犯罪是触犯刑事法律规范的违法行为。并非所有具有社会危害性的行为都是犯罪,只有违反刑法,触犯刑律才构成犯罪。行为的社会危害性是刑事违法性的基础,刑事违法性是社会危害性在刑法上的体现。只有当行为不仅具有相当程度的社会危害性,而且同时违反了刑法,具有了刑事违法性,才可能被认为是犯罪。

(3) 刑罚当罚性,即犯罪是应当受到刑罚处罚的行为。给予刑罚处罚的行为,必须是犯罪行为,只有犯罪才具有应受刑罚处罚的特征。当然,刑罚当罚性并不是说所有的犯罪行为都会受到实际的刑事处罚,而是说有受到刑事处罚的可能性。

总之,社会危害性、刑事违法性和刑罚当罚性是犯罪的基本特征,三者从不同的角度说明了犯罪这一现象,缺一不可。

二、犯罪构成

犯罪构成是确定某一行为是否构成犯罪,构成此种犯罪还是构成彼种犯罪的具体标准。刑法学中有多种不同犯罪构成理论,我国主要采用"四要件"说,即任何一种犯罪的成立都必须同时具备四个方面的构成要件:犯罪客体、犯罪客观方面、犯罪主体、犯罪主观方面。

(一) 犯罪客体

犯罪客体,是指我国刑法所保护的、为犯罪行为所侵害的社会主义社会关系的整体。犯罪客体是所有犯罪的必备构成要件之一。确定了犯罪客体,在很大程度上就能确定犯的是什么罪和它的危害程度。

刑法理论通常把犯罪客体分为三类或三个层次,即一般客体、同类客体、直接客体。

一般客体,是指一切犯罪所共同侵害的,为我国刑法所保护的社会主义社会关系的整体。犯罪的一般客体体现了一切犯罪的共性,是研究其他层次犯罪客体的起点和基础。

同类客体,是指某一类犯罪所共同侵犯的客体,即刑法所保护的社会主义社会关系的某一部分或者某一方面。我国刑法分则就是依据犯罪的同类客体,将犯罪分为10大类:危害国家安全罪,危害公共安全罪,破坏社会主义市场经济秩序罪,侵犯公民人身权利、民主权利罪,侵犯财产罪,妨害社会管理秩序罪,危害国防利益罪,贪污贿赂罪,渎职罪,军人违反职责罪。

图片来源:中国网,2017年5月5日,作者不详。http://sd.china.com.cn/a/2017/xjoe_0505/954515.html.

直接客体,是指某一种犯罪所直接侵犯的具体的社会主义社会关系,即刑法所保护的社会主义社会关系的某个具体部分。直接客体是每一个具体犯罪构成的必要要件,是决定具体犯罪性质的重要因素。根据客体是一个还是多个,可以把直接客体分为简单客体与复杂客体。前者是指一种犯罪行为只直接侵犯到一种具体社会关系,如盗窃罪、杀人罪。后者是指犯罪行为直接侵犯到两种以上具体社会关系,如抢劫罪,不仅侵犯公私财产所有权,也侵犯他人的人身权利。

犯罪对象,是指刑法分则条文规定的犯罪行为所作用的客观存在的具体人或者具体物。犯罪客体总是通过一定的犯罪对象表现它的存在,犯罪分子的行为就是通过犯罪对象即具体物或者具体人来侵害一定的社会关系的。二者的区别主要表现在:(1)犯罪客体决定犯罪性质,犯罪对象则未必;(2)犯罪客体是任何犯罪构成的必备要件,犯罪对象则仅是某些犯罪的必备要件;(3)任何犯罪都会使犯罪客体受到危害,犯罪对象则不一定受到损害;(4)犯罪客体是犯罪分类的基础,犯罪对象则不是;(5)犯罪对象是具体的人或物,犯罪客体则是生命权、财产权、公共安全等凭借人的思维才能认识的观念上的东西,二者具有具体与抽象的差别。

(二)犯罪客观方面

犯罪客观方面,是指刑法所规定的,说明行为对刑法所保护的社会关系造成损害的客观外在事实特征。犯罪客观方面的内容,主要包含危害行为、危害结果、刑法因果关系、犯罪的时间、地点和方法等要素。危害行为是所有犯罪构成必须具备的要件,也是犯罪客观方面唯一为一切犯罪所必须具备的要件;危害结果是大部分犯罪所要求的构成要件;犯罪的时间、地点和方法仅是某些犯罪所要求的构成要件。

危害行为,是指行为人在主观意志支配下所实施的危害社会的身体动静。危害行为在整个犯罪构成中居于核心地位,其基本表现形式被刑法理论归纳为两种:作为和不作为。作为,是指行为人以积极的身体举动实施刑法所禁止的行为。我国刑法中的绝大多数犯罪可以通过作为实施,还有许多犯罪只能以作为的形式实施,例如抢夺罪、诈骗罪、强奸罪等。不作为,是指行为人负有实施某种积极行为的特定的法律义务,并且能够履行而不履行的危害行为。

危害结果,是指危害社会的行为对我国刑法保护的社会关系所造成的损害。刑法意义上的危害结果有广义和狭义之分。广义的危害结果,是指由危害行为引起的一切对社会的损害事实,它包括危害行为的直接结果与间接结果,属于犯罪构成要件的结果和不属于犯罪构成要件的结果。狭义的危害结果,是指作为犯罪构成要件的结果,即对直接客体所造成的损害事实。

当危害结果发生时,要使某人对该结果负责任,就必须查明他所实施的行为与该结果之间具有因果关系。

(三)犯罪主体

犯罪主体,是指实施危害社会的行为并依法应当负刑事责任的自然人和单位。

自然人犯罪主体,是指达到刑事责任年龄,具有刑事责任能力,实施了危害社会的行为,依法应负刑事责任的自然人。

刑事责任年龄,是指行为人应对自己的犯罪行为负刑事责任的年龄。我国刑法对刑事责任年龄作了以下规定:(1)已满16周岁的人犯罪,应负刑事责任,为完全负刑事责任年龄;(2)已满14周岁不满16周岁的人,犯故意杀人、故意伤害致人重伤或者死亡、强奸、抢劫、贩卖毒品、放火、爆炸、投毒罪的,应当负刑事责任,这是相对负刑事责任年龄阶段;(3)不满14周岁,无论实施何种危害社会的行为,都不负刑事责任,为完全不负刑事责任年龄。在刑事处罚方面,已满14周岁不满18周岁的人犯罪应当从轻或减轻处罚;因不满16周岁不予刑事处罚的,责令其家长或监护人加以管教,必要时可由政府收容教养。

【随堂测试】 刑事责任年龄,是指行为人应对自己的犯罪行为负刑事责任的年龄。根据青少年身心发展状况、文化教育发展水平、智力发展程度,我国刑法将刑事责任年龄划分为3个阶段,这3个阶段不包括下列选项中的(　　)。(单选题)

A. 已满16周岁的人

B. 已满14周岁,不满16周岁的青少年

C. 不满14周岁的青少年

D. 已满18周岁的成年人

解析: 通过前文关于刑事责任年龄的介绍可知,本题答案为D。

刑事责任能力,是指行为人对自己行为的辨认能力与控制能力。辨认能力,是指行为人认识自己特定行为的性质、结果与意义的能力;控制能力,是指行为人支配自己实施或者不实施特定行为的能力。具有刑事责任能力,是指同时具有辨认能力与控制能力,如果缺少其中一种能力,则属于没有刑事责任能力。间歇性精神病人实施行为的时候,如果精神正常,具有辨认控制能力,就应当追究其刑事责任。反之,如果实施行为的时候,精神不正常,不具有辨认控制能力,该行为便不成立犯罪,因而不负刑事责任。尚未完全丧失辨认或者控制自己行为能力的精神病人犯罪的,应当负刑事责任,但是可以从轻或者减轻处罚。醉酒的人犯罪应当负刑事责任。又聋又哑的人或者盲人犯罪,可以从轻、减轻或者免除处罚。

单位犯罪主体,是指实施危害社会行为并依法应负刑事责任的公司、企业、事业单位、机关、团体。只有法律明文规定单位可以成为犯罪主体的犯罪,才存在单位犯罪。根

据我国刑法,单位犯罪主体承担刑事责任的方式包括两种:一是单罚制,即单位犯罪的,只处罚单位中直接负责的主管人员和其他直接责任人员,而不处罚单位;二是双罚制,即单位犯罪的,对单位判处罚金,同时对单位中直接负责的主管人员和其他直接责任人员予以刑罚处罚。

(四)犯罪主观方面

犯罪主观方面,是指犯罪主体对自己的行为及其危害社会的结果所抱的心理态度。它包括罪过(即犯罪的故意或过失)以及犯罪的目的和动机这几种因素。其中故意和过失是一切犯罪构成都必须具备的主观要件。

犯罪故意,是指行为人明知自己的行为会发生危害社会的结果,并且希望或者放任这种结果发生的主观心理态度。按照行为人对危害结果所抱的心理态度即故意的意志因素的不同,刑法理论将犯罪故意分为直接故意和间接故意。直接故意,是指行为人明知自己的行为必然或可能发生危害社会的结果,并且希望这种结果发生的心理态度。间接故意,是指行为人明知自己的行为可能发生危害社会的结果,并且放任这种结果发生的心理态度。

犯罪过失,是指行为人应当预见自己的行为可能发生危害社会的结果,因为疏忽大意而没有预见,或者已经预见而轻信能够避免的主观心理态度。根据罪过内容的不同,刑法理论将犯罪过失分为疏忽大意的过失和过于自信的过失。疏忽大意的过失,是指行为人应当预见自己的行为可能发生危害社会的结果,因为疏忽大意而没有预见,以致发生这种结果的主观心理态度。过于自信的过失,是指行为人已经预见到自己的行为可能发生危害社会的结果,但是轻信能够避免,以致发生这种结果的主观心理态度。过失犯罪,法律有规定的才负刑事责任。

根据我国刑法,行为人的行为虽然在客观上造成了损害结果,但并不是出于故意或者过失,而是由于不能抗拒或者不能预见的原因引起的,不是犯罪。这包括两种情况,即不可抗力事件和意外事件。不可抗力事件,是指行为虽然在客观上造成了损害结果,但并不是出于故意或者过失,而是由于不能抗拒的原因所引起的事件。意外事件,是指行为虽然在客观上造成了损害结果,但并不是出于故意或者过失,而是由于不能预见的原因所引起的事件。

三、排除社会危害性的行为

排除社会危害性的行为,又称正当行为或排除犯罪性的行为,是指形式上符合某些犯罪的客观要件,客观上也造成了一定的损害结果,但实质上却不具备社会危害性,不可能构成犯罪,而为法律所允许的行为。我国刑法所规定的排除社会危害性的行为包括正当防卫和紧急避险两种。

(一)正当防卫

正当防卫,是指为了使国家、公共利益、本人或者他人的人身、财产和其他权利免受正在进行的不法侵害,对不法侵害人所实施的制止其不法侵害且没有明显超过必要限度的行为。

成立正当防卫必须同时具备下列条件：(1) 防卫意图，即防卫人对正在进行的不法侵害有明确的认识，并希望以防卫手段制止不法侵害，保护合法权益的心理状态。(2) 防卫起因，即有不法侵害的发生和存在。(3) 防卫对象，即正当防卫的对象只能是不法侵害人本人。(4) 防卫时间，即正当防卫只能存在于不法侵害已经开始并且尚未结束的进行阶段。(5) 防卫限度，即正当防卫不能明显超过必要限度且对不法侵害人造成重大损害。

《刑法》第20条第2款的规定："正当防卫明显超过必要限度造成重大损害的，应当负刑事责任，但是应当减轻或免除处罚。"防卫过当构成犯罪的，其罪名应根据防卫人主观上的罪过形式及客观上造成的具体危害结果来确定。同时，《刑法》第20条第3款规定："对于正在进行行凶、杀人、抢劫、强奸、绑架以及其他严重危及人身安全的暴力犯罪，采取防卫行为，造成不法侵害人伤亡的，不属于防卫过当，不负刑事责任。"

(二) 紧急避险

紧急避险，是指为了使国家、公共利益、本人或者他人的人身、财产和其他权利免受正在发生的危害，不得已而采取的损害另一较小合法权益的行为。

紧急避险是以损害某种合法权益为代价的，为了避免滥用，实行紧急避险必须具备一定的条件：(1) 避险意图，即行为人对正在发生的危险有明确的认识，并希望以避险手段保护较大的合法权益。(2) 避险起因，即只有存在着对国家、公共利益、本人或者他人的人身、财产和其他权利的危险，才能实行紧急避险。(3) 避险时间，即紧急避险只能在危险正在发生或迫在眉睫，对合法权益形成了紧迫的、直接的危险时实施。(4) 避险对象，即紧急避险针对的是第三者的合法权益，而不是危险的来源。(5) 避险限度，即紧急避险不能超过必要的限度，造成不应有的损害。(6) 避险限制，即紧急避险只能在不得已的情况下实施。(7) 避险禁止，即在职务上、业务上负有特定责任的人，不能为了避免本人遭受危险而实施紧急避险。

避险过当，是指避险行为超过必要的限度造成了不应有的损害的行为，即由于行为人的过失，使避险时损害的合法权益等于或大于所保护的合法权益。避险过当并不是独立的罪名，在追究避险过当的刑事责任时，应当根据行为人的主观罪过形式以及客观上造成的具体损害结果，按照刑法分则中的相应条款定罪量刑，但对于避险过当的行为，量刑时应当减轻或免除处罚。

四、故意犯罪的停止形态

故意犯罪的停止形态，是指故意犯罪在其产生、发展和完成的过程及阶段中，因各种主客观原因而停止下来的各种犯罪状态，包括犯罪预备、犯罪未遂、犯罪中止和犯罪既遂4种形态。故意犯罪的停止形态只存在于直接故意犯罪中，过失犯罪和间接故意犯罪不存在故意犯罪的停止形态。

(一) 犯罪预备

犯罪预备，是指直接故意犯罪的行为人为了实施某种能够引起预定危害结果的犯罪实行行为，准备犯罪工具、制造犯罪条件的行为，但由于行为人意志以外的原因而未能着手犯罪实行行为的犯罪停止形态。

犯罪预备形态具有三个特征：(1) 行为人已经开始实施犯罪的预备行为。(2) 行为人尚未着手犯罪的实行行为。这一特征意味着，犯罪活动在具体犯罪实行行为着手以前就停止下来。这也是犯罪预备形态与犯罪未遂形态相区别的显著标志。(3) 犯罪在实行行为尚未着手时停止下来，是由于行为人意志以外的原因所致。应当注意的是，犯罪预备不同于犯意表示。犯罪预备行为具有社会危害性，已具备特定的犯罪构成，原则上要作为犯罪处理；犯意表示还不是行为，不具有社会危害性，对犯意表示不能处罚。

对于预备犯，可以比照既遂犯从轻、减轻处罚或者免除处罚。

（二）犯罪未遂

犯罪未遂，是指行为人已经着手实行具体犯罪构成的实行行为，但由于犯罪分子意志以外的原因而未得逞的犯罪形态。

我国刑法中的犯罪未遂形态有 3 个特征：(1) 行为人已经着手实行犯罪，即行为人开始实施刑法分则规定的作为某种具体犯罪构成要件的行为。(2) 犯罪没有得逞而停止下来。即犯罪的直接故意内容没有完全实现，没有完成某一犯罪的全部构成要件。这是犯罪未遂与犯罪既遂最重要也是最显著的区别。(3) 犯罪停止在未完成形态是犯罪分子意志以外的原因所致。

对于未遂犯，可以比照既遂犯从轻或者减轻处罚。

（三）犯罪中止

犯罪中止，是指犯罪分子在实施犯罪过程中，自动放弃犯罪或者自动有效地防止犯罪结果的发生，而未完成犯罪的一种犯罪停止形态。根据犯罪中止的概念，犯罪中止可分为两种情形：(1) 自动停止犯罪的犯罪中止，即在犯罪过程中，犯罪分子自动中止其犯罪行为，因而没有发生特定的危害结果。(2) 自动有效地防止犯罪结果发生的犯罪中止，即在犯罪行为实行终了以后、犯罪结果发生以前，犯罪分子自动采取有效措施防止犯罪结果的发生。

根据我国的刑法理论，自动停止型犯罪中止必须具备以下特征：(1) 时空性，即必须是在犯罪过程中，在犯罪处于运动过程中而未形成任何停止状态的情况下放弃犯罪。(2) 自动性，即行为人必须是自动停止犯罪，这是犯罪中止形态与犯罪未遂形态和预备形态的根本区别所在。(3) 彻底性，即行为人彻底放弃了原来的犯罪。行为人在主观上彻底打消了原来的犯罪意图，在客观上彻底放弃了自认为本来可能继续实施的犯罪行为，而且行为人也不打算以后再继续实施此项犯罪。

自动有效防止犯罪结果发生的犯罪中止，除了需要具备以上 3 个特征之外，还必须具备"有效性"的特征，即行为人还必须有效地防止了他已实施的犯罪的法定犯罪结果的发生，使犯罪未达到既遂状态而停止下来。

对于中止犯，没有造成损害的，应当免除处罚；造成损害的，应当减轻处罚。

【随堂测试】 某甲因私仇蓄意杀害某乙。一天，某甲在某乙回家途中向其开枪射击，但未击中。这时，某甲尚有子弹 3 颗，却怕罪行败露，遂停止开枪射击。某甲的行为是（　　）。（单选题）

A. 犯罪未遂　　B. 犯罪中止　　C. 犯罪预备　　D. 意外事件

解析：犯罪中止，是指犯罪分子在实施犯罪过程中，自动放弃犯罪或者自动有效地防止犯罪结果的发生，而未完成犯罪的一种犯罪停止形态。根据犯罪中止的概念，某甲是基于自己的意志自动地放弃了对某乙的开枪射击，没有完成犯罪，因此是犯罪中止，故正确选项为 B。

（四）犯罪既遂

犯罪既遂是故意犯罪的完成形态，是指行为人所故意实施的行为已经具备了某种犯罪构成的全部要件。

根据我国刑法分则对各种直接故意犯罪构成要件的不同规定，犯罪既遂主要有以下 4 种类型：(1) 结果犯，指不仅要实施具体犯罪构成客观要件的行为，而且必须发生法定的犯罪结果才构成既遂的犯罪，即法定犯罪结果的发生与否作为犯罪既遂与未遂区别标志的犯罪。(2) 行为犯，指以法定犯罪行为的完成作为既遂标准的犯罪。此类犯罪的既遂并不要求造成有形的、物质性的犯罪结果，而是以行为的完成为标志，但并不是说行为一经着手即告完成，而要依照法律的规定，行为的实行达到一定的程度，才能视为行为的完成。(3) 危险犯，指以对法益发生侵害的危险作为处罚根据的犯罪。(4) 举动犯，也称即时犯，指按照法律规定，行为人一着手犯罪实行行为即告犯罪完成和完全符合构成要件，从而构成既遂的犯罪。

对行为符合犯罪既遂特征的既遂犯，我国刑法要求根据其所犯的罪，在考虑刑法总则一般量刑原则的指导与约束的基础上，直接按照刑法分则具体犯罪条文规定的法定刑幅度处罚。

【**随堂测试**】 某甲窃得所在公司银行账户的密码后，在家中利用互联网将公司账上的 5 万元转入了自己事先准备好的账户。某甲妻发现后极力规劝，某甲悔悟，在公司未发觉的情况下，又将 5 万元转回公司的账户。某甲的行为属于（　　）。（单选题）

A. 犯罪中止　　B. 犯罪既遂　　C. 犯罪未遂　　D. 不构成犯罪

解析：犯罪既遂是故意犯罪的完成形态，是指行为人所故意实施的行为已经具备了某种犯罪构成的全部要件。甲某将公家账上的 5 万元转入自己账户时，已经具备了全部的构成要件，属于既遂犯，故 B 为正确选项。

五、共同犯罪

共同犯罪是指二人以上共同故意犯罪。共同犯罪必须具备三个条件：(1) 共同犯罪成立的主体条件是两人以上。具体而言，既包括两个以上的自然人所构成的共同犯罪，也包括两个以上的单位所构成的共同犯罪，还包括单位与有责任能力的自然人所构成的共同犯罪。(2) 各共同犯罪人必须有共同的犯罪故意，即要求各共同犯罪人通过意思联络，认识到他们的共同犯罪行为会发生危害社会的结果，并决意参加共同犯罪，希望或放任这种结果发生的心理状态。(3) 各共犯人有共同的犯罪行为，即要求各犯罪人为追求同一危害社会结果、完成同一犯罪而实施的相互联系、彼此配合的犯罪行为，各行为人的行为实为一个整体，共同作用于危害结果，各共犯人的行为与危害结果之间都具有因果关系。

【随堂测试】 一辆货车翻倒在路边,甲看见后立即叫住乙,说:"我们一起去把车上的货物拿走吧。"于是,乙便与甲一起上车把贵重货物拿走,然后各自回家。下列说法正确的是( )。(单选题)

A. 甲、乙均不构成犯罪   B. 甲构成犯罪
C. 乙构成犯罪   D. 甲与乙构成共同犯罪

解析:甲、乙二人的行为同时具备共同犯罪所要求的3个条件,构成共同犯罪,因而本题选D。

为了明确打击重点,区别对待,准确地依法定罪量刑,我国刑法把共同犯罪人分为主犯、从犯、胁从犯和教唆犯。

组织、领导犯罪集团进行犯罪活动或者在共同犯罪中起主要作用的犯罪分子,是主犯。主犯包括两类:一是组织、领导犯罪集团进行犯罪活动的犯罪分子,即犯罪集团中的首要分子;二是其他在共同犯罪中起主要作用的犯罪分子,即除犯罪集团的首要分子以外的在共同犯罪中对共同犯罪的形成、实施与完成起决定或重要作用的犯罪分子。对于组织、领导犯罪集团进行犯罪活动的首要分子,按照集团所犯的全部罪行处罚,即除了对自己直接实施的具体犯罪及其结果承担刑事责任外,还要对集团成员按该集团犯罪计划所犯的全部罪行承担刑事责任。但首要分子对于集团成员超出集团犯罪计划(集团犯罪故意)所实施的罪行,不承担刑事责任。对于犯罪集团的首要分子以外的主犯,应分两种情况处罚:对于组织、指挥共同犯罪的人,应当按照其组织、指挥的全部犯罪处罚;对于没有从事组织、指挥活动但在共同犯罪中起主要作用的人,应按其参与的全部犯罪处罚。

在共同犯罪中起次要或者辅助作用的,是从犯。从犯包括两种人:一是在共同犯罪中起次要作用的犯罪分子,即对共同犯罪的形成与共同犯罪行为的实施、完成起次于主犯作用的犯罪分子;二是在共同犯罪中起辅助作用的犯罪分子,即为共同犯罪提供有利条件的犯罪分子。对于从犯,应当从轻、减轻或者免除处罚。

胁从犯是被胁迫参加犯罪的人,即在他人威胁下不完全自愿地参加共同犯罪,并且在共同犯罪中起较小作用的人。如果行为人起先是因为被胁迫而参加共同犯罪,但后来发生变化,积极主动实施犯罪行为,在共同犯罪中起主要作用,则不宜认定为胁从犯。由于胁从犯是共犯人的一种,具有犯罪故意与犯罪行为,故行为人身体完全受强制、完全丧失意志自由时实施的某种行为,以及符合紧急避险条件的行为,不构成胁从犯。对于胁从犯,应当按照他的犯罪情节减轻处罚或者免除处罚。

教唆犯是以授意、怂恿、劝说、利诱或者其他方法故意唆使他人犯罪的人。教唆犯必须有教唆他人实施犯罪的故意。如果没有教唆他人犯罪的故意,而仅是因为言行不慎,无意中引起他人的犯罪意图的,不能认为是教唆犯。教唆他人犯罪的,应当按照他在共同犯罪中所起的作用来判处刑罚。教唆不满18周岁的人犯罪的,应当从重处罚。如果被教唆的人没有犯被教唆的罪,对于教唆犯,可以从轻或减轻处罚。

【随堂测试】 甲欲杀乙,故意将下了毒的饭菜让不知情的丙给乙送去,乙吃了该饭

菜后中毒身亡。下列说法正确的是( )。(单选题)

A. 甲与丙构成共同犯罪　　　　B. 甲与丙不属于共同犯罪
C. 甲与丙以共同过失犯罪论处　　D. 甲构成教唆罪

解析：丙并不知道甲在饭菜中下了毒，二人缺乏共同犯罪故意，所以甲与丙不属于共同犯罪，本题应当选B。

第二节　刑　　罚

刑罚是刑法规定的由国家审判机关依法对犯罪人适用的限制或剥夺其某种权益的强制性制裁方法。我国设置刑罚的目的是为了预防犯罪，包括一般预防和特殊预防。一般预防，是指预防尚未犯罪的人实施犯罪，它的预防对象不是犯罪人，而是犯罪人以外的社会成员。特殊预防，是指对犯罪人适用和执行刑罚，防止犯罪人重新犯罪。

一、刑罚的种类

我国刑罚分为主刑和附加刑。

（一）主刑

主刑是对犯罪适用的主要刑罚方法。主刑只能独立适用，不能附加适用。对一个犯罪只能适用一种主刑，不能适用两种以上的主刑。主刑包括管制、拘役、有期徒刑、无期徒刑和死刑。

管制，是对罪犯不予关押，但限制其一定自由，并依法对其实行社区矫正的刑罚方法。判处管制的罪犯仍然留在原工作单位或居住地工作或劳动，在劳动中应当同工同酬。管制的期限为3个月以上2年以下，数罪并罚时不得超过3年。判处管制，可以根据犯罪情况，同时禁止犯罪分子在执行期间从事特定活动，进入特定区域、场所，接触特定的人。被判处管制的犯罪分子，依法实行社区矫正。管制的刑期，从判决执行之日起计算；判决执行以前先行羁押的，羁押1日折抵刑期2日。

拘役，是由人民法院判决，公安机关就近执行的，短期剥夺犯罪分子人身自由、强制劳动改造的刑罚方法。被判处拘役的罪犯，一般是指所犯罪行较轻，但具有一定的人身危险性的罪犯。拘役的期限为1个月以上6个月以下。数罪并罚时，最高不得超过1年。拘役的刑期从判决之日起计算，判决以前先行羁押的，羁押1日折抵刑期1日。被判处拘役的犯罪分子在执行期间可以探亲，执行期间参加劳动的，可以酌量发给报酬。

有期徒刑，是在一定期限内剥夺犯罪分子的人身自由，强迫其接受教育和劳动改造的刑罚方法。有期徒刑是我国适用最多的刑罚方法。有期徒刑的期限为6个月以上15年以下，数罪并罚一般不得超过20年，但总和刑期在35年以上的，最高不超过25年。刑期从判决执行之日起计算，判决前先行羁押的，羁押1日折抵刑期1日。被判处有期徒刑的犯罪分子，在监狱或其他劳动改造场所执行。凡有劳动能力的，实行劳动改造。服刑期间，确有真诚悔改或立功表现的，可以减刑；符合一定条件的，也可以假释。

无期徒刑,是剥夺犯罪人的终身自由,强制其进行劳动改造的刑罚方法。无期徒刑是剥夺自由刑中最严厉的刑罚方法,在所有刑罚方法中,其严厉程度仅次于死刑。它的适用对象是那些罪行严重,但不够判处死刑,而判处有期徒刑又不足以惩罚其罪的犯罪人。无期徒刑的刑期从判决宣判之日起计算,判决宣判前先行羁押的日期不能折抵刑期;无期徒刑减为有期徒刑后,执行有期徒刑,先行羁押的日期也不予折抵刑期。对于被判处无期徒刑的犯罪人,必须附加剥夺政治权利终身。

死刑,是剥夺犯罪分子生命的刑罚方法,是我国刑罚体系中最严厉的一种刑罚方法,只适用于罪行极其严重的犯罪分子。犯罪的时候不满18周岁的人和审判的时候怀孕的妇女,不适用死刑。审判的时候已满75周岁的人,不适用死刑,但以特别残忍手段致人死亡的除外。对于应当判处死刑的犯罪分子,如果不是必须立即执行的,可以判处死刑的同时宣告缓期2年执行。判处死刑缓期执行的,在死刑缓期执行期间,如果没有故意犯罪,2年以后,减为无期徒刑;如果确有重大立功表现,2年以后,减为25年有期徒刑。对被判处死刑缓期执行的累犯以及因故意杀人、强奸、抢劫、绑架、放火、爆炸、投放危险物质或者有组织的暴力性犯罪被判处死刑缓期执行的犯罪分子,人民法院根据犯罪情节等情况可以同时决定对其限制减刑。如果缓期执行期间故意犯罪,查证属实,由最高人民法院核准,执行死刑。死刑除依法由最高人民法院判决的以外,都应当报请最高人民法院核准。

【随堂测试】 下列选项中,属于限制自由刑的刑罚的是(　　)。(单选题)
A. 拘役　　　　B. 拘留　　　　C. 管制　　　　D. 监视居住

解析:自由刑是我国刑法中规定的刑罚的一种,是指以剥夺或者限制人身自由为内容的刑罚,因此,又分为剥夺自由刑和限制自由刑,剥夺自由刑有拘役、有期徒刑、无期徒刑和死刑缓期执行,管制是限制自由刑。拘留包括刑事拘留和行政拘留,但它不属于刑罚;监视居住是刑事强制措施,而不是刑罚。因此,本题答案为C。

(二) 附加刑

附加刑是补充主刑适用的刑罚,它既可以附加适用,也可以独立适用。一个主刑不仅可以适用一个附加刑,而且对于同一犯罪和同一犯罪人可以同时适用两个以上的附加刑。附加刑的种类有:罚金、剥夺政治权利、没收财产、驱逐出境。

罚金,是人民法院判处犯罪分子和犯罪的单位向国家交纳一定数额金钱的刑罚方法。判处罚金,应当根据犯罪情节决定罚金数额。

剥夺政治权利,是剥夺犯罪人参加国家管理和政治活动权利的刑罚方法。剥夺政治权利既可以附加适用,也可以独立适用。附加适用包括两种情况:一是应当附加剥夺政治权利,例如对于被判处死刑、无期徒刑的犯罪分子,应当剥夺政治权利终身。二是可以附加剥夺政治权利,例如对于故意杀人、强奸、放火、爆炸、投毒、抢劫等严重破坏社会秩序的犯罪分子,可以附加剥夺政治权利。剥夺政治权利的期限分为以下4种情况:(1) 判处管制附加剥夺政治权利,剥夺政治权利的期限与管制的期限相等,同时执行,即3个月以上2年以下。(2) 判处拘役、有期徒刑附加剥夺政治权利或者单处剥夺政治权利的期限,为 1 年以上 5 年以下。(3) 判处死刑、无期徒刑的犯罪分子,应当剥夺政治权利终身。(4) 死刑缓期执行减为有期徒刑或者无期徒刑减为有期徒刑的,附加剥夺政治权利的期限应为 3 年以上 10 年以下。

没收财产,是将犯罪分子个人所有财产的一部分或者全部强制无偿地收归国有的刑罚方法。没收财产的范围仅限于犯罪分子个人所有的合法财产。没收全部财产时,应当为犯罪分子个人及其扶养的家属保留必需的生活费用。没收财产以前犯罪分子所负的正当债务,需要以没收的财产偿还的,经债权人请求,应当偿还。

驱逐出境是强迫犯罪的外国人离开中国边境的刑罚方法。对于犯罪的外国人,可以独立适用或者附加适用驱逐出境。

【随堂测试】 应当附加剥夺政治权利的有(　　)。(多选题)
A. 危害国家安全的犯罪分子
B. 被判处死刑、无期徒刑的犯罪分子
C. 累犯
D. 因故意杀人被判处 15 年有期徒刑的犯罪分子

解析:《刑法》第 56 条第款 1 规定:"对于危害国家安全的犯罪分子应当附加剥夺政治权利;对于故意杀人、强奸、放火、爆炸、投毒、抢劫等严重破坏社会秩序的犯罪分子,可以附加剥夺政治权利。"第 57 条第 1 款规定:"对于被判处死刑、无期徒刑的犯罪分子,应当剥夺政治权利终身。"因此,本题答案为 A、B。

二、刑罚裁量

刑罚裁量简称量刑,是指人民法院根据行为人所犯罪行及刑事责任的轻重,在定罪并找准法定刑的基础上,依法决定对犯罪分子是否判处刑罚,判处何种刑罚,刑度的轻重或者所判刑罚是否立即执行的刑事审判活动。我国现行的刑罚裁量制度主要包括:累犯制度、自首与立功制度、数罪并罚制度和缓刑制度。

(一) 累犯

累犯,是指因犯罪受过一定的刑罚处罚,在刑罚执行完毕或者赦免以后,在法定期限内又犯一定罪的犯罪人,但是过失犯罪和不满 18 周岁的人犯罪的除外。我国刑法将累犯分为一般累犯和特殊累犯两种。

一般累犯,是指被判处有期徒刑以上刑罚的犯罪分子,在刑罚执行完毕或者赦免以后,在 5 年内再犯应当判处有期徒刑以上刑罚之罪的犯罪分子,但是过失犯罪除外。普通累犯的构成条件是:(1) 前罪与后罪都是故意犯罪;(2) 前罪被判处有期徒刑以上刑罚,后罪应当被判处有期徒刑以上刑罚;(3) 后罪发生在前罪的刑罚执行完毕或者赦免以后 5 年之内。(4) 过失犯罪和不满 18 周岁的人犯罪不构成累犯。

特殊累犯,是指犯危害国家安全犯罪、恐怖活动犯罪、黑社会性质的组织犯罪受过刑罚处罚,在刑罚执行完毕或者赦免以后,在任何时候再犯上述任一类罪的犯罪分子。

累犯的法律后果有三:一是应当从重处罚;二是不能适用缓刑;三是不能适用假释。

(二) 自首与立功

自首,是指犯罪分子犯罪以后自动投案,如实供述自己的罪行,或者被采取强制措施的犯罪嫌疑人、被告人和正在服刑的罪犯,如实供述司法机关还未掌握的本人其他罪行的行为。

犯罪分子自首说明其主观恶性较小,有意悔罪,所以一般来说,对自首的犯罪分子可以从轻或减轻处罚;对于犯罪较轻的,可以免除处罚。

立功,是指犯罪人揭发他人犯罪行为,查证属实,或者提供重要线索,从而得以侦破其他案件的情形。阻止他人犯罪活动,协助司法机关抓捕其他犯罪嫌疑人(包括同案犯),阻止其他犯罪人的逃跑等,也属于立功。立功分为一般立功和重大立功,立功是否重大与检举、揭发他人的罪行、提供的线索以及协助侦破的案件等是否重大、重要有直接的关系。

对具有立功表现的犯罪人,可以分3种情形处理:(1)犯罪人有一般立功表现的,可以从轻或者减轻处罚。(2)犯罪人有重大立功表现的,可以减轻或者免除处罚。(3)犯罪分子犯罪后自首又有重大立功表现的,应当减轻或者免除处罚。

(三) 数罪并罚

数罪并罚是对一人所犯数罪进行合并处罚。我国刑法中的数罪并罚,是指人民法院对犯罪人所犯数罪分别定罪量刑后,依照法律所规定的并罚原则决定其应当执行的刑罚。

根据《刑法》第69条,判决宣告以前一人犯数罪的,除判处死刑和无期徒刑的以外,应当在总和刑期以下,数刑中最高刑期以上,酌情决定执行的刑期;但是,管制最高不能超过3年;拘役最高不能超过1年;有期徒刑总和刑期不满35年的,最高不能超过20年;总和刑期在35年以上的,最高不能超过25年。数罪中有判处附加刑的,附加刑仍须执行,其中附加刑种类相同的,合并执行,种类不同的,分别执行。

判决宣告以后,刑罚执行完毕以前,发现被判刑的犯罪分子在判决宣告以前还有其他罪没有判决的,应当对新发现的罪作出判决,把前后两个判决所判处的刑罚,依照《刑法》第69条的规定,决定执行的刑罚。已经执行的刑期,应当计算在新判决决定的刑期以内。

判决宣告以后,刑罚执行完毕以前,被判刑的犯罪分子又犯罪的,应当对新犯的罪作出判决,把前罪没有执行的刑罚和后罪所判处的刑罚,依照《刑法》第69条的规定,决定执行的刑罚。

【随堂测试】 在不实行数罪并罚时,法定的管制期限为( )。(单选题)
A. 3个月以上3年以下　　　　　B. 1个月以上2年以下
C. 3个月以上2年以下　　　　　D. 6个月以上2年以下

解析: 管制,是指对罪犯不予关押,但限制其一定自由,并依法对其实行社区矫正的刑罚方法。判处管制的罪犯仍然留在原工作单位或居住地工作或劳动,在劳动中应当同工同酬。管制的期限为3个月以上2年以下,数罪并罚时不得超过3年。故本题答案为C。

(四)缓刑

我国刑法所规定的缓刑,属于刑罚暂缓执行,即对原判刑罚附条件不执行的一种刑罚制度,包括一般缓刑和战时缓刑。

一般缓刑,是指对于被判处拘役、3年以下有期徒刑的犯罪分子,根据其犯罪情节和悔罪表现,认为暂缓原判刑罚的执行,确实不至于再危害社会的,规定一定的考验期,在缓刑考验期限内,依法实行社区矫正,暂缓其原判刑罚的执行,如果被判缓刑的犯罪分子在考验期内没有发生应当撤销缓刑的事由,原判刑罚就不再执行的制度。

宣告缓刑的,可以根据犯罪情况,同时禁止犯罪分子在缓刑考验期限内从事特定活动,进入特定区域、场所,接触特定的人。被宣告缓刑的犯罪分子,如果被判处附加刑,附加刑仍须执行。对于累犯和犯罪集团的首要分子,不适用缓刑。

拘役的缓刑考验期限为原判刑期以上1年以下,但是不能少于2个月。有期徒刑的缓刑考验期限为原判刑期以上5年以下,但是不能少于1年。缓刑考验期限,从判决确定之日起计算。

根据我国刑法,被判处缓刑后可能出现的法律后果有3种情况:(1)宣告缓刑的犯罪分子,在缓刑考验期内,没有刑法规定的应当撤销缓刑的情形,缓刑期满,宣告原判刑期不再执行。(2)宣告缓刑的犯罪分子,在缓刑考验期限内犯新罪或者发现在判决宣告前还有其他漏罪没有判决的,撤销缓刑,对新犯的罪或者新发现的漏罪进行判决,把前后两罪的刑期总和计算,按数罪并罚的原则决定刑罚执行期限。(3)宣告缓刑的犯罪分子,在缓刑考验期内违反法律、行政法规或者国务院公安部门有关缓刑的监督管理规定,情节严重的,撤销缓刑,执行原判刑罚。

战时缓刑,是指在战时,对被判处3年以下有期徒刑但没有现实危险的犯罪军人,暂缓其原判刑罚的执行,允许其戴罪立功,确有立功表现时,可以撤销原判刑罚,不以犯罪论处的制度。

【随堂测试】 我国刑法规定的从轻处罚是指( )。(单选题)

A. 在法定刑限度以下判出刑罚
B. 在法定刑幅度中线以下判处刑罚
C. 按法定刑的最低限度判处刑罚
D. 在法定刑限度以内相对于没有该从轻处罚情节判处较轻的刑罚

解析: 从轻处罚,是在被告人具有法定的或酌定的从轻情节时,在刑法规定的量刑幅度内,综合被告人犯罪的主观动机、具体情节和危害后果,按照比较轻的幅度进行处罚,因此,正确答案为D。

三、刑罚执行

刑罚执行,是指有行刑权的司法机关依法将生效的刑事裁判对犯罪分子确定的刑罚付诸实施的刑事司法活动。我国的刑罚执行制度主要包括减刑、假释制度。

(一)减刑

减刑,是指对于被判处管制、拘役、有期徒刑和无期徒刑的犯罪分子,在刑罚执行期

图片来源:新浪网,2014年4月30日,作者不详。http://news.sina.com.cn/c/2014-04-30/035030036026.shtml。

间,由于其确有悔改或者立功表现,因而将其原判刑罚予以适当减轻的制度。其中认真遵守监规,接受教育改造,确有悔改或者立功表现的,可以减刑;有重大立功表现的,应当减刑。减刑可以是刑期的减轻,也可以是刑种的减轻。

对犯罪分子减刑,必须符合下列条件:(1)对象条件。减刑适用的对象是被判处管制、拘役、有期徒刑、无期徒刑的犯罪分子。(2)实质条件。犯罪分子认真遵守监规,接受教育改造,确有悔改或者立功表现。(3)限度条件,判处管制、拘役、有期徒刑的,减刑以后实际执行的刑期不能少于原判刑期的1/2;判处无期徒刑的,减刑以后实际执行的刑期不能少于13年;限制减刑的死刑缓期执行的犯罪分子,缓期执行期满后依法减为无期徒刑的,减刑以后实际执行的刑期不能少于25年(不含2年死缓考验期),缓期执行期满后依法减为25年有期徒刑的,减刑以后实际执行的刑期不能少于20年(也不含2年死缓考验期)。无期徒刑减为有期徒刑的刑期,从裁定减刑之日起计算。

对于犯罪分子的减刑,由执行机关向中级以上人民法院提出减刑建议书。人民法院应当组成合议庭进行审理,对确有悔改表现或立功事实的,裁定予以减刑。非经法定程序不得减刑。

(二)假释

假释,是指对被判处有期徒刑、无期徒刑的犯罪分子,在执行一定刑期之后,因其遵守监规,接受教育和改造,确有悔改表现,不致再危害社会,而附条件地将其予以提前释放。

假释的条件为:(1)对象条件。假释的适用对象只能是被判处有期徒刑、无期徒刑的犯罪分子。但对累犯以及因故意杀人、强奸、抢劫、绑架、放火、爆炸、投放危险物质或者有组织的暴力性犯罪被判处10年以上有期徒刑、无期徒刑的犯罪分子,不得假释。(2)限制条件。被判处有期徒刑的犯罪分子执行原判刑期1/2以上,被判处无期徒刑的犯罪分子实际执行13年以上,才可以适用假释。但有特殊情况的,经最高人民法院核准,可以不受上述期限的限制。(3)实质条件。认真遵守监规,接受教育改造,确有悔改表现,没有再犯罪的危险,才能假释。

有期徒刑的假释考验期限为没有执行完毕的刑期;无期徒刑的假释考验期限为10年。假释考验期限,从假释之日起计算。对假释的犯罪分子,在假释考验期内,依法进行社区矫正。

被假释的犯罪分子,在假释考验期限内犯新罪的,应当撤销假释,实行数罪并罚。在假释考验期限内,发现被假释的犯罪分子在判决宣告以前还有其他罪没有判决的,应当撤销假释实行数罪并罚。被假释的犯罪分子,在假释考验期限内,有违反法律、行政法规或者国务院有关部门关于假释的监督管理规定的行为,尚未构成新的犯罪的,应当依照法定程序撤销假释,收监执行未执行完毕的刑罚。

◼ 法治快讯

白恩培一审被判死缓[①]

2016年10月9日,河南省安阳市中级人民法院公开宣判全国人大环境与资源保护委员会原副主任委员白恩培受贿、巨额财产来源不明案,对被告人白恩培以受贿罪判处死刑,缓期2年执行,剥夺政治权利终身,并处没收个人全部财产,在其死刑缓期执行2年期满依法减为无期徒刑后,终身监禁,不得减刑、假释;以巨额财产来源不明罪判处有期徒刑10年;决定执行死刑,缓期2年执行,剥夺政治权利终身,并处没收个人全部财产,在其死刑缓期执行2年期满依法减为无期徒刑后,终身监禁,不得减刑、假释。对白恩培受贿所得财物和来源不明财产予以追缴,上缴国库。

经审理查明:2000年至2013年,被告人白恩培先后利用担任青海省委书记、云南省委书记、全国人大环境与资源保护委员会副主任委员等职务上的便利以及职权和地位形成的便利条件,为他人在房地产开发、获取矿权、职务晋升等事项上谋取利益,直接或者通过其妻非法收受他人财物,共计折合人民币2.46764511亿元。白恩培还有巨额财产明显超过合法收入,不能说明来源。

安阳市中级人民法院认为,被告人白恩培身为国家工作人员,利用职务上的便利,为他人谋取利益,利用职权和地位形成的便利条件,通过其他国家工作人员职务上的行为,为他人谋取不正当利益,非法收受他人财物,其行为构成受贿罪;白恩培的财产、支出明显超过合法收入,差额特别巨大,不能说明来源,构成巨额财产来源不明罪,应数罪并罚。其中,白恩培受贿数额特别巨大,犯罪情节特别严重,社会影响特别恶劣,给国家和人民利益造成特别重大损失,论罪应当判处死刑。鉴于其到案后,如实供述自己罪行,主动交代办案机关尚未掌握的大部分受贿犯罪事实;认罪悔罪,赃款赃物已全部追缴,具有法定、酌定从轻处罚情节,对其判处死刑,可不立即执行。同时,根据白恩培的犯罪事实和情节,依据刑法的有关规定,决定在其死刑缓期执行2年期满依法减为无期徒刑后,终身监禁,不得减刑、假释。法庭遂作出上述判决。

(记者罗书臻)

四、刑罚消灭

刑罚消灭,是指由于法定的或事实的原因,使基于具体犯罪而产生的个别刑罚权消灭。刑罚消灭以应当适用刑罚或者正在执行刑罚为前提。刑罚消灭必须基于一定的事

[①] 资料来源:最高人民法院网站,2016年10月10日。http://www.court.gov.cn/fabu-xiangqing-27961.html。2017年3月11日访问。

由。刑罚消灭事由有:超过追诉时效;经特赦令免除刑罚;告诉才处理的犯罪,没有告诉或者撤回告诉;犯罪嫌疑人、被告人死亡;其他法定事由。这里主要介绍时效和赦免两种刑罚消灭的制度。

(一)时效

刑法意义上的时效,是指刑事法律规定的国家对犯罪人行使刑事追诉权和刑罚执行权的有效期限。国家如果在有效期内不行使刑事追诉权和刑罚执行权,超过期限刑事追诉权和刑罚执行权即归于消灭,对犯罪人就不能再追诉或者执行刑罚。我国只有追诉时效,没有行刑时效。

犯罪经过下列期限不再追诉:(1)法定最高刑为不满5年有期徒刑的,经过5年;(2)法定最高刑为5年以上不满10年有期徒刑的,经过10年;(3)法定最高刑为10年以上有期徒刑的,经过15年;(4)法定最高刑为无期徒刑、死刑的,经过20年。如果20年以后认为必须追诉的,须报请最高人民检察院核准。

在有关机关立案侦查或者在人民法院受理案件以后,逃避侦查或者审判的,不受追诉期限的限制。被害人在追诉期限内提出控告,有关机关应当立案而不予立案的,不受追诉期限的限制。

追诉期限从犯罪之日起计算;犯罪行为有连续或者继续状态的,从犯罪行为终了之日起计算。在追诉期限以内又犯罪的,前罪追诉的期限从犯后罪之日起计算。

【随堂测试】 根据刑法规定,犯罪行为有连续或者继续状态的,从(　　)之日起计算追诉时效。(单选题)

A. 实施犯罪　　　　　　　　B. 准备犯罪
C. 犯罪行为中止　　　　　　D. 犯罪行为终了

解析: 我国《刑法》第89条第1款规定:"追诉期限从犯罪之日起计算;犯罪行为有连续或者继续状态的,从犯罪行为终了之日起计算。"因此,本题答案为D。

(二)赦免

赦免是国家宣告对犯罪人免除其罪、免除其刑的一种法律制度,包括大赦与特赦。我国法律只规定了特赦。特赦,是指国家对特定的犯罪人免除执行全部或者部分刑罚的制度。特赦的对象是特定的犯罪人,特赦的法律效果仅是免除刑罚的执行,而不消灭犯罪记录。

第三节　刑　法　分　论

我国《刑法》分则将具体犯罪分为10类,其排列次序依次为:危害国家安全罪;危害公共安全罪;破坏社会主义市场经济秩序罪;侵犯公民人身权利、民主权利罪;侵犯财产罪;妨害社会管理秩序罪;危害国防利益罪;贪污贿赂罪;渎职罪;军人违反职责罪。

一、危害国家安全罪

危害国家安全罪,是指危害国家主权、领土完整和安全,分裂国家、颠覆人民民主专政的政权和推翻社会主义制度的行为。

危害国家安全罪所侵犯的客体是国家安全,即我国主权、领土完整与安全以及人民民主专政的政权和社会主义制度的安全;客观方面表现为危害中华人民共和国国家安全的行为;主体多数是一般主体,少数是特殊主体;主观方面是故意,且绝大多数是直接故意,即明知自己的行为会发生危害中华人民共和国国家安全的结果,并且希望这种结果发生。

我国《刑法》第102—113条规定的危害国家安全罪的具体罪名,有背叛国家罪,分裂国家罪,煽动分裂国家罪,武装叛乱、暴乱罪,资敌罪等12个。

二、危害公共安全罪

危害公共安全罪,是指故意或者过失地实施危害不特定或多数人的生命、健康或者重大公私财产安全的行为。

危害公共安全罪侵犯的客体是社会的公共安全,即不特定或多数人的生命、健康或者重大公私财产安全;犯罪的客观方面表现为实施了危害公共安全的行为;犯罪的主体,有的是一般主体,有的是特殊主体;犯罪的主观方面,有些是故意,有些是过失。

《刑法》第114—139条规定的危害公共安全罪的罪名有放火罪、决水罪、爆炸罪、投放危险物质罪、交通肇事罪等47个罪名。具体可分为5大类:用危险方法危害公共安全的犯罪;破坏公共设备、设施危害公共安全的犯罪;实施恐怖活动危害公共安全的犯罪;违反枪支、弹药、爆炸物及核材料管理的犯罪;重大安全事故的犯罪。下文就此类罪中的重要罪名简单介绍。

(一) 放火罪

放火罪,是指故意放火焚烧公私财物,危害公共安全的行为。

放火罪的犯罪客体为公共安全;犯罪客观方面表现为实施放火焚烧公私财物的行为,既可以作为方式实行,也可以不作为方式实行,但以不作为方式构成本罪的,必须以行为人负有防止火灾发生的特定作为义务为前提;犯罪主体为一般主体;犯罪主观方面是故意,既可以是直接故意,也可以是间接故意。

放火罪是危险犯,其既遂标准采用"独立燃烧说"。即只要放火的行为将目标物点燃后,已经达到脱离引燃媒介也能够独立燃烧的程度,即使没有造成实际的危害结果,也应视为放火罪既遂。区分放火罪与以放火方法实施其他犯罪的关键在于,看放火行为是否足以危害到公共安全。

犯本罪,尚未造成严重后果的,处3年以上10年以下有期徒刑;致人重伤、死亡或者使公私财产遭受重大损失的,处10年以上有期徒刑、无期徒刑或者死刑。

法治快讯

夺刀少年案凶手被判 5 年半[①]

备受关注的江西"夺刀少年"被伤害案 26 日在江西宜春市袁州区人民法院开庭,被告人邱某当庭认罪,一审获刑 5 年 6 个月。

2014 年 5 月 31 日,邱某在公交车上将包括高三学生柳艳兵、易政勇在内的 5 名乘客砍伤。两人与歹徒邱某进行了搏斗,柳艳兵更不顾剧痛,上前夺下歹徒手中的凶器。他们的事迹引发强烈反响,被誉为"夺刀少年"。

经法院审理查明,邱某因对自身状况和社会现实不满,逐渐萌发用刀砍人泄愤的想法,并先后购买了两把水果刀和一把菜刀伺机作案。

法院审理后认为,被告人邱某以危险方法报复社会,严重危害公共安全,其行为已构成以危险方法危害公共安全罪。但鉴于其作案时患有精神分裂症,处在残留期,为限定责任能力人,可酌情从轻处罚,适当减少刑罚量。

(二) 非法出租、出借枪支罪

非法出租、出借枪支罪,是指依法配备公务用枪的人员或者其单位,违反枪支管理规定,非法出租、出借枪支的行为,或者依法配置枪支的人员或者其单位,违反枪支管理规定,非法出租、出借枪支,造成严重后果的行为。

此罪主体为依法配备公务用枪的人员或者其单位时是行为犯,只要有出租、出借行为,不论是否造成严重后果,都构成犯罪;主体为依法配置枪支的人员或者其单位时是结果犯,只有造成严重后果的才构成犯罪。

犯本罪的,处 3 年以下有期徒刑、拘役或者管制;情节严重的,处 3 年以上 7 年以下有期徒刑;单位犯本罪的,对单位判处罚金,并对其直接负责的主管人员和其他直接责任人员,按前述规定处罚。

(三) 交通肇事罪

交通肇事罪,是指违反道路交通管理法规,因而发生重大交通事故,致人重伤、死亡或者使公私财产遭受重大损失的行为。

交通肇事罪的犯罪客体为交通运输安全,具体指航空、铁路运输以外的公路交通运输和水路交通运输;客观方面为违反交通运输管理法规,因而发生重大事故,致人重伤、死亡或者使公私财产遭受重大损失的行为;主体为一般主体;主观方面为过失,是指行为人对所造成的严重后果的心理态度而言,行为人在违反规章制度上一般是明知故犯,如酒后驾车、强行超车、超速行驶等,但对自己的违章行为可能发生重大事故,造成严重后果,应当预见而因疏忽大意,没有预见,或者虽已预见,但轻信能够避免,以致造成了严重后果。

[①] 资料来源:人民网,2014 年 8 月 27 日,作者不详。http://politics.people.com.cn/n/2014/0827/c70731-25549586.html,2017 年 3 月 9 日访问。

犯本罪的,处 3 年以下有期徒刑或者拘役;交通肇事后逃逸或者有其他特别恶劣情节的,处 3 年以上 7 年以下有期徒刑;因逃逸致人死亡的,处 7 年以上有期徒刑。

"因逃逸致人死亡",是指行为人在交通肇事后为逃避法律追究而逃跑,致使被害人因得不到救助而死亡的情形。交通肇事后,单位主管人员、机动车所有人、承包人或者乘车人指使肇事人逃逸,致使被害人因得不到救助而死亡的,以交通肇事罪的共犯论处。

三、破坏社会主义市场经济秩序罪

破坏社会主义市场经济秩序罪,是指违反国家经济管理法规,破坏国家经济管理活动,严重扰乱社会主义市场经济秩序的行为。

本类罪侵犯的客体是社会主义市场经济秩序;客观方面表现为违反国家经济管理法规,破坏国家经济管理活动,严重扰乱破坏社会主义市场经济秩序的行为;犯罪主体表现为 3 种类型:有的只能由自然人构成,有的只能由单位构成,有的既可以由单位构成,也可以由自然人构成。就自然人犯罪主体而言,大多数是一般主体,也有少数是特殊主体;主观方面,少数犯罪是过失,绝大多数犯罪是故意,在故意犯罪中,有的还以特定的犯罪目的为要件。

《刑法》第 140—231 条规定的破坏社会主义市场经济秩序罪共有 102 个罪名,分为 8 类:生产、销售伪劣商品罪;走私罪;妨害对公司、企业的管理秩序罪;破坏金融管理秩序罪;金融诈骗罪;危害税收征管罪;侵犯知识产权罪和扰乱市场秩序罪。

(一) 伪造货币罪

伪造货币罪,是指仿照货币的式样、票面、图案、颜色、质地和防伪标记等特征,使用描绘、复印、影印、制版印刷和计算机扫描打印等方法,非法制造假货币冒充真货币的行为。

伪造货币又持有、使用、运输、出售自己伪造的货币,只定伪造货币一罪从重处罚,不能实行数罪并罚。如果行为人既伪造了货币,又持有、使用、运输、出售他人伪造的货币,应按伪造货币罪和有关犯罪实行数罪并罚。

犯本罪的,处 3 年以上 10 年以下有期徒刑,并处 5 万元以上 50 万元以下罚金;对于伪造货币集团的首要分子、伪造货币数额特别巨大的、有其他特别严重情节的,处 10 年以上有期徒刑、无期徒刑或者死刑,并处 5 万元以上 10 万元以下罚金或者没收财产。

(二) 集资诈骗罪

集资诈骗罪,是指以非法占有为目的,使用诈骗方法非法集资,数额较大的行为。

集资诈骗罪与非法吸收公众存款罪,除客观方面表现不同外,最主要的不同在于后者的犯罪目的是通过非法吸收存款进行盈利活动,并无将非法所吸收的存款据为己有的目的,而前者的犯罪目的在于将非法筹集的资金占为己有。

犯本罪的,处 5 年以下有期徒刑或者拘役,并处 2 万元以上 20 万元以下罚金;数额巨大或者有其他严重情节的,处 5 年以上 10 年以下有期徒刑,并处 5 万元以上 50 万元以下罚金;数额特别巨大或者有其他特别严重情节的,处 10 年以上有期徒刑或者无期徒刑,并处 5 万元以上 50 万元以下罚金或者没收财产；数额特别巨大并且给国家和人民利益造成特别重大损失的，处无期徒刑或者死刑，并处没收财产。单位犯本罪的，对单位判处罚金，并对其直接负责的主管人员和其他直接责任人员，处 5 年以下有期徒刑或者拘役；数额巨大或者有其他严重情节的，处 5 年以上 10 年以下有期徒刑；数额特别巨大或者有其他特别严重情节的，处 10 年以上有期徒刑或者无期徒刑。

（三）强迫交易罪

强迫交易罪，是指以暴力、胁迫手段强买强卖商品、强迫他人提供服务或者强迫他人接受服务，情节严重的行为。

强迫交易罪主体为市场主体，即正常商品买卖、交易或者劳动服务者，且其暴力、胁迫内容与程度应当低于抢劫罪，最主要的区别在于虽然本罪表现为强迫他人以不公平价格买卖商品、提供或者接受服务，但该不公平价格原则上应略高于正常价格或与合理价钱、费用相差不大。如果行为人以强迫交易为幌子，以非法占有为目的，以暴力、胁迫手段强迫他人交付与合理价钱、费用相差悬殊的钱物，则应定为抢劫罪。

四、侵犯公民人身权利、民主权利罪

侵犯公民人身权利、民主权利罪，是指故意或者过失地侵犯公民人身权利、民主权利，依法应当受到刑罚处罚的犯罪行为。

此类犯罪的客体是公民的人身权利和民主权利；客观方面表现为侵犯公民的人身权利、民主权利的行为；主体多数是一般主体，少数是特殊主体；主观方面，少数犯罪是过失，绝大多数犯罪是故意。

我国《刑法》第 232—262 条规定的侵犯公民人身权利、民主权利罪的具体罪名，有故意杀人罪、过失致人死亡罪、故意伤害罪、强奸罪、非法拘禁罪等 42 个。

（一）故意杀人罪

故意杀人罪，是指故意非法剥夺他人生命的行为。

故意杀人罪在认定中注意如下情况：

（1）致人自杀行为。行为人合法正当的行为引起他人自杀的，不应追究刑事责任；如果行为人的犯罪行为引起他人自杀，若行为人主观上无杀人意图，则应以相应犯罪论处，不应构成故意杀人罪；如果行为人具有致他人死亡的故意，并凭借权势或以暴力、胁迫、诱骗等手段促使他人自杀，应以故意杀人罪论处。

（2）帮助自杀行为。帮助自杀，是指他人已有自杀意图，行为人对其在精神上加以鼓励，使其坚定自杀的意图；或者给予物质上的帮助，使他人得以实现其自杀的行为。前一种情形对导致死亡的帮助较小，危害不大，可以不追究故意杀人罪的刑事责任；后一种情形应以故意杀人罪论处，但可对其从轻或减轻处罚。在特定情形下，对其应按一般故意杀人罪定罪处罚。

（3）教唆自杀行为。教唆自杀，是指行为人使没有自杀意图的人产生自杀决意，实施自杀行为。对该教唆者可以故意杀人罪论处，但由于教唆行为的社会危害性较小，应按情节较轻的故意杀人罪从轻、减轻或者免除处罚。在特定情形下，对其应按一般故意杀

人罪定罪处罚。对于教唆无责任能力人自杀的,由于被教唆者缺乏辨认和控制能力,应依法追究其故意杀人罪的刑事责任。

(4) 相约自杀行为。相约自杀中存在几种情形:一方未对另一方实施教唆、帮助或者诱使行为的,不负刑事责任;一方要求对方先杀死自己,后者将其杀死后自杀未成而放弃自杀的,以故意杀人罪论处;一方为另一方自杀提供条件致其死亡而提供条件者未死,应比照帮助自杀的情形论处;一方诱骗另一方相约自杀,对方死亡而行为人未死,应以故意杀人罪论处。

(5) 间接杀人行为。间接杀人是指教唆未达到法定刑事责任年龄的人或不具有刑事责任能力的精神病人实施杀害他人的行为。此时被教唆者仅为教唆者的杀人"工具",对教唆者应以故意杀人罪论处。

犯本罪的,处死刑、无期徒刑或者10年以上有期徒刑;情节较轻的,处3年以上10年以下有期徒刑。其中"情节较轻"的,主要是指实践中义愤杀人、防卫过当杀人、因受被害人长期迫害而杀人、帮助自杀、受嘱托杀人等情况。

(二) 强奸罪

强奸罪,是指以暴力、胁迫或者其他手段,违背妇女意志,强行与妇女性交,或者故意与不满14周岁的幼女发生性关系的行为。

强奸罪的认定应注意如下问题:

(1) 强奸罪与通奸的转化。通奸不构成犯罪,由强奸转化为女方自愿而通奸的,对行为人一般不以强奸罪论处;通奸关系中,女方不愿意继续通奸,男方以暴力、胁迫或其他手段强行与之发生性关系的,应以强奸罪论处。

(2) 与患有精神病或有痴呆症的妇女发生性关系的认定。如果行为人明知女方为无行为能力人,应构成强奸罪;有证据证明行为人确实不知该妇女为精神病人,且对方自愿与其发生性关系的,则不构成本罪;与间歇性精神病妇女在未发病期间,经本人同意与之发生性关系的,不构成强奸罪。

(3) 基于胁迫的强奸或互利发生性关系的认定。利用职权、从属关系、教养关系等特定关系,或利用职权,趁人之危奸淫妇女的,应以强奸罪论处;双方互相利用、各有所图,女方以与其发生性关系换取私利,则不构成强奸罪。

(4) 奸淫幼女的认定。行为人明知是不满14周岁的幼女而与其发生性关系,不论幼女是否自愿,均应以强奸罪定罪处罚;行为人确实不知对方是不满14周岁的幼女,双方自愿发生性关系,未造成严重后果,情节显著轻微的,不认为是犯罪。

(5) 已满14周岁不满16周岁的未成年男性与幼女发生性关系的认定。该年龄段的男性奸淫幼女的行为应以强奸罪定罪处罚。已满14周岁不满16周岁的人偶尔与幼女发生性关系,情节轻微、未造成严重后果的,不认为是犯罪。

犯本罪的,处3年以上10年以下有期徒刑。奸淫不满14周岁的幼女的,以强奸论,从重处罚。强奸妇女,有下列情形之一的,处10年以上有期徒刑、无期徒刑或者死刑:(1)强奸妇女、奸淫幼女情节恶劣的。(2)强奸妇女、奸淫幼女多人的。(3)在公共场所当众强奸妇女的。(4)二人以上轮奸的。(5)致使被害人重伤、死亡或者造成其他严重后果的。

（三）绑架罪

绑架罪,是指以勒索财物为目的绑架他人,或者绑架他人作为人质的行为。

绑架罪与非法拘禁罪的区别如下:(1)犯罪目的不同,前者以勒索财物为目的,或以获取其他利益为目的,后者以非法剥夺他人人身自由为目的。(2)客体不同,前者为复杂客体,后者为单一客体即他人的人身自由权利。(3)客观方面不同,前者既有绑架行为,又有勒索财物或要求其他利益的行为,后者一般仅有非法剥夺他人人身自由的行为,除索取债务的情况外,无索取利益的行为。

犯本罪的,处10年以上有期徒刑或者无期徒刑,并处罚金或者没收财产;情节较轻的,处5年以上10年以下有期徒刑,并处罚金;致使被绑架人死亡或者杀害被绑架人的,处死刑,并处没收财产。

五、侵犯财产罪

侵犯财产罪,是指故意非法地将公共财产和公民私有财产据为己有,或者故意毁坏公私财物的行为。

侵犯财产罪的基本特征是:侵犯的客体是公私财产所有权;客观方面表现为以暴力或非暴力、公开或者秘密的方法,攫取公私财物,或者毁坏公私财物的行为;主体多数是一般主体,少数是特殊主体;主观方面只能是故意而不能是过失。

《刑法》第263—276条规定的侵犯财产罪的具体罪名,有抢劫罪、盗窃罪、诈骗罪、抢夺罪、故意毁坏财物罪等13个。

（一）抢劫罪

抢劫罪,是指以非法占有为目的,以暴力、胁迫或者其他令被害人不能抗拒的方法,当场强行劫取公私财物的行为。

犯本罪的,处3年以上10年以下有期徒刑,并处罚金;具有加重情节的,处10年以上有期徒刑、无期徒刑或者死刑,并处罚金或者没收财产。法定的加重情节包括:(1)入户抢劫的;(2)在公共交通工具上抢劫的;(3)抢劫金融机构的;(4)多次抢劫或抢劫数额巨大的;(5)抢劫致人重伤、死亡的;(6)冒充军警人员抢劫的;(7)持枪抢劫的;(8)抢劫军用物资或者抢险、救灾、救济物资的。

（二）盗窃罪

盗窃罪,是指以非法占有为目的,秘密窃取公私财物,数额较大,或者多次盗窃、入户盗窃、携带凶器盗窃、扒窃的行为。

犯本罪的,处3年以下有期徒刑、拘役或者管制,并处或者单处罚金;数额巨大或者有其他严重情节的,处3年以上10年以下有期徒刑,并处罚金;数额特别巨大或者有其他特别严重情节的,处10年以上有期徒刑或者无期徒刑,并处罚金或者没收财产。

法治快讯

男子偷 5 只鸽子以为还了就没事　不料获刑 1 年半[①]

鸽子大家都见过,但"身价"在一两万元一只的,想必很少人能分辨出来。

从小就喜欢各种小动物的王某,也没能分辨得出来,为此他付出了"沉重"的代价。

2016 年 6 月中旬,王某路过铭和苑探梅坊时,抬头发现天上有几只鸽子飞过。"这几只鸽子的个头都不小,羽毛的颜色也很好看。"出于好奇,王某便跟着鸽子飞行的轨迹一路追过去,一直跟到搭建在楼顶的鸽笼。

站在鸽笼前,王某忍不住逗弄了一会儿鸽子,他发现这些鸽子的腿上都绑着脚环,应该是别人养的信鸽。虽然明知这些鸽子有主人,但王某越看越喜欢,脑海里冒出一个强烈的念头——何不趁人没看见,弄几只回去养养。

于是,王某用力掰开鸽笼的不锈钢管,抓出 2 只鸽子转身就走。过了几天,他再次摸回楼顶的鸽笼,又带了 3 只鸽子回家。

发现心爱的鸽子丢了,主人非常着急,马上到派出所报案。经过调查,警方很快就确定王某有重大作案嫌疑。随后,警方将王某抓获归案,并在他的住处发现被盗的 5 只鸽子。

此时,王某心里还没当回事,想着把鸽子还回去就没事。没想到,经过鉴定,他盗走的这 5 只信鸽,分别具有荷兰、德国、比利时等国的血统,总价值 67290 元。这下,可不是把鸽子还回去那么简单。因涉案价值高,王某要面临判刑。

起初,对于这样的鉴定结果,王某很不认同。"不就 5 只信鸽,怎么要 6 万多?"

为了解开王某的疑虑,更好地证明这 5 只鸽子鉴定价值的合理性,开发区检察院申请杭州市信鸽协会的专家作为证人出庭作证,对鸽子的品种、价值进行当庭评估。

开庭当日,开发区检察院公诉人当庭出示涉案的鸽子,杭州市信鸽协会的专家证人表示,鸽子脚上套着的脚环,就是身份的象征。"这些鸽子出生不久就在脚上套上了信鸽特有的、记有其信息的编码环,表明了它们的血统。"此外,专家还从鸽子的外观、羽毛、眼睛结构等角度,解说和分析信鸽的价值,确定其总价值为 67290 元的鉴定结论准确无误。对于这一结果,王某也表示了认同。

近日,开发区法院以盗窃罪判处王某有期徒刑 1 年 6 个月,并处罚金 10000 元。

（三）诈骗罪

诈骗罪,是指以非法占有为目的,用虚构事实或者隐瞒真相的方法,骗取公私财物,数额较大的行为。

犯本罪的,处 3 年以下有期徒刑、拘役或者管制,并处或者单处罚金;数额巨大或者有其他严重情节的,处 3 年以上 10 年以下有期徒刑,并处罚金;数额特别巨大或者有其

[①] 资料来源:网易新闻,作者不详,2017 年 5 月 27 日。http://news.163.com/17/0527/02/CLDKI41L0001875P.html#post_comment_area,2017 年 5 月 27 日访问。

他特别严重情节的,处 10 年以上有期徒刑或者无期徒刑,并处罚金或者没收财产。

(四) 侵占罪

侵占罪,是指以非法占有为目的,将代为保管的他人财物或者合法持有的他人遗忘物、埋藏物非法据为己有,数额较大,拒不退还的行为。

犯本罪的,处 2 年以下有期徒刑、拘役或者罚金;数额巨大或者有其他严重情节的,处 2 年以上 5 年以下有期徒刑,并处罚金。犯本罪,告诉的才处理。

(五) 敲诈勒索罪

敲诈勒索罪,是指以非法占有为目的,以威胁或者要挟的方法,强索数额较大的公私财物或者多次敲诈勒索的行为。

敲诈勒索罪与抢劫罪的区别主要体现在三个方面:(1) 胁迫内容是否有人身暴力性。本罪的胁迫或要挟内容中不一定有暴力威胁;抢劫罪一定以暴力侵害为后盾。(2) 暴力侵害的实施是否有当场性。本罪的胁迫既可以当场发出,也可以通过其他方法或由第三人转达;抢劫罪的胁迫具有当场性,只能是当场进行威胁,且威胁内容具有现实性。(3) 非法占有财物是否当场实现。本罪既可以当场取得财物,也可以事后取得;抢劫罪取得财物具有当场性。若上述 3 方面都是肯定性的回答,则属于抢劫罪;否则,可能属于敲诈勒索罪。

敲诈勒索公私财物,数额较大或者多次敲诈勒索的,处 3 年以下有期徒刑、拘役或者管制,并处或者单处罚金;数额巨大或者有其他严重情节的,处 3 年以上 10 年以下有期徒刑,并处罚金;数额特别巨大或者有其他特别严重情节的,处 10 年以上有期徒刑,并处罚金。

六、妨害社会管理秩序罪

妨害社会管理秩序罪,是指妨害国家机关对社会的管理活动,破坏社会秩序,情节严重的行为。

此类犯罪的客体是社会管理秩序;客观方面表现为行为人实施了妨害国家机关的社会管理活动、破坏社会秩序,情节严重的行为;主体多数是一般主体,少数是特殊主体;犯罪主观方面多数是故意,少数是过失。

《刑法》第 277—367 条规定的妨害社会管理秩序罪共有 125 个罪名,分为 9 类:扰乱公共秩序罪;妨害司法罪;妨害国(边)境管理罪;妨害文物管理罪;危害公共卫生罪;破坏环境资源保护罪;走私、贩卖、运输、制造毒品罪;组织、强迫、引诱、容留、介绍卖淫罪和制作、贩卖、传播淫秽物品罪。

(一) 招摇撞骗罪

招摇撞骗罪,是指为了谋取非法利益,假冒国家机关工作人员或者人民警察进行招摇撞骗的行为。

冒充国家机关工作人员招摇撞骗的,处 3 年以下有期徒刑、拘役、管制或者剥夺政治权利;情节严重的,处 3 年以上 10 年以下有期徒刑。冒充人民警察招摇撞骗的,从重处罚。

(二) 组织、领导、参加黑社会性质组织罪

组织、领导、参加黑社会性质组织罪,是指组织、领导或者参加以暴力、威胁或者其他手段,有组织地进行违法犯罪活动,称霸一方,为非作恶,欺压、残害群众,严重破坏经济、社会生活秩序的黑社会性质组织的行为。

黑社会性质组织必须同时具备四个特征:(1)形成较稳定的犯罪组织,人数较多,有明确的组织者、领导者,骨干成员基本固定。(2)有组织地通过违法犯罪活动或者其他手段获取经济利益,具有一定的经济实力,以支持该组织的活动。(3)以暴力、威胁或者其他手段,有组织地多次进行违法犯罪活动,为非作恶,欺压、残害群众。(4)通过实施违法犯罪活动,或者利用国家工作人员的包庇或者纵容,称霸一方,在一定区域或者行业内,形成非法控制或者重大影响,严重破坏经济、社会生活秩序。

组织、领导黑社会性质组织的,处 7 年以上有期徒刑,并处没收财产;积极参加的,处 3 年以上 7 年以下有期徒刑,可以并处罚金或者没收财产;其他参加的,处 3 年以下有期徒刑、拘役、管制或者剥夺政治权利,可以并处罚金。

(三) 侮辱国旗、国徽、国歌罪

为了依法维护国旗、国徽的尊严,惩治侮辱国旗、国徽的犯罪行为,《刑法》第 299 条规定了侮辱国旗、国徽罪,明确了刑事责任。在《国歌法》通过后,全国人民代表大会常务委员会通过《刑法修正案(十)》对《刑法》第 299 条作了相应补充,明确了侮辱国歌行为的刑事责任。

第 299 条第 1 款为:在公共场合,故意以焚烧、毁损、涂划、玷污、践踏等方式侮辱中华人民共和国国旗、国徽的,处 3 年以下有期徒刑、拘役、管制或者剥夺政治权利。第 2 款为:在公共场合,故意篡改中华人民共和国国歌歌词、曲谱,以歪曲、贬损方式奏唱国歌,或者以其他方式侮辱国歌,情节严重的,依照前款的规定处罚。

(四) 伪证罪

伪证罪,是指在刑事诉讼中,证人、鉴定人、记录人、翻译人对与案件有重要关系的情节,故意作虚假证明、鉴定、记录、翻译,意图陷害他人或者隐匿罪证的行为。

犯本罪的,处 3 年以下有期徒刑或者拘役;情节严重的,处 3 年以上 7 年以下有期徒刑。

(五) 医疗事故罪

医疗事故罪,是指医务人员在医务工作中由于严重不负责任,造成就诊人死亡或者严重损害就诊人身体健康的行为。

犯本罪的,处 3 年以下有期徒刑或者拘役。

(六) 走私、贩卖、运输、制造毒品罪

走私、贩卖、运输、制造毒品罪,是指违反国家毒品管理法规,走私、贩卖、运输、制造毒品的行为。

走私、贩卖、运输、制造毒品罪的犯罪客体是国家毒品管理制度,其中走私毒品还侵犯了国家进出口管理制度;客观方面表现为行为人实施了走私、贩卖、运输、制造毒品 4 种行为之一;主体可以是自然人,也可以是单位;已满 14 周岁不满 16 周岁具有刑事责任

能力的人实施贩卖毒品的行为,应以本罪论处,如果实施走私、运输、制造毒品的行为,则不构成犯罪;主观方面为故意。

犯本罪的,无论数量多少,都应当追究刑事责任,予以刑事处罚。走私、贩卖、运输、制造毒品,有下列情形之一的,处 15 年有期徒刑、无期徒刑或者死刑,并处没收财产:(1) 走私、贩卖、运输、制造鸦片 1000 克以上、海洛因或者甲基苯丙胺 50 克以上或者其他毒品数量较大的;(2) 走私、贩卖、运输、制造毒品集团的首要分子;(3) 武装掩护走私、贩卖、运输、制造毒品的;(4) 以暴力抗拒检查、拘留、逮捕,情节严重的;(5) 参与有组织的国际贩毒活动的。走私、贩卖、运输、制造鸦片 200 克以上不满 1000 克、海洛因或者甲基苯丙胺 10 克以上不满 50 克或者其他毒品数量较大的,处 7 年以上有期徒刑,并处罚金。走私、贩卖、运输、制造鸦片不满 200 克、海洛因或者甲基苯丙胺不满 10 克或者其他少量毒品的,处 3 年以下有期徒刑、拘役或者管制,并处罚金;情节严重的,处 3 年以上 7 年以下有期徒刑,并处罚金。单位犯本罪的,对单位判处罚金,并对其直接负责的主管人员和其他直接责任人员,依照各该款的规定处罚。利用、教唆未成年人走私、贩卖、运输、制造毒品,或者向未成年人出售毒品的,从重处罚。对多次走私、贩卖、运输、制造毒品,未经处理的,毒品数量累计计算。

另外,缉毒人员或者其他国家机关工作人员掩护、包庇走私、贩卖、运输、制造毒品的犯罪分子且事先通谋的,依照本罪从重处罚;根据《刑法》第 356 条,因犯本罪和非法持有毒品罪被判过刑又犯本罪的,从重处罚。

以案释法

警察执法权威不容侵犯 叔嫂二人暴力妨害公务获刑[①]

违规搭乘载货车辆,被交警查处,不但不配合警察执法,两乘客反而暴起殴打执法警察。近日,射洪县人民法院公开宣判了陈某、胥某妨害公务罪一案。

2016 年 2 月 15 日下午 13 时许,被告人陈某、胥某等多人搭乘陈某某驾驶的三轮载货摩托车行驶至射洪县公安局某派出所门外时,派出所民警张某(兼任射洪县公安局交通警察大队某分队长)、辅警何某发现该车存在交通违法行为,遂将该车拦下要求其接受检查。从该车下来的被告人陈某要求民警张某不查处其交通违法行为,遭拒后,被告人陈某推搡民警张某,并用拳头击打辅警何某、扇辅警耳光。现场多人抓扯民警。被告人胥某(系陈某嫂子)误认为其儿子陈某成被民警打了,便冲上前推搡民警张某,并用右拳击打张某头部。经鉴定,民警张某因外伤致右耳屏、右前臂下段前外侧表皮脱落;辅警何某因外伤致左面颊肿胀。

射洪县人民法院经审理认为,被告人陈某、胥某违反交通法规后,拒不配合警察交通执法,殴打警察及其他执行公务人员,属暴力阻碍国家机关工作人员执行公务,其行为已构成妨害公务罪,依法判决陈某有期徒刑 10 个月,胥某有期徒刑 9 个月。

---

① 资料来源:射洪县人民法院,2016 年 12 月 15 日,作者不详。http://www.shxrmfy.gov.cn/News/View.asp? ID=283,2017 年 10 月 21 日访问。

人民警察依法履行职务是国家和法律赋予的权力和职责,任何单位各个人都不得拒绝和阻碍警察执法。我国《刑法》第277条规定:以暴力、威胁方法阻碍国家机关工作人员依法执行职务的,处3年以下有期徒刑、拘役、管制或者罚金。暴力袭击正在依法执行职务的人民警察的,从重处罚。我国《人民警察法》第35条规定:拒绝或者阻碍人民警察依法执行职务,给予治安管理处罚;以暴力、威胁方法实施阻碍行为,构成犯罪的,依法追究刑事责任。阻碍人民警察依法执行职务是违法行为,如果以暴力或者威胁的方式阻碍警察执行职务则可能构成妨碍公务罪。二被告人当庭对自己的行为表示认罪和后悔,并向当事警察道歉。考虑其认罪态度较好,人民法院依法从轻作出上述判决。

七、危害国防利益罪

危害国防利益罪,是指违反国防法律、法规,拒绝或者逃避履行国防义务,危害作战和军事行动,危害国防物质基础和国防建设活动,妨害国防管理秩序,损害部队声誉,依法应受刑罚处罚的行为。

此类犯罪侵犯的客体是国防利益;客观方面表现为违反国防法律、法规,拒绝或者逃避履行国防义务,危害作战和军事行动,危害国防物质基础和国防建设活动,妨害国防管理秩序,损害部队声誉的行为;主体多为一般主体,且一般都是非军人,也有少数犯罪只能由特殊主体构成;主观方面多为故意,有的犯罪还要求行为人具有营利的目的,只有少数犯罪由过失构成。

《刑法》第368—381条规定的危害国防利益罪的具体罪名,有阻碍军人执行职务罪,阻碍军事行动罪,战时拒绝、逃避服役罪等23个。

八、贪污贿赂罪

贪污贿赂罪,是指国家工作人员或国有单位实施的贪污、受贿等侵犯国家廉政建设制度,以及与贪污、受贿犯罪密切相关的侵犯职务廉洁性的行为。国家工作人员主要包括4种:(1)国家机关从事公务的人员;(2)国有公司、企业、事业单位、人民团体中从事公务的人员;(3)国家机关、国有公司、企业、事业单位委派到非国有公司、企业、事业单位、社会团体从事公务的人员;(4)其他依照法律从事公务的人员。

此类犯罪侵犯的客体是国家的廉政建设制度;客观方面表现为侵害国家廉政制度、情节严重的行为;主体包括两类,一类是自然人,一类是单位。就自然人来说,大多数是特殊主体,少数犯罪的主体为一般主体;主观方面均为故意,过失不能构成本类犯罪。

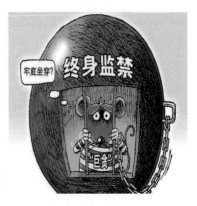

图片来源:360百科,作者不详。http://baike.so.com/doc/6020646-6233643.html。

《刑法》第382—396条规定的贪污贿赂罪的具体罪名,有贪污罪、挪用公款罪、受贿罪、单位受贿罪等13个。

(一) 贪污罪

贪污罪,是指国家工作人员和受国家机关、国有公司、企业、事业单位、人民团体委托管理、经营国有财产的人员,利用职务上的便利,侵吞、窃取、骗取或者以其他手段非法占有公共财物的行为。与上述两类人员勾结,伙同贪污的,以共犯论处。利用职务之便,是指利用本人职务范围内的权力和地位所形成的主管、经手、管理公共财物的便利条件,而不是利用因工作关系熟悉作案环境、凭工作人员身份便于进出某些单位,较易接近作案目标或对象等与职权无关的方便条件。

犯本罪的,根据情节轻重,分别依照下列规定处罚:

个人贪污数额在 10 万元以上的,处 10 年以上有期徒刑或无期徒刑,可以并处没收财产;情节特别严重的,处死刑,并处没收财产。

(1) 个人贪污数额在 5 万元以上不满 10 万元的,处 5 年以上有期徒刑,可以并处没收财产;情节特别严重的,处无期徒刑,并处没收财产。

(2) 个人贪污数额在 5000 元以上不满 5 万元的,处 1 年以上 7 年以下有期徒刑;情节严重的,处 7 年以上 10 年以下有期徒刑。个人贪污数额在 5000 元以上不满 1 万元,犯罪后有悔罪表现、积极退赃的,可以减轻处罚或者免予刑事处罚,由其所在单位或者上级主管机关给予行政处分。

(3) 个人贪污数额不满 5000 元,情节较重的,处 2 年以下有期徒刑或者拘役;情节较轻的,由所在单位或上级主管机关酌情给予行政处分。

对多次贪污未经处理的,按照累计贪污数额处罚。

(二) 挪用公款罪

挪用公款罪,是指国家工作人员利用职务上的便利,挪用公款归个人使用,进行非法活动,或者挪用公款数额较大进行营利活动,或者挪用公款数额较大,超过 3 个月未还的行为。

犯本罪的,处 5 年以下有期徒刑或者拘役;情节严重的,处 5 年以上有期徒刑。挪用公款数额巨大不退还的,处 10 年以上有期徒刑或者无期徒刑。挪用用于救灾、抢险、防汛、优抚、移民、救济款物归个人使用的,从重处罚。

(三) 受贿罪

受贿罪,是指国家工作人员利用职务上的便利,索取他人财物或者非法收受他人财物,为他人谋取利益的行为。

受贿罪还包括如下三种情形:(1) 国家工作人员在经济往来中,违反国家规定,收受各种名义的回扣、手续费,归个人所有。(2) 国家工作人员利用本人职权或者地位形成的便利条件,通过其他国家工作人员职务上的行为,为请托人谋取不正当利益,索取请托人财物或者收受请托人财物。(3) 国家工作人员的近亲属或者其他与该国家工作人员关系密切的人,通过该国家工作人员职务上的行为,或者利用该国家工作人员职权或者地位形成的便利条件,通过其他国家工作人员职务上的行为,为请托人谋取不正当利益,索取请托人财物或者收受请托人财物,数额较大或者有其他较重情节的行为。

对犯受贿罪的,依贪污罪的处罚规定处罚。索贿的从重处罚。

(四) 巨额财产来源不明罪

巨额财产来源不明罪,是指国家工作人员的财产或者支出明显超过合法收入,且差额巨大,经责令说明来源,本人不能说明其来源合法的行为。

犯本罪的,处 5 年以下有期徒刑或者拘役;差额特别巨大的,处 5 年以上 10 年以下有期徒刑。财产的差额部分予以追缴。

九、渎职罪

渎职罪,是指国家机关工作人员利用职务上的便利或者徇私舞弊、滥用职权、玩忽职守,妨害国家机关的正常活动,损害公众对国家机关工作人员职务活动客观公正性的信赖,致使国家与人民利益遭受重大损失的行为。

本类罪侵犯的客体是国家机关的正常管理活动;客观方面表现为行为人实施了滥用职权、玩忽职守、徇私舞弊并致使公共财产、国家和人民利益遭受重大损失的行为;主体是特殊主体,即国家机关工作人员和代表国家机关从事公务的人员;主观方面有的是故意,有的是过失。

《刑法》第 397—419 条规定的渎职罪的具体罪名,有滥用职权罪,玩忽职守罪,故意泄露国家秘密罪,国家机关工作人员签订、履行合同失职被骗罪等 37 个。

(一) 滥用职权罪

滥用职权罪,是指国家机关工作人员超越职权,违法决定、处理其无权决定、处理的事项,或者违反规定处理公务,致使公共财产、国家和人民利益遭受重大损失的行为。

犯本罪的,处 3 年以下有期徒刑或者拘役;情节特别严重的,处 3 年以上 7 年以下有期徒刑。国家机关工作人员徇私舞弊犯本罪的,处 5 年以下有期徒刑或者拘役;情节特别严重的,处 5 年以上 10 年以下有期徒刑。

(二) 玩忽职守罪

玩忽职守罪,是指国家机关工作人员严重不负责任,不履行或者不认真履行职责,致使公共财产、国家和人民利益遭受重大损失的行为。

本罪的主观方面只能是过失。对玩忽职守罪的处罚与滥用职权罪相同。

(三) 徇私枉法罪

徇私枉法罪,是指司法工作人员徇私枉法、徇情枉法,对明知是无罪的人而使他受追诉,对明知是有罪的人而故意包庇不使他受追诉,或者在刑事审判活动中故意违背事实和法律作枉法裁判的行为。

犯本罪的,处 5 年以下有期徒刑或者拘役;情节严重的,处 5 年以上 10 年以下有期徒刑;情节特别严重的,处 10 年以上有期徒刑。

十、军人违反职责罪

军人违反职责罪,是指军人违反职责,危害国家军事利益,依照法律应当受刑罚处罚的行为。

本类犯罪侵犯的客体是国家的军事利益；客观方面表现为军人违反职责,危害国家军事利益的行为；主体是特殊主体,统称军职人员；主观方面多数是故意,少数是过失。

我国《刑法》分则第420—450条规定的军人违反职责罪的具体罪名,有战时违抗命令罪,隐瞒、谎报军情罪,拒传、假传军令罪,投降罪等31个。

第十章 环 境 法

"建设生态文明是中华民族永续发展的千年大计。必须树立和践行绿水青山就是金山银山的理念,坚持节约资源和保护环境的基本国策,像对待生命一样对待生态环境,统筹山水林田湖草系统治理,实行最严格的生态环境保护制度,形成绿色发展方式和生活方式,坚定走生产发展、生活富裕、生态良好的文明发展道路,建设美丽中国,为人民创造良好生产生活环境,为全球生态安全作出贡献。"

习近平:《决胜全面建成小康社会 夺取新时代中国特色
社会主义伟大胜利》(2017 年 10 月 18 日)

【学习指导】 重点掌握环境法的基本概念和特征、环境法部门的构成、环境侵权救济;熟悉环境法的基本原则、污染防治基本制度、自然资源保护基本制度、生态建设基本制度,理解环境法与民法、经济法等传统部门法之间的联系和在立法目的、调整范围、调整手段等方面的差异。

环境、生态和自然资源是人类赖以生存的基本条件,是经济社会发展的物质基础。伴随着社会发展和科技进步,人类对自然界的开发利用,逐渐接近生态环境承载能力的底限。人与自然之间的紧张关系在传统的发展道路、生产理念和消费观念等因素的综合作用下,被推向了极端,并在当今社会经济条件下呈现全球化的趋势。环境污染、生态破坏和资源危机即是这种紧张关系的生动反映。传统部门法在应对环境问题上的局限性,迫切需要法律系统进行内部变革和范围扩展,以适应环境问题的挑战。环境法是合理利用、保护环境资源,保障经济、社会和环境协调发展和可持续发展,促进人与自然和谐共处的法律制度的总称。

第一节 环境法基础理论

环境问题日趋严重和环境保护观念逐渐深入人心,控制环境污染和强化自然资源保护的法律法规不断发展,使环境法从最初的环境污染控制和行政管理法规,发展成为具有独特理论基础和概念术语,体系较为完备的部门法。

一、环境、自然资源和环境资源问题

环境科学中的环境,是指人群周围的境况及其中可以直接、间接影响人类生活和发展的各种自然因素和社会因素的总体。全国人民代表大会常务委员会于 1989 年制定、2014 年修改的《环境保护法》第 2 条规定:"本法所称环境,是指影响人类生存和发展的各种天然的和经过人工改造的自然因素的总体,包括大气、水、海洋、土地、矿藏、森林、草

原、湿地、野生生物、自然遗迹、人文遗迹、自然保护区、风景名胜区、城市和乡村等。"

自然资源是指在一定技术经济条件下,自然界中对人类有用的一切自然要素。如土壤、水、矿物、森林、草原、野生动植物、阳光、空气等。在不同发展阶段、不同经济技术条件下,自然资源的范围是不同的。从法律角度而言,它是指能够供人们在生产、生活中利用并作为权利客体的自然物质。随着经济发展和技术进步,未被利用的无用物质,会不断成为有用的资源。

环境资源问题,亦称环境问题,是指由于自然界或人类的活动,使环境质量下降或生态系统失调,对人类社会经济发展、人的身体健康乃至生命安全以及其他生物产生有害影响的现象。根据产生原因,环境问题可以分为两类:一类是指由自然原因引起的自然灾害,称为原生环境问题或第一环境问题;另一类是指由人为原因引起的环境污染或自然破坏,称为次生环境问题或第二环境问题。环境法视野中的环境资源问题主要是指第二环境问题。

导致环境问题的原因有很多,从法律角度看,主要有三个:(1)市场失灵。环境资源不仅有经济价值,还有生态价值和美学价值。市场无法反映环境资源的真实全部成本,导致环境资源被过度开发利用而得不到补偿。(2)政策失误。政府刺激或干预经济的政策如果未能尊重和遵循生态规律,忽视政策实施的生态效应,必然会造成环境问题。(3)科学上未知领域和不确定性的存在。科学技术具有两面性,人们在享受科学技术带来便利的同时,也容易忽视科学技术滥用引发的环境问题。

二、环境法的概念、特点和目的

环境法是由国家制定或认可的用来保护和改善环境、预防和治理人为环境侵害,调整人类环境利用关系的法律规范的总称。对环境法概念的理解,需要把握三点:(1)环境法的目的是保护和改善人类赖以生存的环境,预防和治理人为环境侵害;(2)环境法的调整对象是人类在从事环境利用行为过程中形成的环境利用关系;(3)环境法的范畴既包含直接确立环境利用行为准则的法律规范,也包括其他法律部门中有关环境保护的法律规范。

环境法的特点表现在三个方面:(1)法律规范构成的科技性。环境法是根据科学技术以及科学推理的结论确立的人与人之间的行为模式和法律后果,是根据自然科学规律(生态规律)确立的协调人与自然关系的法律准则。(2)法律方法运用的综合性。环境法既包括环境保护一般法以及环境救济特别法,也包括其他法律中有关环境保护的规范;环境法的实施既有司法方法也有行政方法,而且政策、经济、技术和宣传教育等手段在环境法的适用上表现突出。(3)保护法益的人类共同性。环境法理念的出发点更多地源于保护全人类的共同利益和保护人类生存繁衍基础的生态利益的需要,目的是实现人类社会、经济的可持续发展。

《环境保护法》第1条规定:"为保护和改善环境,防治污染和其他公害,保障公众健康,推进生态文明建设,促进经济社会可持续发展,制定本法。"这一条明确了我国环境法的目的:一是保护和改善环境,防治污染和其他公害,这是基础的、直接的目的;二是保障公共健康,推进生态文明建设,促进经济社会可持续发展,这是最终的发展目标。综合环境法的直接目的和最终目标可知,环境法的目的是防治环境污染和生态破坏,修复受损害的生态环境,维护和保持人类赖以生存发展的自然基础。

三、环境法的基本原则

环境法的基本原则,是由环境法律确认的,效力贯穿于整个环境法部门的基本准则。《环境保护法》第5条规定:"环境保护坚持保护优先、预防为主、综合治理、公众参与、损害担责的原则。"

(一) 保护优先原则

保护优先原则,是指在经济增长与生态环境保护的关系上,应当将环境保护放在优先的位置加以考虑,在社会的生态利益和其他利益发生冲突的情况下,应当优先考虑社会的生态利益,满足生态安全的需要,做出有利于环境保护的管理决定。

保护优先原则的确立,表明我国在环境资源保护与经济社会发展这对矛盾中,环境资源保护已经成为矛盾的主要方面。在对待污染物排放的问题上,优美、健康、适宜的环境相对于污染排放的产业生产具有优势地位和优先性,要求更高的排放标准和更清洁的生产工艺,在造成环境污染事故或侵犯公民享有清洁、卫生、适宜生活环境的权益时,排放主体不能以排放符合强制性排放标准而免责。在对待自然资源的问题上,资源保护相对于开发利用具有优先性,开发利用自然资源,不得破坏自然资源赋存的自然基础。对具有稀缺性、不可再生的重要自然资源的开发利用,应充分考虑资源的可持续利用问题,为子孙后代留下必要的份额,不能剥夺子孙后代生存、发展的自然资源基础。

【随堂测试】 当经济发展与环境保护发生冲突时,应当作出的选择是(　　)。(单选题)

A. 经济利益让位于环境利益,做出有利于环保的决策
B. 环境保护屈从于经济发展,环保为经济发展让路
C. 寻找兼顾经济发展与环境保护的途径
D. 为了保障人们富裕的生活水平,可以适当降低环保的要求,有条件地牺牲环境利益

解析:保护优先原则在我国《环境保护法》中得到正式确认,经历了较漫长的曲折道路。长期以来,我们发展经济时忽视了对环境的保护,环境保护往往屈从于经济发展。《环境保护法》第5条确立了保护优先原则,要求把环境保护放在优先的地位。在现实生活中贯彻保护优先原则,应当做到:(1)在社会的生态利益和其他利益发生冲突时,优先考虑生态利益,作出有利于环境的选择和决定;(2)在污染物排放问题上,如果生产中的污染物排放影响乃至危害到人类对优美、健康、适宜环境的享用时,要求企业采用更清洁的生产工艺,对企业的污染物排放采用更高的排放标准;(3)开发利用自然资源时,不得破坏自然资源赋存的自然基础;(4)对不可再生资源的利用,须为子孙后代留下必要的份额。所以,本题选A。

(二) 预防原则

预防原则是预防为主、防治结合、综合治理原则的简称。该原则的基本含义是：在环境保护工作中要把防止产生环境问题放在首位，事先采取防范措施，防止在生产、生活等人类活动中对生态环境、自然资源造成污染、破坏，防止生态失衡，做到防患于未然。

从国内外环境立法实践看，预防原则包含两层含义：一是运用已有的知识和经验，对开发和利用环境行为可能带来的环境危害事先采取措施以避免危害的产生；二是在科学不确定的条件下，基于现实的科学知识事先预测、评估环境风险，避免引发环境问题。

环境污染入刑（作者不详）

图片来源：新浪网，2014年7月7日。http://nb.sina.com.cn/news/s/2014-07-07/073454583.html。

(三) 公众参与原则

公众参与原则，是指生态环境的保护和自然资源的开发利用必须依靠社会公众的广泛参与，公众有权参与解决生态问题的决策过程，参与环境管理并对环境管理部门以及单位、个人与生态环境保护有关的行为进行监督。

公众参与的内容广泛而复杂。《奥胡斯公约》[①]将公众参与的内容简化为三项权利：获得信息的权利、参与决策的权利、寻求司法救济的权利。其中获得信息是前提条件，参与决策是主要手段，司法救济是有力保障。因此公众参与原则包含3个方面内容：(1) 环境信息公开，即每个公民对行政机关所持有的环境信息拥有适当的获得和利用的权利；(2) 环境决策参与权，即保证给予每个公民参加环境政策决策的机会；(3) 环境或公民的环境权益受到侵害时，应让人人都能有效地使用司法和行政程序而获得救济。

(四) 损害担责原则

损害担责原则是指，任何对环境和生态造成损害的单位和个人，都必须承担恢复环境、修复生态或支付上述费用的责任。其中"损害"指的是任何对环境造成不利影响的行为，该行为既包括利用环境超过环境自身承载能力和恢复能力导致环境退化的行为，也包括开发利用自然资源导致生态破坏或自然资源赋存条件退化、造成资源衰竭的行为。"担责"是指要承担责任，承担恢复环境、修复受损生态或支付上述费用的责任。

应注意的是，损害担责的范围不包括因环境污染或生态破坏造成的他人人身伤害和财产损失，这部分赔偿责任适用民事法律和有关环境侵权责任法对环境污染损害赔偿责任的特别规定。

[①] 《奥胡斯公约》(Arhus Convention) 是公众参与环境保护的里程碑。该公约全称为《在环境问题上获得信息、公众参与决策和诉诸法律的公约》，由联合国欧洲经济委员会第四次部长级会议1998年6月在丹麦奥胡斯通过，2001年10月30日正式生效，该公约为公众参与确立了三个支柱：一是每个人都有权利获得政府机构所掌握的环境信息，二是每个人都有权利从早期阶段就参与环境决策，三是对于违反上述两项权利或违背环境保护法律的公共决策，每个人都有权利在法庭上提出质疑，得到司法的救济。

四、环境法的基本制度

环境法制度有基本制度与特别制度之分。基本制度是按照环境法基本理念和基本原则确立的、通过环境立法具体表现的、具有普遍适用意义和起主导规范作用的法律规则和法律程序的总称。特别制度是在各单项环境立法中为实现法律的目标而确立的具有特殊性和针对性的法律措施和方法的总称。这里仅介绍环境法的基本制度。

(一) 环境标准制度

环境标准,是指为了保护人群健康、保护社会财富和维护生态平衡,负有环境监管职责的国务院环境保护主管部门就环境质量、污染物的排放、环境监测方法以及其他需要的事项,按照法律规定的程序制定的各种技术指标与规范的总称。国家环境标准包括国家环境质量标准、国家污染物排放标准、国家环境监测方法标准、国家环境标准样品标准、国家环境基础标准5类。国家环境标准分强制性环境标准和推荐性环境标准两类。其中的环境质量标准、污染物排放标准和法律、行政法规规定必须执行的其他环境标准属于强制性环境标准。强制性环境标准以外的环境标准属于推荐性环境标准。

环境质量标准,是国务院环境保护主管部门为保护自然环境、人体健康和社会财富,就环境中的有害物质和因素所做的限制性规定。国家环境质量标准在整个环境标准中处于核心地位,是国家环境政策目标的综合反映和体现,是制定污染物排放标准的主要科学依据,是判断某地域环境质量状况和是否受到污染的直接依据。

污染物排放标准,是国务院环境保护主管部门为实现环境质量标准,结合技术经济条件和环境特点,对排入环境中的污染物或对环境造成危害的其他因素所做的控制规定。污染物排放标准对排放污染物的行为具有直接的约束力。在许多国家,污染物排放(控制)标准一般被当作判断排污行为是否违法的客观标准和依据。

环境监测方法标准,是国务院环境保护主管部门为监测环境质量和污染物排放,规范采样、分析测试、数据处理等技术工作而制定的技术规范。

环境标准样品标准,是国务院环境保护主管部门为保证环境监测数据的准确、可靠,针对用于量值传递或质量控制的材料、实物样品等所制定的技术规范。

环境基础标准,是国务院环境保护主管部门对环境保护工作中需要统一的技术术语、符号、代号代码、图形、指南、导则及信息编码等所做的规定。

(二) 环境资源规划制度

环境资源规划制度是调整环境资源规划活动的各种法律规范组成的制度,是通过立法确立的有关环境资源规划的编制、实施和管理的一套规则,是环境资源规划工作的制度化和法定化。

环境规划内容一般包括环境质量控制、污染物排放控制、污染治理、自然生态保护和其他有关方面,对每个方面应提出目标、任务、指标和措施,规划的内容、指标体系和编报格式统一规范。各有关部门和地方环境保护规划,可根据具体情况适当增加必要的内容和指标。

(三) 环境影响评价制度

环境影响评价制度,是对规划和建设项目实施后可能造成的环境影响进行分析、预测和评估,提出预防或者减轻不良环境影响的对策和措施,进行跟踪监测的方法与制度。环境影响评价制度首创于美国1969年的《国家环境政策法》,该法把环境影响评价作为联邦政府在环境与资源管理中必须遵循的一项制度。根据全国人民代表大会常务委员会于2002年制定、2016年修改的《环境影响评价法》,环境影响评价的对象包括法定应当进行环境影响评价的规划和建设项目两大类。

1. 规划的环境影响评价

依照《环境影响评价法》,法定应当进行环境影响评价的规划主要包括综合指导规划和专项规划两种。前者是就国家或地方有关宏观、长远发展提出的具有指导性、预测性、参考性的指标,后者是对有关指标、要求作出具体的执行安排。

专项规划涉及几乎所有的经济活动领域,包括国务院有关部门、设区的市级以上地方人民政府及其有关部门组织编制的工业、农业、畜牧业、林业、能源、水利、交通、城市建设、旅游、自然资源开发的有关专项规划。

2. 建设项目的环境影响评价

我国对建设项目的环境影响实行分类管理,对各类建设项目按其环境影响实行不同程度的环境影响评价:可能造成重大环境影响的,应当编制环境影响报告书,对产生的环境影响进行全面评价;可能造成轻度环境影响的,应当编制环境影响报告表,对产生的环境影响进行分析或者专项评价;对环境影响很小、不需要进行环境影响评价的,应当填报环境影响登记表。

(四) "三同时"制度

"三同时"是指,建设项目中防治污染的措施必须与主体工程同时设计、同时施工、同时投产使用。防治污染的设施必须经原审批环境影响报告书的环保部门验收合格后,该建设项目方可投入生产或者使用。

同时设计,是指在对有关建设项目的主体工程进行设计时,设计单位必须按照环境保护设计规范的要求,编制环境保护篇章,并依据经批准的建设项目环境影响报告书或者环境影响报告表,在环境保护篇章中落实防治环境污染和生态破坏的措施以及环境保护设施投资概算。防治污染和其他公害的设施必须与主体工程同时进行设计。

同时施工,是指建设项目中有关防治污染和其他公害的设施必须与主体工程同时进行施工。

同时投产使用,是指建设项目在正式投产或使用前,建设单位必须向负责审批的环保部门提交环境保护设施竣工验收报告。经验收合格并发给相应的合格证后,该环境保护设施方可正式投产使用。非经审批部门许可,该环境保护设施不得停止运营。

(五) 源头保护制度

源头保护制度是环境法预防原则的具体落实和应用。国家通过资源环境承载力监测预警、生态保护红线等机制,对生态环境源头和重要生态功能区域实行最严格的保护制度。

生态环境源头和重要生态功能区是国家生态环境安全的基础,同时也是生态环境较为脆弱的区域。《环境保护法》通过设立环境资源承载力监测预警、生态保护红线等制度实施源头保护制度。

1. 源头保护的对象

源头保护的对象主要包括国家重点生态功能区、生态环境敏感区和脆弱区。

国家重点生态功能区,是指承担水源涵养、水土保持、防风固沙和生物多样性维护等重要生态功能,关系全国或较大范围区域的生态安全,需要在国土空间开发中限制进行大规模高强度工业化城镇化开发,以保持并提高生态产品供给能力的区域。

生态环境敏感区是指对人类生产、生活具有特殊敏感性或具有潜在自然灾害影响,极易受到人为的不当开发活动影响而产生生态负面效应的地区。生态环境敏感区包括生物、生境、水资源、大气、土壤、地质、地貌以及环境污染等属于生态范畴的所有内容。生态脆弱区,是指生态系统组成结构稳定性较差,抵抗外在干扰和维持自身稳定的能力较弱,易于发生生态退化且难以自我修复的区域。

2. 源头保护的机制与措施

为实现对国家重点生态功能区、生态环境敏感区和脆弱区的保护,需要对环境资源利用行为设定开发底线,限制或禁止高污染、高消耗产业的发展,并建立相应的预警机制,对威胁或危害生态环境源头和重点生态功能区的开发利用行为,及时作出反应和处理。

主要机制和措施包括:

(1) 建立资源环境承载力监测预警机制。资源环境承载力,是指在一定时期和一定区域范围内,在维持区域资源结构符合可持续发展需要、区域环境功能仍具有维持其稳态效应能力的条件下,区域资源环境系统所能承受人类各种社会经济活动的能力。资源环境承载力监测预警机制本质上是一种在对环境资源状况进行调查和评价基础上的预先发布警告制度,目的是通过建立环境资源风险监测预警的机构、网络和措施,实现环境资源信息的超前反馈,为及时处置、预防环境资源风险奠定基础。主要监测预警对象包括土地资源承载力、水资源承载力、能源资源承载力、环境承载力。

(2) 设定生态保护红线。生态保护红线是保障和维护国家生态安全的底线和生命线。国家在具有特殊重要生态功能、必须强制性严格保护的区域,设定保护的空间界限与管理限值,区域内任何开发利用行为决不能逾越设定的界限和限值。生态红线制度的实施,要求强化生态保护红线刚性约束,形成一整套生态保护红线管控和激励措施。主要包括:科学划定生态红线,确立生态红线优先地位,突出红线对空间规划编制和国土空间开发的底线约束,强化用途管制,加大生态保护补偿力度、加强生态保护与修复、建立监测网络和监管平台、开展定期评价和考核、强化执法监督、严格责任追究等。

(3) 制定和发布重点生态功能区产业准入负面清单。负面清单是一种市场准入管理的机制和措施。重点生态功能区产业准入负面清单以列表形式明确规定禁止准入和限制准入的产业目录,并依照清单对区域产业进行规划管理,防止不合理开发建设导致生态功能退化,从而推进区域空间合理布局。负面清单列明产业分为禁止类和限制类。对于禁止类产业,要在全域范围内禁止发展;对于限制类产业,要对限制的规模(或产量)、区位(或范围)、生产工艺、清洁生产水平等予以明确界定。

(六)环境公益诉讼制度

环境公益诉讼是指由公民、社会组织或政府机关代表社会公共利益向法院提起的,状告污染公共环境的污染者,以阻止损害行为并要求行为人承担相应法律责任的诉讼。实施环境损害行为的主体可以是公民、法人、社会组织或者政府机构。具有污染环境、破坏生态,损害社会公共利益的行为,是提起环境公益诉讼的法定事由。

我国《环境保护法》对提起环境公益诉讼的主体做了规定:(1)依法在设区的市级以上人民政府民政部门登记的社会组织;(2)专门从事环境保护公益活动连续5年以上且无违法记录,提起诉讼的社会组织不得通过环境公益诉讼牟取经济利益。另外,鉴于环境公益保护的艰巨性和复杂性,2015年7月,全国人民代表大会常务委员会作出《关于授权最高人民检察院在部分地区开展公益诉讼试点工作的决定》,最高人民检察院随后发布《检察机关提起公益诉讼改革试点方案》,从而使检察机关在一定条件下可以向人民法院提起环境公益诉讼。2017年修改的《行政诉讼法》和《民事诉讼法》规定,人民检察院在履行职责中发现破坏生态环境和资源保护等损害国家或者社会公共利益的行为,负有生态环境和资源保护职责的行政机关不依法履职时,或者没有相关机关或者组织向人民法院提起诉讼时,人民检察院可以向人民法院提起诉讼。在我国目前,公民个人不具有提起环境公益诉讼的原告主体资格。赋予公民个人提起环境损害公益诉讼原告主体资格,是环境法发展的趋势。

法治快讯

最高人民检察院:检察机关提起公益诉讼督促行政机关依法行政[①]

北京2017年6月30日电(记者于潇)"检察机关提起公益诉讼督促行政机关依法行政、严格执法。"在最高人民检察院今日举行的"全面实施检察机关提起公益诉讼制度,依法保护国家利益和社会公共利益不受侵犯"主题新闻发布会上,最高人民检察院民事行政检察厅厅长胡卫列在总结试点工作情况时说。

据了解,截至2017年6月,试点地区检察机关办理的案件中,涉及不少行政管理部门,比较集中的有国土部门1851件,环保部门1596件,林业部门1422件,水利水务部门588件,人民防空部门339件,住房和城乡建设部门266件,农业部门229件,财政部门190件,涉及这8个部门的案件占全部案件量的74%。

"检察机关在行政公益诉讼诉前程序中,通过检察建议督促行政机关依法履行保护公益职责,增强了行政机关依法行政的主动性积极性,而对不予整改的行政机关提起行政公益诉讼,进一步强化了诉前程序的督促效果。"胡卫列说。

在吉林省白山市检察院诉白山市江源区卫计局和区中医院行政附带民事公益诉讼

---

① 资料来源:正义网,2017年6月30日。http://news.jcrb.com/jsxx/201706/t20170630_1771502.html,2017年7月2日访问。

案宣判后,吉林省检察院就全省范围内存在的医疗垃圾和污水处理不规范等普遍性问题,向省卫计委、环保厅发出检察建议,并召开座谈会,联合发文开展专项执法检查,推动在全省范围内对医疗垃圾和污水处理问题的全面调研、全面检查、全面治理。

福建省清流县检察院诉县环保局行政公益诉讼案宣判后,福建省人民政府专门发文称,该案充分体现了人民检察院作为国家的法律监督机关在促进依法行政、推进法治政府建设中发挥的积极作用,要求省环保厅对环境违法行为开展专项督察。

人民法院可以判决被告自行组织修复生态环境,可以委托第三方修复生态环境,必要时也可以商请负有监督管理职责的环境保护主管部门共同组织修复生态环境。对生态环境损害修复结果,人民法院可以委托具有环境损害评估等相关资质的鉴定机构进行鉴定,必要时可以商请负有监督管理职责的环境保护主管部门协助审查。

【随堂测试】 下列属于环境法基本制度的有(　　)。(多选题)
A. 环境影响评价制度　　　　B. 环境标准制度
C. 排污权交易制度　　　　　D. 源头保护制度

解析: 环境法基本制度是按照环境法基本理念和基本原则确立的、通过环境立法具体表现的、具有普遍适用意义和起主导规范作用的法律规则和法律程序的总称。环境法在长期发展的历程中,逐渐形成了以环境标准制度、环境影响评价制度、源头保护制度、环境资源规划制度等为主体的基本制度体系。本题中选项C属于污染防治领域的共通性制度,并非适用于环境法的所有领域。所以,本题应当选A、B、D。

第二节　环境污染防治法

环境污染是指,人类向环境中排入了超过环境自净能力的物质或能量,使环境的化学、物理、生物等性质发生变异,从而导致环境质量下降,破坏了生态平衡或者危害了人类正常生存和发展的条件。按照引发环境污染现象的不同原因,可以将环境污染分为物质流污染和能量流污染两大类。前者主要是物质进入环境所致,如大气污染、水污染等都属于物质流污染;后者主要是能量进入环境所致,如噪声与振动污染、放射性污染、电磁辐射污染以及光污染等都属于能量流污染。

环境污染防治法也称环境污染控制法,是指国家对产生或可能产生环境污染和其他公害的原因活动(包括各种对环境不利的人为活动)实施控制,达到保护生活环境和生态环境的目的而制定的同类法律的总称。我国现行有关环境污染防治的专门法律有6部:《大气污染防治法》《水污染防治法》《海洋环境保护法》《环境噪声污染防治法》《固体废物污染环境防治法》和《放射性污染防治法》。除此之外,还有大量的行政法规、部门规章或强制性环境标准,以及地方性法规、规章或地方性环境标准。

一、环境污染防治共通性法律制度

环境污染防治法的核心内容主要体现在环境污染防治的共通性法律制度和各单行

环境要素污染防治法所规定的法律制度中。其中环境污染防治共通性法律制度是体现环境污染防治工作特殊性、适用于环境污染防治所有领域和范围的法律制度,主要包括六项内容。

(一)落后工艺、设备限期淘汰制度

这一制度的内容是,对严重污染环境的落后生产工艺和设备,由国务院经济综合主管部门会同有关部门公布名录和期限,限期禁止生产、销售、进口和使用,也不得转让给他人使用;由县级以上人民政府经济综合主管部门监督各生产者、销售者、进口者和使用者在规定的期限内停止生产、销售、进口和使用。该制度的目的在于促进企业采用能源利用效率高、污染物排放量少的清洁生产工艺和先进设备,减少污染物的产生。这是由单纯的末端治理逐步转变为工业生产全过程控制的重要举措。

(二)排污申报登记制度

这一制度要求,向环境排放污染物者必须依照国务院环境保护行政主管部门的规定,向所在地环境保护行政主管部门申报拥有的污染物排放设施、处理设施和在正常作业条件下排放污染物的种类、数量、浓度,并提供防治污染的有关技术资料。该项制度可以为环境保护行政主管部门全面掌握辖区内的排污情况,制定环境保护规划,发布环境状况公报提供事实依据,并为环境保护行政主管部门实行污染物总量控制、排污许可证等制度打下基础。

(三)污染物排放总量控制制度

总量控制是根据一定时空条件下环境容量的限值,从环境质量要求出发,根据环境允许纳污量,反推允许排污量,通过技术经济可行性分析、优化分配污染负荷,对污染物排放进行定量控制的方法。污染物排放总量控制制度是对规定环境单元内的排污单位和个人排放某一种或几种污染物的数量进行控制的制度。该制度的实施将污染物的控制水平与环境质量直接联系,是环境管理由浓度控制向浓度控制和总量控制相结合转变的核心制度。该制度的主要特点是目标导向,以一定阶段的环境目标作为总量控制的基础,在具体实施中分为容量总量控制、目标总量控制和行业总量控制 3 种形式。

(四)防止污染转嫁制度

这一制度是指,为防止外国、港澳台地区厂商或我国企事业单位将污染严重的设备、技术工艺或者有毒有害废弃物,转移给没有污染防治能力的单位和个人进行生产、加工、经营或者处理而造成环境污染危害的法律规定。

构成污染转嫁行为须达到 3 个条件:(1)转移的内容须为法律所禁止;(2)接收单位没有防治污染的技术、设备和资金,而无法防治对环境的危害;(3)行为者主观上有过错。为有效防止污染转嫁,该制度规定只要实施了污染转嫁行为或接受污染转移行为就必须承担法律责任,而不以是否造成实际危害为条件。

(五)排污权交易制度

排污权交易制度,又称排污指标交易制度、可交易的许可证制度等,是指在特定区域内,根据该区域环境质量的要求,确定一定时期内污染物的排放总量,在此基础上,通过颁发许可证的方式分配排污指标,并允许指标在市场上交易。该制度设定排污总量,允许由市场力量决定谁使用排污指标。

（六）现场检查制度

现场检查制度是指，环保系统和其他负有监督管理职责的部门有权对管辖范围内的排污单位执行国家环境保护法规、政策和标准的情况进行现场检查，被检查的单位必须如实反映情况，提供必要的资料。各个部门应当依法行使现场检查权，检查人员有义务为被检查单位保守技术和业务秘密。

【随堂测试】 下列属于环境污染防治共通性法律制度的有（　　）。（多选题）

A．排污申报登记制度

B．现场检查制度

C．排污权交易制度

D．城市环境空气质量限期达标规划制度

"亮剑"　　新华社发　　商海春　作
图片来源：青海日报，2017年2月27日。http://epaper.tibet3.com/qhrb/html/2017-02/27/content_385570.htm。

解析：污染防治法律制度有共通性法律制度和适用于某一类环境要素污染防治的法律制度之分。共通性法律制度是指体现环境污染防治工作特殊性、适用于环境污染防治所有领域和范围的法律制度，内容详见前文。D项属于适用于大气污染防治领域的制度，并非适用于环境污染防治所有领域，因而本题正确选项为A、B、C。

二、大气污染防治法

大气污染，一般指因某种物质的介入，导致大气的化学、物理、生物或者放射性等方面的特性发生改变，从而影响大气的有效利用，危害人体健康或财产安全，以及破坏自然生态系统、造成大气质量恶化的现象。大气污染分为煤烟型污染，石油型污染，企业废气、粉尘所造成的混合型污染，氮氧化物型（汽车尾气）污染。我国大气污染主要为煤烟型污染和混合型污染。近年来，汽车尾气污染日趋加重，成为大气污染防治的重点。我国规范与调整大气污染防治工作的法律主要是全国人民代表大会常务委员会于1987年制定，1995年、2000年和2015年修改的《大气污染防治法》，以及其他相关的法规、规章。《大气污染防治法》规定，大气污染防治的任务是保护和改善环境，防治大气污染，保障公众健康。为达到上述目的，《大气污染防治法》建立了以改善大气环境质量为目标的一系列制度和机制，以求实现在防治大气污染的同时，转变经济发展方式，优化产业结构和布局，促进能源结构的转型。

（一）重点大气污染物排放总量控制制度

重点大气污染物排放总量控制制度是环境法总量控制制度在大气污染防治领域的体现。《大气污染防治法》第21条规定，国家对重点大气污染物排放实行总量控制。重点大气污染物排放总量控制目标，由国务院环境保护主管部门在征求国务院有关部门和各省、自治区、直辖市人民政府意见后，会同国务院经济综合主管部门报国务院批准并下达实施。确定总量控制目标和分解总量控制指标的具体办法,由国务院环境保护主管部门会同国务院有关部门规定。

省、自治区、直辖市人民政府应当按照国务院下达的总量控制目标,控制或者削减本行政区域的重点大气污染物排放总量,并可以根据本行政区域大气污染防治的需要,对国家重点大气污染物之外的其他大气污染物排放实行总量控制。对于重点大气污染物排放量,国家逐步开展排污权交易,以市场机制促进对重点大气污染物排放量的削减和控制。

对超过国家重点大气污染物排放总量控制指标或者未完成国家下达的大气环境质量改善目标的地区,省级以上人民政府环境保护主管部门应当会同有关部门约谈该地区人民政府的主要负责人,并暂停审批该地区新增重点大气污染物排放总量的建设项目环境影响评价文件。约谈情况应当向社会公开。

(二)大气环境标准制度

大气环境标准主要包括大气环境质量标准和大气污染物排放标准。国务院环境保护主管部门或者省、自治区、直辖市人民政府制定大气环境质量标准和大气污染物排放标准,并在网站公布,供公众免费查阅、下载。

原环境保护部发布的《环境空气质量标准》(GB3095—2012)将环境空气质量功能区分为两类,一类区为自然保护区、风景名胜区和其他需要特殊保护的地区;二类区为居住区、商业交通居民混合区、文化区、工业区和农村地区。对于上述两类功能区,依类别的不同相应地执行一级、二级环境空气浓度限值。

大气污染物排放标准又分为固定源污染物排放标准、移动源污染物排放标准。《大气污染防治法》规定,制定燃油质量标准,应与国家机动车船、非道路移动机械大气污染物排放标准相互衔接,同步实施;建设对大气环境有影响的项目,应当依法进行环境影响评价,向大气排放污染物的,应当符合大气污染物排放标准。

(三)城市环境空气质量限期达标规划制度

《大气污染防治法》第 14 条规定,未达到国家大气环境质量标准城市的人民政府应当及时编制大气环境质量限期达标规划,采取措施,按照国务院或者省级人民政府规定的期限达到大气环境质量标准。编制城市大气环境质量限期达标规划,应当征求有关行业协会、企业事业单位、专家和公众等方面的意见。

城市大气环境质量限期达标规划应当向社会公开,城市人民政府每年在向本级人民代表大会或其常务委员会报告环境状况和环境保护目标完成情况时,应当报告大气环境质量限期达标规划执行情况,并向社会公开。

组合拳　新华社发　徐　骏　作
图片来源:新华网,2014 年 12 月 22 日。http://news.xinhuanet.com/politics/2014-12/22/c_1113737157.htm。

（四）高污染燃料禁燃区制度

《大气污染防治法》第 38 条规定，城市人民政府可以划定和公布高污染燃料禁燃区，并根据大气环境质量改善要求，逐步扩大高污染燃料禁燃区范围。高污染燃料的目录由国务院环境保护主管部门确定。在禁燃区内，禁止销售、燃用高污染燃料；禁止新建、扩建燃用高污染燃料的设施，已建成的，应当在城市人民政府规定的期限内改用天然气、页岩气、液化石油气、电或者其他清洁能源。

违反法律规定，在禁燃区内销售高污染燃料的，由县级以上地方人民政府质量监督、工商行政管理部门按照职责责令改正，没收原材料、产品和违法所得，并处货值金额 1 倍以上 3 倍以下的罚款。在禁燃区内新建、扩建燃用高污染燃料的设施，或者未按照规定停止燃用高污染燃料，或者在城市集中供热管网覆盖地区新建、扩建分散燃煤供热锅炉，或者未按照规定拆除已建成的不能达标排放的燃煤供热锅炉的，由县级以上地方人民政府环境保护主管部门没收燃用高污染燃料的设施，组织拆除燃煤供热锅炉，并处 2 万元以上 20 万元以下的罚款。

（五）重点区域大气污染联合防治机制

国家建立重点区域大气污染联防联控机制，统筹协调重点区域内大气污染防治工作。国务院环境保护主管部门根据主体功能区划、区域大气环境质量状况和大气污染传输扩散规律，划定国家大气污染防治重点区域，报国务院批准。

重点区域内有关省、自治区、直辖市人民政府应当实施更严格的机动车大气污染物排放标准，统一在用机动车检验方法和排放限值，并配套供应合格的车用燃油。重点区域内有关省、自治区、直辖市建设可能对相邻省、自治区、直辖市大气环境质量产生重大影响的项目，应当及时通报有关信息，进行会商。省、自治区、直辖市可以划定本行政区域的大气污染防治重点区域。

国家大气污染防治重点区域内新建、改建、扩建用煤项目的，应当实行煤炭的等量或者减量替代。

（六）重污染天气应对机制

国家建立重污染天气监测预警体系。国务院环境保护主管部门会同国务院气象主管机构等有关部门、国家大气污染防治重点区域内有关省、自治区、直辖市人民政府，建立重点区域重污染天气监测预警机制，统一预警分级标准。可能发生区域重污染天气的，应当及时向重点区域内有关省、自治区、直辖市人民政府通报。

省、自治区、直辖市、设区的市人民政府以及可能发生重污染天气的县级人民政府，应当制定重污染天气应急预案，向上一级人民政府环境保护主管部门备案，并向社会公布。省、自治区、直辖市、设区的市人民政府依据重污染天气预报信息，进行综合研判，确定预警等级并及时发出预警。预警等级根据情况变化及时调整。任何单位和个人不得擅自向社会发布重污染天气预报预警信息。预警信息发布后，人民政府及其有关部门应当通过电视、广播、网络、短信等途径告知公众采取健康防护措施，指导公众出行和调整其他相关社会活动。县级以上地方人民政府应当依据重污染天气的预警等级，及时启动应急预案，根据应急需要可以采取责令有关企业停产或者限产、限制部分机动车行驶、禁止燃放烟花爆竹、停止工地土石方作业和建筑物拆除施工、停止露天烧烤、停止幼儿园和学校组织的户外活动、组织开展人工影响天气作业等应急措施。

（七）能源污染防治制度

国家通过各种激励和奖励措施，推动能源结构的调整，大力推广清洁能源的生产和使用；优化煤炭使用方式，推广煤炭清洁高效利用，逐步降低煤炭在一次能源消费中的比重，减少煤炭生产、使用、转化过程中的大气污染物排放。

国家推行煤炭洗选加工，降低煤炭的硫分和灰分，限制高硫分、高灰分煤炭的开采。禁止进口、销售和燃用不符合质量标准的煤炭，鼓励燃用优质煤炭。石油炼制企业应当按照燃油质量标准生产燃油；禁止进口、销售和燃用不符合质量标准的石油焦；电力调度应当优先安排清洁能源发电上网。

（八）重点排污单位名录制度

大气污染物重点排污单位名录，由设区的市级以上地方人民政府环境保护主管部门按照国务院环境保护主管部门的规定，根据本行政区域的大气环境承载力、重点大气污染物排放总量控制指标的要求以及排污单位排放大气污染物的种类、数量和浓度等因素，与相关部门协商后确定并向社会公布。

重点排污单位应当安装、使用大气污染物排放自动监测设备，与环境保护主管部门的监控设备联网，保证监测设备正常运行并依法公开排放信息，对自动监测数据的真实性和准确性负责。环境保护主管部门发现重点排污单位的大气污染物排放自动监测设备传输数据异常，应当及时进行调查，监测的具体办法和重点排污单位的条件由国务院环境保护主管部门规定。

三、水污染防治法

水污染是指因某种物质的介入，导致水体的化学、物理、生物或者放射性等方面特性的改变，从而影响水的有效利用，危害人体健康或者破坏生态环境，造成水质恶化的现象。水污染物包括一般污染物和有毒污染物两种：一般污染物是指能够造成水污染的物质；有毒污染物是指那些直接或者间接被生物摄入体内后，导致该生物或者其后代发病、行为反常、遗传异变、生理机能失常、机体变形或者死亡的污染物。

规范和调整我国水污染防治工作的法律主要是全国人民代表大会常务委员会于1984年制定，1996年、2008年和2017年修改的《水污染防治法》，以及其他相关法律、法规和规章。从内容上看，水污染防治法一方面在水污染防治领域体现和落实了环境法基本制度，另一方面针对水污染防治工作的特点和要求，规定了水污染防治特有的制度，二者共同构成水污染防治的制度体系。

（一）环境法基本制度在水污染防治领域的具体体现

环境法基本制度在水污染防治领域的具体应用和落实，主要表现为水污染防治的规划制度、标准制度、总量控制制度、监测制度、排污申报与排放许可制度、重点污染物排放控制制度等。

1. 水污染防治规划制度

县级以上人民政府应当将水环境保护工作纳入国民经济和社会发展规划。水污染防治应当按流域或者按区域进行统一规划。国家确定的重要江河、湖泊，其流域水污染防治规划，由国务院环境保护主管部门会同国务院经济综合宏观调控、水行政等部门、有关省级人民政府编制，报国务院批准。

经批准的水污染防治规划是防治水污染的基本依据，规划的修订须经原批准机关的批准。县级以上地方人民政府，应当根据依法批准的江河流域水污染防治规划，组织制定本行政区域的水污染防治规划。

2. 水环境标准制度

国务院环境保护部门制定国家水环境质量标准。省级人民政府可以对国家水环境质量标准中未规定的项目，制定地方补充标准，并报国务院环境保护部门备案。国务院环境保护部门会同国务院水利管理部门和有关省级人民政府，可以根据国家确定的重要江河流域水体的使用功能以及有关地区的经济、技术条件，确定该重要江河流域的省界水体适用的水环境质量标准，报国务院批准后施行。

3. 水环境监测制度

国家确定的重要江河流域的水资源保护工作机构，负责监测其所在流域的省界水体的水环境质量状况，并将监测结果及时报国务院环境保护部门和国务院水利管理部门；有经国务院批准成立的流域水资源保护领导机构的，应当将监测结果及时报告流域水资源保护领导机构。

4. 排污申报与缴纳环境保护税制度

直接或者间接向水体排放污染物的企业事业单位，应当按照国务院环境保护部门的规定，向所在地的环境保护部门申报登记拥有的污染物排放设施、处理设施和在正常作业条件下排放污染物的种类、数量和浓度，并提供防治水污染方面的有关技术资料。如有重大改变的，应当及时申报；其水污染物处理设施必须保持正常使用，拆除或者闲置水污染物处理设施的，必须事先报县级以上地方人民政府环境保护主管部门批准。

直接向水体排放污染物的企事业单位、个体工商户，应当按照2018年开始施行的《环境保护税法》规定的应税水污染物的种类、数量和标准，缴纳环境保护税。

5. 重点污染物排放总量控制制度

省、自治区、直辖市人民政府应当按照国务院的规定削减和控制本行政区域的重点水污染物排放总量，并将重点水污染物排放总量控制指标分解落实到市、县人民政府。市、县人民政府根据本行政区域重点水污染物排放总量控制指标的要求，将重点水污染物排放总量控制指标分解落实到排污单位。

国家对超过重点水污染物排放总量控制指标的地区实行限期治理，有关人民政府环境保护主管部门应当暂停审批新增重点水污染物排放总量的建设项目的环境影响评价文件。

省级人民政府可以根据本行政区域水环境质量状况和水污染防治工作的需要，确定本行政区域实施总量削减和控制的重点水污染物。对超过重点水污染物排放总量控制指标的地区,有关人民政府环境保护主管部门应当暂停审批新增重点水污染物排放总量的建设项目的环境影响评价文件。

6. 清洁生产和落后生产工艺、设备淘汰制度

这是从根源上治理和消除水污染的重要措施。国务院经济综合宏观调控部门会同国务院有关部门,公布限期禁止采用的严重污染水环境的工艺名录和限期禁止生产、销售、进口、使用的严重污染水环境的设备名录。

国家禁止新建不符合国家产业政策的小型造纸、制革、印染、染料、炼焦、炼硫、炼砷、炼汞、炼油、电镀、农药、石棉、水泥、玻璃、钢铁、火电以及其他严重污染水环境的生产项目,取缔不符合国家产业政策的小型造纸、制革、印染、染料、炼焦、炼硫、炼砷、炼油、电镀、农药等严重污染水环境的"十小"企业。

(二)水污染防治特别制度

针对水环境保护的具体要求和水污染防治工作的特殊性,水污染防治法对特殊水环境保护和特定领域水污染防治工作作出了特别规定,构成水污染防治特有的专门性制度体系。

1. 重要水体保护区制度

国家对某些重要水体划定保护区,实行特别保护措施。主要涉及两类水体保护区:(1)具有特殊经济文化价值的水体保护区,包括风景名胜区水体、重要渔业水体和其他具有特殊经济文化价值的水体。(2)饮用水水源保护区,它分为一级保护区和二级保护区。

在风景名胜区水体、重要渔业水体和其他具有特殊经济文化价值的水体保护区内,不得新建排污口。在保护区附近新建排污口,应当保证保护区水体不受污染。

国家将饮用水水源保护区分为一级和二级保护区;必要时,可以在饮用水水源保护区外围划定一定的区域作为准保护区。国务院和省、自治区、直辖市人民政府可以根据保护饮用水水源的实际需要,调整饮用水水源保护区的范围,确保饮用水安全。

禁止在饮用水水源一级保护区内新建、改建、扩建与供水设施和保护水源无关的建设项目;禁止在饮用水水源一级保护区内从事网箱养殖、旅游、游泳、垂钓或者其他可能污染饮用水水体的活动。在饮用水水源二级保护区内从事网箱养殖、旅游等活动的,应当按照规定采取措施,防止污染饮用水水体。禁止在饮用水水源准保护区内新建、扩建对水体污染严重的建设项目,改建建设项目不得增加排污量。

2. 城镇污水集中处理制度

县级以上地方人民政府应当通过财政预算和其他渠道筹集资金,统筹建设城镇污水集中处理设施及配套管网,提高城镇污水的收集率和处理率。城镇污水集中处理设施的运营单位按照国家规定向排污者提供污水处理的有偿服务,收取污水处理费用,保证污水集中处理设施的正常运行。向城镇污水集中处理设施排放污水、缴纳污水处理费用的,根据《环境保护税法》规定,不缴纳相应污染物的环境保护税。收取的污水处理费用应当用于城镇污水集中处理设施的建设和运行,不得挪作他用。

3. 地下水保护制度

禁止利用渗井、渗坑、裂隙和溶洞排放、倾倒含有毒污染物的废水、含病原体的污水和其他废弃物;禁止利用无防渗漏措施的沟渠、坑塘等输送或者存贮含有毒污染物的废水、含病原体的污水和其他废弃物。在开采多层地下水的时候,如果各含水层的水质差异大,应当分层开采;对已受污染的潜水和承压水,不得混合开采;兴建地下工程设施或者进行地下勘探、采矿等活动,应当采取防护性措施,防止地下水污染;人工回灌补给地下水,不得恶化地下水质;建设生活垃圾填埋场,应当采取防渗漏等措施,防止造成水污染。

四、固体废物污染环境防治法

固体废物,是指在生产建设、日常生活和其他活动中产生的污染环境的固态、半固态废弃物质。全国人民代表大会常务委员会于 1995 年制定,2004 年、2013 年、2015 年和 2016 年修改的《固体废物污染环境防治法》,是我国固体废物污染环境防治的主要法律。它规定,固体废物分为工业固体废物、生活垃圾、危险废物;国家对固体废物污染环境的防治,实行减少固体废物的产生、充分合理利用固体废物和无害化处置固体废物的原则,即减量化、资源化和无害化的"三化"原则;产品的生产者、销售者、进口者、使用者对其产生的固体废物依法承担污染防治的法律责任。

(一) 固体废物污染环境防治一般规定

国务院环境保护行政主管部门建立固体废物污染环境监测制度,制定统一的监测规范,并会同有关部门组建监测网络。

固体废物污染环境防治,遵守环境影响评价制度和"三同时"制度。产生固体废物的单位和个人,收集、贮存、运输、利用、处置固体废物的单位和个人,必须采取防扬散、防流失、防渗漏或者其他防止污染环境的措施。产品应当采用易回收利用、易处置或者在环境中易消纳的包装物。

转移固体废物出省、自治区、直辖市行政区域贮存、处置的,应当向固体废物移出地的省、自治区、直辖市人民政府环境保护行政主管部门提出申请,且应当商经接受地的省、自治区、直辖市人民政府环境保护行政主管部门同意后,方可批准转移。

禁止国境外的固体废物进境倾倒、堆放、处置。禁止进口列入禁止进口目录的固体废物。国务院环境保护主管部门会同国务院对外贸易主管部门、国务院经济综合宏观调控部门、海关总署、国务院质量监督检验检疫部门制定、调整并公布禁止进口、限制进口和非限制进口的固体废物目录。

(二) 危险废物污染环境防治的特别法律规定

危险废物,是指列入国家危险废物名录或者根据国家规定的危险废物鉴别标准和鉴别方法认定的具有危险特性的废物。

国务院环境保护行政主管部门应当会同国务院有关部门制定国家危险废物名录,规定统一的危险废物鉴别标准、鉴别方法和识别标志。

对危险废物的容器和包装物以及收集、贮存、运输、处置危险废物的设施、场所,必须设置危险废物识别标志。

城市人民政府应当组织建设对危险废物进行集中处置的设施。产生危险废物的单位,应当申报登记,并按照法律规定的方式处置,不得擅自倾倒、堆放。

从事收集、贮存、处置危险废物经营活动的单位,必须向县级以上政府环境保护行政主管部门申请领取经营许可证。禁止无经营许可证或者不按照经营许可证规定从事危险废物收集、贮存、处置的经营活动。禁止将危险废物提供或者委托给无经营许可证的单位从事收集、贮存、处置危险废物等经营活动。

转移危险废物的,必须按照国家有关规定填写危险废物转移联单,并向危险废物移出地设区的市级以上地方人民政府环境保护行政主管部门提出申请。移出地设区的市级以上地方人民政府环境保护行政主管部门应当商经接受地设区的市级以上地方人民政府环境保护行政主管部门同意后,方可批准转移该危险废物。

第三节 自然资源与生态保护法

为协调自然资源开发利用与保护的关系,平衡自然资源开发利用与保护过程中人与人之间的关系,我国按照自然资源所属的行业和部门划分,分别制定了《水法》《土地管理法》《水土保持法》《森林法》《草原法》《矿产资源法》《渔业法》等专门性法律,它们与有关自然资源保护、管理的行政法规和部门规章,共同构成自然资源与生态保护法。

一、自然资源与生态保护法的目的和任务

自然资源与生态保护法的目的是通过合理开发利用与保护自然资源,维持与保护自然资源生态基础的完整性,促进自然资源及生态系统对社会经济支撑的可持续性。

自然资源与生态保护法的任务有三项:

(1) 合理开发利用自然资源。通过科学的法律制度与规范设计,在不损害自然资源赋存自然条件的前提下,不断提高自然资源开发利用的效率与水平。同时,尽可能为子孙后代留下必要的份额,不至于剥夺子孙后代生存发展的机会与基础。

(2) 保护自然资源。保护自然资源既需要对人类开发利用自然资源的行为进行限制和约束,也需要充分运用自然规律,在自然资源的发展和演变过程中,发挥人的能动性,主动养护、修复、营造和发展自然资源,将人类对自然资源的开发利用,控制在自然的承载能力范围内。

(3) 保障资源安全。资源安全体现为自然资源对经济发展和人民生活的保障程度,是一个国家或地区可以持续、稳定、及时、足量地获取所需自然资源的状态。保障资源安全,既需要树立资源短缺意

自食其果 朱慧卿 作
图片来源:水母网,2014 年 4 月 18 日。http://www.shm.com.cn/jcld/html/2014-04。

识,综合运用市场的、价格的、税收的手段,引导消费模式,建立资源节约的激励机制,也需要发挥科技的作用,挖掘资源潜力,推动资源替代和废弃物资源化回收等工作。

二、自然资源与生态保护法的基本原则

自然资源与生态保护法的基本原则,是对自然资源和生态保护具有普遍指导意义和约束力,全面体现自然资源与生态保护法的本质与特征的根本性准则。自然资源与生态保护法基本原则的确立,能够整合各单项自然资源法中的资源保护内容,指引自然资源保护法律制度的正确实施。

根据资源立法的目的和任务,自然资源与生态保护法的基本原则包括如下内容:

(1) 保护第一原则。也称保护优先原则,是指在自然资源与生态保护法的制度设计和权利义务配置中,在处理自然资源开发、利用、保护、治理等环节之间关系时,应把保护自然资源置于优先考虑的位置,以维护国家的资源安全和经济社会的可持续发展。

(2) 自然资源价值、功能统一原则。自然资源在作为经济生产要素的同时,还具有维护生态系统功能的作用,所以,自然资源在价值形态上是经济价值和生态价值的统一体。在开发利用的时候,不能破坏资源的生态价值和功能。

(3) 合理开发利用原则。这一原则要求,在遵循自然资源持续利用和高效利用原则的前提下,因地制宜地采取与经济技术水平相适应的开发利用方式。

(4) 开源与节约并重原则。开源,就是增加、扩大资源的开发利用。节约,就是对自然资源节省使用和集约利用,以最少的资源投入取得最大的经济效果。

(5) 自然资源产权化与有偿使用原则。自然资源的产权化,是指根据不同种类自然资源的自然规律和经济规律的客观要求,通过对自然资源的不同使用所作的制度安排,实现包括自然人、法人、其他经济组织和特定条件下的国家等市场主体与各类自然资源之间的联结关系确定化、结构化和合理化。自然资源的有偿使用,是以支付价格、税金、租金、使用费等为前提,获取自然资源使用权的利用方式。

以案释法

"掏鸟获刑"是以案释法的生动教材[①]

河南省新乡市中级人民法院驳回了闫某犯非法捕猎珍贵、濒危野生动物罪、非法收购珍贵、濒危野生动物罪一案的再审申诉。新乡市中级人民法院驳回的理由为:"原判认定事实清楚,证据确实充分,定罪准确,量刑适当,审判程序合法。申诉人对该案申诉理由不能成立,不符合再审条件,予以驳回。"

90后在校大学生、16只鸟、判刑十年半……几个特别显眼的数字,极易引发网友的同情和不平,让此起简单的案件变得不简单,一些人觉得判刑过重。

然而,撇开大学生的身份标签,小闫终究是一个具备完全民事行为能力的成年人,理

---

① 资料来源:网易新闻,2016年5月2日。http://news.163.com/16/0502/09/BM25KVKM00014AED.html, 2017年7月1日访问。

应为自己的行为负责。此案引发强烈关注,司法机关从小闫聊天记录、手机信息,以及其他手机中的信息照片得出,他已经明知这些隼属于国家保护动物,却还进行出售。检察机关有充分的证据足够证实,这个被告人主观上具有明知的故意,因此足以认定行为人具备了猎捕珍贵、濒危野生动物的犯罪故意,只是他没有想到后果这么严重。有些媒体最初在报道此案时没有交代清楚,小闫不是闲得没事好玩,也不是不知道,而是真正实施了非法捕猎、杀害、运输、出售珍贵、濒危野生动物的行为,并以此获利。根据相关法律,判刑10年是最低处罚,该案事实清楚,定罪准确,量刑适当,审判程序合法。

一些人之所以忿忿不平,拿一些强奸案、贪污案来作比较,觉得判刑过重,其实是瞄错了的靶子。珍稀、濒危动物是不可替代的自然资源,在维护生态平衡、促进经济发展、推动文明进程中起着不可低估的作用,世界各国都为此制定了严格的法律。为强有力地保护动物多样性,我国也相继颁布了许多法律法规,因为伤害珍贵、濒危动物的危害影响深远,只是人们没有深刻意识到这一点罢了。一些人无视法规、利欲熏心,滥捕滥杀、大肆买卖、食用濒危动物,不利于环境保护,更降低了法律的威慑力,有必要对此类违法行为依法惩处,狠刹伤害濒危动物、破坏环境保护的歪风。

大学生掏鸟获刑,固然令人惋惜,但要厘清情与法的分界点。法律面前人人平等,不能对权贵高看一眼,也不因"少不更事"而网开一面,此乃公平公正的要义。以事实为依据,以法律为准绳,是依法治国的基本法则,也应该成为公众的法律信仰。一方面,司法部门要依法判案,公正公平,不枉不纵,以案释法,弘扬社会主义法治精神;另一方面,民众也要加强法制学习,提高法律水平,学习用法律思维来处理问题,明辨是非,莫被似是而非的"大小利弊"模糊了看待法律看待世界的眼睛,更不要让愚昧和利欲牵着鼻子走,陷进犯罪的泥潭。

(斯涵涵)

三、自然资源与生态保护基本法律制度

自然资源与生态保护基本法律制度,是根据自然资源与生态保护法的基本原则,由调整特定资源开发利用和生态保护社会关系的法律规范形成的相对完整的实施规则体系。

(一) 自然资源调查和档案制度

自然资源调查是指,"按特定目的查明某一地区资源的数量、质量、分布和开发条件,提供资源清单、图件和评价报告,为资源的开发和生产布局提供第一手资料的野外和室内工作的总称"。[①]

自然资源档案是对自然资源调查所获取的资料、成果按一定的方式进行汇集、整理、立卷归档并集中保管的各种文件材料的总称。自然资源档案制度,是指通过立法的形式对自然资源档案的种类、级别、适用对象、内容、范围、资料更新、查阅和借阅方法、保存与

---

① 《中国资源科学百科全书》,石油大学出版社、中国大百科全书出版社2000年版,第14页。

管理、保管技术与设施等内容做出规定的相关法律规范的总称。它是与自然资源调查制度紧密联系的一项制度,也是其他自然资源法律制度得以有效实施的基础和保障。

(二) 自然资源登记制度

自然资源登记制度,是指由法律确认的自然资源的所有人、使用人占有、利用自然资源时必须进行相关登记的法律制度,其目的是了解本国资源的数量、质量和分布状况,加强自然资源管理,保护所有人和使用人的各种权益。

自然资源登记制度是建立以产权制度和用途管制制度为核心的自然资源监管体制的基础,是落实生态保护红线制度、主体功能区制度、自然资源有偿使用制度、生态补偿制度和改革生态环境保护管理体制的前提。自然资源登记制度发展完善的目标是"四统一",即统一登记机构、统一登记依据、统一登记簿证、统一登记信息平台。

(三) 自然资源开发利用制度

自然资源开发利用制度,是指通过自然资源立法的形式,对自然资源开发利用的主体条件、适用对象和种类、途径和方式、范围和程度、技术要求等作出规定的相关法律规范的总称。

自然资源开发利用制度不是一项孤立的、中性的制度,它受到国家的经济社会发展水平、科学技术水平、自然资源和自然条件等多种复杂因素的影响。在不同的国情条件和时空条件下,自然资源开发利用制度会有不同的制度内容和运行机制,也将产生不同的实施效果。

(四) 自然资源产权制度

自然资源产权制度是连结社会关系主体与自然资源的桥梁和纽带,是对自然资源的归属和收益进行调节的制度规范,构成了自然资源市场化配置的基础和核心,也是规划制度和用途管制制度实施的基础。

产权制度包括所有权制度、使用权制度和自然资源专项权(如采伐权、捕捞权、采矿权)制度等。产权制度必须建立在尊重自然资源基本规律的基础上,如对非生物性可再生资源(如水、土地),产权的界定应从社会整体利益出发去配置其所有权;对生物性可再生资源,产权制度应促进对资源的充分高效利用,防止资源的滥用与浪费;对不可再生资源,产权设定应突出保护,减少浪费,并防治开发利用中的环境风险。

(五) 自然资源流转制度

自然资源产权配置的优化和自然资源的高效利用,不仅需要明晰的产权为前提,还需要高效、有序的自然资源流转为保障。自然资源流转制度是从动态角度调整和规范自然资源所有权人与使用权人之间的关系,促进自然资源及其权属有效流转和自然资源价值有效实现的制度的总称,具体包括:

(1) 自然资源交易制度。这一制度的建立和实施,必须冲破现行资源法律的规定,引入民法中的契约理论、代理制度等,根据我国自然资源的产权结构,针对自然资源产权的初级和二级市场,创建包括买卖、承包、租赁、招标、拍卖、股份合作等在内的多种产权交易形式,为自然资源产权主体之间设定可供选择的行为模式。

(2) 自然资源有偿使用制度。它是指国家采取强制手段使开发利用自然资源的单位或个人支付一定费用的一整套管理措施。一般而言,市场经济比较发达的国家和地区通常采用的是税收的方式,而发展中国家和经济体制向市场化转型的国家大多采取规费的办法或规费与税收相结合的办法。

(3)自然资源价格制度。它是在自然资源有偿使用原则的基础上,为形成有利于自然资源保护和反映自然资源稀缺程度、开发成本的价格机制,针对自然资源及其产品的定价和权益流转所进行的法律规定。其目的是建立市场主导的自然资源价格形成机制,让市场在资源配置中发挥决定性作用,在提高自然资源利用效率的同时,不断提升自然资源保护和合理利用的水平。

(六) 自然资源监管调控制度

为克服自然资源开发利用和管理中市场机制的局限性,国家采取必要措施对自然资源的市场化配置进行适度干预,以促进自然资源的可持续利用。这些措施包括:

(1)自然资源许可制度。它是行政许可制度在自然资源保护管理领域的特殊运用,是指在从事开发利用自然资源的活动之前,有关主体必须向有关管理机关提出申请,经审查批准,发给许可证后,方可进行该项活动的一系列管理措施的总称。

(2)自然资源核算制度。自然资源核算是指对于一定空间和时间内的某类或若干类自然资源,在对其真实统计和合理评估的基础上,从实物和价值两方面,运用核算账户和比较分析,来反映其总量和结构以及供需平衡状况的经济活动。自然资源核算制度与自然资源普查制度的重要区别在于,它并不局限于对自然资源的分布情况及数量进行简单的调查与统计,而是要从实物、价值及存量和流量等诸多方面对自然资源状况进行全面分析、评价与核算,并将其纳入国民经济核算体系。其目的在于通过多角度考察自然资源,为综合利用自然资源、平衡自然资源利益关系提供翔实的依据,以弥补现行国民经济核算体系的缺陷,适应经济社会健康持续发展的要求。

(3)自然资源税费制度。自然资源税费是自然资源税和自然资源费的合称,表现为国家按照一定的数量和比例向开发利用自然资源的组织和个人收取的实物或货币财富。自然资源税是对从事所列举的应税资源开发利用的单位和个人,就其所开发利用的自然资源数量或价值征收的税种,属于财产税性质。环境法意义上的资源税,应体现"国有资源有偿开采"的原则,以反映资源赋存差异、促进资源合理高效利用、保护资源赋存环境基础为目的。自然资源费是由各种自然资源法律创制的关于自然资源开发、利用、保护和管理的各种收费。市场经济下,自然资源费的种类、依据、征收机关、交费主体、费用用途和管理等,都需要由国家通过法律的形式加以选择和确立,大致上可以划分为开发使用费、补偿费、保护管理费、惩罚性收费。

四、土地资源保护法

土地资源,是指在当前和可预见的未来对人类有用的土地。我国关于土地资源保护的法律主要有全国人民代表大会常务委员会于1986年制定,1988年、1998年和2004年修改的《土地管理法》;于2001年制定的《防沙治沙法》;于2002年制定的《农村土地承包法》等。国务院于1998年制定、2011年和2014年修改的《土地管理法实施条例》,于1998

年制定、2011年修改的《基本农田保护条例》,于2011年制定的《土地复垦条例》,于2008年制定的《土地调查条例》等,也是土地资源法的有机组成部分。

国务院土地行政主管部门统一负责全国土地的管理和监督工作;县级以上地方人民政府直接领导和监督所属土地管理部门的土地管理工作。

城市市区的土地属于国家所有。农村和城市郊区的土地,除由法律规定属于国家所有的以外,属于农民集体所有。国有土地可以由单位或者个人承包经营,农民集体所有的土地可以由本集体经济组织的成员和本集体经济组织以外的单位和个人承包经营,从事种植业、林业、畜牧业、渔业生产。

国家建立土地调查统计制度。土地调查分为土地普查、土地重点调查、土地抽样调查、土地典型调查。土地统计是以数据和图形等形式,对土地的数量、质量、分布、权界、利用状况及动态变化等进行的调查、整理、分析和预测的全过程,分为土地数量统计和土地质量统计。

国家通过土地利用总体规划,将土地分为农用地、建设用地和未利用地3类。农用地是直接用于农业生产的土地,包括耕地、林地、草地、农田水利用地、养殖水面等。建设用地是建造建筑物、构筑物的土地,包括城乡住宅和公共设施用地、工矿用地、交通水利设施用地、旅游用地、军事设施用地等。未利用地是农用地和建设用地以外的土地。国家对不同种类的用地实行分类管理。严格限制农用地转为建设用地,控制建设用地总量,对耕地实行特殊保护。使用土地的单位和个人必须严格按照土地利用总体规划确定的用途使用土地。

为了防止非农业建设导致耕地减少,国家实行占用耕地补偿制度。省级人民政府应当严格执行土地利用总体规划和土地利用年度计划,采取措施,确保本行政区域内耕地总量不减少;耕地总量减少的,由国务院责令在规定期限内组织开垦与所减少耕地的数量与质量相当的耕地,并由国务院土地主管部门会同农业主管部门验收。国务院有关主管部门和县级以上地方人民政府批准确定的粮、棉、油和名、优、特、新农产品生产基地,高产、稳产田和有良好的水利与水土保持设施的耕地,经过治理、改造和正在实施改造计划的中低产田,蔬菜生产基地,农业科研、教学试验田,以及国务院规定应当划入基本农田保护区的其他耕地,应当划入基本农田保护区。各省、自治区、直辖市划定的基本农田应当占本行政区域内耕地的80%以上。基本农田保护区一经划定,任何单位和个人不得擅自改变或者占用。

五、水资源保护法

水资源,是指在一定经济条件下可以被人类利用并能逐年恢复的淡水的总称。全国人民代表大会常务委员会于1988年制定,2002年、2009年和2016年修改的《水法》,是我国水资源保护的主要法律。国务院于1988年制定,2011年、2017年和2018年修改的《河道管理条例》,于1994年制定的《城市供水条例》,于1988年制定的《城市节约用水管理规定》,于2006年制定的《取水许可和水资源费征收管理条例》,原国家环境保护局等部门于1989年制定、原环境保护部于2010年修改的《饮用水水源保护区污染防治管理规定》等,也是水资源保护法的重要组成部分。

《水法》确立了水资源保护的基本原则,主要包括:水资源国家所有原则,全面规划、综合利用、多效益兼顾原则,节约用水原则,居民生活用水优先原则。

《水法》确立了流域管理与行政区域管理相结合的管理体制。国务院水行政主管部门负责全国水资源的统一管理和监督工作;国务院水行政主管部门在国家确定的重要江河、湖泊设立的流域管理机构,在所管辖的范围内行使法律、行政法规规定的和国务院水行政主管部门授予的水资源管理和监督职责;县级以上地方人民政府水行政主管部门根据规定的权限,负责本行政区域内水资源的统一管理和监督工作。

水资源规划分为流域规划与区域规划。流域规划又分为流域综合规划和流域专业规划;区域规划也分为区域综合规划和区域专业规划。国家确定的重要江河、湖泊的流域综合规划,由国务院水行政主管部门会同国务院有关部门和有关省级人民政府编制,报国务院批准;跨省、自治区、直辖市的其他江河、湖泊的流域综合规划和区域综合规划,由有关流域管理机构会同江河、湖泊所在地的省级人民政府水行政主管部门和有关部门编制。

省级人民政府有关行业主管部门制订本行政区域内行业用水定额,报同级水行政主管部门和质量监督检验行政主管部门审核同意后,由省级人民政府公布,并报国务院水行政主管部门和国务院质量监督检验行政主管部门备案。县级以上地方人民政府发展计划主管部门会同同级水行政主管部门,根据用水定额、经济技术条件以及水量分配方案确定的可供本行政区域使用的水量,制定年度用水计划,对本行政区域内的年度用水实行总量控制。

国务院水行政主管部门会同国务院环境保护主管部门、有关部门和有关省级人民政府,按照流域综合规划、水资源保护规划和经济社会发展要求,拟定国家确定的重要江河、湖泊的水功能区划;跨省、自治区、直辖市的其他江河、湖泊的水功能区划,由有关流域管理机构会同江河、湖泊所在地的省级人民政府水行政主管部门、环境保护主管部门和其他有关部门拟定。

省级人民政府划定饮用水水源保护区,并采取措施,防止水源枯竭和水体污染,保证城乡居民饮用水安全,同时规定禁止在饮用水水源保护区内设置排污口。

开采地下水必须在水资源调查评价的基础上,实行统一规划,加强监督管理。在地下水已经超采的地区,实行地下水开采禁限制度。在地下水超采地区,县级以上地方人民政府应当采取措施,严格控制开采地下水。

【随堂测试】 我国《水法》确立的水资源保护的基本原则有( )。(多选题)

A. 全面规划、综合利用、多效益兼顾原则

B. 居民生活用水优先原则

C. 水资源国家所有原则

D. 节约用水原则

解析:水资源对人类的生存发展具有非常重要的意义,居民生活和工农业生产都离不开水资源,江河湖泊中的水资源还具有航运、渔业养殖、净化环境、分解污染物等多种

用途。为保护水资源,在保障居民基本生活用水的前提下,兼顾对资源的多种用途协同保护,节约宝贵的水资源,我国《水法》确立了水资源国家所有原则,全面规划、综合利用、多效益兼顾原则,节约用水原则,居民生活用水优先原则。所以,本题正确选项为 A、B、C、D。

六、自然保护区法

自然保护区有广义和狭义之分。狭义的自然保护区,是指以保护特定生态系统或为科学研究之目的而划定的特定区域;广义的自然保护区,还包括风景名胜区、国家公园、自然遗迹地等保护区。我国调整自然保护区的法律主要是国务院于 1994 年制定,2011 年和 2017 年修改的《自然保护区条例》,它在第 2 条规定:"本条例所称自然保护区,是指对有代表性的自然生态系统、珍稀濒危野生动植物物种的天然集中分布区、有特殊意义的自然遗迹等保护对象所在的陆地、陆地水体或者海域,依法划出一定面积予以特殊保护和管理的区域。"我国自然保护区可以分为 3 类,即生态系统类、野生生物类、自然遗迹类。

根据中共中央、国务院于 2015 年发布的《生态文明体制改革总体方案》,国家将通过建立国家公园体制,整合现有的分头设置自然保护区、风景名胜区、文化自然遗产、地质公园、森林公园等的体制,实现功能重组,实施最严格保护,除不损害生态系统的原住民生活生产设施改造和自然观光科研教育旅游外,禁止其他开发建设。

具备下列条件之一的,应当建立自然保护区:(1)典型的自然地理区域、有代表性的自然生态系统区域以及已经遭受破坏但经保护能够恢复的同类自然生态系统区域;(2)珍稀、濒危野生动植物物种的天然集中分布区域;(3)具有特殊保护价值的海域、海岸、岛屿、湿地、内陆水域、森林、草原和荒漠;(4)具有重大科学文化价值的地质构造、著名溶洞、化石分布区、冰川、火山、温泉等自然遗迹;(5)经国务院或者省、自治区、直辖市人民政府批准,需要予以特殊保护的其他自然区域。

自然保护区分为国家级自然保护区和地方级自然保护区。在国内外有典型意义、在科学上有重大国际影响或者有特殊科学研究价值的自然保护区,应列为国家级自然保护区;国家级自然保护区以外的其他具有典型意义或者重要科学研究价值的自然保护区列为地方级自然保护区。

自然保护区按其功能可以分为核心区、缓冲区和实验区。自然保护区内保存完好的天然状态的生态系统以及珍稀、濒危动植物的集中分布地,应当划为核心区,禁止任何单位和个人进入,且除法律有特别规定外,也不允许进入从事科学研究活动。核心区外围可以划定一定面积的缓冲区,只准进入从事科学研究观测活动。缓冲区外围划为实验区,可以进入从事科学试验、教学实习、参观考察、旅游以及驯化、繁殖珍稀、濒危野生动植物等活动。原批准建立自然保护区的人民政府认为必要时,可以在自然保护区的外围划定一定面积的外围保护地带。

在自然保护区内的单位、居民和经批准进入自然保护区的人员,必须遵守自然保护区的各项管理制度,接受自然保护区管理机构的管理。禁止在自然保护区内进行砍伐、放牧、狩猎、捕捞、采药、开垦、烧荒、开矿、采石、挖沙等活动。

禁止任何人进入自然保护区的核心区。因科学研究需要,必须进入核心区从事科学研究观测、调查活动的,应当事先向自然保护区管理机构提交申请和活动计划,并经省级以上人民政府有关自然保护区行政主管部门批准;其中,进入国家级自然保护区核心区的,必须经国务院有关自然保护区行政主管部门批准。

禁止在自然保护区的缓冲区开展旅游和生产经营活动。因教学科研的目的,需要进入自然保护区的缓冲区从事非破坏性的科学研究、教学实习和标本采集活动的,应当事先向自然保护区管理机构提交申请和活动计划,经自然保护区管理机构批准。

在国家级自然保护区的实验区开展参观、旅游活动的,由自然保护区管理机构提出方案,经省、自治区、直辖市人民政府有关自然保护区行政主管部门审核后,报国务院有关自然保护区行政主管部门批准;在地方级自然保护区的实验区开展参观、旅游活动的,由自然保护区管理机构提出方案,经省、自治区、直辖市人民政府有关自然保护区行政主管部门批准。在自然保护区组织参观、旅游活动的,必须按照批准的方案进行,并加强管理。

在自然保护区的核心区和缓冲区内,不得建设任何生产设施。在自然保护区的实验区内,不得建设污染环境、破坏资源或者景观的生产设施;建设其他项目,其污染物排放不得超过国家和地方规定的污染物排放标准。

第十一章 诉讼与非诉讼程序法

"一个国家实行什么样的司法制度,归根到底是由这个国家的国情决定的。评价一个国家的司法制度,关键看是否符合国情、能否解决本国实际问题。实践证明,我国司法制度总体上是适应我国国情和发展要求的,必须增强对中国特色社会主义司法制度的自信,增强政治定力。同时,我国司法制度也需要在改革中不断发展和完善。"

习近平:《在中央政法工作会议上的讲话》(2014 年 1 月 7 日)

【学习指导】 重点掌握我国诉讼和非诉讼程序的基本类型;能运用民事诉讼法、刑事诉讼法的主要内容分析实际案例;了解仲裁的主要范围以及仲裁程序,了解我国人民调解的现状和相关法律规定。

诉讼是指国家司法机关在当事人及其他诉讼参与人的参加下,依照法定程序解决纠纷、处理案件的专门活动。根据所要解决纠纷性质的不同,可以把诉讼分为刑事诉讼、民事诉讼和行政诉讼。诉讼法属于程序法,和实体法比较而言,它们并不直接调整当事人的权利义务关系,但是依据实体法解决当事人之间的争议或处理被告人的犯罪和刑事责任问题,必须按照法定的程序进行。仲裁法、人民调解法属于非诉讼程序法,它们在解决纠纷方面也发挥着重要作用。

第一节 民事诉讼法

民事纠纷是指平等主体之间因财产关系、人身关系所涉及的民事权益而发生的争议。解决民事纠纷的主要制度有和解、诉讼外调解、仲裁和民事诉讼。民事诉讼,是指人民法院在诉讼参与人的参加下,按照法律规定的程序,审理和解决民事案件的诉讼活动以及在活动中产生的各种法律关系的总和。全国人民代表大会于 1991 年制定,2007 年和 2012 年修改,全国人民代表大会常务委员会于 2017 年修改的《民事诉讼法》,是调整我国民事诉讼活动的基本法。

一、民事诉讼管辖

民事诉讼中的管辖,是指各级人民法院之间和同级人民法院之间受理第一审民事案件的分工和权限。它是在人民法院内部确定某一具体民事案件由哪个人民法院行使民事审判权的一项制度。

(一)级别管辖

级别管辖,是指按照一定的标准,划分上下级人民法院之间受理第一审民事案件的分工和权限。民事诉讼法是根据案件的性质、繁简程度和案件影响的大小来确定级别管辖的,把性质重大、案情复杂、影响范围大的案件确定给级别高的人民法院管辖。

除法律另有规定外,基层人民法院管辖第一审民事案件。中级人民法院管辖重大涉外案件、在本辖区有重大影响的案件和最高人民法院确定由中级人民法院管辖的案件。高级人民法院管辖在本辖区有重大影响的第一审民事案件。最高人民法院管辖在全国有重大影响的案件和认为应当由它审理的案件。

(二)地域管辖

民事诉讼的地域管辖分为一般地域管辖和特殊地域管辖。

一般地域管辖,是指按照各人民法院的辖区和民事案件的隶属关系来划分的诉讼管辖,其作用在于确定同级人民法院在各自辖区内受理第一审民事案件的分工和权限。当事人有原告和被告之分,一般地域管辖的做法是实行"原告就被告"的原则,即以被告所在地作为确定人民法院管辖的标准。

特殊地域管辖,是指以被告住所地、诉讼标的所在地、法律事实所在地为标准确定的管辖,包括专属管辖、共同管辖、选择管辖和协议管辖。

专属管辖,是指法律规定某些特殊类型的案件专门由特定的人民法院管辖。《民事诉讼法》规定的专属管辖的诉讼有以下3类:(1)不动产诉讼专属不动产所在地人民法院管辖。(2)港口作业引起的诉讼专属港口所在地人民法院管辖。(3)继承遗产的诉讼专属于被继承人死亡时住所地或主要遗产所在地人民法院管辖。

共同管辖与选择管辖实际上是一个问题的两个方面。共同管辖是从人民法院角度而言的,指法律规定两个以上的人民法院对某类诉讼都有管辖权;选择管辖则是从当事人角度而言的,指当两个以上的人民法院对诉讼都有管辖权时,当事人可以选择其中一个人民法院提起诉讼。

协议管辖,又称合意管辖或约定管辖,是指双方当事人在民事纠纷发生之前或之后,以书面方式约定特定案件的管辖法院。书面协议,包括书面合同中的协议管辖条款或者诉讼前以书面形式达成的选择管辖协议。

(三)裁定管辖

裁定管辖是法定管辖的必要补充,是人民法院以裁定的方式确定诉讼的管辖。《民事诉讼法》规定的裁定管辖有三种,即移送管辖、指定管辖和管辖权转移。

移送管辖,是指人民法院受理案件以后发现本院没有管辖权,将案件移送给有管辖权的人民法院的活动。

指定管辖,是指当符合法定情形时,上级人民法院对下级人民法院有管辖权的案件通过裁定,重新指定管辖法院的情况,比如有管辖权的人民法院所在地区发生了自然灾害,或者该人民法院的所有法官被当事人申请回避。

管辖权的转移,是指上级人民法院有权审理下级人民法院管辖的第一审民事案件;确有必要将本院管辖的第一审民事案件交下级人民法院审理的,应当报请其上级人民法院批准。下级人民法院对它所管辖的第一审民事案件,认为需要由上级人民法院审理的,可以报请上级人民法院审理。

二、民事诉讼参加人

民事诉讼参加人包括当事人和其他诉讼参与人。当事人有狭义和广义之分。狭义上的当事人，仅指原告和被告。广义上的当事人，除原告和被告以外，还包括共同诉讼人、诉讼中的第三人、诉讼代表人。其他诉讼参与人包括诉讼代理人、证人、鉴定人等。

原告和被告是民事诉讼中最基本的当事人。原告，是指为维护自己或自己所管理的他人的民事权益，而以自己的名义向人民法院起诉，从而引起民事诉讼程序发生的人。被告，是指被原告诉称侵犯原告民事权益或与原告发生民事争议，而由人民法院通知应诉的人。

共同诉讼，是指当事人一方或双方为两人以上的诉讼。在通常情况下，民事诉讼的原告一方或被告一方都只有一人。但在某些纠纷中，当事人一方或双方为两人以上，或者诉讼中的原告或被告一方或双方为多数，他们就成为共同诉讼人。共同诉讼的意义在于简化诉讼程序，提高诉讼效率，避免人民法院在同一事件处理上作出矛盾的判决。

第三人，是指对原告和被告所争议的诉讼标的有独立的请求权，或者虽然没有独立的请求权，但与案件的处理结果有法律上的利害关系，而参加到正在进行的诉讼中去的人。根据第三人参加诉讼的根据不同，可以将第三人分为有独立请求权的第三人和无独立请求权的第三人。前者对原告和被告所争议的诉讼标的有独立的请求权，后者仅与他人案件的处理结果有法律上的利害关系。

诉讼代表人，是指由人数众多的一方当事人从本方当事人中推选出来，代表他们的利益实施诉讼行为的人。

诉讼代理人，是指根据法律规定或当事人的委托，代理当事人进行民事诉讼活动的人。根据代理权的产生根据不同，诉讼代理人又分为法定代理人和委托代理人。法定诉讼代理人，是指根据法律规定，代理无诉讼行为能力的当事人进行民事诉讼活动的人。法定诉讼代理人的被代理人，只限于无民事行为能力的人或限制民事行为能力的人。委托诉讼代理人，是指根据当事人、法定代表人或法定代理人的委托，代为进行诉讼活动的人。委托诉讼代理人只能在被代理人授权的范围内实施诉讼行为。

三、民事诉讼证据

民事诉讼证据，是指在民事诉讼中能够证明案件真实情况的各种资料。民事诉讼证据具有客观性、关联性、合法性的特征。

（一）民事诉讼证据的种类

证据的种类，是指法律根据证据的外在表现形式和对待证事实的证明作用而对证据所划分的类别。

民事诉讼法规定的证据包括书证、物证、视听资料、电子数据、证人证言、当事人陈述、鉴定意见和勘验笔录。

书证，是指以文字、符号、图案等表示的内容来证明案件待证事实的书面材料。

物证，是指以其存在的外形、特征、质量、性能等来证明案件待证事实的物品。

视听资料,是指以声音、图像及其他视听信息来证明案件待证事实的录像资料、录音资料等信息材料。

电子数据,是指通过电子邮件、电子数据交换、网上聊天记录、博客、微博客、手机短信、电子签名、域名等形成或者存储在电子介质中的信息。

证人证言,是指当事人之外了解案件有关情况的人就自己知道的案件事实向人民法院所作的陈述。

当事人陈述,是指当事人就案件事实向人民法院所作的陈述。

鉴定意见,是指鉴定人运用自己的专业知识对案件中的有关专门性问题进行鉴别、分析所作出的结论。

勘验笔录,是指勘验人员对被勘验的现场或物品所作的客观记录。

(二)证据保全

证据保全,是指在证据有可能毁损、灭失,或以后难以取得的情况下,人民法院采取措施对证据进行保护,以保证其证明力的一项措施。有关证据被采取保全措施后,其法律后果为,就该证据能予以证明的争议法律关系中的相关事实,可以免除有关当事人提供证据的责任。如,作为民事案件的证人即将出国无法参加案件庭审,无法在法庭审判中当庭作证,可以通过书写书面证言、录制音频、视频等方式将证人证言予以保全,在法庭质证阶段使用。

(三)证明对象

证明对象,又称待证事实,是指需要证明主体运用证据来予以证明的与案件有关的事实,即需要双方当事人提供证据证明其真实性的相关事实。证明对象的范围,即哪些事实属于证明对象。根据最高人民法院关于适用民事诉讼法的解释,下列事实当事人无需举证,即这些事实属于免于证明的事实:(1)自然规律以及定理、定律。如太阳从东方升起。(2)众所周知的事实。如每周有 7 天。(3)根据法律规定推定的事实。(4)根据已知的事实和日常生活经验法则推定出的另一事实。(5)已为人民法院发生法律效力的裁判所确认的事实。(6)已为仲裁机构的生效裁决所证明的事实。(7)已为有效公证书所证明的事实。

(四)证明责任

证明责任,是指当事人对自己提出的事实主张,有提出证据并加以证明的责任,如果当事人未能尽到上述责任,则可能承担对其主张不利的法律后果。具体某一事实应由谁举证,就是证明责任的分配所要解决的问题。《民事诉讼法》第 64 条规定:"当事人对自己提出的主张,有责任提供证据",学者们将其归纳为"谁主张,谁举证"原则。依此原则,无论是原告人、被告人、共同诉讼人、诉讼代表人,还是诉讼中的第三人,都有责任对自己的主张提供证据并加以证明。

在某些特殊情形下,由于案件事实的特殊性,法律在确定证明责任时,免除了由原告人对主张的事实首先进行证明的责任,而确定由被告人承担证明责任,这是证明责任的特殊分配。有关法律对侵权诉讼的举证责任有特殊规定的,从其规定。

【随堂测试】 哥哥王文诉弟弟王武遗产继承一案,王文向人民法院提交了一份其父生前关于遗产分配方案的遗嘱复印件,遗嘱中有"本遗嘱的原件由王武负责保管"字样,并有王武的签名。王文在举证责任期间书面申请人民法院责令王武提交遗嘱原件,人民法院通知王武提交,但王武无正当理由拒绝提交。在此情况下,依据相关规定,下列哪些行为是合法的?(　　)(多选题)

A. 王文可只向人民法院提交遗嘱的复印件
B. 人民法院可依法对王武进行拘留
C. 人民法院可认定王文所主张的该遗嘱能证明的事实为真实
D. 人民法院可根据王武的行为而判决支持王文的各项诉讼请求

解析:《民事诉讼法》第70条第1款规定,书证应当提交原件。物证应当提交原物。提交原件或者原物确有困难的,可以提交复制品、照片、副本、节录本。根据最高人民法院关于适用民事诉讼法的解释,原件在对方当事人控制之下,经合法通知提交而拒不提交的,属于《民事诉讼法》第70条规定的提交书证原件确有困难的情形。据此可知,王文可只向法院提交遗嘱的复印件。该司法解释还规定,书证在对方当事人控制之下的,承担举证责任的当事人可以在举证期限届满前书面申请人民法院责令对方当事人提交。申请理由成立的,人民法院应当责令对方当事人提交,因提交书证所产生的费用,由申请人负担。对方当事人无正当理由拒不提交的,人民法院可以认定申请人所主张的书证内容为真实。故本题的正确选项为A、C。

四、人民法院调解

人民法院调解,又称诉讼中调解,是指民事诉讼中双方当事人在人民法院审判人员的主持和协调下,就案件争议的问题进行协商,从而解决纠纷所进行的活动。

《民事诉讼法》第93条规定,人民法院审理民事案件,根据当事人自愿的原则,在事实清楚的基础上,分清是非,进行调解。第96条规定,调解达成协议,必须双方自愿,不得强迫。调解协议的内容不得违反法律规定。

人民法院的调解在审判人员的主持下进行。人民法院进行调解,可以用简便方式通知当事人、证人到庭。人民法院进行调解,可以邀请有关单位和个人协助。被邀请的单位和个人,应当协助人民法院进行调解。这里所说的有关单位和个人,主要是指当事人所在的单位或对案件事实有所了解的单位以及当事人的亲友,由他们来协助调解有利于缓解诉讼的紧张气氛、解除当事人思想上的一些疑虑,促成调解协议的形成。

调解书是由人民法院制作的、以调解协议为主要内容的法律文书。《民事诉讼法》第97条规定,调解达成协议,人民法院应当制作调解书。调解书应当写明诉讼请求、案件的事实和调解结果。调解书由审判人员、书记员署名,加盖人民法院印章,送达双方当事人。调解书经双方当事人签收后,即具有法律效力。调解协议或调解书生效后,与生效判决具有同等的法律效力。

【随堂测试】 民事调解书生效的时间是(　　)。(单选题)

A. 调解书制作出来后　　　　　B. 人民法院在调解书上盖章后

C. 一方当事人签收后　　　　D. 双方当事人签收后

解析：民事调解书经双方当事人签收后即具有法律效力。故本题的正确选项为 D。

五、民事审判程序

我国的民事诉讼审判程序包括第一审程序、第二审程序、审判监督程序、特别程序、督促程序、公示催告程序。

（一）第一审程序

第一审程序是各级人民法院审理第一审民事案件的诉讼程序，分为普通程序和简易程序。

1. 普通程序

普通程序，是指人民法院审判第一审民事案件通常所适用的程序。普通程序是我国民事诉讼法规定的审判程序中最为重要、最为基础的程序。

原告的起诉行为并不必然引起诉讼程序的开始，起诉还必须经过人民法院审查并立案登记以后，诉讼程序才真正发生。因此，一审普通程序的启动，必须以当事人的起诉行为与人民法院的立案登记行为的结合为要件。

《民事诉讼法》第 122 条规定："当事人起诉到人民法院的民事纠纷，适宜调解的，先行调解，但当事人拒绝调解的除外。"先行调解属于立案调解，这对及时解决民事纠纷具有积极的意义。

审理前的准备是适用普通程序审理民事案件的法定程序。人民法院在受理案件后，应当向原告、被告送达案件受理通知书、应诉通知书。人民法院应当在立案之日起 5 日内将起诉状副本发送被告。被告收到起诉状副本后，应当在 15 日内进行答辩。被告答辩的，人民法院在收到被告答辩状后，应当在 5 日内将答辩状副本发送原告。被告在法定期间不提交答辩状的，不影响人民法院对案件的审理。普通程序的审判组织必须采用合议制，为保障当事人申请回避权的充分行使，审理案件的合议庭组成后，人民法院应当在 3 日内把合议庭的组成人员告知当事人。

开庭审理，是人民法院在当事人和其他诉讼参与人的参加下，依照法定程序和方式，全面审查证据，认定案件事实，并依法作出裁判的诉讼活动。依照普通程序开庭审理案件，必须严格按照法定的阶段和顺序进行：

（1）宣布开庭。开庭审理前，首先由书记员查明当事人和其他诉讼参与人是否到庭，并向审判长报告，同时向全体诉讼参与人和旁听群众宣布法庭纪律；随后由审判长宣布开庭，核对当事人身份，宣布案由和审判人员、书记员名单；然后告知当事人有关诉讼权利义务，并询问当事人是否提出回避申请。当事人提出回避申请的，人民法院应当依法作出处理。

（2）法庭调查。法庭调查，是指审判人员在法庭上对案件事实、证据进行全面审查、核实的诉讼活动。法庭调查是庭审的重要环节，是对案件进行实体审理的重要阶段。通过双方当事人对案件事实的陈述、举证、质证，人民法院审查、核实、认证，为查清案件事实和正确适用法律提供客观依据。

(3) 法庭辩论。法庭辩论,是指在审判人员的主持下,当事人及其诉讼代理人就法庭调查的事实、证据,阐明自己的意见,反驳对方的主张,相互进行辩论的诉讼活动。法庭辩论终结,由审判长按照原告、被告、第三人的先后顺序征询各方最后意见。审判长在征得各方当事人的同意后,可依法进行调解,调解不成的,应当及时进行判决。

(4) 合议庭评议和宣判。法庭辩论终结后,当事人不愿调解或调解未能达成协议的,合议庭应当对案件及时进行评议。合议庭评议后,无论是公开审理还是不公开审理的案件,都必须公开宣告判决。

根据《民事诉讼法》第149条,人民法院适用普通程序审理民事案件,应当在立案之日起6个月内审结。有特殊情况需要延长的,由本院院长批准,可以延长6个月;还需要延长的,报请上级人民法院批准。

2. 简易程序和小额诉讼程序

简易程序,是指基层人民法院及其派出法庭审理简单民事案件所适用的简便易行的诉讼程序。简易程序的设立,既便于当事人进行诉讼,也有助于人民法院迅速、公正地审判民事案件,及时化解民事纠纷,保护当事人的合法权益。

《民事诉讼法》在2012年修改时增加了小额诉讼程序。所谓小额案件,是指当事人争议的标的数额不超过法律规定的一定金钱数额的金钱给付案件,也就是说小额诉讼程序是简易程序里争议标的额比较小的一类。小额案件,是标的数额为各省、自治区、直辖市上年度就业人员年平均工资30%以下的案件。人民法院适用简易程序审理小额案件时,实行一审终审,当事人不得对小额案件的判决提出上诉。

(二) 第二审程序、审判监督程序、特别程序、督促程序、公示催告程序

第二审程序,是指因当事人不服地方各级人民法院尚未生效的一审判决或裁定而依法向上一级人民法院提起上诉,要求撤销或变更原判决或裁定,上一级人民法院据此对案件进行审判所适用的程序。我国民事诉讼实行的是两审终审制度,第二审人民法院作出的判决、裁定是终审的判决、裁定,当事人对二审判决、裁定不能再行上诉。第二审程序并不是民事诉讼的必经程序,它仍然遵循"不告不理"的程序启动机制,即只能在当事人行使上诉权依法提起上诉时,人民法院才能启动二审程序对上诉案件予以审理。如果当事人在上诉期限内均放弃民事上诉权,不提出上诉,人民法院不得依职权主动启动第二审程序。

审判监督程序,即再审程序,是指对已经发生法律效力的判决、裁定,人民法院认为确有错误,对案件再行审理的程序。审判监督程序只是纠正生效裁判错误的法定程序,不是案件审理的必经程序,也不是诉讼的独立审级。

特别程序,是指人民法院审理特定类型的民事诉讼案件和选民资格案件所适用的程序。《民事诉讼法》规定,下列四类案件适用特别程序审理:(1) 选民资格案件;(2) 非讼案件,包括宣告公民失踪、宣告公民死亡案件,认定公民无民事行为能力、限制民事行为能力案件、认定财产无主案件;(3) 确认民事调解协议案件;(4) 实现担保物权案件。只有基层人民法院才能适用特别程序审理案件,中级以上的人民法院不能适用特别程序审理案件。

督促程序，是指人民法院根据债权人的申请，向债务人发出支付令，催促债务人在法定期限内向债权人清偿债务的法律程序。现实生活中，债的纠纷种类多、数量大，其中许多案件债权债务关系明确，当事人之间并不存在争议。对于此类案件，债权人可不通过通常的诉讼程序，而是直接向人民法院提出申请，人民法院以支付令的方式使债权人取得执行根据，以简便方式及时实现其债权。

公示催告程序，是指在票据持有人之票据被盗、遗失或者灭失的情况下，人民法院根据当事人的申请，以公告的方式催告利害关系人在一定期间内申报权利，如果逾期无人申报，根据申请人的申请，依法作出除权判决的程序。

【随堂测试】 王某诉赵某借款纠纷一案，人民法院一审判决赵某偿还王某债务，赵某不服，提出上诉。二审期间，案外人李某表示，愿以自己的轿车为赵某偿还债务提供担保。三人就此达成书面和解协议后，赵某撤回上诉，人民法院准许。一个月后，赵某反悔并不履行和解协议。关于王某实现债权，下列选项中，正确的是（　　）。（单选题）

A. 依和解协议对赵某向人民法院申请强制执行
B. 依和解协议对赵某、李某向人民法院申请强制执行
C. 依一审判决对赵某向人民法院申请强制执行
D. 依一审判决与和解协议对赵某、李某向人民法院申请强制执行

解析：和解协议没有强制执行的效力。赵某撤回上诉，一审判决生效。赵某反悔不履行和解协议的，王某可依一审判决对赵某向人民法院申请强制执行。故本题的正确选项为 C。

六、民事执行程序

执行是指人民法院的执行组织依照法定的程序，对发生法律效力的法律文书确定的给付内容，以国家的强制力为后盾，依法采取强制措施，迫使义务人履行义务的行为。执行应当具备以下条件：(1) 执行以生效法律文书为根据；(2) 执行根据必须具备给付内容；(3) 执行必须以负有义务的一方当事人无故拒不履行义务为前提。

（一）执行程序中的一般制度

执行程序是民事诉讼法中的独立程序，我国民事诉讼法规定了执行程序的一般制度，涉及执行机构、执行根据、执行管辖、对执行行为的异议、委托执行和执行和解等内容。

(1) 执行机构，即人民法院内部负责执行工作、实现执行任务的专门职能机构。各级人民法院根据需要，都可以设立执行机构。执行机构的成员主要是执行员和书记员，采取重大措施时，还应有司法警察参加。

(2) 执行根据，即能够据以执行的法律文书。主要有 3 类：一是人民法院制作的具有执行内容的生效法律文书，如民事判决书、裁定书、调解书和支付令；刑事和行政裁判中的财产部分。二是其他机关制作的由人民法院执行的法律文书，如公证机关依法赋予强制执行效力的债权文书；仲裁机构制作的依法由人民法院执行的仲裁裁决书和调解书；

行政机关依法作出的应由人民法院执行的行政处罚决定和行政处理决定。三是人民法院制作的承认并执行外国法院判决、裁定或者外国仲裁机构裁决的裁定书。

（3）执行管辖，是人民法院办理执行案件的权限和分工，即执行根据应由哪一个人民法院执行。确定执行管辖，应当以执行方便和经济为首要原则，以保障当事人的权利能够快速、经济地得以实现。《民事诉讼法》规定，发生法律效力的民事判决、裁定，以及刑事判决、裁定中的财产部分，由第一审人民法院或者与第一审人民法院同级的被执行的财产所在地人民法院执行。

（4）对执行行为的异议，即当事人、利害关系人对人民法院的执行行为提出书面质疑，从而要求人民法院变更或停止执行行为的请求。执行行为异议是一项重要的救济措施，它赋予当事人和利害关系人针对执行过程中的程序性错误提出异议并申请复议的权利，对维护当事人和利害关系人的合法权益具有十分重要的意义。

（5）委托执行，即有管辖权的人民法院遇到特殊情况，依法将应由本院执行的案件送交有关人民法院代为执行。依照《民事诉讼法》，被执行人或者被执行的财产在外地的，负责执行的人民法院可以委托当地人民法院代为执行，也可以直接到当地执行。

（6）执行和解，即在执行过程中，申请执行人和被执行人自愿协商，达成协议，并经人民法院审查批准后，结束执行程序的行为。执行和解是当事人处分自己民事权利和诉讼权利的行为。《民事诉讼法》规定，在执行中，双方当事人自行和解达成协议的，人民法院的执行员应当将协议内容记入笔录，由双方当事人签名或者盖章。

（二）执行措施

执行措施，是指人民法院依照法定程序，强制执行生效法律文书的方法和手段。在执行中，执行措施和执行程序是合为一体的，采取执行措施就是履行执行程序。

2015年7月22日起施行的最高人民法院《关于限制被执行人高消费及有关消费的若干规定》第3条规定：被执行人为自然人的，被采取限制消费措施后，不得以下高消费及非生活和工作必需的消费行为：(1) 乘坐交通工具时，选择飞机、列车软卧、轮船二等以上舱位；(2) 在星级以上宾馆、酒店、夜总会、高尔夫球场等场所进行高消费；(3) 购买不动产或者新建、扩建、高档装修房屋；(4) 租赁高档写字楼、宾馆、公寓等场所办公；(5) 购买非经营必需车辆；(6) 旅游、度假；(7) 子女就读高收费私立学校；(8) 支付高额保费购买保险理财产品；(9) 乘坐G字头动车组列车全部座位、其他动车组列车一等以上座位等其他非生活和工作必需的消费行为。

法治快讯

被限制高消费不能乘高铁 "老赖"主动偿还借款[①]

中原快报讯 "老赖"因事需经常去外地出差，因被限制高消费无法乘坐高铁、飞机，大大影响办事效率。2017年6月7日上午，被执行人安某主动来到荥阳法院缴纳了全部

---

① 资料来源：大象网，2017年6月19日。http://www.hntv.tv/zykb/2017-06/09/cms105711article.shtml，2017年10月13日访问。

郑州大学 钟晓晖 画

欠款,一起民间借贷纠纷案顺利执结。

2013年7月,被执行人安某向申请人沙某借款3万元用于资金周转。借款到期后安某一直找各种理由推脱拒不还款。2015年9月,沙某以民间借贷纠纷为由将安某及其妻子孙某起诉至荥阳法院。2015年12月,荥阳法院作出判决,判令安某、孙某夫妇二人在规定时间内偿还安某3万元及利息。判决书生效后,安某、孙某二人依然没有履行还款义务。原告沙某于2016年5月向法院申请强制执行。根据最高人民法院《关于限制被执行人高消费及有关消费的若干规定》精神,执行法官宋建华将安某、孙某二人纳入失信被执行人名单,对其限制不能有乘坐飞机、动车,住高档宾馆等多种高消费行为。

在执行过程中,承办法官依法对安某、孙某采取送达执行通知书、电话传唤、讯问、拘留等方式敦促二人及时还款,均无结果。期间,被执行人孙某为逃避债务,与被执行人安某协议离婚,但依旧逃不过法律制裁。

因工作关系需经常到外地办事的孙某发现自己不能乘坐高铁了,态度来了个180度的转变,主动和承办法官联系,在孙某的催促下,2017年6月7日,安某来到人民法院缴纳了全部案件款,至此,该案顺利执结。

今后,荥阳法院将充分利用网络媒体覆盖范围大、影响范围广的特点,在网上公布失信被执行人"黑名单",并列入失信被执行人的姓名、身份证号、执行依据、户籍所在地及未履行标的等具体内容,同时通过执行联动工作机制,由相关单位依法在融资贷款、工商注册、购置房产、交通出行、限制高消费等方面对失信被执行人采取信用惩戒,从而让"老赖"一处失信,多处受制,无处遁形。

(记者张宪中,通讯员徐文娟、端木、叶婷)

(三)暂缓执行、执行中止和执行终结

暂缓执行,是指在执行程序开始后,因法定事由的出现,人民法院决定暂时停止执行行为。上级人民法院行使司法监督权,发现执行法院据以执行的执行根据确有错误,或者执行法院在执行中的执行行为不当,应予纠正时,为了避免错误后果的不断扩大,可以指令执行法院暂缓执行。

执行中止,是指在执行过程中,由于某种特殊情况的发生而暂时停止执行程序,待该情况消除后再恢复执行程序的制度。《民事诉讼法》第256条规定,有下列情形之一的,人民法院应当裁定中止执行:(1)申请人表示可以延期执行的;(2)案外人对执行标的提出确有理由的异议的;(3)作为一方当事人的公民死亡,需要等待继承人继承权利或者承担义务的;(4)作为一方当事人的法人或者其他组织终止,尚未确定权利义务承受人的;(5)人民法院认为应当中止执行的其他情形。中止的情形消失后,恢复执行。

执行终结,是指在执行过程中,由于发生某些特殊情况,执行程序不可能或没有必要继续进行,从而结束执行程序的制度。《民事诉讼法》第257条规定,有下列情形之一的,人民法院裁定终结执行:(1)申请人撤销申请的;(2)据以执行的法律文书被撤销的;(3)作为被执行人的公民死亡,无遗产可供执行,又无义务承担人的;(4)追索赡养费、扶养费、抚育费案件的权利人死亡的;(5)作为被执行人的公民因生活困难无力偿还借款,无收入来源,又丧失劳动能力的;(6)人民法院认为应当终结执行的其他情形。

第二节 刑事诉讼法

刑事诉讼是指人民法院、人民检察院和公安机关(含国家安全机关等)在当事人及其他诉讼参与人的参加下,依照法律规定的程序,解决被追诉者刑事责任问题的活动。我国《刑事诉讼法》由全国人民代表大会于1979年制定,1996年和2012年修改。

一、刑事诉讼的基本原则

刑事诉讼的基本原则,是指法律所规定的,指导公安、司法机关及诉讼参与人进行诉讼活动的基本行为准则。

《刑事诉讼法》对刑事诉讼的基本原则作了全面规定,包括下列内容:

(1)侦查权、检察权、审判权由专门机关行使。办理刑事案件的职权具有专属性和排他性。《刑事诉讼法》第3条第1款规定:"对刑事案件的侦查、拘留、执行逮捕、预审,由公安机关负责。检察、批准逮捕、检察机关直接受理的案件的侦查、提起公诉,由人民检察院负责。审判由人民法院负责。除法律特别规定的以外,其他任何机关、团体和个人都无权行使这些权力。"这里需要明确的是,根据全国人民代表大会常务委员会《关于在全国各地推开国家监察体制改革试点工作的决定》,从2017年11月5日起,检察机关直接受理案件的侦查权转移给监察委员会。

"禁区" 新华社发 徐 骏 作
图片来源:金羊网,2015年8月21日。
http://news.ycwb.com/2015-08/21/content_20574306.htm。

(2)严格遵守法律程序。《刑事诉讼法》第3条第2款规定:"人民法院、人民检察院和公安机关进行刑事诉讼,必须严格遵守本法和其他法律的有关规定。"这里所说的"其他法律",是指所有与刑事诉讼程序有关的法律,如《刑法》《人民法院组织法》《人民检察院组织法》《法官法》《检察官法》《律师法》《人民警察法》《未成年人保护法》等。

(3)人民法院、人民检察院依法独立行使职权。《刑事诉讼法》第5条规定:"人民法院依照法律规定独立行使审判权,人民检察院依照法律规定独立行使检察权,不受行政机关、社会团体和个人的干涉。"

【随堂测试】 某大学教授在讲授刑事诉讼法课时,让学生回答如何理解"人民法院依法独立行使审判权"原则,下列四个同学的回答中,正确的理解是( )。(单选题)

A. 甲同学认为是指法官个人独立审判案件,不受任何他人影响

B. 乙同学认为是指合议庭独立审判案件,不受任何组织或个人的影响

C. 丙同学认为是指人民法院独立审判案件,不受任何机关、社会团体和个人的干涉

D. 丁同学认为是指人民法院依法独立审判案件,上级人民法院不能对下级人民法院正在审理的具体案件如何处理发布指示或命令

解析: 人民法院独立行使职权,是指人民法院作为一个整体的独立,而不是指法官个人独立。故本题的正确选项为 D。

(4) 公民在适用法律上一律平等。《刑事诉讼法》第 6 条规定:"人民法院、人民检察院和公安机关进行刑事诉讼,必须依靠群众,必须以事实为根据,以法律为准绳。对于一切公民,在适用法律上一律平等,在法律面前,不允许有任何特权。"

(5) 分工负责,互相配合,互相制约。《刑事诉讼法》第 7 条规定:"人民法院、人民检察院和公安机关进行刑事诉讼,应当分工负责,互相配合,互相制约,以保证准确有效地执行法律。"

(6) 人民检察院依法对刑事诉讼实行法律监督。《刑事诉讼法》第 8 条规定:"人民检察院依法对刑事诉讼实行法律监督。"人民检察院是国家的法律监督机关,在刑事诉讼活动中,有权对公安机关的立案侦查、人民法院的审判和执行机关的执行活动是否合法进行监督。这种监督贯穿于刑事诉讼活动的始终。

(7) 各民族公民有权使用本民族语言文字进行诉讼。《刑事诉讼法》第 9 条规定:"各民族公民都有用本民族语言文字进行诉讼的权利。人民法院、人民检察院和公安机关对于不通晓当地通用的语言文字的诉讼参与人,应当为他们翻译。在少数民族聚居或者多民族杂居的地区,应当用当地通用的语言进行审讯,用当地通用的文字发布判决书、布告和其他文件。"

(8) 犯罪嫌疑人、被告人有权获得辩护。《刑事诉讼法》第 11 条规定:"人民法院审判案件,除本法另有规定的以外,一律公开进行。被告人有权获得辩护,人民法院有义务保证被告人获得辩护。"

(9) 未经人民法院依法判决不得确定有罪。《刑事诉讼法》第 12 条规定:"未经人民法院依法判决,对任何人都不得确定有罪。"这一原则吸收了无罪推定原则的精神,明确规定只有人民法院享有定罪权。

(10) 保障诉讼参与人的诉讼权利。《刑事诉讼法》第 14 条规定:"人民法院、人民检察院和公安机关应当保障犯罪嫌疑人、被告人和其他诉讼参与人依法享有的辩护权和其他诉讼权利。诉讼参与人对于审判人员、检察人员和侦查人员侵犯公民诉讼权利和人身侮辱的行为,有权提出控告。"

(11) 具有法定情形不予追究刑事责任。《刑事诉讼法》第 15 条规定了不予追究刑事责任的 6 种法定情形:情节显著轻微、危害不大,不认为是犯罪的;犯罪已过追诉时效期限的;经特赦令免除刑罚的;依照刑法告诉才处理的犯罪,没有告诉或者撤回告诉的;犯

罪嫌疑人、被告人死亡的;其他法律规定免予追究刑事责任的。

(12) 追究外国人刑事责任适用我国刑事诉讼法。《刑事诉讼法》第 16 条规定:"对于外国人犯罪应当追究刑事责任的,适用本法的规定。对于享有外交特权和豁免权的外国人犯罪应当追究刑事责任的,通过外交途径解决。"该原则是国家主权原则在刑事诉讼中的具体体现。

二、刑事诉讼参与人

刑事诉讼参与人,是指除专门机关以外的所有依法参加刑事诉讼活动并且享有一定权利和承担一定义务的人。

(一) 当事人

当事人是指在诉讼中处于追诉(原告)或被追诉(被告)的地位,执行控诉或辩护职能,并同案件事实和案件处理结果具有切身利害关系的诉讼参与人。当事人包括被害人、自诉人、犯罪嫌疑人、被告人、附带民事诉讼的原告人和被告人。

被害人,是指其合法权益遭受犯罪行为侵害的诉讼参与人。

自诉人,是指在自诉案件中,以自己的名义直接向人民法院提起诉讼的人。自诉人是法律规定的自诉案件中特有的当事人,相当于自诉案件的原告人。

犯罪嫌疑人、被告人是对涉嫌犯罪而受到刑事追诉的人的两种称谓。公诉案件中,受刑事追诉者在检察机关向人民法院提起公诉以前,称为犯罪嫌疑人;在检察机关正式向人民法院提起公诉以后,称为被告人。自诉案件没有犯罪嫌疑人的称谓。

附带民事诉讼的原告人,是指在刑事诉讼过程中提起民事诉讼,要求被告人赔偿因其行为而导致的物质损失的诉讼参与人,其相对方则是附带民事诉讼的被告人。

(二) 其他诉讼参与人

刑事诉讼中除了当事人以外,还可能出现法定代理人、诉讼代理人、辩护人、证人、鉴定人和翻译人等其他诉讼参与人。其他诉讼参与人与案件结果一般无直接利害关系,而是在某一环节或者某一方面协助刑事诉讼的进行。

法定代理人,是由法律规定的对被代理人负有专门保护义务并代表其进行诉讼的诉讼参与人。法定代理人的范围包括被代理人的父母、养父母、监护人和负有保护责任的机关、团体的代表。

诉讼代理人,是受被代理人的委托或人民法院的指定依法参加诉讼的人。

辩护人,是在刑事诉讼中接受犯罪嫌疑人、被告人及其法定代理人的委托或者受法律援助机构指派,依法为犯罪嫌疑人、被告人辩护,以维护其合法权益的人。

证人,是利害冲突双方以外的,向专门机关提供自己感受到的案件情况的诉讼参与人。证人必须是了解案件情况的人,而且是在诉讼之外了解案情。

鉴定人,是受司法机关聘请或指定,凭借自己的知识和技能对案件事实的某个专门性问题提出书面鉴定意见的诉讼参与人。

翻译人员,是指在刑事诉讼中接受专门机关的指派或者聘请,为参与诉讼的外国人或者无国籍人、少数民族人员、盲人、聋人、哑人等进行语言、文字或者手势翻译的诉讼参与人。翻译人员应当是与本案没有利害关系的人,否则,当事人有权申请其回避。

三、刑事诉讼管辖

刑事诉讼中的管辖,是指人民法院、人民检察院、公安机关直接受理刑事案件权限范围的分工,以及人民法院组织系统内部审判第一审刑事案件的分工。刑事诉讼中的管辖分立案管辖和审判管辖。

在我国刑事诉讼中,立案管辖的确定标准是:(1)人民法院直接受理告诉才处理的案件、被害人有证据证明的轻微刑事案件以及公诉转自诉的案件。(2)人民检察院直接受理贪污、贿赂案件,渎职案件,国家机关工作人员利用职权实施的部分侵犯公民人身权利的案件以及侵犯公民民主权利的案件,经省级以上人民检察院决定由人民检察院直接受理的国家机关工作人员利用职权实施的其他重大犯罪案件。但是,根据全国人民代表大会常务委员会《关于在全国各地推开国家监察体制改革试点工作的决定》,从2017年11月5日起,县级以上地方各级人民政府的监察厅(局)、预防腐败局和人民检察院查处贪污贿赂、失职渎职以及预防职务犯罪等部门的相关职能,一并调整为由监察委员会行使。(3)其他绝大多数刑事案件都由公安机关立案侦查。

审判管辖由纵向的级别管辖和横向的地区管辖(又称为地域管辖)组成。在级别管辖上,绝大多数案件都由中级和基层人民法院审判。其中,中级人民法院管辖危害国家安全、恐怖活动案件;可能判处无期徒刑、死刑的案件。地区管辖的一般原则是以犯罪地人民法院审判为主,以被告人居住地人民法院审判为补充。当地区管辖出现争议时,法律规定了优先管辖、移送管辖和指定管辖三个解决管辖争议的办法。此外,法律还对普通人民法院和专门人民法院在管辖上进行了明确的划分。

【随堂测试】 甲非法拘禁乙于某市A区,后又用汽车经该市B区、C区,将乙转移到D区继续拘禁。对于甲所涉非法拘禁案,下列人民法院中,依法享有管辖权的是( )。(多选题)

A. A区人民法院　　　　　　B. B区人民法院
C. C区人民法院　　　　　　D. D区人民法院

解析: 刑事诉讼中的地区管辖是按犯罪行为地确定的,汽车转移属于非法拘禁犯罪行为持续发生过程中,非法拘禁行为涉及的B、C地区也属于犯罪行为地。因此,本题的正确选项为A、B、C、D。

四、刑事案件的立案、侦查和起诉

(一)立案和侦查

立案,是指公安机关、人民检察院发现犯罪事实或者犯罪嫌疑人,或者公安机关、人民检察院、人民法院对于报案、控告、举报、自首等材料,依照各自的管辖范围进行审查,并决定是否作为刑事案件进行侦查和提交审判的诉讼活动。

侦查,是公安机关、人民检察院在办理案件过程中,依照法律进行的专门调查工作和有关的强制性措施。

随着国家各级监察委员会的建立和《监察法》的制定,我国对人民检察院的立案、侦查职权做了非常大的调整。

刑事诉讼中的强制措施,是公安机关、人民检察院和人民法院为了保证刑事诉讼的顺利进行,依法对刑事案件的犯罪嫌疑人、被告人的人身自由进行限制或者剥夺的各种强制性方法。《刑事诉讼法》规定了如下 5 种强制措施:

(1) 拘传,即对未被羁押的犯罪嫌疑人、被告人强制其到指定地点接受讯问的强制方法。

(2) 取保候审,即责令犯罪嫌疑人、被告人提供保证人或者提供保证金,保证其不逃避侦查和审判,随传随到的强制方法。

(3) 监视居住,即责令犯罪嫌疑人、被告人不得离开住处或者指定的居所,并对其行动加以监视和控制的强制方法。

(4) 拘留,即公安机关和人民检察院在办理刑事案件的过程中,在法定紧急情况下,临时剥夺犯罪嫌疑人人身自由的强制方法。

(5) 逮捕,即公安机关、人民检察院和人民法院,为了防止犯罪嫌疑人或者被告人实施妨碍刑事诉讼的行为,逃避侦查、起诉、审判或者发生社会危险性,而依法暂时剥夺其人身自由的强制措施。

侦查机关对于自己立案侦查的案件,经过一系列的侦查活动,根据已经查明的事实、证据,依照法律规定,足以对案件作出起诉、不起诉或者撤销案件的结论,决定不再进行侦查,并对犯罪嫌疑人作出处理的,刑事案件侦查终结。

(二) 起诉与不起诉

刑事起诉分为自诉和公诉两种情况。

自诉,是指刑事被害人及其法定代理人、近亲属等,以个人的名义向人民法院起诉,要求保护被害人的合法权益,追究被告人刑事责任的诉讼活动。

公诉,是指人民检察院代表国家向人民法院提起诉讼,要求人民法院通过审判确定被告人犯有被指控的罪行并给予相应刑事制裁的诉讼活动。

审查起诉,是指人民检察院在提起公诉阶段,为了确定经侦查终结的刑事案件是否应当提起公诉,而对侦查机关确认的犯罪事实和证据、犯罪性质和罪名进行审查核实,并作出处理决定的诉讼活动。

不起诉,是指人民检察院对侦查终结移送起诉的案件,经审查认为犯罪嫌疑人没有犯罪事实、具有依法不追究刑事责任的情形,或者犯罪情节轻微,对犯罪嫌疑人依法不需要判处刑罚或免除刑罚,或者经过补充侦查,仍然证据不足,不符合起诉条件,或者对未成年人涉嫌《刑法》分则第 4—6 章规定的犯罪,可能判处 1 年有期徒刑以下刑罚,符合起诉条件,但有悔罪表现的,经过考察,对符合条件的犯罪嫌疑人作出的不交付人民法院审判的决定。

五、刑事案件第一审程序

第一审程序,是指《刑事诉讼法》规定的人民法院对人民检察院提起公诉、自诉人提起自诉的案件进行初次审判时的程序。第一审程序是人民法院审判活动的基本程序,在刑事诉讼程序中居于十分重要的地位。

(一) 第一审普通程序

公诉案件第一审程序的具体流程,主要包括开庭、法庭调查、法庭辩论、被告人最后陈述、评议与宣判五个步骤。

1. 开庭

开庭审理前,书记员应当依法进行下列工作:(1) 受审判长委托,查明公诉人、当事人、证人及其他诉讼参与人是否到庭;(2) 宣读法庭规则;(3) 请公诉人及相关诉讼参与人入庭;(4) 请审判长、审判员(人民陪审员)入庭;(5) 审判人员就座后,向审判长报告开庭前的准备工作已经就绪。

审判长宣布开庭,传被告人到庭后,应当查明被告人的情况。被告人较多的,可以在开庭前查明上述情况,但开庭时审判长应当作出说明。审判长宣布案件的来源、起诉的案由、附带民事诉讼当事人的姓名及是否公开审理;不公开审理的,应当宣布理由。审判长宣布合议庭组成人员、书记员、公诉人名单及辩护人、鉴定人、翻译人员等诉讼参与人的名单。审判长应当告知当事人及其法定代理人、辩护人、诉讼代理人在法庭审理过程中依法享有的诉讼权利。

审判长分别询问当事人、法定代理人、辩护人、诉讼代理人是否申请回避、申请何人回避和申请回避的理由。同意或者驳回回避申请的决定及复议决定,由审判长宣布,并说明理由。必要时,也可以由院长到庭宣布。

2. 法庭调查

法庭调查分四步进行。

第一步,公诉人宣读起诉书。法庭调查开始后,应当先由公诉人宣读起诉书;有附带民事诉讼的,再由附带民事诉讼原告人或者其法定代理人、诉讼代理人宣读附带民事起诉书。起诉书指控的被告人的犯罪事实为两起以上的,法庭调查一般应当分别进行。

第二步,被告人、被害人陈述。在公诉人宣读完起诉书后,在审判长主持下,被告人、被害人可以就起诉书指控的犯罪事实分别陈述。

第三步,讯问、发问。

(1) 公诉人讯问被告人。在审判长主持下,公诉人可以就起诉书指控的犯罪事实讯问被告人。讯问被告人,应当避免可能影响陈述客观真实的诱导性讯问以及其他不当讯问。

(2) 被害人、附带民事诉讼的原告人和辩护人、诉讼代理人、法定代理人,经审判长许可,可以向被告人发问。经审判长准许,被害人及其法定代理人、诉讼代理人可以就公诉人讯问的犯罪事实补充发问;附带民事诉讼原告人及其法定代理人、诉讼代理人可以就附带民事部分的事实向被告人发问;被告人的法定代理人、辩护人,附带民事诉讼被告人及其法定代理人、诉讼代理人可以在控诉一方就某一问题讯问完毕后向被告人发问。通过发问,揭示有利于被告人的事实和情节,可以达到辩护的目的。讯问同案审理的被告人,应当分别进行,以免被告人相互影响,作虚假口供。必要时,可以传唤同案被告人等到庭对质。

(3) 控辩双方经审判长准许,可以向被害人、附带民事诉讼原告人发问。起诉书指控的被告人的犯罪事实为两起以上的,一般应当就每一起犯罪事实分别进行讯问与发问。

(4) 审判人员可以讯问被告人,必要时,可以向被害人、附带民事诉讼当事人发问。

第四步,出示、核实证据。公诉人可以提请审判长通知证人、鉴定人出庭作证,或者出示证据。被害人及其法定代理人、诉讼代理人,附带民事诉讼原告人及其诉讼代理人也可以提出申请。在控诉一方举证后,被告人及其法定代理人、辩护人可以提请审判长通知证人、鉴定人出庭作证,或者出示证据。控辩双方申请证人出庭作证,出示证据,应当说明证据的名称、来源和拟证明的事实。法庭认为有必要的,应当准许;对方提出异议,认为有关证据与案件无关或者明显重复、不必要,法庭经审查异议成立的,可以不予准许。人民法院开庭审理公诉案件时,出庭的检察人员和辩护人需要出示、宣读、播放已移交人民法院的证据的,可以申请法庭出示、宣读、播放。法庭同意的,应当指令值庭法警出示、播放;需要宣读的,由值庭法警交由申请人宣读。

3. 法庭辩论

合议庭认为案件事实已经调查清楚的,应当由审判长宣布法庭调查结束,开始就定罪、量刑的事实、证据和适用法律等问题进行法庭辩论。法庭辩论应当在审判长的主持下,按照下列顺序进行:(1) 公诉人发言。公诉人的首轮发言被称为发表公诉词。(2) 被害人及其诉讼代理人发言。(3) 被告人自行辩护。(4) 辩护人辩护。(5) 控辩双方进行辩论。

4. 被告人最后陈述

在辩论终结后,被告人有最后陈述的权利,无论是在普通程序中还是在简易程序中。审判长宣布法庭辩论终结后,合议庭应当保证被告人充分行使最后陈述的权利。被告人在最后陈述中多次重复自己意见的,审判长可以制止。陈述内容蔑视法庭、公诉人,损害他人及社会公共利益,或者与本案无关的,应当制止。在公开审理的案件中,被告人最后陈述的内容涉及国家秘密、个人隐私或者商业秘密的,应当制止。被告人在最后陈述中提出新的事实、证据,合议庭认为可能影响正确裁判的,应当恢复法庭调查;被告人提出新的辩解理由,合议庭认为可能影响正确裁判的,应当恢复法庭辩论。

5. 评议与宣判

在被告人最后陈述后,审判长应当宣布休庭,合议庭进行评议。合议庭评议案件,应当根据已经查明的事实、证据和有关法律规定,在充分考虑控辩双方意见的基础上,确定被告人是否有罪、构成何罪,有无从重、从轻、减轻或者免除处罚情节,应否处以刑罚、判处何种刑罚,附带民事诉讼如何解决,查封、扣押、冻结的财物及其孳息如何处理等,并依法作出判决、裁定。合议庭成员应当在评议笔录上签名,在判决书、裁定书等法律文书上署名。

宣告判决，一律公开进行。宣判有当庭宣判和定期宣判两种形式。当庭宣告判决的，应当在 5 日以内将判决书送达人民检察院、当事人、法定代理人、辩护人、诉讼代理人，并可以送达被告人的近亲属。定期宣告判决的，应当在判决宣告后立即将判决书送达上述有关单位和人员。

《刑事诉讼法》第 202 条规定，人民法院审理公诉案件，应当在受理后 2 个月以内宣判，至迟不得超过 3 个月。对于可能判处死刑的案件或附带民事诉讼的案件，以及交通十分不便的边远地区的重大复杂案件，重大的犯罪集团案件，流窜作案的重大复杂案件，犯罪涉及面广、取证困难的重大复杂案件，在上述期限内不能审结的，经上一级人民法院批准，可以延长 3 个月，因特殊情况还需要延长的，报请最高人民法院批准。

（二）自诉案件的第一审程序和简易程序

对自诉案件，人民法院应当在 15 日内审查完毕。经审查，符合受理条件的，应当决定立案，并书面通知自诉人或者代为告诉人。人民法院审理自诉案件，可以在查明事实、分清是非的基础上，根据自愿、合法的原则进行调解。调解达成协议的，应当制作刑事调解书，由审判人员和书记员署名并加盖人民法院印章。调解书经双方当事人签收后，即具有法律效力。调解没有达成协议或者调解书签收前当事人反悔的，应当及时作出判决。判决宣告前，自诉案件的当事人可以自行和解，自诉人可以撤回自诉。人民法院审理自诉案件的期限，被告人被羁押的，适用《刑事诉讼法》第 202 条第 1 款、第 2 款关于公诉案件审理期限的规定；未被羁押的，应当在受理后 6 个月以内宣判。

简易程序，是指基层人民法院审理某些案件事实清楚、证据充分，被告人承认自己所犯罪行，对起诉书指控的犯罪事实没有异议的刑事案件所适用的比普通程序相对简化的审判程序。根据《刑事诉讼法》第 214 条，适用简易程序审理案件，人民法院应当在受理后 20 日以内审结；对可能判处的有期徒刑超过 3 年的，可以延长至一个半月。

六、第二审程序、死刑复核程序和审判监督程序

相对于人民法院的第一审程序而言，第二审程序往往被称为"普通救济程序"。它是指第一审人民法院的上一级人民法院，对于不服第一审人民法院尚未发生法律效力的判决或裁定而提出上诉或抗诉的案件进行审理时，所适用的诉讼程序。一个案件是否经过第二审程序，关键在于上诉权人是否提起上诉或者人民检察院是否提起抗诉。根据《刑事诉讼法》第 223 条，第二审人民法院对于具备法定情形的案件，应当组成合议庭，开庭审理。第二审人民法院决定不开庭审理的，应当讯问被告人，听取其他当事人、辩护人、诉讼代理人的意见。第二审程序应该坚持全面审查原则和上诉不加刑原则。作为整个刑事审判程序的重要组成部分，第二审程序使第一审人民法院的判决可以受到上级人民法院的再次司法审查，并使当事人尤其是被告人能够再次获得司法救济。

死刑复核程序，是我国刑事诉讼法规定的一种独立于普通程序之外的特别审查核准程序。死刑复核程序只适用于判处死刑的案件，包括判处死刑立即执行和判处死刑缓期 2 年执行的案件。死刑案件除经过第一审、第二审程序以外，还必须经过死刑复核程序。只有经过复核并核准的死刑判决才发生法律效力。从这一意义上来说，死刑复核程序是两审终审制的一种例外。死刑除依法由最高人民法院判决的以外,应当报请最高人民法院核准。

审判监督程序,又称再审程序,是指人民法院、人民检察院对于已经发生法律效力的判决和裁定,发现在认定事实或者适用法律上确有错误,予以提起并由人民法院对该案重新审判所应遵循的程序。

▨ 法治快讯

最高人民法院:十八大以来纠正重大刑事冤假错案 34 起[①]

(中新网北京 2 月 27 日电 汤琪) 2017 年 2 月 27 日上午,最高人民法院在北京召开新闻发布会,公布人民法院司法改革进展情况,发布《中国人民法院的司法改革(2013—2016)》《中国人民法院的司法公开(2013—2016)》(白皮书)。

在预防和纠正冤假错案方面,白皮书介绍,最高人民法院就健全防范刑事冤假错案工作机制提出指导意见,要求对于定罪证据不足的案件,应当依法宣告被告人无罪,不得降格或者变通作出"留有余地"的判决。

例如,2016 年 12 月 2 日,最高人民法院第二巡回法庭对原审被告人聂树斌故意杀人、强奸妇女再审案公开审判,宣告撤销原审判决,改判聂树斌无罪。最高法认为,这起历时 22 年的重大疑难复杂案件得以纠正,彰显了对人权司法保障的高度重视和对证据裁判、疑罪从无等法律原则的坚定实践。

白皮书还显示,党的十八大以来,人民法院通过审判监督程序纠正聂树斌案、呼格吉勒图案、张氏叔侄案等重大刑事冤假错案 34 起,提振了全社会对司法公正的信心。2013年至 2016 年,各级人民法院共依法宣告 3718 名被告人无罪,依法保障无罪者不受追究。

七、刑事诉讼特别程序

《刑事诉讼法》在 2012 年修改中,增加了四个特别程序,分别是:未成年人刑事案件诉讼程序,当事人和解的公诉案件诉讼程序,犯罪嫌疑人、被告人逃匿、死亡案件违法所得的没收程序以及依法不负刑事责任的精神病人的强制医疗程序。

(一)未成年人刑事案件诉讼程序

这一程序是专门适用未成年人刑事案件的侦查、起诉、审判、执行等的一种特别刑事诉讼程序。

未成年人刑事案件,是指被告人实施被指控的犯罪时已满 14 周岁不满 18 周岁的案件。从实施犯罪到被追究刑事责任,需要经历一定的时间,所以当实施犯罪时的年龄、立案时的年龄、提起公诉时的年龄以及审理时的年龄存在差异时,以实施犯罪时的年龄为标准更有利于被告人。针对未成年人刑事犯罪特点,《刑事诉讼法》专门规定了教育、感

---

① 资料来源:中国新闻网,2017 年 2 月 27 日。http://www.chinanews.com/gn/2017/02-27/8160331.shtml,2017 年 10 月 13 日访问。

化、挽救的方针,教育为主、惩罚为辅的原则,并专门设置了分案处理制度、审理不公开制度、社会调查制度和隐私特别保护制度。

(二) 当事人和解的公诉案件诉讼程序

这一特别程序是指,公安机关、人民检察院、人民法院在法定范围内的公诉案件中,犯罪嫌疑人、被告人真诚悔罪,通过向被害人赔偿损失、赔礼道歉等方式获得被害人谅解,双方当事人自愿达成协议的,可以对犯罪嫌疑人、被告人作出不同方式的从宽处理的程序。创建当事人和解程序有助于贯彻宽严相济的刑事政策,有助于促进社会秩序的和谐安定、有助于提高诉讼效率和有效解决纠纷。

依据《刑事诉讼法》第277条第1款,公诉案件中的刑事和解适用于轻微刑事案件,即:(1) 因民间纠纷引起,涉嫌刑法分则第4章、第5章规定的犯罪案件,可能判处3年有期徒刑以下刑罚的;(2) 除渎职犯罪以外的可能判处7年有期徒刑以下刑罚的过失犯罪案件。对于达成和解协议的案件,公安机关可以向人民检察院提出从宽处理的建议。人民检察院可以向人民法院提出从宽处罚的建议;对于犯罪情节轻微,不需要判处刑罚的,可以作出不起诉的决定。人民法院可以依法对被告人从宽处罚。

(三) 犯罪嫌疑人、被告人逃匿、死亡案件违法所得的没收程序

这一程序是指,当某些案件中犯罪嫌疑人、被告人逃匿或者死亡时,追缴其违法所得及其他涉案财产所特有的方式、方法和步骤。对违法所得以及其他涉案财产的没收,不必以被追诉人已经被生效判决确定有罪为前提,即使在被追诉人死亡、潜逃的情形下,也可以单独裁定是否予以没收。

依据《刑事诉讼法》第280条第1款,对于贪污贿赂犯罪、恐怖活动犯罪等重大犯罪案件,犯罪嫌疑人、被告人逃匿,在通缉一年后不能到案,或者犯罪嫌疑人、被告人死亡,依照刑法规定应当追缴其违法所得及其他涉案财产的,人民检察院可以向人民法院提出没收违法所得的申请。在审理过程中,在逃的犯罪嫌疑人、被告人自动投案或者被抓获的,人民法院应当终止审理,回归正常的刑事诉讼程序,追究当事人的刑事责任。

(四) 依法不负刑事责任的精神病人的强制医疗程序

强制医疗,是出于避免社会危害和保障精神疾病患者健康利益的目的而采取的一项对精神疾病患者的人身自由予以一定限制并对其所患精神疾病进行治疗的特殊保安处分措施。从性质上来说,强制医疗是针对精神病人的一种社会防卫措施,而非刑罚措施。

实施暴力行为,危害公共安全或者严重危害公民人身安全,经法定程序鉴定依法不负刑事责任的精神病人,有继续危害社会可能的,可以予以强制医疗。公安机关发现精神病人符合强制医疗条件的,应当写出强制医疗意见书,移送人民检察院。对公安机关移送的或者在审查起诉过程中发现的精神病人符合强制医疗条件的,人民检察院应当向人民法院提出强制医疗的申请。人民法院在审理案件过程中发现被告人符合强制医疗条件的,可以作出强制医疗的决定。对实施暴力行为的精神病人,在人民法院决定强制医疗前,公安机关可以采取临时的保护性约束措施。对精神病人强制医疗的,由人民法院决定。强制医疗机构应当定期对被强制医疗的人进行诊断评估。对已不具有人身危险性,不需要继续强制医疗的,应当及时提出解除意见,报决定强制医疗的人民法院

批准。

八、刑事判决的执行

刑事判决的执行,是指将已经发生法律效力的刑事判决、裁定所确定的内容付诸实施以及在此过程中处理与之有关的减刑、假释等刑罚执行变更问题时应遵循的步骤和方式、方法。

最高人民法院判处和核准的死刑立即执行的判决,应当由最高人民法院院长签发执行死刑的命令。最高人民法院的执行死刑命令,由高级人民法院交付第一审人民法院执行。第一审人民法院接到执行死刑命令后,应当在7日内执行,超过7日未执行的,执行令作废,要重新签发执行死刑的命令。在死刑缓期执行期间故意犯罪,最高人民法院核准执行死刑的,由罪犯服刑地的中级人民法院执行。

对被判处死刑缓期2年执行、无期徒刑、有期徒刑的罪犯,由公安机关依法将该罪犯送交监狱执行刑罚。对被判处有期徒刑的罪犯,在被交付执行刑罚前,剩余刑期在3个月以下的,由看守所代为执行。对被判处拘役的罪犯,由公安机关执行。未成年犯应当在未成年犯管教所执行刑罚。执行机关应当将罪犯及时收押,并且通知罪犯家属。判处有期徒刑、拘役的罪犯,执行期满,应当由执行机关发给释放证明书。

对被判处管制、宣告缓刑、假释或者暂予监外执行的罪犯,依法实行社区矫正,由社区矫正机构负责执行。对被判处剥夺政治权利的罪犯,由公安机关执行。执行期满,应当由执行机关书面通知本人及其所在单位、居住地基层组织。

财产刑(含罚金、没收财产)和附带民事裁判由第一审人民法院执行。被执行人或者被执行财产在外地的,可以委托当地人民法院执行。受托人民法院在执行财产刑后,应当及时将执行的财产上缴国库。

第一审人民法院应当在本院作出的刑事判决、裁定生效后,或者收到上级人民法院生效的刑事判决、裁定后,对有关财产刑执行的法律文书立案执行。没收财产的判决,无论附加适用或者独立适用,都由人民法院执行;在必要的时候,可以会同公安机关执行。

无罪判决和免除刑罚判决由人民法院执行。根据《刑事诉讼法》第249条,第一审人民法院判决被告人无罪、免除刑事处罚的,如果被告人在押,在宣判后应当立即释放。

第三节 仲裁法和人民调解法

仲裁和人民调解是我国民事纠纷的重要解决方式。仲裁实行一裁终局,即一个案件经过一个仲裁机构的仲裁裁决就生效,不得再提起诉讼。用仲裁的方法解决争议充分体现了当事人的意思自治,程序简便时间短,是目前商事纠纷争端解决的重要方法。人民调解是一种较为灵活的民间纠纷解决方式,由中立的第三方促成纠纷双方当事人互相达成谅解,从而化解矛盾解决纠纷。人民调解具有中国特色,在民事纠纷解决过程中能够产生很好的社会效果,在基层民事纠纷解决中适用较为广泛。

一、仲裁法

"仲"表示居中,"裁"表示衡量、评断、作出结论。作为纠纷解决机制的仲裁是指发生争议的双方当事人,根据其在争议发生前或者发生后所达成的协议,自愿将争议提交中立的第三者居中评断是非并做出裁决的一种解决争议的方法。仲裁是非经诉讼途径即具有法律约束力的争议解决方式,被广泛运用于民商事的争议解决过程中。全国人民代表大会常务委员会于1994年制定,2009年和2017年修改的《仲裁法》,是调整我国仲裁活动的主要法律。

(一)仲裁的基本原则和制度

我国仲裁的基本原则有:(1)自愿原则。当事人采用仲裁方式解决纠纷,应当双方自愿,达成仲裁协议;没有仲裁协议,一方申请仲裁的,仲裁委员会不予受理。(2)公平原则。仲裁应当根据事实和法律,公平合理地解决纠纷。(3)独立原则。仲裁依法独立地进行,不受行政机关、社会团体和个人的干涉。

我国仲裁法确立的基本制度包括:协议仲裁制度、或裁或审制度以及一裁终局制度。协议仲裁制度充分体现了当事人的意愿,自愿原则贯穿于仲裁程序的始终。或裁或审制度要求当事人在诉讼和仲裁之间只能选择其一加以采用。一裁终局明确了仲裁裁决一经作出即生效,当事人就同一纠纷再申请仲裁或向人民法院起诉的,仲裁委员会或者人民法院不予受理。

(二)仲裁机构

我国的仲裁机构为仲裁委员会,性质为民间组织。仲裁委员会不与各级行政区划对应设立,有利于保障仲裁委员会的民间性和消除仲裁的行政色彩。《仲裁法》第11条规定,仲裁委员会应当具备4个条件:(1)有自己的名称、住所和章程;(2)有必要的财产;(3)有仲裁委员会的组成人员;(4)有聘任的仲裁员。

仲裁委员会由主任1人、副主任2—4人和委员7—11人组成。仲裁委员会的主任、副主任和委员由法律、经济贸易学者和有实际工作经验的人员担任。仲裁委员会的组成人员中,法律、经济贸易学者不得少于2/3。仲裁委员会应当从公道正派的人员中聘任仲裁员。仲裁员应当符合下列条件之一:(1)从事仲裁工作满8年的;(2)从事律师工作满8年的;(3)曾任审判员满8年的;(4)从事法律研究、教学工作并具有高级职称的;(5)具有法律知识、从事经济贸易等专业工作并具有高级职称或者具有同等专业水平的。

(三)仲裁协议

仲裁协议,是指双方当事人自愿将他们之间已经发生或者可能发生的争议提交仲裁解决的书面协议,是双方当事人所表达的采用仲裁方式解决纠纷意愿的法律文书。在民商事仲裁中,仲裁协议是仲裁的前提。

仲裁协议本质上是一种合同,但其与一般的合同又有一定的区别。仲裁协议具有以下特征:(1)仲裁协议是双方当事人共同的意思表示,是他们将争议提交仲裁的共同意愿的体现。(2)仲裁协议中双方当事人的权利义务具有同一性,这使作为契约表现形式之一的仲裁协议与其他的契约在内容上有所区别。(3)仲裁协议的内容具有特殊性。

(4)仲裁协议具有广泛的约束力。(5)仲裁协议具有严格的要式性,即仲裁协议必须以书面形式订立。

一份完整、有效的仲裁协议必须具备法定的内容,否则,仲裁协议将被认定为无效。根据《仲裁法》第16条,仲裁协议应当包括下列内容:(1)请求仲裁的意思表示;(2)仲裁事项;(3)选定的仲裁委员会。

有下列情形之一的,仲裁协议无效:(1)约定的仲裁事项超出法律规定的仲裁范围;(2)无民事行为能力人或者限制民事行为能力人订立的仲裁协议;(3)一方采取胁迫手段,迫使对方订立仲裁协议。

当事人对仲裁协议的效力有异议的,可以请求仲裁委员会作出决定或者请求人民法院作出裁定。一方请求仲裁委员会作出决定,另一方请求人民法院作出裁定的,由人民法院裁定。当事人对仲裁协议的效力有异议,应当在仲裁庭首次开庭前提出。

(四)仲裁程序

我国仲裁程序主要包括仲裁的申请和受理、仲裁庭的组成、仲裁调解和裁决、仲裁裁决的撤销以及仲裁裁决的执行等内容。

1. 仲裁的申请和受理

申请仲裁是仲裁程序开始的必要条件之一,也是启动仲裁程序的第一步。当事人申请仲裁,必须符合一定的条件,这些条件包括:存在有效的仲裁协议;有具体的仲裁请求和事实、理由;属于仲裁委员会的受理范围。具体来说,当事人提请仲裁的争议事项必须是《仲裁法》第2条规定的平等主体的公民、法人和其他组织之间发生的合同纠纷和其他财产权益纠纷,同时不属于《仲裁法》第3条规定的婚姻、收养、监护、扶养、继承纠纷以及依法应当由行政机关处理的行政争议。

《仲裁法》第22条规定:"当事人申请仲裁,应当向仲裁委员会递交仲裁协议、仲裁申请书及副本。"这一规定明确了当事人申请仲裁,必须采用书面方式,而仲裁申请书即为这一书面方式的具体表现形式。仲裁申请书应当载明下列内容:(1)当事人的姓名、性别、年龄、职业、工作单位和住所,法人或者其他组织的名称、住所和法定代表人或者主要负责人的姓名、职务。(2)仲裁请求和所根据的事实、理由。(3)证据和证据来源、证人姓名和住所。

当事人向仲裁委员会申请仲裁后,仲裁委员会就要对当事人的申请是否符合申请仲裁的条件进行审查,从而决定是否受理。仲裁程序的开始正是当事人申请仲裁的行为与仲裁委员会受理仲裁的行为相结合的结果。经过审查,仲裁委员会对符合条件的予以受理,不符合条件的不予受理。仲裁委员会受理当事人的仲裁申请后,仲裁申请人和被申请人取得了仲裁当事人的资格,各自依法享有《仲裁法》及仲裁规则中规定的权利,并承担相应的义

图片来源:应届毕业生网,2017年5月8日。http://laodongfa.yjbys.com/zhongcai/625111.html。

务。仲裁案件受理后,仲裁庭取得了对这一案件的仲裁权。任何一方当事人不得就同一纠纷向人民法院提起诉讼或者向其他仲裁机构申请仲裁。

仲裁委员会受理仲裁申请后,应当在仲裁规则规定的期限内将仲裁规则和仲裁员名册送达申请人,并将仲裁申请书副本和仲裁规则、仲裁员名册送达被申请人。被申请人收到仲裁申请书副本后,应当在仲裁规则规定的期限内向仲裁委员会提交答辩书。仲裁委员会收到答辩书后,应当在仲裁规则规定的期限内将答辩书副本送达申请人。被申请人未提交答辩书的,不影响仲裁程序的进行。申请人可以放弃或者变更仲裁请求,被申请人可以承认或者反驳仲裁请求,并有权提出反请求。

2. 仲裁庭的组成

仲裁庭是由当事人选定或者仲裁委员会主任指定的仲裁员组成的,对当事人申请仲裁的案件依仲裁程序进行审理并作出裁决的组织形式。仲裁委员会受理仲裁案件后,应当按照法定程序组成仲裁庭,对案件进行审理和裁决。因此,仲裁庭是行使仲裁权的主体。

仲裁庭可以由3名仲裁员或者1名仲裁员组成。当事人约定由3名仲裁员组成仲裁庭的,应当各自选定或者各自委托仲裁委员会主任指定1名仲裁员,第3名仲裁员由当事人共同选定或者共同委托仲裁委员会主任指定。第3名仲裁员是首席仲裁员。当事人约定由1名仲裁员成立仲裁庭的,应当由当事人共同选定或者共同委托仲裁委员会主任指定仲裁员。当事人没有在仲裁规则规定的期限内约定仲裁庭的组成方式或者选定仲裁员的,由仲裁委员会主任指定。仲裁庭组成后,仲裁委员会应当将仲裁庭的组成情况书面通知当事人。

仲裁员有下列情形之一的,必须回避,当事人也有权提出回避申请:(1)是本案当事人或者当事人、代理人的近亲属;(2)与本案有利害关系;(3)与本案当事人、代理人有其他关系,可能影响公正仲裁的;(4)私自会见当事人、代理人,或者接受当事人、代理人的请客送礼的。当事人提出回避申请,应当说明理由,在首次开庭前提出。回避事由在首次开庭后知道的,可以在最后一次开庭终结前提出。

3. 和解、调解和裁决

当事人申请仲裁后,可以自行和解。达成和解协议的,可以请求仲裁庭根据和解协议作出裁决书,也可以撤回仲裁申请。当事人达成和解协议,撤回仲裁申请后反悔的,可以根据仲裁协议申请仲裁。

仲裁庭在作出裁决前,可以先行调解。当事人自愿调解的,仲裁庭应当调解。调解不成的,应当及时作出裁决。调解达成协议的,仲裁庭应当制作调解书或者根据协议的结果制作裁决书。调解书与裁决书具有同等法律效力。

裁决应当按照多数仲裁员的意见作出,少数仲裁员的不同意见可以记入笔录。仲裁庭不能形成多数意见时,裁决应当按照首席仲裁员的意见作出。裁决书应当写明仲裁请求、争议事实、裁决理由、裁决结果、仲裁费用的负担和裁决日期。当事人协议不愿写明争议事实和裁决理由的,可以不写。裁决书由仲裁员签名,加盖仲裁委员会印章。对裁决持不同意见的仲裁员,可以签名,也可以不签名。仲裁庭仲裁纠纷时,其中一部分事实已经清楚,可以就该部分先行裁决。

【随堂测试】 下列关于仲裁裁决的作出,表述正确的是( )。(多选题)
A. 按照多数仲裁员的意见作出,少数仲裁员的不同意见可以在裁决书中写明
B. 按照多数仲裁员的意见作出,少数仲裁员的不同意见可以记入笔录
C. 仲裁庭不能形成多数意见时,另行组成仲裁庭进行合议
D. 仲裁庭不能形成多数意见时,裁决应当按照首席仲裁员的意见作出

解析: 仲裁裁决应该按照多数仲裁员的意见作出,不同意见可以写入笔录;如果不能形成多数意见,应该按照首席仲裁员的意见做出裁决。因此,本题正确选项为B、D。

4. 仲裁裁决的撤销

当事人提出证据证明裁决有下列情形之一的,可以向仲裁委员会所在地的中级人民法院申请撤销裁决:(1) 没有仲裁协议的;(2) 裁决的事项不属于仲裁协议的范围或者仲裁委员会无权仲裁的;(3) 仲裁庭的组成或者仲裁的程序违反法定程序的;(4) 裁决所根据的证据是伪造的;(5) 对方当事人隐瞒了足以影响公正裁决的证据的;(6) 仲裁员在仲裁该案时有索贿受贿、徇私舞弊、枉法裁决行为的。人民法院经组成合议庭审查核实裁决有上述情形之一的,应当裁定撤销。人民法院认定该裁决违背社会公共利益的,应当裁定撤销。

当事人申请撤销裁决的,应当自收到裁决书之日起6个月内提出。人民法院应当在受理撤销裁决申请之日起2个月内作出撤销裁决或者驳回申请的裁定。

人民法院受理撤销裁决的申请后,认为可以由仲裁庭重新仲裁的,通知仲裁庭在一定期限内重新仲裁,并裁定中止撤销程序。仲裁庭拒绝重新仲裁的,人民法院应当裁定恢复撤销程序。

5. 仲裁裁决的执行

当事人应当履行裁决。一方当事人不履行的,另一方当事人可以依照《民事诉讼法》的有关规定向人民法院申请执行;受理申请的人民法院应当执行。被申请人提出证据证明裁决有法定不予执行情形的,经人民法院组成合议庭审查核实,裁定不予执行。

一方当事人申请执行裁决,另一方当事人申请撤销裁决的,人民法院应当裁定中止执行。人民法院裁定撤销裁决的,应当裁定终结执行。撤销裁决的申请被裁定驳回的,人民法院应当裁定恢复执行。

二、人民调解法

全国人民代表大会常务委员会于2010年制定的《人民调解法》,在完善人民调解制度、规范人民调解活动、及时解决民间纠纷、维护社会和谐稳定方面,发挥着重要作用。

(一) 人民调解的概念

人民调解,是指人民调解委员会通过说服、疏导等方法,促使当事人在平等协商基础上自愿达成调解协议,解决民间纠纷的活动。人民调解法是规范人民调解活动的法律规范。

人民调解具有如下特征:(1) 群众性。人民调解是在人民调解委员会的主持下,本着

自愿平等协商的原则进行的。人民调解委员会是依法设立的解决民间纠纷的群众组织，具有鲜明的群众性特征。人民调解活动的开展离不开群众的参与。(2)自愿性。自愿原则是人民调解活动得以展开的前提，也是诉讼法和民法规定的处分权的体现和实现方式之一。人民调解的自愿性显示了其作为民间自治活动的本质。(3)灵活性。人民调解不拘泥于具体的程序和形式，有时更多地借助民间经验或者调解者的权威。这种非严格程式化的特点，正适合民间组织调解民间纠纷活动的性质，从而发挥人民调解在化解矛盾中的优势和作用。

人民调解适用于平等主体的公民、法人和其他组织相互之间的人身和财产权益纠纷，包括婚姻、继承、赡养、邻里关系、债权债务、人身损害等一般民事纠纷，也包括土地承包、土地拆迁、环境污染、医疗纠纷等社会热点难点引发的矛盾纠纷。但是，人民调解委员会不得受理下列矛盾纠纷：(1)法律、法规规定只能由专门机关处理，或者法律、法规禁止采用民间调解方式解决的；(2)人民法院、公安机关或者其他行政机关已经受理或正在解决的；(3)一方当事人不同意调解的。

人民调解委员会调解民间纠纷，应当遵循下列原则：(1)在当事人自愿、平等的基础上进行调解；(2)不违背法律、法规和国家政策；(3)尊重当事人的权利，不得因调解而阻止当事人依法通过仲裁、行政、司法等途径维护自己的权利。

(二)人民调解组织和人民调解员

我国的人民调解组织是人民调解委员会，人民调解委员会是依法调解民间纠纷的群众性组织，是人民群众实现自我管理、自我教育、自我服务的一种组织形式。人民调解委员会通常在村民委员会、居民委员会设立，同时乡镇、街道以及社会团体、其他组织根据需要可以参照《人民调解法》设立人民调解委员会。人民调解委员会由委员3—9人组成，设主任1人，必要时可以设副主任若干人。人民调解委员会应当有妇女成员，多民族居住的地区应当有人数较少民族的成员。

人民调解员应当由公道正派、热心人民调解工作，并具有一定文化水平、政策水平和法律知识的成年公民担任。县级人民政府司法行政部门应当定期对人民调解员进行业务培训。人民调解员由人民调解委员会委员和人民调解委员会聘任的人员担任，即人民调解员采用选举与聘任相结合的方式。村民委员会、居民委员会的人民调解委员会委员由村民会议或者村民代表会议、居民会议推选产生；企业事业单位设立的人民调解委员会委员由职工大会、职工代表大会或者工会组织推选产生。人民调解委员会委员每届任期3年，可以连选连任。此外，人民调解委员会还可以根据需要聘任部分具有专门知识、专业技能并符合《人民调解法》规定条件的人员担任人民调解员。这类聘用人员既可以是专职调解员，也可以是兼职调解员。非人民调解委员会委员的人民调解员，只能通过聘任方式产生。

人民调解员在调解工作中有下列行为之一的，由其所在的人民调解委员会给予批评教育、责令改正，情节严重的，由推选或者聘任单位予以罢免或者解聘：(1)偏袒一方当事人的；(2)侮辱当事人的；(3)索取、收受财物或者牟取其他不正当利益的；(4)泄露当事人的个人隐私、商业秘密的。

（三）人民调解的程序

人民调解的启动方式有以下几种：(1) 当事人向人民调解委员会申请调解。(2) 人民调解委员会主动调解。主动调解依赖群众反映、有关单位转告、纠纷信息员及其他人员报告的纠纷信息。(3) 有关部门向人民调解委员会移送纠纷。

人民调解委员会根据调解纠纷的需要，可以指定1名或者数名人民调解员进行调解，也可以由当事人选择1名或者数名人民调解员进行调解。人民调解员根据调解纠纷的需要，在征得当事人同意后，可以邀请当事人的亲属、邻里、同事等参与调解，也可以邀请具有专门知识、特定经验的人员或者有关社会组织的人员参与调解。人民调解委员会支持当地公道正派、热心调解、群众认可的社会人士参与调解。

楚雄市人民调解委员会调解现场
图片来源：楚雄市长安网，2016年6月27日。http://cxszf.gov.cn/file_read.aspx?ID=5745。

当事人在人民调解活动中享有下列权利：(1) 选择或者接受人民调解员；(2) 接受调解、拒绝调解或者要求终止调解；(3) 要求调解公开进行或者不公开进行；(4) 自主表达意愿、自愿达成调解协议。

当事人在人民调解活动中履行下列义务：(1) 如实陈述纠纷事实；(2) 遵守调解现场秩序，尊重人民调解员；(3) 尊重对方当事人行使权利。

（四）人民调解的效力

最高人民法院于2002年公布的《关于审理涉及人民调解协议的民事案件的若干规定》第1条规定："经人民调解委员会调解达成的、有民事权利义务内容，并由双方当事人签字或者盖章的调解协议，具有民事合同性质。当事人应当按照约定履行自己的义务，不得擅自变更或者解除调解协议。"第2条规定："当事人一方向人民法院起诉，请求对方当事人履行调解协议的，人民法院应当受理。当事人一方向人民法院起诉，请求变更或者撤销调解协议，或者请求确认调解协议无效的，人民法院应当受理。"

最高人民法院于2009年公布的《关于建立健全诉讼与非诉讼相衔接的矛盾纠纷解决机制的若干意见》规定了人民调解协议的效力及确认的程序。它规定：经行政机关、人民调解组织、商事调解组织、行业调解组织或者其他具有调解职能的组织对民事纠纷调解后达成的具有给付内容的协议，当事人可以按照《公证法》的规定申请公证机关依法赋予强制执行效力。债务人不履行或者不适当履行具有强制执行效力的公证文书的，债权人可以依法向有管辖权的人民法院申请执行。经行政机关、人民调解组织、商事调解组织、行业调解组织或者其他具有调解职能的组织调解达成的具有民事合同性质的协议，经调解组织和调解员签字盖章后，当事人可以申请有管辖权的人民法院确认其效力。当事人请求履行调解协议、请求变更、撤销调解协议或者请求确认调解协议无效的，可以向人民法院提起诉讼。

第十二章 国 际 法

"我们应该共同推动国际关系法治化。推动各方在国际关系中遵守国际法和公认的国际关系基本原则,用统一适用的规则来明是非、促和平、谋发展。'法者,天下之准绳也。'在国际社会中,法律应该是共同的准绳,没有只适用他人、不适用自己的法律,也没有只适用自己、不适用他人的法律。适用法律不能有双重标准。我们应该共同维护国际法和国际秩序的权威性和严肃性,各国都应该依法行使权利,反对歪曲国际法,反对以'法治'之名行侵害他国正当权益、破坏和平稳定之实。"

习近平:《在和平共处五项原则发表 60 周年纪念大会上的讲话》

(2014 年 6 月 28 日)

【学习指导】 重点掌握国际公法、国际私法、国际经济法的概念、表现形式、基本原则;了解联合国六大机关的职能、国家交往中的外交规则;理解涉外民商事关系中的法律适用规则;能够运用世界贸易组织规则解决国际商事交往中的基本问题。

国际法涵盖国际公法、国际私法及国际经济法三个分支,它们的宗旨各不相同。国际公法主要为了维护世界和平与安全,建立公正合理的国际新秩序;国际私法主要为了维护不同国家当事人合法的民事权益;国际经济法主要是为了促进世界各国经济的共同发展、共同繁荣,保障充分就业,提高各国人民的生活水平。随着我国对外交流、对外合作的不断扩大以及我国改革开放的深入推进,国际法的重要作用日益凸显。

第一节 国 际 公 法

国际社会由若干个国家组成,任何国家为了发展本国经济,都不可能闭关自守,它们都会在不同程度上与其他国家进行交往。国家之间的交往,需要一些法律原则和规则对国家行为予以规范。国际公法是关乎国际社会的存在和发展的法律。

一、概述

国际公法生存于主权国家林立的平面型国际社会,以国际关系为调整对象。从内容看,国际关系分为政治关系、经济关系、军事关系、外交关系等;从参与数目看,国际关系分为双边关系与多边关系,多边关系又分为普遍性关系和区域性关系,与此相适应,国际社会形成了双边或多边特殊的国际公法、区域性国际公法及普遍或一般性国际公法。

(一)国际公法的概念

国际公法是调整国际社会主体间关系的具有法律拘束力的原则、规则和规章制度的总体。它是国家自我约束和相互约束的法律工具,是确立国家间某种权利与义务的法律形式,也是衡量和裁判国际行为的是非标准。

国际公法有以下几个特点:

(1) 国际公法的主体主要是国家。与国内法的主体不同,国际公法的主体具有独立参加国际关系的能力、直接享受国际公法上权利的能力以及直接承担国际公法上义务的能力。尽管国际组织和正在争取独立的民族在一定条件下和一定范围内也具有国际公法主体资格,但不可否认,国家才是国际公法的主要主体。个人不能成为国际公法的主体。

(2) 国际公法是国家间通过协议的方式制定的。在国际社会,没有任何一个国际立法机关可以凌驾于各个主权国家之上来制定国际公法,国际公法中的原则、规则、规章和制度只能由国家在平等的基础上通过协议的方式制定,国际习惯法是在反复的国际实践中因国家承认其为法律而确立的。

(3) 国际公法的强制方式是国家本身单独或集体的行动。国内法的维护和实施主要依靠军队、警察、法庭等国家强制机关,但国际公法没有也不可能存在超越各主权国家之上的强制机关加以实施。如果一国遭到他国实施国际不法行为,可以要求对方停止不法行为、道歉、恢复原状、赔偿等,对于严重的武装侵略,可以采取单独或者集体的武装自卫。

(二) 国际公法的表现形式

国际公法是由一系列调整国际关系的原则、规则和规章、制度组成,其作为有效的法律规范的表现形式主要有:

(1) 国际条约。国际条约是国际法主体之间依据国际法所缔结的据以确立相互权利和义务的国际书面协议。条约分为契约性条约和造法性条约,一般来说,契约性条约的缔约国较少,是仅为缔约国规定权利和义务的条约;造法性条约的缔约国较多,是确立或修改国际法原则、规则和规章制度的条约。国际条约是国际公法最主要的法律表现形式。

(2) 国际习惯。国际习惯是最古老、最原始的国际公法的表现形式。在国际条约出现之前,就已经有了国际习惯。国际习惯是各国不断重复类似的行为而产生的具有法律拘束力的结果。国际习惯对有关国家产生法律拘束力应具备两个条件,一是该国重复类似行为,二是该国确信其具有法律拘束力。国际习惯存在的证据一般从国家间外交关系、国家内部行为及国际组织实践来寻找。国际习惯有向国际条约转化的趋势。

(3) 一般法律原则。一般法律原则是各国法律体系所共有的原则。一般法律原则在国际法院的裁判中可以填补国际条约与国际习惯的空白,可以为二者的适用提供可供参照的法律原则的背景,也可以最终发展成为国际条约或国际习惯。因此,一般法律原则是国际公法补充性的法律表现形式。

(4) 确定法律原则的辅助方法。确定法律原则的辅助方法包括国际司法判例与国内司法判例、公法学家学说以及国际组织、国际会议通过的决议、宣言。关于国际司法判例,《国际法院规约》第59条规定,法院之裁判除对于当事国及本案外,无拘束力。这说明其不是国际公法的直接表现形式。至于国内司法判例,也只是在一定条件下表达一个国家的国际法观点而已。公法学家学说以及国际组织、国际会议通过的决议、宣言对查明和确定国际法起辅助作用,但不能说是国际公法直接的表现形式。

(三)国际公法的基本原则

国际公法的基本原则是指被各国公认的、具有普遍指导意义的、适用于国际法一切领域、构成国际法基础的法律原则。根据《联合国宪章》《国际法原则宣言》《建立新的国际经济秩序宣言》《各国经济权利和义务宪章》及中国、印度和缅甸共同倡导的和平共处五项原则的精神,可以提炼出国际公法的以下几个基本原则:

(1)国家主权平等原则。主权是国家的最重要属性,是国家在国际法上所固有的独立处理对内对外事务的权力,它是各国保护自己生存、反对他国控制和干涉的法律盾牌。国家主权平等原则体现为:各国法律地位平等,每一国均享有充分主权这一固有权利,每一国均有义务尊重其他国家的人格,国家领土完整及政治独立不得侵犯,每一国均有权利自由选择并发展其政治、社会、经济及文化制度,每一国均有责任充分并一秉诚意履行其国际义务,并与其他国家和平相处。国家主权平等原则是其他基本原则的基础,其他基本原则是国家主权平等原则的引申和发展。

(2)不得使用威胁或武力原则。这一原则是指各国在其国际关系上不得以武力或武力威胁,侵害任何国家的政治独立和领土完整;不得以任何与联合国宪章或其他国际法原则所不符的方式使用武力。不得使用武力原则首先禁止侵略行为,不仅禁止非法进行武装攻击,还禁止从事武力威胁和进行侵略战争的宣传。该原则并不是禁止一切武力的使用,符合《联合国宪章》和国际法规则的武力使用是被允许的,包括国家对侵略行为进行的自卫行动和联合国集体安全制度下的武力使用。

(3)和平解决国际争端原则。这一原则是指各国应以和平方法解决与他国之间的国际争端,放弃以战争作为推行国家政策的手段。和平解决国际争端的方法分为政治方法和法律方法两大类,政治方法包括协商与谈判、斡旋与调停、调查与和解;法律方法包括仲裁和司法解决。政治方法中第三方的建议对当事国无拘束力,而国际法院的判决及国际仲裁裁决对当事国有拘束力。政治方法采取后,仍可采取其他方法,而法律方法是最后的解决方法。

(4)不干涉内政原则。这一原则是从国家主权直接引申出来的,依此原则,任何国家或国家集团都无权以任何理由直接或间接地对别国进行干涉,不得以任何借口干涉他国的内政与外交事务,不得以任何手段强迫他国接受别国的意志、社会政治制度和意识形态。凡是国家在宪法和法律中规定的事项,即本质上属于国家主权管辖的事项都是国家内政,包括一国主权范围内的政治、经济、社会、文化、外交等任何措施和行动。

(5)国际合作原则。这一原则是指在政治、经济及社会制度上存在差异的各国有义务在国际关系的各个领域、各个方面进行交流和协助。《联合国宪章》明确将"促成国际合作"列为其宗旨之一。联合国的诞生是全球性政治、经济、社会、文化等全面国际合作的重要标志。国际合作的发展趋势是合作形式各式各样、合作层次愈来愈多、合作领域不断拓宽。

(6)民族自决原则。这一原则是指被外国奴役和殖民统治下的被压迫民族有自由决定自己命运,摆脱殖民统治,建立民族独立国家的权利。该原则不得理解为一国可以局部或全部破坏或损害另一国的领土完整或政治统一。利用该原则制造、煽动或支持民族分裂是对它的曲解,绝对为国际法所禁止。

(7) 善意履行国际义务原则。这一原则是指国家对由公认的国际法原则和规则产生的义务,应秉承真诚善意全面地履行。同时国家对其作为缔约国参加的条约而产生的义务,也同样应善意履行。善意履行国际义务要求国家尊重和遵守国际法的规则,即所谓"有约必守"。如果履行的国际义务与《联合国宪章》义务抵触时,优先履行《联合国宪章》义务。

【随堂测试】 下列原则中,属于和平共处五项原则的是( )。(单选题)
A. 集体协助原则　　　　　　　B. 互不侵犯原则
C. 忠实履行国际义务原则　　　D. 民族自决原则

解析:和平共处五项原则由中国、印度和缅甸政府共同倡导,是在建立各国间正常关系及进行交流合作时应遵循的基本原则。"互相尊重主权和领土完整、互不侵犯、互不干涉内政、平等互利、和平共处"这五项原则是中国奉行独立自主和平外交政策的基础和完整体现,被世界上绝大多数国家接受,成为规范国际关系的重要准则。因此,本题答案为B。

二、国际组织

广义的国际组织,是指两个以上的国家政府、民间团体或个人基于某种目的,以一定的协议形式而创设的机构。狭义的国际组织,是指国家之间为了实现特定的目的和任务,根据共同的国际条约而成立的常设性组织,也即是政府间国际组织。此处只介绍政府间国际组织。

(一) 联合国

联合国(The United Nations,简称UN)是当今世界最重要、最权威的一般政治性普遍国际组织,是世界人民反对侵略战争,要求世界和平发展的产物。

1941年8月14日,美英两国首脑共同发表《大西洋宪章》,提出在战后建立一个"广泛而永久的普遍安全制度","重建和平使各国都能在其疆土内安居乐业"。1942年1月1日,由美、英、苏、中四大国领衔,包括其余的22个国家的代表在美国首都华盛顿签署了《联合国家共同宣言》,声明赞同《大西洋宪章》中所载的宗旨和原则。1943年10月30日,中、苏、美、英四国外长签署《莫斯科宣言》,该宣言正式提出战后建立一个普遍安全组织的主张。1944年秋,美、苏、英三国和中、美、英三国代表分别在华盛顿敦巴顿橡树园召开会议,通过"橡树园建议案",规划未来该国际组织的蓝图。1945年2月,苏、美、英三国首脑签订《雅尔塔协定》,就安理会表决程序达成一致。1945年4月25日,来自50个国家的代表出席旧金山联合国制宪会议,会议完成了《联合国宪章》的起草工作,于6月26日举行宪章签字仪式,并于10月24日生效,联合国正式成立。

联合国的宗旨载于《联合国宪章》的第1条中,共有4项:维持国际和平与安全;发展各国间的友好关系;促进国际经济、社会、文化合作;构成协调各国行动的中心。为了实现上述各宗旨,《联合国宪章》第2条规定联合国及会员国应遵守下列原则:国家主权平等原则;善意履行宪章义务原则;和平解决国际争端原则;禁止使用武力或以武力相威胁原则;集体协助原则;确保非会员国遵守宪章义务原则;不干涉内政原则。

联合国设以下六个主要机关:

(1) 联合国大会。联合国大会简称联大,它是联合国最具代表性和职能最为广泛的机关。大会主要是一个审议和建议机关,是在一定意义上的国际论坛。它无权迫使任何一国政府采取任何行动,而只能以建议方式表达国际舆论,发挥重要影响。大会与安理会一道在联合国各机关中居于中心地位。大会对下列重要问题在表决上以出席并投票的会员国2/3多数决定:大会关于维持国际和平与安全的建议;安理会非常任理事国、经社理事会理事国、托管理事会须经选举的理事国的选举;会员国加入、停止权利及除名的决定;预算问题。对于其他问题,包括何种问题为需要2/3多数决定的问题,以出席并投票的会员国过半数决定。

延伸阅读

人人得享和平与发展——在第72届联合国大会一般性辩论上的演讲(节选)①

(中华人民共和国外交部部长　王毅　2017年9月21日)

本届联大将"以人为本:和平、尊严和可持续发展"作为主题,具有重要意义。

回顾过去,联合国为人类和平与发展事业做出了卓越贡献。

联合国以和平为己任,建立集体安全机制,化解地区热点,部署维和力量,大规模战争得以避免,人类得以享受70余载相对和平。

联合国以发展为目标,制定全球发展议程,动员全球资源。一大批发展中国家走上发展快车道,数十亿人口得以迈向现代化。

为了人人得享和平、发展和尊严,联合国精神需要"再传承",联合国工作需要"再出发"。

——联合国应做世界和平的守护者。维护和平与安全是《联合国宪章》的核心宗旨,也是联合国的首要任务。联合国要推动各方"彼此以善邻之道,和睦相处",实现共同、综合、合作、可持续的安全。

——联合国应做国际发展的推动者。落实2030年可持续发展议程,应成为联合国发展领域的重中之重。要推动会员国将可持续发展议程同自身发展战略相衔接,消除饥饿和贫困,不让一个人掉队;要确保公平、包容的优质教育,让全民终身享有学习机会。要加强南北合作主渠道地位,同时发挥南南合作的重要作用。

——联合国应做全球治理的引领者。联合国是当代国际体系的核心机构。全球治理怎么样,联合国是一面镜子。联合国应当顺应时代潮流,推动国际关系民主化、法治化

---

① 资料来源:外交部网站,2017年9月22日。http://www.fmprc.gov.cn/web/wjbz_673089/zyjh_673099/t1495748.shtml,2017年10月19日访问。

和合理化。

——联合国应做人类文明的沟通者。文明的多样性成就了地球村的勃勃生机。尊重多样性、维护多样性、促进多样性,应该成为我们的自觉和自愿。

---

(2) 安全理事会。安全理事会简称安理会,由 15 个理事国组成,其中,中、俄、美、英、法 5 国是常任理事国,其余 10 国是非常任理事国。非常任理事国由联合国大会按地区分配名额以 2/3 多数票选出,任期 2 年,每年改选 5 个,交替进行,不得连选连任,并且,必须由同一地区的国家接替。安理会是维持国际和平与安全的机关,也是联合国唯一有权采取行动的机关,主要职责是促进争端的和平解决,以及制止侵略行动。安理会的表决区分程序问题和实质问题。程序性事项以任何 9 个理事国的可决票决定。如果理事国为争端当事者,则不参加投票。实质性事项以包括常任理事国的同意票在内的 9 个理事国的可决票决定,即任一常任理事国的反对票都可否决决议,但如果常任理事国不参加投票或弃权,不构成否决,这就是安理会表决制度上适用的"大国一致原则"。如果对某一事项是程序性的还是实质性的发生争执,在决定该事项是否属于程序性时,常任理事国可行使否决权,否决其为程序性问题;在对作为实质问题的该事项表决时,5 大国还可以行使否决权,这就是所谓的"双重否决权"。

(3) 经济及社会理事会。经济及社会理事会简称经社理事会,是指导和协调联合国经济、社会、人权和文化活动的机关,受大会的领导和监督。经社理事会现有包括中国在内的 54 个理事国,按照地域分配产生,任期 3 年,每届联大改选 1/3,可连选连任。经社理事会的职能主要是:作成或发动关于国际经济、社会、文化、教育、卫生及其他有关事项的研究和报告;促进对人权和基本自由的尊重;就职权范围内的事项拟定公约草案提交大会;召开在其职权范围内事项的国际会议;与各专门机构商订确立相互关系的协定,协调其活动;同有关的非政府组织进行磋商;应会员国和专门机构的请求为它们提供服务。经社理事会表决采用简单多数制,各理事国有一个投票权。

(4) 托管理事会。它是联合国负责监督托管领土行政管理的机关。联合国设立托管制度,目的是管理和监督置于该制度下的非自治领土,增进托管居民向自治和独立逐渐发展。自联合国成立以来,置于国际托管制度下的领土共有 11 个。1994 年,最后一块托管领土独立。因此,托管理事会的职能及地位已成为联合国改革中急需解决的问题。

(5) 国际法院。国际法院是根据《联合国宪章》为和平解决国际争端而设立的联合国的主要司法机关,由法官 15 人组成,其中不得有 2 人为同一国家的国民。法官任期 9 年,每 3 年改选全部法官的 1/3(1946 年首次选举时,实施了过渡性办法,在当选的 15 名法官中抽签决定 5 名任期 3 年,5 名任期 6 年,5 名任期 9 年),可以连选连任,由联合国大会和安理会同时并分别选举,在大会和安理会同时获得绝对多数票者即当选为国际法院的法官。法院院长和副院长由法官秘密投票选举,其任期为 3 年,可以连选连任。国际法院只受理国家之间的诉讼争端,其管辖权分为司法管辖权和咨询管辖权。国际法院不是超国家的司法机构,国家的自愿同意是国际法院行使司法管辖权的根据和前提。咨询管辖权是指国际法院应联合国大会、安理会和经大会授权的联合国其他专门机构的请求,就他们提出的法律问题发表咨询意见。

（6）秘书处。它是管理联合国日常行政事务的常设性机构，由秘书长和其他国际公务员组成，其任务是为联合国其他机构服务，并执行这些机构制订的方案和政策。联合国秘书长作为联合国的行政首长，负责监督所有行政工作，并具有重要的政治权力。秘书长可将其认为可能威胁国际和平与安全的任何情势提请安理会注意，并接受安理会委托直接参与争端解决过程，执行联合国所有机关委托的职务，并就联合国的活动向大会提交年度报告。秘书长是联合国的行政首长，任期5年，可以连任。

（二）区域性国际组织

区域性国际组织是指特定地区的国家在历史、文化、语言上具有一定联系或在共同利益的基础上，通过协议建立的国际组织。区域性国际组织有独立的法律地位和自主的职权，它与联合国不是从属的关系，但其被纳入联合国维持国际和平与安全的体系内，采取行动受联合国安理会制约。区域性国际组织的基本职能是以区域行动来维持国际和平与安全、促进发展，但其活动不得违背联合国宪章的宗旨和原则。特定区域内联合国会员国在把地方争端提交安理会之前，应首先通过区域组织力求和平解决争端。经安理会授权，区域性国际组织可实施、协调安理会强制行动。区域性国际组织进行上述活动，应向安理会充分汇报。目前，国际上比较重要的区域性国际组织有美洲国家组织、阿拉伯国家联盟、非洲联盟、东南亚国家联盟、欧洲联盟及上海合作组织。

上海合作组织（以下简称"上合组织"）成立于2001年6月15日，最初成员国为中国、俄罗斯、哈萨克斯坦、吉尔吉斯斯坦、塔吉克斯坦、乌兹别克斯坦；2017年6月，印度、巴基斯坦成为上合组织正式成员国。上合组织是迄今唯一在我国境内成立、以我国城市命名、总部设在我国境内的区域性国际组织。上海合作组织旨在加强成员国睦邻互信和友好合作，维护地区安全稳定，促进地区和成员国的经济发展，推动建立公正合理的国际政治经济新秩序。它恪守《联合国宪章》的宗旨和原则；坚持所有成员国一律平等，协商解决所有问题；奉行不结盟、不针对第三方和对外开放的原则；倡导互信、互利、平等、协商、尊重多样文明、谋求共同发展的"上海精神"。

三、外交和领事关系

外交和领事关系是一国实现其对外政策、与他国进行正常国际交往及保护本国公民在他国合法利益的基础。

（一）外交关系

广义的外交关系，是国家之间为了实现各自的对外政策，通过互设常驻使馆、派遣或接受特别使团、国家领导人访问、举行国际会议、参加国际组织等方式进行交往所形成的关系。狭义的外交关系，是国家在对方领土内互设使馆并通过它们进行交往的关系。外交关系的形式有：（1）正式外交关系，即双方互派大使、公使级常驻使节；（2）半外交关系，即不完全外交关系，双方长期保持互派代办；（3）非正式外交关系，即两个尚未建立正式外交关系的国家长期保持接触，并互设某种联络机构；（4）国民外交，即民间外交，两国民间个人、团体互访以推动非官方关系的发展，进而促进官方外交的开展和深入。外交关系最重要的表现形式是1961年《维也纳外交关系公约》及各国关于调整外交关系的国内法。

1. 使馆

国与国之间外交关系及常设使馆是以协议而建立的。一国同哪些国家、经过什么程序、按照什么条件建立外交关系和互设使馆,属于该国自由裁夺的事项。使馆的主要职务有5项:代表(作为派遣国政府的代表);保护(在法律许可的范围内保护派遣国及国民的利益);谈判(代表政府与接受国政府进行交涉);调查和报告(利用合法手段了解接受国的状况和发展情形并向本国政府报告);促进(促进两国间的友好关系)。

根据《维也纳外交关系公约》的规定,使馆属于常驻外交机关。使馆人员由外交人员、行政技术人员及事务职员组成,其中外交人员包括使馆馆长、参赞、武官、秘书和随员。使馆馆长分为3级:大使、教廷大使;公使、教廷公使;代办。大使是派遣国元首向接受国元首派遣的最高一级使节;公使是派遣国元首向接受国元首派遣的第二级使节,第二次世界大战后多数国家将公使升格为大使;代办是派遣国外交部长向接受国外交部长派遣的最低一级的使节。需要说明的是,代办与临时代办不同,代办是一级馆长,而临时代办是在馆长职位空缺或不能执行职务时,被委派暂代馆长职务,主持使馆日常行政事务的使馆外交人员。参赞是协助馆长处理外交事务的高级外交人员,馆长不在时,一般都由参赞以临时代办名义暂时代理使馆事务。武官由派遣国委任并征得接受国同意后派出,武官的使命是从事军事外交工作,并得以合法手段调查与军事有关的情况。秘书是使馆内秉承馆长旨意办理外交事务以及文书的外交官,分为一等秘书、二等秘书和三等秘书。随员是使馆内办理各种事务的最低一级的外交官。行政技术人员是使馆内承办行政及技术事务的职员,如译员、会计、打字员等。事务职员是指从事使馆仆役工作的使馆职员,如司机、厨师、传达员等。行政技术人员和事务职员不具有外交官职衔。

【随堂测试】 在下列人员中,具有外交官身份的是(　　)。(多选题)
A. 参赞　　　　B. 随员　　　　C. 使馆馆长　　　　D. 武官
E. 译员

解析:由上文可知,本题中E项属于行政技术人员,其余人员均属于外交人员。因此,本题答案为A、B、C、D。

2. 外交特权与豁免

1961年《维也纳外交关系公约》是目前关于外交特权与豁免的主要法律依据,它规定:"此等特权与豁免之目的不在于给予个人以利益而在于确保代表国家之使馆能有效地执行职务。"这是现今国际上关于外交特权与豁免根据的普遍接受的观点。外交特权与豁免包括使馆的特权与豁免及外交人员的特权与豁免。

使馆的特权与豁免表现为:使馆馆舍不可侵犯;档案和文件不可侵犯;通讯自由;免纳捐税、关税;行动及旅行自由;使用派遣国的国家标志。使馆馆舍不可侵犯可以理解为接受国官员非经使馆馆长许可,不得进入使馆馆舍。接受国负有特殊责任,采取一切适当步骤保护使馆馆舍免受侵入或损害,并防止一切扰乱使馆安宁或有损使馆尊严之情事。使馆馆舍及设备以及馆舍内其他财产与使馆交通工具免受搜查、征用、扣押或强制执行。

外交人员的特权与豁免主要包括：人身不可侵犯、寓所和财产不可侵犯、管辖的豁免、免税及免受查验。外交人员对刑事管辖完全豁免，对民事和行政管辖的豁免权存在几种例外：关于接受国境内私有不动产的物权诉讼；关于外交代表以私人身份并不代表派遣国而为遗嘱执行人、遗产管理人、继承人或受遗赠人的继承事件的诉讼；关于外交代表于接受国内在公务范围以外所从事的专业或商务活动的诉讼；主动提起诉讼时，与主诉直接相关的反诉。

使馆及外交人员在享有特权与豁免的同时，还要在接受国履行一定的义务。对于使馆而言，馆舍不得以与使馆职务不相容的方式加以使用。外交人员应尊重接受国的法律与规章，不干涉接受国内政，不得在接受国境内为私人利益从事任何专业或商业性活动。

（二）领事关系

领事关系，是指一国根据同他国的协议派驻他国的某一城市或地区，以维护派遣国公民在当地的合法权益，以及执行有关其他领事职务所形成的国家间的关系。领事关系最重要的法律依据是 1963 年《维也纳领事关系公约》及各国关于调整领事关系的国内法。

1. 领事馆

领事馆是一国驻在他国某个城市的领事代表机关的总称，有总领事馆、领事馆、副领事馆和领事代理处，负责管理当地本国侨民和其他领事事务。根据《维也纳领事关系公约》，领事馆组成人员包括领事官员、领馆雇员和服务人员。领馆馆长与领事馆的设置相对应，分为总领事、领事、副领事和领事代理人 4 个等级。领事官员有职业领事和名誉领事两类。职业领事系派遣国正式委派的国家官员，一般为派遣国国民，具备派遣国国内法所规定的资格和条件，其薪金由派遣国支付。而名誉领事是从当地人士中任命的执行领事职务的兼职官员，他们多为当地商人和接受国律师，其报酬从领事馆手续费中支付。中国既不委派也不接受名誉领事。

2. 领事特权与豁免

领事特权与豁免，是指领馆及其人员在接受国所享有的特殊权利和优惠待遇的总称。

领馆的特权与豁免包括：领馆馆舍在一定限度内不可侵犯；领馆档案及文件不可侵犯；通讯自由；行动及旅行自由；免纳捐税和关税；与派遣国国民通讯和联络；使用派遣国的国旗、国徽。领馆馆舍不可侵犯是在一定限度内的，具体表现在以下 3 点：(1) 接受国官员未经同意不得进入领馆馆舍中专供领馆工作之用的部分，馆舍的其余部分不包括在内；(2) 领馆如遇火灾或其他灾害，需迅速采取救护行动时，得推定领馆馆长已表示同意从而进入领馆；(3) 领馆馆舍、馆舍设备以及领馆之财产与交通工具应免受征用，但确有必要仍可征用，应向派遣国进行迅速、充分和有效的赔偿。

领事官员的特权和豁免要小于外交人员。外交人员所享有的管辖豁免是绝对的，刑事管辖完全豁免，即使外交人员触犯驻在国的刑法，一般通过外交途径解决；对于民事管辖,除几类特殊案件外,也享有豁免。而领事官员的管辖豁免有一定的限度,仅就执行职务的行为不受接受国的管辖,他们的私人事务不享受豁免。另外,外交人员没有在接受国以证人身份作证的义务,而领事官员不能完全排除作证义务。

第二节 国际私法

一个国家既然允许外国人在其境内从事民商事活动,就需要承认外国人的民事法律地位,并通过法律来保护外国人的合法民事权益。国际私法就是解决国际民商事纠纷的法律。

一、概述

国际私法以解决和避免法律冲突为主要任务,其法律表现形式具有双重性。国际私法除包含民法一些基本原则外,还有自己独特的法律原则。

(一) 国际私法的概念

要对国际私法进行准确的界定,必须对国际私法的调整对象、调整方法、范围和性质有所认识。

国际私法调整的是含有涉外因素的民商事法律关系。这种民商事法律关系都具有一个或一个以上的涉外因素,或称外国成分,具体表现为:(1) 法律关系主体的一方或双方是外国的自然人、法人、无国籍人或者外国国家,或者一方是住所、惯常居所或营业所在国外的自然人、法人。(2) 法律关系客体具有涉外因素,如标的物位于外国、标的物属于外国人所有或标的物需要在外国实施或完成。(3) 法律关系产生、变更或消灭的事实发生在外国。这三种涉外因素只需具备其中之一,即可称为涉外民商事法律关系。

国际私法的调整方法或者解决民商事法律冲突的途径有两种:(1) 间接调整方法,也叫冲突规范调整方法,它是国际私法所特有的调整方法。冲突规范指由国内法或国际条约规定的,对当事人具体的权利义务关系不作规定,而仅仅指明某一涉外民商事法律关系应适用何种法律的规范。该方法为法官在可能涉及的几国法律中如何选择适用法律指明了方向,解决了相关国家的民商事法律冲突,但对当事人而言,这种方法的最大弊端在于缺乏可预见性。(2) 直接调整方法,即用各国共同参加的统一实体法(如国际条约或国际惯例)调整跨国民商事法律关系的方法。这种方法尽管可以在某种程度上避免民商事法律冲突,但也有其局限性,是一种理想化的解决方法。一是适用范围有限。目前,在经贸领域和知识产权领域存在一些统一实体法,然而在继承、婚姻等有人身性质的法律领域,因各国历史传统和风俗习惯不同,很难形成统一实体法。二是约束力有限。大多数统一实体法条约的缔约国不多,不具有普遍性,而且为吸引更多国家加入,允许条约缔约方对某些条款进行保留。因此,冲突规范调整方法仍是国际私法最重要、最基本的调整方法。

关于国际私法规范的范围,国内比较一致的观点认为,包括外国人民事法律地位规范、冲突规范、统一实体规范、国际民事诉讼程序规范、国际商事仲裁规范。外国人民事法律地位规范是规定外国人享有哪些民事权利、承担哪些民事义务的规范,从性质上说是实体规范,是国际私法产生的前提和国际民事法律关系赖以存在的基础。国际民事诉讼与国际商事仲裁程序规范是指一国司法机关或仲裁机构在审理涉外民商事案件时,专门适用的程序规范。

国际私法既有国内法的因素也有国际法的成分。它的国内法特征在于:调整的是私人之间的关系,与国内民法相似;作为国际私法最基本的冲突规范大多是一个主权国家立法机关制定的,是该国的国内法;涉外民商事纠纷的解决主要通过一国法院或商事仲裁机构而不是通过外交途径完成。它的国际法特征表现在:调整的社会关系已超越一国国界,处理私人关系不仅涉及个人利益,也影响国家间的关系;从解决纠纷的途径上看,国际条约和国际惯例也是其重要表现形式;从法律基本原则上看,主权平等、有约必守与国际法原则一致。

通过上述对国际私法的调整对象、调整方法、范围和性质的分析可以看出,国际私法是以平等主体之间的国际民商事法律关系为调整对象,以解决国际民商事法律冲突为主要任务,包含实体法规范、冲突法规范和程序法规范的独立的法律集合体。

(二)国际私法的表现形式

国际私法的表现形式比较独特,既有国内性质的法律形式,也有国际性质的法律形式;既有成文法,也有判例法,还有习惯法。

1. 国内性质的法律形式

国内性质的法律形式包括国内成文法及国内判例。国内成文法是国际私法最早也是迄今为止最主要的表现形式。针对冲突规范而言,各国国内立法的具体方式有三种:(1)分散立法式,即将冲突规范分散在民法典或其他单行法规的有关章节之中;(2)专章专篇式,即在民法典或其他法典中以专章或专篇的形式规定冲突规范;(3)单行立法式,即采用专门法典或单行法规的形式系统规定冲突规范,如我国全国人民代表大会常务委员会于2010年制定的《涉外民事关系法律适用法》。

国内判例作为国际私法的表现形式,是指某一涉外民商事判决中所包含的法律原则或规则不仅适用于该案,而且往往作为一种先例对以后该法院或下级法院所管辖的基本事实相同或相似的案件具有约束力。我国是成文法国家,判例不是当然的国际私法的表现形式,但不容置疑的是判例对涉外审判有重要的指导作用。这是因为:首先是在国际私法领域,情况错综复杂,仅仅依靠成文法不足以应对司法实践的需要,在必要时,应该允许法院通过判例来弥补成文法缺漏;其次,在案件涉及英美法系国家的法律时,更需直接援用他们的判例作为判决的依据;最后,国际私法的原则和制度,也需要通过判例来发展。

2. 国际性质的法律形式

国际性质的法律形式包括国际条约和国际惯例。国际私法方面的民商事条约有四大类:(1)关于外国人民事法律地位的国际条约;(2)关于冲突法的国际条约(海牙国际私法会议致力于冲突法的统一);(3)关于实体法的国际条约(国际统一私法协会致力于实体法的统一);(4)关于国际民事诉讼与国际商事仲裁的条约。

国际私法方面的国际惯例有两种:(1)依据国际法原则,各国所公认的具有法律效力的强制性规范。强制性国际惯例具有直接的普遍的约束力,如国家及其财产豁免、条约必须信守等。(2)商事方面的任意性的国际惯例。任意性的国际惯例不具有直接的普遍约束力,只有在认可时具有约束力,如《国际贸易术语解释通则》《华沙—牛津规则》等。

(三)国际私法的基本原则

国际私法的基本原则,可以归结为如下内容:

(1)国家主权原则。国家主权独立,彼此应相互尊重,这是国际法的基本原则,也是国际私法的基本原则,是国家之间发展平等互利的国际经济、文化、民事关系的前提。主权原则在国际私法中体现为:任何一个主权国家都可以根据自己本国的国情规定涉外民商事案件的管辖权规范及冲突规范;国家及其财产享有豁免权;如果本国冲突规范指向的外国法律的适用违反本国公共秩序,则可以拒绝适用该外国法;对于违反本国重大社会公共利益的外国民商事判决可以拒绝承认与执行。

(2)平等互利原则。平等互利原则是构建国际民商事活动新秩序的重要因素。该原则要求承认外国当事人的法律地位平等,其合法权益受到同等保护,赋予外国人同等的诉讼地位,平等对待外国当事人在外国依法获得的司法判决和仲裁裁决。

(3)保护弱方当事人合法权益原则。鉴于妇女、儿童、消费者在国际民商事活动中的弱势地位,冲突法在这一领域具有特殊价值取向——通过对弱者利益的保护实现实质正义,即在冲突法允许的框架内以对弱者较为有利的实体结果为目标来指引法律选择的过程。在现代国际私法制度中,对弱者的保护已经成为大多数国家重视的价值追求。保护弱者是法律规范人性化的集中反映,是法律人文关怀的重要体现,是国际私法价值取向的终极目标,是实现实质公平正义的必经之路。

(4)遵守国际条约和尊重国际惯例原则。条约必须信守是国际法的基本原则,缔约国都有遵守条约的义务,在国际民事交往中也是如此。凡是当事人的所属国之间有共同参加或缔结的国际条约,当事人的所属国都必须遵守,当事人也必须服从。条约优于国内法,凡是国际条约与国内法有不同规定的,应优先适用国际条约。如果没有缔结某方面的国际条约,国内立法也没有规定的,则应参照国际惯例。

二、冲突规范的基本制度

冲突规范是一种特殊的法律规范,它具有以下几个特点:(1)冲突规范不同于一般的实体法规范,它是法律适用规范;(2)冲突规范不同于一般的诉讼法规范,它是法律选择规范;(3)冲突规范是一种间接规范;(4)冲突规范的结构不同于一般的法律规范,它没有明确规定法律后果,也没有将规范适用的条件和行为模式明确分开,而是将两者有机地结合在一起,形成了一种独特的结构。例如,"不动产的所有权适用不动产所在地法律"就是一条冲突规范。我国法院处理涉外不动产物权纠纷时,应以其作为适用法律的依据,如果不动产所在地在我国,则我国的《物权法》就是解决该争议的准据法。在适用冲突规范选择准据法的过程中,常遇到识别、反致、法律规避、公共秩序保留及外国法内容的查明等制度。

(一) 识别

识别也称为定性或分类,是指法院在适用冲突规范时,依据一定的法律观念,对有关的事实构成作出定性或分类,将其归入特定的法律范畴,从而确定应适用的冲突规范的认识过程。它是正确适用冲突规范的前提,也是正确适用准据法的前提。

其实,在国内民商事案件中,法官也会遇到识别问题,如一个案件是属于物权纠纷还是债权纠纷,是违约之债还是法定之债,抑或是二者的竞合。为什么国内民法不讲识别呢?这是因为国内民商事案件按照本国的标准进行识别,而涉外民商事案件涉及不同国家的民商法,每个国家的识别标准、依据存在冲突。例如,不同国家对同一事实赋予不同的法律性质,因而可能援引不同的冲突规范;不同国家往往把具有相同内容的法律问题分配到不同的法律部门中去;不同国家对同一问题规定的冲突规范具有不同的含义;不同国家有时有独特的法律概念。这些都可能导致识别的冲突。

依据什么法律概念或法律意识进行识别,是解决识别冲突问题的关键。对此,尽管存在不同的理论,但各国多青睐于依法院地法进行识别。理由是:(1)冲突规范作为国内法的组成部分,其使用的名词或概念应与其他法律一致。(2)法官熟悉自己国家的法律概念,依法院地法识别简单明确。(3)识别是法官适用冲突规范之前的思维活动,在没有解决识别冲突之前,外国法还没有获得适用,除法院地法以外,不可能有其他法律作为识别的依据。(4)如果用外国法识别,有损法院地国家的司法主权。我国《涉外民事关系法律适用法》第8条规定:"涉外民事关系的定性,适用法院地法律。"可见,我国也依照法院地法进行识别。

(二) 反致

反致有三种常见形式:狭义的反致(一级反致)、转致(二级反致)、间接反致(大反致)。

狭义的反致,是指对某一涉外民商事案件,法院按照法院地的冲突规则本应适用外国法,但外国法中的冲突规则指定适用法院地法,最后法院接受这种指定并适用法院地法。

转致,是指对于某一涉外民商事案件,依照法院地冲突规范的规定,应适用某外国法,而依照该外国冲突规范的规定,却应适用第三国法,法院即以第三国实体法裁决案件。

间接反致,是指对于某一涉外民商事案件,依照法院地冲突规范的规定,应适用某外国法,而依照该外国冲突规范的规定,却应适用第三国法,而依照第三国冲突规范的规定,应适用法院地法,法院即以法院地实体法裁决案件。

可见,反致产生的条件是法院地将外国法理解成包括实体法和冲突法的整体且相关各国冲突规范内容不一致。

反致问题在理论上存在分歧,有的国家赞成,有的国家反对。客观地讲,软化冲突规范方法的多样性使反致制度丧失存在的必要性。冲突法的统一化以及实体法的统一化使反致制度丧失存在的根据。司法成本的理论使采用反致制度与否的差异显而易见:不设反致,法官仅须依冲突规范查明外国实体法;设有反致,法官不仅查明外国实体法,而且要理解并运用外国冲突法。因此,我国不采用反致。我国《涉外民事关系法律适用法》第9条规定:"涉外民事关系适用的外国法律,不包括该国的法律适用法。"也即是说,法官依我国的冲突规范指向的是该外国的实体法。

(三) 法律规避

法律规避,是指涉外民事法律关系的当事人为利用某一冲突规范,故意制造某种连结点的客观事实,以避免本应适用的法律,从而使对自己有利的法律得以适用的一种逃法或脱法行为。法律规避产生的原因是人类具有趋利避害的本能,各国法律中对同一事项的规定存在歧异,而且冲突规范赋予了当事人选择法律的可能。如何判断当事人存在法律规避的行为呢? 从主观上讲,法律规避是当事人有目的、有意识造成的。从规避的对象上讲,被规避的法律必须是强制性或禁止性法律。从行为方式上看,当事人是通过人为地制造或改变一个或几个连结点(如改变国籍或者住所)来达到目的。从客观结果上看,当事人的规避行为已经完成。

关于法律规避的效力,有的国家规定规避法院地法无效,规避外国法有效;有的国家规定规避法院地法无效,而对规避外国法的效力不作规定;有的国家规定所有的法律规避行为均为无效。我国《涉外民事关系法律适用法》对此未作明确规定。在司法实践中,当事人如果有规避我国强制性或者禁止性法律规范的行为,不发生适用外国法律的效力,亦即是说,规避我国法律无效。

(四) 公共秩序保留

公共秩序保留,是指一国法院依其冲突规范本应适用外国法时,因其适用会与法院地国的重大利益、基本政策、道德的基本观念或法律的基本原则相抵触而排除其适用的一种保留制度。公共秩序保留制度是目前在国际私法上得到各国立法和司法实践以及国际条约最广泛肯定的一项制度,同时也是弹性极大、比较笼统的一种制度。公共秩序保留制度主要用于维护法院地国的重大的、根本的社会利益。对于何谓公共秩序,由各国根据其不同时期的政策和利益来解释。公共秩序保留制度的作用在于排除和限制外国法的适用,外国法因其适用的结果违反法院地国的公共秩序而被排除适用后,对于适用何国法律裁决案件,不同国家的做法各异。有的国家以法院地法处理案件;也有学者主张在外国法被排除后,法院可拒绝审判,其理由是冲突法既已规定应适用外国法,便表明它不允许用其他法律代替。

我国的公共秩序保留制度体现在《民事诉讼法》及《涉外民事关系法律适用法》中。《民事诉讼法》第282条规定:"人民法院对申请或者请求承认和执行的外国法院作出的发生法律效力的判决、裁定,依照中华人民共和国缔结或者参加的国际条约,或者按照互惠原则进行审查后,认为不违反中华人民共和国法律的基本原则或者国家主权、安全、社会公共利益的,裁定承认其效力,需要执行的,发出执行令,依照本法的有关规定执行。违反中华人民共和国法律的基本原则或者国家主权、安全、社会公共利益的,不予承认和执行。"《涉外民事关系法律适用法》第5条规定:"外国法律的适用将损害中华人民共和国社会公共利益的,适用中华人民共和国法律。"

【随堂测试】 下列制度中被称为国际私法"安全阀"的是( )。(单选题)

A. 识别　　　　　　　　　　B. 反致
C. 公共秩序保留　　　　　　D. 外国法内容的查明

解析：公共秩序保留是指一国法院依其冲突规则本应适用外国法时，因其适用会与法院地国的重大利益、基本价值观念等相悖而排除其适用的一种制度，是国际私法中国家主权原则的体现，是国际私法中的"安全阀"。因此，本题应当选 C。

（五）外国法内容的查明

外国法内容的查明，是指一国法院在审理涉外民商事案件时，如果依本国的冲突规范应适用某一外国实体法，如何证明该外国法的存在和确定其内容。对于外国法的性质，有的国家把它看作事实，有的国家把它看作法律，有的国家采取折衷意见，这直接导致了外国法查明方法的不同。采事实说的国家规定当事人举证证明，"谁主张，谁举证"，当事人应负责证明被当作事实的外国法的存在及其内容。采法律说的国家规定法官依职权查明，无须当事人举证。采折衷说的国家规定法官依职权查明，但当事人亦负有协助的义务。

《涉外民事关系法律适用法》第 10 条规定："涉外民事关系适用的外国法律，由人民法院、仲裁机构或者行政机关查明。当事人选择适用外国法律的，应当提供该国法律。不能查明外国法律或者该国法律没有规定的，适用中华人民共和国法律。"该法对外国法查明的责任进行了分担，如果当事人合意选择某一外国实体法，则由当事人提供；另外，对经过了各种尝试仍不能查明外国法的情形，规定适用中国法律。

三、涉外民事关系的法律适用

涉外民商事案件与国内民商事案件相比，只是多了涉外的因素。因此，国内各种类型的民商事纠纷，都有可能在涉外案件中出现。下面选取几种在司法实践中出现较多的具体法律适用问题进行阐释。

（一）自然人权利能力和行为能力的法律适用

各国立法都承认自然人的权利能力"始于出生，终于死亡"，这似乎表明在民事权利这个领域可能不会发生法律冲突。然而，由于各国立法对"出生"和"死亡"的规定不尽相同，法律冲突仍不可避免。对自然人权利能力的法律适用，主要有 3 种做法：（1）大多数国家适用当事人的属人法（国籍国法与住所地法）；（2）有的国家将自然人的权利能力附属于特定的民事法律关系，即适用该涉外民事法律关系的准据法；（3）有的国家适用法院地法。我国《涉外民事关系法律适用法》第 11 条规定："自然人的民事权利能力，适用经常居所地法律。"

属人法（国籍国法与住所地法）是解决自然人行为能力法律冲突的基本规则，但在实践中，为了保护商业活动的稳定与安全，各国在适用其属人法时，仍有一些例外，主要有：（1）处理不动产的行为能力，一般适用物之所在地法；（2）有关侵权行为的责任能力，一般适用侵权行为地法；（3）有关商务活动的当事人的行为能力，适用商业行为地法。我国《涉外民事关系法律适用法》第 12 条规定："自然人的民事行为能力，适用经常居所地法律。自然人从事民事活动，依照经常居所地法律为无民事行为能力，依照行为地法律为有民事行为能力的,适用行为地法律,但涉及婚姻家庭、继承的除外。"

【随堂测试】 甲国公民琼斯的经常居住地在乙国,其在中国居留期间,因合同纠纷在中国法院参与民事诉讼。关于琼斯的民事能力的法律适用,下列选项正确的是( )。(单选题)

  A. 民事权利能力适用甲国法
  B. 民事权利能力适用中国法
  C. 民事行为能力应重叠适用甲国法和中国法
  D. 依照乙国法琼斯为无民事行为能力,依照中国法为有民事行为能力的,其民事行为能力适用中国法

解析: 根据我国《涉外民事关系法律适用法》第11条,琼斯的民事权利能力适用乙国法。结合该法第12条规定可知,本题答案为D。

(二) 物权的法律适用

19世纪末之前,多数国家对于涉外不动产物权纠纷规定适用物之所在地法,而对于涉外动产物权纠纷规定适用当事人住所地法。从19世纪末开始,对于动产与不动产的物权关系均适用物之所在地法已是普遍做法。一般而言,物之所在地法主要用于解决下列物权问题:(1)动产与不动产的划分;(2)物权客体的范围;(3)物权的种类和内容;(4)物权的取得、转移、变更和消灭;(5)物权的保护方法等。而对于以下问题则不适用物之所在地法:(1)运输途中货物的物权关系;(2)船舶、飞行器等运输工具的物权关系;(3)国家所有的财产;(4)与人身关系密切的财产关系,尤其是涉外遗产的继承;(5)无主土地上的物的物权关系;(6)外国法人在自行终止或被法人国籍所属国解散时的财产所有权关系。

我国《涉外民事关系法律适用法》第36条规定:"不动产物权,适用不动产所在地法律。"第37条规定:"当事人可以协议选择动产物权适用的法律。当事人没有选择的,适用法律事实发生时动产所在地法律。"该规定对动产物权的法律适用引入意思自治原则,可以由当事人达成合意选择准据法。

(三) 合同的法律适用

我国对涉外合同法律适用的规定,体现在《合同法》第126条、《涉外民事关系法律适用法》第41条和最高人民法院《关于审理涉外民事或商事合同纠纷案件法律适用若干问题的规定》中。

根据上述法律和司法解释,我国对涉外合同的法律适用坚持两个原则:

(1) 意思自治原则。它是涉外合同法律适用的首要原则。《涉外民事关系法律适用法》第41条规定,当事人可以协议选择合同适用的法律。《合同法》第126条对此也有类似规定。对于当事人选择法律的时间,我国采取了相当宽松和灵活的规定,即当事人在订立合同时,或发生争议后,甚至在人民法院受理案件后开庭审理前,都可以作出选择。最高人民法院2007年发布的《关于审理涉外民事或商事合同纠纷案件法律适用若干问题的规定》更加宽松,界定为一审法庭辩论终结前。当事人所选择的法律,应是现行实体

法,不包括冲突法和程序法,从而排除反致的适用。当事人选择法律的方式必须是明示的,排除默示选择的方式。对意思自治原则的限制表现在不得违反我国的强制性规则和社会公共秩序两方面。此外,一些特殊合同必须适用中国法律。

(2) 最密切联系原则。它是意思自治原则的补充原则。对于在合同当事人没有选择法律或者未达成合意的情况下,法官如何自由裁量确定最密切联系的法律,我国司法解释列举了在通常情况下确定17种合同最密切联系地的标准。

(四) 一般侵权行为的法律适用

各国在侵权行为的范围、侵权行为构成要件、可获得赔偿的受害人范围及损害赔偿的原则、标准、数额及计算方法上存在很大的法律冲突。传统理论认为,一般涉外侵权应适用侵权行为地法、法院地法、当事人共同的国籍国法或住所地法。当前,许多国家在涉外侵权中引入了意思自治原则与最密切联系原则。

《涉外民事关系法律适用法》第44条规定:"侵权责任,适用侵权行为地法律,但当事人有共同经常居所地的,适用共同经常居所地法律。侵权行为发生后,当事人协议选择适用法律的,按照其协议。"这是意思自治原则的体现。该法第10条规定:"涉外民事关系适用的外国法律,由人民法院、仲裁机构或者行政机关查明。当事人选择适用外国法律的,应当提供该国法律。不能查明外国法律或者该国法律没有规定的,适用中华人民共和国法律。"

【随堂测试】 甲国游客杰克于2017年6月在北京旅游时,因过失导致北京居民孙某受重伤,孙某在北京以杰克为被告提起侵权之诉。关于该侵权纠纷的法律适用,下列选项正确的是( )。(单选题)

A. 因侵权行为发生在中国,应直接适用中国法

B. 如当事人在开庭前协议选择适用乙国法,应予支持,但当事人应向法院提供乙国法的内容

C. 因本案仅与中国、甲国有实际联系,当事人只能在中国法与甲国法中进行选择

D. 应在中国法与甲国法中选择适用更有利于孙某的法律

解析: 根据我国《涉外民事关系法律适用法》第44条,结合该法第10条可知,普通侵权允许当事人协议选择法律适用,当事人在一审法庭辩论前选择均可,当事人如果选择了外国法,就应当提供该外国法的内容。因此,本题答案为B。

(五) 婚姻关系的法律适用

社会经济制度、历史文化传统、宗教信仰及风俗习惯的不同,使各国对结婚实质要件及形式要件的规定不同。实质要件的冲突表现在法定婚龄、禁止结婚的疾病或生理缺陷、禁止结婚的血亲等方面。形式要件的冲突表现在结婚应采用民事登记方式还是宗教仪式。对于涉外婚姻法律效力的认定,有的国家适用婚姻缔结地法,有的适用当事人的国籍国法或住所地法,有的采取混合法律适用规则。我国《涉外民事关系法律适用法》对结婚实质要件及结婚形式要件的法律适用均作出了明确规定。其第21条规定:"结婚条件,适用当事人共同经常居所地法律;没有共同经常居所地的,适用共同国籍国法律;没

有共同国籍,在一方当事人经常居所地或者国籍国缔结婚姻的,适用婚姻缔结地法律。"第 22 条规定:"结婚手续,符合婚姻缔结地法律、一方当事人经常居所地法律或者国籍国法律的,均为有效。"

各国对离婚的理由有着不同规定,有的采用过错离婚,有的采用无过错离婚,有的是列举式,有的是原则式。对于离婚的形式,有的是协议式,有的是判决式,有的二者均可。对于离婚的法律适用,主要有 3 种做法:适用法院地法、适用当事人的国籍国法或住所地法、国籍国法或住所地法与法院地法相结合。我国《涉外民事关系法律适用法》对于协议离婚与诉讼离婚的法律适用作了区别。其第 26 条规定:"协议离婚,当事人可以协议选择适用一方当事人经常居所地法律或者国籍国法律。当事人没有选择的,适用共同经常居所地法律;没有共同经常居所地的,适用共同国籍国法律;没有共同国籍的,适用办理离婚手续机构所在地法律。"第 27 条规定:"诉讼离婚,适用法院地法律。"

(六)法定继承的法律适用

法定继承的法律冲突表现在各国继承法规定的继承人的范围宽窄不一、继承人的顺序不同、继承人的应继承份额不同。法定继承的法律适用存在同一制和区别制两种制度。

同一制又称单一制,即主张对死者的遗产不问其所在地,也不分动产与不动产,统一由其国籍国法或住所地法决定。采用同一制的最大优点是简单方便,但对不动产法定继承由于未依不动产所在地国家法律作出判决,很难得到财产所在地国家的承认与执行。

区别制,又称分割制,主张对死者的遗产区分动产与不动产,分别适用不同的准据法,即动产适用死者的国籍国法或住所地法,不动产适用物之所在地法。区别制有利于判决的承认与执行,但最大缺陷在于一个人的遗产继承可能要分别受几个法律的支配。

我国《涉外民事关系法律适用法》第 31 条规定:"法定继承,适用被继承人死亡时经常居所地法律,但不动产法定继承,适用不动产所在地法律。"

第三节 国际经济法

经济全球化使各国之间贸易和经济往来日益增长,国家对贸易和经济活动的干预日益加强。为了在全世界范围内实现资源的优化配置,商品、资本、服务、人员及信息等生产要素必然进行跨国或跨地区的流动。在全世界连结而成的统一大市场中,对经济主体的行为进行规范显得很有必要,国际经济法应运而生。国际经济法是随着国际经济交往的发展而发展起来的一门新兴的法律集合体。

一、概述

国际经济法是一个新的边缘性法律学科。人们对于国际经济法的概念、法律表现形式及基本原则仍存在不同的看法。下面对这些国际经济法的基本问题进行介绍。

(一)国际经济法的概念

要对国际经济法有一个全面、准确的界定,必须首先对国际经济法的调整对象以及国际经济法的特点有所了解。

国际经济法的调整对象是国际经济关系。国际经济关系按其范围有狭义说和广义说,狭义的国际经济关系仅指国家政府之间、国际组织之间以及国家政府与国际组织之间的经济关系,广义的国际经济关系不仅包括上述内容,而且包括大量的分属于不同国家的个人之间、法人之间、个人与法人之间以及他们与异国政府或国际组织之间的各种经济关系。具体而言,国际经济关系由以下几个不同性质和层次的经济关系构成:私人之间基于跨国交易所形成的经济关系;不同国家或地区间的经济关系;国际组织间的经济关系;国家或地区与国际组织间的经济关系;私人与国家或地区间的经济关系;私人与国际组织间的经济关系。

国际经济法作为调整国际经济关系的法律规范的集合体,有以下特征:

(1) 主体的多元性。国际经济法的主体不仅包括国家、国际组织,也包括不同国家的自然人和法人,还包括具有单独关税区地位的地区。

(2) 调整对象的广泛性。国际经济法所调整的社会关系不仅含有私人之间、国家之间、国际组织之间及国家与国际组织之间以等价有偿为基础的横向经济关系,而且含有国家对自然人和法人的国际经济交易活动进行管理和管制的纵向经济关系。

(3) 法律规范的多重性。调整国际经济关系的法律包括调整私人国际经济交往的民商法规范(如合同法、保险法等)、国家政府管理对外经济交往的法律规范(如关税法、进出口管制法、反倾销法、税法等)以及调整国家间经济关系的国际法规范(如有关的多边条约、双边条约、国际惯例等)。前两者是国内法规范,后者是国际法规范。

(4) 调整方法的综合性。由于国际经济法既包括公法规范也包括私法规范,既包括实体规范也包括程序规范,既包括国内规范也包括国际规范,因此,国际经济法的调整方法不是单一的,而是直接调整、间接调整和程序性调整的综合。

基于以上可知,国际经济法是指调整国家(或地区)之间、国际组织之间、国家(或地区)与国际组织之间、国家(或地区)与私人之间、国际组织与私人之间以及不同国籍私人之间在参与国际经济活动中所形成的国际经济关系的法律规范的总称。

(二) 国际经济法的表现形式

国际经济法的表现形式,既包括国际经济条约、国际经济贸易惯例和重要国际组织决议,又包括各国国内立法(宪法、涉外经济法)、国内判例与司法解释和涉外商务惯例等。

国际经济条约,是国家、国际组织间所缔结的以国际法为准并确定其相互经济关系中权利和义务的国际书面协议,对缔约国有拘束力,因而是国际经济法最重要的表现形式。在国际经济领域,存在着大量的多边国际公约,这些多边的国际公约中既包括为建立某些重要的国际经济组织并作为其基本法律文件的国际条约,如《国际货币基金协定》《国际复兴开发银行协定》《建立世界贸易组织协定》等,也包括在国际经济关系的某个领域所达成的专门性国际公约,如有关国际货物买卖的《联合国国际货物买卖合同公约》,有关国际货物运输的《统一提单的若干法律规则的国际公约》,有关票据方面的《统一汇票、本票法公约》,有关工业产权的《保护工业产权巴黎公约》,有关国际投资的《多边投资担保机构公约》,有关仲裁的《承认及执行外国仲裁裁决公约》等。除国际多边经济条约外,还有大量的双边国际经济条约,如两国之间签订的友好通商航海条约、贸易协定、支付协定、清算协定、相互保护投资协定、贷款协定、避免双重征税和防止偷漏税协定等。

国际经济贸易惯例,是指在国际经济贸易的长期实践中形成的、具有确定内容的被人们普遍认可或接受的习惯做法或行为准则。国际经济贸易惯例是任意性的规范,只有在当事人明确表示援引某惯例的规定时,该惯例才对当事人有约束力。同时,当事人有权对国际经济贸易惯例进行修改或补充。目前,国际上几个重要的国际经济贸易惯例是国际商会编纂的《国际贸易术语解释通则》《跟单信用证统一惯例》《商业单据托收统一规则》,国际法协会编纂的《华沙—牛津规则》,国际海事委员会的《约克·安特卫普规则》等。这些国际商事惯例,经常起着标准合同条款的作用。在国际经济活动中选择适用相关的惯例规则,可以简便当事方订立合同前的协商过程,消除对某些惯例规则可能存在的不同理解,明确双方的权利和义务,也利于争端的解决。

国际组织的规范性文件,是指国际组织按其法定程序制定的旨在确立成员国之间权利义务关系的法律文件。国际组织、特别是世界性的国际组织,一般都设立一个由所有成员国参加的最高权力机构,讨论和审议该组织权力能力范围内的重要问题和事项,并通过有关决议。自联合国成立后,特别是1960年代以来,联合国大会和其他机构通过或制定了一系列调整国际经济关系的规范性文件,例如《关于自然资源之永久主权宣言》《关于建立新的国际经济秩序宣言》《关于建立新的国际经济秩序行动纲领》《各国经济权利和义务宪章》等。这些文件不仅确立了国际经济法的基本原则,而且对各国的经济权利和义务、建立新的国际经济秩序等作出了明确规定。

在国内,宪法可能规定涉外经济法的基本原则、立法依据和对外商投资的法律保护等重要内容,对一国的涉外经济立法具有指导意义。各国制定或确认的旨在调整各国涉外经济关系的法律、法规、条例、规定等规范性文件,也是国际经济法的表现形式。在我国,判例的地位尚待立法确认,在司法实践中起着重要作用的是最高人民法院对审理涉外经济案件所作出的司法解释。此外,各国在对外贸易实践中形成了一些涉外贸易惯例,这些行为规范或准则经过长期反复实践,一旦被当事人采纳,就对他们产生约束力,具有了法律表现形式的作用。

(三) 国际经济法的基本原则

国际经济法的基本原则,是国际社会普遍接受的调整国际经济关系的最基本的法律原则。它适用于国际经济关系的一切领域,并构成国际经济法的基础。国际经济法的基本原则对于促进国际经济新秩序的建立,保障国际经济贸易活动的顺利进行具有重要意义。

这些原则包括:

(1) 国家经济主权原则。作为国家主权不可分割的部分,国家的经济主权已经得到了许多国际文件的确认,国家经济主权原则成为国际经济法最重要的基本原则。1962年联合国大会通过的《关于自然资源之永久主权宣言》正式确立国家对自然资源的永久主权原则,1974年联合国大会通过的《各国经济权利和义务宪章》等文件进一步明确了国家经济主权的内容。国家的经济主权主要包括三方面内容：一是国家对其自然资源享有永久主权。自然资源是国家民族生存和发展的物质基础，国家有权自由开发和利用其自然资源，有权自由处置其自然资源。二是国家有权对其境内的外国投资以及跨国公司的活动进行管理和监督。三是国家有权将外国财产收归国有或征用，但应给予适当补偿。

（2）平等互利原则。平等是指参与国际经济关系的主体在法律地位上的平等，互利是指经济上的互利，即双方当事人都能在经济交往中获得合理的经济利益。该原则的实质是强调在国家间的经济交往中应公平互利，实现经济上的实质性平等，防止和消除以形式上的平等掩盖实质上的不平等。《各国经济权利和义务宪章》强调："所有国家在法律上一律平等，并作为国际社会的平等成员，有权充分和有效地参加解决世界经济、金融和货币问题作出国际决定的过程，并公平分享由此产生的利益。"

（3）国际经济合作以谋共同发展原则。这一原则要求各国应进行合作，以促进建立公平互利的国际经济关系，并进行符合所有国家、特别是发展中国家的需要和利益的国际经济结构改革；所有国家有责任在经济、社会、文化、科学和技术领域内进行合作，以促进全世界、尤其是发展中国家的经济发展和社会进步。《各国经济权利和义务宪章》规定："国际合作以谋发展是所有国家的一致目标和共同义务，每个国家都应对发展中国家的努力给予合作，提供有利的外界条件，给予符合其发展需要和发展目标的积极协助，要严格尊重各国的主权平等，不附带任何有损它们主权的条件，以加速它们的经济和社会发展。"

（4）有约必守原则。就国家间的条约而言，这一原则指的是当事国一旦参加签订双边或多边经济条约，在享有条约赋予权利的同时，也受到该条约和国际法的约束，必须信守条约的规定，实践自己作为缔约国的诺言，履行自己的国际经济义务，否则就可能构成国际侵权行为或国际不法行为，要承担相应的国际法律责任。就自然人、法人相互之间或他们与国家之间的合同而言，有约必守原则指的是各方当事人一旦达成协议、依法订立合同，就具有法律上的约束力，非以法律或当事人重新协议，不得单方擅自改变。任何一方无合法原因不履行或不完全履行合同义务时，对方有权请求履行或解除合同；并有权就不履行或迟延履行所造成的损失要求赔偿。

二、世界贸易组织

世界贸易组织（World Trade Organization，以下简称"WTO"或"世贸组织"）是根据1994年4月15日在摩洛哥马拉喀什签订的《世界贸易组织协定》成立的，是关贸总协定"乌拉圭回合"谈判取得的重大成果之一。世界贸易组织的诞生，开创了全球贸易合作的新纪元。它不仅为协调各成员国的贸易政策和立场提供一个正式和常设的固定场所，而且对维护国际贸易交往的有序发展和推动全球贸易自由化产生深远影响。我国于2001年正式加入世界贸易组织。

（一）世贸组织的宗旨、职能与法律架构

世贸组织的宗旨是：提高生活水平，保证充分就业，大幅度稳步地提高实际收入和有效需求；扩大货物、服务的生产和贸易；坚持走可持续发展之路，各成员应促进对世界资源的最优利用、保护和维护环境,并以符合不同经济发展水平下各成员需要的方式,加强采取各种相应的措施;积极努力以确保发展中国家,尤其是最不发达国家,在国际贸易增长中获得与其经济发展水平相应的份额和利益;建立一个完整的包括货物、服务、与贸易有关的投资及知识产权等更具活力、更持久的多边贸易体系。

世贸组织的基本职能有:促进 WTO 协定和多边贸易协定的执行、管理和运作;为各成员方多边贸易关系的谈判提供场所;贸易争端的解决职能;贸易政策的评审职能;与其他国际组织进行合作。与关贸总协定相比,世贸组织管辖的范围除传统的和乌拉圭回合确定的货物贸易外,还包括长期游离于关贸总协定外的知识产权、投资措施和服务贸易等领域。世贸组织具有法人地位,它在调解成员争端方面具有更高的权威性和有效性。

世贸组织的法律框架由世贸组织的基本法《WTO 协定》及四个附件组成。附件一是《货物贸易多边协定》《服务贸易总协定》和《与贸易有关的知识产权协定》,其中《货物贸易多边协定》包括《1994 年关税与贸易总协定》以及其他有关货物贸易的多边协定。附件二是《关于争端解决规则与程序的谅解》。附件三是《贸易政策审议机制》。附件四是诸边贸易协定,其不属于"一揽子接受"的范围,包括《政府采购协定》《民用航空器贸易协定》《国际奶制品协定》及《国际牛肉协定》。

(二) 世贸组织的基本原则

在世贸组织负责实施管理的贸易协定中,贯穿了一些基本原则。它们是世贸组织成员在世贸组织范围内处理整个贸易关系应遵循的准则。

这些原则主要有:

(1) 非歧视原则。这一原则包括国民待遇原则、最惠国待遇原则和互惠原则。国民待遇原则,是指对其他成员方的产品、服务或服务提供者及知识产权所有者和持有者所提供的待遇,不低于本国同类产品、服务或服务提供者及知识产权所有者和持有者所享有的待遇。最惠国待遇原则,是指一成员方将在货物贸易、服务贸易和知识产权领域给予任何其他国家(无论是否为世贸组织成员)的优惠待遇,立即和无条件地给予其他各成员方。在国际贸易中,最惠国待遇的实质是保证市场竞争机会均等。互惠原则,是指两成员在国际贸易中相互给予对方以贸易上的优惠待遇。互惠原则的作用是防止"免费搭车"。在多边贸易谈判中,由于实行的是无条件最惠国待遇,甲方给乙方的优惠要无条件给予丙方,在这种情况下,甲方就希望丙方给予甲方相应的优惠。

(2) 关税减让原则。关税减让以互惠互利为基础,旨在降低进出口关税的总体水平,尤其是降低阻遏商品进口的高关税,以此促进国际贸易的发展。这一原则包含两层含义:一是各成员方可以关税作为保护本国工业的合法手段,应一般禁止、取消或限制各种非关税措施;二是在肯定关税保护作用的前提下,各国应通过多边贸易谈判来削减关税,以促进贸易自由化。经过历届多边贸易谈判,WTO 成员国之间的加权平均关税已降至很低水平,不再成为各国之间商品贸易的主要障碍。

(3) 公平贸易原则。这一原则是指在市场经济条件下,生产者和消费者应当按市场供求形成的价格进行贸易。依此原则,各成员国和出口贸易经营者都不应采取不公正的贸易手段进行国际贸易竞争或扭曲国际贸易竞争。如果出口产品向国外市场倾销,竞争条件可能是扭曲的;如果出口产品得到补贴,竞争有可能是不公平的。反倾销协议与反补贴协议则授权各国对从不公平贸易中获得好处的出口产品征收补偿税。建立以公平竞争为基础的多边自由贸易体系是世贸组织的基本目标,世贸组织的宗旨和各协议都体现了公平竞争的原则。

(4) 取消一般数量限制原则。这一原则是指,任何缔约方除征收捐税或其他费用外,不得设立或维持配额、进出口许可证或其他措施以限制或禁止其他缔约方领土的产品输入,或向其他缔约方领土输出或销售出口产品。在非关税贸易壁垒中,数量限制最为普遍,由于数量限制缺乏透明,容易使贸易发生扭曲,对国际贸易的危害最大。但是该原则有以下例外:为保护农业、渔业产品市场而实施的限制,为保护本国的国际收支而实施的限制,为促进不发达国家成员经济发展而实施的限制,为实施保障措施协定而规定的数量限制。

(5) 透明度原则。这一原则是指,世贸组织各协定所要求的各成员国的贸易法律、规章、政策、决定和裁决应予公布。缔约方有效实施的关于海外对产品的分类或估价、关于捐税或其他费用的征收率,关于对进出口货物及其支付转账的规定、限制和禁止,以及关于影响进出口货物的销售、分配、运输、保险、仓储、检验、展览、加工、混合或使用的法令、条例与一般援引的司法判决及行政决定都应迅速公布,以便使各国政府及贸易商熟悉它们。另外,一缔约方政府或政府机构与另一缔约方政府或政府机构之间缔结的影响国际贸易政策的现行规定,也必须公布。

(三) 世贸组织的争端解决机制

世贸组织争端解决机制是 WTO 协定的精髓所在,它已经成为公平、高效地解决成员方之间贸易争端的重要手段。

世贸组织争端解决机制不仅对关税与贸易总协定的争端解决制度和一般国际法争端解决制度有许多重要发展,而且还具有自己的特性,具体表现为:

(1) 规定了统一的争端解决机制。关贸总协定的争端解决机制是由反倾销协定、补贴和反补贴协定等几个部分组成,这几部分都规定了各自独立的争端处理程序和规则,不同的争端适用不同的解决程序。世贸组织争端解决机制不仅把关贸总协定的货物贸易领域的各种争端处理程序统一起来,也把服务贸易协定及知识产权协定的争端处理程序统一起来,制定了适用于所有领域统一的争端处理程序,加强了各争端解决程序之间的协调。

(2) 建立了统一专门的争端解决机构。它有权设立专家组,有权通过专家组和上诉机构的报告,保持对它作出的建议或裁决的执行与监督,并授权成员方中止减让及其他义务。

(3) 赋予了争端解决机构强制性管辖。所有世贸组织成员都受争端解决机构的管辖。不管一个成员愿不愿意,一旦被诉诸争端解决机构就不得不参与有关的程序。现行的国际性司法机构绝大多数没有获得强制管辖权,而这个问题在很大程度上制约着这些国际司法机构发挥其预定职能,因此,世贸组织争端解决机构的强制管辖权具有重大的意义。

世贸组织争端解决机制的运作程序如下：

(1) 磋商。争端当事方应当首先采取磋商方式解决贸易纠纷。磋商要通知争端解决机构。磋商是秘密进行的，是给予争端各方能够自行解决问题的一个机会。

(2) 斡旋、调解和调停。斡旋、调解和调停是争端方同意后自愿进行的，可以在争端解决的任何阶段进行。

(3) 仲裁。仲裁是争端解决的一种手段，诉诸仲裁需经各方同意，各方应议定将遵循的程序。

(4) 专家小组程序。如果磋商未果，受损害的一方可要求争端解决机构成立专家小组。专家小组成立后一般应在6个月内向争端各方提交终期报告，在紧急情况下，终期报告的时间将缩短为3个月。争端解决机构在接到专家小组报告后60天内研究通过，除非当事方决定上诉，或经协商一致反对通过这一报告。

(5) 上诉机构审议。专家小组的终期报告公布后，争端各方均有上诉的机会。上诉由争端解决机构设立的常设上诉机构受理。上诉机构可以维持、修正、推翻专家小组的裁决结论，并向争端解决机构提交审议报告。争端解决机构应在上诉机构的报告向世贸组织成员散发后的30天内通过该报告（除非协商一致决定不通过），争端各方必须无条件接受。

(6) 裁决的实施。争端解决机构监督裁决和建议的执行情况。违背义务的一方未能履行建议并拒绝提供补偿时，受侵害的一方可以要求争端解决机构授权采取报复措施，中止协议项下的有关义务。

三、国际贸易管理

随着国际贸易的迅速发展，各国以及各国际经济组织对国际贸易的管理不断趋于完善。国际贸易的管理措施是多种多样的，传统上以关税为标准将其分为关税措施与非关税措施。非关税措施种类繁杂，下面仅对进口救济措施中的反倾销、反补贴及保障措施进行介绍。

(一) 反倾销

倾销，是指一国出口商以低于正常价值的价格，将产品出口到另一国市场的行为。倾销是一种国家间市场的价格歧视。倾销企业的目的是以倾销的方式掠夺进口国市场，最终导致出口国企业的垄断或者进口国本国企业数量的减少，从而使相关产品价格得到提高。对进口国而言，消费者价格上的得益是暂时的，从长远看，消费者的利益也会受到损害。反倾销，是对外国商品在本国市场上的倾销所采取的抵制措施，一般是对倾销的外国商品除征收一般进口税外，再增收附加税，使其不能廉价出售，此种附加税称为"反倾销税"。

世贸组织的反倾销协定全称为《关于实施1994年关税与贸易总协定第6条的协定》（以下简称《反倾销协定》），主要内容分反倾销的实体规则和程序规则两部分。实体部分包括倾销的定义、倾销的确定和损害的确定。程序部分规定了反倾销调查、临时措施、终裁与复审等。根据1994年《关税与贸易总协定》第6条，一国产品以低于正常价值的价格进入另一国市场,如因此对某一缔约方领土内已经建立的某项工业造成实质性损害或产生实质性损害的威胁,或对某一国内工业的新建产生实质性阻碍,则构成倾销。因此,构成倾销应具备三个条件:(1)产品价格低于正常价值;(2)给有关国家同类产品的工业生产造成实质性损害,或存在此种威胁,或对某一工业的新建造成实质性阻碍;(3)低于正常价值的销售与损害之间存在因果关系。进口国为抵制倾销可以对该倾销产品征收不超过倾销幅度的特别关税。

我国全国人民代表大会常务委员会于1994年制定、2004年和2016年修改的《对外贸易法》第41条规定:"其他国家或者地区的产品以低于正常价值的倾销方式进入我国市场,对已建立的国内产业造成实质损害或者产生实质损害威胁,或者对建立国内产业造成实质阻碍的,国家可以采取反倾销措施,消除或者减轻这种损害或者损害的威胁或者阻碍。"另外,国务院于2001年制定、2004年修改的《反倾销条例》,吸收国际上各国反倾销立法和管理的经验,全面而简明地规定了确定倾销与损害、反倾销调查和采取反倾销措施等行政办法。

(二) 反补贴

倾销与补贴虽有关系,但本质上却是截然不同的两个概念。倾销是企业行为,而补贴往往是政府行为。补贴,是指一国或地区政府或公共机构向某些企业给予的产生利益的财政资助。特定的补贴与倾销一样,也是国际贸易中不公平的贸易行为,甚至会扭曲国际贸易。当然,并非所有的补贴都要禁止。反补贴,是指一国政府为了保护本国经济健康发展,维护公平竞争的秩序,或者为了国际贸易的自由发展,针对补贴行为而采取必要的限制性措施,包括通过WTO采取贸易报复措施以及通过国内反补贴法征收反补贴税。

世贸组织的《补贴与反补贴措施协定》(以下简称《反补贴协定》)也分实体性规定和程序性规定两部分,程序性规定与《反倾销协定》基本相同,其实体部分主要是对补贴的概念和分类作了明确的规定。《反补贴协定》将补贴分为禁止性补贴、可诉补贴以及不可诉补贴。(1)禁止性补贴,又称"红灯补贴",是指能对进出口贸易产生直接扭曲作用的补贴,包括出口补贴和进口替代补贴两类。按照《反补贴协定》的规定,各成员不应实施和维持这种被禁止使用的补贴,一经其他成员发现,则可采取反补贴措施。(2)可诉补贴,又称"黄灯补贴",是指在一定范围内允许实施,但如果在实施过程中对其他成员方的经济贸易利益产生不利影响,对方可提出反对意见或提起申诉的补贴。(3)不可诉补贴,又称"绿灯补贴",是指各成员方在实施这类补贴措施的过程中不受其他成员方的反对且其他成员方不得对该类补贴采取反补贴措施的补贴。

我国《对外贸易法》第43条规定:"进口的产品直接或者间接地接受出口国家或者地区给予的任何形式的专向性补贴,对已建立的国内产业造成实质损害或者产生实质损害威胁,或者对建立国内产业造成实质阻碍的,国家可以采取反补贴措施,消除或者减轻这种损害或者损害的威胁或者阻碍。"另外,国务院于2001年制定、2004年修改的《反补贴条例》,规定了确定补贴与损害、反补贴调查和采取反补贴措施等行政办法。

(三) 保障措施

保障措施,是指在公平贸易的条件下,一国进口激增并对其国内相关产业造成严重损害或严重损害威胁时,进口国采取的进口限制措施。反倾销与反补贴措施针对的是不公平贸易的行为,而保障措施针对的是公平贸易条件下的进口产品。保障措施的实施可以采取提高关税、数量限制等形式。

世界贸易组织的《保障措施协定》规定了成员方可以采取保障措施的条件:(1)进口数量的增加。进口数量的增加指产品进口数量急剧增长,包括绝对增长和相对增长。绝对增长指产品实际进口数量增长;相对增长指相对进口方国内生产而言,进口产品所占市场上升。(2)不可预见的发展。进口急增的原因是1994年《关税与贸易总协定》所规定的"意外情形"和"进口成员承担WTO义务结果"。(3)对生产同类或直接竞争产品的国内产业造成严重损害或严重损害威胁。严重损害,是指对一成员某一国内产业总体状态上所造成的重大损害;严重损害威胁,是指显而易见的、迫近的损害威胁的存在的事实。(4)进口的增加与严重损害或严重损害威胁之间有因果关系。除非调查根据客观证据证明有关产品增加的进口与严重损害或严重损害威胁之间存在因果关系,否则不得作出保障措施。保障措施的实施应遵循无歧视原则,对所有同类进口产品应一视同仁。也即是说,不能只对某一成员的进口产品实施保障措施,而对其他成员的同类产品大开绿灯。

我国《对外贸易法》第44条规定:"因进口产品数量大量增加,对生产同类产品或者与其直接竞争的产品的国内产业造成严重损害或者严重损害威胁的,国家可以采取必要的保障措施,消除或者减轻这种损害或者损害的威胁,并可以对该产业提供必要的支持。"另外,国务院于2001年制定、2004年修改的《保障措施条例》,规定了采取保障措施的调查和具体实施的措施。

第十三章　中国传统法律文化

> "我国几千年历史留下了丰富的文化遗产,我们应该取其精华、去其糟粕,结合时代精神加以继承和发展,做到古为今用。同时,必须结合新的实践和时代的要求,结合人民群众精神文化生活的需要,积极进行文化创新,努力繁荣先进文化,把亿万人民紧紧吸引在有中国特色社会主义文化的伟大旗帜下。"
>
> 江泽民:《在庆祝中国共产党成立八十周年大会上的讲话》
>
> (2001 年 7 月 1 日)

【学习指导】　重点掌握中国传统法典的历史变迁、法律精神和近代会通中西的法律变革;了解夏商西周中国法律文明的起源、中国先秦时期的法律思想、明末清初批判封建专制的法律思想和近代中国会通中西的法律思想;认识中国传统法律文化的精华,批判和摒弃其糟粕。

中国传统法律文化博大精深,本章以宗法伦理文化影响下的中国传统法律制度和中国传统法律思想为核心,介绍和阐释中国传统法律文化。中国古代的法典蔚为大观,它们作为中国传统法律文化的载体,蕴含着中国的法律智慧和法律理论,具体体现为德主刑辅的举措。德主刑辅是指国家应主要通过德教启发人们向善、自觉守法,适用刑罚应恪守慎刑原则,宽缓用刑,从而实现国家善治。这是基于儒家人性善的深刻洞悉而提出的治国理论,它要求在立法层面贯彻礼法结合的精神,在执法层面恪守执法必信、执法如山的理念,在司法层面形成依法断罪、情法两尽、轻重相举的司法方法。中国传统法律思想和法律制度植根于中国人的血脉当中,影响着中国人的法律思维方式和价值观念。

第一节　中国法律制度史

中国传统法律制度的发展历史脉络清晰,形成了以律为主体,辅之以令、例、法律解释、编敕和条例的法律形式,礼法结合的法律精神逐步获得发展和完善,适用法律的司法技术也不断成熟。

一、夏、商、西周时期的法律制度

夏、商、西周是中国传统法律的起源阶段,该时期产生了中国最早的法律——刑。刑起于兵,即在国家产生的历史早期,部落战争频繁,战争命令成为调整人们行为的规范,服从命令者赏,违抗命令者则诛。因此战争中使用的惩罚成为早期中国法律的起源。《国语·鲁语·臧文仲说僖公请免卫成公》对此有所记载:"大刑用甲兵,其次用斧钺,中刑用刀锯,其次用钻笮,薄刑用鞭扑,以威民也。故大者陈之原野,小者致之市朝,五刑三次,是无隐也。"意思是古代的五刑有甲兵、斧钺、刀锯、钻笮、鞭扑,大夫以上尸陈之于朝,士以下尸陈之于市。由于战争的需要,部落之间利用血缘关系相互联盟,不断加强彼此的联系,以血缘关系为基础的规范在部落战争中并没有被打破,而是被改造成为调整部落成员内部关系的礼。

(一) 夏朝的法律制度

夏朝的法律主要是禹刑和夏礼。禹刑作为夏朝法律,《左传》的记载为:"夏有乱政而作《禹刑》,商有乱政而作《汤刑》,周有乱政而作《九刑》,三辟之兴,皆叔世也。"[①]意思是夏朝有乱政,制定了《禹刑》,商朝有乱政,制定了《汤刑》,周朝有乱政,制定了《九刑》,这三本刑书都是在衰乱的时代兴起的。《左传》记载了禹刑的内容:"晋邢侯与雍子争鄐田,久而无成。士景伯如楚,叔鱼摄理,韩宣子命断旧狱,罪在雍子。雍子纳其女于叔鱼,叔鱼蔽罪邢侯。邢侯怒,杀叔鱼与雍子于朝。宣子问其罪于叔向。叔向曰:'三人同罪,施生戮死可也。雍子自知其罪,而赂以买直,鲋也鬻狱,刑侯专杀,其罪一也。己恶而掠美为昏,贪以败官为墨,杀人不忌为贼。《夏书》曰:昏、墨、贼,杀。皋陶之刑也。请从之。'乃施邢侯而尸雍子与叔鱼于市。"[②]可见,"昏、墨、贼、杀"是禹刑的主要内容。昏,即自己有恶行却盗取别人的美名;墨,即贪婪败坏官纪;贼,即杀人毫无顾忌。有上述之罪行的,则处以死刑。夏礼是夏朝另外一种法律,是具有普遍约束力的习惯法。

夏代已有正式的监狱。《史记》记载夏桀在位时,不行德政,使用武力统治,百姓不堪忍受,纷纷反抗夏桀的统治,而汤修德,诸侯纷纷归降汤。夏桀以"夏台"作为中央监狱,囚禁商族首领汤,故"夏台"为夏代监狱。

(二) 商朝的法律制度

《汤刑》为商朝法律的总称,是不公开的刑书。它便于王"议事以制",即按照新的情况临时制定法律,任意地断罪施罚。誓是征战时王发布的紧急军事命令,约束所有的从征人员,是商朝的另一种法律形式。此外,王的命令、文告具有最高的法律效力,《尚书·盘庚》就是整理商王命令而形成的。

商朝的五刑是墨、劓、剕、宫、大辟。墨刑又称黥刑,是在犯罪人的脸上刺字,然后涂上墨炭,作为犯罪人的标志。劓刑是割去犯罪人鼻子。剕刑是犯罪人被断足。宫刑是犯罪人被阉割生殖器。大辟是对犯罪人施以死刑。

羑里是商朝的监狱。根据《史记》记载,殷纣王材力过人,手格猛兽,曾经倒曳九牛,抚梁易柱。他很聪慧,又能言善辩,知足以拒谏,言足以饰非。殷纣王的残暴统治,遭到反抗。商末周族领袖姬昌,广施仁政,引起殷纣王的猜忌,被囚于羑里。羑里城在今天的安阳,是西伯(即周文王)拘羑里而演周易的地方。姬昌在此被囚7年,将伏羲八卦推演为六十四卦,著成《周易》一书。

(三) 西周的法律制度

西周是中国奴隶社会法律发展的一个鼎盛的时期。它的法律对封建时代的法律制

[①] 《左传·昭公六年》。
[②] 《左传·昭公十四年》。

度和法律精神都产生了深远影响。

1. 西周法律的主要形式

礼是西周主要的法律形式,是由周公制礼而形成的,成为调整当时各种社会关系的法律规范,具有最高的法律效力。《吕刑》和《九刑》是另一种法律形式;此外还包括命、诰和誓等王命。礼和刑作为西周两种主要的法律形式,二者具有相辅相成、互为表里的关系。经过周公制礼,周礼具有了国家强制性,违背礼的行为,会导致国家刑罚的处罚。礼重在教化,着重预防,对人们的行为给予正面引导;刑重在惩罚,着重对犯罪行为的事后处罚。礼是主动发挥作用,刑是被动的事后制裁。西周依据礼的精神确定各种犯罪行为的性质并对此进行惩罚,"出礼则入刑"概括了西周时期礼与刑的关系。

2. 西周的刑事法律制度

西周的刑法原则和刑事政策主要包括以下内容:

(1) 老幼犯罪赦免刑罚。西周形成了耄、悼、愚犯罪予以赦免的三赦之法。80、90岁称耄,7岁称悼,即年幼之人,愚即白痴。7岁以下、80岁以上的人及白痴,犯罪予以赦免。

(2) 区分眚与非眚、惟终与非终。《尚书·康诰》记载:"人有小罪,非眚,乃惟终,……乃不可不杀。……乃有大罪,非终,乃惟眚灾,……时乃不可杀。"眚(原意为眼睛生翳)即有过错、过失。非眚即故意。惟终是惯犯,非终即偶犯。这段话的意思是若有人犯轻罪,但故意,且惯犯,也不可不杀;若有人犯重罪,但是偶犯,过失犯罪,也不可杀。这表明西周开始按照犯罪人的主观状态,适用不同的刑罚。

(3) 罪疑惟轻。即对罪行有疑问的,从轻处理。这一原则可以追溯到夏朝的"与其杀不辜,宁失不经"。意思是在处理两可的疑难案件时,宁可偏宽不依常法,也不能错杀无辜。《尚书·吕刑》记载了西周解决疑罪的方法:"五刑之疑有赦,赦从罚,五罚之疑有赦,赦从免。"意思是对处以五刑有可疑的,可以减等按照五罚处理,如按照五罚处理仍有可疑的,则可以赦免。

(4) 量刑宽严适中。量刑方面,要宽严适度,当宽则宽,当严则严,宽严适当。西周根据政治形势、社会环境等因素来决定用刑的宽与严、轻与重,形成了刑罚世轻世重的刑事政策。"一曰,刑新国用轻典;二曰,刑平国用中典;三曰,刑乱国用重典。"① 意思是国家建立之初,要适用条文简约、处罚从宽的法律,这是因为国家刚建立,其民还没有得到教化,不能采用严刑峻法。国家统治稳定时期,要适用常刑。国家统治动荡不安时,要运用重典治理。

3. 西周的财产法律制度

根据资料记载,西周时开始出现土地交易。"五年卫鼎"记述了周懿王五年,裘卫和邦君厉交易土地的事实。铭文的大意是:裘卫因与邦君厉发生了土地纠纷,向邢伯、伯邑父、定伯等宰辅进行诉讼,经过一番审讯,派司徒、司马、司空实地勘察,最后划定田界,裘卫以"田五田"交换了邦君厉的"田四田"。它证明了西周土地与实物交换的事实。

西周的买卖契约称为质剂。《周礼·天官·小宰》记载有:"听买卖以质剂。"《周礼·

---

① 《周礼·秋官·大司寇》。

地官·质人》解释为:"大市以质,小市以剂。"意思是大的买卖用质,如买卖奴隶、牛马,是较长的契券。小的买卖用剂,如买卖兵器或珍异,是较短的契券。质剂由市场管理人员"质人"进行制作,说明当时官方已经对市场交易加以干预。

西周的借贷契约称为傅别。《周礼·天官·小宰》记载有:"听称责以傅别。"傅是把债的标的和双方的权利义务等写在契券上;别是在简札中间写字,然后一分为二,双方各执一半,札上的字为半文。傅别乃指在一契券(简牍)的正面、反面都写字,然后一分为二,借贷双方各执其一,以为凭证。傅别是借贷关系成立的依据,一旦发生纠纷又成为诉讼的证据。

4. 西周的婚姻法律制度

西周婚姻缔结程序和禁止性规定如下:

(1) 父母之命,媒妁之言。男女结为夫妻,必须经过父母同意和媒体说合。《诗经》记载:"娶妻如之何,必告父母。……娶妻如之何,匪媒不得。"①意思是娶妻必须经过父母同意,而且没有媒人的中间说合是不行的。

(2) 同姓不婚。这是为了避免男女同姓,其生不蕃(同繁)的恶果,即同姓相婚,会影响后代的健康繁衍。这也是为了附远厚别,所谓附远是通过联姻与异姓贵族建立姻亲关系;厚别是严禁同宗结婚,以防紊乱伦常。

(3) 六礼。西周时婚姻要先后经过纳采、问名、纳吉、纳徵、请期、亲迎六道程序才能成立。纳采(挑选、采纳),是指男方请媒人到女方家提亲,并准备礼物请女方收下。问名,是纳采之后,男方请媒人问女方的名字和生辰年月日,然后到祖庙占卜吉凶,卜到吉兆后,再进行下一个程序。纳吉,是指男方卜得吉兆以后,准备礼物请媒人通知女方,决定缔结婚姻。纳徵即纳币,是决定缔结婚姻关系以后,男方准备聘礼送给女家。请期,即纳徵以后,男方选定吉日作为婚期,准备礼物送往女方家中,请求其同意。亲迎,即新郎亲自到女方家中迎娶。只有经过上述六道程序,婚姻关系才正式成立。

关于离婚制度,根据周礼,丈夫可以七种理由休妻,称为"七出"。七出分别是无子、淫逸、不事舅姑、口舌、盗窃、妒忌、恶疾。女子具有上述情况之一,丈夫即可将其休弃。为了防止丈夫滥用七出的理由休妻,西周有"三不去"的规定,即妻子有以下3种情况时,丈夫不能休妻:"有所娶无所归(丈夫娶妻时,妻子有娘家,而休妻时妻子无娘家可归),不去;与更三年丧(曾经为公婆守孝3年的),不去;前贫贱后富贵,不去。"这对稳固婚姻关系起到一定的作用。

【随堂测试】 关于西周刑罚世轻世重刑事政策的含义,下列理解正确的是( )。(单选题)

    A. 刑罚随着世代变换

    B. 刑罚当轻则轻,当重则重

    C. 刑罚的宽严轻重应当与时势变化、政治情况、社会环境等因素相适应

    D. 刑罚有轻有重

---

① 《诗经·齐风·南山》。

解析： 刑罚世轻世重的刑事政策是"一曰刑新国用轻典，二曰刑平国用中典，三曰刑乱国用重典"。刑罚的宽严轻重应当与时势变化、政治情况、社会环境等因素相适应。答案为 C。

二、春秋战国时期的法律制度

春秋战国时期土地开始私有化，新兴的地主阶层要求变革维护奴隶主贵族的法律，改变刑不可知的状态。春秋战国时期出现了大规模公布成文法的活动，为维护新兴地主阶级的利益提供了法律保障。

（一）春秋时期公布成文法的活动

公元前536年，郑国执政子产（？—前522）铸刑书于鼎，以为国之常法。这是中国历史上第一次正式公布成文法的活动。与此同时，郑国还出现了中国历史上第一个私人传授法律的活动——邓析传授法律。公元前501年，大夫邓析（前545—前501）将"刑书"抄于竹简，称为"竹刑"。由于私造刑书有违国家法制，执政驷歂（生卒年不详）将邓析处死，却把竹刑沿用下来。

公元前513年，晋国赵鞅（？—前476）把前任执政范宣子（？—前548）所编刑书正式铸于鼎上，公之于众。这次公布成文法活动遭到孔子的猛烈抨击，他说："晋其亡乎！失其度矣。夫晋国将守唐叔之所受法度，以经纬其民，卿大夫以序守之。民是以能尊其贵，贵是以能守其业。贵贱不愆，所谓度也。文公是以作执秩之官，为被庐之法，以为盟主。今弃是度也，而为刑鼎，民在鼎矣，何以尊贵？贵何业之守？贵贱无序，何以为国？"①意思是晋国恐怕要灭亡了，因为失去了维护秩序的法度。晋国应该遵守唐叔传下来的法度，作为百姓的准则，卿大夫按照他们的位次来维护它，百姓才能尊敬贵人，贵人因此能保守他们的家业。贵贱没有错乱，这就是所谓法度。文公因此设立执掌官职位次的官员，在被庐制定法律，以作为盟主。现在废弃法令，铸造刑鼎，百姓能看到鼎上的条文，还用什么来尊敬贵人？贵人还有什么家业可守？贵贱失序，还怎么治理好国家？可见，孔子认为，公开颁布成文法会造成维护尊卑等级关系的法度混乱，招致国家的灭亡。但春秋时期公布成文法已经成为历史发展的潮流，成文法维护了新兴地主阶级的私有财产和政治权力，使他们摆脱了旧贵族的压迫和宗法等级制度的羁绊。

（二）战国时期第一部成文法典——《法经》

战国时期各个诸侯国纷纷变法，以法而治成为诸侯国强盛的举措。魏国李悝（前455—前395）制定的《法经》是中国封建社会第一部系统的法典。

《法经》有6篇：《盗法》《贼法》《网法》《捕法》《杂法》《具法》。李悝认为，"王者之政莫急于盗贼"，因此将《盗法》《贼法》列于篇首。《盗法》是涉及侵犯公私财产的法律；《贼法》是有关危及政权稳定和人身安全的法律；《囚法》是有关审判、断狱的法律；《捕法》是有关追捕罪犯的法律；《杂法》是有关处罚狡诈、越城、赌博、贪污、淫乱等行为的法律；《具法》是规定定罪量刑通例与原则的法律，相当于现代刑法典的总则部分。

---

① 《左传·昭公二十九年》。

《法经》初步确立了封建法典的体系和基本原则,是中国古代第一部比较系统的封建法典,标志着中国古代的立法技术已开始走向成熟,成为后世立法的滥觞。《法经》对封建经济的形成和巩固也具有积极作用,是封建社会关系上升为国家法律的反映。

三、秦朝至清前期的法律制度

秦朝至清前期,中国传统的法律形式、法典和法律精神等逐渐发展完善。作为国家稳定大法的律典逐步取代皇帝的命令成为主要法律形式,礼法结合是中华法系独有的特征。

(一)法律形式的演变

中国封建社会的法律形式以律典为主体,法律解释、敕令、判例和条例等为补充。封建社会建立之初,由于皇权强大,令的效力高于律。随着封建法典的逐步完备,律渐次取代令而具有最高效力。

1. 律令

统一的秦王朝建立后,秦始皇下令大规模增删与修订原有的法律,并将修订的法律施行于全国,以实现"法令由一统"。秦代的法律形式有律和令,律是针对某一专门事项正式颁布的法律,是秦朝法律的主体。令是皇帝针对一时之事而以命令形式发布的法律文件,效力高于律。秦始皇统一天下之时,规定皇帝的命为制,令为诏,由此开始,皇帝的命令具有最高法律效力,充分显示出皇权的至高无上。后来随着封建律典的完善,律渐次代替令,效力高于令,晋朝的杜预(222—285)在《律序》里对律令进行了区分,即律以正罪名,令以存事制,意思是律规定定罪量刑的内容,令是因事而设,律是明确稳定的法律规范,令是暂时的法律制度,违令有罪者,依律定罪处罚。此后律成为主要的法律形式。

2. 法律解释

秦朝的法律答问是另一种法律形式。法律答问是朝廷和地方官员对律令的权威性解释,与法律条文一样具有普遍约束力。湖北省云梦县睡虎地秦简所载《法律答问》共有187条,采用答问形式,对秦律的某些条文、术语以及律文意图作出了解释。中国封建社会为了确保法律的统一适用,解释法律的现象普遍存在,其中既有私人的法律解释,又有官方钦定的具有法律效力的解释,魏晋南北朝时期还产生了专门对法律进行解释的学问——律学。唐高宗于永徽二年(651年)令臣下对《贞观律》作慎重修改,颁布《永徽律》。长孙无忌(594—659)等大臣历时一年,完成律文的疏议工作。疏议是对律文进行统一的权威解释,为唐朝司法提供了依据,并附之于律后,与律文有机地融为一体,具有同样的法律效力。

3. 判案成例

廷行事也是秦朝的一种法律形式,秦简《法律答问》有十余条直接以廷行事作为依据。廷行事是秦朝各级官吏先前审判案件的成例,是汉代"决事比"的渊源。据《汉书·刑法志》记载,汉朝的死罪决事比13472事。汉朝的决事比是比照断案的判例,主要为补充律令之不足。此后,宋朝还有中央司法机关大理寺、刑部编集的判例汇编——断例。

4. 编敕

北宋时出现编敕的法律形式。编敕是将皇帝颁布的散敕加以汇编，使之成为普遍性法律。宋朝从最初的律敕并行到后来出现以敕代律的情况，反映了封建社会后期皇帝立法权的加强。虽然《宋刑统》是主要的法律，但编敕活动不断冲击《宋刑统》的地位。

5. 条例

条例是在法律无明确规定情况下，为解决案件，奏请上裁，后对同类判决进行归纳，著为条例。明洪武二十二年（1390年）更定《大明律》时，刑部奏言："比年条例增损不一，以致断狱失当。请编类颁行，俾中外知所遵守。"①意思是每年条例都有增加或者减少，以至于断罪量刑失当，把历年条例按类编排颁行，使中外知晓有所遵守。于是朱元璋命翰林院会同刑部官员，选取每年增加的条例按照类别进行编排。到明孝宗弘治年间（1488—1505）命九卿议定《问刑条例》297条，颁行天下，与大明律并行。后万历十三年（1586年）舒化等人重修《问刑条例》，在题稿中称立例以辅律，依律以定例，确定了明朝律例的地位，并形成律文逐条开列于前、条例单独附列于后的律例合编的编纂形式。清高宗乾隆皇帝即位之初，命律令大臣重修大清律例，修订者对原有律、例逐条考证，重新编辑，将对应的条例附加于相应律文后，对所附条例进行详细校订，折衷损益，删除原来律例后的总注，在律例中间增添小注，以补充、阐释律义。

延伸阅读

古代的"中央巡视员"②

古代，中央政府派遣监察官员巡视全国，防范、检查官员腐败。一般来说，古代"巡查制度"分为常设和临时简派两种形式。

1. 位高权重、职宽责严的巡按御史

汉武帝时，全国分为13个监察区，每个区设置一名刺史巡行监察，代表中央监督地方，权力很大，属于常设巡查机构。

这种巡查制度，为历代沿用借鉴，如魏晋、隋唐时期有"监察御史"，宋朝有"监司"，元朝有"按察使""廉访使"，及至明代，巡查制度已相当完备。

据朱绍侯主编的《中国古代史》，明洪武初年的监察机关称御史台，洪武十五年（1382年）改称都察院，都察院下设十三道监察御史，纠察内外官员。

监察御史在都察院供职时，称为内差或常差。若奉命出巡盐务的御史，就称为巡盐御史；若奉命出巡漕运的御史，则称为巡漕御史；若奉命巡按地方的御史，即称为巡按御史。奉命外出担任巡按御史，是监察御史最常见的工作，称为外差或特差，实为中央政府派遣的"巡视员"。

按《明史》记载，当时的巡按御史，"代天子巡狩"，足见其位高；"举劾尤专，大事奏裁，小事立断"，足见其权重；"凡政事得失，军民利病，皆得直言无避"，足见其职宽；"凡御史

---

① 《明史·卷九十三·志六十九·刑法一》。
② 李晓巧：《古代的"中央巡视员"》，载《国学》2014年第2期。

犯罪,加三等,有赃从重论",又足见其责严。

据《明史·成祖本纪》载,永乐元年(1403年)二月,中央政府"遣御史分巡天下,为定制",明代的巡按御史制度正式确立。当时,全国巡按御史的配备标准为:"北直隶二人,南直隶三人,宣大一人,辽东一人,甘肃一人,十三省各一人。"

清袭明制,都察院下设十五道监察御史,顺治年间基本沿用明朝的巡按御史制度,雍正年间还曾置巡察各省御史,之后就不再常设巡按御史了,遇事由皇帝临时差遣,民间常称之为"钦差"。

2. 发展民生、整饬风俗的"巡视组"

汉平帝元始五年,朝廷派遣太仆王恽等领八路人马"分行天下,览观风俗"。这个"巡视组"虽名为"览观风俗",但规格极高,由皇帝亲宠的部长级高官领队,并带着皇帝赐予的"节",代表皇室巡视天下,浩浩荡荡。

唐朝初年也常临时简派官员巡视天下,观风察俗,称为"观风使""观察处置使"。《新唐书》记载,贞观初年"遣大使十三人巡省天下诸州,水旱则遣使,有巡察、安抚、存抚之名"。很显然,这是临时简派去处理自然灾害的"巡视组"。

史上声势最大的临时简派巡视当在明初。《明史讲义》载,洪武二十年(1387年)"命国子生武淳等分行天下州县"。这次巡视的任务是核定全国田土面积。这为大明帝国创设和确定了"鱼鳞图册"制度,编定了"田土之最要底册",使之成为明清两代最重要的农业制度。著名史学家孟森极为称赏朱元璋这次派遣"巡视组",盛赞"魄力之伟大无过于此"。

洪武二十七年(1394年)8月,又派遣国子监生"分行天下,督修水利"。这个"巡视组"一改之前地方水利荒废的格局,让各地"开塘堰四万九百八十七处,河四千一百六十二处,陂渠堤岸五千四十八处",令明初"水利既兴,田畴日辟,一时称富庶焉",地方百姓无不欢迎。

清朝初年,为整饬地方风俗,进行精神文明建设,在一些地区设置了"观风整俗使",由中央政府临时派遣专人担任。《清史稿·世宗本纪》载,雍正四年(1726年)"冬十月甲子,设浙江观风整俗使",雍正七年(1729年)"十二月戊申,设广东观风整俗使"。湖南也设置过观风整俗使。

3. 惩治腐败是"巡视组"的中心工作

《资治通鉴》卷二十载,公元前117年6月,汉武帝遣"博士褚大、徐偃等六人分巡郡国"。这个"巡视组"分六路人马在全国各地巡视,干什么呢?他们"举兼并之徒及守、相、为吏有罪者",检举揭发各级官员和地方豪强的违法犯罪者。在正史记载中,这个"巡视组"对汉武帝时的吏治充分发挥了正能量。

在惩治腐败方面,古代的中央巡视官员,小事可以自行决断,大事则上奏朝廷裁决,甚至可以"风闻奏事"。若有官员腐败传闻,也可以上奏。所以能起到"地动山摇、震慑州县"的效果,对各地吏治的影响甚大。

在《明史》记载中,巡按御史的督察范围相当冗杂,从监督吏治到举荐贤才,从审录囚罪到断理冤狱,从督查仓库税粮到户口赋役,从督修农田水利到其他公共设施,从检查学校教育到抚恤孤老,从旌表孝义到赈济灾荒,从除恶扬善到正风俗振纲纪,样样都管。

当然,纠劾地方文武百官,惩治腐败和犯罪,才是巡按御史的中心工作。

宣德五年(1430年),明宣宗遣章昊、陈沕巡按福建、广东。明宣宗谕之曰:"御史出巡,先须考察官吏,官吏守法然后百姓受福。"并严厉地告诫说,凡违法乱纪者,务必惩治,若因私废公,"容恶长奸,使百姓受害,则尔罪均"。

历史上著名的清官海瑞,就曾率"中央巡视组"监察南京周边的应天十府,所到之处,官员都收敛言行,不敢奢靡腐败,甚至有地方要员一听海瑞到来,便提前免去一些贪官污吏,以免被追究、牵累。

(二)法典发展的历史

中国封建的成文法典皆源于《法经》,在此基础上不断地发展和完善,形成了中国传世的法典。封建法典有汉朝的《九章律》、三国曹魏《新律》、晋朝《泰始律》、北魏《北魏律》、北齐《北齐律》、隋朝《开皇律》、唐朝《唐律疏议》、宋朝《宋刑统》、元朝《大元通制》和《元典章》、明朝《大明律》和清前期的《大清律例》。

1.《九章律》

汉朝法典为《九章律》,所谓《九章律》是在《法经》6篇基础上加户、兴、厩3篇。户的意思是户籍,人家,户篇主要涉及户口统计、婚姻家庭领域的违法犯罪行为及惩罚;兴的意思是征发,兴造,兴篇主要是对施工建造过程中违法犯罪行为的惩罚;厩的意思是马棚,泛指牲口棚,厩篇即关于饲养作战和耕作的马牛等牲畜的行为规范。

2. 三国魏晋南北朝时期的法典

三国时期魏明帝太和三年(229年),制定曹魏《新律》18篇。它在汉《九章律》的基础上增加了篇目,将汉代科条入律。比如将《九章律》的劫略、恐吓之律结合相关科条,创立了《劫略律》;将欺瞒、诈骗等科条归为《诈伪律》等。曹魏《新律》还调整法典的篇章次序,将类似刑法总则的《具律》由原来第六的位置改为《刑名》放在首篇,摆脱了之前总则不前不后的尴尬现象。

西晋创制了《泰始律》,于武帝泰始三年(267年)施行。《泰始律》在《刑名》之后加上《法例》,将曹魏新律的《刑名》分为《刑名》《法例》两篇,这体现了西晋立法技术的进步。《泰始律》共20篇,又将《告劾》《捕》《系讯》《断狱》4篇置于律末,基本符合当时的司法程序。

北魏的《北魏律》定型后形成了20篇的结构。《北齐律》是三国魏晋南北朝数百年法律发展的最高成就,其创新之处是将《刑名》和《法例》合并为《名例》,首创《名例律》,作为法典总则放在首篇,自隋至清诸律均沿袭不变。

《北齐律》还开创了12篇的法典体例,即《名例》《禁卫》《婚户》《擅兴》《违制》《诈伪》《斗讼》《盗贼》《捕断》《毁损》《厩牧》《杂律》。

3.《开皇律》

隋朝开皇三年(583年),文帝命大臣更定新律,在《北齐律》的基础上按照去重就轻、删繁就简的原则,制定《开皇律》。《开皇律》12篇的篇名依次是《名例》《卫禁》《职制》《户婚》《厩库》《擅兴》《贼盗》《斗讼》《诈伪》《杂律》《捕亡》《断狱》。它还确定了封建五刑的内容,删除了死罪81条,流罪154条,徒、杖等罪1000余条,形成了笞、杖、徒、流、死的封建五刑体系。《开皇律》还重定八议、官当、例减、赎刑等制度,为贵族、官僚提供了一系列的法律特权。

4.《唐律疏议》

《唐律疏议》是中华法系的代表,为封建法典的完备之作。它的篇章结构、立法技术和法律精神都是集前朝法典之大成,对后世中国的法典和东亚国家的法律产生了广泛深远的影响。《唐律疏议》形成了系统完备的12篇篇章结构,包括《名例律》《卫禁律》《职制律》《户婚律》《厩库律》《擅兴律》《贼盗律》《斗讼律》《诈伪律》《杂律》《捕亡律》《断狱律》。唐律立法技术科条简约,宽简适中,共有502条。唐律"一准乎礼"的基本精神体现在维护封建君主专制和封建特权,维护封建家族伦理和封建伦理道德等方面。

5.《宋刑统》

宋太祖于建隆四年(963年)根据后周《大周刑统》的体例对唐律进行增删修改,制定了宋朝的法典,全名为《建隆重详定刑统》。它基本上恢复《唐律疏议》原貌,将唐律502条按照罪类分为213门。此外附录了敕令格式177条,每条系以〔准〕字样,还增设起请条,都有〔臣等参详〕字样,实为对律文或敕令格式的解释或调整补充。《宋刑统》增加了皇帝的敕令,反映出皇权对立法的控制。《宋刑统》是中国历史上第一部刊版印行的封建法典。

6.《大元通制》和《元典章》

《大元通制》编纂始于元成宗时期(1295—1307),完成于元英宗时期(1321—1323)。它是一部法律集成,汇编了世祖以来的条格、诏制、断例。其中,条格是元代皇帝发布或由中书省等中央行政机关颁发给下属部门的政令,相当于唐宋时的令、格、式;诏制相当于唐宋的敕;断例即断案事例。它是元朝最完整、系统的法典,但内容大部分已遗失,现存条格部分共20篇。

《元典章》是元代地方官吏自行编制的一部法律汇编,是元朝自元世祖以来50余年有关政治、军事、经济、法律等各方面圣旨、律令格例及司法部门判例的集成。《元典章》以纲、目等编排,分《前集》和《新集》。其中《前集》60卷,共10类,《新集》不分卷,列国典、朝纲、吏、户、礼、兵、刑、工8大类,其下各分门目。它以六部汇编法规的体例为大明律所效仿。

7.《大明律》

朱元璋于洪武二十二年(1390年)命令大臣对明朝法律进行全面整理修订,将《大明律》改定为7篇,30卷,460条。《大明律》首篇是名例律,其他各篇按吏、户、礼、兵、刑、工六部进行编目,形成《名例律》《吏律》《户律》《礼律》《兵律》《刑律》《工律》7篇的结构。《大明律》的主要变化和特点表现为:(1)简明扼要。它与之前历代法典相比,是最简明扼要的一部。(2)变更体例。它改变了以往法典分立篇目的原则和传统,是中国古代立法制度史上的一大变化,同时也体现了朱元璋废除宰相制后,利用立法手段强化君主专制集权统治的意图。《大明律》体现了当时较高的立法水平,影响了清朝和东南亚各国的封建法律。

8.《大清律例》

清高宗乾隆皇帝即位之初命大臣重修大清律例。《大清律例》在结构形式上与《大明律》相同,共分《名例律》《吏律》《户律》《礼律》《兵律》《刑律》《工律》等 7 篇,40 卷,律文 436 条,附例 1049 条。《大清律例》作为祖宗之成法,自乾隆五年以后不再修改,只新增例来弥补律文的不足。后来条例不断增多,为了解决律与例的矛盾,乾隆十一年(1722 年)定制为条例"五年一小修,十年一大修"。

(三)封建法律精神的历史演变

中华法系是伦理法,家族伦理精神影响着封建法律制度。十恶、八议、准五服以制罪、亲亲相隐、存留养亲等法律制度和原则都以维护封建等级特权和家庭伦理秩序为目标。

1. 十恶

十恶,源自《北齐律》中的"重罪十条",是指直接危及君主专制统治秩序、严重破坏封建伦常关系的重大犯罪行为。

以唐律为例,十恶制度主要包括以下内容:(1)谋反,谓谋危社稷,即阴谋以各种手段推翻现存的君主制度。古时君主祭祀社稷,社稷指土神和谷神,也代表国家。(2)谋大逆,谓谋毁宗庙、山陵及宫阙,即企图毁坏皇帝的宗庙、皇陵和皇宫。(3)谋叛,谓谋背国从伪,即企图背国投敌的行为。(4)大不敬,包括盗窃御用物品、因失误而致皇帝的人身安全受到威胁、不尊重皇帝及钦差大臣等 3 类犯罪行为。(5)恶逆,谓殴及谋杀祖父母、父母,杀伯叔父母、姑、兄姊、外祖父母、夫、夫之祖父母、父母。(6)不孝,即控告、咒骂祖父母父母;祖父母父母在,另立门户、分割财产、供养有缺;为父母服丧期间,谈婚论嫁、寻欢作乐、不穿孝服;知祖父母、父母丧,隐瞒不办丧事;谎称祖父母父母丧。(7)不睦,谓谋杀及卖缌麻以上亲,殴告夫及夫大功以上尊长、小功尊属。缌麻、小功、大功是根据服制确定的亲属范围,缌麻亲是指男性同一高祖父母之下的亲属,小功亲是指男性同一曾祖父母之下的亲属,大功亲是指男性同一祖父母之下的亲属。殴打、告发和卖以上亲属的行为是不睦。(8)内乱,谓奸小功以上亲、父祖妾及与和者。和指通奸,内乱行为破坏家庭的伦理秩序。(9)不道,谓杀一家非死罪 3 人,支解人,造畜蛊毒、厌魅。造畜蛊毒和厌魅是以巫术害人的行为,和杀一家非死罪 3 人、支解人的行为同样恶劣,危害严重。(10)不义,谓杀本属府主、刺史、县令、见受业师;吏、卒杀本部五品以上官长;及闻夫丧,匿不举哀,若作乐,释服从吉及改嫁。

"十恶不赦"的俗语说明对十恶犯罪行为的惩罚十分严厉。按照唐律规定,惩罚十恶行为的原则是惩及于"谋",即有谋划犯罪的准备,未付诸实施,如谋反、谋叛、谋大逆、谋杀祖父母父母、谋杀缌麻以上亲;惩罚谋反、谋叛、谋大逆行为还株连亲属,株连邻伍、知情不告或不即时追捕的官员;对十恶的惩罚为常赦所不原,即十恶不赦。

2. 八议

八议从曹魏《新律》开始法律化。以唐律为例,具体内容包括:(1)议亲,亲指皇亲国戚;(2)议故,故指皇帝的故旧;(3)议贤,贤指依封建标准德高望重的人;(4)议能,能指统治才能出众的人;(5)议功,功指对封建国家有大功勋者;(6)议贵,贵指上层贵族官僚;(7)议勤,勤指为国家勤劳服务、有大贡献的人;(8)议宾,宾指前朝的贵族及其后代。八议之人犯罪的处罚原则是法司不得直接审判,只能将其身份、罪状和应处刑罚上报朝廷,朝臣会议商定处理方案,奏皇帝圣裁,一般会减轻刑罚,如死罪减为流刑;流刑以下例减一等。

3. 准五服以制罪

晋朝开始形成准五服以制罪的法律制度。准五服以制罪是按照五服确定被害人与犯罪者亲属关系的远近,以此作为对犯罪者量刑标准的制度。五服是依照为亲属服丧服区分亲属关系的标志,主要包括有斩衰、齐衰、大功、小功、缌麻五服。犯罪者杀害、殴打、告发和奸亲属的行为,一般是尊长犯卑幼,减免处罚;卑幼犯尊长则加重处罚;如果是盗窃亲属的财物,因为亲属同财共居,且相互救助,量刑上不分尊卑要轻于凡人相盗。这是中国传统亲属关系影响量刑的表现。

4. 亲亲相隐

亲亲得相首匿,是儿子隐匿犯罪的父母、妻子隐匿犯罪的丈夫、孙子隐匿犯罪的祖父母的行为,除犯谋反、大逆外,不负刑事责任。《汉书·宣帝本纪》描述了亲亲得相首匿的原则:"地节四年诏曰,父子之亲,夫妇之道,天性也。虽有祸乱,犹蒙死而存之,诚爱结于心,仁厚之至也。自今子首匿父母,妻匿夫,孙匿大父母,皆勿坐。"意思是父子之亲、夫妇之道是人的天性。即使有祸乱发生,父子和夫妇拼死也会相互保护,这是父子和夫妇之爱,是最大的仁厚。从今儿子首匿父母、妻藏匿丈夫,孙子藏匿祖父母,都不承担责任。由此亲亲得相首匿成为汉朝一项法律原则。唐律《名例律》规定同居相为隐的制度,同居是同居共财之人,不仅包括有服制的亲属和无服制的亲属,而且还包括无任何亲属关系同居共财的奴婢等。《大明律》把唐律的同居相为隐改为亲属相为容隐,相互容隐的主体不仅包括同居共财的亲属,还包括同居共财的奴婢、雇工人。《大明律》规定除了容隐亲属的犯罪行为,还包括官司追捕罪因而漏泄其事,及暗地通报消息与罪人,使令隐避逃走等行为都不构成犯罪。亲亲相隐的法律制度从汉朝时期开始形成,到明清时期相互容隐的主体范围不断扩大。

5. 存留养亲

存留养亲是中国传统法律文化的一项独特制度。当对犯罪人执行刑罚时,如果犯罪人的祖父母、父母老疾需要侍养,而家中没有成年亲属奉养者,上请之后允许存留养亲,原判死罪可以得到恩赦,流刑、徒刑以杖刑替代,以使其能够存留养老。存留养亲制度是统治者实行仁政,体恤民情,有条件不执行原判刑罚的制度。存留养亲的法律化始于《北魏律》,后来不断地发展完善。清朝法律还规定严格的程序以防止存留养亲实施过程中的弊病,它要求地方官员把存留养亲之人的犯罪情况和家庭经济状况进行上报,让其邻居、族长等人担保情况属实,并加盖地方官的官印报刑部。

(四)中国依法断罪与轻重相举的司法传统

以成文法为主的封建时代逐渐形成了"依法断罪"的司法传统。晋朝刘颂(?—300)提出:"律法断罪,皆当以法律令正文;若无正文,依附名例断之;其正文,名例所不及,皆勿论。"①意思是依照律法断罪,应当以法律令正文为依据;如果没有正文,按照名例律断罪;律令正文和名例律都没有规定的,不构成犯罪。西晋时期已经产生了依法断罪的思想。此后依法断罪逐渐成为中国封建法典的一项原则。如《唐律疏议》"断罪不具引律令格式"条规定:"诸断罪皆须具引律、令、格、式正文,违者笞三十。"②《大清律例》"断罪引律令"条规定:"凡断罪,皆须具引律例,违者,笞三十。"③在具体的司法实践中,官员基本上依据法律进行断罪处罚,因而形成了依法断罪的司法传统。

当法律无明文规定时,唐律规定官员依照轻重相举原则进行断罪,"诸断罪而无正条,其应出罪者,则举重以明轻;其应入罪者,则举轻以明重。"④出罪是指减轻或免除刑罚,入罪是指确定有罪或加重刑罚。根据《唐律疏议》,对应当减轻或免除处罚的犯罪,可举出重罪条款以类推于轻罪,使犯罪人的刑事责任得以减轻,此之谓"举重以明轻";对那些应当加重处罚的犯罪,则可以举出轻罪条款以类推重罪,使犯罪人受到较重的处罚,此之谓"举轻以明重"。

延伸阅读

古代官署廉政文化的历史标本——内乡县衙⑤

内乡县衙正堂,许多大案要案都在这里审理

内乡县衙,位于河南省南阳市内乡县城东大街。据《内乡县志》记载,县衙始建于元大德八年(1304 年),历经明、清多次维修和扩建,逐渐形成一组规模宏大的官衙式建筑群。

内乡县衙坐北面南,占地面积 8500 平方米,中轴线上排列着主体建筑大门、大堂、二堂、迎宾厅、三堂,两侧建有庭院和东西账房等,共 6 组四合院,85 间房屋,均为清代建筑。内乡县衙是目前我国唯一保存完好的封建时代县衙。

内乡县衙现为全国重点文物保护单位,国家 AAAA 级景区,2002 年被《中国文物报》评为"世界文化多样性十佳博物馆",内乡县衙与北京故宫等一起被誉为中国四大古代官衙国际旅游专线,享有"龙头在北京,龙尾在内乡"的美称。

内乡县充分挖掘县衙博大精深的官署廉政文化内涵,建成了集观光旅游与廉政文化为一体的廉政教育基地。内乡县衙廉政文化由三部分组成:廉政楹联,收集整理衙署廉政楹联 100 多副;廉吏事迹,依据文献和传说,先后整理出版多部廉吏书籍,编写廉政故

---

① 《晋书·卷三十·志二十·刑法》。
② 《唐律疏议》,刘俊文点校,法律出版社 1999 年版,第 602 页。
③ 《大清律例》,田涛、郑秦点校,法律出版社 1999 年版,第 595 页。
④ 《唐律疏议》,刘俊文点校,法律出版社 1999 年版,第 145 页。
⑤ 图文来源:大河网,2014 年 9 月 27 日。http://news.dahe.cn/2014/09-29/103550819.html,2017 年 11 月 7 日访问。

事30多个,并改编成戏曲、小品等,在县衙不断传唱;庄严肃穆的建筑群落,除以体现公平、公正、为民做主的大堂、二堂等主体建筑外,又建设了廉政文化广场,恢复了照壁、皮场庙等廉政教育建筑,2008年被省纪委命名为"河南省廉政教育基地"。

(记者杨峰 图,记者郭启朝、通讯员崔鹏 文)

四、近代中国会通中西的法律改革

西方的坚船利炮打开中国大门之后,清政府在与西方国家的交往中明显居于劣势。西方人以中国法律野蛮落后为借口获得领事裁判权,导致中国丧失了司法主权。为收回领事裁判权,清政府决定参考古今,博稽中外进行变法,变法修律客观上促进了中国法制文明的进步。

(一)清末变法

清末变法,主要包括清末的立宪活动和修律两方面内容。

1. 立宪活动

在清政府"预备立宪"的诱动鼓舞下,1908年立宪运动逐步进入高潮,清政府为拉拢立宪派,采取欺骗手法,宣布预备立宪,于1908年颁布《钦定宪法大纲》23条。其中"君上大权"14条,规定皇帝统治大清帝国,万世一系,永永尊戴。君上神圣尊严,不可侵犯。皇帝有权颁行法律,黜陟百司、设官制禄、宣战议和、解散议院、统率海陆军、总揽司法权等,事实上与封建专制皇帝无异。臣民权利义务共9条,规定臣民中有合于法律命令所定资格者得为文武官吏及议员。臣民于法律范围内,所有言论、著作、出版,及集会结社等事,均准其自由。

清政府为挽救辛亥革命造成的时局动乱,于清宣统三年(1911年)由清政府公布《宪法重大信条十九条》。它大幅度地缩小了皇帝的权限,同时扩大了国会的权限,将立法权、宪法的起草议决权以及宪法修正的提案权委任给国会,皇帝只能进行公布,国会拥有财政预算案的议决权,皇室经费的决定也由国会来议决。但是《宪法重大信条十九条》没有涉及国民的权利。

2. 清末修律

清末刑法的修订,可以分为两个阶段:一是1910年公布的《大清现行刑律》。它删修旧律旧例,废除凌迟、枭首、戮尸、缘坐等酷刑,以罚金、徒、流、遣、死五刑取代原有笞、杖、徒、流、死五刑。二是1911年制定并公布第一部近代意义的刑法典《大清新刑律》。它废除一些残酷的刑种和明显不合潮流的制度,在更定刑名、酌减死罪、死刑唯一、删除比附、惩治教育5个方面,对旧律进行变通。

清末民律草案前三编以"模范列强"为主。在修订法律馆组织下,由日本学者松冈义正起草民律总则、债权、物权3编,民律前3编以日本1896年的《民法典》为蓝本,参酌德国和瑞士《民法典》,对中国旧有的民事习惯未加参酌。礼学馆负责起草《大清民律草案》亲属、继承2编,以"固守国粹为宗",虽然采纳了一些资产阶级的法律规定,但更多的是吸收中国传统社会历代相沿的礼教民俗。

清末商律的制定包括《钦定大清商律》和《大清商律草案》。光绪三十年(1904年)奏准颁行的《钦定大清商律》，由商部制定，内容较为简略，但它是中国第一部独立的商法，颁布后一直使用到民国三年(1914年)，《钦定大清商律》以法律的形式规定了奖励工商业的政策，肯定了近代资本主义企业的合法地位。光绪三十四年(1908年)，修订法律馆聘日本法学博士志田钾太郎起草《大清商律草案》，亦称《志田案》，它大多采用日本法的内容，未考虑中国的商事习惯，因清朝灭亡未及颁行。

鉴于历史形成的刑、民不分的状况，清政府于光绪三十一年(1905年)提出制订简明诉讼法，将民事诉讼与刑事诉讼规定在一部法典中，第二年《刑事民事诉讼法草案》拟成，上奏清廷请求颁行。它主要规定了刑事诉讼和民事诉讼的区别、诉讼时限、诉讼公堂、各类惩罚等。

(二)《中华民国临时约法》的制定和颁布

1912年公布的《中华民国临时约法》，规定了资产阶级共和国的国家制度，设立三权分立的临时政府，赋予人民政治自由、人身自由及其他的基本权利，规定了保护私有财产和私营工商业的经济制度。它的特点是改总统制为责任内阁制，扩大参议院权力，相对缩小临时大总统的权力，规定了临时约法严格的修改程序。《中华民国临时约法》是中国历史上资产阶级共和性质的宪法性文件，顺应了时代潮流，但是没有规定正面反帝和彻底反封建的内容。

【随堂测试】 近代立宪改革实现责任内阁制的有(　　)。(多选题)
A. 钦定宪法大纲　　　　　　　B. 重大信条十九条
C. 中华民国临时约法　　　　　D. 清末立宪活动

解析：参见《钦定宪法大纲》《重大信条十九条》《中华民国临时约法》内容介绍，本题答案为 B、C。

第二节　中国法律思想史

中国法律思想是中国传统法律文化的理论基础和精神根基。先秦时期思想家对法律与人性、法律与伦理道德、法律与权力的关系，法律的作用和地位等进行了思索和论辩。进入封建时代后，礼法结合、德主刑辅的正统法律思想逐渐确立。明清之际，思想家批判封建专制统治和封建法律，萌发了民主思想。近代中国，变法成为时代的主旋律，近代思想家思索着西方法律制度与中国传统法律文化如何接续的时代命题。

一、夏、商、西周的神权法思想

夏、商时期的法律思想为神权法思想，它宣扬王的统治权力来源于上天的委托，王以天罚和神判的名义行使统治权。西周时期统治者提出"以德配天""敬天保民"的思想，神权法思想开始动摇，法律思想转向保民。

夏禹违背禅让制，选择儿子夏启继承王位，有扈氏反对夏启继承王位。夏启讨伐有扈氏时作誓对军队说："有扈氏威侮五行，怠弃三正，天用剿绝其命，予恭行天之罚。"①意思是有扈氏不敬上天，不重用大臣，天要灭绝他，我代天惩罚他。夏启以行天命鼓动军队向有扈氏宣战，这是夏朝时期的天罚思想。

商朝建立后，为了神化统治权，商朝统治者鼓吹"天命玄鸟，降而生商"，宣称本族与天有血缘关系。商朝统治者还声称自己"受命于天"，是受上天委托来统治人间的，天具有无比的威力，且公正无私。在裁决疑难案件时，商朝统治者以龟甲和兽骨进行占卜，假借神意裁断争讼，强化了法律的神圣与威严，使法律成为维护王权的工具。

夏商时期的神权法思想论证了统治者的统治权和典章法律符合上天的意志，强调臣民有服从义务。神权法思想遭到批判和质疑后，权力的合法性便失去了根基。但是人们对天的敬畏并无改变，统治者仍然借助于天道、天理来说明其统治权的合法性。

西周统治者受到神权法思想的影响，宣扬自己的统治权来源于上天，同时声称天命的转移是有条件的，只有有德之人才能获得天命。王权来源于上天的赋予，也来源于人自身的德。西周统治者宣称因为自己有德，才得到上天的佑助而获得统治权。德的中心内容是保民。所谓"民之所欲，天必从之"，民心也是天意的反映，因此统治者要保民。保民在西周法律中具体表现为明德慎罚，即以教化百姓为主，适用刑罚时要谨慎、宽缓而不能严苛。

二、先秦儒家的法律思想

先秦时期儒家思想家的代表人物是孔子（前551年—前479）、孟子（约前372—前289）和荀子（约前313—前238），他们创立和发展的儒家思想体系中包含着丰富的法律思想。

（一）由仁到仁政的法律思想

孔子说："仁者，人也，亲亲为大。"②人是仁的道德主体，仁爱的人性基于家庭成员相互的爱，是自然亲情的体现。孔子虽然身处"礼崩乐坏"的时代，但是他认为依靠人的道德自觉和自我修养可以恢复礼治，即"克己复礼为仁"。③后来孟子发展了孔子仁的思想，提出仁政的思想。孟子认为仁是人所固有的自然本性，即"恻隐之心，人皆有之；羞恶之心，人皆有之；恭敬之心，人皆有之；是非之心，人皆有之。恻隐之心，仁也；羞恶之心，义也；恭敬之心，礼也；是非之心，智也。仁义礼智，非由外铄我也，我固有之也，弗思耳矣。"④孟子以此为基础，提出统治者在政治上应当实行"仁政"。

（二）"为国以礼"的礼治思想

春秋时期出现臣弑君、子杀父、礼崩乐坏的局面。儒家思想家主张为国以礼，以挽救天下无道、道德沦丧的局势。孔子说："殷因于夏礼，所损益可知也；周因于殷礼，所损益

---

① 《尚书·甘誓》。
② 《礼记·中庸》。
③ 《论语·颜渊》。
④ 《孟子·告子上》。

可知也。其或继周者,虽百世,可知也。"①孔子总结了礼治发展的历史规律,提出恢复礼治的可能性。

荀子认为礼是物欲的度量分界,是人们追求物欲的界限。他说:"礼起于何也?曰:人生而有欲,欲而不得,则不能无求。求而无度量分界,则不能不争;争则乱,乱则穷。先王恶其乱也,故制礼义以分之,以养人之欲,给人之求。使欲必不穷于物,物必不屈于欲。两者相持而长,是礼之所起也。"②意思是,礼起源于什么?礼的起源是人们天生都有欲望,欲望得不到满足,则会追求物欲。追求物欲如果没有度和界限,就会引起纷争;这样就会引起混乱,然后导致穷困。先王为禁止混乱,制定礼义来确定彼此份额,以养人之欲望,满足人们的欲求。使人们欲望不会因为物质匮乏得不到满足,物不会因为人们没有欲望而枯竭,使物和欲两者在互相制约中增长,这就是礼的起源。可见,荀子认为礼的作用在于节制人们的物欲,以免人们沉迷于物欲。

荀子主张隆礼重法,礼法结合。他说:"礼者,法之大分,类之纲纪也。故学至乎礼而止矣。"③礼是法的灵魂,法与礼精神相一致才具有价值。荀子吸收了法家的理论,主张遵奉礼治的同时还要重视法律的作用。

(三)"为政以德"的德治思想

孔子提出:"为政以德,譬如北辰,居其所而众星共之。"④意思是以德治理国家的统治者,如同天空的北斗星,众星拱卫着它。孔子认为,德礼的教化可以使人们变被动地守法为积极主动地守义,即"导之以政,齐之以刑,民免而无耻。导之以德,齐之以礼,有耻且格"。⑤但孔子也不否认刑罚对国家治理的作用。

孟子认为德教是统治者实行德政,获取民心的重要内容。他说:"仁言,不如仁声之入人深也,善政,不如善教之得民也。善政民畏之,善教民爱之;善政得民财,善教得民心。"⑥意思是仁厚的言辞不如仁德的声望深入人心,良好的政治不如良好的教育获得民心。良好的政治,人民敬畏它;良好的教育,人民喜爱它。良好的政治获得人民的财产,良好的教育获得人民的心。

除了德教,孟子提出德政还要制民之产,以杜绝犯罪。孟子说:"无恒产而有恒心者,惟士为能。若民,则无恒产,因无恒心。苟无恒心,放辟、邪侈,无不为已。及陷于罪,然后从而刑之,是罔民也。焉有仁人在位,罔民而可为也?"⑦意思是没有恒产而不违法犯罪者,只有士可以。一般人无恒产,就会肆意作恶,无所不为。等犯罪后,对其施加刑罚,等于是陷害他们。哪有圣人在位,陷害百姓的呢?犯罪行为是受环境影响所致,只有统治者实行德政,使民有恒产,才能够达到预防犯罪的目的。此外,实行德政还要谨慎适用死刑。如果王的左右皆曰可杀,勿听;诸大夫皆曰可杀,勿听;国人皆曰可杀,然后察之,见

---

① 《论语·为政》。
② 《荀子·礼论》。
③ 《荀子·劝学》。
④ 《论语·为政》。
⑤ 转引自《史记·酷吏列传》。
⑥ 《孟子·尽心上》。
⑦ 《孟子·梁惠王上》。

可杀,然后杀之。

荀子认为人性恶,但圣人可以化性起伪,"故圣人化性而起伪,伪起而生礼义,礼义生而制法度,然则礼仪法度者,是圣人之所生也。"①伪的意思是改造恶行,趋于向善的自觉能动行为。荀子主张德治,认为圣人通过教化可以改造人们恶的本性。

(四)"为政在人"的人治思想

孔子说:"文武之政,布在方策。其人存,则其政举;其人亡,则其政息。人道敏政,地道敏树。夫政也者,蒲卢也。"②意思是周文王和周武王的施政,都记载在竹简和木牍上面。当他们在位的时候,他们的教化就能施行,他们死了,他们的教化也就灭亡了。以人来施政的法则,是希望政教能快速推行,而利用土地种树的法则,在使树木快速生长,施政的道理,是希望如同蒲卢一般快速成长。孔子认为只有依靠圣人施政,才能实现国家的治理,这是孔子的人治思想。孟子主张"徒善不足以为政,徒法不能以自行"的人治思想,即良法也需要有道德的执法者执行才能发挥效用。孔子和孟子都主张统治者要以身作则来感化臣民,达到"其身正,不令而行"③的效果。在法律执行上,良法还需要有道德的人来执行,有道德的官员能够以道德对案件进行自由裁量,使案件得到公平判决。

三、先秦法家的法律思想

先秦时期法家的代表人物有齐国的管仲(约前 723—前 645)、秦国的商鞅(约前 395—前 338)、韩国的韩非(约前 280—前 233)。

春秋战国时期为维护新兴地主阶级的利益,法家思想家主张以法治国。管子说:"圣君任法而不任智,任数而不任说,任公而不任私,任大道而不任小物,然后身佚而天下治。"④任法即任用法度,任公是适用法律,王的个人意志则代表私,不任私做事即不凭私意、私见、不凭个人恩怨做事。商鞅说:"法令者,民之命也,为治之本也,所以备民也。"⑤法律是为治之本,是治理国家的唯一工具,判断人们是非功过的唯一标准。韩非子认为,"国无常强,无常弱,奉法者强则国强,奉法者弱则国弱。"⑥为实现法治的目标,先秦时期法家思想家强调颁布成文法,主张立法公平、法顺人情、执法必信、君尊令行和严刑峻法以提高法律的权威。

(一)颁布成文法

先秦时期法家思想家主张颁布成文法。百姓知晓法律是法律发挥作用的前提,为此,法家思想家认为,法律必须通俗易懂,公开颁布,使百姓明白易知,才能实现国家的治理。他们还强调应当向人们宣讲法律,使百姓知晓法律。法令还必须统一、稳定,不能朝令夕改。为了保证法律的稳定和统一,管仲主张立法权必须独掌于君主手中,不允许法出多门。管子说:"夫生法者,君也;守法者,臣也;法于法者,民也。君臣上下贵贱皆从

---

① 《荀子·性恶》。
② 《礼记·中庸》。
③ 《论语·子路》。
④ 《管子·任法》。
⑤ 《商君书·定分》。
⑥ 《韩非子·有度》。

法,此谓为大治。"①君主是立法者,法律是君主意志的体现,臣的义务是严格地遵守和执行法律;民的义务是遵照法律行事。只有君、臣、民三者在法律的制定和执行方面的权力和义务确立了,才会实现国家大治。

(二) 法与时转、法顺人情

法与时转,立法只有体现时代发展的要求,才能推动社会进步。商鞅在秦国是否变法的问题上与旧贵族甘龙、杜挚展开了激烈的辩论,甘龙、杜挚坚持"法古无过,循礼无邪"②,意思是说效法古代法制没有什么过错,遵循旧的礼制不会有偏差。商鞅则针锋相对地指出,只要变法对国家和民众有好处,就不必遵循旧的礼法。他提出了不法古、不循今的变法口号,法古就会落后于时代,循今就会跟不上形势发展,所以应当"因世而为之治,度俗而为之法"③。法与时转从时代发展的角度说明了法律变革的必要性,法律变革的内容要与时代的要求相符合。

法顺人情是立法具体内容的要求。管子提出"下令如流水之源,令顺民心"的思想,主张国君在立法时应当考虑民情和民意。商鞅和韩非子认为人都好利恶害,因此治国安民的上策莫过于以力制暴。商鞅说:"民本,法也。故善治者塞民以法,而名地作矣。"④韩非子提出:"凡治天下,必因人情。人情者,有好恶,故赏罚可用;赏罚可用,则禁令可立而治道具矣。"⑤意思是治理天下,应当顺应人情,人情有好恶,是赏罚可用的依据。赏罚的标准确立了,国家就能得到治理。

(三) 执法必信、君尊令行和严刑峻法

为了确保法律的权威,使人们信守法律,先秦法家主张执法必信,信赏必罚,取信于民。官员执法时必须服从法律,信守预先公布的法令。为了推行法治,管仲主张君臣上下贵贱皆从法;商鞅主张一刑,刑无等级;韩非子主张刑过不避大夫,赏善不遗匹夫。尤其是国君应当带头守法,不以私意破坏法律。管子说:"有道之君,善明设法而不以私防者也,而无道之君,既已设法,则舍法而行其私者也……为人君者,倍道弃法,而好行私,谓之乱。"⑥君主如果以个人私意破坏法律,那么国家就会陷入混乱。

法家提出君尊则令行的论点。春秋战国时期诸侯国的变法触动了旧贵族的利益,遭到他们的强烈反对。为了确保法律的权威,法家思想家主张君主应当抱法处势,加强君权以推行新法,强势的君主才能保证新法的有效实施,这是时代的要求。

法家还主张重刑以实现法治。他们认为人都有其恶的一面,这是犯罪发生的原因,所以他们主张严刑峻法,轻罪重罚,以刑罚的威吓使人民不敢轻易触犯法律,只有这样才能达到以刑去刑的目的。

---

① 《管子·任法》。
② 《商君书·更法》。
③ 《商君书·壹言》。
④ 《商君书·画策》。
⑤ 《韩非子·八经》。
⑥ 《管子·君臣》。

四、先秦墨家的法律思想

春秋战国时期的墨家学派是中国古代下层平民思想意识的代表,其主要代表人物是墨子(约前468—前376)。墨子兼爱相利的平均主义思想对中国传统的政治制度和法律都产生了影响。墨家学派和儒家学派是春秋战国时期的显学,墨家思想与儒家思想存在着相互的对立和斗争。

"兼相爱、交相利"是墨家主要的法律思想。兼相爱,即不分远近亲疏,一视同仁,爱无等差。人们亲如兄弟地平等对待每个人。交相利,即有财相分,平均财富,反对争夺,共谋福利。墨子所希望的政体是天下人选出贤者为天子和各级正长。贤者有义务做到有力者疾以助人,有财者勉以分人,有道者劝以教人等,从而实现兼爱的主张。天子发宪布令于天下,以实现"爱利天下者,上得而赏之;恶贼天下者,上得而罚之"的目标。墨子主张以兼爱和相利作为国策和法律的目标,并用国家强制力加以贯彻实施。

交相利的思想反映了下层百姓的要求,墨子学派产生后,交相利、平均财富成为下层平民的理想。中国历史上均贫富、等贵贱、均田等要求都反映了下层百姓追求拥有财产和提高政治地位的理想。交相利的思想影响到中国古代司法裁判的价值趋向,官员在解决贫民与富人的财产纠纷时,往往采取对贫民倾斜保护的策略以求宁事息讼,也体现了民意重于法理的特点。

墨子极力批判周礼是固化等级秩序的繁文缛节,与兼爱相背。墨子的兼爱思想也遭到孟子的批判,孟子认为:"圣王不作,诸侯放恣,处士横议,杨朱墨翟之言,盈天下,天下之言,不归杨则归墨。杨氏为我,是无君也;墨氏兼爱,是无父也。无父无君。是禽兽也。"①

五、先秦道家的法律思想

春秋战国时期道家法律思想的代表人物是老子(约前571—前471)和庄子(约前369—前286)。

道家提出道法自然的理论。老子说:"人法地,地法天,天法道,道法自然。"②道使万物自然而然地生长变化,是产生万物之母,是自然无为,不是对万物有所作为。人是自然之一部分,道法自然也是人们为人处事的行动准则,人的行为不能违背道,否则不会长久,因此自然律是人们必须恪守的准则。道家认为一切听任自然就会形成自然律,而人制定的法律违反了自然律,所以先秦道家思想家反对一切礼法制度。老子批评人定法,抨击礼治和法治。他说:"失道而后德,失德而后仁,失仁而后义,失义而后礼。夫礼者,忠信之薄,而乱之首。"③即礼、法是违反道法自然的人定法。庄子追求纯任自然的、不受任何限制和约束的绝对自由,所以任何的道德、法律和制度等人为制定的规范都是对自由的束缚,应完全否定。

---

① 《孟子·滕文公下》。
② 《道德经·二十五章》。
③ 《老子·三十八章》。

道家宣扬无为而治的法律思想。老子说:"不尚贤,使民不争;不贵难得之货,使民不为盗;不见可欲,使民心不乱。是以圣人之治,虚其心,实其腹,弱其志,强其骨。常使民无知、无欲。使夫智者不敢为也。为无为,则无不治。"①在老子看来,圣人按照无为的原则去治理国家,办事顺应自然,那么百姓就能够达到自化、自正、自富,最终形成安定繁荣的社会秩序。老子无为而治的思想在汉朝初期的法律制度建设中产生了积极影响,西汉初期政府采取了黄老无为的治理方法,轻徭薄赋,尽量减税,为政者采取不干预百姓生活的政策,使汉朝初期出现了繁盛的局面。

六、封建正统法律思想

从秦朝起到清朝止,中国经历了漫长的封建专制统治时期,在此期间形成了封建正统的法律思想,它的内容是礼法结合和德主刑辅。宋明时期由于道家、佛家文化影响,封建正统法律思想开始哲理化。

(一) 礼法结合的法律思想

礼最初产生于民间的祭祀风俗,经过周公制礼,成为调整各种社会关系的法律规则。虽然先秦时期墨家和道家都批评礼治,但是经过封建时代发展,统治者认识到礼是法律的道德根基。礼治源于宗法家族的行为规范和伦理观念,宗法家族社会的存在和发展是礼治思想存在的基础;法治则是维护君主专制官僚政体的思想,封建集权官僚政体的巩固与扩大需要法治。

礼法经历了春秋战国时期的对立,到汉唐儒家思想的法典化和法律的儒家化,最终礼法融为一体。《唐律疏议》的礼法关系是:"德礼为政教之本,刑罚为政教之用。犹昏晓阳秋相须而成。"唐律作为中国封建正统法律的代表,被概括为"一准乎礼",礼法结合思想对唐朝法律的影响主要有:(1) 礼的术语成为法律的概念。斩衰、齐衰、大功、小功和缌麻亲等五服亲术语成为《唐律疏议》确定社会和家庭成员身份尊卑的标准,以此作为定罪量刑的法律依据。(2) 儒家的《诗》《书》《礼》《易》《春秋》成为《唐律疏议》解释法律的依据。唐律引经注律,依靠儒家经典对法律进行解释,礼所蕴含的伦理精神影响到法律的解释和适用。礼法结合在国家制定法方面体现为法典和礼书并行不悖,国家制定法逐渐吸收民间的礼俗习惯,两者融合共同维护着国家稳定的秩序。

礼法结合影响着中国人的法律意识。一方面,法律中渗透着尊卑、长幼、亲疏、男女、贵贱的不平等精神,这种等级观念不仅是法律制度的具体内容,而且成为人们思想意识的一部分。等差观念深入人心,注重人与人之间的差异性,而人格平等的内容欠缺。另一方面,礼成为解决纠纷的主要依据,有时甚至代替法律。孔子认为:"礼乐不兴,则刑罚不中。"②在没有具体法律条文可以援引的情况下,礼成为封建国家定罪量刑的依据和准则。在处理家族内部的纠纷时,更多地强调"己所不欲,勿施于人"的道德观念。

(二) 德主刑辅的治国方略

先秦时期儒家和法家在德政和刑罚的治国方面有对立之处,但是儒家和法家都不否

---

① 《老子·三章》。
② 《论语·子路》。

认法律在国家治理中的重要作用。到汉朝时期,董仲舒(前179—前104)以阴阳五行、天人合一理论论证德主刑辅的合理性。他说:"然则王者欲有所为,宜求其端于天。天道之大者在阴阳。阳为德,阴为刑;刑主杀而德主生。是故阳常居大夏,而以生育养长为事;阴常居大冬,而积于空虚不用之处。以此见天之任德不任刑也。……王者承天意以从事,故任德教而不任刑。刑者不可任以治世,犹阴之不可任以成岁也。为政而任刑,不顺于天,故先王莫之肯为也。"①董仲舒主张统治者治理国家应当以德政为主,而刑罚也不可偏废。由此,德主刑辅成为封建正统法律思想的一项重要内容。

德主刑辅的含义是道德教化与刑罚并存,实施德政使统治者自我约束,采取宽厚的德教可以预防人民犯罪,达到国家的长治久安。刑罚的作用在于镇压人民反抗,制止犯上作乱、违法犯罪行为的发生。所以德教与刑罚的关系不是对立的,而是相互辅助,共同维护社会的稳定秩序。德主刑辅不仅影响封建立法的价值目标,而且对封建司法也产生重要影响,德教成为封建正统司法的价值追求,官员在裁判案件时,还要进行伦理道德的教化。

(三)封建正统法律思想的哲理化

理学源于唐朝韩愈(768—824)的"道统论"思想。唐朝中后期佛教、道教的兴盛对儒家的正统思想构成了威胁。韩愈强烈反对佛教"四大皆空"和道教"绝仁弃义"的出世思想,批判和对抗佛教的"祖统"和道教的"法统"理论,提出"道统论"以捍卫儒学的正统。针对佛教和道教的清净、无为、无知无欲的人性说,他提出性三品说,认为人不仅有性,而且有情,圣人与一般人的差别不在于消灭情欲,而是使情欲符合中道。韩愈认为只有复兴儒学,提倡忠君孝亲的孔孟之道,才能维护社会秩序。

宋朝的理学认为理是永恒的、先于世界而存在的精神实体,是万物之本,维护等级特权的封建法律精神是客观存在的天理,人们必须遵守,人的情欲要符合天理。朱熹(1130—1200)的理学体系完善了封建正统法律思想。他认为,父子君臣,天下之定理,封建的伦理道德和法律也是天理的体现,以此强化封建道德和法律。朱熹的"德礼政刑相为表里"的理论使封建正统法律思想的德刑关系认识达到更高水平。德礼政刑相为表里的基本意思是,因为每个人所保留私欲的程度不同,应当针对不同对象采取不同的对策,德礼政刑各有其实施的对象,它们共同维护着社会秩序。此外,朱熹的法律思想是宋朝民族矛盾和阶级矛盾尖锐的背景下产生的,因此他主张德礼政刑应当同时并举,不分先后,改变了以前先德后刑、以德去刑的理论。

明朝王阳明(1472—1529)的心学认为,心即理,良知是心之本体,是人人生而俱有的、先验的,封建伦理道德是人心固有的东西。王阳明心学对封建正统法律思想的影响主要表现在对德刑关系的认识上。他认为以往只重视教化改革风俗的作用,而不重视刑罚,刑罚也具有改造风俗的作用,刑罚不仅可以以力服人,也可以使人知耻,革新洗面,因此他主张德刑并重来治理国家。

---

① 《汉书·董仲舒传》。

七、明末清初的法律思想

儒家思想家通过天人合一或者天理、心学等理论论证了身份等级制度以及德主刑辅、礼法结合等措施的合理性。到了明清之际，黄宗羲（1610—1695）、顾炎武（1613—1682）和王夫之（1619—1692），分别在其著作《明夷待访录》《日知录》和《读通鉴论》中，对维护身份等级的封建专制统治和封建法律制度进行质疑和批判，形成了民主思想的萌芽。

（一）批判专制统治的思想

明清之际的思想家经历了前所未有天崩地裂的大变局，他们开始质疑和批判封建专制统治，认为专制统治及其法律导致了明朝的覆亡。

黄宗羲这样批评君主："以为天下利害之权皆出于我，我以天下之利尽归于己，以天下之害尽归于人。"[①]专制君主利用权力残害天下苍生百姓，垄断天下财产为自己所用，"视天下为莫大之产业，传之子孙，受享无穷。"[②]黄宗羲尖锐地指出："天下之大害者，君而已矣。"[③]天下人都怨恶其君，把专制君主视如寇仇，名之为独夫。利用权力为自己谋取私利，祸害天下苍生的君主，是全天下的敌人。黄宗羲认为，君主治理天下应以天下公利为目标，"有生之初，人各自私也，人各自利也。天下有公利而莫或兴之，有公害而莫或除之。有人者出，不以一己之利为利，而使天下受其利；不以一己之害为害，而使天下释其害。"[④]

顾炎武指出："一兵之籍，一财之源，一地之守，皆人主自为之，欲专其大利，而无受其大害，遂废人而用法。"[⑤]专制统治者为了防范他人染指权力，不得不制定繁密的法律，依靠法律维系专制统治。封建法律束缚官员，导致"人之才不获尽，有之志不获伸，昏然俯首，一听于法度，而事功日堕，风俗日坏，贫民愈无告，奸人愈得志，此上下之所同患"。[⑥]封建国家的法律致使社会风气日渐败坏，它只是维护统治者私利的法律。

王夫之批判明朝统治者时说："治之敝也，任法而不任人。夫法者，岂天子一人能持之以遍察臣工乎？势且仍委之人而使之操法。于是舍大臣而任小臣，舍旧臣而任新进，舍敦厚宽恕之士而任徼幸乐祸之小人。其言非无征也，其于法不患不相傅致也，于是而国事大乱。"[⑦]即任用法律，利用法律维护一己私利，最终导致国家的混乱。王夫之认为国家治理不能只凭维护君主一己之私的法律，还要依靠有道德的执法者。

（二）民主思想的萌芽

明末清初思想家在批判封建专制集权统治及其法律危害的同时，提出了学校议政和分权于地方的改革设想。专制集权的统治者往往利用权力为自己谋取私利，为了避免权

---

① 《明夷待访录·原君》。
② 同上。
③ 同上。
④ 同上。
⑤ 《日知录·法制》。
⑥ 同上。
⑦ 《读通鉴论·卷六·光武二一》。

力滥用,黄宗羲设想:"天子之所是未必是,天子之所非未必非,天子亦遂不敢自为非是,而公其非是于学校。"①以学校议政限制专制权力,为避免专制权力的滥用,学校以道约束君权的行使,使权力行使符合道。但是他不提倡推翻暴君,而是在国家进行改良。学校议政扩大了参与国家治理的范围,以道约束和限制君权,是该时期民主思想的体现。

专制君主利用权力残害天下人,为了避免君主利用权力谋取一己之私利,王夫之主张国家应当实行分权。他说:"天下之治,统于天子者也,以天子统乎天下,则天下乱。故封建之天下,分其统于国;郡县之天下,分其统于州。……上统之则乱,分统之则治者,非但智之不及察,才之不及理也。民至卑矣,其识知事力情伪至不齐矣。居尊者下与治之,亵而无威,则民益亢而偷;以威临之,则民惵惧而靡所骋。"②王夫之主张分权于地方以改变君主集权统治,也有一定的民主因素。

八、近代会通中西的法律思想

鸦片战争后,一部分中国人期望通过变法使国家强大,变法是近代中国的主旋律。但是究竟该如何变法以解决国家所面临的困局,近代思想家们提出了不同的主张,而会通中西最终成为变法的主流思想。

(一)沈家本的变法思想

作为清末的修律大臣,沈家本(1840—1913)认为中西文化虽然存在差异,各自有自己的法理,但是中西法律所蕴含的情理具有相通之处。在其《历代刑法考》中,沈家本分析了依律断罪与罪刑法定、仁政与西方资产阶级人道主义的会通之处,提出会通中西法律的变法思想。

沈家本主张仿效西方变革中国的旧律。沈家本认为,在近代抗击西方国家入侵过程中,中国节节败退的原因在于:"盖西国从前刑法,较中国尤为残酷,近百数十年来,经律学家几经讨论,逐渐改而从轻,政治日臻美善。"③西方法律改革是其政治优良、国家强盛的原因。外国人以中国法律残酷为借口,不愿受中国法律的约束导致近代中国丧失了司法主权。沈家本吁请以外国法律为蓝本,改革旧律例,刑罚改重从轻。在仿效西方进行变法时,为了实现会通中西的修律目标,沈家本一方面组织翻译西方国家的法律,作为修律的蓝本,另一方面还对中国历代法律进行了考察,反对抛弃中国传统的法律。

沈小兰、蔡小雪著《修律大臣沈家本》封面,人民法院出版社 2012 年出版。

图片来源:法律图书馆。ht-tp://www.law-lib.com/shopping/shopview_p.asp?id=52601。

---

① 《明夷待访录·学校》。
② 《读通鉴论·卷十六·齐高帝一》。
③ 沈家本:《奏删除律例内重法折》,载沈家本:《历代刑法考》(附寄簃文存)卷四,中华书局 1985 年版,第 2023 页。

沈家本还提出道德与法律的界限。他认为礼法结合、出礼则入刑的中国传统法律混淆了法律与道德的界限,对属于道德调整的行为也采取刑罚处罚的方式是不妥的。沈家本主张对不同类型的社会关系采用不同的调整方法,不能惟刑是务。如旧律的无夫奸罪只事关风化,应当通过教育改变人们行为,不必编入刑律之中。

作为修律大臣,沈家本的法律思想影响了清末修律活动。在会通中西思想的指导下,清末刑律和民律草案的制定基本上照顾到了中国传统的礼教民情。

（二）孙中山的法律思想

对民主资产阶级共和国的向往,使孙中山(1866—1925)从建章立制方面积极探索会通中西的道路,提出了五权宪法、权能分治的法律思想。

五权宪法的思想是在批判总结欧美各国宪法的优劣,参酌中国固有的考试制度和监察制度的基础上形成的。孙中山认为在世界各国宪法中,有文宪法是美国最好,无文宪法是英国最好;英是不能学的,美是不必学的。他说:"宪法者,为中国民族历史风俗习惯所必需之法。三权为欧美所需要,故三权风行欧美;五权为中国所需要,故独有于中国。诸君先当知为中国人,中国人不能为欧美人,犹欧美人不能为中国人,宪法亦犹是也。适于民情国史,适于数千年之国与民,即一国千古不变之宪法。吾不过增益中国数千年来所能、欧美所不能者,为吾国独有之宪法。"①孙中山特别强调宪法要适合国情,他的具体规划是以五院为中央政府,即行政院、立法院、司法院、考试院、监察院。宪法制定后,由各县人民投票选举总统以组织行政院,选举代议士以组织立法院。其余三院之院长,由总统得立法院之同意而委任之,但不对总统、立法院负责。五院皆对国民大会负责,各院人员失职,由监察院向国民大会弹劾之;而监察院人员失职,则国民大会自行弹劾、罢黜之。国民大会之职权,专司宪法之修改及裁判公仆之失职。国民大会及五院职员,与全国大小官吏,其资格皆由考试院定之。这是孙中山结合中国国情在会通中西的基础上设计的五权宪法。

孙中山把国家的政治权力分为政权（或者民权）和治权两部分。他说:"政是众人之事,集合众人之事的大力量,便叫做政权;政权就可以说是民权。治是管理众人之事,集合管理众人之事的大力量,便叫做治权。"②他主张民权要仿效瑞士实行直接民权制,即选举权、罢免权、创制权和复决权四大民权。这四大民权可以分为国民管理国家的权利,包括管理政府官吏的选举权和罢免权;还包括制定法律的权利,即法律的创制权和复决权。只有具备此四大民权,才能称得上纯粹的民国。治权由能者掌握,权力划分为五权,政府治权受到民权的监督。

孙中山的法律思想影响到中华民国政治法律制度的建设。五权宪法思想指导下建立的五院制政府在近代中国乃至现代中国台湾地区得以实践。

---

① 孙中山:《与刘成禺的谈话》,载《孙中山全集》第1卷,中华书局1981年版,第444页。
② 孙中山:《民权主义》,载《孙中山选集》,人民出版社1981年版,第791页。

附 录

"双一流"背景下的大学生法治观念培养机制研究

魏胜强

1986年以来,我国逐渐在高等学校推行法治教育,努力提高大学生的法治观念,并开设了"法律基础"课程作为公共必修课。2005年以后,教育部把思想道德修养和法律基础两门课合并为"思想道德修养与法律基础",作为思想政治教育必修课的重要组织部分,思想道德修养与法律基础课堂成为培养大学生法治观念的主阵地。对广大非法学专业的大学生来说,这一专门性的课程,加上学校的相关管理规定、以辅导员为主的学生工作人员的相关管理活动,共同构成了当前的大学生法治观念培养机制。不可否认,这一机制在帮助大学生树立法治观念、提高法治意识方面发挥了非常积极的作用。但是,随着全面依法治国的推进,这种大学生法治观念培养机制越来越难以适应形势的发展。特别是已经开展的一流大学和一流学科建设,在推动我国高等教育迈向世界一流水平的同时,也会进一步加剧当前大学生法治观念培养机制与全面提高大学生法治观念、培养高层次建设人才的矛盾。顺应全面依法治国的发展潮流,结合双一流建设的时代背景,不断探索和完善大学生法治观念培养机制,使大学生法治观念培养工作有机融入"双一流"建设中,是当前高等教育改革和发展的重要任务,也是"双一流"建设必须积极面对和圆满完成的重要工作。

一、当前大学生法治观念培养机制在"双一流"建设中凸显的问题

一段时期以来,媒体接连报道一些大学生违法犯罪的案件,以及大学生身陷网络贷款而自寻短见的案件,都促使人们不断反思大学生法治观念培养机制。当前的大学生法治观念培养机制,在许多高校被简化为大学生法治教育,相当一部分高校仅仅是在思想道德修养与法律基础的课堂上向学生宣讲一些法律知识,大学生法治观念培养工作便草草了事。如果大学生之间、大学生与学校之间发生了纠纷,基本上是通过辅导员做学生的思想工作来处理;大学生和校外发生的纠纷,学校并不介入,任由当事人自己通过其他途径解决。这样的法治观念培养机制,显然不利于引导大学生树立法治观念和提高法律素质。即使把大学生法治观念培养简化为对大学生开展法治教育,这种法治教育也存在不少问题。法治教育是培养大学生法治观念的主要途径,厘清当前法治教育存在的问题,也能在很大程度上明确大学生法治观念培育机制的不足。

对目前各个高校普遍开展的法治教育,不少研究者在总体上予以肯定的同时,指出了其存在的问题。如有研究者认为:"大学生法治教育存在的主要问题体现在,教育内容上的附属化、重复化、法学知识的专业化,以及教育方法上的理论教育与实践教育分离、

网下教育与网上教育分离、显性教育与隐性教育分离。"① 有研究者对西部某高校大学生法治教育状况进行问卷调查,发现主要存在如下问题:(1)大学生法治教育资源配置不均衡。目前大多数高校没有专门机构负责大学生法治教育,一般是党委宣传部牵头,多个部门具体安排实施,整个法治教育没有形成完备的体系,各个部门和学院"各自为政"。(2)法治教育内容与大学生需求脱节。学校开设的普法课程不能满足学生的法律知识需要,近68.4%的被调查者认为自己的法律知识学习不够全面;42.3%的被调查者认为法律学习的重点不够突出;而认为目前法律学习的主要问题是缺乏解决实际问题的能力的人占76.2%。(3)大学生法治教育方式较为单一。传统的法治教学方式通常采用理论讲授法,缺少鲜活的语言与生动的案例。偶有法治图片宣传或讲座等第二课堂形式,其方式虽然有一定效果,但都存在缺乏互动和质疑精神不足等问题。(4)校园法治文化氛围不够浓厚。学校法治宣传栏及普法网站的建立,由于地域、互联网技术、主观因素等的制约,并未能达到预期的教育效果,环境育人的功能没有得到很好的发挥。② 研究者们所归纳的问题,既有基于理论分析而形成的判断,也有通过实证调研而得出的结论,既涉及宏观问题也涉及微观问题,基本概括了当前大学生法治教育所存在基本问题。如果把以开展法治教育为主要内容的大学生法治观念培养机制置于当前的双一流建设背景下,把法治教育同一流大学和一流学科建设进行对照,便可以发现大学生法治观念培养机制在整体上存在着地位的边缘化、运行的业余化、效果的虚无化三个比较明显的问题。或者说,在双一流建设中,当前以思想道德修养与法律基础课程为主要内容的大学生法治观念培养机制如果不改进和完善,将进一步凸显其地位的边缘化、运行的业余化和效果的虚浮化三个倾向。

(一)地位的边缘化

双一流建设的基本目标是,推动我国一些高水平大学进入世界一流大学行列,一些高水平学科进入世界一流学科行列。这一目标定位注定了进入双一流建设名单的高校,将把更多的精力和资源用在学校的综合实力、整体水平和某些优势学科的发展上,所培养的人才也将更加高端化和专业化。这是我国高等教育迈进世界一流水平的必然要求,但是如果片面地、机械地看待这一建设目标,就会在客观上弱化其他学科的建设,并导致一些公修课越来越处于边缘化的地位。在这些公修课当中,中央一直高度重视的思想政治课应当不会受影响,真正被边缘化的是思想政治课以外的通识教育课和文化素质教育课。近年来不少高校一直强调压缩人才培养方案中的课程总数和教学时数,给学生更多的自由时间,在这种趋势下首当其冲的正是通识课和文化素质课。尽管一些高校强调重视大学生综合素质的培养,注重对大学生开展法治教育,但是这种重视仅仅停留在口头上,实践中并未对培养大学生法治观念投入过多精力和资源。在双一流建设背景下,已经入选双一流名单的高校会加大对一流学科的扶持力度,确保本学科在全国高校中始终处于领先地位,没有入选双一流名单的高校则会加大对本校强势学科的投入,以求加大

---

① 董翼:《大学生法治教育存在的主要问题及对策思考》,载《思想理论教育》2016年第3期。
② 参见刘洋、蒋志强:《大学生法治教育现状分析及对策研究——以西部某高校为例》,载《绵阳师范学院学报》2015年第9期。

进入双一流名单的几率。总之,学校建立的各项工作机制,都是激发各种高层次的人才投身于专业化的学术研究,以此提高学校和学科的影响力,凸显学科建设的成效,而大学生法治观念培养机制显然不在其中。无论是在高校之间还是在同一高校内部,这种"强强竞争"都会导致以培养大学生法治观念为主要目标的法治教育在高等教育中的地位急剧下降,越来越被边缘化。

这种边缘化首先表现为缺乏统一的培养大学生法治观念的协调机构。众所周知,大学的课程中,专业课的教学由各专业所在的院系负责,公共必修课根据课程性质由专门的院系负责,例如思想政治教育课由马克思主义学院或者思想政治教研部负责,大学英语由外语学院或者公共外语教研部负责。但是,还有一些选修课,由于是学生自愿选择,课程的规模、教学任务等都不大,因而会由教务处或者教务处下属的文化素质教育机构直接管理,由授课教师自行解决教学和教研事务。培养大学生法治观念的课程是个例外。培养大学生法治观念是一项综合性的事务,涉及教学教研、学生管理、党团活动、法治宣传等多个领域,不可能由某一个部门或者教学单位独立完成。"大学生法治教育的相关组织机构众多,但是机构之间缺乏统一协调,密切配合不够,是造成大学生法治教育内容重复化的主要原因。"[①]各个部门都负责,实际上也可能意味着各个部门都不认真对待。在课堂教学中,思想道德修养与法律基础课程的授课教师讲完课便与学生失去了联系,教学管理部门除了排课,似乎也不考虑课程设置是否需要改进、教学方式方法是否需要更新等问题。与大学生接触较多的学生管理部门、党团机构都有各自的具体工作,也不大可能担负起培养大学生法治观念的重任。由于培养大学生法治观念的统一协调机构缺失,当大学生发生法律方面的困惑,甚至面临一些法律纠纷,真正需要帮助时,在学校内部也难以得到有效的帮助和指导。于是,培养大学生法治观念这种在当前越来越重要的工作,仅仅是以讲授完思想道德修养与法律基础课程而草草结束。在双一流建设中,不少高校为了推动学科发展,热衷于建立各种各样的研究中心或者研究院,但培养大学生法治观念的统一协调机构显然被忽略了。

这种边缘化还表现为培养大学生法治观念的课程被一再地压缩。从目前的情况来看,法律基础与思想道德修养两门课程合并,本身就在很大程度上压缩了思想道德教育和法治教育的空间,使每一个教育领域都难以有效发挥对大学生的思想引领和素质提升作用。合并后的思想道德修养与法律基础课程,给法治教育所留的空间更为狭小。目前统编教科书用大量的篇幅讲授思想道德修养问题,内容繁多的法律知识仅仅是在教科书中略微提及,并无实质性的介绍。即使大学生认真学习这一课程,也难以对法律、法治等问题形成直观的认识,只是停留在对法治观念、法律权威、法律权利和义务等概念的粗浅了解上。在教学实践中,真正讲授法律知识的教学时间非常短。连一些专门从事思想政治教育的教师也感慨:"法治教育外紧内松,重视不够。……以思想道德修养与法律基础这门课为例,一般情况下留给法律基础的时间不超过12课时。所以,当问及学生是否上

[①] 董翼:《大学生法治教育存在的主要问题及对策思考》,载《思想理论教育》2016年第3期。

过法律课时,有很多学生回答说'没上过',由此可见法律课的名存实亡。"① 作为培养大学生法治观念主要途径的法治教育课堂,在这么短的学时内怎么可能引导大学生树立法治观念和提升法治意识?边缘化的教学,进一步加剧了大学生法治观念培养工作的边缘化地位。以这样的内容对大学生开展法治教育,既是对我国已经建成的中国特色社会主义法律体系和正在形成的全面依法治国格局的漠视,更是对培养大学生法治观念这一重要任务的敷衍。

(二)运行的业余化

把培养大学生法治观念的工作简化为思想道德修养与法律基础这门课程,并大量压缩讲授法治知识的课程时数,还不是当前大学生法治观念培养机制存在问题的全部。更为严重的是,极其少量的大学生法治教育课程,基本上是由一群不懂法律的教师讲授的。目前许多高校思想道德修养和法律基础课程的授课教师,是马克思主义学院或者思想政治教研部的教师,他们大部分是思想道德领域的专职教师,是法学领域的外行。有授课教师指出:"'法律基础'内容所占比重的减少给人感觉是大学生法治教育在弱化,而课时的大量削减也切实影响到法治教育的开展。课程整合后,教授这门课程的教师不再是法学专业出身的老师,多半是原来讲授德育课的教师,他们对法学理论不熟悉或根本没有相关的法律专业素养,只能照本宣科,加上几个简单的案例,使得法治教育仅以德育的方式来教授。"② 对法律一知半解的教师向大学生传授法律知识,教师讲课的尴尬场景且不说,指望通过这样的法治教育课引导大学生树立法治观念无异于痴人说梦。而大学生在日常学习、生活中遇到法律问题需要处理时,仍难以接触到真正懂法律的管理人员。这是因为,负责大学生日常管理事务的辅导员,以及学校的学生工作管理部门和党团机构,基本上也不是法律专业人士,他们只能从道德要求、学校规定等方面,对学生进行思想教育和组织处理。大学生在思想道德修养与法律基础课堂上所学的少得可怜的法律知识和可能形成的法治观念的萌芽,在这些事务的处理中又被"稀释"得不知所踪。培养大学生的法治观念是一件非常严肃的工作,却由一群在法律知识上处于业余水平的教师和管理人员来实施,必然导致大学生法治观念培养机制的业余化。

这种业余化显然与双一流建设的发展趋势相悖。双一流建设更加注重学科的专业性,在法学方面仅具有业余水平的教师讲授专门性的法治知识,只会让大学生觉得法律、法治、法学等课程不过尔尔,这不但不利于他们树立法治观念,反而会引发对法学学科的蔑视和产生法律虚无主义的思想苗头。长期以来,我国法律工具主义思潮根深蒂固,更有不少人否认法律工作的专门性,甚至认为任何一个能识文断字的人都可以从事法律工作,这些错误的认识恰恰说明了广大人民群众的法律意识落后,成为法治中国建设进程中的消极因素。在全面依法治国的今天,如果对大学生法治观念的培养还停留在思想道德修养与法律基础的课堂和教学水平上,高等教育甚至无法培养出遵法守法的公民。在双一流建设中,目前这种业余化的大学生法治观念培养机制也很难有所改进。这是因

---

① 陈迎:《大学生法治教育目标及实现途径新探》,载《北京经济管理职业学院学报》2017年第1期。
② 江雪松:《迈向文化的大学生法治教育创新》,载《江苏高教》2015年第1期。

为,在我国当前的学科体系中,思想道德修养与法律基础并不是一个学科或者学科分支,而只是马克思主义理论学科下属的思想政治教育学科的一门课程。课程的这一定位,注定了对大学生的法治教育在双一流建设中即使会得到加强,也不会得到实质性的提升,甚至还会被弱化。

从学科和专业角度来看,对大学生法治观念的培养工作与法学的联系更为密切,由法学院系来承担教学任务或许更为合理。但是在双一流建设中,法学院系同样把主要精力放在以科研和学位点为龙头的学科建设上,法治宣传教育不可能受到重视。正像一些研究者所言:"教育从业者对法治教育重视度不足。高校的多数教师以自身科研为中心,即使是法学院系也不例外。例如,许多法学院系的评价标准并不是以教师的教育水平为评价标准,而是以科研加分高低来衡量。于是在整体教育体系功利化的情况下,大多数教育从业者实际上将法学教育工具化甚至自我功利化,法治教育效果也因此不受重视。"①对大学生的法治宣传教育在思想政治教育领域算不上一个学科,在法学领域同样算不上一个学科。法律基础课程尽管从专业属性上可以划入法学,但是它只是向大学生传播法律常识,在法学院系中连专业课都算不上。因此,即使把培养大学生法治观念的课程交由法学院系承担,在不改变当前的管理体制、不建立统一的协调机构的情况下,双一流建设并不会为这样的课程带来多少实质性的改观,大学生法治观念培养机制的业余化问题也难以得到有效解决。

(三)效果的虚浮化

当前大学生法治观念培养机制地位的边缘化和运行的业余化,必然导致其效果的虚浮化。有研究者在论及高校素质教育和通识教育存在的问题时指出:"现代大学普遍形成了按照学科专业划分院系的组织机构,学院和大学的组织与权力是围绕在专门知识的周围,学科专业教育在其中占有主导地位和支配地位。没有学科专业归属的素质教育或通识教育课程难免处于'无权无势'的尴尬地位。以通识教育选修课为例,它是由各个专业院系为全校所有学生提供的选修课程,一般由教务处进行组织和协调,并根据各院系承担的教学工作量核算编制或经费。由于课程的非专业性以及选修性,再加上目前普遍存在的'重科研、轻教学'氛围,通识选修课难以得到专业院系的重视和支持,常常处于边缘化地位,'教师不愿讲,学生不爱学'的现象普遍存在。"②这种状况非常适合当前以思想道德修养和法律基础课程为主要内容的大学生法治观念培养机制,法治教育的效果令人担忧。

尽管思想道德修养与法律基础课程属于大学生思想政治教育必修课,但就培养大学生法治观念这一基本功能来说,法治教育课程应当归属于素质教育和通识教育课程,因为在全面依法治国的社会现实中,大学生掌握一定的法律知识、具备基本的法律素养和树立社会主义法治观念,已经不是思想道德、政治观念、阶级立场等方面的要求了,而是作为现代公民所应当具有的基本素质。然而在现行法治观念培养机制中,大学生难以通

---

① 李全文:《全面依法治国视域中的大学生法治教育》,载《思想理论教育导刊》2016年第5期。
② 庞海芍、郇秀红:《素质教育与大学教育改革》,载《中国高教研究》2015年第9期。

过学校开展的法治教育活动获得实用的法律知识。有研究者对某高校的大学生法治教育状况做了调查,结果令人惊讶。"调查表明,有52%的学生通过报刊和书籍获取法律知识;而77.2%的学生则通过电视和网络了解;选择通过学校和教育机构的普法教育获取相关法律知识的学生人数不足一半。"①从这一调查结果可知,承担培养大学生法治观念重任的法治教育,对大学生获取法律知识方面所提供的帮助并不大。当然,这一调查仅仅是基于个别高校而进行的,不能以偏概全地质疑当前大学生法治观念培养机制的运行效果。但是,这至少说明当前大学生法治观念培养机制的实效性不强,只是蜻蜓点水式地告诉大学生一些法律名称和法治称谓,难以对大学生解决相关问题产生实质性的影响。从近几年媒体报道的以大学生为当事人的法律案件可以看出,不少大学生的法治观念非常薄弱,法律知识相当贫乏,遇到问题时完全想不起来用法律途径解决,这甚至让人怀疑他们在大学里学习过法律知识和接受过法治教育。

在双一流建设背景下,当前的大学生法治观念培养机制如果得不到加强和改进,其实施效果将会更加虚浮化。因为高校对学科建设的重视和对高层次专业技术人才的培养,都会在一定程度上引导大学生把主要精力放在对专业课程的学习和对专业问题的研究上,素质教育、通识教育等公修课越发显得无足轻重,大学生也更加无暇顾及自身法治观念的培养和法律素质的提升。在不少大学生看来,由于社会分工的日益精细化,遇到法律问题只需聘请律师解决即可,自己并不打算做违法的事情,又何必去学习那些中看不中用的法律知识呢!学习专业知识已经很累了,他们宁愿把更多的时间用来休闲,也不想耗费在学习枯燥无味的法律知识上。于是,以思想道德修养和法律基础课堂为主要载体的大学生法治观念培养机制,形式上的意义远远大于实际,社会主义法治观念如浮光掠影搬进了教材,进了课堂,却未必进入大学生头脑中,未必影响大学生的行为。

二、完善大学生法治观念培养机制对"双一流"建设的重要作用

党的十八届四中全会吹响了全面依法治国的号角,会议作出的"使全体人民都成为社会主义法治的忠实崇尚者、自觉遵守者、坚定捍卫者","把法治教育纳入国民教育体系"等决定,为当前的大学生法治观念培养工作指出了明确的方向。教育部、司法部、全国普法办2016年下发的《青少年法治教育大纲》强调:"建设社会主义法治国家的宏伟目标,对加强和改善青少年法治教育提出了现实而迫切的要求,当前和今后一段时间,要高度重视青少年法治教育工作,加快完成法治教育从一般的普法活动到学校教育的重要内容,从传授法律知识到培育法治观念、法律意识的转变,完善工作机制,加大工作力度,将法治教育全面纳入国民教育体系,创新青少年法治教育的形式与内容,着力提高系统化、科学化水平,切实增强教育的针对性与实效性。"中央的决策和《青少年法治教育大纲》的发布,充分说明培养大学生法治观念是当前高等教育的一项重要任务。虽然双一流建设关注的是高校的综合实力和某些学科在世界上的领先水平,但是没有包括法治观念培养

---

① 刘洋、蒋志强:《大学生法治教育现状分析及对策研究——以西部某高校为例》,载《绵阳师范学院学报》2015年第9期。

在内的大学生思想政治教育、素质教育等综合性、整体性工作体制机制的提升,高等学校不可能实现综合实力的显著增强,其所培养的人才也必然带有先天性缺陷而存在这样那样的问题,所谓的一流大学、一流学科都只能是空中楼阁。我国教育所强调的"立德树人",正是要求人才培养必须关注综合素质,不能一味地突出专业技能而忽略道德、人格、体质等方面。在当前条件下,完善大学生法治观念培养机制具有非常重要的意义,因为它既是高等学校开展双一流建设的应有之义,也是高等学校双一流建设的组成部分,并且在很大程度上影响着双一流建设的成效。

(一)完善大学生法治观念培养机制,是培育和践行社会主义核心价值观的必然要求

我国的大学是社会主义大学,必须保持中国特色,必须坚持社会主义办学方向。因此,培育和践行社会主义核心价值观是我国高等学校的重要使命。"大学文化的中国特色,除了应有一流的学科、一流的师资和一流的科研成果外,还必须保持社会主义大学的性质,立足我国国情和我国高等教育的现实,坚持用社会主义核心价值观引领大学文化,彰显文化品牌和文化特色,建设具有中国特色的一流大学。"①当前的双一流建设虽然要求中国高等教育与世界高等教育接轨,强调中国大学向世界一流大学迈进的目标,但是中国这种接轨和迈进必须建立在中国特色和社会主义的基础之上。而保持高等教育的中国特色和坚持高等教育的社会主义办学方向,在人才培养方面最重要的体现就是培育和践行社会主义核心价值观,向青年学生大力弘扬社会主义核心价值观。"我国建设世界一流大学和一流学科,在借鉴世界一流大学评价指标体系的同时,更应该坚持高等教育社会主义办学方向,把社会主义核心价值观融入校园文化建设的全过程。"②从人才培养的角度来说,我国高等教育不同于世界上其他国家之处就在于,我国所培养的人才只能是社会主义事业的建设者和接班人,是接受、认同并积极践行中国特色社会主义价值体系的人才,而不能是无视、漠视、否认甚至反对中国特色社会主义价值体系的人才。"社会主义核心价值观是指导社会健康发展的价值目标和价值观念,是社会意识形态的本质体现,为青少年的健康发展提供了强有力的指导。……作为青少年队伍重要力量的大学生,是未来社会主义现代化事业的主力军,他们的信仰,特别是价值观状况如何,决定着他们能否成为中国特色社会主义的合格建设者和可靠接班人,关系党的事业后继有人和国家的长治久安,关系实现全面建设小康社会目标和中华民族的伟大复兴。"③这一点注定了我国高校在双一流建设中必须加强而不是弱化社会主义核心价值观教育,社会主义核心价值观必须与双一流建设有机融为一体而不是割裂和对立起来。

社会主义核心价值观包含着非常丰富的思想内涵,国家层面富强、民主、文明、和谐的价值目标,社会层面自由、平等、公正、法治的价值取向,和个人层面爱国、敬业、诚信、友善的价值准则,共同组成一个有机的价值体系,在高等学校的人才培养中占据非常重要的地位,每一个层面的价值观都不可偏废。就当前来说,高等学校在双一流建设中培

---

① 蔡红生、杨琴:《大学文化:"双一流"建设的灵魂》,载《思想教育研究》2017年第1期。
② 魏伟华、洪林:《"双一流"背景下高校校园文化建设的思考》,载《黑龙江高教研究》2017年第8期。
③ 余林、王丽萍:《大学生对社会主义核心价值观的内隐认同研究》,载《西南大学学报》(社会科学版)2013年第5期。

育和践行社会主义核心价值观,尤其应当加强法治观念的培养和教育。这是因为,相对于国家层面的价值目标和个人层面的价值标准而言,一方面,社会层面的自由、平等、公正、法治的价值观不但在我国起步较晚,历史积淀不够深厚,大学生对它们的理解不够全面,更需要在大学阶段进一步学习和领会;另一方面,自由、平等、公正、法治的含义可以从多重角度来理解,而我国需要广大青年学生树立的是马克思主义的自由、平等观念,是社会主义的公平正义理念,是中国特色社会主义的法治理论、法治道路和法治体系,而不能被西方资产阶级的自由、平等、公正、法治口号所迷惑。显然,高等学校在培育和践行社会主义核心价值观方面,对大学生加强自由、平等、公正、法治观念的教育显得尤为重要。无论是自由、平等还是公正,都不是绝对的,而且只能在法治条件下实现,法治既是自由、平等、公正的保障,也是促进国家富强、民主、文明、和谐和鼓励个人爱国、敬业、诚信、友善的最主要的治理方式。"'法治'是社会主义核心价值观建设中的关键环节。然而'法治'目标的实现在很大程度上离不开其理念的日常生活化,必须广泛深入公民的日常生活。因此,培养公民法治意识是当务之急。"大学生是公民中的佼佼者和新生力量,完善大学生法治观念培养机制,是高等学校培育和践行社会主义核心价值观的必然要求。

入选双一流建设行列的高校,是我国众多高等学校中的杰出代表,它们在培育和践行社会主义核心价值观方面的做法,特别是在完善大学生法治观念培养机制方面的有益探索,对广大高等学校具有重要示范作用。与此同时,双一流高校作为主要由政府出资来推动建设和发展的高校,必须在双一流建设中更加自觉地坚持社会主义办学方向,突出办学的中国特色,通过完善包括大学生法治观念培养机制在内的社会主义核心价值观培养体系,彰显学科建设和人才培养的中国特色,来跻身世界一流大学和一流学科的行列,为全国广大高校作出表率。由此而论,完善大学生法治观念培养机制,对双一流大学来说不是可有可无或者无足轻重的,而是至关重要和不可或缺的。

(二)完善大学生法治观念培养机制,是培养高素质专业技术人才的客观需要

育人从来都不是单纯地传授专业技能,而是在全面提高受教育者综合素质的基础上使受教育者掌握某些专业技能。我国高等教育全面落实立德树人的根本任务,就必须兼顾对大学生综合素质的培养和专业技能的提升。事实上,培养大学生的综合素质和提高大学生的专业技能,二者是相辅相成的关系。如果割裂它们的联系,高等教育只注重培养大学生的专业技能而不关注大学生的综合素质,那么大学生只能成为高科技下的机器人,而不是有血有肉有灵魂的人。爱因斯坦指出:"用专业知识教育人是不够的。通过专业教育,他可以成为一种有用的机器,但是不能成为一个和谐发展的人。要使学生对价值有所理解并且产生热烈的感情,那是最基本的。他必须获得对美和道德上的善有鲜明的辨别力。否则,他——连同他的专业知识——就更象一只受过很好训练的狗,而不是象一个和谐发展的人。"[①]近二十年来,我国高校不断合并,综合性大学越来越多,单一学

---

① 爱因斯坦:《培养独立思考的教育》,载《爱因斯坦文集》(第 3 卷),许良英、赵中立、张宣三编译,商务印书馆1979 年版,第 310 页。

科的大学逐步减少,这固然是提高学校综合实力的需要,但在事实上也纠正了一些专门性高校过于凸显专业教育而忽视对大学生综合素质教育的做法,符合高等教育的规律和发展趋势,也是培养综合性高素质专业技术人才的必然要求。"从经济社会发展需求、学生成长需求、工具理性与价值理性相统一等视域分析,开展专业教育的同时必须进行人文知识教育和人文精神培育,必须关照学生自身内在秉性的发展和人格的完善,这才是完整意义上的高等教育。"①双一流建设虽然关注了高校的综合实力和某些学科在世界上所处的领先水平,但这并不意味着在人才培养方面可以忽略对大学生的综合素质教育。完善大学生法治观念培养机制,引导大学生树立社会主义法治观念和掌握基本的法律知识,应当成为当前高等学校开展综合素质教育或者通识教育的重要内容。因为在全面依法治国的今天,国家的各项工作和主要的社会生活越来越纳入法治轨道,高层次的专业技术人才不了解基本的法律知识,缺乏基本的法治观念,不但是不可思议的,而且在现代社会也是寸步难行的。在双一流建设中完善大学生法治观念培养机制,是培养高素质专业技术人才的客观需要。

应当看到,高等学校只有完善法治观念培养机制,才能使高层次专业技术人才具有健全的品格和修养,从而有机融入社会中。马克思主义认为,人是社会关系的总和,任何一个人既是特定社会中的独立个体,又必须有机融入社会中。那些技艺超群却与其他人格格不入、难以融入社会中的"世外高人",无论他们有多大的能耐,都不可能为社会做出很大贡献。而这些人的思想观念、价值体系等如果错误,反倒会给社会和他人造成危害,他们的专业技术水平越高,对社会和他人的危害可能就越大。前段时间社会各界普遍关注的复旦大学医学专业研究生毒杀室友案,就是典型的例子。一个人能否融入社会、能否和其他人融洽相处,在很大程度上取决于他的品格和修养,而品格和修养的形成主要来自于专业技术教育之外的综合素质教育或者通识教育。所以有研究者指出:"大学教育分两个部分:向内的教育和向外的教育。向内的教育是指,大学教育要指向人的精神和灵魂,强调大学教育的立德树人功能,培养人的价值观、人格、意志、品质、修养等。向外的教育是指,大学教育应该传授学生的谋生技能,使其拥有一技之长。任何大学教育都包括向内的教育和向外的教育这两方面,故大学人才培养目标应该包括知识探究、能力建设和人格塑造三方面。这一目标体现了专业教育和通识教育的融合。"②双一流大学是培养高层次专业技术人才的高校,只有加强对大学生法治观念的培养,使大学生知晓法律的基本要求,逐步提高法律素质,树立自觉守法、遇事找法、解决问题靠法的观念,具备从法治的视角理解人与人、人与社会的关系的基本品格和修养,才能使他们正确看待社会现象和处理问题,从而有机融入社会生活中,用自己的专业技能为社会和人民服务,而不是走向反面。

还应当看到,高等学校只有完善大学生法治观念培养机制,才能真正体现出对高层次人才的保护,使高层次人才长久地服务于社会主义建设。"通识教育在拓展学生知识

---

① 瞿振元:《素质教育:当代中国教育改革发展的战略主题》,载《中国高教研究》2015年第5期。
② 周光礼:《"双一流"建设中的学术突破——论大学学科、专业、课程一体化建设》,载《教育研究》2016年第5期。

覆盖面,培养学生写作与阅读能力,提高价值判断能力等方面发挥着不可替代的作用。如果说专业教育是教学生能够做什么和怎么做的话,那么通识教育则是在教育学生应该做什么和为什么要做的问题上发挥着更为重要的作用。"①作为综合素质教育或者通识教育的重要组成部分,培养大学生的法治观念从一定意义上说就是在引导大学生思考有些事情能不能做、应当怎么做的问题。人们学习基本的法律知识不仅是为了按照法律的要求而适应社会,更是为了避免自己因为对法律的无知而陷入违法犯罪的深渊。近期不断报道的一些院士、重量级科学家因科研经费而锒铛入狱的实例,在令人扼腕叹息的同时,也引发了人们的各种追问。悲剧的发生,固然有国家科研管理体制不尽合理的因素,但是这些高层次专业技术人才对法律的无知和对法治的漠视,才是悲剧产生的根本原因。双一流建设高校所培养的是高层次人才,大学阶段所学习的法律知识、所树立的法治观念和所形成的对法律的敬畏感,将伴随他们终生。高等学校只有完善大学生法治观念培养机制,加强法治教育和法律普及工作,提高大学生的法律素质和法治观念,才是真正关心爱护大学生,为他们顺利成长为高层次专业技术人才提供"护身符",使他们更好地发挥自己的专业技能为人民造福,长久地服务于中国特色社会主义建设。

(三)完善大学生法治观念培养机制,是全面推进依法治教的具体表现

全面依法治国的实施,要求我国在教育领域实行以法治教。法治建设是一项全局性的事业,它的每一次重大进步都会在教育领域有所表现,而依法治教又从不同的程度和方面反映着国家法治建设的成就。2016年初,教育部根据中央的要求并立足法治精神,发布《依法治教实施纲要(2016—2020年)》,开启了我国全面推进依法治教的活动,要求以法治思维和法治方式推进教育综合改革,全面推进教育治理体系和治理能力现代化。它所确定的总体目标是:"到2020年,形成系统完备、层次合理、科学规范、运行有效的教育法律制度体系,形成政府依法行政、学校依法办学、教师依法执教、社会依法评价、支持和监督教育发展的教育法治实施机制和监督体系。青少年学生法治教育体系健全完备,教育部门领导干部、校长、教师法律素质与依法办事能力显著提升,在全社会遵法守法的进程中发挥表率和模范带头作用。"依法治教涉及的领域相当广泛,既有立法、行政层面的工作,又有学校内部的管理、教育活动,但是所有的工作都必须依法开展,提高教育行政机关、学校管理部门人员和广大师生的法治观念和依法办事的能力,教育领域在全社会带头遵法守法,是这一实施纲要最鲜明的要求。依法治教的推行,将对我国教育领域产生重大影响,而其中影响最大、反应最为明显的当属于双一流大学。这是因为,从整体上来说,双一流大学基本上是我国规模最大、学生人数最多且素质最高、学科建设任务最重、教学科研和管理任务最为繁杂的大学群体,这种状况要求双一流大学必须更早、更快、更科学、更高效地按照依法治教的相关要求开展依法治校工作,主要依据法律法规和各项规章制度而不是学校管理者的指令、要求来推动工作的完成。与此相适应,培养大学生的法治观念也会显得非常重要,引导大学生依法依规解决问题和表达诉求,应当成为双一流大学工作的常态。完善大学生法治观念培养机制,是高校在双一流建设中推进

---

① 瞿振元:《素质教育:当代中国教育改革发展的战略主题》,载《中国高教研究》2015年第5期。

依法治教的具体表现之一。

除立法、司法层面外,就行政管理层面而言,依法治教主要涉及政府、学校、学生之间的关系。理想状态下三者的关系是:政府教育管理部门依法对学校和相关教育事务进行管理;学校按照政府教育管理部门的要求,在自己的权限范围内实行依法治校,依法依规开展教学、科研、学科建设、学生管理等工作;学生在接受教育的过程中依法行使权利和履行义务。在三者当中,学生是最活跃的因素,他们会因情况各异而与学校甚至政府教育管理部门发生冲突,也会为自己的教育权利受到影响而向学校和政府提出诉求。大学生进行的依法维权活动,不但彰显了高校培养大学生法治观念的重要性,也促使高校和政府教育管理部门不断反思和完善自己的管理活动,使管理更加合法和规范,这在客观上有利于促进依法治教活动的深入开展。教育大学生依法维权,引导他们通过法律途径解决在生活、学习中遇到的各种问题,必须改进和加强当前的法治教育工作,完善大学生法治观念培养机制,帮助大学生树立尊重规则、遵守规则的意识,树立正确的权利义务观。大学生依法维护自身权益的过程,也是他们逐渐理解依法治教、正确处理权利义务冲突的过程。"学生时刻体验到法就在身边,自己置身于法律之中,才能养成正确的法治观念,才能逐步在校园形成办事依法、遇事找法、解决问题用法、化解矛盾靠法的良好法治环境,形成不愿违法、不能违法、不敢违法的法治环境。"①完善大学生法治观念培养机制,不仅能促进依法治教工作的深入开展,更能为大学生从法治视角认识学校和认识社会提供机会,便于大学生亲身投入到中国特色社会主义法治建设中,培养成依法解决问题的观念和能力并受益终生。

三、"双一流"建设进程中完善大学生法治观念培养机制的基本思路

双一流建设注重的是学科建设和高层次人才的培养。从我国当前很多高校的实际运行情况来看,学科建设、高层次人才的培养等工作,基本上是由研究生院来主导的。也就是说,在不少高校中,研究生教育在地位上要高于本科教育。这显然是一个不正常的现象,因为没有一流的本科教育就不可能有一流的研究生教育。我国在双一流建设中必须改变这种认识,把本科教育置于人才培养的基础性、根本性地位。"建设一流本科教育,是'双一流'建设的核心任务和重要基础,'双一流'建设的过程,也是建设一流本科教育的过程。高等学校要放平心态,依靠广大师生员工,把主要精力和财力物力投入到内涵发展上去,投入到本科人才培养上去。"②只有在这一认识的基础上探讨双一流建设中如何完善大学生法治观念培养机制,高等学校才能真正对大学生法治观念培养工作给予足够的重视,并提供各种支持和便利。

针对当前大学生法治观念培养中出现的一些问题,不同的研究者提出了各种各样的解决方案。如有研究者提出,提升大学生法治教育实效性的基本路径在于:一是转变思想观念,进一步明确目标,提高对大学生法治教育的重视程度;二是在现有课程设置基础

---

① 江雪松:《迈向文化的大学生法治教育创新》,载《江苏高教》2015 年第 1 期。
② 钟秉林、方芳:《一流本科教育是"双一流"建设的重要内涵》,载《中国大学教育》2016 年第 6 期。

上进一步改革调整法治教育的内容,使之更加符合大学生的现实需要;三是贴近学生直接面对的法治问题,结合大学生实际生活来加强法治教育,提高大学生对法治的认同;四是营造良好的社会法治环境,从根本和深层上促进大学生对法治的信仰和践行,提高教育的实际效果。① 有研究者认为,全面依法治国视域中大学生法治教育的路径是:提升法治教育从业者的教育水平,注重培育大学生的法治意识,创新法治教育的内容与方式,提升法治教育在大学教育体系中的比重。② 有研究者认为,培养大学生法律信仰及法治思维的途径是:传播法治文化,弘扬法律精神;强化思想道德和规则意识教育,涵养法治观念;重视社会实践和实践教学,体验法治价值。③ 还有研究者指出,社会主义核心价值观视域下大学生法治教育提升策略是:优化思想政治理论课教学内容,充分发挥对大学生进行道德教育和法治教育的教学主渠道作用;加强法治教育的师资队伍建设,充分发挥社会资源在高校法治教育师资队伍中的建设作用,注重强化现有师资队伍的培训工作;强化法治教育网络载体建设,充实法治教育内容的有效承载和传递,达到提升大学生法治教育效果、维护社会主义核心价值观的目的。④ 这些研究者从不同的视角探讨了完善大学生法治教育的思路和对策,对加强和改进当前的大学生法治教育工作,在双一流建设背景下完善大学生法治观念培养机制,具有很大的启迪作用。

需要明确的是,我国当前开展的双一流建设是一项全新的建设模式,而不是过去实施的"211工程""985工程"等建设模式的翻版或者升级版。再加上全面依法治国的实施,已经使我国当前的法治形势、法治内涵发生了很大的变化,高等学校原先采用的以思想道德修养和法律基础课程为主要内容的大学生法治观念培养机制已经难以适应现实需要。因而,探索双一流建设背景下的大学生法治观念培养机制,不能囿于原先的工作机制和工作模式,而应当在原有的基础上勇于探索和创新。"创新大学生法治教育,建立健全法治教育体制机制,需要多方配合、增强合力,多措并举、协同配合。新时期的大学生法治教育应建立健全更契合时代发展需要、更富有针对性和实效性、更利于法治意识养成和法治精神塑成的大学生法治教育体系,为培养社会主义事业合格建设者和可靠接班人做出应有的贡献。"⑤立足双一流建设的时代背景,针对当前大学生法治观念培养机制存在的问题,结合健全大学生法治观念培养机制的重要作用,可以从三个方面来完善双一流建设背景下的大学生法治观念培养机制。

(一)科学定位法治教育,设立专门工作机构

培养大学生的法治观念,既是中央的要求,也是我国高等教育适应政治、经济、文化、社会发展的新形势而必须完成的一项重要工作。对此,高等学校必须予以高度重视,这种重视不是停留的口头上和文件中,而应当体现在具体的工作中。大学生法治观念培养

---

① 参见李晓兰、刘金莹:《提升大学生法治教育实效性路径探究》,载《黑龙江高教研究》2016年第8期。
② 参见李全文:《全面依法治国视域中的大学生法治教育》,载《思想理论教育导刊》2016年第5期。
③ 参见陈迎:《大学生法治教育目标及实现途径新探》,载《北京经济管理职业学院学报》2017年第1期。
④ 参见贾晓旭:《社会主义核心价值观视域下大学生法治教育提升策略》,载《思想理论教育导刊》2017年第5期。
⑤ 朱子桐、张宝轩、司文超:《全面依法治国视域下大学生法治教育的思考》,载《学校党建与思想教育》2016年第11期。

机制是一项非常复杂的工作机制,牵涉学校的不少工作部门和方面,对大学生开展法治教育则是这一工作机制的关键性环节。不对大学生宣讲基本的法治理论,不向大学生传授主要的法律知识,没有专门的人员投身于法治宣传教育工作,一切都无从谈起。因此,尽管培养大学生法治观念不同于简单的大学生法治教育工作,完善大学生法治观念培养机制也必须首先抓住大学生法治教育工作。"高校领导和教师要提高思想认识,高度重视法治教育,要把法治教育贯穿于实际工作的方方面面,特别要重视法律基础课教育,保证课堂时数、教学经费、教学人员落实到位,坚持立德树人、德育为先导向,推动中国特色社会主义法治理论进教材进课堂进头脑,并告知受教育者开设法治教育的重要性,使其端正学习法律的态度,认识依法治国的重要意义,努力形成牢固的法治观念。"[①]高等学校在实际工作中对大学生法治教育的重视,至少应当从两个方面做起。

一是对法治教育进行科学定位。以培养大学生法治观念、提高大学生法律素养为目的大学生法治教育,到底是一种什么性质的教育,目前大致存在两种看法。一种看法认为,法治教育属于思想政治教育的组成部分,它附属于思想政治教育中的思想道德教育。把法治课程与思想道德修养课程合而为一,就是基于这种认识的结果。另一种看法认为,法治教育是与思想道德教育并列的一种教育,它不属于思想政治教育而属于素质教育或者通识教育。例如《青少年法治教育大纲》要求:"高等教育阶段要把法治教育纳入通识教育范畴,开设法治基础课或者其他相关课程作为公共必修课。"尽管法治教育与思想道德教育之间密不可分,但是从总体上来说,法治教育属于以普及法律知识为主要任务的相对独立的法律常识教育,因而把法治教育归入素质教育或者通识教育更为合适。这是因为,在全面依法治国时代,树立法治观念,了解法律知识,具备运用法律处理问题的能力,应当是一个公民最基本的素质。大学生作为中国特色社会主义事业潜在的建设者和接班人,具备这些基本的法律素质是他们作为合格大学生的必要条件,这种法律素质的高低并不代表他们的道德观念和思想政治水平。正如一些研究者所言:"法治教育与思想道德教育存在本质区别,二者不能混为一谈。首先,两种教育的内容不同。思想道德教育的主要任务是普及和传播正确的人生观、价值观,而法治教育则是以法律知识、法治思想与法治观念的教育宣传为主要内容。其次,两种教育的目标也存在差异。思想道德教育着力于培养大学生树立正确人生观与价值观,以使他们成为思想品德高尚的人,而法治教育的目标则是培养大学生的法治意识和法治观念,并使他们以法治意识指导自己的行为。"[②]把法治教育定位为素质教育或者通识教育,有助于改变长期以来法治教育依附于思想政治教育或者道德教育的状况,提升法治教育在整个人才培养体系中的地位,更好地培养大学生的法治观念。

二是设立专门的法治教育工作机构。在目前大学生法治教育附属于思想政治教育的课程体系中,包括法治教育在内的整个思想政治教育由学校党委宣传部主管,由马克思主义学院或者思想政治教研部具体实施。这种状况显然不利于对大学生开展法律普

[①] 王希:《青年大学生法治教育存在的问题及对策探讨》,载《内蒙古农业大学学报》2015年第1期。
[②] 朱子桐、张宝轩、司文超:《全面依法治国视域下大学生法治教育的思考》,载《学校党建与思想教育》2016年第11期。

及和法治宣传教育工作,因而有必要组建专门的大学生法治教育工作机构。基于法治教育属于素质教育或者通识教育的定位,结合一些高等学校的做法,可以考虑三种方案:一是由学校文化素质教育机构组织实施,通过开设法律类的文化素质教育课程而推行大学生法治教育;二是由学校依法治校办公室组织实施,通过一些具体的活动而引导大学生树立法治观念;三是组建通识教育学院,由通识教育学院统一部署文化素质和法律素质教育工作。相比而言,第三种方案更为合适。因为文化素质教育在高校同样处于附属地位,由文化素质教育机构组织法治教育无法改变法治教育的边缘化地位。依法治校办公室是以推动学校各项工作法治化为任务的行政机构,它虽然可以参与到法治教育中,却不能系统地推行法治教育。通识教育学院是专门的教学单位,就像马克思主义学院或者思想政治教研部组织实施思想政治理论课教学一样,通识教育学院根据学校党委宣传部或者学校教务处的相关要求,组织实施包括法治教育在内的各项素质教育教学工作,必然能推动法治宣传教育工作的良性发展。"大学素质教育的内涵需要与时俱进,其发展更需要借助大学精神实现跨越。"[①]法治教育应当是目前需要对大学生开展的最重要的素质教育内容之一。由学校党委宣传部或者学校教务处主管、由通识教育学院组织实施的大学生法治教育课程,必然能有效增强大学生的法治观念,提高大学生的法律素质,帮助大学生完善知识体系而成为具有较高综合素质的人才。

(二)组建专业教研团队,完善法治课程体系

关于高等教育阶段法治教育的内容,《青少年法治教育大纲》要求:"在义务教育和高中阶段教育的基础上,针对非法律专业的学生,根据高等教育阶段法治教育的目的,系统介绍中国特色社会主义法学理论体系的基本内涵;掌握法治国家的基本原理,知晓法治的中西源流;明确全面推进依法治国的战略目标、道路选择和社会主义法治体系建设的内容与机制;了解法治的政治、经济、文化、社会和国情基础,理解法治的核心理念和原则;掌握宪法基本知识,了解中国特色社会主义法律体系中的基本法律原则、法律制度及民事、刑事、行政法律等重要、常用的法律概念、法律规范;增加法治实践,提高运用法律知识分析、解决实际问题的意识和能力。"从这些要求来看,大学生法治教育的内容不但非常丰富,而且相当专业,非法学专业的教师不可能胜任教学工作。如果仍然由从事思想道德修养和法律基础课程教学的教师承担法治教育课程的教学工作,大学生法治观念培养工作"业余化"的情况会更加严重。特别是在当前,中小学已经开展法治教育工作,大学生在进入高校之前就已经掌握了某些较为专业的法律知识,进入高校后由那些非法学专业教师讲授并不专业的法律课程,其结果只能是"尴尬人难免尴尬事"。双一流建设强调学科的专业性,法治教育课程当然也应凸显专业性,而不能随便聘请一些业余教师,开设一些业余课程敷衍了事。因此,在通识教育学院统一开展全校大学生法治教育工作的组织架构下,必须考虑组建专业的法治教育教研团队和开设专门性的法治教育课程。

在组建专业的教研团队方面,通识教育学院可以考虑主要从法学院系的教师中选聘教研人员,同时也可以选聘马克思主义学院那些毕业于法学专业而从事思想道德修养和

[①] 郭大成、孙刚成:《大学精神是大学素质教育之魂》,载《教育研究》2013年第10期。

法律基础课程教学的教师。目前许多高校的法治教育由于主要依赖思想道德修养与法律基础课程,导致法学院系基本不参加。而且法学院系的专职教师承担着非常繁重的科研任务,在他们看来法治教育仅仅是普及法律知识,很多教师也不屑于从事法治教育的教学和研究工作。事实上,在法学院系中,有一些专职教师虽然不善于学术研究,却擅长教学和教研。双一流建设对教师的科研要求很高,导致不善于学术研究的教师在法学院系的学科建设、职称评定等活动中长期处于边缘化的地位。通识教育学院聘请这些教师担任全校的法治教育教师,既能实现大学生法治教育教师的专业化和专职化,也可以充分发挥这些教师的专长。由这些出身法律专业的专职教师从事法治教育的教学和研究工作,真正发挥法学和法律专家的积极作用,也有利于构建完整的法治教育知识体系和课程体系,并承担教科书的编写工作,法治教育工作必然越做越实,大学生法治观念培养机制也将越来越完善。当然,除了组建专门的教研团队外,通识教育学院还可以根据课程的性质聘请从事法律实务工作的法官、检察官、警官、律师、公证员等担任某些课程的教学工作。只要法学专业课教师在法治教育中发挥主导性的作用,大学生法治观念培养工作就不会弱化,更不会被业余化。

完善法治课程体系也是大学生法治观念培养机制中非常重要的内容。《青少年法治教育大纲》要求高等学校开设法治基础课作为大学生的公共必修课,法治基础课可以作为培养大学生法治观念的基础课和核心课,在大学低年级开设。但是,法治教育的内容很多,单纯的一门法治基础课既无法系统地向大学生介绍基本的法律知识,也难以解开大学生在学习、生活中所面临的法律上的困惑。因此,通识教育学院还应当根据不同的学段,对大学生开设不同的法治教育课程。比如,在低年级应当开设宪法和宪法相关法课程,彰显宪法的地位,突出宪法教育;在高年级应当开设与就业相关的劳动法、社会保障法等课程,引导大学生在就业中依法维护自身合法权益。同时,根据大学生的年龄特点、人生志向、实际需要等,还可以开设国防与兵役法、婚姻家庭法、教育法、知识产权法等选修课程。有研究者提出:"学校在开展大学生法治教育时,要与大学生的实际生活密切联系起来,如以校园中发生的法律纠纷等'以案说法',文科专业的学生可扩充公务员法、劳动合同法等;理工科学生可讲解知识产权保护法、专利法等内容;专业实习时渗透宪法、劳动法、合同法教育等,帮助学生学有所得、学以致用。"① 这些内容,都可以通过选修课的方式,对有不同需要的大学生开设,法治教育的课程体系也将日臻完善。特别是这些选修课,由于是大学生自己主动选择学习的,他们学习的积极性、主动性将显著增强。同时,还可以根据课程的性质、特点而采用更加灵活的教学方法,实现大学生法治观念培养中趣味性与实用性的统一。在这样的法治教育课程体系之下,作为公共必修课和选修课的各类法律课程会深受广大学生的欢迎,法治教育将不再是死寂沉沉的空洞宣讲,大学生的法治观念必然会全面提高,并在无形中增强遇事找法的意识和能力。

(三)丰富校园法治文化,增强学生实践能力

"民族文化是孕育'双一流'的母体血脉文化。世界上'双一流'都是在特定民族文化

---

① 刘洋、蒋志强:《大学生法治教育现状分析及对策研究——以西部某高校为例》,载《绵阳师范学院学报》2015年第9期。

中存在和发展,民族文化必然属于差异性文化。'双一流'的大学对传导民族文化具有独特价值,承担传导民族文化的使命。"①虽然法治教育是大学生法治观念培养机制中的主要部分和关键环节,但是培养大学生法治观念不能局限于纯粹的课堂宣讲。浓厚的校园法治文化和良好的依法治校环境,都在一定程度上检验着大学生在法治课堂上所学习的理论知识,影响甚至左右着大学生法治观念培养的效果。"以大学生法治教育为重要载体,重点培育大学生的文化主体意识与法治精神,结合当前法治教育实践中的存在问题,处理好大学生学法、尚法和用法之间的关系,培养大学生自治能力和权利观念,显得尤为紧迫重要。"②在双一流建设中,可以把培养大学生法治观念和弘扬中国传统法治文化、中国特色社会主义法治文化有机结合起来,大力加强校园法治文化建设,同时结合全社会依法治教、高校内部依法治校的实施状况,鼓励和支持大学生参与相关的环节,使他们通过法治实践而增强运用法律解决问题的能力,进一步坚定他们的法治观念。在这方面,高等学校至少可以通过两类活动增强大学生的法治观念,使大学生法治观念培养机制不断充实和完善。

一是加强校园法治文化建设,通过各种隐性的资源提高大学生的法治观念。有研究者提倡的大学生隐性法治教育,很值得借鉴。"大学生法治隐性教育,是指利用隐性法治教育资源,采用比较含蓄、隐蔽的形式,运用文化、制度、管理等潜移默化地进行教育,提高大学生法治意识的教育方式。"③这种隐性首先体现在校园的法治文化建设上。学校相关党团机关、学生管理部门应当加强校园法治文化建设,通过课堂之外的各种宣传形式向大学生传播法律知识和法治文化,传播学校在实施依法治教、推行依法治校方面所取得的成果,让大学生了解相关的法律规定和学校依法制定的章程、规章制度、管理办法等,向大学生敞开各种管理机制,全面营造学校的法治氛围。"宪法法律、大学章程、大学生守则、学生申诉制度、教代会制度等构成的制度环境在为大学生提供权利清单和规范的同时,构建了大学生法治实践的制度保障。它们是大学生法治教育的基本载体和重要资源。法治的制度化与制度的法治化一体两面、相互生成,为大学生法治教育提供反复实践的平台和观察'窗口'。"④大学生在课堂上所学的法律知识,在党团活动和学生管理中所学习的各项管理规定,都会深深地映入他们的头脑中,构成一个相对完整的法律和制度体系,使大学生形成"法网恢恢,疏而不漏"的感觉。在这种环境下,大学生会越来越强烈地认同法律的严肃性、权威性,进一步强化法治教育的效果。校园文化建设内涵很多,法治文化建设只是其中的一部分,但是这一部分建设内容至关重要,一点也不能忽视。校园法治文化建设的成效,其实也反映着学校对培养大学生法治观念的重视程度,只有培养大学生法治观念非常受重视、大学生法治观念培养机制比较健全的高校,才会在校园文化建设中凸显法治文化的分量和比重。

二是结合依法治校工作,鼓励大学生参与相关事务的处理。除了课堂宣讲和文化熏

---

① 田联进:《"双一流"建设进程中的大学文化空间塑造》,载《教育与教学研究》2016年第11期。
② 江雪松:《迈向文化的大学生法治教育创新》,载《江苏高教》2015年第1期。
③ 董翼:《大学生法治教育存在的主要问题及对策思考》,载《思想理论教育》2016年第3期。
④ 金林南、蔡如军:《大学生制度法治教育思考》,载《思想理论教育》2016年第12期。

陶外,高校还应当在对大学生的管理、服务中开展法治教育,让大学生亲自接触到依法依规处理问题的实例,帮助大学生树立民主法治观念。结合当前正在开展的依法治校工作,可以考虑鼓励大学生积极参与高校依法治校的相关工作,特别是参与学生事务的处理,让大学生积极推动法律法规、学校规章制度等规则、规定的落实,亲身感受我国走向法治的艰难历程和必然趋势。"如果能让学生切实感受到学校的管理是符合法治要求的,是公平、公正、公开的,而且允许学生依照一定的程序参与其中,发表意见并得到正当合理的回应,让学生有机会通过自己的努力维护自身权益,学生会对法治更有信心,将来也会更关注国家的法治建设,会更愿意通过法治的方式介入国家和社会事务的管理,更有希望成为一名具备规则意识、程序观念等现代公民意识的公民。"[①]在这一过程中,学校依法治校办公室可以发挥协调作用:一方面,它指导学校相关部门正确对待和积极处理学生的诉求,支持和吸收学生参与相关事务的处理,让学生真正感受到法治所蕴含的自由、平等精神和对公平正义的追求;另一方面,它还可以受理大学生对相关工作处理不公问题的投诉,并依法依规进行解决或者督促有关部门解决。通过这样的活动,大学生将更加坚定对法治的信仰,无论在以后的人生道路上从事什么职业,法治观念将永远镌刻在他们的头脑中。

总之,在"双一流"建设中,通过由通识教育学院组织实施的系统的法治教育课程的学习,再加上党团工作机构、学生管理部门开展的校园法治文化建设的熏陶,最终经过学校依法治校办公室指导而参与相关事务的实践,大学生的法治观念必然能牢固地树立起来,大学生法治观念培养机制也得以完善而充分发挥其在新的历史条件下的积极作用。完善的大学生法治观念培养机制,将助力"双一流"高校强化制度内涵,提高管理水平,彰显中国特色,坚定社会主义办学方向,在世界一流大学和一流学科建设的道路上迈步前进。

---

① 陈迎:《大学生法治教育目标及实现途径新探》,载《北京经济管理职业学院学报》2017年第1期。